ÉTICA

FÁBIO KONDER COMPARATO

Ética

Direito, moral e religião no mundo moderno

3ª edição revista pelo autor

2ª reimpressão

Copyright © 2006 by Fábio Konder Comparato

Grafia atualizada segundo o Acordo Ortográfico da Língua Portuguesa de 1990, que entrou em vigor no Brasil em 2009.

Capa
Eliane Stephan

Preparação
Guilherme Salgado Rocha

Revisão
Otacílio Nunes
Marise Simões Leal

Dados Internacionais de Catalogação na Publicação (CIP)
(Câmara Brasileira do Livro, SP, Brasil)

Comparato, Fábio Konder
    Ética : direito, moral e religião no mundo moderno / Fábio Konder
Comparato. — 3ª ed. — São Paulo : Companhia das Letras, 2016.

    Bibliografia.
    ISBN 978-85-359-2674-3

    1. Direito — Filosofia 2. Direito e ética 3. Ética 4. Religião — Filosofia 5.
Religião e ética I. Título.

06-2380   CDD-170

Índice para catálogo sistemático:
1. Ética : Filosofia   170

[2021]
Todos os direitos desta edição reservados à
EDITORA SCHWARCZ S.A.
Rua Bandeira Paulista, 702, cj. 32
04532-002 — São Paulo — SP
Telefone: (11) 3707-3500
www.companhiadasletras.com.br
www.blogdacompanhia.com.br
facebook.com/companhiadasletras
instagram.com/companhiadasletras
twitter.com/cialetras

Para os netinhos
Laura, Júlia, Celina, Bernardo, Cristina e Tatiana
suavidades do meu entardecer

Sumário

Introdução 17

1. O sistema social e a vida ética 18

Os fatores determinantes 21

Os fatores condicionantes 28

2. A perspectiva histórica 37

O período axial 37

O desenvolvimento histórico a partir do período axial 42

3. A concepção da obra 46

PARTE I

A PASSAGEM DO MUNDO ANTIGO AO MUNDO MODERNO 47

I. *A Vida Ética no Mundo Antigo e os Fatores de Mudança* 49

1. Traços marcantes da vida ética na antiguidade 50

A religião acima de tudo 50

A autoridade máxima da tradição 54

A absorção do indivíduo no grupo social 60

O desprezo pelos ofícios mecânicos e pela profissão mercantil 64

2. Os grandes fatores de mudança na mentalidade do mundo antigo 67

O impacto da fé monoteísta 67

    a) O monoteísmo hebraico 69

    b) A religião cristã 72

    c) O islamismo 81

    d) A proteção dos necessitados, preceito ético fundamental

       das religiões do Livro 83

O budismo 87

A invenção da filosofia como sistema de saber racional 91

II. *O Nascimento da Filosofia Ética na Grécia* 96

1. A especificidade da ética no conjunto da reflexão filosófica 98

2. A unidade do mundo ético, em seu duplo aspecto,

   subjetivo e objetivo 101

3. Ética e técnica 103

4. A preeminência da política 105

5. A felicidade humana, objeto da ética, é fruto da justiça 107

III. *O Estoicismo e a Invenção da Ciência do Direito em Roma* 112

1. O paradoxo grego a partir do século IV a.C.: decadência política

   e hegemonia cultural 112

2. O estoicismo 114

3. A ética ciceroniana 117

4. A criação da ciência do direito 120

5. A influência do pensamento estoico sobre

   os jurisconsultos romanos 122

IV. *São Francisco de Assis e São Tomás de Aquino no Apogeu da Idade Média* 129

1. A grande crise de passagem no mundo medieval 129

   A reforma religiosa 130

   A revolução comercial 132

   O ressurgimento da vida intelectual 134

   O apogeu da Cristandade 135

2. São Francisco de Assis: a mensagem evangélica levada às

   últimas consequências 136

   O Reino de Deus pertence aos pobres 137

   A fraternidade universal 140

3. A unidade ética na teologia de São Tomás de Aquino 144

Características essenciais do seu pensamento 144

A unidade essencial da ética 148

Apêndice: *O Cântico das Criaturas de São Francisco de Assis* 155

PARTE II

A ERA DAS CONTRADIÇÕES 157

I. *Maquiavel: a Razão de Estado, Supremo Critério Ético* 159

1. A Idade Moderna principiou na Itália 160

2. As Linhas mestras do pensamento de Maquiavel 163

O ideal de regeneração da Itália 163

A política como arte do que é e não do que deve ser 164

A razão de Estado como critério supremo da ação política 167

Desprezo pelo povo 169

II. *A Reforma Protestante* 171

1. Martinho Lutero (1483-1546) 173

2. João Calvino (1509-64) 179

III. *Bodin e Hobbes: a Autocracia como Fundamento da Ordem Social* 188

1. A perda da unidade religiosa e a busca de um novo consenso político ... 188

2. O paradoxo de um absolutismo monárquico limitado 190

3. Jean Bodin 192

O enfraquecimento do poder real na França, na segunda

metade do século XVI 192

A elaboração do conceito de soberania 193

4. Thomas Hobbes 197

A guerra civil do século XVII 197

A concepção geral do homem e da sociedade 198

a) Uma visão geométrica da vida social 198

b) Ceticismo moral 200

c) A rejeição da sociedade estamental da Idade Média e a defesa

do ideal de vida burguês 201

A proposta de uma nova organização política 204

a) A segurança e a paz como valores supremos 204

b) A relação política é sempre de soberano a súdito 206

c) A fundação do positivismo jurídico 207

IV. *John Locke: Liberdades Individuais e Propriedade Privada como*
    Fundamentos da Ordem Política 209
    1. De Hobbes a Locke: a mudança de perspectiva 209
    2. O pano de fundo social: o fortalecimento da burguesia com o
       acirramento do conflito religioso 213
    3. O necessário reconhecimento do caráter privado de toda
       prática religiosa 215
    4. A proposta de reorganização dos Poderes Públicos 221
    5. A defesa da propriedade individual exclusiva, base do sistema capitalista . . 224

V. *Jean-Jacques Rousseau e a Regeneração do Mundo Moderno* 232
    1. Hobbes e Rousseau: a contradição sistemática 233
    2. Rousseau e Kant: convergências e divergências 233
    3. Linhas mestras de um pensamento revolucionário 235
         a) Um moralista ou reformador dos costumes sociais 235
         b) A educação como instrumento de regeneração social 245
         c) A refundação da sociedade política 250
       A reinterpretação do postulado do contrato social 251
       O conflito incessante entre vontade geral e vontade particular 253
       A liberdade e a igualdade no Estado regenerado 258
       O retorno à concepção clássica da lei 261
       A proposta da ditadura e do tribunato como instituições
       do novo Estado 268
       A instituição da religião cívica 270
    4. O paradoxo Rousseau 271

VI. *Utilitarismo e Razão de Mercado: Bernard Mandeville,*
David Hume e Adam Smith 274
    1. Bernard Mandeville (1670-1733) 278
    2. David Hume (1711-76) 281
    3. Adam Smith (1723-90) 285

VII. *A Proposta Kantiana de Reconstrução da Unidade Ética* 291
    1. Fundamentos da ética 294
    2. Em que consiste o direito 302

3. A religião nos limites da razão pura 305
4. Conclusão 307

VIII. *Hegel: o Homem como Ser Histórico* 309
1. A dialética de oposição e superação dos contrários 310
2. A filosofia do espírito, ou a reflexão sobre a vida ética 313
   O direito 315
   A moral 316
   A vida ética 316
   A religião 320
   O Estado 322
3. A História como essência da vida humana 325
4. A herança hegeliana 332

IX. *Karl Marx: a Crítica Radical da Sociedade Burguesa*
   e o Anúncio da Libertação do Homem 333
1. Questão de método 334
2. Crítica da moral, da política e do direito como reflexos da estrutura
   socioeconômica 339
3. A importância da acumulação do saber tecnológico 345
4. O anúncio da libertação definitiva do homem 348
5. Análise científica e juízo ético 352

X. *A Separação entre Moral e Direito no Positivismo Jurídico* 354
1. Características gerais do pensamento positivista 354
2. O pensamento de John Austin 358
3. O pensamento de Hans Kelsen 361
4. A importância histórica do positivismo jurídico 365

XI. *O Niilismo Ético do Estado Totalitário* 368
1. Características essenciais do totalitarismo 369
   A novidade histórica do Estado totalitário 369
   A tentativa de completa reconstrução da estrutura social 370
   O fundamento da dominação totalitária 371
   Uma política de massificação compulsória 375

2. A irrupção do totalitarismo: os fatores predisponentes 378

   O imperialismo capitalista 379

   O antissemitismo 382

   Os ideologismos, racial e revolucionário 385

3. A irrupção do totalitarismo: o fator desencadeante 387

XII. *Gandhi: a Purificação da Vida na Verdade e no Amor* 391

1. Primeiro ato 391

2. O desenvolvimento do drama 393

3. O último ato 396

4. A doutrina 399

   A encarnação da verdade na vida 399

   Os preceitos fundamentais da "firmeza na verdade". 401

5. O profeta 408

PARTE III

A ÉTICA DE UM MUNDO SOLIDÁRIO 411

I. *A Humanidade no Século XXI: um Momento Decisivo na História* 413

1. A grande encruzilhada 413

2. Dos primeiros arquipélagos humanos regionais à formação
   do ecúmeno mundial 414

3. A burguesia ocidental afeiçoou o mundo moderno à sua imagem
   e semelhança 419

   A primeira globalização capitalista 420

   A dominação política capitalista. 425

   A segunda globalização capitalista 427

4. Os efeitos disruptivos da globalização capitalista 433

5. Um outro mundo é possível: a mundialização humanista 437

II. *O Fundamento da Ética* 441

1. O conceito de fundamento ético 441

2. Pessoalidade e impessoalidade na fundamentação
   da vida ética entre os antigos. 443

3. Fundamento absoluto ou relativo da vida ética na era moderna 447

4. O Deus pessoal como supremo modelo ético no monoteísmo 449

No judaísmo 449

No cristianismo 453

No islamismo 456

5. A elaboração histórica do conceito de pessoa humana 457

Na filosofia grega 457

No cristianismo 460

A contribuição de Kant 462

6. A consciência humana 463

A dimensão individual da consciência humana 464

A dimensão social da consciência humana 465

A consciência ética 467

7. O homem, ser racional 471

8. O homem, um ser histórico 476

9. A questão da identidade pessoal 478

10. Questões éticas ligadas ao início e ao fim da personalidade individual ... 479

11. A dignidade da pessoa humana como supremo modelo ético 482

12. O fundamento da dignidade humana 485

III. *Dos Princípios Éticos em Geral* 488

1. A noção filosófica de princípio 488

2. A afirmação de princípios universais da vida ética na antiguidade
e na Idade Média 490

3. O conflito entre nacionalismo e universalismo no mundo moderno 493

4. Estrutura e função dos princípios éticos 498

Aos princípios éticos correspondem qualidades subjetivas
do ser humano 500

Os princípios éticos sob o aspecto teleológico: ética e técnica,
idealismo e realismo 503

Os princípios éticos são normas axiológicas 509

Características específicas do dever-ser ético 512

5. A necessária distinção entre princípios e regras 513

6. A vigência dos princípios éticos 518

IV. *Os Grandes Princípios Éticos em Especial* 524

1. A Verdade, a Justiça e o Amor 525

A Verdade 526

A Justiça 529

O Amor 533

2. Os princípios complementares: liberdade, igualdade,

   segurança e solidariedade 540

A liberdade 542

   a) Um conceito controverso no mundo moderno 542

   b) As diferentes concepções de liberdade política entre os modernos 544

   c) A liberdade como valor ético 550

   d) Os avatares da liberdade no mundo moderno 552

   e) Poder e liberdade 558

A igualdade 562

   a) Desigualdade estamental e desigualdade de classes 562

   b) As desigualdades sociais no mundo moderno 566

   c) A igualdade como virtude e como norma de organização social . . 571

   d) Diferenças humanas e desigualdades sociais 575

A segurança 578

A solidariedade 581

   a) O sentido do princípio 581

   b) As dimensões da solidariedade 583

v. *A Política, Suprema Dimensão da Vida Ética* 586

1. A dignidade da política e a realidade do poder. 588

Política: o contraste entre os antigos e os modernos 588

2. O poder político 592

A paixão pelo poder 593

Os elementos objetivos da relação de poder 596

A questão da legitimidade 597

A legitimidade do poder político no mundo antigo e medieval 601

A teoria moderna da legitimidade política 608

A dialética da legitimidade política no direito interno 613

A dialética da legitimidade política no direito internacional 617

Os fundamentos da legitimidade política no século xxi 620

3. A República 621

O princípio 621

As instituições 627

    a) A supremacia dos direitos humanos 627

    b) A abolição dos privilégios 628

    c) A preservação do caráter comunitário dos bens e dos serviços

        públicos, e a promoção da igualdade social. 631

    d) A publicidade integral dos atos oficiais 640

4. A democracia 641

O princípio 641

    a) Soberano, governante e administrador: a difícil partilha

       de competências 643

    b) Da democracia antiga à democracia moderna: uma mudança

       radical no *status* político do povo 645

    c) Soberania é o supremo poder de controle político 655

    d) A aptidão do povo a exercer a soberania política 660

    e) Quem deve ser soberano na esfera internacional? 665

    f) Os limites éticos da soberania democrática 667

As instituições 669

    a) As instituições jurídicas de um Estado democrático 669

       Os instrumentos de exercício da soberania popular 670

       Especialização e controle recíproco dos órgãos do Estado 674

    b) A fundação de uma sociedade democrática do gênero humano . . . 684

CONCLUSÃO: O SENTIDO ÉTICO DA VIDA HUMANA 691

1. Vida e morte do ser humano na visão mitológica 693

2. A reinterpretação do homem e do mundo na era moderna 699

3. A busca da felicidade 703

4. O surgimento de uma civilização humanista 705

Índice Temático 709

Introdução

Περὶ γάρ τοι τοῦ μεγίστου ἡ σκέψις,
ἀγαθοῦ τε βίου καὶ κακοῦ.

Platão, *A República*, 578 *c*.

"Esta investigação diz respeito ao que há de mais importante: viver para o bem, ou viver para o mal". Sócrates, ao dialogar assim com Glauco sobre as razões do infortúnio dos tiranos, não poderia dizer melhor. Com efeito, o que pode existir de mais valioso na vida, quer dos indivíduos, quer dos povos, senão alcançar a plena felicidade?

Pois é exatamente disto que se trata quando falamos em ética. Podemos errar de caminho nas nossas vidas, e nos embrenharmos perdidamente, como Dante, na selva da escuridão. Jamais nos enganaremos, porém, quanto à escolha do nosso destino: nunca se ouviu falar de alguém que tivesse a infelicidade por propósito ou programa de vida.

Ora, a felicidade não é uma dádiva e sim a recompensa de um esforço constante e bem orientado. Daí a importância suprema da investigação sobre o que é bom ou mau para se alcançar esse objetivo, como salientou o filósofo.

Este livro é, pois, uma reflexão sobre esse atributo singular do homem, que o torna, como afirma o mito bíblico das origens, um ser de condição assemelhada à divina.[1]

O sentido que nesta obra se dá à ética é bem amplo: ela abrange o conjunto dos sistemas de dever-ser que formam, hoje, os campos distintos — e, na maioria das vezes, largamente contraditórios — da religião, da moral e do direito. Aliás, um dos *leitmotiv* do livro consiste em mostrar que no mundo antigo, ao contrário do que veio a suceder na época moderna, era impossível distinguir e, com maioria de razão, opor entre si essas três esferas de regulação do comportamento humano.

A reflexão aqui desenvolvida procura obedecer a um duplo método, vale dizer, a duas ordens inter-relacionadas de investigação e interpretação: uma visão sistêmica e uma visão histórica.

Comecemos por considerar a primeira delas.

I. O SISTEMA SOCIAL E A VIDA ÉTICA

Após séculos de interpretação unilateral do fenômeno societário, o pensamento contemporâneo parece encaminhar-se hoje, convergentemente, para uma visão integradora das sociedades e das civilizações.

No passado, com raras exceções, prevaleceu uma concepção reducionista, segundo a qual o elemento gerador da convivência social estaria, exclusivamente, nos valores ou ideais coletivos, no conjunto das instituições de poder, ou então nas condições materiais de subsistência dos grupos humanos. Tínhamos, assim, organizadas em escolas mutuamente excludentes, três formas de interpretação da vida social, que poderíamos denominar, simplificadamente, a idealista, a realista e a materialista.

Não é difícil identificar, nessas diferentes maneiras de interpretação do fenômeno social, uma forma comum de ordenação do pensamento, cuja origem, na idade moderna, remonta ao pensamento analítico cartesiano. No *Discurso sobre o*

---

1. Ao responder a Eva, que lhe confirmara haver *Iahweh* proibido ao primeiro casal humano comer do fruto da árvore do conhecimento do bem e do mal, sob pena de morte, disse a serpente: "Não, não morrereis! Mas Deus sabe que, no dia em que dele comerdes, vossos olhos se abrirão e vós sereis como deuses, versados no bem e no mal" (Gênesis 3, 1-5, versão da *Bíblia de Jerusalém*). Esta e as demais passagens da Bíblia e dos escritos cristãos são extraídas da tradução brasileira em língua portuguesa da *Bíblia de Jerusalém*, São Paulo: Paulinas.

Método, que inaugurou a filosofia moderna, Descartes fixou quatro preceitos lógicos que deveriam dirigir a reta razão: 1) jamais receber por verdadeiro o que o sujeito não percebe evidentemente como tal; 2) dividir cada uma das dificuldades a serem examinadas em tantas parcelas quantas forem possíveis e necessárias para melhor resolvê-las; 3) conduzir ordenadamente os pensamentos, a começar pelos objetos mais simples e mais fáceis de conhecer, a fim de elevar-se, pouco a pouco, por graus sucessivos, até o conhecimento dos mais complexos; 4) proceder a enumerações completas e revisões gerais, de modo a assegurar-se de que nada foi omitido nessa análise.[2]

Sem dúvida, o método assim proposto adapta-se perfeitamente à análise de ideias abstratas, ou de realidades estáticas e inanimadas. Mas ele é inadequado à compreensão, isto é, ao ato de apreender conjuntamente (*cum prehendere*) a vida, em todas as suas modalidades. Os seres vivos e, em especial, os seres humanos, que são o que de mais complexo existe no universo, só podem ser compreendidos, na totalidade integradora do conjunto dos elementos que os compõem, mediante a consideração conjunta de sua dinâmica interna e sua funcionalidade externa. Em outras palavras, para que possamos entender qualquer elemento da biosfera, e em especial o homem, é indispensável enxergá-lo holisticamente (*holos*, na língua grega, é um advérbio que significa *em sua totalidade*); portanto, não apenas sob o aspecto estrutural, mas também funcional. Em vez de decompor as partes do todo e analisá-las separadamente, é preciso considerar a totalidade em sua organização completa, bem como entender o seu relacionamento com o mundo exterior; vale dizer, desvendar o seu organograma e o seu programa.

Precursor desse método foi, inegavelmente, Montesquieu. Já no subtítulo de sua obra mais famosa, ele indica que o "espírito das leis" precisa ser entendido como "a relação que as leis devem ter com a constituição de cada governo, os costumes, o clima, a religião, o comércio etc.". Logo no capítulo 3 do livro i, ele esclarece ao leitor que "as leis devem ser relativas ao *físico* do país; ao clima glacial, tórrido ou temperado; à qualidade do território, à sua situação, ao seu tamanho; ao gênero de vida dos povos, lavradores, caçadores ou pastores; elas devem se relacionar ao grau de liberdade que a constituição pode admitir; à religião dos habitantes, às suas inclinações, às suas riquezas, ao seu número, ao seu tipo de

---

2. René Descartes, *Discours de la Méthode*, texto e comentário por Etienne Gilson, Paris, Librairie Philosophique J. Vrin, 1987, pp. 18-19.

comércio, aos seus costumes, às suas maneiras de vida. Por fim, as leis se relacionam entre si; elas se vinculam à sua origem, ao objetivo do legislador, à ordem das coisas a respeito das quais elas foram estabelecidas. É em função de tudo isso que elas devem ser consideradas". E conclui: "É o que pretendo fazer nesta obra. Examinarei todas essas relações: elas formam, todas juntas, o que chamo de o espírito das leis".

Uma vasta corrente de pensamento contemporânea propôs denominar *sistema* todo objeto que só pode ser apreendido pelo pensamento, conjuntamente, em sua estrutura holística e em sua realidade funcional. Em um sistema, o todo é, em certo sentido, superior à soma de suas partes componentes, pois estas sempre mantêm, entre si, um relacionamento dinâmico, de tal sorte que, modificada qualquer das partes, modifica-se inevitavelmente o todo. Mas essa totalidade, assim organicamente estruturada, só cobra sentido quando vista, ela também, como parte de um todo maior, estruturado de modo orgânico, e dentro do qual ela exerce uma função determinada, e assim sucessivamente.

A teoria sistêmica foi concebida originalmente na biologia;[3] passou em seguida, com a cibernética (neologismo cunhado por Norbert Wiener do étimo grego *kybernetes*, piloto),[4] para o campo dos organismos animais e dos mecanismos autorregulados,[5] e, finalmente, para o ser humano, em toda a sua complexidade, individual e social.

Se se quiser enxergar, de modo simplificado, a estrutura de um grande grupo social organizado, uma sociedade política ou uma civilização, entendendo-se por estrutura o conjunto de proporções e relações dos diversos elementos que a compõem, pode-se recorrer ao seguinte esquema:

---

3. Cf. o ensaio pioneiro de Ludwig von Bertalanffy, *Der Organismus als physikalisches System betrachtet*, in *Die Naturwissenschaften*, 28 (1940), 521-31, cap. 5. Cf. também *Das biologische Weltbild*, Berna, A. Francke sG. 1949. Bertalanffy é autor de uma teoria geral dos sistemas, *General System Theory —foundations, development, applications*, cuja edição revista foi publicada por George Braziller, 1968.
4. Da mesma forma, em latim *gubernator* é o timoneiro ou piloto; *gubernatio* designa a pilotagem.
5. O livro fundamental de Norbert Wiener, *Cybernetics: Or, Control and Communication in the Animal and the Machine*, foi publicado em 1948.

ESTRUTURA SOCIAL

Fatores determinantes
    Ideário, Costumes e Mentalidade Social
    Instituições de Poder
    Finalidade

Fatores condicionantes
    O patrimônio genético
    O meio ambiente
    O estado da técnica

Os fatores determinantes comandam ou impulsionam a vida social, ao passo que os fatores condicionantes estabelecem limites básicos ao seu desenvolvimento.

Entre essas duas séries de fatores, estabelece-se uma relação de recíproca influência. Na aurora da humanidade, a vida humana dependia, quase que inteiramente, dos determinismos genético e geográfico, embora, com o advento do *Homo habilis*, já tivessem sido forjados os primeiros instrumentos de ação transformadora do meio natural. Hoje, o avanço acelerado do saber científico e tecnológico permite ao homem interferir duradouramente, de modo positivo ou negativo, no meio ambiente e no patrimônio genético, inclusive no seu próprio genoma. Vivemos, no mundo contemporâneo, uma fase de intensa hominização da biosfera. O ser humano, como autêntico demiurgo, modela o mundo circunstante à sua imagem e semelhança, para o bem e para o mal. É este, como ninguém ignora, um dos principais, senão o principal problema ético dos dias atuais.

Os fatores determinantes

Neste campo, ocorrem permanentemente duas espécies de inter-relacionamentos.

Os valores coletivos de determinada sociedade e as suas instituições de poder relacionam-se, sempre, numa espécie de jogo dialético entre passado e futuro, movimento e repouso, desequilíbrio e reequilíbrio, mudança e preservação da ordem tradicional. Ora a sociedade como um todo julga ultrapassadas as leis e a estrutura política em vigor, ora as considera como perturbadoras da ordem antiga, a ser preservada. Normalmente, o mundo oficial nunca corresponde, por completo, ao mundo não oficial dos costumes e ideais coletivos de vida. Ao lado das Constituições formais, como veremos no último capítulo desta obra, vicejam sempre Constituições reais. Estas últimas, organizadas em costumes e maneiras de vida, intimamente ligados à mentalidade social predominante (preferências valorativas e visões de mundo), podem contrastar com as instituições jurídicas oficialmente adotadas.

Como bem observou Montesquieu, há uma diferença de natureza entre os costumes e as leis. Os primeiros dizem respeito à vida privada em geral, e brotam, por assim dizer, no seio da nação. Já as leis procedem das instâncias superiores de poder, e se impõem ao povo de cima para baixo: elas regulam, preferencialmente, a vida do cidadão ou membro da comunidade política.[6] Daí porque, nos Estados despóticos, os costumes ancestrais constituem a melhor garantia das liberdades privadas.[7]

Na era moderna, os costumes tradicionais tendem a perder importância perante o direito emanado das instâncias de poder no Estado, mas nem sempre a lei consegue abolir usos e costumes de fundo religioso. Assim, por exemplo, na Índia, com a prática do *sati*, ou seja, a obrigação para toda viúva de se imolar sobre o túmulo do seu marido. Muito embora proibida por uma lei britânica de 1829, proibição mantida até hoje pela legislação indiana, com a cominação de pena severa a todo aquele que faz do local da imolação um lugar de culto, essa velhíssima tradição ainda não desapareceu de todo, sobretudo nas regiões mais pobres do país.

Além disso, no mundo moderno acentuou-se uma outra espécie de relação dialética: a oposição entre a uniformidade e a diversidade de valores e instituições sociais. O movimento incoercível de unificação da humanidade, que ganhou vigoroso impulso a partir do século XIX, provocou, em toda parte, uma uniformização das instituições públicas, das produções culturais e das formas de vida privada,[8] segundo o modelo ocidental e capitalista. Mas também engendrou, tanto nos países ricos, como nos subdesenvolvidos, insurreições nacionalistas, exigências de

6. *Do Espírito das Leis*, Livro XIX, cap. 4 e 17.
7. Ibid., Livro XII, cap. 29.
8. Em *The Birth of the Modern World 1780-1914*, Blackwell Publishing, 2004, C. A. Bayly traça um panorama impressionante da uniformidade mundial de vestuário, de alimentação, de registros horários, de estrutura linguística, de atribuição de prenomes às pessoas, de práticas de esporte e lazer, por influência das potências ocidentais, a partir do século XIX.

proteção do patrimônio cultural próprio e a reivindicação geral de um "direito à diferença".

Os três fatores determinantes da estrutura social não devem, portanto, ser vistos como camadas separadas, a atuar de modo paralelo e autônomo, mas sim como elementos interdependentes do mesmo todo orgânico.

O sistema ético em vigor na sociedade exerce sempre a função de organizar ou ordenar a sociedade, em vista de uma finalidade geral. Não existe ordem social desvinculada de um objetivo último, pois é justamente em função dele que se pode dizer se o grupo humano é ordenado ou desordenado; se se está diante de uma reunião ocasional de pessoas, ou de uma coletividade organizada. Ordem é um conceito relacional, subordinado à definição de uma finalidade. Essa verdade lógica elementar é, no presente, desconhecida pelos ideólogos da ordem por si mesma (law and order). O que se esconde, por detrás dessa fórmula de propaganda, é obviamente o favorecimento de determinadas classes sociais ou corporações específicas, em detrimento do bem comum de todo o povo.

Nas sociedades primitivas, a finalidade global era imposta a todos pelas exigências próprias da evolução biológica: a preservação e o crescimento reprodutivo do grupo social. Mas à medida que as sociedades evoluíram, a essa finalidade primária, ditada pela natureza, acrescentaram-se outras, sempre mais dependentes da vontade humana: são escolhas ou decisões de poder, tomadas em função dos valores vigentes no meio social, e também de determinados interesses, que podem ser próprios dos detentores do poder político, ou comuns a todos os membros do grupo social. Entre os valores e os interesses, entendidos estes como objetivos a serem alcançados mediante uma ação racional do sujeito,[9] há de existir, por conseguinte, um mínimo de harmonia.

O ideário de uma sociedade representa bem aquele *animus* de que falavam os romanos, isto é, o princípio vital, a sede da vontade, dos sentimentos e paixões que animam um grupo social. Numa outra imagem, ele corresponde ao que Max Weber, em obra de grande repercussão,[10] denominou o *espírito* de uma sociedade, e que a ciência social contemporânea designa, preferencialmente, com o termo *mentalidade social*.[11] Ele é a sede daquele espírito de curiosidade e aventura, que

9. Cf. Max Weber, *Wirtschaft und Gesellschaft*, 5ª ed., Tübingen, J.C.B. Mohr (Paul Siebeck), 1972, p. 15.

10. Id., *Die protestantische Ethik und der "Geist" des Kapitalismus*, 1904-5.

11. Veja-se, a respeito, a excelente obra *Histoire des mentalités* de Georges Duby, que faz parte da

sempre levou o homem a buscar novos horizontes e a desvendar os segredos da natureza. "Nunca estamos aqui e agora", disse Montaigne, "mas sempre além. O temor, o desejo, a esperança nos impelem para o futuro, e nos arrebatam o sentimento e a consideração do que é, para nos entreterem com o que será, até mesmo quando já não mais existirmos".[12] Nesse sentido, pode-se dizer que, se algum dos fatores determinantes da estrutura social atua como causa primeira da evolução das sociedades, muito embora sofrendo, como salientado, a influência de todos os outros, esse fator é bem o ideário.

Como salientou Durkheim,[13] o conjunto de crenças e sentimentos comuns aos membros de uma sociedade forma um sistema, que tem vida própria. O grande sociólogo denominou-o *consciência coletiva* ou *comum*, porque apresenta características bem distintas da consciência individual; tanto mais distintas, quanto mais fortemente o indivíduo se opõe às crenças, opiniões e valores dominantes na sociedade, e sente-se, com isso, constantemente acossado em seu isolamento. Além disso, a duração da consciência coletiva é sempre maior do que a das vidas individuais. Os indivíduos passam, mas a consciência coletiva permanece viva e atuante.

Não raro, as sociedades são agitadas por paixões coletivas, que abalam de súbito antigas e consolidadas harmonias. Assim foi, para lembrar um exemplo célebre, o que ocorreu na França em junho de 1791. Não obstante os fatos revolucionários de dois anos antes, o povo francês seguia fiel, em sua imensa maioria, à velha tradição monárquica. As massas camponesas continuavam a enxergar no rei um símbolo da paternidade coletiva. Inesperadamente, em 20 de junho, Luís XVI decide fugir do reino e asilar-se na Áustria, ou seja, em território inimigo. A chama da indignação incendiou, em 24 horas, toda a sociedade francesa. A ideia de república, que até então era defendida apenas por um punhado de intelectuais isolados, tomou conta de todos os espíritos. "O nome da república", escreveu Madame Roland no dia seguinte ao anúncio da fuga do rei, "a indignação contra Luís XVI, o ódio aos reis, espalham-se aqui por todos os lados".[14]

O *animus* social, porém, não é composto apenas de paixões coletivas, mas

---

Encyclopédie de la Pléiade, L'Histoire et ses méthodes, Paris, Gallimard, 1961.

12. "*Nous ne sommes jamais chez nous, nous sommes toujours au-delà. La crainte, le désir, l'espérance nous lancent vers l'avenir, et nous dérobent le sentiment et la considération de ce qui est, pour nous amuser à ce qui sera, voire quand nous ne serons plus*" (*Essais*, livro I, cap. III).

13. Emile Durkheim, *De la division du travail social*, Paris, Presses Universitaires de France, 1978, p. 46.

14. Michelet, *Histoire de la Révolution Française*, v. I, Paris, Gallimard, 1952, p. 614.

também de mitos, crenças, opiniões e preconceitos. Toda sociedade vive deles, muito mais do que de ideias racionalmente elaboradas, ou de certezas experimentadas e provadas. As ideias racionais e as certezas científicas constituem algo que produzimos e mantemos, por assim dizer, fora de nós mesmos, como objeto de pensamento e análise. Já os mitos, as opiniões e os preconceitos formam o ambiente social em que banham as nossas mentes, e que atua, portanto, dentro de nós mesmos, como uma espécie de segunda natureza.[15]

As técnicas de propaganda religiosa ou política, tal como as de publicidade comercial, agem sobre a consciência coletiva para reforçar antigas convicções, ou inculcar novas.

Esse conjunto de opiniões e juízos indemonstrados corresponde às preferências valorativas em vigor na sociedade. Os valores sociais, como enfatizou Max Weber, têm uma *vigência* (*Geltung*) que lhes é própria, consistente na geral convicção de sua legitimidade.[16] Vigoram na consciência das pessoas, antes mesmo de engendrarem normas objetivas de comportamento. Eles se organizam sempre de forma hierárquica: a um valor supremo subordinam-se, ordenadamente, todos os demais. Cada civilização tem a sua própria hierarquia de valores, discutindo-se se ela surge ou desaparece de modo espontâneo, se é aceita ou rejeitada convencionalmente, ou se corresponde, antes, a preferências impostas a toda a sociedade pelos grupos ou classes dominantes.

Em qualquer hipótese, para a introdução de novos valores, ou a defesa dos que já vigoram no meio social, não basta o recurso à força. É indispensável um mínimo de justificação ética. A consciência do bem e do mal, com o consequente sentimento de justiça ou injustiça, é inerente à condição humana, qualquer que seja a concepção que se tenha da sua origem: se se trata de algo inato, ou totalmente adquirido no curso da vida social.

É nesse terreno que se travam as grandes batalhas de ideias. Toda organização social, sem um trabalho constante sobre a opinião pública, objetivando mostrar que as instituições de poder são justas, convenientes ou necessárias, tende com o tempo a se enfraquecer e a se desarticular, num processo semelhante à segunda lei da termodinâmica (entropia).

---

15. Cf. Ortega y Gasset, *Ideas y Creencias* (*y otros ensayos de filosofía*), Revista de Occidente en Alianza Editorial, 1986.

16. *Wirtschaft und Gesellschaft*, cit., § 5, pp. 16-7.

De modo geral, as sociedades sempre seguem certos modelos de vida, situados no passado ou voltados para o futuro. As civilizações antigas, todas elas, caracterizaram-se pelo respeito às tradições e costumes dos antepassados, que chegaram algumas vezes a ser até divinizados.[17] E uma das características marcantes da modernidade é, justamente, o fato de as sociedades voltaram-se sempre mais para o futuro, desprezando os modelos de vida herdados de seus ancestrais. Mas em todas as épocas históricas surgem personalidades de escol, que encarnam e difundem na sociedade um modo de vida que se constitui, rapidamente, em novo padrão ético. São exemplos daquela legitimidade carismática, de que falou Max Weber.[18]

O poder é uma realidade multifária, que deve ser compreendida em seu duplo aspecto: objetivo e subjetivo.[19]

Objetivamente, o poder se apresenta sob várias formas. É a posse e o uso dos instrumentos de coação, física ou mental; o prestígio ou a autoridade moral; a

---

17. Cf. Parte I, cap. I.

18. Vejam-se o cap. IV da Parte I, sobre São Francisco de Assis, e o cap. XII da Parte II, sobre Gandhi.

19. Thomas Hobbes salientou esse fato em passagem famosa do *Leviatã* (Parte I, cap. 10):

Reputation of power, is Power; because it draweth with it the adherence of those that need protection.

So is Reputation of love of a man's Country, (called Popularity,) for the same Reason.

Also, what quality soever maketh a man beloved, or feared of many; or the reputation of such quality, is Power; because it is a means to have the assistance, and service of many.

Good successe is Power; because it maketh reputation of Wisdome, or good fortune; which makes men either feare him, or rely on him.

Affability of men already in power, is encrease of Power; because it gaineth love.

Reputation of Prudence in the conduct of Peace or War, is Power; because to prudent men, we commit the government of our selves, more willingly than to others.

Nobility is Power, not in all places, but onely in those Commonwealths, where it has Priviledges; for in such priviledges consisteth their Power.

Eloquence is power; because it is seeming Prudence.

Forme is Power; because being a promise of Good, it recommendeth men to the favour of women and strangers.

The Sciences, are small Power; because not eminent; and therefore, not acknowledged in any man; nor are at all, but in a few; and in them, but of a few things. For Science is of that nature, as none can understand it to be, but such as in a good measure have attayned it.

Arts of publique use, as Fortification, making of Engines, and other Instruments of War; because they conferre to Defence, and Victory, are Power: And though the true Mother of them, be Science, namely the Mathematiques; yet, because they are brought into the Light, by the hand of the Artificer, they be esteemed (the Midwife passing with the vulgar for the Mother,) as his issue.

aprovação majoritária do grupo social; a propriedade ou a posse de bens econômicos; o conhecimento científico e o saber tecnológico.

Essas diferentes formas de poder combinam-se para constituir, também aí, um sistema no qual todas elas se influenciam reciprocamente, muito embora, conforme as épocas históricas e as diferentes culturas, uma espécie de poder exerça a função de força aglutinadora das demais. Para Karl Marx, esse poder maior, que faz gravitar todos os outros em redor de si, seria sempre o econômico; opinião que não deixa de suscitar fundadas dúvidas, mesmo na época atual, de crescente dominação capitalista.[20]

Subjetivamente, alcançar ou manter uma situação de poder é um desejo que anima um número incontável de pessoas. Do conjunto dos sentimentos que agitam o coração humano, a ambição de poder é, mesmo, uma das paixões mais avassaladoras. Ela se manifesta na generalidade dos indivíduos e grupos sociais, em todas as culturas e épocas históricas,[21] alimentando e sendo alimentada pelo ideário vigente.

Em regra geral, a função de justificação ética, ou legitimação política, da organização social é feita pelos grupos ou classes no poder, como instrumento de autodefesa. Os homens nascem, crescem e morrem numa cultura de legitimação do poder de um grupo social sobre outro. Nas sociedades escravocratas, o filho do escravo era convencido, desde criança, da inevitabilidade de sua posição de dominado, a fim de não alimentar esperança alguma de lograr, um dia, libertar-se da condição servil. O servo da gleba, na Idade Média europeia, era educado, sobretudo pela religião, a considerar como necessários os vínculos sociais que o prendiam ao senhor feudal. Da mesma sorte, o assalariado contemporâneo luta pela preservação de seu emprego e, se possível, pela melhoria das condições de trabalho, como um direito fundamental, que realmente é. Mas esse trabalhador não está, em geral, preparado mentalmente para contestar a legitimidade do poder dos patrões na organização empresarial. A persistência do trabalho assalariado em condições

---

20. "Power", escreveu Bertrand Russell, *"like energy, must be regarded as continually passing from any one of its forms into any other, and it should be the business of social science to seek the laws of such transformations. The attempt to isolate any one form of power, more especially, in our day, the economic form, has been, and still is, a source of errors of great practical importance"* (*Power: A New Social Analysis*, Londres, 1938, pp. 11-2).

21. Thomas Hobbes foi categórico a esse respeito: *"So that in the first place, I put for a generall inclination of all mankind, a perpetuall and restlesse desire of Power after power, that ceaseth onely in Death"* (op. cit., Parte I, cap. 11, p. 47).

de subordinação é apresentada como uma espécie de dado da natureza, por razões de ordem "científica", no quadro da teoria econômica, quando não é defendida com argumentos de ordem moral e até religiosa.

Nas sociedades contemporâneas, esse amplo trabalho de propaganda axiológica faz-se, primacialmente, por intermédio dos grandes veículos de comunicação coletiva: a imprensa, o rádio, a televisão, o cinema, ou a internet, todos eles, hoje, ligados tecnicamente num sistema global (multimídia). Por isso, essas redes de comunicação, de âmbito crescentemente transnacional, são controladas, na sociedade capitalista contemporânea, pelos grupos empresariais que formam a classe dominante, e que defendem, de modo sempre mais intenso, valores, organizações de poder e práticas de vida homogêneas para o mundo todo (a chamada política de globalização econômica e cultural).

Mas a verdade é que, se todo poder institucionalizado, para sobreviver, deve harmonizar-se com o ideário em vigor na sociedade, os valores, crenças e mitos sociais, quando consagrados nas instituições oficiais de poder, tendem invariavelmente a se enfraquecer e a se corromper. São Paulo procurou ilustrar essa verdade, ao desenvolver, sobretudo na Epístola aos Romanos, o argumento de que, não obstante a Lei e as obras da Lei, os judeus não alcançariam a salvação sem a Graça, isto é, sem a intervenção gratuita do Altíssimo. As promessas de *Iahweh* não puderam ser cumpridas, porque o povo de Israel não soube vivificar as suas instituições com a Palavra do Senhor. Ou seja, na oposição entre o que São Paulo chamou de carne e espírito, a tendência trágica seria sempre a da prevalência daquela sobre este.

Os fatores condicionantes

Seriam os homens, realmente, senhores do seu destino, ou a liberdade não passaria de um mito, que a fé cristã, como acreditava Lutero,[22] ou a ciência, como sustentam algumas correntes de pensamento contemporâneas, deve afastar em definitivo?

Efetivamente, o acelerado desenvolvimento da genética, no campo científico

22. Cf. Parte II, cap. II.

e no tecnológico, desde a segunda metade do século xx, tem suscitado opiniões extremadas sobre o futuro da humanidade.

Há, assim, os que esperam, mediante o desvendamento progressivo do mundo dos genes, poder eliminar, dentro em pouco, as incertezas que sempre estiveram ligadas ao comportamento humano. Seria perfeitamente possível, nessa linha de pensamento, a par da identificação dos genes responsáveis pelas características psicossomáticas de cada indivíduo, ou pelas moléstias e malformações que afetam o organismo humano, explicar geneticamente os principais traços de caráter moral das pessoas, e mesmo prever, com científica certeza, os grandes rumos da vida social.

Em complemento a essa visão determinista do fenômeno humano, o extraordinário avanço da biotecnologia vem também suscitando a esperança de uma reconstrução genética integral do homem, desde a clonagem de indivíduos até a criação programada de uma espécie humana modelar, segundo a tábua de valores aceita pelos grupos sociais dominantes, detentores do monopólio do saber e dos recursos materiais tecnológicos.

É triste reconhecer que, neste início do século xxi, ainda possa medrar um pensamento tão grotescamente simplificador da realidade humana.

O patrimônio genético é, obviamente, um dado natural primário, que não pode jamais ser afastado na compreensão do homem. Mas não é menos certo que, a par do genótipo, outros fatores intervêm, de modo indefectível, na formação do indivíduo e, por via de consequência, na construção da sociedade: o meio ambiente geográfico, o meio social mais amplo em que se inserem os indivíduos, bem como cada um destes, numa atuação reflexa sobre si mesmo. A grande especificidade do gênero humano reside justamente no fato de que, embora produto e elemento integrante da biosfera, ele passou a alterá-la decisivamente no curso do processo evolutivo, e tornou-se, afinal, capaz de interferir na geração e sobrevivência de todas as espécies vivas. Na etapa atual da evolução, como todos reconhecem, o componente cultural, isto é, o elemento criado pelo próprio homem, é mais acentuado que o componente natural, "herdado" pelo gênero humano. Até o aparecimento da linguagem, a evolução cultural foi quase imperceptível. A partir de então, porém, ou seja, a contar desse marco histórico decisivo, ocorrido há cerca de 40 mil anos, a evolução cultural cresceu mais rapidamente do que nos milhões de anos que a precederam. O homem perfaz assim, indefinidamente, a sua própria natureza, ao mesmo tempo que transforma a Terra, tornando-a sempre mais dependente de si próprio.

O fantástico progresso da biotecnologia representa, na verdade, a mais cabal afirmação da liberdade humana, em completo contraste com o determinismo evolutivo das demais espécies vivas. Todo o problema reside, porém, em saber o que faremos com essa capacidade crescente de interferir na biosfera e na evolução do gênero humano. Seremos capazes de conduzir a humanidade rumo a uma vida mais plena e feliz? Ciência sem consciência, como advertiu Rabelais, é o caminho certeiro para a ruína do homem.

O patrimônio genético não é, porém, o único fator condicionante básico da vida humana. Outros existem, e a ele se ligam estreitamente, numa vinculação indissolúvel entre natureza e cultura. A dialética entre os desafios do meio ambiente e a resposta adaptativa do patrimônio genético está na base da intuição genial de Charles Darwin quanto à evolução das espécies.

Por outro lado, não é difícil perceber, no curso da História, uma correlação permanente entre meio geográfico e saber tecnológico.

Assim é que, graças à grande extensão longitudinal do continente euro-asiático, em contraste com a maior extensão latitudinal dos continentes africano e americano, as primeiras grandes invenções, originadas a partir do século VII a.C. na região do chamado Crescente Fértil (o vale formado entre os rios Tigre e Eufrates, de onde a sua denominação de Mesopotâmia)[23] — a saber, a roda, a escrita silábica, a metalurgia, a ordenha do gado, o cultivo das árvores frutíferas, a cerveja e o vinho —, espraiaram-se em tempo relativamente rápido a todo o continente, da Irlanda ao Japão, numa extensão de quase 13 mil quilômetros. Em sentido oposto, as rodas inventadas pela população pré-histórica do México, ou os sistemas de representação escrita de palavras, utilizados pelos povos mesoamericanos, nunca chegaram a ser conhecidos na região andina; assim como os únicos pequenos animais de tração e carga, originados no continente americano — a lhama e a alpaca — foram criados tão só nos Andes. [24]

A diferente morfologia dos continentes foi o fator decisivo para esse resultado. Em todo o bloco euro-asiático, estendido predominantemente no sentido

---

23. De *mesos* (o que está no meio) e *potamós* (rio).

24. Cf. Jared Diamond, *Guns, Germs, and Steel*, Nova York e Londres, W.W. Norton & Company, 1997, cap. 10.

longitudinal, o ritmo das estações e o regime de chuvas são praticamente os mesmos. Além disso, de leste a oeste, no território continental, não se encontram grandes barreiras naturais a impedir o deslocamento e, por conseguinte, a comunicação dos diferentes povos. Essa é a razão pela qual as primeiras plantas alimentícias (os cereais) e os primeiros animais domesticados, surgidos originariamente na Mesopotâmia por volta do ano 8000 a.C., chegaram à Grécia, Chipre e ao subcontinente indiano em 6500 a.C., ao Egito em 6000 a.C., à Europa Central meio milênio depois, ao sul da Espanha em 5200 a.C. e à Grã-Bretanha por volta de 3500 a.C. Nas Américas, ao contrário, a grande variedade climática de norte a sul, numa extensão de mais de 14 mil quilômetros, bem como a existência de barreiras naturais ao deslocamento humano por terra, como a região desértica onde se situam os atuais Estados de Arizona e Texas nos Estados Unidos, a floresta Amazônica, o deserto de Atacama no litoral chileno e a cadeia dos Andes, tornaram impossível a difusão continental das grandes técnicas de produção alimentar, transporte e comunicação.

A primeira grande revolução tecnológica que a humanidade conheceu — a agricultura sedentária — foi responsável pela criação das primeiras organizações estáveis de poder (embrião dos futuros Estados) e da diversificação funcional no interior de cada sociedade.[25]

Acontece que o saber tecnológico não é apenas condição de desenvolvimento dos sistemas de organização social, mas também um dos grandes instrumentos de exercício do poder. Pode-se mesmo dizer que a utilização da tecnologia como recurso de poder foi a maior de todas as invenções dos povos europeus, e um dos principais elementos de distinção entre a antiguidade e a era moderna.

Durante cerca de 10 mil anos, de 8500 a.C. a 1450 A.D., a Europa sempre esteve atrasada tecnologicamente, em relação ao Crescente Fértil, à China e à Índia. Os chineses, em particular, bem antes dos europeus, inventaram a bússola como instrumento de navegação, o leme de popa, o ferro fundido, as comportas de canal, as sondagens profundas, os arreios peitorais para os animais de tração, a pólvora, os tipos móveis de imprensa, o papel, a porcelana. Mas ao contrário do que veio a suceder na Europa a partir da Baixa Idade Média, essas invenções notáveis jamais foram utilizadas como instrumentos de transformação da sociedade e de conquista imperial. A China permaneceu aferrada às suas tradições imemoriais,

---

25. Jared Diamond, op. cit., pp. 260 e ss. e 284 e ss.

orgulhosa de sua condição de centro do mundo (o Império do Meio), estimando que nada tinha a ganhar nem a aprender com os povos bárbaros do estrangeiro.

O sobranceiro isolamento chinês, refratário à utilização das invenções tecnológicas como instrumento de poder, não foi o único caso no Oriente. Os japoneses, que também se utilizavam há séculos da pólvora para os fogos de artifício, só vieram a conhecer as armas de fogo em 1543, quando dois aventureiros portugueses desembarcaram no país, portando arcabuzes. Impressionados com a capacidade destrutiva desses artefatos, deram início à sua produção em várias localidades. Em pouco tempo, graças ao seu proverbial engenho, os japoneses desenvolveram uma tecnologia própria para a fabricação de armas de fogo, a ponto de possuírem, já por volta de 1600, a melhor indústria armamentista do mundo.

Mas o estamento dominante no Japão naquela época, formado pelos guerreiros samurais, não podia aceitar esse tipo de armamento, pois ele representava a destruição do seu estilo de vida e de dominação social. Os samurais tinham a tradição ritual de combates individuais com espada, símbolo do poder. Ora, assim como a introdução das armas de fogo na Europa, no século XIV, anunciou a destruição do estamento medieval dos cavaleiros, da mesma forma elas acabariam por liquidar a hegemonia dos samurais no Japão, se estes não tivessem tomado, a partir do século XVII, a decisão de confinar a fabricação desse tipo de armamento a algumas cidades apenas e, depois, de proibir definitivamente o seu fabrico e uso em todo o país.[26]

Foi só em 1867, com o advento da dinastia Meiji, que o Japão refundou a sua indústria bélica, com base na tecnologia europeia. E o poderio militar do país cresceu tão rapidamente, que já no final do século (1895) os japoneses derrotavam os chineses, e dez anos depois os russos, em duas memoráveis guerras.

Não há dúvida que a introdução da mentalidade tecnológica — o advento do *Homo faber* —, em lugar da mentalidade especulativa ou religiosa, representou a primeira grande revolução nas sociedades antigas. Na Europa, o frade Roger Bacon, que na segunda metade do século XIII idealizou as lentes de aumento, as máquinas voadoras, os navios motorizados e o processo de fabricação da pólvora, foi julgado e condenado por heresia pela Santa Inquisição. Todavia, quase três séculos mais tarde, na mesma Grã-Bretanha, um outro Bacon, Sir Francis, pôde voltar ao assunto sem risco de perseguição religiosa, não só para advogar a superação do antigo saber especulativo pela nova lógica, como também para enfatizar a

---

26. Apud Jared Diamond, op. cit., pp. 257-8.

excelência da tecnologia como instrumento de civilização. Mas, então, já as chamadas ciências da natureza contavam com os primeiros aparelhos de precisão, para a observação do Universo.

No *Novum Organon*, publicado em 1620, ao criticar o método puramente silogístico da escolástica decadente, Francis Bacon advertiu que "singulares opiniões abstratas sobre a natureza e os princípios das coisas não são de grande importância para a sorte da humanidade, pois se assim fosse, seria fácil reviver muitas teorias antigas e introduzir novas". O que importa, antes de tudo, salientou, é "estender mais amplamente os limites do poder e da dignidade dos homens, dando-lhes fundamentos mais firmes".[27] Assim, "a introdução de grandes invenções representa uma das mais eminentes ações humanas". Para que nos apercebamos disso, aduziu, basta considerar a enorme diferença de qualidade de vida entre "os mais civilizados países da Europa e a selvagem e bárbara região da Nova Índia.[28] Essa diferença é tão grande que se pode muito bem dizer que *o homem é Deus para o homem*, não só pelo auxílio e as benfeitorias que pode prestar ao seu semelhante, como ainda pelo fato de que, comparando-se ambas as situações, verifica-se que a grande diferença entre elas é resultado não do clima ou do solo, mas das artes técnicas".[29]

Seguindo nessa mesma linha de raciocínio, Descartes, dezessete anos depois, observou no *Discurso sobre o método* que os conhecimentos da ciência física, ao contrário das noções puramente abstratas, são utilíssimos para a vida, pois "ao contrário dessa filosofia especulativa, que se ensina nas escolas, neles se pode encontrar uma prática pela qual, ao conhecermos a força e as ações do fogo, da água, do ar, dos astros, dos céus e todos os outros corpos que nos cercam, tão distintamente quanto conhecemos os diversos ofícios dos artesãos, poderíamos empregá-los do mesmo modo a todos os usos aos quais eles são apropriados, tornando-nos, assim, senhores e possuidores da natureza".[30]

Mas foi, incontestavelmente, Karl Marx quem tirou todas as consequências sociopolíticas do fenômeno tecnológico, na era moderna, ao mostrar como a classe burguesa, ao fundar a produção econômica na exploração da ciência aplica-

---

27. Edição *Britannica Great Books of the Western World*, nº 30, § 116, p. 131.

28. Ou seja, o continente americano, no qual a colonização anglo-saxônica começava então a expandir-se.

29. Edição *Britannica Great Books of the Western World*, nº 30, § 129, p. 135.

30. René Descartes, op. cit., sexta parte, pp. 62-3.

da, e ao monopolizar em seu proveito as invenções tecnológicas, avançava a passos largos para assentar a sua dominação sem fronteiras em todo o orbe terrestre.

Ora, o espetacular avanço do saber tecnológico, em ritmo de crescimento geométrico, não apenas revolucionou a forma de exercício do poder sobre a natureza e a sociedade, como também abalou fundamente o sistema de valores éticos, vigentes no mundo antigo. A utilidade pura e simples, a capacidade de produzir tecnicamente qualquer resultado, tende a ser a nova deusa, venerada em todos os quadrantes do globo. Esse culto da técnica por si mesma, se não for eticamente contra-arrestado, acabará por produzir uma cultura única e igual para todos os povos. A descontrolada hegemonia técnica procura inculcar, em todos os quadrantes da Terra, a convicção de que nada de factível pelo engenho humano deve ser proibido em nome de valores outros, como a preservação do equilíbrio ecológico, do patrimônio artístico mundial, ou simplesmente da dignidade do ser humano.

Para esse resultado funesto, muito contribuíram os próceres do pensamento utilitário, a partir do século XVII,[31] os quais tenderam a fazer da ética a mera justificativa das ações humanas, voltadas à realização do interesse pessoal. Nessa concepção, a ética não passaria de simples modalidade da retórica, como queriam os sofistas gregos, ou seja, uma técnica de persuasão, muito longe daquela sabedoria (*phrónesis*) do bem e do mal, a verdadeira ciência da felicidade humana, como sustentou Aristóteles.

Neste início do século XXI impossível negar a crise de identidade que afeta o gênero humano. Quem somos nós, afinal? —, perguntamo-nos todos, cada vez mais perplexos e inseguros.

Na mitologia grega, essa interrogação fundamental já havia sido feita e respondida inequivocamente: a capacidade de fazer ou criar (*poiein*), bem como a de estudar e aprender (*manthanein*), malgrado a sua origem divina, conduzem a humanidade à catástrofe, quando separadas da sabedoria do agir (*prattein*).

No *Prometeu Acorrentado* de Ésquilo (versos 445 a 470), o titã se vangloria de ter dado aos homens a eminência do saber científico e tecnológico:

> No início, eles enxergavam sem ver, ouviam sem compreender, e, semelhantes às formas oníricas, viviam sua longa existência na desordem e na confusão. Eles desconheciam as casas ensolaradas de tijolo, ignoravam os trabalhos de carpintaria; viviam debaixo da terra, como ágeis formigas, no fundo de grotas sem sol. Para eles, não havia sinais seguros nem

---

31. Cf. Parte II, cap. VI.

do inverno nem da primavera florida nem do verão fértil; faziam tudo sem recorrer à razão, até o momento em que eu lhes ensinei a árdua ciência do nascente e do poente dos astros. Depois, foi a vez da ciência dos números, a primeira de todas, que inventei para eles, assim como a das letras combinadas, memória de todas as coisas, lavor que engendra as artes. Fui também o primeiro a subjugar os animais, submetendo-os aos arreios ou a um cavaleiro, de modo a substituir os homens nos grandes trabalhos agrícolas, e atrelei às carruagens os cavalos dóceis com que se ornamenta o fasto opulento. Fui o único a inventar os veículos com asas de tecido, os quais permitem aos marinheiros correr os mares.

Esse lado quase divino do ser humano é reafirmado pelo coro, na *Antígona* de Sófocles. Mas ele não deixa de concluir, sabiamente (versos 364 a 369):

Todavia, ao se tornar assim senhor de um saber cujos engenhosos recursos ultrapassam toda esperança, ele pode em seguida tomar o caminho do mal como do bem. Que o homem inclua, pois, nesse saber, as leis da sua *pólis* e a justiça dos deuses, à qual jurou fidelidade!

No mito da criação do homem, contado por Protágoras no diálogo de Platão do mesmo nome,[32] os perigos do desenvolvimento da técnica sem um correspondente progresso ético são claramente apontados.

Segundo o relato mitológico, chegado o tempo da criação dos animais, decidiram os deuses no Olimpo confiar a dois de seus pares, os irmãos Epimeteu e Prometeu, a incumbência de determinar as qualidades a serem atribuídas a cada espécie. Epimeteu[33] propôs então a seu irmão que o deixasse fazer sozinho essa distribuição de qualidades entre as diferentes criaturas, ficando Prometeu encarregado de verificar em seguida que tudo havia sido bem-feito.

Obtido o acordo de seu irmão, Epimeteu pôs mãos à obra e passou a distribuir as qualidades, de modo a assegurar a todos os animais terrestres, apesar de suas diferenças, uma igual possibilidade de sobrevivência. Assim, para evitar que eles se destruíssem mutuamente, atribuiu a certas espécies a força sem a velocidade, dando

---

32. Platão, *Diálogos*, 320 *c* e ss.

33. Os nomes dos dois irmãos parecem ser um trocadilho composto pelo radical do verbo μανθάνω — aprender, estudar, compreender — e os prefixos *epi* (após) e *pro* (antes). Assim, Epimeteu é o imprevidente, isto é, "o que pensa depois" e Prometeu, "o que pensa antes".

a outras, ao contrário, a velocidade sem a força. Da mesma sorte, a fim de protegê-los contra as intempéries, Epimeteu revestiu os animais de peles ou carapaças adequadas. Quanto às fontes de alimentação, no intuito de preservar o equilíbrio ecológico, decidiu que cada espécie teria o seu alimento próprio no reino vegetal, e que, quando certos animais servissem de pasto a outros, estes seriam menos fecundos que aqueles, de modo a garantir a sobrevivência de todo o reino animal.

Estava assim Epimeteu pronto a declarar terminada a tarefa, quando se deu conta, subitamente, de sua imprevidência: ele havia distribuído todas as faculdades disponíveis entre os animais irracionais, mas nada sobrara para compor o ser humano, que iria nascer nu e inerme. Foi nessa situação embaraçosa que Prometeu o encontrou, ao vir examinar se tudo havia sido bem-feito. Que fazer? Esgotadas as qualidades destinadas aos seres mortais, só restavam disponíveis os atributos próprios dos deuses. Numa decisão ousada, Prometeu sobe então ao Olimpo e logra subtrair de Hefaísto e de Atenas o conjunto das técnicas, ou seja, a capacidade inventiva dos meios próprios de subsistência, a fim de entregar aos homens essa qualidade divina.

E assim se fez. Sucedeu, porém, que os homens, embora munidos da habilidade técnica para produzir os meios de subsistência (περὶ τὸν βίον σοφίαν), revelaram-se desde logo incapazes de conviver harmonicamente uns com os outros, pois ignoravam a arte política ((πολιτική σοφία). Ora, esta era um atributo próprio de Zeus, e Prometeu já não tinha como voltar a escalar a Acrópole do Olimpo e ludibriar a forte guarda pessoal do deus superno, para dele subtrair, como fizera com a técnica material, a nobre arte de governo.

Felizmente para a espécie humana, Zeus lançou os olhos à Terra e, compadecendo-se da situação aflitiva em que se encontravam os homens, ocupados em se destruírem uns aos outros em dissensões e guerras contínuas, temeu pela sua sobrevivência. Decidiu então enviar Hermes como seu mensageiro pessoal, recomendando-lhe que atribuísse aos seres humanos os sentimentos de justiça (*dikê*) e de respeito pelos outros (*aidôs*), sem os quais não há sociedade que subsista.

Antes de partir para a Terra, no entanto, Hermes indagou de Zeus se deveria distribuir entre os homens o dom da arte política, da mesma maneira que o fizera com a habilidade técnica. Esta, com efeito, em suas diferentes modalidades, não fora dada a todos indistintamente, mas na proporção de um especialista para cada grupo, mais ou menos numeroso, de não especialistas. Assim, por exemplo, nem todos os homens precisavam entender de medicina, bastando que existissem alguns médicos para cuidar adequadamente da saúde geral da coletividade.

A resposta de Zeus foi categórica: todos os homens, indistintamente, haviam de possuir a arte política, pois, caso contrário, se apenas alguns fossem nela instruídos, não haveria harmonia social, e a espécie humana acabaria por desaparecer da face da Terra. O pai dos deuses chegou a recomendar a seu mensageiro que instituísse a pena de morte para todo aquele que se revelasse incapaz de praticar a arte de governo, pois ele seria como que o inoculador de uma doença letal no corpo da sociedade.

Esse célebre mito ilustra, maravilhosamente, a realidade sistêmica da estrutura social: a ligação da técnica com o ideário e as instituições políticas e, em particular, o papel eminente da ética como fator de preservação da vida na face da Terra.

2. A PERSPECTIVA HISTÓRICA

Na histografia, o método sistêmico acabou também por se impor no curso do século XX. Percebeu-se, não só que nenhuma compreensão do fato histórico é possível sem o recurso a um conjunto de saberes interconectados — economia, sociologia, antropologia, direito, geografia, linguística —, como ainda reconheceu-se que a História é um processo global, que abrange necessariamente, no espaço limitado da biosfera, uma crescente intercomunicação de todos os povos da Terra.[34]

Ora, no curso desse processo global, é possível identificar uma fase decisiva, que representa como que o divisor de águas de toda a evolução histórica.

O período axial

Numa interpretação que Toynbee considerou iluminante,[35] Karl Jaspers[36] sustentou que o curso inteiro da História poderia ser dividido em duas etapas, em função de uma determinada época, entre os séculos VII e II a.C., a qual formaria, por

34. Na origem dessa transformação dos estudos históricos estão os trabalhos de Claude Berr, em 1920, ao iniciar a publicação da coleção *Histoire de l'Humanité*; a fundação da revista *Annales d'histoire économique et sociale*, por Lucien Febvre e Marc Bloch em 1929; e a publicação, a partir de 1934, dos doze volumes de *A Study of History* de Arnold J. Toynbee.
35. Cf. *Mankind and Mother Earth — A narrative history of the world*, Oxford University Press, 1976, p. 177.
36. *Vom Ursprung und Ziel der Geschichte*, 8ª ed., Munique-Zurique, R. Piper & Co. Verlag, 1983 [1949], pp. 19-42.

assim dizer, o eixo histórico da humanidade. Daí a sua designação, para essa época, de período axial (*Achsenzeit*).

Entre 600 e 480 a.C., coexistiram, sem se comunicarem entre si, alguns dos maiores doutrinadores de todos os tempos: Zaratustra na Pérsia, Buda na Índia, Lao-Tsé e Confúcio na China, Pitágoras na Grécia e o Dêutero-Isaías em Israel. Todos eles, cada um a seu modo, foram autores de visões do mundo, a partir das quais estabeleceu-se a grande linha divisória histórica: as explicações mitológicas anteriores são abandonadas e o curso posterior da História passa a constituir um longo desdobramento das ideias e princípios expostos durante esse período.

Deve-se, no entanto, observar que, se o século VIII a.C. pode ser admitido como início do período axial[37] — pois foi então que surgiram os primeiros profetas de Israel, sobretudo Isaías, e é também o século de Homero —, o encerramento desse período histórico decisivo deve ser reportado pelo menos até 632 A.D., ano em que faleceu o profeta Maomé, fundador da última grande religião monoteísta.

Foi durante o período axial que se enunciaram os grandes princípios e se estabeleceram as diretrizes fundamentais de vida, em vigor até hoje.

No século VI a.C. na Jônia, e no século seguinte em Atenas (o "século de Péricles"), nasce a filosofia, substituindo-se, pela primeira vez na História, o saber mitológico da tradição pelo saber lógico da razão. O indivíduo ousa exercer a sua faculdade de crítica racional da realidade. No diálogo *Fedro*, de Platão (229 *e*), ao discutir com seu interlocutor a lenda de uma deusa (provavelmente, Cibele), Sócrates afirma não ter tempo de analisar esse assunto, pois ainda não era capaz de cumprir integralmente o sábio conselho inscrito na fachada do templo de Apolo, em Delfos: "conhece-te a ti mesmo". O que Sócrates e todos os pensadores antigos não perceberam, porém, é que o mito, como forma simbólica de interpretar o mundo, faz parte da mente humana, ou seja, do próprio eu.

Aliás, nesse mesmo século V a.C., em Atenas, junto com a democracia surge o teatro trágico, e essa sincronia, como se observou, não foi meramente casual.[38] A negação de todo poder político superior ao do próprio povo coincidiu, historicamente, com o questionamento dos mitos religiosos tradicionais. Qual deveria ser, doravante, o critério supremo das ações humanas? Não poderia ser outro, senão o próprio

---

37. Toynbee sustenta que o início desse período remonta a 1060 a.C., quando surgiram os primeiros profetas sírios, prováveis inspiradores dos profetas de Israel.

38. Cf. Jacqueline de Romilly, *La Tragédie Grecque*, Paris, Presses Universitaires de France, 1973, pp. 14-5; e *Pourquoi la Grèce*, Paris, Éditions de Fallois, 1992, pp. 185 e ss.

homem. Mas como definir esse critério, ou melhor dizendo, quem é o homem? Se já não há nenhuma justificativa ética para a organização da vida humana em sociedade numa instância superior ao povo, o homem torna-se, em si mesmo, o principal objeto de análise e reflexão. A tragédia grega, muitos séculos antes da psicanálise, representou a primeira grande introspecção nos subterrâneos da alma humana, povoados de paixões, sentimentos e emoções, de caráter irracional e incontrolável. O homem aparece, aos seus próprios olhos, como um problema, ele é em si mesmo um problema, no sentido que a palavra tomou desde logo entre os geômetras gregos: um obstáculo à compreensão, uma dificuldade proposta à razão humana.

Na linha dessa tendência à racionalização, durante o período axial as religiões tornam-se mais éticas e menos rituais ou fantásticas. Em lugar dos antigos cultos da natureza, ou da adoração dos soberanos políticos, busca-se alcançar uma esfera transcendental ao mundo e aos homens; ou então, como na China, desenvolve-se a veneração aos antepassados, não como divindades, mas como modelos éticos para as novas gerações. Algumas ideias cardeais do ensinamento religioso de Zaratustra — a imortalidade da alma, o Julgamento Final, a atuação divina sobre o mundo por meio do Espírito Santo — são assimiladas pelo judaísmo e, por intermédio deste, passam ao cristianismo e ao islamismo.

Entre os séculos IX e IV a.C., o monoteísmo se afirma em Israel, com a redação dos cinco primeiros livros da Bíblia (por isso chamados Pentateuco). Ele alcança sua expressão mais pura no século VII a.C., com o Dêutero-Isaías, o autor anônimo dos capítulos 40 a 55 do Livro de Isaías. A relação religiosa torna-se mais pessoal e o culto menos coletivo ou indireto: a grande inovação é que os indivíduos podem, doravante, entrar em contato direto com Deus, sem necessidade da intermediação sacerdotal ou grupal.

Enquanto isso, a força da ideia monoteísta acaba por transcender os limites do nacionalismo religioso, preparando o caminho para o culto universal do Deus único e a concórdia final entre as nações.[39] O cristianismo, em particular, levou às

---

39. Dias virão em que o monte da casa de *Iahweh*
será estabelecido no mais alto das montanhas
e se alçará acima de todos os outeiros.
A ele acorrerão todas as nações,
muitos povos virão, dizendo:
"Vinde, subamos ao monte de *Iahweh*,
à casa do Deus de Jacó,

últimas consequências o ensinamento ecumênico de Isaías, envolvendo-o na exigência de amor universal.[40]

Durante esse período histórico, como assinalou Fustel de Coulanges, as cidades-Estados da bacia do Mediterrâneo conheceram as suas primeiras grandes revoluções.[41] No passado, a religião havia sido o fundamento de toda a organização política e social; os governantes eram, antes de tudo, sacerdotes, e a sua função essencial consistia em cumprir regularmente as cerimônias religiosas. Eis que, doravante, o fundamento da vida política tornou-se outro: já não consistia em agradar aos deuses, mas em buscar, antes de tudo, o interesse terreno. A função dos governantes passou a ser, essencialmente, a manutenção da paz interior e a aquisição da potência exterior. Ao mesmo tempo, com o declínio das crenças ancestrais, perdeu sentido a antiga divisão da sociedade em estamentos de índole religiosa. A tradicional dicotomia da sociedade em aristocratas ou bem-nascidos (*aristoi, eugeneis*) e gente pobre ou ordinária (*penetes, phauloi*) começou a ser contestada na Grécia já no final do século VIII a.C. Em Roma, o conflito entre patrícios e plebeus principiou no século VI a.C.

Mas a mudança radical de valores, provocada pelo declínio do sentimento religioso, não se limitou a isso. Na Grécia e em Roma, por volta do século VI a.C., surgem os primeiros empreendimentos de tipo industrial e a atividade mercantil começa a ser tratada com menos desprezo.

Outras grandes inovações vieram à luz no mesmo período. Em meio à multidão dos miniestados e cidades-Estados da época, com culturas locais próprias e em perpétua guerra entre si, tecem-se os primeiros laços de aproximação e compreen-

---

para que ele nos instrua a respeito dos seus caminhos
e assim andemos nas suas veredas".
Com efeito, de Sião sairá a Lei,
e de Jerusalém, a palavra de *Iahweh*.
Ele julgará as nações,
ele corrigirá muitos povos.
Estes quebrarão as suas espadas, transformando-as em relhas,
e as suas lanças, a fim de fazerem podadeiras.
Uma nação não levantará a espada contra a outra,
nem se aprenderá mais a fazer guerra. (Isaías 2, 2-4).
40. Nos textos evangélicos, já foram discernidas pelo menos 24 citações do Livro de Isaías.
41. *La Cité Antique: Étude sur le culte, le droit, les institutions de la Grèce et de Rome*, livro IV. A primeira edição dessa obra foi publicada em 1864. Há uma tradução recente em português, feita por Aurélio Barroso Rebello e Laura Alves, sob o título *A Cidade Antiga*, publicada no Brasil por Ediouro em 2003.

são mútua entre os diversos povos. Confúcio e Moti fundam escolas de sabedoria, às quais acorrem alunos de todas as partes da China. Buda inicia seus longos périplos pelo vasto continente indiano. Os filósofos gregos viajam pela bacia do Mediterrâneo como exploradores e conselheiros de governantes. As primeiras escolas de filosofia instalam-se na Grécia, atraindo discípulos de toda a Hélade. Heródoto narra suas viagens, comparando os diferentes costumes e tradições dos povos, o que lançou as primeiras bases para a compreensão da relatividade das civilizações e da igualdade essencial do ser humano.

Em suma, antes do período axial, em todas as civilizações a vida ética era dominada pelas crenças e instituições religiosas, sem que houvesse nenhuma distinção objetiva entre religião, moral e direito. Além disso, a humanidade constituía uma espécie de arquipélago, onde as ilhas culturais tinham o seu próprio ideário e as suas próprias instituições de poder, pois cada sociedade estava intimamente ligada aos seus deuses particulares, de todo estranhos aos das sociedades vizinhas, e mesmo inimigos destas.

A partir do período axial, igualmente, no mundo todo, mas de modo mais profundo e em ritmo mais célere nas civilizações da bacia do Mediterrâneo, observa-se uma evolução em sentido inverso: os agrupamentos locais tendem a se aproximar uns dos outros pela difusão dos meios técnicos, a prática das relações de comércio e a ambição política de conquista; enquanto os componentes da vida ética — a religião, a moral e o direito — começam a apresentar, internamente, uma tendência à desconexão.

Tal se deu por efeito de dois fatores principais: o nascimento da filosofia ou saber racional e o surgimento das primeiras religiões universais, como os monoteísmos missionários (não o monoteísmo original dos judeus, que conservou o caráter de uma religião nacional) e o budismo. Ambos os fatores históricos representaram um movimento convergente de superação do ideário tradicional. Doravante buscou-se, em todas as áreas culturais do planeta, um fundamento absoluto e transnacional para a vida ética. Mas enquanto a filosofia tendia a reduzir a religião a um fenômeno puramente humano e, por conseguinte, sujeito, tão só, ao crivo da razão, o monoteísmo e o budismo procuraram submeter inteiramente o homem a leis sobrenaturais e, portanto, reconstruir a organização social em bases estritamente religiosas. Um fator adicional de conflito foi a áspera rivalidade entre cristianismo e islamismo na conquista dos fiéis.

Toda a lógica da evolução da humanidade, a partir do período axial, obedece

41

a esse movimento dual, de choque e aproximação entre os povos; de perda e reconstrução da antiga unidade ética.

O desenvolvimento histórico a partir do período axial

A partir do término do período axial, que podemos fixar convencionalmente na primeira metade do século VII A.D., com a morte do profeta Maomé, desenvolve-se, com epicentro na Europa Ocidental e daí se espraiando ao resto do orbe terrestre, um movimento irreversível de ruptura com o mundo antigo.

Já na Alta Idade Média europeia, ocorreu, ao final do século VIII, um extraordinário salto tecnológico na agricultura.

Algumas poucas invenções, de surpreendente simplicidade, mas de extraordinária eficácia, marcam o que se convencionou denominar a revolução agrícola medieval: o sistema de pousio trienal do solo, que mantinha a sua fertilidade natural; a utilização dos equinos na lavoura, desenvolvendo uma energia muscular muito superior à humana; a introdução de um modo de arrear os animais de tração que não dificulta a sua respiração. Tudo isso, sem contar os vários avanços técnicos na pecuária e na piscicultura, ou a abertura de estradas, a drenagem de regiões pantanosas e a criação de novos métodos de irrigação das lavouras, por meio da canalização de numerosos cursos de água. Em pouco tempo, o rendimento agrícola aumentou significativamente e, graças a ele, a Europa conheceu um crescimento demográfico que jamais experimentara, ao passar a sua população, entre o ano 700 e o início do século XIV, de 17 milhões a 70 milhões de almas. O movimento de acelerada urbanização da Baixa Idade Média tem aí uma de suas principais explicações.

Seria tal fato mais uma prova de que a mola mestra da evolução histórica é constituída pelas mudanças técnicas na forma de produção, as chamadas "forças produtivas" da teoria marxista?

A redução da extrema complexidade da vida social a uma equação tão simples não deixa de suscitar fundadas dúvidas. É preciso não esquecer que a revolução agrícola medieval não surgiu de improviso, mas foi a consequência de uma profunda alteração no quadro de valores, crenças e opiniões vigentes no ocaso do império romano do Ocidente, graças à expansão do movimento monástico a toda a Europa ocidental, a partir do século VI, por obra da ordem beneditina. O preceito fundamental das Regras de São Bento — *ora et labora* — veio pela primeira vez valorizar, ética e religiosamente, o trabalho manual. Além disso, a criação das fazendas e granjas-modelos da ordem cisterciense, do século XII em diante, influiu poderosamente na reintrodução da liberdade de comércio e de transporte em todo o vasto território do ocidente europeu, após o período de esfacelamento do poder político e de generalizada insegurança, introduzido pelas invasões bárbaras. Enquanto na Inglaterra os monges se especializaram na criação de ovelhas e na exportação de lã, na França e na Alemanha os mosteiros desenvolveram a plantação de videiras e a exportação de vinhos de alta qualidade. Tudo isso exigia, como é óbvio, uma alteração fundamental na organização política dos povos, e acabou por suscitar os primeiros regimes de centralização monárquica, com a redução dos privilégios tradicionais da nobreza e do alto clero.[42]

A compreensão sistêmica da vida em sociedade explica o fenômeno da extraordinária expansão urbana que conheceu a Europa durante a Baixa Idade Média. É certo que para isso muito contribuiu a reconquista, pelos povos europeus, da liberdade de navegação no Mediterrâneo, com a consequente retomada do comércio com o Oriente, após o bloqueio de cinco séculos imposto ao continente pelos muçulmanos.[43] Mas não é menos certo que, graças à invasão sarracena, a Europa conheceu um verdadeiro renascimento intelectual, ao retomar contato com as grandes obras da filosofia e da ciência helenísticas, que ficaram sepultadas para o Ocidente durante séculos. Assim é que os *Elementos* de Euclides e o tratado de óptica de Ptolomeu foram traduzidos do árabe no século XII, e que o inglês Daniel de Morley, na mesma época, reconheceu, em carta a um amigo, a incomensurável superioridade dos árabes sobre os europeus, em matéria de conhecimentos científicos: "Como nos dias de hoje é em Toledo que o ensino ministrado pelos árabes, consistente inteiramente nas artes do *Quadrivium* (matemática, geometria, música e astronomia), é dispensado às multidões, apressei-me em viajar para lá, a fim de ouvir as lições dos maiores sábios do mundo".[44] Não se esqueça, tampouco,

---

42. Sob esse aspecto, a *Magna Carta*, que os bispos e barões ingleses conseguiram impor a João Sem-Terra em 1215, foi, sem dúvida, um documento reacionário. Cf. a minha obra *A afirmação histórica dos direitos humanos*, 4ª ed., São Paulo, Saraiva, cap. I.

43. O grande historiador belga Jacques Pirenne muito insistiu sobre a importância extraordinária desse fato, como causa do renascimento da economia e da urbanização europeia durante esse período histórico. Cf. suas obras *Histoire économique et sociale du Moyen-Âge*, Paris, Presses Universitaires de France, 1963, e *Mahomet et Charlemagne*, Paris, Presses Universitaires de France, 1970.

44. Citado por Jacques Le Goff, *Les intellectuels au moyen âge*, Paris, Editions du Seuil, p. 23.

que do mundo árabe vieram à Europa não somente a álgebra, mas, antes de tudo, os algarismos ditos arábicos, sem os quais seria impossível qualquer avanço nos cálculos matemáticos.

Mas tais fatos, de importância sem dúvida capital, não explicam por si sós o vigor do espírito de mudança na ordem política, com o crescente conflito entre o imperador e o papa, e a acentuada oposição dos estamentos privilegiados (a nobreza e o clero) às tentativas de aliança entre o rei e a nascente burguesia. Eles tampouco dão conta, quando isoladamente considerados, de dois outros fenômenos extraordinários da época: a primeira revolução industrial[45] e o nascimento do capitalismo.

Entre os séculos XII e XV, a florescência inventiva dos europeus no campo das artes físicas e mecânicas é impressionante, bastando citar, a esse respeito, a bússola (mencionada pela primeira vez na Europa em 1195), os navios a vela sem remadores, as lentes oculares, os portulanos ou primeiras cartas marítimas, o emprego do carvão na indústria, os altos fornos metalúrgicos, o uso do vidro na aparelhagem científica, o relógio mecânico, o moinho eólio, a caravela, os caracteres móveis de imprensa.

De não menor importância, embora comumente descuradas, foram as notáveis invenções europeias na arte mercantil, e que possibilitaram o funcionamento da economia capitalista; a saber, a letra de câmbio, o seguro marítimo, os valores mobiliários e a sociedade por ações. Sem elas, pode-se dizer que a revolução industrial do século XVIII não teria ocorrido.

Ora, ainda aí, importa assinalar que essa explosão de invenções foi preparada por uma notável mudança no ideário dos povos europeus: os homens passaram a olhar os feitos e os ensinamentos do passado não como modelos a serem imitados, mas sim como pontos de partida para a transformação futura do mundo. Com apoio na tradição, a Europa voltou-se decididamente para o porvir. Gilberto de Tournai, no século XII, pôde afirmar, peremptoriamente: "Jamais encontraremos a verdade, se nos contentarmos com o que já foi descoberto. Aqueles que escreveram antes de nós não são senhores, mas guias. A verdade está aberta a todos, ela não foi ainda possuída integralmente". E Bernardo de Chartres acrescentava, na mesma época, referindo-se à autoridade dos antigos: "Nós somos anões sentados nos ombros de gigantes. Vemos, desta forma, muito mais coisas e mais longe que

---

45. Os historiadores contemporâneos sustentam, com razão, que a revolução inventiva industrial do século XVIII na Inglaterra foi precedida por um fenômeno análogo entre os séculos XII e XIV. Cf., a esse respeito, Jean Gimpel, *La révolution industrielle du Moyen Âge*, Paris, Editions du Seuil, 1975.

eles, não porque temos mais acuidade visual, ou porque nossa estatura é maior, mas sim porque eles (os gigantes intelectuais do passado) nos carregam e nos elevam acima de seu porte gigantesco".

Afinal, o que explica a estupenda criatividade da Escola de Sagres? A invenção da caravela por volta de 1430, ou a paixão de mostrar "novos mundos ao mundo" através do mar oceano?[46]

Seja como for, à medida que o homem acumula saber tecnológico nos mais diferentes campos, ele se sente efetivamente "senhor e possuidor da natureza", como disse Descartes. Com isto, aumenta a sua confiança em si mesmo e reduz-se, correspondentemente, a sua fidelidade aos usos e costumes dos antepassados. Rompe-se, em consequência, a unidade do antigo sistema ético, com a dissolução do vínculo que reunia, num todo harmônico, normas religiosas, morais ou de etiqueta, e normas propriamente jurídicas.

Com a intensificação das guerras e das relações comerciais entre os diferentes povos, por efeito dos progressos da técnica da navegação em alto-mar, manifesta-se em todos os continentes um impulso de renovação e mudança. "Tudo o que é estável e firme evapora-se", como diz o *Manifesto Comunista* (*Alles Ständische und Stehende verdampft*). Seria melhor dizer: "começa a evaporar-se", e no sentido contrário à translação da Terra em torno do Sol, isto é, do Ocidente para o Oriente.

A justificação moral e a legitimação política das ações e instituições humanas deixam de ser, como no passado, a guarda das antigas tradições, para se fundarem, doravante, na possibilidade de criação de um mundo novo, cheio das mais exaltantes promessas. O paraíso terrestre já não se considera como tendo existido no passado, mas passa a ser projetado no futuro; ele não se localiza neste ou naquele sítio geográfico determinado, mas em todo e qualquer lugar. É, etimologicamente falando, o inverso da utopia.

Concomitantemente, as sociedades deixam de ser organizadas em estamentos, cada qual com o seu estatuto próprio, e passam, sob a ação determinante da burguesia e em função do sistema capitalista de produção, a se decompor em classes sociais, iguais em direitos, mas cada vez mais desiguais em riqueza e poder. No plano geral das relações entre os diversos povos da Terra, a mesma tendência à desigualdade e ao desequilíbrio crescente é reproduzida.

O que se veio a chamar subdesenvolvimento, em sua dupla dimensão, interna

---

46. Camões, *Os Lusíadas*, canto II, estrofe XLV, verso 360.

e externa, é, com efeito, um dos fenômenos mais recentes da História, e constitui o magno problema do presente.

Chegamos assim, no dealbar no século XXI, a uma fase decisiva na longa ocupação da Terra pelo homem. Trata-se de saber se, ao cabo de um movimento multimilenar de reunião da espécie humana no espaço limitado e convergente do planeta, seremos enfim capazes de reunir os povos do mundo num convívio harmônico e solidário, fundado no respeito à dignidade eminente do ser humano; ou se iremos todos sucumbir, miseravelmente, à dominação destruidora da minoria rica, poderosa e irresponsável.

3. A CONCEPÇÃO DA OBRA

Seguindo o duplo método, estrutural e histórico, anunciado acima, a exposição desenvolve-se em três partes.

Na primeira delas, são analisadas as características essenciais da vida ética no mundo antigo e os principais fatores responsáveis pela sua transformação, de início no Ocidente e depois em todas as demais civilizações: a filosofia, o monoteísmo e o budismo.

Na segunda parte, procura-se refletir sobre o grande conflito ideológico, irrompido na Europa a partir do século XVI e prolongado até o século passado, conflito que moldou fundamente a mentalidade moderna. Não se trata, aqui, de uma exposição abstrata de teorias e sistemas de pensamento, mas de uma reflexão compreensiva, não apenas sobre ideias, mas também sobre modelos pessoais de vida (como os de São Francisco de Assis e de Gandhi), que influenciaram decisivamente a evolução histórica. Aliás, nesse esforço de reflexão sobre os sucessivos sistemas de pensamento ético, o autor procurou reinseri-los no meio cultural em que se desenvolveram, tendo sempre presente a exigência de uma compreensão sistêmica do fenômeno social. Os autores cujo pensamento é aqui exposto foram assim selecionados não pela originalidade de suas ideias no terreno puramente teórico, mas sim pela influência efetiva que tais ideias tiveram na modelagem das instituições sociais, econômicas e políticas do mundo moderno.

A terceira e última parte representa um esforço de construção das bases teóricas e institucionais de instauração de uma nova ética para a humanidade, agora que ela se transforma em sujeito unitário da História.

Parte I

A Passagem do Mundo Antigo
ao Mundo Moderno

Como se procurou mostrar na Introdução, o chamado período axial, ou seja, a fase histórica que vai nuclearmente do século VIII até o século II a.C., representou o grande divisor de águas entre o mundo antigo e o mundo moderno, ao gerar mudanças radicais no ideário, nas instituições e na finalidade da organização política.

É óbvio, porém, que uma revolução dessa ordem não ocorreu subitamente, nem em todas as civilizações ao mesmo tempo.

O objetivo desta primeira parte é considerar, ainda que de modo muito sumário, a fase de transição rumo ao mundo moderno, admitindo-se que este teve início logo após o "outono da Idade Média" europeia, isto é, por volta da segunda metade do século XV. Durante essa época de transmutação, que durou mais de vinte centúrias, os elementos essenciais da antiga vida ética passaram a ser substancialmente transformados, com a progressiva admissão da supremacia do saber racional sobre a velha sabedoria mitológica, e o advento das religiões monoteístas.

Decidiu-se focalizar, para esse fim, exclusivamente as civilizações que se desenvolveram na bacia do Mediterrâneo e no território da Europa ocidental, porque foi aí que despontou, com clara antecedência sobre as outras regiões do orbe terrestre, a nova maneira de viver do gênero humano.

Esta parte compreende quatro capítulos. No primeiro, de ordem geral, procura-se ressaltar as características substanciais da vida ética no mundo antigo, e discutir o efeito dos grandes agentes de transformação. No segundo, reflete-se sobre o nascimento da filosofia ética na Grécia, com especial referência ao pensamento de Sócrates, Platão e Aristóteles. O terceiro capítulo é consagrado ao estoicismo e à sua influência decisiva na invenção da ciência do direito em Roma. Finalmente, o objeto do quarto capítulo é focalizar as duas figuras magnas, de São Francisco de Assis e de São Tomás de Aquino, no apogeu da Idade Média.

1. A Vida Ética no Mundo Antigo e os Fatores de Mudança

Para que se possa compreender o alcance das mudanças produzidas na História a partir do chamado período axial, é preciso ter em mente as características essenciais do modo de viver dos povos antigos. Hoje, após tantos séculos de evolução histórica desde o deflagrar daquele processo de transformação radical da vida em sociedade, é cada vez mais difícil compreender como a humanidade pôde ter, naquele passado remoto, que durou vários milênios, um ideário e instituições sociais tão diferentes do padrão ético que prevalece hoje, e que em termos históricos é recentíssimo.

Na verdade, a consideração da ética antiga é indispensável à compreensão do mundo moderno, pois todo processo de conhecimento desdobra-se na operação conjunta de distinguir e relacionar. O nosso intuito, aqui, afinal, não é senão aquele mesmo que despertou no jovem Sócrates o amor à filosofia, e que corresponde à máxima inscrita no frontispício do templo de Apolo em Delfos: Γνῶθι σαυτον, "conhece-te a ti mesmo".

Vejamos, assim, inicialmente, os traços característicos da vida ética na antiguidade, para em seguida focalizar os grandes fatores de transformação, os quais operaram desde o início do período axial.

I. TRAÇOS MARCANTES DA VIDA ÉTICA NA ANTIGUIDADE

São eles: a importância fundamental da religião, o predomínio absoluto da tradição, a absorção do indivíduo pela coletividade, e o desprezo sempre demonstrado pelos ofícios técnicos e a profissão mercantil.

A religião acima de tudo

A compreensão do mundo antigo passa, necessariamente, pelo reconhecimento de que a religião comanda a vida inteira das pessoas, do nascimento à morte. Ela domina a vida familiar, assim como a vida da cidade, fora do lar doméstico. Família e cidade, com efeito, foram os dois grandes polos formadores da sociedade antiga.

As observações clássicas de Fustel de Coulanges, a esse respeito, devem aqui ser relembradas.[1]

O vínculo familiar dos povos que deram origem à civilização greco-latina, observou ele,[2] fundou-se não na natureza — o nascimento, a força física masculina, ou os sentimentos maternais — mas sim, fundamentalmente, na religião. Era a comunhão no culto doméstico que unia os membros da mesma família, e não os laços de sangue. Pela cerimônia religiosa do casamento, a mulher deixava a sua família de origem e passava a integrar a do marido. Em contraste, o filho emancipado já não se considerava membro da família, ao passo que o adotado nela se incluía, pois enquanto o primeiro era liberado do culto ao deus lar, o outro dele participava em igualdade de condições com os filhos de sangue.

É, assim, a religião que explica o caráter patriarcal da família antiga. Como o chefe era o único sacerdote e o sacerdócio, uma atribuição exclusivamente masculina, as mulheres mantinham sempre um *status* inferior ao dos homens. Todos estes, por sua vez, tanto os filhos e netos quanto os clientes e os escravos, submetiam-se ao poder absoluto do *pater*, poder este que compreendia o direito de vida e de morte. O *ius vitae necisque* do *paterfamilias* foi expressamente reconhecido em Roma pela Lei das XII Tábuas, em meados do século V a.C.

---

1. *La Cité Antique, passim*. As citações que se seguem foram extraídas da edição da Librairie Hachette, 1967.
2. Ibid., livro II.

Daí a razão pela qual o parricídio sempre foi considerado mais grave do que o uxoricídio.[3]

O mesmo caráter fundamentalmente religioso existia na família aristocrática alargada, à qual os romanos davam o nome de *gens* e os gregos de *genos*, e que podia contar com vários milhares de membros. Cada uma delas tinha o seu culto próprio, e era justamente pela participação nos sacrifícios em comum que se reconheciam os indivíduos que as constituíam.

Na cidade, igualmente, a religião tudo comandava. A sociedade política antiga, de resto, nada mais foi do que a transposição da estrutura familiar ao espaço cívico. Daí a razão pela qual a monarquia absoluta foi, sem exceções, o único regime político das origens. O monarca era o pai protetor e o sacerdote que oficiava em nome de todos.

Os antigos distinguiam a cidade, propriamente dita, da urbe. Aquela era uma associação religiosa e política, que reunia as famílias. Esta, o local de domicílio, de reunião, mas, sobretudo, o sítio onde se erguia o santuário. "Não havia um único ato da vida pública", assinalou Fustel de Coulanges, "em que não se fizesse intervir os deuses. Como se vivia da ideia de que os deuses, tanto eram protetores excelentes quanto inimigos cruéis, o homem não ousava proceder sem estar seguro de que eles lhe eram favoráveis".[4]

Aos dezesseis ou dezoito anos, o jovem adquiria a cidadania, prestando diante do altar, onde se sacrificavam as vítimas propiciatórias, o juramento de defender a pátria e respeitar a religião da cidade.

Temos, pois, que, tal como o altar doméstico agrupava em torno de si os membros da família, o mesmo sucedia na cidade, que nada mais era, fundamentalmente, do que o agrupamento dos que tinham os mesmos deuses protetores e celebravam em comum o mesmo culto.

A parte mais importante desse culto comum, na mais velha tradição dos povos gregos e latinos, sempre foi o respeito aos mortos, considerados como entes sagrados. Para os antigos, com efeito, a morte não só não extinguia a personalidade, como de certo modo divinizava a pessoa falecida. A pior forma de impiedade sempre foi, para eles, deixar de sepultar os mortos, ou não lhes oferecer as refeições

---

3. Cf., a esse respeito, o enredo das tragédias *As Eumênides*, de Ésquilo (210-5 e 605), e *Antígona*, de Sófocles (904-12).
4. Fustel de Coulanges, op. cit., p. 189.

fúnebres prescritas pelo culto religioso. Compreende-se, nessa perspectiva, a alta densidade trágica da oposição entre Antígona e Creonte. Da mesma forma, na batalha naval das Arginusas, em 406 a.C., na qual os atenienses venceram os espartanos, os estrategos vencedores foram condenados à morte porque não recolheram os cadáveres dos seus comandados, muito embora houvessem alegado que a tempestade lhes impedira de cumprir esse ato piedoso.[5] Aliás, na antiguidade era comum, durante uma guerra, suspender os combates para que cada um dos beligerantes pudesse fazer as cerimônias fúnebres devidas aos seus mortos.

Mas isto não significava que o dever religioso de sepultar os mortos pudesse ser cumprido de qualquer modo. Quando o imperador Tibério, em 19 A.D., soube que Germanicus havia recolhido com as suas próprias mãos as ossadas dos soldados do exército de Varo, massacrados na floresta de Teuburg, exprobou-o severamente, porque um general devia evitar toda impureza religiosa, como o contato físico com cadáveres. Um general impuro já não poderia servir como intermediário entre seus soldados e os deuses.

A crença generalizada na vida depois da morte e no caráter sagrado da pessoa do morto foi um dos traços da civilização antiga que perdurou até os tempos modernos. Daí a grande dificuldade, ainda no século XVI, em se admitir a autópsia e a dissecação de cadáveres.

Ainda que no período clássico da civilização greco-romana o predomínio da religião na vida social tivesse deixado de ser absoluto, inúmeros traços religiosos remanesceram nas instituições públicas.

Na fase de apogeu da democracia ateniense, somente a *Ekklesia*, a assembleia do povo soberano, tinha competência para decidir assuntos religiosos:[6] não só as questões de administração do culto aos deuses, incluindo a construção de templos, a nomeação e o estipêndio dos sacerdotes, mas também o julgamento dos crimes religiosos, entre os quais incluía-se o homicídio.[7] Platão, com todo o seu racionalismo, não deixava de considerar que as matérias legislativas "mais importantes, as mais belas, as mais fundamentais", diziam respeito "à edificação dos templos, aos

---

5. Montaigne, nos *Ensaios*, assinala o quanto esse episódio era chocante para os seus contemporâneos, ao dizer que o respeito aos mortos foi, no caso, *"une importune superstition"* (livro I, cap. III).

6. Cf. C. Hignett, *A History of the Athenian Constitution, to the end of the Fifth Century B.C.*, Oxford, p. 235.

7. Veja-se o *Eutyphron*, de Platão.

sacrifícios, a todo o culto em geral, tanto dos Deuses quanto dos Demônios,[8] ou dos Heróis, como ainda aos túmulos dos defuntos e a todas as obrigações de serviço que nos incumbem para com eles, a fim de que nos sejam propícios".[9]

Não se esqueça, de resto, que Sócrates foi condenado à morte pela assembleia do povo ateniense como culpado de introduzir deuses novos na *pólis*. No *Eutyphron* (6*a*-6*c*), Platão reconhece que a denúncia contra ele apresentada por Meletos deveu-se à crítica que fizera aos mitos antigos, tidos como contos mentirosos de poetas.[10]

Quanto aos romanos, tomavam o conjunto das regras ancestrais de vida como fazendo parte da ordem cósmica, criada pela divindade; o que implicava a sua irrevogabilidade pela legislação humana. É sabido, aliás, que a palavra *lex* tem, na origem, um sentido nitidamente religioso.[11] A superioridade do poder religioso sobre o poder laico, do direito sagrado (*fas*) sobre o direito humano (*ius*), prevaleceu efetivamente em Roma até o final da Segunda Guerra Púnica (208-201 a.C.), ou seja, quase dois séculos depois que o direito laico e o saber racional já haviam triunfado em todas as cidades gregas.

Nos séculos seguintes, porém, apesar da preeminência do direito laico sobre o direito religioso, a religião continuou a impregnar toda a vida dos romanos, mesmo na esfera governamental.

Assim foi com a instituição dos áugures, intérpretes encarregados de revelar aos homens a vontade dos deuses. Eles foram reunidos num colégio, em 104 a.C., formado inicialmente por seis membros, depois elevados a nove e em seguida a quinze. Sua função consistia em aconselhar os governantes, civis ou militares, com base na ciência dos presságios: a significação do voo dos pássaros, da disposição das vísceras de um animal, ou do apetite das galinhas sagradas, por exemplo. Graças a esse poder religioso, os áugures acabavam decidindo da realização de assembleias, ou julgavam a validade das mais variadas decisões dos agentes públicos. Sua influência era tão grande, que uma das primeiras decisões de Augusto, ao se tornar imperador, foi a de se declarar príncipe e mestre do colégio augural.

---

8. Os δαίμωνες, na religião grega, eram deuses de segundo nível. Foi somente no grego neotestamentário que a palavra passou a ser usada para indicar os agentes do mal.

9. *A República*, IV, 427 *b*.

10. Ibid., "Eles (os poetas) dão uma falsa imagem dos Deuses e Heróis, imagem essa que não corresponde à realidade" (livro II, 377 *d* e ss.).

11. Cf. A. Ernout e A. Meillet, *Dictionnaire Étymologique de la Langue Latine*, 3ª ed., Paris, Librairie C. Klincksieck, 1951, p. 629.

A autoridade máxima da tradição

A palavra é usada, aqui, na acepção da *auctoritas* romana, vale dizer, o prestígio que suscita confiança e impõe obediência.[12]

Os antigos sempre mantiveram os olhos postos no passado, enxergando as gerações precedentes como envoltas numa aura mitológica, de heroísmo e sacralidade. Daí o apego propriamente religioso que os povos da antiguidade nunca deixaram de mostrar às tradições herdadas dos antepassados. "Quando um romano queria dizer que estimava muito alguma coisa", lembrou Fustel de Coulanges, "ele dizia: para mim, isto é antigo. Os gregos usavam de expressão equivalente: πάτριον έστιν ήμιν ".[13] O contraste com a mentalidade moderna, decididamente voltada para o futuro e fascinada pela inovação, é aí, como se vê, dos mais acusados.

Para os povos antigos, como salientou Heródoto,[14] os costumes tradicionais sempre foram tidos como melhores que os de todos os outros povos. A regra geral era que a introdução de costumes estrangeiros devia ser considerada como um crime punível com a morte.[15]

O reconhecimento da importância dos usos e costumes, como base da vida social, foi uma espécie de lugar-comum no pensamento clássico, chegando a extremos dificilmente compreensíveis para as mentes modernas. Em *A República*,[16] Platão prescreveu, como regra fundamental de seu projeto de cidade justa, que não se modificassem em nada os modos musicais, entendendo que a introdução de uma nova forma de música constituiria "um perigo global". Ao voltar ao mesmo tema, em sua velhice,[17] ele lamentou amargamente o fato de que as leis, muitas vezes, contrariavam o direito não escrito (*ágraphos nómos*), constituído pelos costumes ancestrais do povo, os quais formariam, em toda organização política, como que o travejamento do edifício político. Eram laços ou vínculos (*desmoi*) que ligavam o conjunto das leis entre si, não só as que já vigoravam, como ainda as que viessem a ser promulgadas no futuro. Portanto, tocar nesses usos e costumes

---

12. No último capítulo desta obra, Parte III, cap. V, a noção política de *auctoritas* é aprofundada, em cotejo com a de *potestas* ou *imperium*.
13. Fustel de Coulanges, op. cit., Livro III, cap. VII.
14. Heródoto, *Histórias*, livro III, 38.
15. Ibid. Veja-se o exemplo dos citas, por ele referido no livro IV, 76 e ss.
16. *A República*, livro IV, 424 c.
17. *As Leis*, livro VII, 793, b – d.

imemoriais, ainda que aparentemente insignificantes, seria abalar os fundamentos da ordem social. Aristóteles, por sua vez, sustenta que as leis segundo os costumes (κατὰ τὰ ἔθη νόμος), como ele as denomina, têm mais autoridade (κυριώτεροι) que as leis escritas.[18]

Na verdade, a importância dos costumes em relação às leis escritas, na civilização greco-latina, mostra claramente a ausência de uma rígida separação entre a esfera da vida privada e a das atividades públicas; mesmo porque a *urbs* ou *pólis* nada mais era, nas origens, do que uma confederação de famílias. Em certo sentido, tudo era público, na acepção original da palavra; isto é, o que diz respeito ao povo, como a própria etimologia revela. O adjetivo *publicus*, em latim, tem, com efeito, a mesma acepção do qualificativo *demossios* em grego, termo obviamente derivado de *demos*.

A cidadania não se limitava ao *status* político, como ocorre hoje, mas compreendia o conjunto dos direitos e deveres do cidadão, mesmo os domésticos. Correspondentemente, o estrangeiro ou meteco era excluído, não apenas do governo da cidade, mas também das instituições ligadas à vida familiar, como o casamento, a filiação, a adoção ou a sucessão hereditária.

Tanto na Grécia quanto em Roma, a família alargada — a *gens* ou o *genos* — constituía o primeiro elemento formador da sociedade política. A cidadania antiga correspondia, assim, exatamente ao que hoje denominaríamos uma capacidade jurídica plena. É por isso que entre as regras de moral, de religião, de boas maneiras ou etiqueta, de um lado, e as normas legais, de outro, nunca se fez uma distinção nítida na antiguidade. Costumes e leis escritas regulavam concorrentemente, não apenas o casamento, a educação das crianças, os modos musicais, a fé religiosa, o vestuário das pessoas, o penteado das mulheres, a barba e o bigode masculinos, como também o processo eleitoral, a obrigação de votar, ou a conduta dos cidadãos na guerra.

Recolocados, portanto, em seu contexto histórico, os projetos de organização política que Platão apresentou em *A República* e *As Leis*, são muito menos autoritários do que parecem aos olhos de um leitor moderno. E foi exatamente em razão desse holismo ético, ou seja, do fato de toda a vida social, sem exceções ou reservas, ser objeto de uma regulação global na *pólis*, que Aristóteles pôde definir a política

18. *Política* 1287 *b*, 5-7.

como a arte ou ciência prática suprema, destinada a comandar todas as outras (*kuriotate kai architectonike*).[19]

Sem dúvida, as sanções ligadas à violação das regras do costume difeririam muito daquelas impostas pela lei. Nem por isso, contudo, eram menos temidas. Um só exemplo basta para demonstrar o fato. Na famosa oração fúnebre que pronunciou em homenagem à memória dos que tombaram no primeiro ano da Guerra do Peloponeso (431 a.C.), Péricles assinalou, como razão da excelência da democracia ateniense, o fato de que os cidadãos obedeciam às leis, "sobretudo (*malista*) àquelas que, embora não escritas (*ágraphoi*), têm sua transgressão sancionada pela desonra";[20] ou seja, uma sanção que consideramos hoje como puramente moral.

Na antiguidade, a verdadeira lei era tida uma norma superior à vontade humana, porque era fundada na tradição imemorial, de caráter religioso. No diálogo famoso entre Antígona e Creonte, na peça de Sófocles (versos 450-60), a donzela opõe ao decreto odioso do tirano as leis divinas, que "não datam nem de hoje nem de ontem, não se sabendo o dia em que foram promulgadas". Mas tratava-se de uma tradição intimamente local, que se não reproduzia em nenhuma outra cidade. Aliás, o cúmulo da tirania, para os antigos, consistia em impor ao povo leis estrangeiras. Após a sua grande vitória contra Dario e a conquista do império persa, Alexandre Magno escreveu às cidades gregas para proclamar que, doravante, todas as tiranias ficavam abolidas na Grécia, e que os povos podiam afinal obedecer às suas próprias leis.[21]

As leis antigas, com efeito, faziam corpo com a sociedade, não eram comandos externos, copiados do estrangeiro. É este, aliás, todo o argumento desenvolvido por Sócrates no *Críton* de Platão, para explicar a razão pela qual ele não quis subtrair-se à condenação à morte, fugindo da prisão. "Quem gostaria de uma cidade sem apreciar as suas leis?"[22]

É só a partir do século IV a.C. que se começa a notar um progressivo distanciamento dos filósofos dessa concepção das leis como parte visceralmente integrante da *pólis*. Aristóteles, por exemplo, já sustenta que a verdadeira lei, "que procede de

19. *Ética a Nicômaco* 1094 *a*, 4.
20. Tucídides, *A Guerra do Peloponeso*, livro II, 37, 2.
21. Plutarco, *Vida de Alexandre*, XXXIV.
22. Platão, *Críton*, 53 *a*.

uma certa prudência e do espírito (ἀπό τινος φρονήσεως καὶ νοῦ)", obriga universalmente.[23]

Desse caráter de norma superior à vontade humana, que apresentava a lei para os antigos, os atenienses bem marcaram a distinção entre leis e decretos, ou seja, resoluções (*psefismata*), que o Conselho (*Boulê*), ou a própria *Ekklesia*, votavam em casos particulares. Uma determinação legal, tida como remontando à época de Sólon, determinava que "decreto algum, nem do Conselho, nem do povo, prevalecerá contra uma lei".[24] Na *Política* (1292 *a*, 10 e ss.), Aristóteles observou que "onde as leis não são soberanas (*kurioi*), surgem os demagogos"; sendo que o povo que quer tudo decidir por decretos torna-se despótico.

Da mesma sorte, na república romana, a *lex* distinguia-se nitidamente do *privilegium*, pois, enquanto aquela era uma norma que se aplicava a todos os cidadãos, este era dirigido tão somente a indivíduos. Portanto, a lei era pública, no sentido de dizer respeito ao *populus Romanus*, ao passo que o privilégio, como a própria etimologia revela, era privado ou particular.[25]

É por isso que a redação de leis, primitivamente, não foi considerada uma forma de criação normativa, mas simplesmente a publicação de antigas normas em vigor, para que todos na comunidade, passassem a conhecer, em igualdade de condições, seus direitos e deveres.[26] A língua grega bem revela essa ligação visceral entre lei e costume. Com o mesmo radical de νόμος, temos o verbo νομίζω, que significa, em primeira acepção, usar de algo segundo o disposto nas leis, usos e costumes; νόμισμα, que designa o costume, e νόμιμος, aquilo que é conforme aos usos e costumes.

O contraste com a lei moderna, nesse particular, é bem acusado. A partir do momento em que a lei escrita passou a ser considerada como uma criação da vontade humana — a vontade do governante —, localizada, portanto, em determinado momento histórico, ela foi perdendo aos poucos o seu caráter transcendente, para assumir a função de uma regra técnica: o poder legislativo é utilizado como instrumento para a produção de determinado resultado social, desejado pelo legislador.

---

23. Aristóteles, *Ética a Nicômaco*, 1180 *a*, 23.

24. *Apud* Jacqueline de Romilly, *La loi dans la pensée grecque, des origines à Aristote*, Paris, Société d'Edition "Les Belles Lettres", 1971, p. 209.

25. Cf. Aulo Gélio, *Noites Aticas*, livro x, cap. xx.

26. Nas *Suplicantes*, de Eurípedes (versos 434-7) o corifeu lembra que "uma vez escritas as lei, o fraco e o rico gozam de um direito igual; o fraco pode responder ao insulto do forte, e o pequeno, caso esteja com a razão, vencer o grande".

Em tais condições, a distinção de fundo entre a lei e o decreto governamental tendeu a desaparecer.

Aliás, a opinião geral na Grécia, nos séculos V e IV a.C., era de que a multiplicidade de leis escritas denotava um enfraquecimento dos costumes e, portanto, uma degenerescência social. O que há de mais importante na organização social, sublinhou Platão,[27] é a educação das crianças; pois é isto que forma a consciência cidadã. Sem ela, enfatizou, as leis serão sempre ineficazes. No século seguinte, Isócrates (436-338 a.C.), o grande orador ateniense, queixando-se da proliferação legislativa, afirmava que "a multiplicidade e a minúcia de nossas leis é um sinal de que nossa cidade é mal organizada: procuramos fazer das leis barreiras contra os delitos e somos assim forçados a editá-las em grande número". E concluía: "os bons políticos devem, não propriamente cobrir os pórticos com textos escritos,[28] mas manter a justiça nas almas; pois não é pelas leis e sim pelos costumes que as cidades são bem ordenadas".[29]

O mesmo repúdio à proliferação legislativa manifestou-se em Roma e foi, por assim dizer, um lugar-comum entre os historiadores, durante o império.[30] É bem conhecido o juízo severo de Tácito (35-120 A.D.) a esse respeito: a multiplicação de leis corresponde sempre à extrema corrupção da sociedade política (*corruptissima re publica, plurimae leges*).[31] Tito Lívio (59 ou 64 a.C.-17 A.D.) queixava-se de que, em sua época, havia "um acúmulo imenso de leis, empilhadas umas sobre as outras" (*nunc quoque, in hoc immenso aliarum super alias aceruatarum legum cumulo*).[32] A queixa, aliás, não se manifestou apenas na época imperial. No final da república, Cícero já assinalava como fato incontroverso que "inúmeras leis de direito civil são promulgadas" (*innumerabiles aliae leges de civili iure sunt latae*).[33] É claro que, considerada na perspectiva dos tempos modernos, essa crítica pode parecer exagerada; mas é preciso evitar nessa matéria uma visão anacrônica.

---

27. *A República*, livro IV, 423 *e*, 425 *b*.

28. Em Atenas, os textos das leis e decretos eram afixados no Pórtico Real, onde oficiava o arconte-rei.

29. *Aeropagítica*, 40-1.

30. Fritz Schulz, uma grande autoridade em direito romano, porém, sustentou que essa crítica à proliferação legislativa, em Roma, não passava de um *locus* retórico, pois a maior parte das *leges*, na época do principado, apresentava a natureza de decretos ou de atos de ratificação de tratados (*Principles of Roman Law*, Oxford, Clarendon Press, 1936, p. 9).

31. *Anais*, livro III, 27.

32. Ibid., livro III, XXXIV.

33. *Pro Balbo* 8, 21.

Durante toda a história romana, a deferência para com a tradição herdada dos antepassados (os *mores maiorum*) assumiu aspectos de um verdadeiro culto religioso, com todas as suas consequências dogmáticas. Em pleno império, ou seja, numa época em que se tornara dominante a influência do racionalismo grego no pensamento jurídico romano, o jurisconsulto Sálvio Juliano reconhecia que "nem tudo que foi estatuído pelos antepassados pode ser justificado pela razão".[34] Para nós, modernos, a conclusão óbvia seria a necessidade de se reformarem esses costumes irracionais. Nerácio Prisco, porém, outro jurista da mesma época, concluía que "por isso mesmo (*ideo*), não se deve inquirir das razões constitutivas dos costumes tradicionais, pois assim fazendo subverte-se muito do que neles é justo".[35]

As três qualidades cardeais do caráter romano — *virtus, pietas* e *fides* — eram, de fato, essencialmente conservadoras. A *virtus*, qualidade própria do varão (*vir*), indicava, de modo geral, a capacidade de autodomínio (*disciplina*), com o repúdio à vida desregrada (*luxus*). *Pietas* é a observância escrupulosa dos ritos sociais e da hierarquia, não só no culto religioso, mas também nas relações humanas. Quanto à *fides*, ela correspondia ao apego estrito à palavra dada (*fit quod dictum est*),[36] ou seja, o que denominamos, hoje, a boa-fé no cumprimento das obrigações voluntariamente contraídas.

A preocupação romana com a observância dos costumes tradicionais (*cura morum*) era de tal ordem, que se chegou, no período republicano, a atribuir a magistrados especiais, os censores, o poder de julgar e sancionar os desvios de comportamento pessoal, em todas as categorias de cidadãos, tanto na vida privada, quanto na pública. O culpado recebia uma nota de infâmia, que o inabilitava ao exercício das funções públicas e dos direitos políticos, especialmente o de voto. No Edito que esses magistrados publicaram em 92 a.C., para anunciar como haveriam de exercer a função censória durante o tempo de seu mandato, o repúdio às inovações sociais foi expresso de modo peremptório, com a concisão própria do estilo romano: "Renunciamos a ser homens que instituem um novo gênero de vida. [...] Essas novidades, que surgem ao lado dos usos e costumes ancestrais, são inaceitáveis e imorais".[37]

34. *Digesto* 1, 3, 20.
35. Ibid. 1, 3, 21.
36. Cícero, *De Officiis*, I, 23.
37. *Renuntiatum est nobis esse homines, qui novum genus disciplinae instituerunt... Haec nova, quae praeter consuetudinem ac morem maiorum fiunt, neque placent neque recta videntur.*

A absorção do indivíduo no grupo social

Em célebre conferência, pronunciada em 1819 no Ateneu Real, em Paris,[38] Benjamin Constant procurou mostrar que, no mundo greco-romano, os indivíduos, embora soberanos em quase todos os assuntos públicos, eram escravos em todas as relações privadas. Como cidadãos, eles decidiam nas assembleias populares a guerra e a paz; como particulares, porém, eram observados, coarctados e reprimidos em quase todos os seus movimentos. Como membro do corpo coletivo, o indivíduo interpelava, destituía, julgava, confiscava, exilava e condenava à morte os governantes; mas como particular, podia ser interditado, banido, considerado indigno de ocupar cargos públicos, ou condenado à morte pela vontade discricionária da assembleia do povo, da qual fazia parte.

Tal situação, frisou Benjamin Constant, contrasta vivamente com a realidade do mundo moderno. Na modernidade, o indivíduo, independente em sua vida privada, já não é, mesmo nos Estados que mais prezam a liberdade, soberano senão na aparência. Sua soberania é sempre restrita, frequentemente suspensa. Repetindo Rousseau sem o citar,[39] assinalou que se o indivíduo, em épocas determinadas, mas pouco frequentes, exerce essa soberania, sempre cercado de todos os limites e precauções, é somente para abdicá-la.

Dessa verificação histórica, concluiu Benjamin Constant que o homem moderno já não pode gozar da liberdade dos antigos, isto é, da participação ativa e constante no exercício do poder coletivo. A liberdade moderna nada mais é do que a fruição tranquila da "independência privada". O objetivo dos antigos era a partilha do poder social entre todos os cidadãos de uma mesma pátria. Era o que eles denominavam liberdade. O objetivo dos modernos, diferentemente, é de garantir a todos o gozo das liberdades privadas. "A independência individual é a primeira das necessidades modernas. Em consequência, não se deve nunca sacrificá-la, a fim de estabelecer a liberdade política".

Mas, concluiu ele, o grande perigo da liberdade moderna é que, absorvidos, como estamos, na fruição de nossa independência privada e na busca incessante de nossos interesses particulares, acabamos por renunciar ao nosso direito de partici-

---

38. *De la liberté des Anciens comparée à celle des Modernes*, in Benjamin Constant, *De la liberté chez les Modernes: Écrits politiques*, Hachette, 1980, pp. 491 e ss.
39. Cf. Parte II, cap. V.

par do poder político. "Os depositários da autoridade", advertiu ele, "não deixam nunca de nos exortar a tomar essa decisão. Eles são tão dispostos a nos poupar toda espécie de incômodo, exceto o de obedecer e de pagar! Eles nos dirão: "Qual é, no fundo, a finalidade de seus esforços, o motivo de seus trabalhos, o objeto de todas as suas esperanças? Não é a felicidade? Pois bem, essa felicidade, deixai conosco essa tarefa, nós vo-la daremos".[40]

Ao publicar em 1864 o seu livro famoso, Fustel de Coulanges contestou, com apoio em vasta erudição, essa interpretação histórica. "É erro singular entre todos os erros humanos", escreveu ele,[41] "acreditar que nas cidades antigas o homem gozava de liberdade. O homem não tinha sequer a mais leve ideia do que esta fosse."

O indivíduo, absorvido no grupo familiar ou na coletividade política urbana, era totalmente despido de autonomia. O seu corpo pertencia em definitivo à cidade, que podia convocá-lo à guerra, até os 46 anos em Roma e por toda a vida em Esparta e Atenas. Para a salvação da *pólis*, qualquer cidadão podia ser compelido a lhe entregar toda a sua fortuna. Quanto ao ideário, pessoa alguma podia afastar-se, ainda que minimamente, dos dogmas religiosos, ou dos valores coletivos dominantes, sob pena de severas sanções. É conhecido o caso de Anaxágoras, que sustentava a existência de um Deus-Inteligência, que reinaria sobre todos os homens e todos os seres vivos. Deixando de acreditar nos deuses tradicionais da *pólis*, ele decidiu abandonar o exercício dos seus direitos políticos e descumprir seus deveres de cidadão, deixando de comparecer às assembleias do *demos* e recusando-se a servir como magistrado. Os atenienses o condenaram à morte.

As normas tradicionais regulavam os mínimos pormenores da vida de cada um. Até mesmo aquilo que, hoje, se considera como o núcleo insuprimível da liberdade individual era estritamente determinado pela lei. Nos antigos códigos de Esparta e de Roma, viam-se os pais coagidos a matar os filhos disformes ou monstruosos. Em várias cidades gregas, o celibato masculino era proibido. Esparta chegou a punir, não só os homens que se recusavam a casar, mas também os que só vinham a fazê-lo em idade avançada.

Quanto à educação das crianças, Fustel de Coulanges sublinhou que em todo o mundo antigo ela era considerada matéria de interesse público e, por conseguinte, estritamente regulada em lei, nada sendo deixado à decisão da família. As

---

40. Benjamin Constant, op. cit., p. 513.
41. Fustel de Coulanges, op. cit., p. 250.

autoridades zelavam pela formação de uma alma e de um corpo sadios, segundo a máxima conhecida, porque as crianças pertenciam em definitivo à cidade e não a seus pais.

Ambas essas interpretações históricas merecem hoje reparos.

Fustel de Coulanges traça um quadro fiel da realidade do período mais arcaico da Grécia e de Roma, anterior ao período axial, mas deixa na sombra o que foi a extraordinária originalidade das experiências, ainda que de breve duração, da democracia ateniense e da república romana, para o conjunto do mundo antigo.

Na Atenas democrática, o poder dos governantes era estritamente limitado, não só pela preeminência incontrastável da lei, como pelo princípio da participação ativa do cidadão nas funções de governo.

A preeminência da lei na organização da *pólis* não foi, aliás, uma particularidade exclusiva de Atenas. Numa passagem famosa de sua obra,[42] Heródoto reporta o espantoso diálogo que o rei dos persas, Xerxes, teria tido com um antigo rei de Esparta. O soberano oriental, prestes a invadir a Grécia, manifestou o profundo desprezo que lhe inspirava aquele povo pouco numeroso, composto de pessoas "todas igualmente livres e que não obedecem a um chefe único". O espartano retrucou que se os gregos eram livres, a sua liberdade não era completa: "eles têm um senhor, a lei, que eles temem mais do que teus súditos a ti".

A assembleia política do conjunto dos cidadãos (*Ekklesia*), em Atenas, era o único órgão competente para tomar as mais importantes decisões: a adoção de novas leis, a declaração de guerra, a conclusão de tratados de paz ou de aliança. Os órgãos que chamamos hoje Poder Executivo eram singularmente fracos: os principais dirigentes políticos, os estrategos, deviam ter suas funções confirmadas, todos os meses, pelo Conselho (*Boulê*).

E não se pense que essa soberania popular era irresponsável nem que o cidadão não tivesse, individualmente, nenhum direito político. Qualquer ateniense tinha legitimidade para intentar contra os dirigentes uma ação criminal (*apagoguê*); e estes, ao deixarem suas funções, eram obrigados a prestar contas de sua gestão perante o povo. Demais, pela instituição do *graphê paranomôn*, os cidadãos tinham o direito de se opor, na reunião da *Ekklesia*, a uma proposta de lei violadora da constituição (*politéia*) da cidade; ou, caso tal proposta já tivesse sido convertida em lei, de responsabilizar criminalmente o seu autor.

42. Heródoto, op. cit., livro VII, 103 e 104.

Na república romana, a proteção das liberdades públicas era alcançada, não pela soberania popular ativa, mas por um complexo sistema de controles recíprocos entre os diferentes órgãos políticos: os cônsules, os tribunos, o senado e o povo, reunido em comícios. Ao escrever no segundo século antes de Cristo a história romana, Políbio não hesitou em atribuir a esse refinado mecanismo de pesos e contrapesos a grandeza de Roma, que em menos de 53 anos lograra estender sua dominação "à quase totalidade da terra habitada, fato sem precedentes".[43]

Nem os cônsules nem os tribunos exerciam isoladamente suas funções, sendo sempre nomeadas duas pessoas para cargos idênticos. Se um desses altos funcionários não concordava com um ato praticado pelo outro, podia vetá-lo (*intercessio*), sendo o mesmo poder de veto atribuído aos tribunos, em relação às decisões tomadas pelos cônsules.

Demais, o indivíduo condenado à morte por um magistrado tinha sempre o direito de recorrer dessa decisão ao povo, que julgava então em última instância (*provocatio ad populum*).

Não é verdade, portanto, como sustentou Fustel de Coulanges, que na cidade antiga, pelo menos na Grécia democrática e na Roma republicana, o indivíduo não gozasse de nenhuma liberdade juridicamente garantida. O que sucedia é que os direitos do cidadão apresentavam-se, como Benjamin Constant bem observou, não como manifestações da autonomia individual, mas como prerrogativas próprias do membro de um corpo político. Em Roma, nas assembleias populares, o princípio do sufrágio sempre foi o do voto unitário por tribo. Contra uma decisão do povo soberano, indivíduo algum, por mais ilustre que fosse, podia fazer valer direitos.

O erro de interpretação de Benjamin Constant não estava aí, mas no fato de transportar anacronicamente para o mundo antigo a distinção moderna, tornada um dogma pela filosofia liberal, entre a esfera privada e a esfera pública de vida na cidade. Rigorosamente falando, no mundo antigo, ninguém — indivíduo, família, tribo ou fratria — possuía autonomia decisória, à margem dos usos e costumes tradicionais. Como se observou mais acima, aquilo que hoje denominamos direito objetivo, e que os antigos chamavam genericamente lei (*nómos, lex*), regulava indistintamente e de modo minucioso, sem exceções, todos os aspectos da vida social: a família, a educação, os ritos religiosos, as artes, os ofícios técnicos, a atuação do

---

43. *História*, prefácio, 1.

cidadão na paz como na guerra. A ética dos antigos jamais se concebeu como fundada na vontade humana.

Daí por que não se podia entrever distinção alguma — e muito menos separação ou limites — entre religião, moral e direito.

O desprezo pelos ofícios mecânicos e pela profissão mercantil

Um último aspecto vivamente contrastante da civilização antiga com a moderna, sobretudo nos tempos atuais de hegemonia mundial do espírito capitalista, é a profunda desconsideração que os antigos sempre votaram àqueles que se dedicavam ao comércio, atividade considerada indigna de um cidadão.

Em toda a Grécia, a propriedade de imóveis, rurais e urbanos, era reservada exclusivamente aos cidadãos. Os metecos (estrangeiros admitidos a viver na *pólis*) podiam adquirir bens móveis e possuir escravos, mas nunca terras ou casas, salvo quando recebiam, a título excepcional, esse direito de aquisição. Aos metecos, portanto, restavam unicamente, como profissão, o comércio e o artesanato, por isso mesmo atividades consideradas vis, embora reconhecidas como necessárias.

Na *Odisseia* (VIII, 149), Euríale menospreza Ulisses pelo fato de este se recusar a participar de jogos de atletismo. Ele o toma por um piloto de navio mercante: "Se alguma vez subiste aos bancos de um navio, foi para comandar os marujos no comércio, pesar a carga ou controlar o frete e os ganhos próprios de ladrões...".

Na opinião dos grandes filósofos, os comerciantes eram pessoas desprezíveis. Platão, nas *Leis* (livro IV, 704 e ss.), faz um requisitório severo contra as cidades marítimas, onde sempre floresceu o comércio, apontando-as como centros de corrupção dos costumes. Para Aristóteles,[44] a atividade profissional dos artesãos e dos comerciantes era ignóbil e inimiga da virtude. O filósofo sustentou que a profissão mercantil é justamente depreciada, em comparação com a produção para o próprio sustento da família, porque ela nada tem de natural (não é uma produção ligada à natureza, como a agricultura), sendo o resultado de simples trocas.[45] Essa contaminação moral do comércio era para ele tão grande, que, a seu ver, não se

---

44. *Política* 1329 *a*.
45. Ibid., 1258 *a*, 40 e ss.

deveria permitir a instalação de lojas de comércio na *ágora*, a praça onde se reunia oficialmente o povo para tomar as grandes decisões de interesse público.[46]

Em Roma, as atividades mercantis sempre foram marcadas por um preconceito desfavorável, proibindo-se, pelo menos teoricamente, aos membros da aristocracia senatorial o exercício da mercatura. E isto, não obstante a profissão mercantil ter sido largamente praticada na metrópole, sobretudo durante o período imperial.[47]

Por outro lado, como salientou Heródoto,[48] em toda a Grécia, com a fraca exceção de Corinto, assim como entre "quase todos os povos bárbaros", votava-se o maior desprezo àqueles que se dedicavam a trabalhos manuais, bem como a seus descendentes, e atribuía-se a maior consideração aos homens tidos como nobres e, sobretudo, aos que se consagravam inteiramente à guerra.

Em contraste com essa visão geral da indignidade do comércio e do artesanato, a agricultura, tanto na Grécia, quanto em Roma, era tida como um modo de vida honroso. Por isso, a lei romana estabelecia a propriedade fundiária como privilégio dos cidadãos mais ilustres (*honoratiores*). Foi só com a expansão do império, que os autóctones das províncias conquistadas puderam possuir terras de cultura, mas não como proprietários e sim como arrendatários de terras públicas, consideradas propriedade do povo romano.

Na Alta Idade Média, o caráter rural da sociedade europeia foi profundamente acentuado, em razão do bloqueio continental estabelecido pelas forças sarracenas. A partir do século VIII, o Mediterrâneo, que os romanos consideravam orgulhosamente *mare nostrum*, tornou-se na verdade um verdadeiro lago muçulmano. Nele, durante quatro séculos, como disse o grande historiador árabe Ibn Khaldun (1332-1406), os cristãos foram incapazes de fazer flutuar uma simples prancha.

Com isto, a florescente atividade mercantil, até então desenvolvida entre o Egito, a Ásia Menor e os portos europeus, desapareceu por completo, extinguindo-se as importantes correntes comerciais, assim alimentadas, que atravessavam regularmente o território europeu. A Europa viu-se desligada, doravante, de todo contato com o mundo exterior. Os grandes centros urbanos do mundo romano

---

46. Ibid., 1331 *a*, 35.

47. Vejam-se, a esse respeito, as observações de Jérôme Carcopino, em seu livro *La Vie quotidienne à Rome à l'apogée de l'empire*, Paris, Hachette, 1939, pp. 205 e ss.

48. Heródoto, op. cit., II, 165-7;

entraram em acentuada decadência, e a atividade econômica passou a concentrar--se na agricultura.

Como não poderia deixar de ser, essa realidade refletiu-se diretamente no ideário social. Durante toda a Alta Idade Média, o comércio foi ainda mais desconsiderado do que na época da dominação romana. Ele era tido como atividade inferior às sete artes mecânicas: dos camponeses, caçadores, soldados, marinheiros, cirurgiões, tecelões e ferreiros.

Em 920, Eudes, abade do mosteiro de Cluny, exortava os leigos a evitar três ocasiões de impureza: manter relações sexuais, portar armas e manipular dinheiro.[49] Ainda no século XII, em adendo ao Decreto de Graciano, que codificou as normas do direito canônico, a Igreja dispôs: *"Homo mercator nunquam aut vix potest Deo placere"* (o comerciante jamais, ou dificilmente, pode agradar a Deus). E nos manuais de confissão ou estatutos sinodais da época, o comércio era sempre incluído na lista das profissões ilícitas (*illicita negotia*) ou ofícios desonrosos (*inhonesta mercimonia*).[50]

Especial reprovação mereceram, sobretudo, os usurários, termo com que a concepção canônica tradicional denominava todos aqueles que emprestavam dinheiro a juros. Dante, ilustrando essa condenação moral, incluiu-os no sétimo círculo do Inferno (canto XVII), como violadores da natureza. Dado que em vida nunca trabalharam com as mãos, depois de mortos não cessavam de agitá-las, para se defenderem da chuva de fogo que caía constantemente sobre seus corpos.

É nesse contexto que deve ser compreendida a situação marginal dos judeus em tempos medievais. Tal como os metecos na *pólis*, eles eram estrangeiros no seio da Cristandade. Com efeito, ao contrário do império romano, organizado a partir do poder político centralizado na pessoa do imperador, que concedia discricionariamente a cidadania aos habitantes das províncias ocupadas, a sociedade medieval organizou-se em torno da fé cristã, como uma vasta nação fundada na comunidade do batismo. Os pagãos eram, por isso mesmo, tidos por estrangeiros, e os judeus, em particular, estrangeiros inimigos, pela interpretação teológica de que o povo da antiga Aliança fora responsável pela morte de Jesus Cristo.

Em consequência, aos judeus, tal como sucedia com os estrangeiros no mundo greco-romano, era estritamente vedada a propriedade de terras rurais. Eles foram, assim, naturalmente levados a se especializarem no comércio de compra e

---

49. Georges Duby, *Les Trois Ordres ou l'imaginaire du féodalisme*, Paris, Gallimard, 1978, p. 125.

50. Jacques Le Goff, *Marchands et banquiers du Moyen Âge*, Paris, Presses Universitaires de France, p. 70.

venda, e no ofício de banqueiros. Com isto, a profissão mercantil não tardou por suscitar um duplo desprezo aos olhos dos cristãos: pelo seu caráter naturalmente vil e pelo fato de ser ela praticada predominantemente por infiéis.

2. OS GRANDES FATORES DE MUDANÇA NA MENTALIDADE DO MUNDO ANTIGO

Eles foram, basicamente, três: as religiões monoteístas, o budismo e a invenção do saber racional ou filosofia; todos eles surgidos no período axial da História.[51] Esses três grandes movimentos renovadores influíram de modo decisivo para superar a visão estreitamente particular que as civilizações antigas tinham do homem e do mundo. A partir de então, iniciou-se o percurso histórico, tendente ao reconhecimento de que "todos os seres humanos nascem livres e iguais, em dignidade e direitos", como proclamou a Declaração Universal dos Direitos Humanos de 1948.

O impacto da fé monoteísta

O monoteísmo marcou, profundamente, o sistema de valores e instituições de todos os povos onde foi aceito. É preciso não esquecer que, no passado, a religião impregnava a vida cotidiana e moldava estreitamente as instituições sociais.

Da mesma forma que a filosofia socrática buscou, ao se opor ao relativismo dos sofistas, um critério absoluto de verdade, tanto no campo do conhecimento científico, quanto da vida ética, assim também o monoteísmo revolucionou a vida religiosa dos povos antigos, ao substituir a imanência mundana, própria dos deuses mitológicos, pela transcendência absoluta da divindade.

Os deuses antigos eram, com efeito, em tudo semelhantes aos seres humanos, manifestando as mesmas paixões, interesses e ambições, e partilhando sempre os destinos da cidade, à qual estavam indissoluvelmente ligados. Plutarco refere, a esse propósito, que quando Alexandre Magno sitiou Tiro, alguns de seus habitantes sonharam ter ouvido Apolo dizer que ele se poria do lado do sitiante. Enfureci-

---

51. Veja-se a Introdução, pp. 37-42.

da, a multidão tratou o deus como um trânsfuga, acorrentando a sua estátua e pregando-a na base.[52]

A rigor, os deuses antigos somente diferiam dos seres humanos na imortalidade. Até mesmo esta, porém, representava, de certa forma, um elo de ligação entre as esferas divina e humana. Os deuses gregos uniam-se em matrimônio e geravam descendentes. A fecundidade e a procriação, diz Platão em *O Banquete* (206 *c*), são características propriamente divinas nos seres humanos. "A procriação é o que pode comportar de eterno e imperecível um ser mortal" (207 *a*).

As prescrições religiosas antigas, de modo geral, eram rituais e não se apresentavam como normas gerais de ética, fundadas em princípios.

É importante assinalar, no entanto, que a evolução da mitologia grega, a partir do século v a.C., sobretudo, encaminhou-se para o monoteísmo. Zeus, que nos primórdios era um deus rival dos outros, foi aos poucos assumindo o papel de guia e moderador dos habitantes do Olimpo. Em relação aos homens, ele acabou por se transformar em pai protetor. Em *Agamenon*, de Ésquilo, o coro faz o elogio supremo de Zeus, que logrou superar o orgulho desmedido (*hybris*) de seus antecessores, Urano e Cronos, e procurou educar os homens a viver eticamente: "ele abriu-lhes os caminhos da prudência, ao dar-lhes por lei: *a compreensão pelo sofrimento* (τῷ πάθει μάθος)".[53]

Em sua fase final, a religião grega, que desconhecia fronteiras políticas — ou seja, urbanas — e não impunha a aceitação de verdades dogmáticas, serviu por assim dizer de ponte de ligação com o monoteísmo universalista. Na Grécia, com efeito, sobretudo no meio cultural ateniense, os mitos representavam um depósito tradicional de sabedoria, ao qual as sucessivas gerações recorriam, para interpretá-los e recriá-los livremente, em função de sua própria experiência de vida. Já havia aí, por conseguinte, um apelo à razão no tratamento dos relatos mitológicos.

A fé monoteísta surgiu, pela primeira vez na História, com Zaratustra, ou Zoroastro, como o denominaram os gregos. Ele viveu na antiga Pérsia, provavelmente no século x a.C. O povo judeu tomou contato com o zoroastrismo, quando de seu exílio na Babilônia no século vi a.C., sendo a fé judaica por ele muito influenciada.

A originalidade ética do monoteísmo consistiu em introduzir um critério absoluto e inflexível para o julgamento das ações humanas, lá onde predominava

---

52. Plutarco, op. cit., xxiv.

53. *Agamenon*, versos 177-9.

uma grande liberdade de compreensão. O Deus único, criador do universo, é, indisputavelmente, a única fonte legítima da justiça e do direito. Não há vários códigos morais, conforme a diversidade cultural dos povos, mas uma só Lei, de sentido universal. A Torá, tida como ditada por *Iahweh* tão só ao povo eleito, acabou sendo apresentada pelos últimos Profetas de Israel como um código ético universal. Saulo de Tarso, o verdadeiro fundador do cristianismo, adotou radicalmente essa interpretação. Não se tratava mais de repetir mecanicamente certos ritos, ou de recitar servilmente fórmulas sagradas, sem compreendê-las, mas de usar daquela qualidade propriamente divina de discernimento entre o bem e o mal, para melhor obedecer à vontade do Senhor.

É por isso que a hermenêutica, a sábia interpretação dos textos normativos, alcançou, no vasto mundo onde imperaram as três grandes religiões do Livro Sagrado — o judaísmo, o cristianismo e o islamismo — notável refinamento. No mundo judaico, por exemplo, os preceitos bíblicos foram sendo paulatinamente transformados pelo ensinamento oral (Mishná) e os comentários subsequentes (*Gemara*), cuja organização final resultou no *Talmud*.

a) O monoteísmo hebraico

O povo judeu conheceu, precocemente, a dura realidade do cativeiro no exílio (de 586 a 538 a.C. na Babilônia), seguida da dispersão territorial voluntária, em vagas sucessivas. No primeiro século anterior à era cristã, estima-se que cerca de 5 milhões de judeus viviam longe da Palestina, quatro quintos deles no Império Romano. Após o seu restabelecimento, no curso do século VI a.C., o Estado judeu perdurou ainda por mais seiscentos anos, sob sucessivas tutelas estrangeiras, até vir a ser totalmente destruído pelas legiões romanas. Com a derrota do último movimento de resistência ao domínio romano na Palestina, em 135-136, o povo judeu passou a viver, até a criação do Estado de Israel em 1948, em permanente diáspora, como minoria dispersa em várias partes do mundo.

Essa experiência histórica acabou por introduzir no judaísmo a admissibilidade de uma dupla cidadania: o povo eleito submetia-se, concomitantemente, às normas da Bíblia e a um direito não judeu, nos diversos países onde vivia em condição minoritária.

No sistema ético da Bíblia, como sucedeu com todas as religiões da antiguidade, não havia propriamente diferença entre normas sagradas e normas profanas;

entre ética, direito e prática ritual (*Halakha*). A situação de minoria cultural, na qual viveram os judeus permanentemente durante tantos séculos, acabou por suprimir a dimensão jurídica dos preceitos bíblicos. O dilema histórico do judaísmo foi, assim, o da escolha constrangedora entre o isolamento e a assimilação, entre o culto do nacionalismo sagrado e o abandono de sua própria identidade cultural.

Contrariamente ao caráter fragmentário e um tanto desconexo das religiões antigas, a ética bíblica é absoluta e totalizante, como o próprio *Iahweh*. Ele mesmo impõe a imagem de sua perfeição ou santidade como modelo de vida para os homens: "Sede santos, porque eu, *Iahweh* vosso Deus, sou santo".[54] O Deus da Bíblia não se limita a propor dogmas de fé à adesão dos fiéis, mas proclama, antes de tudo, normas imperativas de conduta, a serem escrupulosamente observadas na vida de todos os dias. Sem dúvida, a acepção mais profunda da palavra Torá é de ensinamento e não de lei, como vulgarmente é traduzida. Trata-se, porém, sem contestação, de um ensinamento normativo.

Iahweh apresenta-se como Rei e Legislador, ou seja, como o soberano de uma sociedade política. Nesse sentido, se a expressão evangélica "o Reino de Deus" ou "o Reino dos Céus" não se encontra em nenhuma passagem bíblica, não resta a menor dúvida que a ideia por ela representada harmoniza-se perfeitamente com a tradição religiosa judaica. A grandeza de *Iahweh*, para os judeus, não se limita à sua condição de criador do mundo, mas funda-se também no fato de que Ele é o soberano absoluto do povo, com o qual celebrou um pacto de fundação.

Sob esse aspecto, o monoteísmo hebraico é de natureza fundamentalmente jurídica. Ela não nasce, como as demais religiões, de modo unilateral, por meio de uma revelação divina, mas sob a forma de uma convenção celebrada entre Deus e a humanidade, representada pelo povo judeu. A Sagrada Aliança (*Berit*) do Sinai apresenta todas as características de uma convenção constitucional.[55] Por intermédio de Moisés, *Iahweh* propõe ao povo judeu a aceitação do Decálogo e das demais normas complementares, que regem não apenas o culto divino, mas toda a vida humana, em sua dimensão social e até mesmo individual. Aceita a proposta, o acordo de vontades é concluído sob a forma ritual.[56] Doravante, a vida futura do povo eleito deve conformar-se com as estipulações da Aliança, sendo certo que

---

54. Levítico 19, 2. Todo esse capítulo, aliás, é conhecido como o "Código da Santidade".
55. Vejam-se, neste particular, os capítulos 19 e seguintes do livro do Êxodo.
56. Êxodo, cap. 24.

Iahweh é sempre fiel à sua palavra, e essa fidelidade não deixa de lhe ser lembrada pelo seu povo nos momentos de provação.

Mas é óbvio que a Aliança do Sinai não pôs as partes em pé de igualdade. Os povos antigos celebravam entre si tratados iguais ou desiguais. Neste último caso, um monarca poderoso concluía aliança com um povo vassalo, e prometia proteção, em troca da fidelidade do povo, transformado em súdito. A proteção podia ser condicional ou incondicional; ou seja, podia estar ligada ou não ao cumprimento do dever de fidelidade pelo vassalo. Mas este, em hipótese alguma, era autorizado a exigir do suserano o cumprimento de sua promessa.

Pelo relato bíblico,[57] a Aliança entre *Iahweh* e Israel, representado por Moisés, tem todas as características de um tratado desigual, do tipo condicionado ao bom comportamento do súdito.

Não assim, quanto aos pactos concluídos por *Iahweh* com Abraão[58] e com Davi,[59] cujo caráter incondicional parece evidente. A circuncisão é um sinal, não uma condição de existência (vale dizer, aquilo que os juristas denominam *condicio iuris*) da promessa divina.

Seria, no entanto, um engano supor que a relação assim estabelecida entre *Iahweh* e seu povo é de natureza puramente coletiva. Ao contrário, a grande inovação histórica do monoteísmo judaico no campo ético foi o estabelecimento dos primeiros grandes padrões de conduta individual, que orientaram doravante as leis e códigos de todas as nações, bem como a fixação de uma responsabilidade individual e não mais exclusivamente familiar pela prática de atos danosos a outrem.

As prescrições não cultuais do chamado Decálogo[60] representaram inegavelmente um marco civilizatório na evolução da humanidade:

Honra teu pai e tua mãe, conforme te ordenou *Iahweh* teu Deus, para que os teus dias se prolonguem e tudo corra bem na terra que *Iahweh* teu Deus te dá.

Não matarás.

Não cometerás adultério.

Não roubarás.

---

57. Deuteronômio 30, 15-20.
58. Gênesis 11, 31; 12, 7; 15, 1-21; 17, 1-22.
59. Salmo 78, 67-72; 2 Samuel 7.
60. Deuteronômio 5, 16- 22;

Não apresentarás um falso testemunho contra o teu próximo.

Não cobiçarás a mulher do teu próximo, nem desejarás para ti a casa do teu próximo, nem o seu campo, nem o seu escravo, nem a sua escrava, nem o seu boi, nem o seu jumento, nem coisa alguma que pertença a teu próximo.

Da mesma forma, na relação de responsabilidade pela prática de atos danosos a outrem, o indivíduo destaca-se da família, o que representou uma novidade absoluta à época: "Os pais não serão mortos em lugar dos filhos, nem os filhos em lugar dos pais. Cada um será executado por seu próprio crime".[61]

b) A religião cristã

No cristianismo, o caráter marcadamente jurídico do monoteísmo hebraico foi, desde o início, afastado.

É verdade que, nos relatos evangélicos, Jesus reconhece a posição eminente da lei mosaica na História. Ele próprio adverte, de maneira vigorosa:

> Não penseis que vim revogar a Lei e os Profetas. Não vim revogá-los, mas dar-lhes pleno cumprimento, porque em verdade vos digo que, até que passem o céu e a terra, não será omitido nem um só i, uma só vírgula da Lei, sem que tudo seja realizado. Aquele, portanto, que violar um só destes menores mandamentos e ensinar os homens a fazerem o mesmo, será chamado o menor no Reino dos Céus. Aquele, porém, que os praticar e os ensinar, esse será chamado grande no Reino dos Céus.[62]

Mas Jesus referia-se aí, como o texto deixa bem claro, exclusivamente à alteração supressiva da Lei, não à sua evolução positiva, como os parágrafos imediatamente seguintes demonstram. Onde a Lei editava a regra "não matarás", era preciso acrescentar a proibição de todos os atos de agressão entre os homens. No núcleo da norma penal do adultério estava compreendida a vedação de qualquer impulso libidinoso, até mesmo em pensamento, em relação à mulher alheia. Analogamente, a lei do talião foi importante, historicamente, para esta-

---

61. Deuteronômio 24, 16.
62. Mateus 5, 17-19. No mesmo sentido, Lucas consigna: "É mais fácil passar céu e terra do que uma só vírgula cair da Lei" (16, 17).

belecer limites claros aos atos de vingança punitiva; mas ela refletia o estado primitivo das mentalidades da época, bem como uma organização estritamente comutativa das relações sociais ("dá lá, toma cá").[63] Contra essa tradição, Jesus lembra que os homens, pela sua própria origem divina, são chamados a construir uma sociedade comunitária, em que todos se irmanem na busca de seu destino comum: o "Reino dos Céus".

Introduziu-se, assim, na ética, a consciência de seu caráter evolutivo, fato esse que viria exercer um papel da maior importância nos séculos seguintes. São Tomás retomou o argumento, em relação à lei natural,[64] e a teoria contemporânea dos direitos humanos dele se serve para sustentar, de um lado, a irrevogabilidade dos direitos fundamentais já declarados nas Constituições e tratados internacionais, e, de outro, a legitimidade de sua ampliação progressiva, conforme a inevitável evolução da consciência ética da humanidade.

Mas não foi só essa a mudança decisiva, introduzida pelo cristianismo no corpo tradicional da moral judaica. Ele lançou também as bases de uma superação do nacionalismo sagrado, que a caracterizou desde as origens.

A pregação evangélica nesse particular, pelo menos tal como interpretada pelos primeiros cristãos, indicou claramente que o povo judeu gozava de uma espécie de direito de primogenitura, em sua relação com *Iahweh*; mas advertiu que, em caso de infidelidade, a "Boa-Nova" do Reino Celeste seria anunciada aos outros povos. Assim é que, ao enviar os doze apóstolos em sua primeira missão, Jesus os proíbe de "tomar o caminho dos gentios", ou de entrar em cidade de samaritanos, devendo eles, antes,

---

63. No Alcorão, o talião é prescrito na surata 2, versículos 178 e 179: "178 — Ó fiéis, está-vos preceituado o talião para o homicídio: livre por livre, escravo por escravo, mulher por mulher. Mas, se o irmão do morto perdoar o assassino, devereis indenizá-lo espontânea e voluntariamente. Isso é uma mitigação e misericórdia de vosso Senhor. Mas quem vingar-se, depois disso, sofrerá um doloroso castigo. 179 — Tendes, no talião, a segurança da vida, ó sensatos, para que vos refreeis". Igualmente, na surata 4, versículo 92: "Não é dado, a um fiel, matar outro fiel, salvo involuntariamente; e quem, por engano, matar um fiel, deverá libertar um escravo fiel e pagar compensação à família do morto, a não ser que esta se disponha a perdoá-lo". Na 8ª surata, versículo 45, o Alcorão refere-se explicitamente ao preceito bíblico: "Nela (a Torá) temo-lhes prescrito: vida por vida, olho por olho, nariz por nariz, orelha por orelha, dente por dente e as retaliações tais e quais: mas quem indultar um culpado, isto lhe servirá de expiação [vê-se, aí, a influência do ensinamento de Jesus]. Aqueles que não julgarem conforme o que Deus tem revelado serão iníquos" (tradução do Prof. Samir El Hayek, 9ª ed., São Paulo, MarsaM Editora Jornalística Ltda.).
64. Cf. cap.IV.

dirigirem-se "às ovelhas perdidas da casa de Israel".[65] Mas nas discussões com as autoridades religiosas, ele não deixou de advertir que o Reino de Deus acabaria sendo tirado dos judeus e "confiado a um povo que produza seus frutos".[66]

Para se entender o que isto significou em relação à prática religiosa judaica na Palestina do tempo de Jesus, é conveniente partir de um dos textos eticamente mais avançados da Torá, aquele que estabelece a verdadeira ponte entre judaísmo e cristianismo. É o versículo 18 do capítulo 19 do Levítico, onde se lê: "Não te vingarás e não guardarás rancor contra os filhos do teu povo. Amarás o teu próximo como a ti mesmo. Eu sou *Iahweh*".

Aqui, tal como no Decálogo, o preceito é dirigido aos homens, individualmente considerados, e não os grupos sociais (família, clã, povo). Neste sentido, trata-se, inquestionavelmente, de um texto fundamental na evolução ética da humanidade, pela afirmação do indivíduo como sujeito responsável.

Mas a pergunta capital, que o intérprete não pode deixar de fazer, é a da identidade das pessoas que todo indivíduo é obrigado a amar. A palavra-chave, aí, é bem o substantivo "próximo". Assim se traduz comumente, em língua moderna, o adjetivo substantivado *plessios* (πλησιος), constante da primeira versão em grego clássico da Bíblia hebraica, feita por sábios judeus helenizantes de Alexandria entre os séculos III e IV a.C.

O sentido nuclear desse vocábulo grego é de proximidade espacial ou vizinhança.[67] Ora, a palavra usada no original hebraico é *rea*, que tem a acepção, não de proximidade espacial, mas de comunhão social ou familiar. Ela indica o companheiro, ou afim.[68] E, de fato, a passagem citada do Levítico acha-se inserta num contexto de prescrições, onde se encontram, além de *rea*, as palavras "irmão" (*ach*) e "filhos do povo" (*am*).

Interpretado isoladamente do contexto, não parece haver dúvida que esse versículo bíblico, ao prescrever o mandamento de amor — extraordinário pelo seu

---

65. Mateus 10, 5-6.

66. Cf. a parábola dos vinhateiros homicidas, contada nos Evangelhos sinópticos: Mateus 21, 33-43; Marcos 12, 1-12; Lucas 20, 9-19.

67. Na *Antígona* de Sófocles, por exemplo, Creonte, referindo-se à jovem rebelde, ordena: "Traga a jovem odiosa, para que ela pereça aqui mesmo, sem mais tardar, sob meus olhos, na presença do seu noivo (πλησία τῷ νυμφίῳ)" (verso 761).

68. A tradução em inglês do texto tradicional hebraico, feita por The Jewish Publication Society (Filadélfia, Nova York, Jerusalém) em 1985, usa o termo *fellow*.

caráter paradoxal (o amor por dever não parece autêntico) — circunscreve-se ao meio judaico. No texto hebraico tradicional, aliás, a oração "amarás o teu próximo (companheiro, ou afim) como a ti mesmo" não aparece separada da que a precede, mas ambas formam uma proposição única, que poderia ser assim reconstruída: "Não te vingarás nem guardarás rancor contra os filhos do teu povo, amando-os como a ti mesmo".[69]

Um pouco mais além, todavia, o mesmo Levítico estende o mandamento do amor também ao estrangeiro. "Se um estrangeiro habita convosco na vossa terra, não o molestareis. O estrangeiro que habita convosco será para vós como um compatriota, e tu o amarás como a ti mesmo, pois fostes estrangeiros na terra do Egito. Eu sou *Iahweh* vosso Deus" (19, 33 e 34).

Mas se o estrangeiro não habitar no seio da comunidade judaica, ou se, além disso, ele for efetivamente um inimigo do povo eleito, como se deve proceder?

O universalismo da mensagem evangélica causou, sem dúvida, grande perturbação no meio religioso judaico, pois fariseus e legistas escolheram justamente esse tema do amor ao "próximo" para pôr à prova a ortodoxia de Jesus. A resposta por ele dada deve ter impressionado os ouvintes, pois ela aparece em todos os relatos dos sinópticos.[70] Para Jesus, a Torá e os profetas resumiam-se afinal em dois mandamentos. O primeiro e maior deles, sobre o qual sempre existiu rigorosa unanimidade, é de amar *Iahweh* de todo coração, toda alma e todas as forças.[71] O segundo, "semelhante a ele", acrescentou, consiste em amar o próximo como a si mesmo.

Ao afirmar a semelhança entre esses dois mandamentos, Jesus situa-se, sem dúvida, no ambiente próprio da escola talmúdica de Hillel, o grande sábio judeu da época. O Talmud Babilônico (*Shabat* 31 *a*) refere a seguinte história:

Sucedeu que um certo gentio apresentou-se perante Shammai e disse-lhe: "Converte-me, contanto que me ensines toda a Torá enquanto eu ficar de pé numa só perna". Shammai enxotou-o com a vara de medição usada pelos mestres de obra, que estava

---

69. A *Traduction Oecuménique de la Bible*, editada por Alliance Biblique Universelle e Le Cerf em Paris, dá a seguinte versão desse versículo: "ne te venge pas, et ne sois pas rancunier à l'égard des fils de *ton* peuple: c'est ainsi que tu aimeras ton prochain comme toi-même." Quanto ao dever de superar o ódio ao inimigo, cf. Provérbios 24, 17: "Se teu inimigo cai, não te alegres, e teu coração não exulte se ele tropeça".

70. Mateus 22, 34-40; Marcos 12, 28-31; Lucas 10, 25-28.

71. Deuteronômio 6, 5.

em sua mão. O gentio apresentou-se então diante de Hillel, que o converteu. Hillel disse-lhe: "O que for detestável para ti, não o faças ao teu próximo. Toda a Torá consiste nisso; o resto é comentário. Vá e aprenda-a".

Seja como for, a aproximação entre o amor ao próximo e o amor a Deus não deixava de suscitar sérias dúvidas para os espíritos rigoristas. Como seria possível, sem blasfêmia, aproximar o amor a outros seres humanos do amor ao Deus inefável, todo-poderoso e transcendente, o único que pode ser legitimamente chamado de Senhor (*Adonai*), e cujo Nome Santo não devia ser pronunciado senão em momentos especiais? Além disso, quem seria esse "próximo", o qual devemos amar como nós mesmos, isto é, com aquela autodileção que se encontra, pela própria natureza, em todo animal?

Para dissipar a primeira dúvida, Jesus insistiu sobre a inautenticidade do culto a *Iahweh*, quando o coração está cheio de ódio ou rancor contra outrem, ou seja, quando se descumpre exatamente o preceito que precede, no texto do Levítico, o "amarás o teu próximo como a ti mesmo". "Se estiveres para trazer a tua oferta ao altar e ali te lembrares de que o teu irmão tem alguma coisa contra ti, deixa a tua oferta ali diante do altar e vai primeiro reconciliar-te com o teu irmão; e depois virás apresentar a tua oferta."[72] Aqui, como se vê, o texto evangélico refere-se claramente a *irmão*. Da mesma forma, a prática do preceito mosaico do pagamento do dízimo dos produtos da terra de nada vale, ressaltou Jesus, quando se omitem "as coisas mais importantes da lei: a justiça, a misericórdia e a fidelidade".[73]

Quanto à indagação capital do sentido a ser dado à palavra *rea* no texto sagrado, Jesus responde com a parábola do judeu que, ao viajar de Jerusalém para Jericó, foi assaltado por ladrões, que quase o mataram, sendo socorrido, não pelo sacerdote ou pelo levita, que por ali passaram, mas sim por um samaritano.[74]

O ódio entre judeus e samaritanos, à época de Jesus, era ainda mais virulento do que a hostilidade, hoje existente, entre israelenses e árabes no Oriente Médio. Os samaritanos eram culpados de haver, ao tempo de Esdras (séc. v a.C.), construído no monte Garizim um templo rival do de Jerusalém. Além disso, todos os habitantes da Samaria eram considerados descendentes, não de uma tribo de Israel

72. Mateus 5, 23-4.
73. Ibid., 23, 23.
74. Lucas 10, 29-37.

e sim de assírios que teriam vindo repovoar a região no século VIII a.C. À época de Jesus, essa ojeriza tradicional, em relação a esses mestiços, transmudara-se em ódio declarado, pois alguns anos antes os samaritanos teriam conspurcado o Templo, ao depositarem no local, altas horas da noite, ossadas humanas.[75]

Pois bem, foi justamente um destes renegados e impuros que Jesus escolheu para ilustrar a figura daquele que deveria ser amado, com a mesma intensidade pela qual cada um de nós ama a si mesmo. E a razão disso, Jesus a deu exatamente no quadro da imitação da santidade de *Iahweh*, argumento principal do capítulo 19 do Levítico. "Amai os vossos inimigos e orai pelos que vos perseguem; desse modo vos tornareis filhos do vosso Pai que está nos céus, porque ele faz nascer o seu sol igualmente sobre maus e bons e cair a chuva sobre justos e injustos. Com efeito, se amais aos que vos amam, que recompensa tendes? Não fazem também os publicanos[76] a mesma coisa? E se saudais apenas os vossos irmãos, que fazeis de mais? Não fazem também os gentios a mesma coisa? Portanto, deveis ser perfeitos, como o vosso Pai celeste é perfeito."[77]

Sucedeu que com Saulo ou Paulo de Tarso, logo após a morte de Jesus, foram rompidos, definitivamente, os laços que prendiam os discípulos de Jesus à religião judaica. O chamado Apóstolo dos Gentios foi, de fato, o verdadeiro criador do cristianismo, enquanto corpo de doutrina religiosa.

Em primeiro lugar, sustentou ele que, com o advento de Jesus, a lei mosaica já não estava mais em vigor. Ela teria sido como que o pedagogo,[78] encarregado de conduzir a jovem humanidade à nova era, em que a salvação já não vem do cumprimento formal das prescrições da lei, mas sim da fé em Jesus Cristo.[79] Para Paulo,

---

75. *Apud* Flávio Josefo, *Antiquitates Iudaicae*, 18, 30.

76. Os *publicani*, na organização administrativa romana, eram empresários que contratavam com o Estado a construção ou a reparação de edifícios públicos, o suprimento dos exércitos no estrangeiro e a coleta de impostos. Na Palestina, à época de Jesus, sua função restringia-se à cobrança tributária. Mas isso era feito por um contrato de arrendamento, pelo qual os publicanos pagavam antecipadamente uma quantia fixa ao Estado, na expectativa de ganhar com a arrecadação do excedente. Em razão disso, os publicanos costumavam escorchar os contribuintes. O ódio popular contra eles provinha dessa cupidez violenta com que se conduziam, além de, bem entendido, serem desprezados pelo fato de colaborarem com o ocupante romano.

77. Ibid., 5, 43-8.

78. Na família grega, o pedagogo era o escravo encarregado de conduzir as crianças à escola e de zelar pelas suas boas maneiras.

79. É o argumento central da Epístola aos Romanos. Vejam-se também o capítulo 3º da Segunda Epístola aos Coríntios e o capítulo 3º da Epístola aos Gálatas.

a Nova Aliança divina é fundada na graça, ou seja, no puro favor de Deus, dirigido a todo aquele cuja vida é justificada pela fé, não pelo cumprimento dos deveres da Lei.[80] Introduzindo em matéria religiosa o mesmo princípio hermenêutico assentado pelos jurisconsultos do direito romano clássico,[81] Paulo sustentou que a fé em Jesus Cristo tornou os homens aptos a serem "ministros da uma Aliança nova, não da letra, e sim do Espírito, pois a letra mata, mas o Espírito comunica a vida".[82]

Falando a pagãos e a judeus imersos no mundo pagão, Paulo tinha consciência de que a morte ignominiosa de Jesus representava um temível obstáculo à conquista de prosélitos. Deslocou, por isso, o argumento central de sua pregação, do caráter messiânico de Jesus — o Ungido do Senhor ou, segundo a consagrada tradução grega, o *Christos* (Χριστός) — para a sua natureza sobre-humana.[83] A morte na cruz teria representado um sacrifício divino, portanto incomensurável, para a expiação do mal (o pecado) praticado pelos homens desde o começo do mundo.[84] Em lugar do fato messiânico, o acento tônico foi posto no escândalo da ressurreição de Jesus, como resposta ao escândalo da morte.[85]

Com isto, obviamente, a integridade da ideia monoteísta perdia muito do seu vigor, como a comunidade judaica, primeiro, e a islamita, ao depois, não deixaram de assinalar.

Não foi essa apenas, porém, a mudança capital trazida pela pregação de Paulo em relação ao judaísmo. Contra o sentido nacionalista da Torá, ele insistiu longamente, por palavras e atos, em que a "Boa-Nova" do Reino de Deus, anunciada por Jesus, estendia-se a todos os povos da Terra, abolindo-se com isso a antiga Aliança do Sinai, celebrada unicamente com o povo judeu. Doravante, todas as diferenças de nação, gênero ou condição social ficaram superadas: "Não há judeu nem grego,

---

80. Veja-se, a esse respeito, toda a Epístola aos Romanos e a Epístola aos Gálatas 3, 6-18.

81. "Saber as leis", advertiu Celso (Digesto 1, 3, 17) "não é conhecer as suas palavras, mas a sua força e o seu alcance" (*Scire leges non hoc est verba earum tenere, sed vim ac potestatem*).

82. Segunda Epístola aos Coríntios 3, 6.

83. A Epístola aos Colossenses (1, 15-6) declara enfaticamente que "Ele (Jesus) é a Imagem do Deus invisível, o Primogênito de toda criatura, porque nele foram criadas todas as coisas, nos céus e na terra, as visíveis e as invisíveis; Tronos, Soberanias, Principados, Autoridades, tudo foi criado por ele e para ele. Ele é antes de tudo e tudo Nele subsiste".

84. Epístola aos Romanos, cap. 5 e 6.

85. Cf., principalmente, a 1ª Epístola aos Coríntios, cap. 15.

não há escravo nem livre, não há homem nem mulher; pois todos vós sois um só, em Cristo Jesus".[86]

Para que se compreenda o alcance desse alargamento de perspectivas, é preciso levar em conta que Paulo de Tarso era um judeu helenizante da diáspora,[87] cuja visão de mundo, por isso mesmo, fora marcada pelo universalismo próprio da cultura grega.[88]

Ora, na nova visão histórica assim aberta pela religião cristã, a distinção — embora não necessariamente separação — entre o direito humano e a ética divina aparecia como uma consequência perfeitamente lógica. Tanto mais que, no episódio do pagamento do tributo a César, essa tese pareceu contar com a aprovação do próprio Jesus.

Para os rabis da época, com efeito, a obediência do povo eleito — na própria Terra Santa e não em terra de exílio — ao direito emanado do gentio ocupante não podia deixar de ser considerada uma clamorosa violação do pacto fundador, pelo qual Israel reconhecia em *Iahweh* seu único Rei e Legislador. O tributo, como expressão de vassalagem, só podia ser prestado a Deus; ou então, como interpretaram os rabis, ao Templo de Jerusalém, que era a Sua Casa. A questão de se saber se os judeus deviam ou não pagar imposto aos romanos era, portanto, uma boa maneira de se provar a ortodoxia daquele que a população humilde considerava, desde já, um novo profeta. A inesperada resposta de Jesus, à vista da moeda romana com a qual se pagava a obrigação tributária, separou claramente o poder político

---

86. Epístola aos Gálatas 3, 28. A afirmação é repetida na Epístola aos Colossenses 3, 11.

87. Em suas epístolas aos fiéis, encontram-se algumas citações de autores clássicos, como Menandro na 1ª Epístola aos Coríntios (15, 33) e o poeta cretense Epimênides de Cnossos na Epístola a Tito (1, 12). Nos Atos dos Apóstolos (17, 28), ele cita uma passagem da obra *Fenômenos*, de Arato, poeta originário da Cilícia, que era também a região natal do Apóstolo. Em sua argumentação, ademais, não faltam helenismos, inteiramente estranhos à cultura judaica, como a distinção entre carne e espírito (Epístola aos Romanos 1, 1; cap. 8), ou a interpretação alegórica da Bíblia (Epístola aos Gálatas 4, 21-31).

88. Os historiadores do judaísmo apresentam o período que vai do século IV a.C. até a destruição do Estado judaico no século II da era atual como a sua fase helênica. Em 332 a.C., a Palestina foi conquistada por Alexandre Magno, tornando-se uma província do reino helenístico dos Ptolomeus do Egito. A partir de 198 a.C., quando passou a fazer parte do reino sírio dos Selêucidas, a influência da cultura grega na região tornou-se dominante, contando-se no norte da Palestina não menos de 29 cidades que dispunham de teatro, anfiteatro e hipódromo. No início do século II a.C., a influência da língua e da cultura helênicas, muito marcada na seita dos saduceus, atinge o nível do sumo sacerdócio. Já se identificaram, no conjunto dos escritos do *Talmud*, cerca de 3 mil palavras de origem grega.

terreno da autoridade espiritual: "Devolvei o que é de César a César, e o que é de Deus, a Deus".[89] Vale dizer, a submissão compulsória à força dominante dos gentios pode perfeitamente coexistir com o dever de amar a Deus "com todo o coração, com toda a alma e com todas as forças".[90]

São Paulo retoma, no início do capítulo 13 da Epístola aos Romanos, a questão da obediência à autoridade política, mas já agora no contexto do mundo pagão, e precisamente para os fiéis que viviam na capital do império. A sua resposta vai além do que se contém nos escritos evangélicos, cuja composição, aliás, é posterior ao ministério paulino. Vale a pena reproduzi-la por inteiro, pois ela influenciou profundamente as gerações de cristãos pelos séculos afora, em todas as igrejas:

> Todo homem se submeta às autoridades[91] constituídas, pois não há autoridade que não venha de Deus, e as que existem foram estabelecidas por Deus. De modo que aquele que se revolta contra a autoridade opõe-se à ordem estabelecida por Deus. E os que se opõem atrairão sobre si a condenação. Os que governam metem medo quando se pratica o mal, não quando se faz o bem. Queres então não ter medo da autoridade? Pratica o bem e dela receberás elogios, pois ela é instrumento de Deus, para te conduzir ao bem. Se, porém, praticares o mal, teme, porque não é à toa que ela traz a espada: ela é instrumento de Deus para fazer justiça e punir quem pratica o mal. Por isso é necessário submeter-se não somente por temor do castigo, mas também por dever de consciência.

E concluindo exatamente sobre o espinhoso assunto do cumprimento da obrigação tributária, que fora proposto a Jesus para exame de sua ortodoxia em relação à lei mosaica, aduz:

89. Mateus 22, 15- 2; Marcos 12, 13-7; Lucas 20, 20-6.

90. Deuteronômio 6, 5; Lucas 10, 27.

91. A *Bíblia de Jerusalém* dá ao vocábulo grego *exousia* (ἐξουσία) o sentido de "autoridades". É preciso ter em conta que o texto designa, aí, aqueles que detêm o poder político de mando compulsório, e não simplesmente os que gozam de um prestígio pessoal. A *Vulgata*, corretamente, usa do vocábulo *potentia* e não *auctoritas*, que no direito público romano tinha o sentido de elevada reputação, dada pelo prestígio ou a confiança. As leis votadas pelo povo, reunido nos comícios, eram sancionadas pela *auctoritas* do Senado, que as ratificava. A distinção é importante, para se entender o exato sentido do conselho dado por São Paulo aos jovens cristãos. Esta passagem da Epístola aos Romanos, por isso, suscitou vivo embaraço entre os luteranos e calvinistas, quando se iniciaram as perseguições contra eles, movidas pelos soberanos católicos.

É também por isso que pagais impostos, pois os que governam são servidores de Deus, que se desincumbem com zelo do seu ofício. Dai a cada um o que lhe é devido: o imposto a quem é devido; a taxa a quem é devida; a reverência a quem é devida; a honra a quem é devida.

Escusa dizer que, confrontado à inquisição farisaica dentro da Palestina ocupada, Jesus jamais cometeria a blasfêmia de dizer que o poder de César vinha de Deus, e que todo aquele que se revoltasse contra a dominação romana estaria se opondo à ordem estabelecida por Deus! Tampouco se pode inferir da resposta sutil, por ele dada aos fariseus que procuravam confundi-lo diante do povo, que os judeus, em sua própria terra, deveriam pagar impostos ao ocupante por dever de consciência e não por temor das sanções.

c) O islamismo

A terceira e última religião do Livro Sagrado é de fato, antes de tudo, um retorno ao monoteísmo absoluto e transcendental dos hebreus. Por isso, o desenvolvimento ritualístico ulterior do judaísmo e, sobretudo, a pregação cristã de que Jesus é o Filho de Deus, são vivamente rejeitados no Alcorão.[92]

No islamismo, a harmônica integração entre prescrições morais, normas jurídicas e regras de culto persistiu inabalada, desde a sua fundação, durante muitos séculos. Diante da situação anárquica em que viviam os árabes na primeira metade do século VII, reunidos em várias tribos que se guerreavam sem cessar, pareceu sem dúvida ao Profeta Maomé que a religião por ele proclamada só poderia prosperar no quadro de uma sociedade politicamente estruturada. O fato é que, desde a sua fundação, com a hégira ou emigração do Profeta de Meca para Medina em 622, o islamismo foi, em quase todas as sociedades em que se instalou, uma religião de Estado. A situação de minoria cultural, ou de rivalidade entre o poder político e a autoridade religiosa, que o judaísmo e o cristianismo conheceram, quase nunca foram sentidas pelos fiéis muçulmanos.

No sistema do Alcorão e da Suna do Profeta — ou seja, de seus ditos, atos e

---

92. A filiação divina de Jesus é repelida em várias passagens do Alcorão: 18ª Surata, versículo 4; 21ª Surata, 26; 39ª Surata, 4. "Ele (Jesus) não é mais do que um servo que agraciamos, e do qual fizemos um exemplo para os israelitas": 43ª Surata, 59 (tradução do Prof. Samir El Hayek, op. cit.).

decretos, tal como recolhidos pelos seus discípulos — *Allah* é o único legislador. Só Ele detém a prerrogativa de declarar o lícito e proibir o ilícito. Toda tentativa de usurpação pelos homens dessa prerrogativa divina constitui um ato de abominável orgulho (*shirk*), uma tentativa ignominiosa de as criaturas humanas se apresentarem como parceiras ou colaboradoras do Deus clemente e misericordioso,[93] deixando de se submeterem, incondicionalmente, aos seus desígnios.[94] É oportuno, aliás, lembrar que o termo árabe *islam* significa literalmente rendição.

Com a morte do Profeta em 632, entendeu-se que a lei islâmica (*Xaria*) fixara-se de modo definitivo, restando às gerações ulteriores, tão só, aprofundar a sua compreensão e aplicá-la aos fatos novos, não regulados explicitamente, quer no Livro Sagrado, quer na Suna do Profeta. Para esse trabalho de hermenêutica e aplicação da lei, dois métodos acabaram sendo unanimemente reconhecidos no mundo muçulmano: o consenso ou acordo entre os sábios e a analogia sistemática; isto é, a extensão a uma situação, não regulada explicitamente pelas fontes sagradas (o Alcorão e a Suna), de uma sentença neles estabelecida para situação semelhante.

Como expressão direta da vontade divina, a lei islâmica abrange todos os aspectos da vida humana. Ela rege não apenas as relações dos homens entre si, mas também do homem com Deus e com a sua própria consciência. Por isso mesmo, ela compreende não só normas obrigatórias, penalmente sancionadas, como também recomendações ou conselhos, isto é, regras de moral íntima, cujo cumprimento ou descumprimento acarretam o favor ou desfavor divino, sem outro efeito externo ou material.

Mas, sobretudo, o islamismo é rigorosamente missionário. A propagação da fé é um dever para a comunidade muçulmana. É preciso estender à Terra inteira "os direitos de Deus e os direitos dos homens", tal como prescritos no Alcorão. Daí a importância do *djihad*, ou esforço para alcançar *Allah* (a expressão completa é *djihad fi sabil Allah*: esforço no caminho de Deus). Um apelo (*da'wa*) deve ser feito aos Estados que rejeitam o islame. Se eles não o aceitam, então pode-se (e a maior parte dos autores entende que se deve) atacá-los belicamente.

---

93. Vale recordar que é assim mesmo que São Paulo qualifica os pregadores: "Nós somos cooperadores de Deus, e vós sois a seara de Deus, o edifício de Deus" (1ª Epístola aos Coríntios 3, 9).

94. "Deus jamais perdoará a quem Lhe atribuir parceiros; porém, fora disso, perdoa a quem Lhe apraz. Quem atribuir parceiros a Deus cometerá um pecado ignominioso." Assim proclama o Alcorão, 4ª Surata, versículo 48. No mesmo sentido o versículo 116 desta mesma Surata e o versículo 72 da 5ª Surata.

d) A proteção dos necessitados, preceito ético fundamental das religiões do Livro

Se se quiser apontar um princípio ético fundamental que, além do monoteísmo, reúna as três grandes religiões do Livro Sagrado numa mesma família, ele é sem dúvida o dever de socorrer e proteger, em qualquer circunstância, os pobres, fracos e oprimidos de toda sorte. No entanto, não se pode deixar de reconhecer que a história dessas três grandes confissões religiosas tem sido marcada, salvo exceções pontuais que confirmam a regra, por uma persistente e clamorosa infidelidade a esse princípio ético.

Na Torá, todos os homens são instados a imitar *Iahweh*, que não faz acepção de pessoas,[95] isto é, não despreza o pobre (*ebionim*) nem exalta os ricos, mas antes "faz justiça ao órfão, à viúva, e ama o estrangeiro, dando-lhe pão e roupa".[96]

Esses mesmos atributos divinos são exaltados por Judite, na sua oração a *Iahweh*, quando ela se preparava para salvar seu povo, matando Holofernes:

...tu és o Deus dos humildes,

o socorro dos oprimidos,

o protetor dos fracos,

o abrigo dos abandonados,

o salvador dos desesperados.[97]

Contra a perpétua tentação de entesouramento e acumulação de bens, Deus ordena que tudo o que sobeja seja dado ao pobre, pois a ele pertence como de direito.[98]

Os empréstimos pecuniários, que à época destinavam-se a prover às necessi-

95. Levítico 19, 15; Deuteronômio 10, 17.

96. Deuteronômio 10, 18. No capítulo 24, versículo 17 do mesmo livro, *Iahweh* ordena: "Não perverterás o direito do estrangeiro e do órfão, nem tomarás como penhor a roupa da viúva. Recorda que foste escravo na terra do Egito, e que *Iahweh* teu Deus de lá te resgatou".

97. Livro de Judite 9, 11.

98. "Quando segares a messe da vossa terra, não segareis até o limite extremo do campo. Não respigarás a tua messe, não rebuscarás a tua vinha nem recolherás os frutos caídos no teu pomar. Tu os deixarás para o pobre e para o estrangeiro" (Levítico 19, 9). O mandamento é repetido no Deuteronômio 24, 19-22.

dades básicas de consumo dos mais pobres, não podiam ser uma fonte de vantagens patrimoniais para o credor. O mútuo a juros era, em princípio, proibido; e o penhor de objetos pessoais, estritamente limitado.[99]

O respeito ao trabalhador, notadamente quanto ao pagamento de seu salário, é um dever estrito. "Não oprimirás um assalariado pobre, necessitado", ordena Deus, "seja ele um dos teus irmãos ou um estrangeiro que mora em tua terra, em tua cidade. Pagar-lhe-ás o salário a cada dia, antes que o sol se ponha, porque ele é pobre e disso depende a sua vida. Deste modo, ele não clamará a *Iahweh* contra ti, e em ti não haverá pecado".[100]

Os profetas de Israel, notadamente Isaías, retomaram esse mandamento da lei de Deus no tocante aos fracos, pobres e oprimidos, e não deixaram de repreender o povo pelo seu reiterado descumprimento. "Ai dos que promulgam leis iníquas, os que elaboram rescritos de opressão para desapossarem os fracos do seu direito e privar da sua justiça os pobres do meu povo, para despojar as viúvas e saquear os órfãos."[101] O Messias que há de vir, anunciou o profeta, "não julgará segundo a aparência. Ele não dará sentença apenas por ouvir dizer. Antes, julgará os fracos com justiça, com equidade pronunciará uma sentença em favor dos pobres da terra".[102]

Da mesma forma, o Dêutero-Isaías, ferindo um tema que Jesus depois retomaria com vigor, condenava as manifestações de culto meramente exteriores. "Por acaso não consiste nisto o jejum que escolhi: em romper os grilhões da iniquidade, em soltar as ataduras do jugo e pôr em liberdade os oprimidos e despedaçar todo o jugo? Não consiste em repartires o teu pão com o faminto, em recolheres em tua casa os pobres desabrigados, e em não te esconderes daquele que é a tua carne?"[103]

Jesus, de sua parte, foi muito claro em sustentar que a salvação não advém, necessariamente, do estrito cumprimento das normas bíblicas. O episódio do

---

99. "Se emprestares dinheiro a um compatriota, ao indigente que está em teu meio, não agirás com ele como credor que impõe juros. Se tomares o manto do teu próximo em penhor, tu lho restituirás antes do pôr do sol. Porque é com ele que se cobre, é a veste do seu corpo: em que se deitaria? Se clamar a mim, eu o ouvirei, porque sou compassivo." (Êxodo 22, 24-25). No mesmo sentido, Levítico 25, 35-37; Deuteronômio 23, 20-21, mas aqui já se permite fazer empréstimo a juros aos estrangeiros.

100. Deuteronômio 24, 14. No mesmo sentido, Levítico 19, 9.

101. Isaías 10, 1-2.

102. Ibid., 11, 3-4.

103. Ibid., 58, 6-7.

homem rico cumpridor da lei, contado em todos os Evangelhos sinópticos,[104] é muito revelador a esse respeito. Fascinado sem dúvida pela personalidade desse rabi novo, que dizia e fazia coisas próprias de um profeta, o jovem rico vem expor a grande preocupação de sua vida, aquela que, de resto, constituía a verdadeira obsessão do povo judeu naquela época: Que fazer para alcançar a vida eterna? Como obter a salvação? Jesus dá-lhe como resposta o que todo judeu piedoso diria, ante uma indagação dessa ordem: é preciso guardar os mandamentos da lei. O jovem insiste: Mas quais mandamentos? Jesus lhe responde, recitando o Decálogo: não matarás, não cometerás adultério, não levantarás falso testemunho etc. Ao que o homem, certamente intrigado pela pregação inovadora do Mestre em relação ao ensinamento habitual dos fariseus e doutores da lei, retruca: "Tudo isso tenho guardado. Que me falta ainda?". A resposta é direta: "Uma coisa ainda te falta. Vende tudo o que tens, distribui aos pobres e terás um tesouro nos céus; depois vem e segue-me". Ou seja, não basta cumprir literalmente a lei para obter a salvação. O essencial é não perder de vista a sua finalidade ou razão de ser: o amor a Deus acima de tudo e ao próximo como a si mesmo. O apego daquele homem às riquezas materiais — os relatos evangélicos dizem que ele saiu da entrevista pesaroso, porque era muito rico — nada mais é do que a revelação de que a estrita observância da lei pode ocultar um profundo egoísmo, isto é, a negação do supremo princípio ético, do qual o Decálogo é mera aplicação.

Aí está, sem dúvida, um ponto essencial da divergência irreconciliável entre a pregação evangélica e a interpretação oficial da Torá no meio judaico em que Jesus viveu.

Mas ele não foi o único. O modo pelo qual Jesus fez o anúncio da Boa-Nova contrastava nitidamente com o estilo tradicional dos chefes religiosos do povo. Em várias passagens evangélicas registra-se o fato de que, pelo fato de Jesus fundar sua pregação, não na autoridade da Escritura a modo de simples comentário, mas em sua relação pessoal com Deus, tal como fizeram os antigos profetas, os ouvintes ficavam vivamente impressionados.[105]

104. Mateus 19, 16-30; Marcos 10, 17-31; Lucas 18, 18-30.
105. Mateus 7, 28-29. Cf. também as passagens equivalentes em Marcos 1, 22 e Lucas 4, 32. A questão da autoridade docente de Jesus foi-lhe diretamente indagada pelos sumos sacerdotes e anciãos do povo (Mateus 21, 23). Segundo Lucas, aliás, o próprio Jesus teria admitido a sua condição de profeta (13, 33). A oposição estabeleceu-se, por isso, não em relação à Lei, mas em relação ao ensino rabínico tradicional. É o que se vê, marcadamente, em vários trechos do chamado "sermão da montanha": "Ouvistes que foi dito aos antigos... Eu, porém, vos digo..." (Mateus 5, 21 e s.).

O cerne do ensinamento evangélico foi, assim, a rejeição radical do juridismo formalista que prevalecia no meio judaico da época. Para Jesus, o cumprimento meticuloso de todas as prescrições rituais, ou a cega obediência à letra da lei, como em matéria de repouso sabático, por exemplo, de nada valiam, quando por trás desse legalismo abandonavam-se a justiça e o amor de Deus.[106] Nesse contexto, o ingresso no Reino de Deus não é apresentado como um direito que se adquire pelo exato cumprimento das obrigações decorrentes do pacto celebrado no Sinai, mas resulta da pura graça divina: é um dom gratuito que Deus faz aos homens de fé.[107]

No Reino de Deus, anunciado por Jesus, os cidadãos de pleno direito são os pobres.[108] O substantivo πτωχός designa, no grego antigo, aquele que se encolhe ou se esconde; ou seja, o humilde. Por extensão, o pobre, o mendigo. Quem quiser, pois, não sendo pobre, ingressar no Reino, deve prestar suas homenagens aos cidadãos legítimos, socorrendo-os em suas necessidades, pois eles são considerados como os enviados do Senhor-Rei na Terra.[109]

A mesma disposição de cuidado e amparo em relação ao fraco, ao necessitado e ao oprimido é exigida do fiel islamita. Tal como nos livros proféticos da Bíblia, ou nos Evangelhos, o Alcorão adverte para a inutilidade do culto religioso, não acompanhado de uma atitude de permanente atenção e socorro a todo aquele carente de proteção (*mustadh'af*):

> A virtude não consiste só em que orienteis vossos rostos até ao levante ou ao poente. A verdadeira virtude é a de quem crê em Deus, no Dia do Juízo Final, nos anjos, no Livro e nos profetas; de quem distribui seus bens em caridade por amor a Deus, entre parentes, órfãos, necessitados, viajantes, mendigos e em resgate de cativos (escravos) [...].[110]

As pessoas particularmente indefesas, tais como os órfãos e as mulheres, merecem especial proteção.[111] Da mesma forma os endividados: "Se vosso devedor se

---

106. Lucas 11, 42.
107. "Não tenhais medo, pequenino rebanho, pois foi do agrado do vosso Pai dar-vos o Reino!" (Lucas 12, 32).
108. Mateus 12, 1; Marcos 3, 1; Lucas 6, 20.
109. Mateus 25, 31-46.
110. 2ª Surata, versículo 177.
111. Vejam-se, no Alcorão, a 2ª Surata, versículo 220; e a 4ª Surata, versículos 2, 6 e 8. Na Suna do

achar em situação precária, concedei-lhe uma moratória; mas, se o perdoardes, será preferível para vós, se quereis saber".[112] Daí a estrita proibição da usura, que arruinava justamente os mais pobres, pois os empréstimos, à época, eram unicamente para consumo: "Deus abomina a usura e multiplica a recompensa aos caritativos".[113]

No mesmo diapasão da mensagem evangélica, o Profeta Maomé adverte para a contradição moral insuperável entre ricos-arrogantes e pobres-modestos:

> Abu Said al Khudri (R.A.A.) narrou que o Profeta (Deus o abençoe e lhe dê paz) disse: "Em dada ocasião, o Paraíso e o Inferno disputam entre si. Disse o Inferno: 'Tenho comigo os tiranos e os arrogantes!'. E disse o Paraíso: 'Eu tenho comigo os débeis e os modestos!'. Porém Deus resolveu a disputa, dizendo: 'Tu, Paraíso, és a Minha misericórdia e to concedo a quem Eu quiser (por assim merecer). E tu, Inferno, és o meu castigo. Contigo farei sofrer a quem Eu desejar (por assim merecer). E a ambos abarrotarei'".[114]

Parece supérfluo assinalar como essa ética de solidariedade para com os pobres, fracos e oprimidos, a qual impregna as três grandes religiões monoteístas, vai em sentido diametralmente oposto ao sistema de valores, instituições e práticas que o capitalismo difundiu no mundo moderno.

O budismo

Se todas as grandes religiões contêm, a par dos dogmas de fé, preceitos éticos relevantes, no budismo esse conteúdo ético supera consideravelmente as crenças de natureza religiosa; a tal ponto que muitos questionam se se trata, realmente, de

---

Profeta, várias passagens dizem respeito a esse dever de proteção dos mais fracos. Cf., por exemplo, os seguintes textos, na *Compilação do Imam Abu Zakariya Yahia Ibn Charaf Al Nawawi*, tradução do Prof. Samir El Hayek: "184 — Khuailed Ibn al Khuzi (R.A.A.) relatou que o Profeta (S.A.A.S.) disse: 'Senhor meu, denuncio como pecador a quem violar os direitos destes débeis: o órfão e a mulher' (Nassa'i). 185 — Abu al Darda Oeimer (R.A.A.) contou que escutara o Mensageiro de Deus (S.A.A.S.) quando dizia: 'Ajudai-me a buscar os débeis e os pobres, pois Deus vos concederá o respaldo e o sustento, mais que tudo, para os débeis e para os pobres'".

112. Alcorão, 2ª Surata, versículo 280.

113. Alcorão, 2ª Surata, versículo 276. Na Suna do Profeta, lê-se: "954 — Ibn Massud (R.A.A.) relatou: 'O Mensageiro de Deus (S.A.A.S.) amaldiçoou quem recebe e quem paga juros'".

114. *Compilação do Imam Abu Zakariya Yahia Ibn Charf Al Nawawi*, op.cit., nº 176.

uma religião. De qualquer forma, ainda que o aceitemos como tal, o budismo é, incontestavelmente, a única religião desprovida de divindades na História.

Outra grande originalidade histórica do budismo é que a mensagem ético-religiosa de Sidarta Gautama, também chamado Sakyamuni ou Buda, não se dirige a um povo, uma etnia ou uma casta determinada, mas a todos os seres humanos. Nesse sentido, aproxima-se muito da sabedoria filosófica, desenvolvida originalmente pelos gregos na mesma época.

O cerne do ensinamento ético budista é condensado em cinco preceitos fundamentais, a saber:

1. *Ahimsa*, ou abstenção de prejudicar os outros seres vivos na face da Terra;
2. Abstenção de se apropriar dos bens que não nos foram dados;
3. Abstenção de uma má conduta sensual, inclusive o mau comportamento sexual;
4. Abstenção de mentir;
5. Abstenção de ingerir bebida alcoólica ou substância intoxicante, que leva à perturbação da mente.

Como se percebe, os quatro primeiros preceitos éticos fundamentais do budismo correspondem, basicamente, a mandamentos constantes da Torá, tais como expressos na Bíblia.

O preceito de *ahimsa*, no entanto, é bem mais extenso do que o "Não matarás" do Decálogo mosaico. Ele remonta aos Vedas, ou seja, os quatro textos elaborados por volta de 1500 a.C., e que formam a base do sistema de escrituras sagradas do hinduísmo. *Ahimsa* significa, basicamente, não fazer mal a outro ser vivo. Seu pressuposto é a crença de que todos os viventes, qualquer que seja a sua espécie, representam a centelha de uma mesma energia espiritual, que engloba o universo inteiro. Em razão dessa essência comum a todos os seres vivos, fazer mal a outrem importa em prejudicar a si mesmo. Como será visto no capítulo XII da Parte II, o preceito de *ahimsa* foi central no ensinamento ético do Mahatma Gandhi.

A tradição védica de respeito integral por todo ser vivo representou, no longo curso histórico, o primeiro movimento ético em defesa da biosfera, situando-se, sob esse aspecto, no antípoda do ensinamento bíblico e do espírito técnico-industrial do capitalismo moderno.

Com efeito, segundo o relato da criação do mundo, constante do Gênesis (1, 26), *Iahweh* deu ao homem poder sobre "os peixes do mar, as aves do céu, os animais domésticos, todas as feras e todos os répteis que rastejam sobre a terra". A cada um deles o homem deu um nome (2,19), o que significa, segundo velhíssima crença, submeter o nomeado ao poder do nomeante. Para os semitas, com efeito, à semelhança de todos os demais povos antigos, o nome exprimia a essência do ser. Um homem anônimo era insignificante, em todos os sentidos da palavra (Jó 30, 8); era como se não existisse (Eclesiastes 6, 10). Da mesma sorte, o nome de *Iahweh*, pronunciado pelo sacerdote sobre o povo, protegia-o. Daí a razão do segundo mandamento do Decálogo mosaico: "Não pronunciarás em vão o nome de *Iahweh* teu Deus, pois *Iahweh* não deixará impune aquele que pronunciar em vão o seu nome" (Deuteronômio 5, 11).

A Revolução Científica, iniciada no século XVI, e que contou em pouco mais de um século com a contribuição inovadora de Copérnico, Tycho Brahe, Kepler, Galileu e Isaac Newton, desencadeou um processo de rápida mudança de mentalidade em todo o hemisfério ocidental. A partir de então, a humanidade voltou as costas às tradições ancestrais, e lançou os olhos esperançosamente para o futuro, procurando transformar o mundo com base no valor da utilidade. Doravante, os homens já não se dobravam passivamente às forças da natureza, mas procuravam compreender seus mecanismos internos para melhor utilizá-los em proveito próprio. Na sexta parte do *Discurso sobre o método*, publicado em 1637, Descartes proclamou que, graças ao "conhecimento da força e das ações do fogo, da água, do ar, dos astros, dos céus e de todos os outros corpos ao nosso redor", os homens poderiam empregar utilmente esse conhecimento, de modo a se tornarem "senhores e possuidores da natureza" (*maîtres et possesseurs de la nature*).

A Revolução Industrial, que eclodiu no século XVIII no quadro da expansão mundial da civilização capitalista, fez com que a dominação do ser humano sobre a natureza acarretasse a destruição sistemática da biosfera no planeta, pondo em sério risco a sobrevivência da espécie humana.

Durante os primeiros séculos da modernidade, a lição budista do respeito integral a todas as formas de vida sobre a Terra permaneceu esquecida, voltando a ser levada a sério somente no decurso da segunda metade do século XX.

Importa salientar que tais preceitos éticos do budismo, ao contrário do que sucede nas outras religiões, não são normas impostas ao ser humano por uma divindade, mas princípios de autoeducação, que cada indivíduo deve assumir e praticar regularmente. E aí está um aspecto extraordinariamente inovador do budismo. Contrariando um dos traços marcantes da vida ética na antiguidade,[115] pela primeira vez na História o indivíduo é alçado ao primeiro plano, deixando de ser absorvido pelo meio social.

Temos, assim, que na concepção ética budista o mal não está fora, mas dentro de cada um de nós. Da mesma forma, o bem não nos é dado por outrem, mas adquirido pelo esforço ordenado e constante de cada indivíduo. Trata-se, na verdade, de um empenho laborioso e incessante, exigido de cada um de nós, pois a nossa existência é marcada por três características negativas: a impermanência, o sofrimento e o vazio interior.

Segundo o ensino budista, nada é fixo e inalterável neste mundo; tudo existe em constante fluxo de mudanças. Em consequência — contrariamente ao afirmado pelo platonismo — nenhum ser é dotado de uma essência própria e permanente. A vida, em qualquer de suas manifestações, é necessariamente cambiante. A existência de todos os seres vivos percorre um ciclo incessante, do nascimento à morte, passando pelo crescimento, a expansão da idade adulta e o envelhecimento, para tudo recomeçar após a morte (a doutrina de *samsara*). O apego aos bens e instituições deste mundo é, portanto, uma conduta fútil e causadora de sofrimento (*dukkha*).

Este último é uma noção central na doutrina budista, e comporta três aspectos: a dor física, mental ou moral; a ansiedade e insatisfação provocada pelo apego a bens em constante mutação; e a desilusão suscitada pelos demais seres vivos, pois estes também estão em constante mutação.

A terceira grande marca negativa da existência dos seres vivos, de acordo com a doutrina budista, é a constatação de que todos eles são vazios, ou destituídos de uma própria identidade.

Para vencer essa situação acabrunhadora da existência humana, marcada pelas três características negativas citadas, o budismo aconselha cada indivíduo a seguir um caminho de autoeducação permanente, por meio da meditação programada (da qual a ioga é uma das técnicas), caminho esse que comporta oito vias e quatro grandes qualidades íntimas, conhecidas como *brahmaviharas*.

Eis as oito vias a serem seguidas no esforço de permanente autoeducação ética individual:

1. Visão justa da realidade, sem se fiar nas aparências;
2. Intenção moral justa; ou seja, sem buscar o próprio interesse e sem querer prejudicar os outros;

---

115. Cf. pp. 60 e ss.

3. Manifestações verbais justas, abstendo-se de mentir, falar em vão, ou pronunciar palavras ofensivas;

4. Ações justas, promovendo a vida com generosidade e sem causar o sofrimento alheio;

5. Modo de vida justo, exercendo uma profissão que não esteja em desacordo com os princípios éticos;

6. Esforço justo de autodisciplina;

7. Autoconsciência justa, evitando desejos ardentes e aversões incontroladas em relação à realidade que nos cerca;

8. Justa concentração mental, por meio da constante meditação.

Acresçam-se a essas oito vias, as quatro qualidades, ditas "incomensuráveis", a saber, o amor, a compaixão, a alegria e a equanimidade.

Ao concluir o percurso desse longo caminho, o ser humano poderá chegar ao estado de nirvana; vale dizer, à extinção do sofrimento e do ciclo de renascimentos involuntários. Ele se tornará então um buda, isto é, um iluminado.

Tais ensinamentos, que Sidarta Gautama pregou em seus últimos cinquenta anos de vida por todo o território indiano, começaram logo após a sua morte — ocorrida, ao que parece, entre 420 e 380 a.C. — a ser reduzidos a escrito pelos discípulos.

Graças ao seu caráter universal, não vinculado a um só povo ou uma só etnia, o budismo expandiu-se progressivamente a todo o continente asiático, instalando-se na China no século V da nossa era e no Japão no século seguinte. No decurso dos séculos posteriores, graças à chamada "Estrada da Seda" — a grande estepe euro-asiática que liga o norte da China ao mar Mediterrâneo, numa extensão de cerca de 6400 quilômetros — a pregação budista alcançou a Europa. A grande expansão atual do budismo é devida à sua apresentação como um puro sistema ético, despido de conotações mítico-religiosas. É este o trabalho desenvolvido, sobretudo, pela associação leiga Soka Gakkai, fundada no Japão, e que conta atualmente com aderentes em 193 países do mundo.

A invenção da filosofia como sistema de saber racional

Não foram apenas o monoteísmo e o budismo os grandes fatores de mudança no ideário da civilização greco-romana. A invenção do saber filosófico, na Grécia, ao abrir da mesma forma a todos a perspectiva do universal, contribuiu decisivamente para o despertar da consciência da unidade do gênero humano.

Nas civilizações antigas, as questões que sempre interpelaram os homens em todos os tempos — a nossa posição no mundo, o sentido da vida, a compreensão da morte — eram respondidas invariavelmente pela mitologia. O saber mitológico das origens, antes de ser uma pura criação artística, teve o propósito de explicar os grandes enigmas da vida humana. A sua diferença, em relação à filosofia, reside no método de explicação. A mitologia procede por alegorias e simbolismos. O relato mitológico parte da realidade concreta e cotidiana da vida, para propor uma reflexão analógica sobre aquilo que ultrapassa o nosso entendimento. Lembre-se, por exemplo, o mito prometeano da criação do homem, referido na Introdução desta obra. Já a filosofia, desde a invenção do método socrático, procura, antes, despir a realidade de todo o seu aparato externo, contingente e superficial, a fim de apreender a essência das coisas. No livro da *Metafísica* (1078 *b*, 27-9), Aristóteles atribui a Sócrates duas invenções que deram início ao método filosófico: o discurso indutivo e a definição universal.

Compreende-se, assim, que enquanto a mitologia abunda em polissemias, pois o inacessível pelos sentidos deve ser compreendido de forma comparativa ou analógica, a filosofia, tal como a inventou Sócrates, é toda fundada no conceito, vale dizer, no uso de termos unívocos para designar, separadamente, cada objeto da reflexão, bem como no princípio de identidade ou não contradição: nada pode ser e não ser ao mesmo tempo. Foi desse saber filosófico, assim compreendido, que nasceu toda a ciência moderna.

Mas, na verdade, a oposição entre mitologia e filosofia nunca foi absoluta. O próprio Platão, reproduzindo ou não fielmente o pensamento de seu mestre (a questão permanece insolúvel até hoje), viu-se obrigado a forjar relatos simbólicos, para poder explicar questões de difícil entendimento. Tal, por exemplo, o mito da caverna, contado no livro VII de *A República*. Na era moderna, como reação ao cientificismo superficial do século XIX, Nietzsche desenvolveu todas as suas reflexões no estilo mitológico.

Seja como for, se na antiguidade a mitologia de cada povo sempre esteve ligada às suas tradições e à sua visão de mundo, sendo, portanto, estritamente local e nacional, a religião mitológica grega, desprovida de dogmas e não servida por sacerdotes, foi uma das menos nacionalistas que jamais existiram. E isto explica, talvez, o fato histórico de que a filosofia tenha surgido nesse meio cultural e não em outro.

Assim como a fundação das cidades fez-se, na Hélade, pelo estabelecimento de uma comunhão de todos os cidadãos no culto dos deuses que, originalmente, eram próprios de uma família ou de um clã, da mesma forma o movimento em prol de uma comunidade pan-helênica baseou-se num esforço constante de reunião dos deuses de cada cidade-Estado num único panteão ideal. Com o tempo, em meio à pluralidade de deuses rivais no Olimpo, surgiu uma autoridade superior, Zeus, considerado a fonte da justiça e do direito, o qual acabou por se impor aos demais deuses, sem os suprimir. Símbolo desse empenho na superação dos paroquialismos foi a instituição dos jogos pan-helênicos, que se realizavam quadrienalmente em Olímpia, sob a invocação de Zeus. Durante os cinco dias de duração do certame, estabelecia-se uma trégua entre as cidades que se encontrassem eventualmente em guerra.

O comunitarismo religioso, de resto, não se limitava aos deuses gregos, mas estendia-se também, sem dificuldades, às divindades estrangeiras. No curso dos séculos, a Grécia adotou o culto de vários deuses originários da Ásia Menor, como Dionísio e Cibele; ou do Egito, como Isis e Serapis.

O episódio da pregação de São Paulo em Atenas, no primeiro século da era cristã,[116] ilustra à perfeição o universalismo do sentimento religioso entre os gregos. Instado a explicar publicamente a nova doutrina, que vinha pregando em conversas diárias na *ágora*, o centro cívico da *pólis*, o apóstolo não hesitou em reconhecer:

> Atenienses, sob todos os aspectos sois, eu o vejo, os mais religiosos dos homens. Pois percorrendo a vossa cidade e observando os vossos monumentos sagrados, encontrei até um altar com a inscrição: "Ao deus desconhecido" (*agnosto theo*). Aquele que adorais sem conhecer, eu venho vos anunciar.

Essa prática religiosa difusa, recolocada em seu contexto cultural, revela-se, assim, como uma manifestação do universalismo humanista, tão próprio da civilização grega. O povo helênico, antes de qualquer outro na História, construiu uma visão de mundo fundada na igualdade essencial de todos os seres humanos. Em lugar da tradição e da fé religiosa, fatores que conduzem normalmente à diferenciação cultural e, no limite, à rivalidade entre os povos, a razão humana — pedra

---

116. Atos dos Apóstolos 17, 16-33.

angular da filosofia — foi reconhecida desde o século v a.C. como o denominador comum da humanidade.

Foi com base no universalismo da razão que a filosofia grega, a partir de Sócrates, pôde fazer a crítica da religião tradicional, procurando nela separar a verdade da ilusão. A crítica socrática, aliás, pelo menos na versão que nos foi legada por Platão, não se dirigia diretamente à religião e, sim, aos relatos mitológicos difundidos pelos poetas, que o filósofo não hesitou em tachar de imaginosos, ou mesmo de mentirosos.[117] Um poeta, afirma Sócrates no *Fédon* de Platão (61 *b*), não compõe discursos racionais (*lógos*), mas sim mitos. O que estava em causa, nessa crítica, era algo fundamental sob o aspecto ético. Sócrates afirmava o princípio da responsabilidade pessoal de cada indivíduo pelos seus próprios atos, e rejeitava a concepção mitológica que atribuía tal responsabilidade, tanto para o bem, quanto para o mal, aos deuses, de modo a fazer depender a felicidade humana da vontade arbitrária dos ocupantes do Olimpo, a começar por Zeus. A felicidade de cada ser humano, insistiu Sócrates, depende exclusivamente dele próprio.

Da mesma forma, a tragédia, outra notável criação grega, nada mais foi, em sua essência, do que uma contínua investigação, à luz dos sentimentos universais que a mitologia tão bem ilustra — o orgulho, o ciúme, a vingança, o amor, o ódio — da inestimável complexidade da alma humana. Na sucessão histórica dos três grandes autores trágicos — Ésquilo, Sófocles e Eurípides — a interpretação dos mitos transmuda-se, gradativamente, de meditação religiosa em discussão racional.

Foi graças ao universalismo próprio da razão que os gregos puderam entender, bem antes dos demais povos, a existência de uma justiça comum a todos os homens, cujo fundamento último se encontra na consciência ética e não nas leis editadas pelos detentores do poder político.

O mito de Antígona, tal como interpretado na peça que Sófocles compôs em meados do século v a.C. (provavelmente em 441), é a mais célebre ilustração da vigência universal do que se denominava, à época, "leis não escritas" (*ágraphoi nomoi*). Essas leis divinas, intemporais e irrevogáveis pela vontade humana, não vigoravam para uma *pólis* apenas, mas para todas elas. Na peça *As Suplicantes* de Eurípides, por duas vezes (versos 525 e 670) lembra-se que sepultar os mortos é uma lei comum a todos os gregos (*Panhellenos nómos*).[118] Os filósofos da geração

---

117. Cf. *A República*, ii, 377 *d* e ss.

118. Na verdade, comum a todos os povos da antiguidade, como vimos acima.

seguinte, a começar por Aristóteles, foram mais além, e mostraram que há leis que representam uma justiça imanente ao cosmos,[119] ou seja, à ordem natural das coisas, e que são, portanto, inteiramente explicáveis pela razão, embora possam, eventualmente, não ser respeitadas por este ou aquele povo.[120]

Expostos assim os traços marcantes da vida ética no mundo antigo, e apontados os grandes fatores que engendraram a passagem rumo à modernidade, convém agora considerar, separadamente, três grandes etapas de preparação do mundo moderno: a filosofia de Platão e Aristóteles, o estoicismo na Grécia e em Roma, e o apogeu da Idade Média, com São Francisco de Assis e São Tomás de Aquino.

---

119. Os significados primigênios da palavra, em grego, são de ordem e de ornamento (de onde o nosso vocábulo *cosmético*). A reunião de ambas as acepções levou ao emprego de cosmos como significando a harmonia ou boa ordem das coisas. Foram os pitagóricos que pela primeira vez a utilizaram no sentido de mundo. Da mesma forma, o adjetivo latino *mundus* tinha, primeiramente, os sentidos de limpo e elegante.

120. Expus mais longamente essa questão em *A Afirmação Histórica dos Direitos Humanos*, São Paulo, Editora Saraiva, 7ª ed., 2010, pp. 11 e s.

II. O Nascimento da Filosofia Ética na Grécia

A filosofia, ou teoria racional da ética, principia com Sócrates. Foi ele, afirma Aristóteles no livro M da *Metafísica*,[1] quem primeiro procurou definir as virtudes morais, isto é, exprimir a sua essência por meio de uma fórmula geral. Aberto assim, pela via dos conceitos, dos raciocínios indutivos e das definições universais, o caminho do conhecimento racional, a reflexão ética atingiu desde logo, com os dois mais eminentes seguidores do método, Platão e Aristóteles, uma notável elevação.

A construção da filosofia ética supunha, na Grécia do século V a.C., fosse ela cuidadosamente distinguida de duas espécies de reflexão, as quais, embora com o mesmo objeto — o comportamento social dos homens —, buscavam finalidades muito diferentes: a reflexão mitológica e a retórica sofística.

Segundo o que se depreende de uma longa passagem da *República* de Platão,[2] Sócrates teria sido o primeiro pensador grego a ousar criticar a mitologia tradicional como modelo educativo para a juventude. Estaria aí, sem dúvida, a origem do libelo acusatório que contra ele foi apresentado ao tribunal do povo (*Boulê*), e que acarretou a sua condenação à morte. Aos jovens, disse Sócrates, deve-se ensinar sempre a verdade, sem nenhuma mescla de erro consciente, ou falsidade. Ora, toda a obra de

---

1. 1078 *b*, 17.
2. Livro II, 377 e s.

Hesíodo e de Homero, cuja leitura constituiu a base da educação escolar de sucessivas gerações na Grécia, durante séculos, não passava de fábulas ou mitos, na qual se mesclavam sempre, de modo inextricável, a verdade e o erro. Assim, salientou Sócrates, é inadmissível atribuir aos deuses, cuja natureza é moralmente boa, a produção do mal no mundo. Os seres intrinsecamente virtuosos só podem agir de modo virtuoso. A mitologia, portanto, com todos os seus relatos de brigas ferozes entre os deuses, ou na parte em que descreve Zeus, o pai dos deuses, ocupado em distribuir aleatoriamente bênçãos e maldições entre os seres humanos, sem nenhuma ligação com o mérito ou demérito de suas ações,[3] não passava de uma invenção de poetas, própria a agradar ao senso estético, não a transmitir a verdade.[4]

Sócrates procurava, com isso, fixar o princípio ético fundamental de que os homens, em geral, e os governantes, em particular, são sempre pessoalmente responsáveis por seus atos ou omissões intencionais.

Uma distinção análoga foi por ele feita em relação ao ensinamento retórico dos sofistas, o qual empolgava a juventude da época.

Os sofistas sicilianos foram os primeiros a se ocupar da arte retórica pelo seu envolvimento profissional, como advogados, nos inúmeros julgamentos políticos suscitados pelas revoluções ocorridas na ilha, durante o século v a.C. Desse pendor retórico nunca mais conseguiram libertar-se, e acabaram por transformar as questões de moral e justiça em meros argumentos de debate político ou judiciário.[5] Segundo eles, como já se disse, a reflexão filosófica reduzia-se ao arranjo coerente das palavras (*orthos logos*), sem a menor preocupação com a descoberta da verdade. Daí a sua tendência fatal ao relativismo em questões de ética, e ao ceticismo em matéria de conhecimento em geral.

Não se pode, porém, recusar aos sofistas o grande mérito de haverem colocado a política e todos os assuntos atinentes à vida pública no centro dos debates filosóficos de Atenas. Sem o sucesso extraordinário granjeado por esses mestres de

---

3. Alusão ao mito contado por Aquiles a Príamo, no livro xxiv da *Ilíada*.

4. Entre a poesia e a filosofia, aliás, como afirma Sócrates no livro x de *A República* (607 *b*), a disputa sempre teria existido.

5. No *Górgias* de Platão, o sofista define a retórica como a arte da persuasão "nos tribunais e perante as assembleias populares"; persuasão a respeito "do que é justo e do que é injusto" (καὶ περὶ τούτων ἅ ἐστι δίκαιά τε καὶ ἄδικα :454 *b*). Sócrates aceita essa definição de princípio e indaga se, para que alguém seja bom orador, basta que acredite na justiça e faça com que o auditório também nela acredite, ou é preciso que um e outro saibam efetivamente o que é justo e injusto (454 *e*-455 *a*).

oratória junto aos jovens ambiciosos,[6] e sem o escândalo provocado pela novidade do ensino pago, por eles introduzido na Grécia,[7] certamente Sócrates não teria sido levado a refletir sobre os deveres humanos.

I. A ESPECIFICIDADE DA ÉTICA NO CONJUNTO DA REFLEXÃO FILOSÓFICA

Sócrates, como sabido, opôs-se resolutamente ao relativismo dos sofistas, condensado na fórmula célebre de Protágoras, de que "o homem é a medida de todas as coisas".[8] O homem, isto é, cada indivíduo. Cada um de nós decidiria assim, soberanamente, de acordo com o seu critério pessoal, todas as questões de conhecimento, ou de comportamento; o que importaria na impossibilidade lógica de se estabelecerem conceitos ou definições universais, com validade para todas as pessoas, em todos os lugares e todos os tempos. Tal significava, pura e simplesmente, a impossibilidade de um saber racional, uma vez que este se funda, logicamente, sobre conceitos e ideias gerais, e não sobre casos individuais.

Mas, embora rejeitando esse relativismo absoluto, o pensamento socrático não podia ignorar a verdade intuitiva de que, entre a matemática ou o mundo da natureza, de um lado, e a vida ética do ser humano, de outro, há uma diferença substancial ou de essência. Enquanto lá vigoram o rigor do raciocínio e a precisão dos conceitos, no campo da ética o ato de julgar supõe, necessariamente, uma margem irredutível de variações na apreciação dos atos humanos. O problema todo reside, justamente, na identificação de um critério não subjetivo e, por conseguinte, não variável ao infinito, de apreciação do comportamento ético.

É no *Euthyphron* de Platão que vem exposta a diferença essencial entre as ciências exatas e a ética.

---

6. Essa popularidade dos sofistas, no seio do público jovem, foi bem retratada no início do *Protágoras* de Platão.

7. Platão afirma, no *Alcibíades* (119 *a*), que Zenão de Eléia (495-430 a.C.) – famoso matemático que Aristóteles afirmou ter sido o inventor da dialética – teria recebido a fabulosa quantia de cem minas de dois jovens atenienses para ministrar seus ensinamentos filosóficos.

8. A fórmula sutil do grande sofista é referida no *Teéteto* de Platão (152 *a*), com a ressalva de que não se trata de uma citação literal: "O homem é a medida de todas as coisas; das que são pelo que são e das que não são pelo que não são". Aristóteles, no livro Γ da *Metafísica*, 1009 *a*, 10-15, observa que, entendida em sua literalidade, essa afirmação redundaria no absurdo de considerar que a mesma coisa pode, ao mesmo tempo, ser e não ser.

O jovem Euthyphron surpreende Sócrates, ao lhe dizer que estava processando o seu próprio pai em juízo, por haver causado a morte de um escravo da família. Sócrates manifesta dúvidas sobre a correção desse procedimento, de acordo com os deveres religiosos de respeito aos pais. A partir daí, a discussão se estabelece sobre o conceito religioso de piedade em geral e de piedade filial em particular. Verificada a impossibilidade de se chegar a um acordo sobre o caráter piedoso ou ímpio da ação que o filho intentava contra o pai, Sócrates propõe a seguinte distinção preliminar:

> *Sócrates*: Consideremos o assunto da seguinte maneira: Se tivéssemos um dissentimento em matéria de numeração, a fim de saber qual de duas somas de coisas é a maior, nossa disputa nos tornaria inimigos e produziria grande animosidade entre nós? Ou será que, ao recorrer a um cálculo, não poríamos rapidamente fim à nossa discordância em questões dessa natureza? — *Euthyphron*: É claro que sim. — *Sócrates*: Da mesma forma, se a nossa discórdia fosse a respeito da diferença de tamanho, entre o que é maior e o que é menor, não poríamos fim à disputa por meio da mensuração? — *Euthyphron*: Sem dúvida. — *Sócrates*: E recorrendo à medida de peso, não resolveríamos, salvo engano, o nosso eventual litígio, para decidir o que é mais pesado e o que é mais leve? — *Euthyphron*: É inegável. — *Sócrates*: Então, a respeito do que nossa desarmonia existiria, ou em que caso seríamos incapazes de chegar a um acordo, de modo a evitar que nos tornássemos inimigos e lutássemos um contra o outro? Talvez você não me esteja entendendo bem, mas ouça o que lhe vou dizer: veja se as causas de dissentimento não são o que é justo e o que é injusto, belo e feio, bom e mau. Não é por causa de desacordos dessa ordem e de nossa incapacidade, em tais casos, de superar o conflito de opiniões, que nos tornamos inimigos uns dos outros, você e eu, e a totalidade dos homens? — *Euthyphron*: Sem dúvida, Sócrates, são essas, de fato, as causas da animosidade entre os homens. (7 *b-d*).

Na mesma linha de pensamento, Aristóteles[9] observa que uma igual exatidão não pode ser exigida em todos os ramos do saber filosófico ou técnico. Assim, por exemplo, quanto aos assuntos estudados pela filosofia política, a saber, a beleza moral (*ta kala*) e a justiça (*ta dikáia*), existem muitas diferenças de opinião e muita incerteza, a tal ponto que, para alguns, tais noções são meramente convencionais

---

9. *Ética a Nicômaco*, 1094 *b*, 10 e s.

e não mantêm nenhuma ligação com a natureza das coisas. A mesma incerteza, prossegue ele, envolve a noção do que é moralmente bom (*tágatha*), pois ocorre, com frequência, que boas coisas produzem maus efeitos: muitos tiveram sua vida arruinada pelo excesso de riqueza; outros pereceram porque eram corajosos e enfrentaram destemidamente o perigo. A conclusão disso tudo é que, ao cuidarmos desses assuntos, cujas premissas são incertas, devemos nos contentar com um largo delineamento da verdade, pois quando a matéria de que tratamos e as premissas de que partimos são meras generalidades, basta que cheguemos a conclusões geralmente consideradas válidas. É uma característica das mentes lúcidas o conformar-se com o grau de exatidão que cada assunto em particular pode oferecer, segundo a sua própria natureza. E conclui: "É tão desarrazoado aceitar de um matemático conclusões meramente prováveis, quanto exigir de um orador (na política e nas disputas judiciais, bem entendido) demonstrações estritas".

Que dizer, então? Não cairíamos, com isso, no mesmo relativismo absoluto que esses filósofos criticaram em Protágoras?

Certamente não. O que faltou aos sofistas foi, justamente, um critério objetivo que permitisse, ainda que sem precisão matemática, chegar a conclusões gerais em matéria ética.

Platão buscou esse fundamento objetivo na noção de arquétipo ou ideia pura, da qual a realidade humana seria uma pálida cópia.[10] Se a filosofia ética dá as razões (*lógon adounai*) pelas quais as ações humanas e as instituições sociais são boas ou más, basta que tenhamos a exata ciência do bem e do mal, à luz desses arquétipos puros e eternos, para termos um juízo eticamente verdadeiro.[11] Daí a surpreendente afirmação, tantas vezes repetida, de que ninguém pratica o mal intencionalmente (πάντες οι τὰ αἰσχρὰ καὶ κακὰ ποιοῦντες ἄκοντες ποιοῦσι).[12]

Aristóteles corrigiu esse intelectualismo abstrato, ao procurar demonstrar que o bem, como finalidade objetiva de toda ação humana, é tudo aquilo que apresenta um valor para o homem.[13] Encontra-se aí, em germe, a ideia de que o bem e

---

10. *A República*, livro VI, 504 *d* e s. É a propósito dessa discussão sobre o modelo das ações humanas que Platão propõe a sua teoria do conhecimento (livro VII).

11. *Banquete* 202 *a*, 3-4.

12. *A República*, livro IX, 589 *c*; *Protágoras*, 345 *d* e ss.; *Grande Hípias*, 296 *c*; *Górgias*, 509 *e*; *Timeu*, 86 *d*; *As Leis*, livro V, 731 *c*, 734 *b*; livro IX, 860 *d*.

13. *Ética a Nicômaco*, livro I, cap. 1.

o mal são percebidos também pela inteligência afetiva, o que representa a base de toda a teoria axiológica moderna.

2. A UNIDADE DO MUNDO ÉTICO, EM SEU DUPLO ASPECTO, SUBJETIVO E OBJETIVO

Na língua grega, duas palavras, quase homônimas e com a mesma etimologia — *êthos* (ἦθος) e *ethos* (ἔθος) — indicam, a primeira, de um lado, o domicílio de alguém, ou o abrigo dos animais, e de outro, a maneira de ser ou os hábitos de uma pessoa; a segunda, os usos e costumes vigentes numa sociedade e também, secundariamente, os hábitos individuais.

Já na etimologia, portanto, encontramos as duas vertentes clássicas da reflexão ética: a subjetiva, centrada em torno do comportamento individual, e a objetiva, fundada no modo coletivo de vida. Essas duas vertentes foram cumpridamente exploradas pelo pensamento grego. Na primeira delas, a individual, a regra de vida proposta foi a virtude (*aretê*, ἀρετή); na segunda, a lei (*nómos*).

A virtude moral sendo o produto dos usos e costumes (ἠθικὴ ἐξ ἔθους περιγίνεται), disse Aristóteles,[14] ela não existe nos homens naturalmente, pois nada do que é natural se adquire pelo costume. Ora, tratando-se de uma faculdade prática, isto é, dirigida à ação, é necessário que os homens se exercitem na virtude para adquiri-la, como sucede com todas as outras faculdades desse gênero. Da mesma forma que alguém, para tornar-se construtor, precisa praticar a técnica da construção, e para tornar-se citarista precisa exercitar-se nessa arte instrumental, assim também é pela prática das ações justas que nos tornamos justos. Essa verdade, prossegue Aristóteles, nos é comprovada pelo que ocorre na sociedade política, na qual os legisladores tornam bons os cidadãos, ao se esforçarem por fazê-los adquirir bons hábitos. É este, aliás, o propósito de toda legislação, de tal forma que é pelo bom ou mau efeito que as leis produzem na alma de um povo que se pode distinguir entre uma boa e uma má organização da *pólis* (*politeia*).

Como se vê, o raciocínio passa, insensivelmente, da vida individual à social, dos hábitos pessoais às leis, do *êthos* (ἦθος) ao *ethos* (ἔθος), e vice-versa.

Para o pensamento grego, de modo geral, não existe separação admissível

---

14. Idem, livro II, 1102 *b*, 15 e ss.

entre a vida ética do cidadão e a organização ética da vida política, dado que a virtude nada mais é do que a lei interiorizada, e a lei, a virtude objetivada.

Para Platão, não há dois modelos de justiça, um para o indivíduo e outro para a sociedade. É sempre o mesmo paradigma que deve orientar, quer a vida individual, quer as instituições políticas. Daí o método que o filósofo propõe ao iniciar a pesquisa sobre a justiça, em *A República*: enxergá-la em primeiro lugar na *pólis*, onde ela aparece em traços mais largos e visíveis, para só depois considerá-la em escala individual, onde é sempre mais difícil o seu reconhecimento.[15] Em ambos os casos, porém, o objeto da pesquisa é a mesma realidade, vista de dois ângulos diferentes.

Ainda em *A República*,[16] os diversos regimes políticos, bons ou maus, são apresentados como intimamente conexos aos diferentes costumes ou maneiras de ser dos povos, os quais correspondem, por sua vez, aos diversos tipos de caráter individual das pessoas: virtuosas, ávidas de honrarias, cúpidas, tirânicas, amigas do povo.

No *Górgias*,[17] a unidade do mundo ético aparece exposta de outro modo. Ao insolente Cálicles, que enxergava na justiça, nua e cruamente, a dominação do forte sobre o fraco, ou do rico sobre o pobre, Sócrates observa que uma tal situação conduz, inevitavelmente, à dissociação da *pólis*. Deuses e homens, o céu e a terra só se mantêm unidos pela comunhão e a amizade, pela ordem, a temperança e a justiça. É por isto, lembrou ele, que os homens sábios (os pitagóricos) passaram a chamar o Universo de *kosmos,* palavra que em grego apresenta a dupla acepção de ordem e ornamento.[18] A ordem, tanto na natureza, quanto na vida moral, é sempre o que há de mais belo. Em consequência, à ordem política, consistente na justiça, deve corresponder necessariamente a ordem interna da vida moral, representada pela virtude da temperança (*sophrossynê*). A injustiça, subjetivamente falando, é uma espécie de doença da alma.[19]

Justamente por considerar a injustiça individual como um estado mórbido, Platão pôde sustentar a ideia, insólita para a época, de que é sempre melhor sofrer uma injustiça do que cometê-la.[20]

15. Livro II, 368 *d*.

16. 544 *d* e ss.

17. 508 *a*.

18. De κοσμος, no sentido de ornamento, provém o nosso vocábulo *cosmético*.

19. *República*, Livro IV, 444 *b* e s.

20. *Górgias*, 474 *c* e s.

A assimilação da justiça à ordem e da injustiça à desordem é, aliás, constante na filosofia platônica. Em *A República*, o tema da justiça na *politeia*, ou organização constitucional da *pólis*, é desenvolvido em termos de ordem ou unidade interna.[21] Mas a unidade política não significa que os cidadãos tenham de exercer, uniformemente, as mesmas funções ou atribuições. A verdadeira justiça, esclarece o filósofo, é uma espécie de igualdade geométrica; isto é, a ordem social em que cada qual exerce a função que lhe cabe por vocação própria. A preocupação de Platão com a unidade interna do Estado foi tão grande, que ele chegou a propor, para os governantes, a existência de uma comunhão de bens, de mulheres e de filhos.[22]

Aristóteles, embora rejeitando essa proposta de comunismo integral — a sociedade política, ao contrário dos rebanhos de animais, observou ele, não é uma coleção de indivíduos uniformes e substituíveis uns pelos outros, mas sim a reunião harmônica de pessoas complementares —,[23] reconheceu como evidente a necessidade de se harmonizar a virtude individual da justiça com a justa constituição do Estado.

3. ÉTICA E TÉCNICA

Na filosofia de Platão, a distinção entre ciência, ética e arte (ou técnica) não chegou a fazer-se com a necessária clareza. Coube a Aristóteles estabelecer os limites conceituais entre esses diferentes campos do conhecimento.

O estagirita começou por distinguir duas espécies de saber: o que tem por objeto as coisas necessárias e invariáveis, e aquele dirigido ao contingente e mutável.[24]

O primeiro corresponde à inteligência dita teórica, isto é, fundada na *theoria*, vocábulo que no grego clássico tinha o significado original de visão de um espetáculo, e que passou a ser empregado por Platão no sentido de contemplação das ideias. É somente a esse conhecimento contemplativo do necessário e imutável que Aristóteles atribuiu a designação de ciência (*epistemê*).

21. 423.
22. *A República*, livro v, 457 *b* e ss.
23. Veja-se a discussão consagrada ao assunto na *Política*, livro ii, 1261 *a*, 18 e s.
24. *Ética a Nicômaco* 1140 *a*, 1 e ss.

Já quanto à segunda espécie de conhecimento, que focaliza o que pode ser diverso do que é, Aristóteles propôs distinguir entre o fazer ou criar (*ti poiéton*) e o agir (*ti prakton*). Enquanto à fabricação ou criação (*poiésis*) corresponde a arte ou técnica (*technê*, τέχνη),[25] cujo objeto são as ações humanas tendentes à produção de um resultado concreto, objetivamente separável da própria ação que o produziu, o agir humano considerado em si mesmo (*práxis*) constitui objeto da ética. Esta, salientou Aristóteles,[26] é por excelência uma filosofia das coisas humanas (ἡ περὶ τὰ ἀνθπώπινα φιλοσοφία). O seu objeto é o estudo do supremo bem a que podem aspirar os homens, isto é, a felicidade. A ética procura, pois, saber, em primeiro lugar, em que consiste a felicidade; em segundo lugar, qual a forma de organização política que assegure a felicidade geral. Aristóteles procurou responder à primeira indagação na *Ética a Nicômaco*, e à segunda na *Política*. Não se trata, portanto, de dois livros sobre assuntos distintos, mas de duas partes de um mesmo tratado.

No mundo antigo, a esfera da vida ética distinguia-se nitidamente dos costumes e saberes de ordem puramente técnica. No campo ético, religião, moral e direito formavam um todo coeso e indissociável, mas de validade rigorosamente limitada às fronteiras culturais de cada povo, ou civilização. As regras técnicas, ao contrário — a maneira de cultivar o solo e domesticar os animais, por exemplo — não tinham vinculação necessária com nenhum povo em particular.

O caráter nacional da ética e universal da técnica foi, de resto, tido como algo natural pelos gregos. No *Teéteto* de Platão (172 *a*), ao discutir a tese cara a Protágoras, de que cada homem julga por si mesmo, segundo seu critério subjetivo, o que é verdadeiro e o que é falso (é este, com efeito, o sentido de sua afirmação famosa: "O homem é a medida de todas as coisas, da existência das que são e da não existência das que não são"), Sócrates observa:

> O que é digno ou reprovável, justo ou injusto, piedoso ou ímpio (καλὰ μὲν καὶ αἰσχρὰ καὶ δίκαια καὶ ἄδικα δαὶ ὅσια καὶ μή), cada cidade decide livremente segundo a sua própria convicção, e o impõe como lei geral aos seus cidadãos. Nessas matérias, nenhum indivíduo pode se considerar mais sábio que outro, nem uma *pólis* mais do que outra. Em se tratando, porém, de questões de mera utilidade para a *pólis*,

---

25. O sentido primitivo do vocábulo é de habilidade manual. A palavra passou, depois, a significar a arte de fazer ou criar, e foi também utilizada com o sentido de meio ou instrumento.

26. *Ética a Nicômaco*, livro I, cap. 1, 1094 *a*, 25.

Protágoras certamente reconhecerá que há conselheiros melhores que outros, e que o que uma *pólis*, em determinado momento, acreditou ser mais útil para si pode se revelar desvantajoso no futuro.

4. A PREEMINÊNCIA DA POLÍTICA

Tudo isso mostra como a concepção grega da *pólis* e da política diferia profundamente da moderna. Os filósofos gregos sempre analisaram a política, tal como o homem do qual ela é simples reflexo, em sua integralidade e não sob o ângulo específico de uma qualidade ou aspecto particular.

Para Platão e Aristóteles, todas as atividades humanas, assim a econômica, como a religiosa, a militar ou qualquer outra, devem subordinar-se à política, enquanto arte de organização integral da vida na *pólis*.[27] De acordo com o método socrático de pensamento, que busca descobrir em todas as matérias a essência das coisas, isto é, o que elas têm de mais profundo e menos mutável conforme as circunstâncias, não faz o menor sentido reduzir o homem a um atributo particular, ou organizar o Estado para o desenvolvimento de uma função específica, de modo exclusivo ou prioritário. "É evidente", observou Aristóteles em a *Política*,[28] "que a *pólis* não é, meramente, a coabitação de pessoas no mesmo território, a fim de que os cidadãos gozem de segurança e mantenham boas relações de negócio."

Na era moderna, ao contrário, com muita frequência, a concepção teórica da política e a organização constitucional do Estado visam a fins particulares, e priorizam certas e determinadas atividades humanas — a militar, a religiosa ou a econômica, por exemplo — em detrimento de outras. No Estado capitalista contemporâneo, não é a política que organiza e regula a economia, mas sim o contrário. A finalidade da organização estatal, apregoada pelos intelectuais orgânicos do regime e moldada pelos representantes políticos das classes dominantes nas Constituições e nas leis, consiste em facilitar e garantir o livre exercício da atividade empresarial, sustentando-se que todas as demais classes de cidadãos teriam vantagens com isto.[29]

27. Platão, *O Político*, 305 *d,e*; Aristóteles.
28. 1280 *b*, 25-30.
29. A transformação dos interesses próprios da burguesia em interesse geral de toda a sociedade foi insistentemente denunciada por Karl Marx, como sabido. Cf. Parte II, cap. IX.

Foi justamente em decorrência dessa visão integral da política como ordenação global da vida humana que Platão sustentou serem os filósofos os únicos governantes legítimos. O filósofo, por definição, é um generalista; ele procura sempre analisar a realidade a partir dos princípios gerais, a fim de encontrar soluções de validade universal. Por isso mesmo, os grandes pensadores políticos gregos jamais conceberam o Estado, tal como se passou a fazer na época moderna, sob o aspecto meramente formal, em função dos meios específicos de que dispõem os governantes para exercer suas funções. Assim, por exemplo, na conhecida opinião de Max Weber,[30] se o conceito de Estado deve definir-se em razão de alguma nota comum a todas as espécies de Estado, existentes em todos os tempos e lugares, essa característica comum só pode ser o monopólio legítimo da força física, para o cumprimento das leis e ordens governamentais. Para os filósofos gregos, essa ideia de Estado seria manifestamente incompleta, pois omite a finalidade, em função da qual o monopólio da força física é exercido pelos órgãos estatais. Sem essa determinação de fins, é logicamente impossível saber quando o emprego da força pública é legítimo ou não. A manutenção da ordem pela ordem não é um programa de política, mas uma prática de domesticação.

Como se vê, ainda aí, o pensamento clássico não estabelecia nenhuma separação entre moral, política e direito.

Ora, do fato de que a política é a principal dimensão da vida humana, e de que não é possível dissociar no mundo ético o aspecto subjetivo do objetivo, Platão e Aristóteles tiravam a conclusão lógica de que a educação do cidadão para a vida cívica é a principal tarefa do Estado. "Nada há de mais importante", afirma Sócrates em *A República* (423 *e*). A reforma política deve começar pela educação dos jovens.[31] Da mesma sorte, Aristóteles, ao acentuar a íntima ligação entre a constituição da *pólis* e os hábitos de vida do povo, sublinhou que "a educação pública se exerce por meio de leis, pois somente as boas leis produzem uma boa educação".[32] Por conseguinte, aquele que pretende por meio da educação tornar os homens melhores deve esforçar-se por se tornar, ele próprio, um bom legislador (*nomothetikos*); ou seja, deve aprender a ciência da legislação.[33] Educar para a cidadania,

---

30. *Wirtschaft und Gesellschaft*, 5ª edição revista, Tübingen, J. C. B. Mohr-Paul Siebeck, 1972, pp. 28-9.

31. *Euthyphron, 2 d.*

32. *Ética a Nicômaco*, 1180 *a*, 35.

33. Ibidem, 1180 *b*, 20.

frisou ele numa passagem da *Política* (1277 *b*, 25-35), que parece referir-se a todos os regimes, mas diz respeito obviamente tão só à democracia, consiste em formar, não apenas bons cidadãos para o respeito às leis, mas também bons legisladores. A forma mais segura de garantir a estabilidade do regime político consiste em educar politicamente os cidadãos. Acrescentou, porém, com melancolia, que essa era uma tarefa desprezada pelos homens de seu tempo.[34]

5. A FELICIDADE HUMANA, OBJETO DA ÉTICA, É FRUTO DA JUSTIÇA

Mas qual o fim último da ordem ética, cuja culminância se encontra na organização política? Qual o sentido e a razão de ser da *pólis*, afinal?

Para Platão e Aristóteles, a resposta a essa indagação capital é bem clara. A finalidade última do Estado só pode ser a realização da felicidade plena para todos os homens, sem exclusões ou restrições. A felicidade é, com efeito, o fim supremo da vida humana, aquele que se basta a si mesmo. Todos os outros bens da vida não passam de meios para se atingir essa finalidade última.[35]

Na visão platônica, a felicidade humana consiste em viver com justiça; e a justiça é, antes de tudo, a organização de uma sociedade política, em que os cidadãos sejam "geometricamente iguais", ou seja, em que cada qual exerça, com igual consideração, a função particular que lhe for atribuída para o bem geral da coletividade. Dessa maneira, "se cada um exercer sua função própria, não haverá vários homens, mas um só, fazendo com que a Cidade não seja uma multiplicidade e sim uma unidade".[36] Para Platão, como vimos, a união é símbolo da justiça, assim como a desunião exprime a injustiça. Vale a pena ressaltar que, nessa concepção da igualdade geométrica ou proporcional (*analogon dikaion*), o filósofo fala em deveres e não em direitos dos cidadãos.

O objetivo da arte política, em suma, é tornar os homens mais justos, vale dizer, mais felizes. O diálogo *A República* (*Politeia*) tem por subtítulo *Da Justiça* (Περί Δίκαιον). Trata, pois, da mesma realidade, analisada em verso e reverso: a

---

34. *Política*, 1310 *a*, 10-15.
35. Platão, *O Banquete*, 205 *a*; Aristóteles, *Ética a Nicômaco*, livro I, cap. 2, 1095 *a*; livro I, caps. 5 e 6, 1097 *a*, 15 e ss.
36. *A República*, livro IV, 423 *d*.

virtude da justiça é objetivada na justa organização da *pólis*. Ao voltar ao assunto muitos anos depois, no diálogo *As Leis*, Platão reafirmou, enfaticamente, que a felicidade consiste em viver com justiça.[37]

É importante observar que o método de reflexão, nessa matéria como em todas as outras, é sempre o mesmo: a busca da universalidade, pela superação das diferenças individuais ou particulares. Platão e Aristóteles concebem a felicidade como o bem supremo, isto é, como a finalidade última de vida para todos os homens. Por conseguinte, o objetivo da organização política é dar a todas as categorias de cidadãos, e não a uma ou algumas delas apenas, a possibilidade de uma vida feliz.

Platão discute essa questão logo no início do Livro IV da *República*, sob a forma de um diálogo de Sócrates com Adimanto.

Sócrates havia proposto, como instituição fundamental de sua *pólis*, que os indivíduos incumbidos de dirigir o Estado (os guardiões: *phylakes*) não tivessem o direito de possuir bens de sua propriedade pessoal.

Adimanto toma a palavra para objetar que esse comunismo faria essa classe de cidadãos muito infeliz. Pois, de que lhes aproveitaria saber que a Cidade lhes pertence, se nenhum deles poderia usufruí-la como seu bem próprio, não tendo o direito de possuir imóveis rurais, casas confortáveis, ouro e prata, de fazer em privado o sacrifício aos seus deuses domésticos, de viver, enfim, com toda largueza de meios?

Sócrates, então, para surpresa do interlocutor, abunda de início nesse sentido: efetivamente, os guardiões da *pólis* não teriam o direito de viver como os cidadãos comuns. E vai mais além, acrescentando ao requisitório de Adimanto que os governantes não poderiam nem mesmo gastar o estipêndio recebido pelo exercício de suas funções como bem o desejassem: não teriam, por exemplo, o direito de viajar por conta própria nem de frequentar meretrizes.

Mas, logo em seguida, ataca o ponto principal: a Cidade justa é aquela na qual todos os cidadãos, e não apenas uma classe deles, têm direito à felicidade. Explica o seu pensamento pelo recurso, como de hábito, a uma comparação. O que corrompe um artífice, observa, é sempre o excesso de riqueza ou de pobreza. No primeiro caso, ao ficar rico, tende ele a tornar-se preguiçoso e descuidado, pois já não precisa do seu ofício para viver. No segundo caso, ao cair na miséria,

37. Livro II, 661 *b* e s.; Livro IX, 870.

não terá utensílios ou ferramentas com os quais desempenhar o seu trabalho; executará, portanto, obras medíocres ou defeituosas, e não saberá ensinar seus filhos a bem trabalhar.

Como se vê, o pensamento é sempre dirigido para o mais geral, para o que é comum a todos, e não para uma situação ou uma classe de pessoas em particular.

Em Aristóteles, encontramos a mesma visão universal da matéria. Ele também, tal como seu mestre Platão, sustenta que a felicidade, entendida como um especial modo de vida — o viver na virtude —, é o bem supremo do homem, e que a realização da felicidade constitui o objeto próprio da ética.[38]

Ao discutir, no capítulo III da *Política*,[39] o conceito de igualdade na democracia e na oligarquia, Aristóteles vai ao fundo da questão. Igualdade em função do quê?, indaga ele. "Se os homens se reúnem em sociedade e passam a viver em função da riqueza, sua participação no Estado é necessariamente proporcional à sua parte na propriedade, de tal maneira que o argumento dos campeões da oligarquia pareceria válido, a saber, que, tal como numa sociedade mercantil com o capital de cem minas, seria injusto que o homem que contribuiu com uma mina participasse, quer do capital, quer dos lucros, em igualdade de condições com aquele que integralizou o restante do capital". Mas, justamente, a sociedade política não se confunde com as sociedades mercantis. A sua finalidade é assegurar a todos os cidadãos uma vida digna de homens livres, isto é, a participação comunitária nos bens essenciais ao bem-estar coletivo, segundo um princípio de igualdade proporcional: os que têm menos riqueza devem receber mais bens da comunidade.

Escusa ressaltar a impressionante atualidade dessa crítica — feita há 24 séculos — para todos nós, que vivemos nesta época de apogeu do capitalismo triunfante e arrogante, em que se apregoa que o papel do Estado deveria reduzir-se à criação das condições mais propícias ao desenvolvimento das atividades empresariais.

No pensamento de Aristóteles, essa concepção utilitária e reducionista do Estado é absurda. No capítulo VII da *Política*, ele começa por observar que todo aquele que deseja conhecer a melhor forma de constituição do Estado (*politeia aristê*) deve, antes de mais nada, ter em mente o melhor modo de vida para os homens; ou, dito de outra forma, deve saber qual o bem supremo da vida humana.

38. *Ética a Nicômaco*, 1098 *a*, 15.
39. 1280 *a*, 10 e s.

A seguir, fiel ao seu gênio classificatório, observa que os bens humanos podem ser ordenados em três categorias: bens externos, bens espirituais e bens corporais. Todos eles, segundo o consenso geral, fazem felizes os que os possuem. Todavia, dessas três categorias de bens, os de ordem moral e intelectual são mais aptos a assegurar a felicidade humana do que a riqueza, o poder ou a glória. As coisas materiais são mero instrumento a serviço dos bens morais e intelectuais. Como todo meio ou instrumento, elas prejudicam o seu possuidor quando ultrapassam os limites naturais de sua utilidade. Em se tratando de bens da alma, ao contrário, quanto mais os possuímos, mais úteis eles se revelam para nós; admitindo-se, obviamente, que nessa matéria seja possível falar em utilidade e não em nobreza de alma. Ora, acrescenta, a coragem, a justiça e a sabedoria, em se tratando da *pólis*, têm o mesmo sentido e a mesma forma que as correspondentes virtudes individuais. Portanto, a boa organização política só pode ser aquela que estimula e desenvolve tais qualidades entre os cidadãos.

Fica claro, assim, que a finalidade última da *politeia*, ou constituição da Cidade, é tornar os homens felizes, isto é, virtuosos. Para a consecução desse objetivo, o principal instrumento é a lei (*nómos*). Em consequência, "aquele que quiser tornar outras pessoas melhores deve esforçar-se por adquirir a ciência de elaboração das normas (*epísteme nomothêtike*)".[40]

Mas, indaga ele, na linha de pensamento de seu mestre Platão: qualquer um pode ser legislador? Qualquer pessoa é capaz de contribuir para modelar retamente o caráter da generalidade dos cidadãos?

Ele responde pela negativa. A arte ou ciência prática da legislação pressupõe uma especial sabedoria decisória, a *phrônesis* (φρόνησις), que os romanos traduziram por *prudentia*. É a forma mais elevada de saber prático, pois diz respeito ao que há de mais importante no mundo: o ser humano.[41] É claro que essa sabedoria eminente não se encontra em todos os cidadãos, mas somente em alguns poucos. E é por isso que o poder supremo (*kyrion*), na *pólis* ideal que Platão descreveu longamente na *República*, deve pertencer aos filósofos, aos homens sábios, não aos cidadãos mais ricos, como nas cidades oligárquicas, nem à generalidade do povo reunido em assembleias, como ocorria na democracia ateniense.

Em suma, direito e justiça são as duas faces da mesma moeda. A finalidade do

---

40. *Ética a Nicômaco*, Livro x, 1180 *b*, 17.

41. Mesma obra, 1141 *a*, 20.

Estado é garantir a todos a busca da felicidade, que outra coisa não é senão a organização da justiça entre os homens.

Ora, se toda lei em vigor na *pólis* deve visar à felicidade geral, é preciso distinguir, como adverte Aristóteles na *Retórica*,[42] entre duas espécies de leis: a particular (*ídios*) e a comum (*kóinos*). Lei particular é a que cada povo estabelece para si mesmo, sob a forma escrita ou não escrita. Comum é a lei conforme à natureza. "Pois existe algo que todos nós, de certo modo, intuímos ser, pela própria natureza, justo ou injusto em comum (φύσει κοινὸν δίκαιον καὶ ἄδικον), ainda que não haja nenhuma comunidade ou acordo mútuo a esse respeito; tal como declarou a Antígona de Sófocles que é justo, ainda que esteja proibido, enterrar Polinice, pois que se trata de um ato de justiça natural".

Na *Ética a Nicômaco*[43] ele volta ao assunto, ao tratar da virtude da justiça. "A justiça política", observa, "é de duas categorias, uma natural (*physikon*) e a outra legal (*nómikon*). Natural é a que em todo lugar tem a mesma força e não depende dessa ou daquela opinião. Legal, a que na origem pode ser, indiferentemente, esta ou aquela; mas que, uma vez estabelecida, impõe-se a todos." Alguns entendem, acrescenta, que as normas de justiça são todas desta última categoria, pois o direito varia de cidade a cidade, e também no tempo. Mas essa opinião é unilateral. Entre os deuses, observa, a justiça é sempre a mesma, eternamente imutável. No mundo dos homens, porém, é preciso reconhecer que, ao lado da justiça meramente convencional ou legal, existe também uma justiça fundada na natureza, cujas normas não podem ser desobedecidas, nem pelos governantes nem pelos governados.

Nos séculos seguintes, os estoicos retomaram essa luminosa distinção, e dela fizeram um dos pontos fundamentais de sua ética, como passamos a ver.

---

42. Livro I, 13, 1373 *b*.
43. Livro V, 1134 *b*, 20 e s.

III. O Estoicismo e a Invenção da Ciência do Direito em Roma

I. O PARADOXO GREGO A PARTIR DO SÉCULO IV A.C.: DECADÊNCIA POLÍTICA E HEGEMONIA CULTURAL

A Guerra do Peloponeso, que opôs as duas mais poderosas cidades do mundo grego, Atenas e Esparta, durante 27 anos (431 a 404 a.C.), assinalou o início do declínio político irreversível dos povos helênicos, como bem advertiu Tucídides. Meio século após o encerramento das hostilidades, Filipe da Macedônia punha em ação a sua formidável máquina de guerra para conquistar toda a Grécia. Seu filho, Alexandre, estendeu as conquistas a toda a vasta região a leste do Mediterrâneo, chegando até os confins da Índia.

O permanente estado de guerra convulsionou todas as classes sociais, e tornou insustentável a sobrevivência das pequenas cidades-Estados, com a ruína da agricultura e o abandono forçado do comércio exterior. Os soldados que retornavam da guerra, após viverem da pilhagem e conhecerem novos modos de vida no estrangeiro, não se readaptaram à vida estreita das cidades, ou à monotonia dos trabalhos do campo. Várias tentativas de fundação de alianças permanentes entre as cidades gregas foram frustradas, e acabaram, afinal, sendo definitivamente superadas pela absorção dessas pequenas unidades políticas numa organização imperial.

Ao mesmo tempo, porém, e paradoxalmente, os seis séculos que decorreram entre a Guerra do Peloponeso e as primeiras invasões bárbaras na Europa representaram a expansão e consolidação do helenismo como cultura hegemônica, no vasto território constituído pelo império romano, e mesmo fora dele. Ao lado do latim, língua administrativa, a *koinê* ou língua grega comum, tal como o inglês hoje, era o veículo de comunicação ecumênica, tanto no comércio quanto nas artes, na religião e na filosofia.

A partir do século III a.C., uma nova visão de mundo toma conta dos espíritos. A insegurança generalizada, consequente ao estado de guerra permanente e à decadência das formas tradicionais de organização política, provoca uma mudança sensível na mentalidade geral.

As ciências exatas, orientadas pelos critérios da lógica pura e da observação empírica, destacam-se da filosofia e iniciam, para sempre, a sua vida independente. Euclides (330-270) funda a geometria e Arquimedes (287-212) faz avançar notavelmente a física. Hiparco (século II a.C.) foi o grande precursor de Ptolomeu (século II da era atual), a tal ponto que é impossível saber quais as ideias originais deste último e quais as que foram por ele retomadas de Hiparco. Eratóstenes (275-194), que foi bibliotecário do Museu de Alexandria, intuiu o formato esférico do nosso planeta e chegou a calcular, com razoável aproximação, o comprimento da circunferência terrestre; cálculo esse que os navegantes da era dos descobrimentos, notadamente Colombo, não souberam fazer (a distância entre a Europa e o Japão é de 10 600 milhas marítimas, e Colombo estimou-a em menos de 3 mil). Um outro grande geógrafo do século III a.C., Aristarco, percebeu que a Terra é um satélite do Sol, e que ela, além de girar em torno dele uma vez por ano, faz uma rotação diária sobre o seu próprio eixo. Foi preciso aguardar 1800 anos até que Copérnico reafirmasse essa descoberta, primeiro com a publicação da sua obra *Narratio prima* em 1540, e depois, mais longamente, com *De revolutionibus orbium coelestium* em 1543.

Ao mesmo tempo que se davam esses grandes avanços no campo das ciências exatas, a busca de uma segura orientação de vida suscitou, em toda a Grécia, àquela época, um renovado interesse pelas coisas da religião. Ele se manifestou em duas direções aparentemente contraditórias: de um lado, a difusão do culto da deusa *Tukhê* (Τύχη: acaso, destino); de outro, o lançamento pelos estoicos das primeiras bases racionais de um saber teológico. Sem os estoicos, não se teria produzido a grande reflexão teológica dos Padres da Igreja; sem os conceitos filosóficos por eles elaborados, de existência (*ousía*), pessoa (*prósopon*) e substância (*hypóstasis*), o Concílio de Niceia não teria podido formular, em 325, o dogma da Santíssima Trindade, nem explicar o mistério da dupla personalidade de Jesus Cristo.

2. O ESTOICISMO

É inegável que o pensamento estoico insere-se na linha histórica das filosofias de "pacificação da alma", como o epicurismo e o cinismo, típicas dessa época de insegurança generalizada em que vivia o mundo grego.

Como tem sido ressaltado com frequência, não houve, propriamente, uma só escola de filosofia estoica — tal como a Academia de Platão ou o Liceu de Aristóteles —, a qual assegurasse o mesmo ensinamento sistemático para várias gerações de discípulos. No decurso dos séculos, os diferentes filósofos ligados ao estoicismo exprimiram ideias contraditórias sobre os mesmos temas.

Demais, dos primeiros estoicos, como Zenão de Cítio (322-264), Cleanto (264-232) e Crisipo (232-204), nenhuma obra foi conservada, e somos obrigados a nos contentar com as citações que deles fizeram os pósteros, quer admiradores, como Diógenes Laércio, quer adversários, como Plutarco.

Na verdade, em lugar de ser uma escola unitária de filosofia, o estoicismo representou a comunhão de grande número de pensadores, durante pelo menos seis séculos, numa mesma visão de mundo, marcada por algumas ideias gerais, que ensejavam, no entanto, apreciável liberdade de interpretação em sua aplicação particular.

A primeira e mais importante dessas ideias gerais do estoicismo é a exaltação da natureza, considerada como a grande ordem universal, animada pela divindade. O contraste com o platonismo foi, nesse ponto, bem marcado. A separação entre o natural e o sobrenatural, a dicotomia entre razão espiritual e realidade sensível, a divisão do ser humano em alma e corpo, foram claramente rejeitadas. Para os estoicos, a natureza (*physis*) se confunde com a razão (*logos*). A natureza é o princípio racional que, ao mesmo tempo, ordena dialeticamente as ideias, estabelece a estrutura do mundo sensível e dirige as ações humanas; ou seja, estabelece as leis do pensamento, do mundo físico e da vida ética. De acordo com esse princípio, Zenão de Cítio, o fundador dessa corrente de pensamento, dividiu a filosofia em três partes — a lógica, a física e a ética — divisão essa que Kant, mais de vinte séculos depois, ainda considerou plenamente adequada.[1]

Para Zenão,[2] a virtude consiste em "viver em harmonia com a natureza". "Viver de modo virtuoso", disse por sua vez Crisipo, significa "viver a experiência dos acontecimentos que se sucedem segundo a natureza". E essa natureza, de acordo com a qual o homem deve pautar a sua vida, representa a conexão de um princípio universal com uma regra de vida própria de cada um de nós; pois cada homem insere-se na ordem do cosmos, como a parte no todo. A unificação do mundo é dada pela reta razão, que tudo permeia, e que pode ser identificada com Zeus, o chefe do governo universal.

A visão estoica do mundo, como se vê, é essencialmente unitária. O homem não abre exceção à lei universal da natureza, nem se separa da divindade. Em si mesmo, ele é também um ser uno, não dividido em alma e corpo. É importante lembrar que os estoicos ocuparam-se seriamente de medicina, numa visão psicossomática do homem, que constituiu extraordinária antecipação da ciência moderna.

Viver em harmonia com a natureza consiste, portanto, em última análise, em viver em harmonia consigo mesmo. Ora, essa identificação do sujeito com a sua própria natureza só se pode dar quando a pessoa consegue viver longe das paixões, num estado propriamente dito de apatia (*apathéia*), pois as paixões provocam a dilaceração da alma, que é a suprema infelicidade.

Uma das tradições da filosofia estoica, aliás, consistiu na enumeração das paixões, como uma espécie de catálogo dos diferentes estados mórbidos da alma. Em geral, os autores apontaram quatro paixões fundamentais: a dor, o medo, o desejo sensual e o prazer.

A dor, como impulso descontrolado (ὁρμη πλεονάζουσα) da alma, compreende a piedade, a inveja, o ciúme, o despeito, o desgosto, a aflição, o tormento. O medo é a expectativa do mal, físico ou moral. O desejo é um pendor irracional, que abarca a cobiça, o ódio, a rivalidade, a cólera, o amor não realizado, o ressentimento, o arrebatamento. O prazer é um ardor insensato, que se apresenta sob a forma de sedução, de alegria com a infelicidade alheia, de volúpia ou devassidão.

---

1. Cf. o prefácio de sua obra *Fundamentação da Metafísica dos Costumes* (*Grundlegung zur Metaphysik der Sitten*).

2. Apud Diógenes Laércio, *Vidas e Opiniões dos Filósofos*, livro VII, in *Les Stoïciens*, Paris, Gallimard, Bibliothèque de la Pléiade, 1962, pp. 44 e ss.

O verdadeiro sábio é aquele que não se deixa escravizar pelas coisas ou fatos exteriores à sua natureza pessoal, sobre os quais não tem poder algum, tais como a morte, a saúde ou a doença, o prazer ou a dor, a beleza ou a feiura, a força ou a fraqueza físicas, a riqueza ou a pobreza, a glória ou a obscuridade, a nobreza ou a baixa condição social. Diante de tudo isso, ele deve ser indiferente (*adiáphoros*), procurando alcançar um estado de tranquilidade de alma que, desde os céticos e epicuristas, passou-se a denominar ataraxia.[3]

Essa atitude, que rejeita inteiramente a técnica, e que se apresenta, por conseguinte, como antípoda da mentalidade moderna, é o que o estoicismo sempre considerou como a verdadeira liberdade humana. Para Epicteto, por exemplo,[4] nem os homens maus, nem os poderosos, nem os bajuladores, nem os ambiciosos são livres. O crime só é um mal para aquele que o comete. E, em qualquer hipótese, o mundo é uma festa, da qual se deve saber quando e como se retirar.

Não é preciso salientar a coincidência dessa visão de mundo com a do budismo, que os estoicos ignoravam completamente; ou aquela vivida, poucos séculos depois, pelos diversos movimentos do ascetismo cristão.

Mas a sabedoria, para os estoicos, não consiste apenas na identificação do indivíduo com a sua própria natureza. Na vida social, a inserção do homem na natureza universal implica também a necessária admissão da unidade do gênero humano, princípio ético que os estoicos fizeram questão de proclamar. Relembre-se, a esse propósito, o seguinte trecho do *Encheiridion* (I, IX) de Epicteto (55-135 A.D.):

> Se o que os filósofos dizem do parentesco de Deus com os homens é exato, o homem deve repetir a resposta de Sócrates, quando lhe perguntavam de que país ele era. Sócrates não dizia nunca que era de Atenas ou de Corinto, mas que ele era do mundo. [...] Aquele que tem consciência do governo do mundo, que sabe que a maior, a mais importante, a mais vasta de todas as famílias é "o conjunto dos homens e de Deus", que Deus pôs as sementes não apenas de meu pai e meus antepassados, mas de tudo que é engendrado e cresce na face da Terra, e principalmente dos seres racionais, uma vez que, estando em relação com Deus pela razão,

---

3. Na novela *Enfermaria nº 6*, de Tchékhov, o personagem Ivan Dmítritch, internado num hospital como doente mental, escarnece dessa impassibilidade estoica diante dos males da vida, mostrando como ela frequentemente se reveste de impostura e egoísmo.

4. *Les Stoïciens*, op. cit., pp. 1040 e ss. (*Conversações*, livro IV).

eles são os únicos pela sua natureza a participar de uma vida comum com Ele, por que o homem não diria: eu sou do mundo, sou filho de Deus? Em uma impressionante coincidência histórica, nessa mesma época Paulo de Tarso pregava, no centro do Império Romano, que Deus viera recentemente à Terra oferecer o sacrifício de seu corpo terreno para a salvação de toda a humanidade. Doravante, portanto, "não há judeu nem grego, não há escravo nem livre, não há homem nem mulher; pois todos vós sois um só em Cristo Jesus".[5]

3. A ÉTICA CICERONIANA

Cícero (106-43 a.C.) foi o grande divulgador dos princípios da ética estoica, trazida para Roma por Panécio, que lá viveu cerca de quinze anos, a partir de 146 a.C., juntamente com o historiador Políbio.

O primeiro desses princípios, como vimos, é o de que todos devem viver em conformidade com a natureza. Nisto resume-se a virtude. Ora, pautar sua vida segundo as prescrições da natureza significa, em última análise, servir o interesse geral da coletividade, antes que o seu próprio.

> Cada qual deve, em todas as matérias, ter um só objetivo: conformar o seu próprio interesse com o interesse geral; pois se cada um chamar tudo a si, dissolve-se a comunidade humana. Se a natureza determina que devemos respeitar um homem pelo só fato de sua condição humana, é inegável que, sempre segundo a natureza, há algo que é de interesse comum a todos os homens; se assim é, somos todos sujeitos a uma só e mesma lei natural, que proíbe atentar contra os direitos alheios.[6]

É claro que o interesse coletivo não suprime o interesse individual, assim como o bem comum não absorve a propriedade privada. "Assim como no teatro, que pertence a todos, pode-se dizer, justamente, que o lugar ocupado por um espectador é próprio deste, assim também, na cidade ou no mundo, que são comuns a todos, o direito não se opõe a que cada coisa pertença em propriedade a

5. Epístola aos Gálatas 3, 28.
6. *De Officiis*, livro III, VI.

cada um."[7] Mas o que é próprio de cada indivíduo, ou grupo social, não pode sobrepor-se ao interesse geral de toda a sociedade.

A lei natural está acima dos costumes e das leis dos povos; ela não depende da vontade popular.[8] "Se os direitos se fundassem na vontade dos povos, nas decisões dos príncipes e nas sentenças dos juízes, seria jurídico o roubo, jurídica a falsificação, jurídica a não observância dos testamentos, sempre que tais práticas tivessem a seu favor os votos da massa popular. E se o poder da opinião e a vontade dos néscios são tais que eles podem, com seus votos, perverter a natureza das coisas, por que não se sanciona como bom e saudável o que é mau e pernicioso? E por que, se a lei pode converter em justiça a injustiça, não poderia ela da mesma forma converter o bem em mal?"

O termo *lex* toma, assim, em Cícero o sentido geral e abstrato de princípio, tal como a palavra *nómos* na filosofia grega. A lei se define como "a razão fundamental, ínsita na natureza, que ordena o que se deve fazer e proíbe o contrário".[9] A lei verdadeira é, portanto, a expressão da razão e da justiça. Segue-se daí que um mandamento injusto, ainda que revestido de aparência legal, não é lei, senão corrupção dela; assim como uma receita médica que induz a morte do paciente não é uma verdadeira receita. Um mandamento pernicioso, votado pelo povo, é tão pouco uma lei quanto aquele promulgado por uma assembleia de bandidos.[10]

Fiel à visão unitária do mundo, tão cara aos estoicos, Cícero sustenta que "há um único direito, que mantém unida a comunidade de todos os homens; ele é formado por uma só lei, que é o critério justo que impera e proíbe".[11]

Essa unidade fundamental do direito, correspondente à de toda a moralidade,

---

7. A metáfora foi retomada, com vigor, pelos Padres da Igreja, em sua pregação constante contra a desigualdade social. Assim, por exemplo, São Basílio Magno, em sua 6ª Homilia contra a Riqueza: "'A quem prejudico?', diz o avarento, 'ao possuir o que me pertence?'. Mas quais são, diga-me, os bens que te pertencem? De onde os tiraste? Tu te assemelhas a um homem que, ocupando um lugar no teatro, pretenderia impedir os outros de entrar, e procuraria aproveitar sozinho do espetáculo, ao qual todos têm direito. Assim são os ricos: os bens comuns de que se apossaram, eles decretam que lhes pertencem, porque foram os primeiros a possuí-los".

8. *De Legibus* I, 42-45.

9. Ibid., I, 18 e 19. Mas, como bom jurista, Cícero não podia deixar de reconhecer que, na ordem republicana, o termo *lex* designava a norma geral votada pelo povo nas assembleias comiciais, mediante convocação (*rogatio*) de um magistrado (ibid., I, 19; II, 11).

10. Ibid., II, 13.

11. Ibid., I, 42.

tem sua fonte, explica Cícero, na consciência ética com que fomos dotados pela própria natureza. Sem ela, seríamos incapazes de discernir, não só o que é justo e injusto, senão também o que é honesto ou torpe.

Na verdade, essa justiça autêntica, fundada na lei da natureza e não no interesse próprio das pessoas ou dos povos, sintetiza todas as virtudes. Se não houvesse respeito pela lei da natureza, "como poderia existir liberalidade, amor à pátria, piedade, vontade de fazer o bem e de reconhecê-lo?". Tais virtudes, diz ele, "nascem de nossa inclinação natural a amar o próximo, a qual é fundamento do direito (*Haec nascuntur ex eo quod natura propensi sumus ad diligendos homines, quod fundamentum iuris est)*".[12]

Ora, esse direito natural, fundado no amor ao próximo, não rege apenas as relações com os nossos familiares, ou com os nossos concidadãos. "Dizer que se deve respeitar os concidadãos, mas não os estrangeiros, é destruir a sociedade comum do gênero humano (*communis humani generis societas*)."[13]

Essa ideia, expressa em fórmula admirável que Cícero não se cansa de repetir, é como um *leitmotiv* de toda a sua ética. Ela foi, na verdade, um princípio fundamental da filosofia estoica.[14] A nossa vida desenvolve-se, por assim dizer, encerrada num conjunto de três círculos concêntricos. O menor deles é formado pelos cidadãos de uma mesma cidade, o círculo médio corresponde à nação e o maior de todos é a sociedade universal do gênero humano.[15]

Aí temos, com antecipação de mais de vinte séculos, o que só começou a existir, e ainda aí hesitantemente, após os horrores da Segunda Guerra Mundial, com a definição dos primeiros crimes contra a humanidade e o reconhecimento de que, doravante, o próprio gênero humano em sua totalidade, além dos indivíduos e dos grupos sociais, é também sujeito de direitos.

O amor como fundamento do direito autêntico; a existência de uma sociedade de todos os homens, unida pelo princípio da fraternidade universal: quem não

---

12. Ibid., i, 43.

13. *De Officiis*, iii, 28.

14. Em *Fortuna de Alexandre*, o Pseudo-Plutarco informa que Zenão, no seu tratado de política que se perdeu, sustentou que nós não somos cidadãos de uma tribo ou de uma *pólis*, separados uns dos outros por um direito particular e leis exclusivas, mas devemos considerar todos os homens como concidadãos, como se pertencêssemos à mesma tribo e à mesma *pólis*.

15. Cícero, *De Officiis* iii, 69. Id., *De Finibus*, iii, 64.

percebe que esta visão ética, embora formulada antes do nascimento de Jesus Cristo, já exprime a própria essência da mensagem evangélica?

4. A CRIAÇÃO DA CIÊNCIA DO DIREITO

O direito romano tem uma característica comum com a filosofia grega: o seu universalismo. Ele foi o primeiro sistema jurídico capaz de se aplicar fora do meio social onde havia sido gerado. Surgiu, portanto, como o primeiro direito com vocação universal na História. Até então, cada sistema jurídico era local, fazia parte das instituições próprias de um povo, e não podia, por isso mesmo, ser transplantado para outro meio social.

A explicação desse universalismo do direito romano foi a criação da *iurisprudentia* ou ciência do direito; ou seja, a análise racional do fenômeno jurídico mediante a elaboração de conceitos e princípios, tal como ocorreu com o saber filosófico dos gregos.

Na época de fastígio do império romano, o seu sistema jurídico vigorava no vasto território, compreendido entre a Grã-Bretanha e o Egito, a Espanha e o Mar Negro. Assim, o fator de unificação do império romano, a par do poder militar, foi incontestavelmente o direito, tanto público (a organização política), quanto privado (a família, as sucessões por causa de morte, os direitos reais, as obrigações delituais e contratuais; e o direito penal que, à época, ainda dependia, em sua aplicação, da iniciativa da vítima e sua família). Da mesma forma, o direito processual romano, pelo seu caráter racional, suplantou em pouco tempo os sistemas processuais dos demais povos, ainda impregnados de superstição e magia.

A partir do momento em que Roma iniciou sua longa série de conquistas territoriais, tornou-se indispensável criar um direito reduzido ao mínimo formalismo necessário e despido de todo particularismo local; capaz, portanto, de reger:

a) as relações mercantis derivadas do intenso tráfico desenvolvido na bacia do Mediterrâneo com outros povos;

b) as relações entre pessoas de diferentes províncias romanas, ou entre provincianos e cidadãos romanos.

Esse direito novo, flexível e universal, foi criado, sobretudo, por obra do pretor romano, o agente público encarregado de administrar a justiça; de onde o seu nome *ius honorarium* (de *honor* = a dignidade do cargo público) ou *ius praetorium*. Posteriormente, sob a influência do estoicismo, os juristas romanos passaram a considerar esse direito pretoriano como inspirado num direito ideal, comum a todos os povos do orbe terrestre: o *ius gentium* (literalmente, direito dos povos).

Mas, além das próprias instituições jurídicas, no campo público e privado, os romanos legaram aos povos do Ocidente métodos de criação do direito, que ainda hoje existem, tanto nos sistemas jurídicos da família romano-germânica (Europa Continental, Escócia, Quebec, América Latina, África do Sul), quanto nos da família anglo-saxônica (*Common Law*).

Nestes últimos, por exemplo, o método de criação do direito observa os seguintes princípios, todos herdados do direito romano:

1. Construção do direito caso a caso, por meio de decisões judiciais, e não a partir da declaração de normas gerais;

2. Em consequência, excepcionalidade do direito legislado (*statute law*), tanto quantitativa, quanto qualitativamente: as leis são pouco numerosas, muitas vezes casuais, e só tratam de assuntos relevantes;

3. Formalismo e tipicidade dos atos jurídicos e das ações judiciais: não há contratos nem ações judiciais genéricas;

4. O saber jurídico, que os juristas de *Common Law* denominam, tal como os romanos, *jurisprudence*, não procede por dedução de princípios gerais, mas pela generalização de situações concretas.

Embora nos direitos da família romano-germânica haja prevalecido um outro método de criação do direito, a sua origem histórica também pode ser localizada na experiência romana do período pós-republicano.

De fato, com o principado e o império, a criação do direito passou a ser monopólio da burocracia central, constituída por pessoas da confiança pessoal do príncipe ou imperador. Produziram-se com isto os seguintes efeitos, reavivados na Europa Continental a partir do Renascimento:

1. A predominância do direito positivo (*ius positum*), isto é, do direito posto ou imposto pela autoridade política, em relação ao direito costumeiro;

2. O controle da aplicação do direito positivo diretamente pela autoridade central, com a subordinação dos juízes ao poder do monarca;

3. Enfim, a concentração de todo poder de criação do direito na pessoa do príncipe ou do imperador, que se proclamava "senhor das leis e reitor da justiça e da equidade" (*legum dominus, iustitiae aequitatisque rector*).[16]

---

16. *Corpus Inscriptionum Latinarum*, t. VI, 1180/1181.

Compreende-se, assim, porque os juristas, durante todo o período imperial em Roma, deixaram de ser autênticos criadores do direito, como ocorreu na república, para se tornarem, predominantemente, meros comentaristas do direito positivo e das obras dos autores considerados clássicos.

Essa tradição imperial do direito romano exerceu profunda influência no desenvolvimento ulterior dos direitos da família romano-germânica.

5. A INFLUÊNCIA DO PENSAMENTO ESTOICO SOBRE OS JURISCONSULTOS ROMANOS

A partir do final da Segunda Guerra Púnica (218-201 a.C.), inicia-se o chamado período helenístico da história jurídica romana, em que os jurisconsultos passam a aplicar o método dialético grego na análise do direito.[17]

A dialética foi introduzida em Roma pelos estoicos, notadamente por Panécio, que privou com dois dos primeiros jurisconsultos, Múcio Cévola e Élio Stilon, mestre de Varrão.

O método dialético consistia, antes de tudo, na classificação dos dados da realidade empírica pelo duplo processo da distinção (*diairesis, differentia*) e do relacionamento (*synthesis*), o qual conduzia ao estabelecimento de gêneros e espécies (*distinctio, divisio*), ou seja, à formulação de conceitos. Nas ciências práticas, como a ciência do direito, cujo objeto é não somente interpretar as normas jurídicas vigentes em determinada sociedade, mas também criar regras novas, o conceito não é um simples instrumento de análise e raciocínio, mas serve também para a composição de regras de decisão ou intervenção na vida social.

Uma vez formulados os conceitos, o segundo passo da análise dialética consistia em descobrir os princípios ou explicações racionais da realidade. Era a definição (*kanon, regula, definitio*), isto é, a breve narração das coisas (*brevis rerum narratio*), como disse o jurisconsulto Sabino.[18]

Mas a contribuição dos estoicos para a criação da ciência do direito não se limitou à introdução do método de análise dialética da realidade jurídica. Eles

---

17. A história do pensamento jurídico romano foi exposta magistralmente por Fritz Schulz, em *History of Roman Legal Science*, Oxford, Clarendon Press, 1ª edição em 1946.
18. *Digesto* 50, 17, 1.

trouxeram também para Roma uma nova visão ética do mundo, expressa num sistema de princípios.

Segundo Panécio,[19] por exemplo, há uma correspondência essencial entre as virtudes cardeais e as tendências fundamentais da natureza humana. A justiça corresponde à tendência do indivíduo a viver em harmonia com a humanidade. A prudência, à tendência natural à descoberta da verdade e ao cumprimento dos deveres morais. Por sua vez, a virtude da moderação, ou razoabilidade, que ele denominava *sophrossyne* (σωφροσύνη), está ligada à tendência natural de respeito à dignidade própria e à dos outros homens (*aidôs*), a qual conduz à beleza moral (*kálon*, que os romanos traduziram por *decorum* ou *honestum*), em oposição à seca utilidade. Na verdade, nada pode existir de útil na vida, que não seja, ao mesmo tempo, justo e honesto.

Como se vê, o pensamento de Panécio, nesse particular, está em radical contradição com a mentalidade moderna, na medida em que esta enxerga na utilidade técnica o supremo valor da vida social. Tudo aquilo que se pode fazer ou inventar para conseguir um resultado prático, o homem moderno considera valioso e importante em si mesmo.

Convém ressaltar que Panécio, na linha da reflexão estoica tradicional, foi dos primeiros pensadores a elaborar o conceito de pessoa. Ao fazer uso simbólico do vocábulo *prósopon* (πρόσωπον) — a máscara teatral identificadora de cada personagem (*persona*, na tradução latina) — distinguiu ele a pessoa, enquanto natureza universal do ser humano, da personalidade própria de cada indivíduo. "Uma vez respeitada a natureza humana universal, cada um de nós pode seguir a sua própria natureza." Cícero, seu discípulo, dirá que "depende de nossa vontade decidir que papel social (*personam*) desejamos exercer".[20]

Pôs-se, com isto, a pedra fundamental para a construção do grande edifício dos direitos humanos, na era moderna. Não obstante as múltiplas diferenças biológicas e culturais que existem entre os indivíduos e os povos, a dignidade da natureza humana é sempre a mesma e exige, por conseguinte, o igual respeito de todos. A Declaração Universal dos Direitos Humanos, aprovada pela Assembleia Geral das Nações Unidas em 10 de dezembro de 1948, abre-se com a afirmação solene de que "todos os seres humanos nascem livres e iguais, em dignidade e direitos".

19. Cf. Cícero, *De Officiis*, livro III, VII.
20. Ibid., 1, 32, 115.

Uma grande autoridade em direito romano, porém, sustentou que a influência da filosofia grega sobre os jurisconsultos de Roma teria existido tão só durante o período republicano, tendo cessado com o advento do principado.[21] Ouso discordar dessa douta opinião. Certamente, o emprego do método dialético deixou de ser feito pelos juristas da corte imperial para a criação de novas soluções em casos concretos, como sucedia no período republicano. Mas o mesmo método continuou a existir para a interpretação e sistematização do direito em vigor. Ora, esse labor interpretativo e sistematizador faz também parte da criação do direito. Uma norma jurídica, expressa textualmente, só entra efetivamente em vigor quando interpretada e aplicada. Antes disso, ela só vigora potencialmente, tal como a partitura musical antes da execução pelo intérprete — e o emprego da mesma palavra para ambas as funções é assaz revelador. O intérprete ou explicador do direito exerce, pois, uma contribuição indispensável à vida jurídica: ele põe a ideia de direito em movimento.

Demais, graças à influência estoica, a ciência jurídica romana inseriu-se no contexto de uma visão geral de mundo, e isto é patente nos escritos dos grandes *iurisprudentes* da época imperial.

Assim é, antes de mais nada, no que diz respeito à própria definição do direito e da classificação de suas partes componentes.

Logo na abertura do *Digesto*,[22] compilação das opiniões doutrinárias dos grandes jurisconsultos clássicos, editada pelo imperador oriental Justiniano em 533 A.D., foi colocado o seguinte texto de Ulpiano, um jurista que exerceu altos cargos burocráticos sob os imperadores Caracala e Alexandre Severo, na primeira metade do século III:

> Se se quiser entender a matéria jurídica, é preciso, antes de mais nada, saber donde vem a palavra direito (*ius*). Ora, essa palavra provém de justiça (*iustitia*): com efeito, como definiu limpidamente (*eleganter*) Celso, o direito é a arte do bom e do equitativo. E nós (juristas) podemos, com razão, ser chamados os sacerdotes do direito, pois de fato praticamos a justiça, procuramos dar a conhecer o que é bom e equitativo, com a separação entre o justo e o injusto, a distinção entre o lícito e o ilícito; pretendemos que os homens de bem se conduzam não apenas por temor do castigo, mas

21. Fritz Schulz, op. cit., p. 39.
22. Livro I, capítulo I, fragmento 1.

também pelo desejo de recompensa, e esforçamo-nos, sinceramente, por alcançar, salvo engano, uma filosofia verdadeira.

Como se vê, na visão do jurisconsulto, o direito autêntico nada mais é do que a realização da justiça; e a finalidade da lei consiste em formular, publicamente, as regras práticas da moralidade.

Do mesmo Ulpiano, o *Digesto*[23] reproduz ainda as seguintes definições:

> A justiça é a vontade constante e perpétua de dar a cada um o que é seu. Os preceitos do direito são: viver honestamente, não lesar ninguém, dar a cada um o que é seu. A jurisprudência (ciência do direito) é o conhecimento das coisas divinas e humanas, a ciência do justo e do injusto.

A definição da justiça, assim dada, era na verdade um lugar-comum na cultura grega. Logo no início de *A República* de Platão,[24] o processo dialético para se chegar ao conceito de justiça principia com uma citação do poeta Simonides (556 a 468 a.C.), para quem a justiça consistiria em "dar a cada um o que lhe é devido" (τὸ τὰ ὀφειλόμενα ἑκάστῳ ἀποδιδόναι δίκαιόν ἐστι).

A expressão "viver honestamente" encontra-se em Cícero, com explícita referência ao pensamento dos estoicos. Para estes, explicou ele, o supremo bem consiste em viver em harmonia com a natureza; o que é o mesmo que viver de acordo com a virtude, isto é, de modo ilibado (*honeste vivere*).[25] Em outra obra,[26] ele volta ao tema, a propósito da necessária distinção, pretendida por alguns, entre o honesto e o útil, e desenvolve sua argumentação em forma silogística. "Se nascemos para a retidão moral, se ela deve ser, como quer Zenão, o único fim da vida, ou se, segundo Aristóteles, ela tem mais valor que tudo mais, a probidade (*honestas*) há de ser, ou o único bem, ou o bem supremo; ora, todo bem é útil; logo, tudo o que é honesto é útil."

Ainda nos estoicos pode ser colhida a fonte doutrinária do preceito "não lesar ninguém" (*neminem laedere*). Ao tratar da amizade, Cícero refere-se à controvérsia

---

23. Ibid., fragmento 10.
24. Livro I, 331 *e*.
25. *De Finibus*, livro II, 34.
26. *De Officiis*, livro III, 35.

existente entre aqueles filósofos, uns sustentando que, para o sábio, o interesse do amigo é tão importante quanto o seu próprio, outros pretendendo que o interesse próprio é sempre o mais importante. Em todo caso, observa Cícero, mesmo estes últimos reconhecem ser contrário à justiça subtrair de alguém algo que lhe pertence.[27] Na verdade, afirma ele em outra obra,[28] "despojar os outros e aumentar sua comodidade à custa alheia, eis o que é contrário à natureza, mais do que a morte, a pobreza, a dor, ou que todos os acidentes que podem atingir o nosso corpo ou os nossos bens exteriores; pois é isso que suprime a vida comunitária e a sociedade humana. Se estamos dispostos a despojar e a lesar os outros em nosso próprio proveito, a sociedade do gênero humano, que acima de tudo harmoniza-se com a natureza, há de necessariamente romper-se".

Ainda sob o influxo da filosofia grega, os juristas romanos alargaram sua visão sobre a realidade jurídica e passaram a considerar o seu próprio direito, o *ius quiritium*, no contexto do direito universal. A fundação e expansão territorial do império, de resto, levou-os a conhecer outros sistemas jurídicos nacionais, e a refletir sobre a exigência de uma regulação uniforme do comércio internacional.

Daí o estabelecimento da distinção entre, de um lado, o direito civil, isto é, o sistema jurídico de cada cidade, e, de outro lado, o direito natural ou direito comum a todos os povos (*ius gentium*).

A respeito do direito natural, podem ser identificadas três concepções nas fontes romanas.

Para Ulpiano,[29] "o direito natural consiste naquilo que a natureza ensinou a todos os seres vivos: pois o direito não é próprio do gênero humano, mas comum a todos os seres vivos, que nascem, quer sobre a terra, quer no mar; sem falar nas aves do céu. Daí decorre a união entre macho e fêmea, que chamamos casamento; dele decorre a procriação dos filhos, a educação. Verificamos, com efeito, que todos os outros seres vivos também, mesmo os animais selvagens, estão submetidos a esse direito". O direito natural, assim concebido, distingue-se para Ulpiano do direito dos povos (*ius gentium*). "O direito dos povos é o que todos os povos humanos praticam: pode-se facilmente compreender que ele se distingue do direi-

27. Ibid., livro iii, 70.
28. Ibid., livro iii, 21.
29. *Digesto*, livro i, i, 2.

to natural, porque o primeiro é comum a todos os seres vivos, enquanto o segundo, só aos homens entre si."

Ou seja, é sempre a visão de mundo típica dos estoicos, aquela "cosmogonia vitalista", como disse um autor.[30]

Para Gaio, um jurisconsulto do século II, diferentemente, o direito natural confunde-se de certa maneira com o direito dos povos (*ius gentium*). O seu livro escolar (*Institutas*) principia com as seguintes afirmações:

> *Do Direito Civil e Natural.* 1. Todos os povos que se regem por leis e costumes usam de um direito que, em parte, lhes é próprio e, em parte, comum a todos os homens; pois, o direito que cada povo constitui para si mesmo, esse lhe é próprio e se chama direito civil, direito quase próprio da cidade. Mas o direito, que a razão natural constituiu entre todos os homens e todos os povos como que o observam, se chama direito das gentes, quase o direito de que todas as gentes se servem.[31]

Como se percebe, segundo esse modo de ver, a diferença entre direito civil e direito dos povos corresponde à distinção entre o que é comum e o que é particular, sem qualquer ligação com a justiça ou injustiça das instituições jurídicas. É, no fundo, a opinião já expressa por Aristóteles.[32]

O mesmo Gaio, porém, em outra de suas obras,[33] restabeleceu a ligação entre direito e justiça, a respeito das relações entre o direito civil dos romanos e o direito natural. "É evidente", afirmou, "que as obrigações, cujo objeto se considera determinado pela natureza (*quae naturalem praestationem habere intelleguntur*), não são extintas com a morte civil (*capitis deminutio*, isto é, a perda completa da capacidade jurídica, por força de uma determinação do direito civil), pois a razão própria do direito civil (*civilis ratio*) não destrói os direitos naturais".

Segundo o pensamento de Paulo,[34] jurista contemporâneo de Ulpiano, só o que é sempre bom e equitativo (*id quod semper aequum ac bonum est*) pode ser cha-

---

30. Emile Bréhier, *Histoire de la philosophie*, Tome I — *L'Antiquité et le Moyen Âge*, Paris, Quadrige/ Presses Universitaires de France, 1997, p. 263.

31. Tradução de Alexandre Correia, in *Manual do Direito Romano*, de Gaetano Sciascia e Alexandre Augusto de Castro Correia, v. II, 2ª ed., São Paulo, Saraiva, 1955, p. 19.

32. Cf. o capítulo anterior desta obra.

33. Referida no *Digesto*, 4, 5, 8.

34. Ibid., livro I, 1, 11.

mado direito natural. Ao lado deste, existe o direito civil, assim denominado porque compreende o que é útil a todos ou a muitos, em cada cidade (*quod omnibus aut pluribus in quaque civitate utile est*).

Por essa distinção de Paulo entre o que é útil e o que é justo nas instituições jurídicas, percebe-se, claramente, que os juristas romanos sabiam julgar o seu próprio direito à luz das regras superiores de justiça e honestidade. E, de fato, algumas citações, coligidas no *Digesto*, mostram não ser extraordinário esse julgamento moral do direito positivo, pelo menos no período clássico da *iurisprudentia* romana. Há, por exemplo, a afirmação sempre lembrada do mesmo Paulo, de que "nem tudo o que é lícito é honesto".[35] Modestino, por sua vez, afirma que nas designações unitárias de legatários ou herdeiros em testamento (*coniunctiones*), "deve-se sempre considerar não apenas o que é lícito, mas também o que é honesto".[36]

Em suma, aceitando a visão de mundo dos estoicos, os grandes jurisconsultos de Roma reconheceram que o fundamento de legitimidade de toda a ordem jurídica encontra-se muito além da vontade humana; situa-se na natureza, considerada como o princípio supremo de toda a vida no orbe terrestre, unindo o divino ao humano.

Trata-se, pois, de um fundamento absoluto, mas imanente ao mundo.

O cristianismo, embora movendo-se na linha lógica de alguns princípios da filosofia estoica, como apontado acima, timbrou, no entanto, em distinguir a esfera divina da humana, e esta, do mundo inferior ao homem. O Deus único e verdadeiro, criador do céu e da terra, e não mais a natureza, tornou-se o modelo absoluto para as nossas vidas, pois Ele é, em si mesmo, segundo o Evangelho, a fonte primeira e eterna da verdade, da justiça e do amor.

É o que passamos a ver, refletindo sobre duas figuras exponenciais da cristandade na Idade Média: São Francisco de Assis e São Tomás de Aquino.

35. Ibid., L, 17, 144.
36. Ibid., XXIII, 2, 42.

IV. São Francisco de Assis e São Tomás de Aquino no Apogeu da Idade Média

I. A GRANDE CRISE DE PASSAGEM NO MUNDO MEDIEVAL

Duas vidas que se sucederam imediatamente uma à outra — São Tomás nasceu em 1224, dois anos antes da morte de São Francisco — em uma época decisiva para a história europeia, a passagem da Alta para a Baixa Idade Média —, e bem no centro geográfico onde teve início esse movimento histórico: a península itálica. Duas personalidades díspares, embora ambas bem representativas de um momento histórico de notável criatividade.

O século XIII foi realmente uma época fora do comum na história europeia, época de crise, no sentido que Hipócrates, o pai da medicina, emprestou ao vocábulo. Em seus vários escritos sobre a arte médica, ele denominou κρίσις o momento de paroxismo mórbido, em que é possível discernir a doença e desvendar o futuro do doente. É o momento em que o olhar experiente do médico observa uma mudança súbita no estado do paciente, para o bem ou para o mal; o instante em que se declaram nitidamente os sintomas da moléstia, permitindo o diagnóstico e o prognóstico.[1]

Na vida das civilizações, é também possível discernir certas alterações signifi-

---

1. Cf. *Hippocratic Writings*, Penguin Books, 1983, passim.

cativas na estrutura social, que engloba no mesmo sistema mentalidades, organizações de poder e condições espaciais ou tecnológicas de base.[2] Como no caso dos organismos vivos, tais alterações costumam significar a passagem de uma fase de vida para outra, ou seja, uma sucessão de épocas históricas.

A partir do século XI, quando a Cristandade conhecia o seu período de fastígio, a Europa ocidental viveu uma crise de passagem da Alta para a Baixa Idade Média, e mesmo, em certo sentido, do mundo antigo para o mundo moderno. Três grandes movimentos de transformação social confluíram para esse resultado: a reforma religiosa, a prefigurar aquela que ocorreria três séculos depois; a revolução comercial, que deu início ao capitalismo; e o ressurgimento da vida intelectual no Ocidente, com a criação das primeiras Universidades.

A reforma religiosa

A reforma religiosa medieval, como todo movimento de ampla transformação, apresentou dois aspectos interligados: a mudança institucional e o surgimento de uma nova mentalidade e de novos modos de vida.

Em uma sociedade toda impregnada de religiosidade, e na qual o poder eclesiástico rivalizava com o da nobreza, a soberania do papa com a do imperador, a renovação das instituições da Igreja não podia deixar de produzir efeitos da maior amplitude e profundidade. Foi sob o pontificado de Gregório VII (1073-1085) que as principais reformas institucionais foram decretadas. Elas visavam a três objetivos bem determinados: assegurar a independência da Igreja em relação ao poder temporal na nomeação de bispos e abades, e na própria eleição do papa; abolir a prática da simonia, isto é, a venda de serviços religiosos; e pôr cobro à incontinência sexual dos clérigos, que não raro constituíam família sem deixar as ordens sacras. O princípio então proclamado era a volta às origens, com o restabelecimento da primitiva forma eclesial (*Ecclesiae primitivae forma*).

As respostas a essa iniciativa de mudança institucional não se fizeram esperar.

No setor clerical, o final do século XII assistiu ao surgimento de novas ordens religiosas, cuja ação transformou a vida social em toda a Europa do Ocidente. Entre os monges de tradição beneditina, a fundação da ordem dos cartuxos, em 1084, e dos cis-

2. Cf. a Introdução a esta obra.

tercienses, em 1098, correspondeu a um retorno à regra original de São Bento, que atribuía grande importância ao trabalho manual como forma de oração. Já entre os cônegos, a volta ao espírito original de Santo Agostinho teve por objetivo a instituição de um maior equilíbrio entre a vida ativa e a vida contemplativa, fazendo com que os clérigos se inserissem mais profundamente na vida das comunidades urbanas.

Mas foi entre os leigos que o impulso reformador produziu seus melhores frutos, no tocante a uma mudança de mentalidade. Nas mais diversas regiões da Europa ocidental surgem, entre os leigos de ambos os sexos, movimentos tendentes a reencontrar a pureza de costumes dos primeiros cristãos, marcada pela pobreza e pela simplicidade de vida. Suas reivindicações prefiguram, quase ponto por ponto, as exigências formuladas pelo movimento reformador do final do século xv e início do século xvi: o acesso direto às Escrituras Sagradas em língua vulgar e sem passar pela intermediação dos clérigos; a igualdade de posição entre os sexos no interior da Igreja; o direito de pregar publicamente a Palavra de Deus; a observância estrita dos preceitos evangélicos, na família e no trabalho. Tudo isso, como é óbvio, tendia, senão a abolir, pelo menos a reduzir drasticamente a separação institucional entre clérigos e leigos no interior da Igreja.

Dois dos principais movimentos leigos que surgiram à época foram os valdenses e os *umiliati*. Eles anteciparam várias características da comunidade fraterna que São Francisco pretendeu criar com os seus companheiros. Os valdenses foram assim chamados, em razão de o movimento ter sido criado por um comerciante abastado de Lyon, de nome Pierre Valdès ou Pierre de Vaux, que decidiu vender todos os seus bens e doá-los aos pobres, após ouvir a história popular de Santo Aleixo, contada por um menestrel. Já os *umiliati* eram um grupo de artesãos de Milão que, por volta de 1175, decidiu criar uma comunidade de trabalho e de oração, ou seja, viver "no século" como verdadeiros clérigos, ocupando-se da leitura da Bíblia (em língua vulgar, pois nenhum deles sabia o latim) e da pregação da Palavra.

A Santa Sé e as ordens religiosas tradicionais inquietaram-se sobremodo com o surgimento desses movimentos de leigos, que dispensavam a intermediação dos sacerdotes para a leitura da Bíblia, e infringiam o privilégio clerical de pregar em público a Boa-Nova. A sanção eclesiástica não tardou. Em 1184, com o decreto *Ad abolendam*, o papa Lúcio iii excomungou como heréticos não apenas os albigenses e cátaros, que efetivamente o eram, mas também os valdenses e os *umiliati*. Inocêncio iii, ao assumir o supremo pontificado em 1198, procurou corrigir o abuso praticado pelo seu antecessor, e o fez insistindo para que todos esses leigos que se associavam no voto de pobreza (*pauperes Christi*) renunciassem à pregação pública, ou então abandonassem o estado laico e entrassem definitivamente na ordem clerical.

Os *umiliati* encontraram a boa solução para sair do dilema. Eles criaram três Ordens ou *status* dentro do seu movimento. As Ordens Primeira e Segunda seriam compostas, respectivamente, de padres e de leigos solteiros, tanto homens quanto mulheres, os quais passariam a viver reclusos em comunidades religiosas, e gozariam dos privilégios eclesiásticos. Quanto à Ordem Terceira, ela seria aberta a todos os leigos que, sem se retirarem da comunidade, fariam o voto de pobreza, vivendo apenas do seu trabalho manual, e realizariam as boas obras recomendadas por Cristo; ou seja, dariam de comer aos famintos, abrigariam os forasteiros, cuidariam dos doentes, visitariam os presos e dariam sepultura condigna aos mortos (Mateus 25, 31-45). A esses leigos religiosos, Inocêncio III, em uma decisão ousada para a época, concedeu a licença para pregar em toda parte (*licentia praedicandi ubique*), mas sempre com a autorização do bispo local.

Quando se viu compelido pelas autoridades eclesiásticas a transformar a sua fraternidade inicial em ordem religiosa, São Francisco inspirou-se no precedente dos *umiliati* para criar a Ordem Terceira dentro do seu movimento.

Foi, de fato, por pressão de Inocêncio III que tanto São Domingos, quanto São Francisco, acederam em criar novas congregações religiosas (proibidas desde o 4º Concílio de Latrão, de 1215), no estilo dos movimentos dos *pauperes Christi*, ou seja, como ordens mendicantes, atuando dentro das comunidades urbanas, mas com o voto de direta obediência à Santa Sé, sem se submeterem à jurisdição dos bispos locais.

A revolução comercial

A partir do século XII, como foi salientado na Introdução, o renascimento do comércio mediterrâneo pôs fim ao isolamento em que decorria a vida social em toda a Europa. Até o final da Alta Idade Média, na passagem do século X ao século XI, a Europa viveu concentrada sobre si mesma, sem nenhum contato com o Oriente. O império carolíngio foi o primeiro e único império europeu destituído de comunicação marítima com outros povos.

A retomada da navegação cristã no Mediterrâneo, entre os séculos XI e XII, provocou uma profunda transformação da sociedade europeia. A reativação do comércio em toda a orla marítima e o restabelecimento das relações de troca com a Ásia Menor engendraram uma extraordinária expansão da vida urbana e lançaram as bases do primeiro surto capitalista.

A Igreja, que exercia estreito controle sobre as opiniões coletivas e os modos de vida de seus fiéis, não podia desconsiderar o fenômeno. Tanto mais que a estrutura triádica estamental então existente — clérigos, ou seja, os que oram a Deus (*oratores*), nobres ou guerreiros (*bellatores*) e servos (*laboratores*) — sofria desde o século x profundas transformações. De um lado, os senhores feudais e seus vassalos invadiam sempre mais o campo das prerrogativas eclesiásticas, procurando intervir em todas as eleições de bispos, abades e até mesmo do papa, bem como denegando, com frequência, reconhecimento da jurisdição episcopal dentro de seus domínios. O número de bispos titulares de feudos multiplicava-se, apagando na prática a distinção entre os dois primeiros estamentos. De outro lado, os comerciantes firmavam-se como um novo grupo social, oriundo dos *laboratores,* e seu poder econômico já começava a suplantar o poder político da nobreza e do clero. Eram, afinal, os burgueses que financiavam as guerras cada vez mais frequentes dos príncipes, as candidaturas ao trono imperial, ou as despesas ordinárias de bispos, abades e do próprio papa.

No longo conflito com o imperador e os nobres, a chefia da Igreja vislumbrou bem cedo a importância de contar, do seu lado, com a burguesia. Assim é que uma parte não desprezível da grande reforma gregoriana do século xi teve por objetivo reabilitar eticamente os comerciantes. Um século depois, no 3º Concílio de Latrão de 1179, ou seja, três anos antes do nascimento de São Francisco, esse esforço de restauração moral já surtia os primeiros efeitos institucionais. No cânon 22, no intuito de moderar o impulso belicoso da nobreza, os padres conciliares regulamentaram a chamada "trégua de Deus", durante a qual os combates não poderiam ser iniciados, ou deveriam ser suspensos, para a proteção de "padres, monges, clérigos, conversos, peregrinos, mercadores, camponeses e animais de carga". Como foi justamente observado, a Igreja estabeleceu aí uma verdadeira hierarquia de profissões, fora da nobreza, hierarquia na qual os comerciantes ocupavam um lugar mediano, entre os clérigos e os camponeses;[3] não se devendo, aliás, esquecer

---

3. Foi o que assinalou J. Lestocquoy, citado por Jacques Le Goff, *Marchands et Banquiers du Moyen Age*, Paris, Presses Universitaires de France, 4ª ed., coleção *Que Sais-Je?* nº 699, 1969, p. 76.

que a menção aos animais de carga, no texto, fazia indireta referência não só aos camponeses como também à classe dos comerciantes itinerantes, que transportavam mercadorias por terra.

Na linha dessa reabilitação moral, até mesmo a usura (empréstimo de dinheiro a juros), durante tantos séculos considerada grave ofensa à Lei de Deus, foi sendo paulatinamente justificada. Ainda no século XII, uma decretal do papa Alexandre III admitia a cobrança de juros nas vendas a crédito, com uma argumentação toda fundada no direito romano, cujo estudo as recém-fundadas universidades começavam a desenvolver. O acréscimo ao preço corresponderia a uma indenização, não só pelo dano emergente (*damnum emergens*), mas também pelo lucro cessante (*lucrum cessans*), podendo, além disso, representar a justa compensação dos riscos do negócio (*periculum sortis*) assumidos pelo comerciante. Outras vezes, o preço aparentemente excessivo da coisa vendida, ou o adicional dos juros, eram tidos como a remuneração do trabalho mercantil (*stipendium laboris*).[4]

Importa dizer, aliás, que a burguesia — grupo social que se constituiu como classe fora da estrutura estamental — manifestou desde cedo, pelo seu pendor inato à manutenção da ordem, irreprochável ortodoxia em matéria de fé, o que não podia deixar de agradar às autoridades eclesiásticas. Demais, a piedade e a caridade burguesas em nada ficavam a dever às dos nobres; e já em 1198, ao assumir o trono pontifício, Inocêncio III canonizou o primeiro santo comerciante da História da Igreja: Santo Homobono de Cremona.

Não é, pois, de admirar que, já no século XIII, as sedes episcopais começaram a ser ocupadas por filhos da burguesia, e que o pontificado supremo coube, pela primeira vez, a alguém oriundo da classe mercantil: o papa Inocêncio IV, pertencente a uma grande família de comerciantes genoveses, os Fieschi.

O ressurgimento da vida intelectual

Tudo isso constituiu a base material para a eclosão de uma Proto-Renascença, com a descoberta dos grandes textos da cultura clássica, desenterrados dos mosteiros e das bibliotecas orientais, ou postos novamente em circulação pelos árabes a partir do reino de Granada, no extremo meridional da península ibérica.

4. Jacques Le Goff, op. cit., pp. 78-9.

Esse ressurgimento intelectual encontrou, a partir do século XI, o seu ponto de fixação institucional nas universidades,[5] corporações autônomas de mestres e estudantes, dotadas de estatuto próprio, e dedicadas inteiramente ao estudo e ao ensino.

A grande originalidade das universidades, no meio medieval, foi o fato de elas reunirem homens de todos os estratos sociais, naturais de vários países, homens que passaram a constituir o *status studentium* ou o *ordo scholasticus*, onde se apagava a separação formal entre religiosos e não religiosos, dando-se novo sentido ao laicato. Doravante, clérigos passaram a ser chamados os mestres e estudantes, e leigos todos os que não tinham relações com a universidade. Dante, no *Convivio* (IV, x, 6), atribui ao imperador Frederico II, criador da Universidade de Nápoles, o título de *clerigo grande.*

Ora, as novas ordens mendicantes tomaram, desde logo, parte ativa na vida universitária, no nível docente e discente. A Ordem dos Dominicanos, na qual ingressou São Tomás, distinguiu-se desde a sua fundação pela sólida formação intelectual de seus membros, convocados para argumentar com os hereges, a fim de convertê-los à boa doutrina.

Da extraordinária efervescência intelectual que marcou a passagem da Alta para a Baixa Idade Média, é importante assinalar, no terreno da ética, o aprofundamento dado à doutrina do pecado. Em uma antecipação aos tempos modernos, os teólogos cristãos dão sua contribuição decisiva para a afirmação do indivíduo, ao conceberem o pecado não mais como uma falta coletiva, ou uma transgressão dos antepassados a refletir-se na cadeia dos descendentes, mas sim como um ato consciente da vontade individual e que acarreta, consequentemente, uma responsabilidade pessoal e intransmissível.

O apogeu da Cristandade

Mas na vida política o século XIII foi, também, o momento de maior esplendor da Cristandade ocidental.

---

5. No direito romano, denominavam-se *corpora* ou *universitates* as associações de indivíduos, consideradas como pessoas morais, distintas das pessoas individuais dos seus membros, e cujos bens não pertenciam a estes individualmente, mas formavam um patrimônio comum.

A dominação territorial cristã, em primeiro lugar, expandiu-se notavelmente dentro e fora da Europa. Poloneses e húngaros tornaram-se católicos, enquanto os prussianos foram exterminados, e seu território ocupado por alemães católicos. Em 1212, os árabes da Espanha sofreram a sua mais terrível derrota, em *Las Navas de Tolosa*. No Oriente, a primeira cruzada, já em fins do século XI, levou à fundação do reino europeu de Jerusalém. A quarta cruzada, convocada pelo papa Inocêncio III em 1200, estendeu a dominação ocidental sobre o antigo império bizantino. Doravante, os cristãos já não se limitavam a guerrear contra os hereges, mas dirigiam o seu furor bélico e o seu apetite de conquista também contra outros cristãos.

A autoridade moral e o poder temporal do papado nunca foram tão fortes quanto no século XIII. Sob o longo pontificado de Inocêncio III (1198-1216), a soberania papal sobre os reis suplantou a do imperador. O papa obrigou o rei da Inglaterra a entregar parte do seu reino ao monarca francês, e dispôs livremente das coroas da Hungria, da Dinamarca, de Aragão e de Castela, como se fossem suas.

Enquanto isso, o direito canônico e o poder clerical impunham-se largamente na sociedade europeia. O clero mantinha tribunais próprios, os únicos competentes para julgar as causas em que eram partes clérigos, viúvas, órfãos, estudantes, bem como todas as demandas em matéria de religião, as quais envolvessem leigos, todos os litígios a respeito de casamentos e adoções, todos os processos penais de blasfêmia ou heresia.

Tudo isso sem falar na educação e nas atividades artísticas, inteiramente submetidas à autoridade eclesiástica.

2. SÃO FRANCISCO DE ASSIS: A MENSAGEM EVANGÉLICA LEVADA ÀS ÚLTIMAS CONSEQUÊNCIAS

Como foi visto na Introdução desta obra, o comportamento ético não é influenciado tão só por ideias e doutrinas, mas também por modelos pessoais de vida, cujo valor exemplar serve de guia para o conjunto da sociedade.

Foi o que ocorreu, paradigmaticamente, com São Francisco. A repercussão do seu exemplo de vida não se limitou à sociedade medieval europeia da primeira metade do século XIII, mas propagou-se, em sucessivas ondas de choque, pelo futuro em diante, muito além da Europa. No seu caso, aliás, o reduzido número de escritos em que o Santo expõe o seu pensamento foi algo deliberado. O Pobre de Assis, a partir de sua conversão, foi possuído pela paixão de viver integralmente, sem interpretações ou adaptações de qualquer espécie — *sine glosa*, como insistia em dizer — a mensagem evangélica encarnada na pessoa de Jesus Cristo, a seu ver o único modelo de vida que os homens, de todos os tempos e lugares, deveriam seguir.

O Reino de Deus pertence aos pobres

Raramente, como na época de São Francisco, os povos da península itálica conheceram uma tão grande divisão entre ricos e pobres. Tal foi a consequência da revolução comercial acima referida, que deu nascimento ao capitalismo em sua forma mercantil. Em Florença, a antiga classificação das pessoas em três ordens ou estamentos, característica do mundo feudal, cedeu lugar, rapidamente, à divisão do povo, urbano ou rural, em dois campos: o *popolo grasso* e o *popolo minuto*, ou seja, os ricos e os pobres. Francesco Bernardone, que nasceu numa família rica de Assis em 1181 ou 1182 — seu pai foi um próspero comerciante — , não podia deixar de conhecer esses dois extremos sociais. Foi em razão dessa extremada realidade que a palavra evangélica calou fundo em seu coração. São Francisco sempre optou pela radicalidade. Os destinatários do Reino de Deus, designados na primeira das bem-aventuranças,[6] não eram aqueles que se mantinham na posse de seus bens, limitando-se a viver em espírito de pobreza. Os verdadeiros cidadãos do Reino dos Céus eram os que decidiam aderir, de corpo e alma, à multidão de mendigos, de leprosos, de estropiados, que Francisco encontrava todos os dias nas ruas e praças de Assis, ou ao longo das estradas. Como ele escreveu na *Regula non bullata*, isto é, a Regra escrita para a Ordem dos Frades Menores, em 1221, aprovada oralmente por Inocêncio III, portanto, não por meio de uma carta pontifícia (*bulla*), os irmãos "devem se julgar felizes de se encontrarem entre os de condição modesta e desprezados, entre os pobres e fracos, os doentes, os leprosos e os que mendigam ao longo dos caminhos" (*E debbono essere felici quando si trovano tra gente dappoco e tenuta in nessun conto, tra i poveri e i deboli, gli infermi, i lebbrosi e i mendianti della via*). Não apenas felizes, mas alegres, sem nenhuma sombra de sacrifício no semblante. A palavra de ordem de São Francisco, a esse respeito, sempre foi esta: *paupertas cum laetitia*, pobreza na alegria.[7]

6. Mateus 5, 3; Lucas 6, 20.
7. *Admonitiones*, XXVII, 3, citado por J. Le Goff, op. cit., p. 200.

No seu *Testamento*, ele insiste nesse ponto, evocando a sua conversão: "O Senhor assim deu a mim, irmão Francisco, a graça de começar a fazer penitência; quando ainda me encontrava no pecado, parecia-me muito amargo ver os leprosos, e o próprio Senhor me conduziu até eles e com eles usei de misericórdia; quando me afastei [do pecado], o que antes me parecia insuportável logo transformou-se em doçura d'alma e de corpo".[8]

Daí a prescrição formal aos membros de sua fraternidade para que vivam de esmolas (capítulo 9 da Regra de 1221), pois "a esmola é uma herança e um justo direito devido aos pobres, o qual nos foi obtido por Nosso Senhor Jesus Cristo".

Impossível, porém, não reconhecer que entre a pobreza voluntária e a involuntária sempre houve um abismo profundo, dificilmente superável. Ao contrário do que sucede com os que abrem mão voluntariamente de sua riqueza, os que nasceram pobres tendem naturalmente a considerar o seu estado de carência como uma maldição.

De qualquer modo, em agudo contraste com a mentalidade da época, que se deixava fascinar pelas comodidades e o brilho que a prosperidade mercantil havia trazido à vida urbana, São Francisco manifestou, desde o momento em que se decidiu pela imitação integral de Cristo, aguda repugnância pela riqueza material, em especial pelo dinheiro, símbolo maior da economia capitalista. Na Regra de 1221, ele consagrou todo um capítulo sobre o assunto (8. *Que os irmãos não recebam dinheiro de forma alguma*): "Irmão algum, esteja onde estiver, jamais tome, receba ou faça receber dinheiro de espécie alguma, nem para adquirir roupas ou livros, nem como salário por algum trabalho, sob pretexto algum, exceto em caso de necessidade manifesta para os irmãos doentes: pois não devemos atribuir ao dinheiro ou às moedas mais utilidade do que às pedras". Trata-se de uma prescrição absoluta. Assim é que "se acontecer por acaso — Deus tal não permita! — que um irmão arrecade ou possua dinheiro ou moedas, salvo no único caso precitado de necessidade para os doentes, que todos os irmãos o considerem como um falso irmão, um ladrão, um bandido, um tesoureiro,[9] até que ele tenha feito sinceramente penitência".

---

8. "*Il Signore cosi donò a me, frate Francesco, la grazia di cominciare a far penitenza: quando ero ancora nei peccati, mi pareva troppo amaro vedere i lebbrosi, e il Signore stesso mi condusse tra loro e con essi usai misericordia: quando me ne allontanai, quello che prima mi pareva amaro, tosto mi si mutò in dolcezza d'anima e di corpo.*" Cit. por J. Le Goff, op. cit., p. 57.

9. Alusão a Judas, que portava a bolsa com dinheiro (Evangelho de João 12, 6 e 13, 29).

Quer isto dizer que o trabalho manual deve ser excluído como meio de vida? Certamente não. No capítulo 7 da Regra de 1221, São Francisco é formal a esse respeito: "Que os irmãos que sabem trabalhar trabalhem e exerçam o mesmo ofício que aprenderam, se não for contrário à salvação de sua alma e se puderem fazê-lo com decência. [...] E que os irmãos possam, como preço de seu trabalho, receber tudo que lhes é necessário, salvo dinheiro. E quando houver necessidade, que eles peçam esmolas, como os outros irmãos". Em seu *Testamento*, escrito pouco tempo antes de morrer, o trabalho aparece claramente como um dever e não apenas como uma faculdade: "E eu trabalhava com minhas mãos e desejo [continuar] a trabalhar assim; e quero firmemente que todos os outros irmãos exerçam um trabalho honesto. Que aqueles que não sabem trabalhar aprendam, não no intuito de receber a paga do seu trabalho, mas pelo exemplo e a fim de afastar o ócio".[10]

Não se deve esquecer que, à época, essas precrições soavam, em relação ao passado, como uma reabilitação social da enorme maioria da população, pertencente por tradição ao estamento dos servos, despidos dos privilégios inerentes à condição de nobre ou de clérigo. Mas também, em relação ao futuro, tais determinações significavam, no dealbar da economia capitalista, a defesa da dignidade do trabalhador manual, que viria a ser crescentemente assalariado.

É nessa perspectiva de uma vida irmanada com os pobres, fracos e humildes, que se deve compreender a desconfiança, senão a franca hostilidade do santo pela atividade intelectual. Como foi pertinentemente observado,[11] tal atitude se explica por fortes motivos. A seus olhos, a ciência representava um tesouro, cuja posse era incompatível com o absoluto despojamento pessoal, que São Francisco enxergava em Jesus. Os livros, aliás, naquela época, eram verdadeiros objetos de luxo. Além disso, o saber intelectual costumava ser uma fonte de orgulho e de dominação sobre os iletrados. Seja como for, é inegável que São Francisco se coloca, ainda aí, em manifesto conflito com o espírito do seu tempo, que conheceu notável efervescência intelectual.

Na *Regula non bullata* de 1221 (capítulo 3), proibia-se aos membros letrados da Ordem possuir outros livros, além dos necessários à recitação do ofício divino. Quanto aos irmãos analfabetos, eles não podiam possuir livro algum. Essa proibição, como várias outras prescrições consideradas excessivas pela Cúria romana, foi suprimida na *Regula bullata* de 1223, que São Francisco foi obrigado a aceitar.

10. Apud J. Le Goff, op. cit., p. 176.
11. Cf. J. Le Goff, op. cit., p. 188.

Consta, aliás, que em uma ocasião em que o Santo viajava de Veneza a Roma (sempre a pé, obviamente), ele procurou hospedar-se em Bolonha junto aos seus irmãos da Ordem, e descobriu que o irmão Giovanni di Staccia lá fizera uma casa de estudos. Encolerizado, ele expulsou imediatamente todos os que lá se encontravam, inclusive os irmãos doentes, e amaldiçoou o diretor de estudos.[12]

Mas essa rejeição ao mundo intelectual parece ter se abrandado nos últimos anos de sua vida. No *Testamento*, São Francisco determinou que os irmãos honrassem e venerassem os teólogos, "que nos fornecem o espírito e a vida".

A fraternidade universal

Ainda aí, São Francisco levou a palavra evangélica, praticamente e não apenas em teoria, às últimas consequências. Para ele, nós, humanos, não somente somos todos filhos do mesmo Pai, mas partilhamos igualmente essa fraternidade divina com todas as criaturas de Deus, viventes ou não, e com o nosso próprio corpo, como elemento da natureza. As expressões "irmão corpo" ou "irmã doença", na boca do Pobre de Assis, não eram simples figuras de retórica, mas expressões autênticas de um fortíssimo sentimento de fraternidade universal.

Em um tempo de grandes exclusões sociais, como dizemos hoje, São Francisco fez questão de se unir, integralmente, a todos os rejeitados da "boa sociedade", em especial àqueles que a imaginação popular sempre considerou como portadores de uma maldição divina, cuja frequentação era, por isso mesmo, não só evitada, mas rigorosamente proibida: os leprosos.

Um episódio contado no capítulo VIII das *Fioretti*, um florilégio de atos e feitos atribuídos a São Francisco, composto provavelmente na segunda metade do século XIII, ilustra bem o que significava, a seus olhos, essa decisão de assumir de modo integral a condição dos rejeitados deste mundo. O Santo leva aí às últimas consequências a bem-aventurança evangélica, reservada aos que sofrem perseguição por amor a Deus.[13]

São Francisco caminhava com frei Leão, de Perúgia a Santa Maria dos Anjos, em tempo de rigoroso inverno. "Irmão Leão", disse ele, "anote bem: ainda que

---

12. J. Le Goff, op. cit., p. 71.
13. "Bem-aventurados sois, quando vos injuriarem e vos perseguirem e, mentindo, disserem todo o mal contra vós por causa de mim. Alegrai-vos e regozijai-vos, porque será grande a vossa recompensa nos céus, pois foi assim que perseguiram os profetas, que vieram antes de vós" (Mateus 5, 11 e 12).

nós, irmãos menores, dermos em todo lugar um grande exemplo de santidade para edificação das almas, é preciso saber que a verdadeira alegria não se encontra aí. Mais ainda", prosseguiu, "mesmo que os irmãos menores iluminem a vista dos cegos, expulsem os demônios, façam com que os surdos ouçam, os coxos andem e os mudos falem e, coisa ainda maior, ressuscitem os mortos depois de quatro dias, escreva que não se encontra aí a perfeita alegria." Um pouco mais adiante, acrescentou: "Irmão Leão, se soubéssemos todas as línguas, toda a ciência e todas as escrituras, se soubéssemos profetizar e revelar não apenas as coisas futuras, mas também os segredos das consciências e das almas, anote que não é nisso que se encontra a perfeita alegria. Mais: mesmo que os irmãos menores pudessem falar a língua dos anjos, conhecessem o curso das estrelas no céu e as virtudes das ervas na terra, ainda que lhes fossem revelados todos os tesouros da terra, e conhecessem as características dos pássaros e dos peixes, de todos os animais e dos homens, das árvores e das pedras, das raízes e das águas, escreva que, ainda assim, não haveria nisso alegria perfeita. Ainda que os irmãos menores soubessem pregar tão bem que convertessem todos os infiéis à Fé de Cristo, anote que não estaria aí a alegria perfeita".

A essas palavras frei Leão, muito admirado, perguntou: "Pai, eu te suplico da parte de Deus que tu me digas onde se encontra, então, a alegria perfeita". Ao que São Francisco respondeu: "Quando chegarmos ao nosso destino e estivermos ensopados pela chuva e congelados pelo frio, sujos de lama e mortos de fome, e batermos à porta de um convento e o porteiro aparecer e perguntar quem somos nós; e, ao dizermos que somos dois irmãos, ele nos responder que mentimos, pois somos dois patifes, que andam a enganar todo mundo e a roubar as esmolas dos pobres, e nos mandar embora sem abrir a porta, deixando-nos do lado de fora, transidos de frio e molhados até os ossos, sem nada para aplacar a fome; então, se soubermos suportar pacientemente todas essas injúrias e crueldades, sem nos abatermos nem murmurarmos contra ele; se pensarmos, humilde e caridosamente, que aquele porteiro nos conhece, e que o próprio Deus o faz assim agir contra nós, ó irmão Leão, escreva que aí está a perfeita alegria. E se continuarmos a implorar, e ele saia fora furioso e nos escorrace de modo violento, como ladrões vis, e nós suportarmos tudo isso pacientemente, com alegria e amor, pensando nas penas de Cristo bendito, as quais devemos receber pelo seu amor, escreva, irmão Leão, com todas as letras, que aí estará a perfeita alegria".

Assim era esse Louco de Deus.

Ultrapassando as barreiras religiosas, que à época representavam verdadeiras fronteiras políticas, ele sempre se preocupou em ir ao encontro dos hereges, em especial daqueles que constituíam, então, os grandes inimigos da Cristandade: os sarracenos. Já em 1212 — ano da grande vitória cristã sobre os árabes da Espanha, em *Las Navas de Tolosa* — São Francisco embarcou para a Síria, mas teve que abandonar a viagem em razão de naufrágio na costa dálmata. Dois anos depois partiu novamente, dessa vez em direção ao Marrocos, onde pretendia encontrar-se com o sultão; mas adoeceu na Espanha e interrompeu sua missão. Finalmente, em 1219 ei-lo no Egito, onde consegue avistar-se com o sultão Malik al-Kamil, obviamente sem o menor resultado para o seu intento apaixonado: converter os infiéis, ou morrer como mártir. Na época das cruzadas, em que os cristãos se comportavam como carniceiros bárbaros — episódio histórico que está na origem da grande animosidade que as populações do Oriente Médio têm manifestado até hoje em relação aos ocidentais —, o comportamento do humílimo missionário foi tido, pelos grandes deste mundo, como manifestação próxima da loucura.

A preocupação em se aproximar dos infiéis no espírito da fraternidade evangélica traduziu-se nas prescrições do capítulo 16 da Regra de 1221. Aí se diz que "os irmãos que partem [como missionários] têm, sob o aspecto espiritual, duas maneiras de se apresentar junto aos infiéis. A primeira é não suscitar nem debates nem discussões, mas de serem "submissos a toda criatura humana por causa de Deus",[14] e se proclamarem cristãos. A segunda consiste em, quando acreditarem que isso agrada a Deus, e somente então, anunciar a palavra de Deus para a conversão dos infiéis.[15] Como se percebe, não há nenhuma semelhança com o comportamento habitual de um cruzado.

Mas foi na sua comunidade de pobres pregadores de Cristo Jesus que São Francisco procurou instituir uma fraternidade absoluta. É sabido que ele relutou durante muito tempo em fundar uma congregação religiosa, porque os clérigos, na sociedade medieval, sempre formaram um estamento separado do povo e dotado de privilégios. A cúria romana, assustada de início com o radicalismo desse homem que suscitava em todo lugar espanto e admiração, forcejou por vencer a resistência do Santo e conseguiu, finalmente, manter o agrupamento franciscano, com algumas concessões, dentro dos quadros institucionais da Igreja. Pre-

14. Citação da 1ª Epístola de São Pedro 2, 13.
15. Evangelho segundo João 3, 5.

valeceu, então, o extraordinário gênio político de Inocêncio III. A primeira Regra da comunidade, que São Francisco lhe apresentou, foi liminarmente rejeitada e o documento destruído. Em 1221, o papa aprovou oralmente uma segunda Regra (tida doravante como a primeira), mas deixou de confirmá-la por escrito. Finalmente, dois anos depois, o cardeal Ugolino, protetor de São Francisco na Cúria, obteve a aquiescência deste na eliminação de todos os "excessos" da *Regula non bullata*, e o papa então pôde aprovar a Regra definitiva, que permanece em vigor até hoje. O Santo só se dispôs a aceitar esse novo estatuto sob intensa pressão, e teria seriamente pensado, então, em abandonar a ideia de criar uma comunidade fraterna de pregadores itinerantes.

É na Regra de 1221 que se pode apreciar, na sua primitiva pureza, todo o sentido da fraternidade que São Francisco queria para os seus companheiros.

Em primeiro lugar, a comunidade de vida religiosa importava na mais absoluta igualdade de condição pessoal. Em uma sociedade ainda fundamente marcada pelas divisões estamentais, e no seio de uma Igreja que condenara valdenses e *umiliati* como hereges, não há dúvida que esse igualitarismo chocava e muito. Em primeiro lugar, os membros da comunidade são todos, rigorosamente, tratados como irmãos, tal como o Santo sempre se considerou em relação aos outros. E em todas as passagens em que se cuida dos dirigentes da comunidade, eles são geralmente referidos como "ministros e servidores". Na língua latina tais palavras são sinônimas, pois *minister* vem de *minus*.[16] Aliás, ao concordar com a transformação de sua comunidade em ordem religiosa, São Francisco fez questão de denominá-la Ordem dos Irmãos (Frades) Menores. Logo no capítulo 4 da Regra de 1221, lembra-se com ênfase a palavra de Jesus: "Não vim para ser servido, mas para servir".[17]

Em uma disposição ousada, constante do capítulo 5, e que o papa conseguiu fosse retirada da Regra definitiva, diz-se textualmente que "se algum dos minis-

---

16. Camões ainda conserva esse sentido primitivo da palavra *ministro*, como se vê na estrofe XCVI do Canto II dos *Lusíadas*, ao descrever a corte do rei de Melinde em visita à nau capitânea da frota do Gama:

Com um redondo amparo alto de seda,
Numa alta e dourada hástea enxerido,
Um ministro à solar quentura veda,
Que não ofenda e queime o Rei subido.

17. Mateus 20, 28.

tros ordenar a um irmão algo de contrário à nossa regra de vida, ou à sua consciência, este não será obrigado a obedecer; pois não há obediência em nome da qual se possa cometer uma falta ou um pecado (*quia illa obedientia non est, in qua delictum vel peccatum committitur*)".

Mas a fraternidade de São Francisco, como foi tantas vezes assinalado, não se limitava aos homens, estendendo-se, antes, à totalidade da criação divina. Desse amor universal na alegria, tão distante da soturna desconsolação da piedade religiosa até então dominante, as *Fioretti* nos dão numerosos testemunhos. Mas o maior deles é sem dúvida o *Cântico do irmão Sol e de todas as criaturas*, que o Santo escreveu no dialeto da Úmbria, pouco tempo antes de morrer, inegavelmente uma das obras-primas da arte poética de todos os tempos.[18]

Raramente como em São Francisco de Assis, o serviço integral à superior dignidade da condição humana aparece de forma tão estupenda.

3. A UNIDADE ÉTICA NA TEOLOGIA DE SÃO TOMÁS DE AQUINO

Características essenciais do seu pensamento

A originalidade de São Tomás, no quadro intelectual da Idade Média, reside na aliança entre tradicionalismo e espírito renovador.

Para ele, como para todos os doutrinadores de sua época, o horizonte especulativo era inteiramente dominado pela teologia. A utilidade da ciência, assim como da filosofia, consistia em auxiliar a especulação teológica: elas eram simples servas da teologia (*ancillae theologiae*), como então se dizia. Logo na abertura de sua monumental *Summa Theologiae*,[19] São Tomás afirma não só que a teologia é uma ciência, mas a mais digna de todas as ciências.

Essa concepção, na verdade, era partilhada por todos os pensadores cristãos da época. A Universidade de Paris (a *Sorbonne*), onde ensinou São Tomás, e que serviu de modelo para todas as universidades francesas ao norte do rio Loire, bem como para as universidades da Europa Central e da Inglaterra, era composta de

18. Veja-se a versão integral desse poema no apêndice deste capítulo.
19. *Prima Pars, quaestio 1.*

quatro faculdades: três superiores (de teologia, direito canônico e medicina) e uma inferior (de artes). Entre as faculdades superiores, a mais importante de todas, no sentido de orientar o ensino ministrado nas demais, era incontestavelmente a de teologia. A filosofia pura era ensinada apenas na faculdade de Artes, considerada a menos importante de todas.

A segunda grande característica do pensamento de São Tomás, igualmente comum a todo o ambiente intelectual da sua época, é o respeito absoluto pela tradição. Para um pensador católico medieval, a inovação especulativa sempre foi considerada uma perigosa manifestação de orgulho, uma espécie de porta aberta à heresia. A missão do professor universitário não consistia em apresentar doutrinas novas, mas em melhorar o entendimento e a exposição do que disseram os autores clássicos e, sobretudo, explicar o sentido das Sagradas Escrituras. Nas controvérsias sobre pontos duvidosos, o grande argumento intelectual era o de autoridade, que a filosofia grega considerava o mais fraco de todos. A argúcia dos doutores, na teologia e no direito, manifestava-se pela capacidade de apresentar o maior número de citações pertinentes sobre o assunto em discussão.

O pensamento medieval é, portanto, substancialmente concordista: os antigos não incorreram em erro algum; as suas divergências de opinião são apenas aparentes e podem ser resolvidas mediante uma análise mais fina de seus argumentos. A exigência de respeito incondicional à tradição era de tal modo constrangedora, que São Tomás, que ousou inovar na análise de várias questões teológicas, foi obrigado a encobrir habilmente a sua posição pessoal, a fim de não incorrer na suspeita de heterodoxia.

E, de fato, Tomás de Aquino, embora homem de seu tempo e religioso obediente, inscreveu-se na grande corrente inovadora do pensamento medieval, aquela que procurou esclarecer e fortalecer a fé pelo uso metódico da razão (*fides quaerens intellectum*). É claro que essa confiança otimista na razão humana não podia deixar de suscitar a reação indignada dos que enxergavam nisso uma tentativa de usurpação, pelo homem, dos sagrados mistérios da fé.

A valorização da razão na análise da realidade teve início no século XI, com a escola de Chartres e, sobretudo, com Pedro Abelardo (1079-1142), que exerceu uma influência decisiva sobre as gerações posteriores, pela sua insistência no método de análise lógica das palavras e das orações. A verdade, para Abelardo, não se revelaria nunca diretamente à razão, mas apenas de modo indireto, por meio de um processo, que ele denominou dialética, consistente na sistemática oposição de ideias e argumentos, em perfeita imitação do processo judicial, em que o autor se opõe ao réu, desde o primeiro confronto entre a petição inicial e a contestação.

Todos os tratados teológicos de São Tomás obedecem, rigorosamente, a esse método de oposição sistemática de argumentos, ordenados em vista de uma conclusão, que sobrevém a modo de uma sentença judicial. A questão a dirimir é apresentada em forma dubitativa. Tomemos, por exemplo, a questão que abre todo o tratado teológico: "se é necessário (*utrum sit necessarium*), além das disciplinas filosóficas, ter uma outra doutrina". A proposição inicial é expressa sob a forma de opinião — "parece que (*videtur quod*) não é necessário, além das disciplinas filosóficas, ter uma outra doutrina" —, com apoio em argumentos de autoridade. Segue-se a contestação — "mas em contrário" (*sed contra*) —, igualmente apoiada em autoridades doutrinárias. Finalmente, aparece a resposta conclusiva (*respondeo dicendum*), articulada em vários argumentos antitéticos às razões expressas na proposição inicial.

Mas se essa conclusão confirma a verdade de uma das proposições iniciais, em geral a segunda (a antítese, no esquema dialético), tal não significa que São Tomás rejeite inteiramente os argumentos de autoridade, enunciados na proposição inicial. Ele não poderia de modo algum fazê-lo, dada a índole tradicionalista do pensamento medieval, sobretudo em se tratando de asserções tiradas das Santas Escrituras, ou dos escritos dos Padres da Igreja. O pensamento de São Tomás, como o de todos os intelectuais cristãos de sua época, é essencialmente concordista, como foi assinalado. A concordância se estabelece por meio da técnica das distinções ou diferenças, herdada da dialética grega.[20] Uns e outros autores estão certos em suas afirmações. Apenas eles se referem, de um e outro lado, a aspectos diferentes da mesma verdade, sempre multidimensional pela sua essência.

Mantido em sua pureza, esse método de especulação conduziria certamente à rejeição de todo unilateralismo, o que viria enriquecer sobremaneira a reflexão ética, sobretudo no meio religioso, fortemente marcado pelo dogmatismo. Alguns séculos depois, no entanto, a dialética concordista medieval entrou em franca decadência, e a técnica das distinções descambou para o refinamento especioso de conceitos.

São Tomás, por exemplo, discute na *Suma Teológica*[21] "se a lei nova propôs con-

20. Cf. Parte i, cap. ii.
21. ia. iiae, qu. cviii, art. iv.

venientemente conselhos certos e determinados". Observa que a diferença entre o preceito e o conselho está em que o primeiro implica necessidade, ao passo que o segundo depende da vontade daquele a quem é dado. "E, por isso", diz ele, "a lei nova, que é a lei da liberdade, acrescentou aos preceitos os conselhos; o que não fez a lei antiga, lei da escravidão." Ora, o homem está colocado no mundo em meio a bens espirituais e materiais. A finalidade dos preceitos é impedir que o homem se apegue por completo aos bens materiais e despreze os espirituais. Mas a partir daí, a argumentação do teólogo torna-se mais sutil. Os bens deste mundo, afirma, são de três categorias: as riquezas dos bens externos, buscadas pela concupiscência dos olhos; os prazeres da carne, pela concupiscência da carne; e as honras, pela soberba de vida. "É próprio dos conselhos evangélicos fazer desapegar-nos dessas três espécies de bens, totalmente, na medida do possível." Ou seja, a perfeição é recomendada, mas não nos é imposta.

Alguns séculos mais tarde, porém, essa delicada distinção tomista entre conselhos e preceitos conduziu, no sistema doutrinário do jesuíta Luís de Molina (1535--1600), à justificação prática dos mais variados deslizes morais.[22]

Na verdade, o método dialético medieval teria sido rapidamente condenado à esterilidade se um fato histórico de primeira grandeza não tivesse vindo fortalecer a corrente racionalista no tratamento das questões de fé religiosa. A partir de meados do século XII, ou seja, pouco depois da morte da Abelardo, as obras completas de Aristóteles começaram a ser difundidas na Europa ocidental; de início mediante tradução das versões em língua árabe, em seguida diretamente a partir do original grego. Um dos mais eminentes helenistas e tradutores de Aristóteles no século XIII, Guilherme de Moerbeke (1215-1286), foi amigo de São Tomás.

O pensamento tomista é todo impregnado das categorias aristotélicas: as quatro causas, ato e potência, substância e acidente. Em quase todas as discussões teóricas, Aristóteles é citado como a grande autoridade filosófica, praticamente a única, pela designação metonímica "o Filósofo".

O racionalismo de São Tomás, embora tendo provocado de início algumas suspeitas e condenações eclesiásticas, acabou rapidamente por se impor, não só

---

22. A principal obra de Molina é *Concordia liberi arbitrii cum gratiae donis*, na qual o teólogo espanhol procura conciliar a justiça divina com a misericórdia, a predestinação com a condenação eterna, a graça com a liberdade humana.

entre os cristãos, mas também fora da Igreja. Já em 1291, o rabino Hillel de Verona, em sua obra *As Retribuições da Alma*, reconheceu que a obra teológica de São Tomás representava uma feliz conciliação entre as verdades da fé e as da razão. Entre 1300 e 1320, outro rabino, Iehuda Romano, empreendeu a tradução para o hebreu de várias passagens do "Mestre que nos fez dom das interpretações filosóficas segundo a verdade".[23] No Concílio de Trento (1545-1563), a obra teológica de São Tomás foi declarada doutrina oficial da Igreja Católica Romana.

A unidade essencial da ética

O pensamento ético-teológico de São Tomás, todo impregnado de aristotelismo, é francamente racionalista. O primeiro e inabalável postulado do sistema é o de que o homem foi dotado pelo Criador da capacidade de separar a verdade do erro, mediante o uso da razão.

Santo Alberto Magno, mestre de São Tomás na *Sorbonne*, sustentava que na razão humana havia sempre uma inclinação natural ao bem, uma espécie de centelha, que iluminava subitamente o agir humano (*scintilla conscientiae*). A essa faculdade mental os escolásticos denominaram *synderesis*, palavra derivada do verbo grego *syntêreo*, que a filosofia grega a partir de Aristóteles empregou no sentido de guardar, conservar, proteger. São Tomás acolhe essa ideia e sustenta que a sindérese é uma verdadeira lei do nosso intelecto (*lex intellectus nostri*), que funciona como um hábito de guardar os mandamentos da lei natural.[24]

O juízo ético é, portanto, puramente intelectual, sem a menor mescla de sentimentos ou emoções. O leitor tem a sensação de mergulhar em um universo extraterrestre, alheio por completo ao ambiente carregado de compaixão e indignação que envolve o relato evangélico; um universo alheio aos tumultos que agitam permanentemente o coração humano. Sob esse aspecto, o grande teólogo bem mereceu o cognome de Doutor Angélico.

Com essa angélica tranquilidade São Tomás procura explicar o magno problema de toda a ética nas religiões monoteístas, a verdadeira pedra de escândalo

---

23. Gerard Israël, *La Question Chrétienne — Une pensée juive du christianisme*, Paris, Payot, 1999, p. 230.

24. *Suma Teológica*, Iª IIae, qu. XCIV, art. I. Esta e as demais citações são feitas a partir da tradução de Alexandre Corrêa, 2ª ed., Escola Superior de Teologia São Lourenço de Brindes, Universidade de Caxias do Sul, Livraria Sulina Editora, 1980.

para todos os crentes: como é possível que o Deus de Verdade e Justiça, do qual tudo depende no céu e na terra, criador do homem à sua imagem e semelhança, tenha introduzido o mal no mundo, ou, pelo menos, permitido a sua introdução.

Na questão LXXIX da 1ª parte da 2ª parte da *Suma Teológica*, São Tomás indaga se Deus é causa do pecado (art. I) e se o ato do pecado provém de Deus (art. II).

Quanto à primeira indagação, responde ele que Deus não pode ser direta nem indiretamente causa do pecado. Não diretamente, "pois todo pecado implica afastamento da ordem existente em Deus como um fim. Ora, Deus inclina todas as coisas e fá-las convergir para si, como para o último fim, no dizer de Dionísio. Portanto, é impossível que seja, para si ou para outrem, causa do afastamento da ordem, dele próprio dependente".

Já no tocante à segunda indagação, o grande teólogo serve-se de um dos seus famosos *distinguos*. "O ato do pecado", começa ele por afirmar na solução do problema, "é do livre-arbítrio. Ora, a vontade de Deus é causa de todos os movimentos, como diz Agostinho. Logo, a vontade de Deus é causa do ato pecaminoso." Adiante, porém, procura afastar a inevitável confusão que toma conta do espírito dos seus leitores com essa abrupta afirmação. "O pecado", acrescenta, "significa deficiência no ser e no ato; e esta procede de uma causa criada, que é o livre-arbítrio, desviado da ordem do agente primeiro, Deus. Por onde tal deficiência não se atribui a Deus como a causa, mas ao livre-arbítrio. Assim como o defeito de coxear reduz-se à tíbia curva, como à causa, e não à virtude motora, que contudo é causa do movimento no coxear. E a esta luz, Deus é causa do ato do pecado, não porém do pecado, por não ser causa da deficiência do ato."

Aí está lançada, com todas as sutilezas do raciocínio escolástico, a questão suprema que iria agitar vigorosamente o ambiente intelectual do mundo cristão, com o advento da Reforma Protestante.[25]

De qualquer modo, para se entender a ética tomista é preciso ter em mente que ela constitui um sistema harmônico, ordenado por leis. Vejamos, pois, em que consiste, para São Tomás, a essência da lei e quais as suas diferentes espécies.

A discussão sobre a essência da lei, na *Suma Teológica*, 1ª parte da 2ª parte, é toda vinculada aos "princípios exteriores dos atos". "O princípio externo, que inclina para o mal, é o diabo", e "o princípio externo, que move para o bem, é Deus, que nos instrui pela lei e nos ajuda pela graça".[26]

---

25. Cf. Parte II, cap. II.
26. *Summa Theologiae*, Iª 2ae., qu. XC.

A lei é algo de racional, que se ordena sempre para o bem comum, como seu fim próprio (1ª parte da 2ª parte, questão XC, arts. I e II). Estamos, pois, muito longe do dever vazio, ou do cumprimento do dever pelo dever, tal como, séculos mais tarde, viria a ser sustentado por Kant. Demais, a lei de que cuida São Tomás, tal como o *nómos* grego, é um princípio ético que não estabelece distinção alguma entre moral, direito e religião.

Há três espécies de lei: a eterna ou divina, a natural e a humana.

A lei eterna nada mais é do que a razão divina, que governa toda a comunidade do Universo (questão XCI, art. I). Dela todas as outras leis emanam (qu. XCII, art. III); a ela, por conseguinte, estão sujeitas todas as coisas humanas (qu. XCIII, art. VI).

Existe também uma lei natural, que é a participação do homem, pela razão — sempre a razão! —, na lei eterna (qu. XCI, art. II). Ou seja, a lei natural não é simplesmente revelada aos homens, mas exige sempre um esforço intelectual para ser compreendida e observada. A bem dizer, portanto, a lei natural não existe, de modo objetivo, fora da lei divina. No sistema de São Tomás, de resto, ela é, paradoxalmente, a mais artificial de todas as leis; tanto que, pouco mais adiante (qu. XCIV), o teólogo viu-se obrigado a examinar a questão de saber se há, efetivamente, necessidade de uma lei natural.

De qualquer forma, afastando-se claramente dos estoicos, para os quais a natureza equivaleria à ordem imutável do Universo,[27] ele reconhece que a lei natural pode mudar (qu. XCI, art. II). Tal ocorre, na maior parte dos casos, por acréscimo, pois a razão humana avança sempre na interpretação do que é ditado pela natureza. Mas, excepcionalmente, pode também a lei natural mudar por subtração; ou seja, o que era considerado no passado uma lei da natureza deixa de sê-lo no presente. É esta uma das passagens da *Suma Teológica* em que a ousadia da posição doutrinária precisou ser encoberta. São Tomás oferece então, para justificá-la, uma explicação engenhosa:

> Quanto aos seus princípios primeiros, a lei natural é absolutamente imutável; quanto, porém, aos preceitos segundos, dos quais dissemos serem quase certas conclusões próprias, próximas aos primeiros princípios, não é imutável, embora seja sempre reto, na maior parte dos casos, o que ela preceitua. Pode contudo mudar-se, num caso

27. Cf. o capítulo anterior.

particular e poucas vezes, por certas causas especiais, que impedem a observância dos seus preceitos, como já se disse.

Além da lei eterna e da lei natural, é necessário também que haja uma lei humana, para explicitar, nos casos particulares, os ditames da lei eterna e da lei natural (qu. XCI, art. III). Ela visa sempre ao bem comum e não ao bem particular (qu. XCVI, art. I). Aliás, para São Tomás, como para todos os pensadores de sua época, não se pode separar o direito da justiça (qu. LVII, art. I).

O efeito da lei humana é tornar os homens bons (qu. XCII, art. I); ou, nas palavras de São Tomás, "a intenção principal da lei humana é procurar a amizade dos homens entre si" (qu. XCIX, art. II). É, sem dúvida, inegável que sempre existem leis más, e que o legislador nem sempre persegue o bem comum, mas tende com frequência a realizar o interesse particular, seu ou de outrem. Diante dessa dificuldade, a explicação dialética é especiosa:

> Como é a virtude que torna bom quem a tem, segue-se que é efeito próprio da lei tornar bons, absoluta ou relativamente, aqueles para os quais foi dada. Assim, se a intenção do legislador visar ao verdadeiro bem, que é o bem comum, regulado pela justiça divina, resulta que, pela lei, os homens se tornarão absolutamente bons. Se for, porém, a intenção do legislador o bem não absoluto, mas o útil, o deleitável ou o que repugna à justiça divina, então a lei tornará os homens bons, não absoluta, mas relativamente, em ordem a um determinado regime (qu. XCII, art. I).

Custa crer que São Tomás não conhecesse nem imaginasse a existência de regimes políticos substancialmente perversos, em que os governantes procuram o "mal absoluto", ou seja, tratam os súditos como manada de animais. Aqui, sem dúvida, a argumentação do teólogo resvala para o sofisma.

De qualquer modo, se a lei natural pode mudar, com maioria de razão o pode a lei humana (qu. XCVII, art. I). E isso, por dois motivos.

O primeiro deles funda-se na razão, "porque à razão humana é natural ascender gradualmente do imperfeito para o perfeito. [...] Assim, os primeiros que intencionaram descobrir mais útil disposição para a comunidade humana, não podendo prever tudo, por si mesmos fizeram certas instituições imperfeitas e falhas em muitos casos, que os pósteros modificaram, estabelecendo por sua vez certas outras, que em alguns casos podem não realizar a utilidade comum".

O segundo motivo pelo qual podem as leis humanas ser mudadas é a "mudança das condições dos homens, aos quais convêm coisas diversas, segundo as suas diversas condições".

Toda lei humana é derivada da lei natural. De onde não dever ser considerado legal o que for injusto (qu. XCV, art. II). A lei injusta é, antes, uma violência, que uma lei propriamente dita (qu. XCVI, art. V). Daí por que São Tomás aceita como boa a definição de lei dada por Isidoro de Sevilha: "Lei será tudo o que estiver de acordo com a razão; que, ao menos, concorde com a religião, convenha à disciplina, aproveite à salvação". Isidoro diz ainda: "A lei há de ser honesta, justa, possível, natural, conforme aos costumes pátrios, conveniente ao lugar e ao tempo, necessária, útil e também clara, de modo a não iludir pela obscuridade; escrita não para a utilidade privada, mas para a utilidade comum dos cidadãos" (qu. XCV, art. III).

Ao enfrentar o espinhoso problema da obediência a leis imorais ou injustas, São Tomás aceita, em princípio, a posição de São Paulo, exposta na Epístola aos Romanos (capítulo 13), de que a lei humana obriga no foro da consciência (qu. XCVI, art. V) e, portanto, não deve ser cumprida apenas por temor das sanções. Mas a sua argumentação, com o uso habitual das categorias aristotélicas — as diferentes causas, a relação entre o todo e a parte —, quebra muito da rigidez paulina e corresponde, no essencial, à maneira como os líderes protestantes, três séculos depois, procuraram justificar sua oposição aos soberanos católicos. Importa transcrevê-la na íntegra:

As leis estabelecidas pelos homens são justas ou injustas. — Se justas, têm, da lei eterna, donde derivam,[28] força para obrigar no foro da consciência, conforme àquilo da Escritura: *Por mim reinam os reis e por mim decretam os legisladores o que é justo*. Ora, as leis se consideram justas: pelo fim, i.é, quando se ordenam para o bem comum; pelo autor, i.é, quando a lei feita não excede o poder do seu autor; e pela forma, i.é, quando, por igualdade proporcional, impõe ônus aos governados, em ordem ao bem comum.[29] Ora, como cada homem é parte da multidão, cada um é da multidão por aquilo mesmo que é e que tem; assim como qualquer parte, por aquilo mesmo que a constitui, pertence ao todo; por isso, se a natureza faz sofrer à parte algum detri-

28. Observe-se que não é feita, aí, nenhuma menção à lei natural.
29. Eis aí o *princípio da proporcionalidade*, que só no século XX foi redescoberto pela doutrina jurídica.

mento, é para salvar o todo. E assim sendo, as leis, que impõem tais ônus proporcionais, são justas, obrigam no foro da consciência e são leis legais (*et sunt leges legales*).

Por outro lado, as leis injustas podem sê-lo de dois modos. Por contrariedade com o bem humano, de modo oposto às razões que as tornam justas, antes enumeradas. Pelo fim, como quando um chefe impõe leis onerosas aos súditos, não pertinentes à utilidade pública, mas antes, à cobiça ou à glória próprias deles; ou também pelo autor, quando impõe leis que ultrapassam o poder que lhe foi cometido; ou ainda pela forma, p. ex., quando impõe desigualmente ônus à multidão, mesmo que se ordenem para o bem comum. E estas são, antes, violências, que leis, pois, como diz Agostinho, *não se considera lei o que não for justo*. Por onde, tais leis não obrigam no foro da consciência, salvo talvez para evitar escândalo ou perturbações, por causa do que o homem deve ceder mesmo do seu direito, segundo a Escritura: *E se qualquer te obrigar a ir carregando mil passos, vai com ele ainda mais outros dois mil; e ao que tirar-te a tua túnica, larga-lhe também a capa.*[30] De outro modo, as leis podem ser injustas por contrariedade com o bem divino. Tais as leis dos tiranos, obrigando à idolatria, ou ao que quer que seja contra a lei divina. E tais leis de nenhum modo se devem observar, porque, como diz a Escritura, *importa obedecer antes a Deus que aos homens* (qu. xcvi, art. iv).

Independentemente da injustiça intrínseca de uma lei, em certas hipóteses é lícito descumpri-la. "Acontece muitas vezes que uma medida quase sempre útil a ser observada, para o bem comum, seja nociva, por exceção, em algum caso particular. Por onde, como o legislador não pode prever todos os casos particulares, propõe a lei para os casos mais frequentes, dirigindo a sua intenção para a utilidade comum. Portanto, se surgir um caso em que seja danosa ao bem comum a observância de uma lei, esta não deve ser observada" (qu. xcvi, art. vi). Prossegue, dizendo que essa inobservância da lei será lícita somente quando houver um perigo súbito a evitar, em decorrência da norma legal, caso em que o próprio governante está autorizado a dispensar a sua observância.

É esta uma das passagens em que mais se manifesta a lucidez do grande pensador medieval. Pois foi somente na segunda metade do século xx que a doutrina jurídica logrou estabelecer, com razoável clareza, a distinção entre princí-

---

30. É lamentável que, nesta parte, São Tomás tenha confundido a ordem da caridade com a da legalidade, ao considerar que o preceito evangélico, aí citado, tenha por finalidade, tão só, "evitar escândalo ou perturbações".

pios jurídicos, necessariamente gerais e abstratos, e regras jurídicas, de alcance limitado e concreto, as últimas sempre subordinadas aos primeiros. Só agora, da mesma forma, começa-se a perceber a distinção entre a inconstitucionalidade em tese de uma norma legal — cuja doutrina foi instituída pela Suprema Corte dos Estados Unidos no começo do século XIX — e a inconstitucionalidade *in casu*, ou seja, a incompatibilidade da solução legal com a Constituição, no caso concreto.[31]

Mas quem tem o direito de participar da comunidade política, organizada por essa hierarquia de leis: todos os homens ou apenas alguns? Para São Tomás, como para todos os pensadores de sua época, o instituto da escravidão era perfeitamente natural. Reiterando o ensinamento de Aristóteles sobre o justo não absoluto, ele sustentou meramente de passagem, como algo evidente por si mesmo, que o escravo é uma coisa que pertence ao senhor, "por ser seu instrumento" (2ª 2ae., qu. LVII, art. IV). Aliás, a Igreja nunca condenou formalmente a servidão.

Mas a pergunta sobre o direito de participação na comunidade política tinha também, na Idade Média, uma outra implicação. Podia a Cristandade admitir em seu seio a presença, em igualdade de direitos, também dos infiéis?

Na resposta a essa delicada questão, pela qual os teólogos corriam o risco de severas punições, São Tomás, ainda aí, vai ao extremo limite do permitido pela ortodoxia. Como de costume, entra em jogo mais uma de suas sutis distinções intelectuais. A questão por ele formulada é: "Se se pode ter comunhão com os infiéis" (2ª 2ae., qu. X, art. IX). "De dois modos", responde ele, "pode ser interdito aos infiéis ter comunhão com uma pessoa: como pena imposta àquele com quem se proíbe aos fiéis comunicar, ou como cautela para aqueles a quem se proíbe a comunhão." Assim, prossegue, "a Igreja não proíbe aos fiéis a comunhão com os infiéis, pagãos ou judeus,[32] que nunca receberam a fé cristã. Porque não deve proferir, sobre eles, nenhum juízo espiritual, mas temporal, em determinado caso, quando, vivendo entre Cristãos, cometam alguma culpa e sejam punidos pelos fiéis temporalmente. Mas, deste modo, i. é, como pena, a Igreja proíbe aos fiéis ter comunhão com os infiéis, que se desviaram da fé recebida, quer corrompendo-a, como os heréticos,

---

31. Cf., a esse respeito, o que se dirá no cap. III da Parte III.
32. De se notar que São Tomás parece desconhecer aí, curiosamente, a realidade ponderável do islamismo, que se fazia presente e atuante em algumas comunidades originalmente cristãs, como na península ibérica. A menos que para ele os muçulmanos devessem ser tidos como pagãos.

quer abandonando-a totalmente, como os apóstatas. Em ambos os casos a Igreja profere contra eles a sentença de excomunhão".

Está aí, com toda clareza e plenitude de expressão, a justificativa das guerras de religião que viriam ensanguentar a Europa alguns séculos depois.

Eis as linhas mestras do último grande sistema de pensamento que, antes da idade moderna, defendeu no Ocidente a unidade essencial do mundo ético. Durante o "outono da Idade Média", ou seja, no decorrer dos dois séculos seguintes àquele em que viveram São Francisco e São Tomás, surgiram sinais inquietantes de que esse majestoso edifício ameaçava ruir. Logo no início do século XVI, como passamos a ver, abriu-se uma nova era para a humanidade. As grandes linhas de vida ética dos antigos foram inteiramente substituídas por uma nova concepção do bem e do mal, do justo e do injusto. A nova etapa histórica irrompe quando de dois lados lançaram-se investidas revolucionárias: na própria Itália, onde se localizava o centro político da cristandade ocidental, com o realismo de Maquiavel; na Europa central e setentrional, com a Reforma luterana.

APÊNDICE: *O Cântico das Criaturas de São Francisco de Assis*[33]

Altissimo, onnipotente, bon Signore,
tue so' le laude, la gloria e l'honore et onne benedictione.
Ad te solo, Altissimo, se confano
e nullu homo ène dignu te mentovare.
Laudato sie, mi' Signore, cum tucte le tue criature,
specialmente messer lo frate sole,
lo qual' è iorno, et allumini noi per lui
Et ellu è bellu e radiante cum grande splendore:
de te, Altissimo, porta significatione.
Laudato si', mi' Signore, per frate vento
e per aere nubilo e sereno et onne tempo,
per lo quale a le tue creature dài sostentamento.
Laudato si', mi' Signore, per sor' acqua,

33. Versão apresentada pelo professor Pedro Garcez Ghirardi, da Faculdade de Filosofia, Letras e Ciências Humanas da Universidade de São Paulo.

la quale è molto utile et humile et pretiosa e casta.
Laudato si', mi' Signore, per frate focu,
per lo quale ennallumini la nocte:
et ello è bello et iocondo e robustoso e forte.
Laudato si', mi' Signore, per sora nostra madre terra,
la quale ne sustenta et governa,
e produce diversi frutti con coloriti fiori e herba.
Laudato si', mi' Signore, per quelli ke perdonano per lo tuo amore
e sostengono infirmitate e tribulatione.
Beati quelli ke'l sosterranno in pace
ca da te, Altissimo, sirano incoronati.
Laudato si', mi' Signore, per sora nostra morte corporale
da la quale nullu homo vivente po' scappare:
guai a quelli ke morrano ne le peccata mortali;
beati quelli ke trovarà ne le tue sanctissime voluntati.

Parte II
A Era das Contradições

O trabalho de desconstrução do mundo antigo, iniciado com o advento do período axial, e do qual foram indicadas as principais etapas na primeira Parte deste livro, dá nascimento, ao final da Idade Média europeia, a uma nova era histórica, cujas características essenciais representam a negação do velho mundo. Abandonam-se, progressivamente, a religião e a sabedoria tradicional como princípios de vida ética. Os homens voltam as costas ao passado e enfrentam, com crescente confiança de êxito, os desafios do futuro. O indivíduo adquire, pela primeira vez, uma autonomia de vida que sempre lhe fora negada. Com a aceleração do ritmo de acumulação do conhecimento científico e do saber tecnológico, a humanidade se afirma, orgulhosamente, como "senhora e possuidora da natureza".

Tudo isso levou à unificação espacial do cosmos e ao entrechoque inevitável de civilizações que, até então, viviam isoladas umas das outras. Os quatro acontecimentos que, convencionalmente, marcam o início da idade moderna — a conquista de Constantinopla pelos turcos em 1453, a descoberta do continente americano por Cristóvão Colombo em 1492, a abertura da via marítima entre a Europa e o Extremo Oriente por Vasco da Gama em 1498 e a viagem de circum-navegação do globo terrestre pela equipe de Fernão de Magalhães, de 1519 a 1522 — ilustram bem o que se acaba de dizer.

Era natural, por conseguinte, que a era moderna suscitasse um notável conflito de ideias no plano da vida ética. É o que se procura mostrar nos capítulos que compõem esta segunda Parte.

I. Maquiavel: a Razão de Estado, Supremo Critério Ético

Com Nicolau Maquiavel (1469-1527), produziu-se a primeira grande ruptura no sistema ético tradicional, que englobava, num todo harmônico, religião, moral e direito. Dando nascimento a uma vigorosa linhagem de pensadores políticos, que se prolonga até hoje, o alto burocrata florentino foi o primeiro a sustentar, cruamente e sem eufemismos, que a vida pública é regida por uma ética especial, cujos valores supremos são a estabilidade interna e a independência externa da sociedade política. O direito deve servir a essa finalidade maior, e o cumprimento dos preceitos de moral privada e dos mandamentos religiosos há de submeter-se às exigências básicas de respeito à ordem e manutenção da segurança.

Por essas razões, Maquiavel tem sido, através dos séculos, o mais destacado patrono de todos os partidários da *Realpolitik*, a concepção de que, na vida política, a importância dos fins a alcançar justifica o emprego de quaisquer meios, desde que eficazes.

É dispensável frisar que essa visão de mundo funda-se em um irremediável ceticismo quanto à bondade natural do homem e à sua aptidão a viver espontaneamente em paz com os seus semelhantes. Ao discutir, por exemplo, a questão de saber se é preferível ao príncipe ser amado ou temido, Maquiavel reconhece que o ideal seria que o povo tivesse, a respeito dele, ambos os sentimentos. Mas como isto raramente acontece, é mais seguro ao príncipe ser temido do que amado. E explica: "Porque dos homens pode-se dizer, de modo geral, o seguinte: eles são ingratos, volúveis, enganadores e dissimulados, covardes diante dos perigos, cúpidos; e, enquanto tu os cumulares de bens, estarão todos contigo, oferecendo-te o sangue, os bens, a vida e os filhos [...], pois a necessidade disto tudo é distante; mas quando ela se apresenta, aí eles se revoltam".[1]

Daí porque, como Maquiavel e muitos outros depois dele continuam a afirmar até hoje, é indispensável que o governante, no desempenho de sua atividade, não se prenda a nenhum preceito ético que possa contrariar o seu interesse; não se submeta a lei alguma, nem mesmo às que ele tiver editado.

I. A IDADE MODERNA PRINCIPIOU NA ITÁLIA

A tripartição estrutural da sociedade, característica do feudalismo, na qual cada um dos estamentos que a compunham — nobres, clérigos e o povo — vivia sob um estatuto jurídico próprio, irreformável pelo soberano, começou a extinguir-se precocemente na Itália, já no início do século XIII.

O feudalismo, como forma de organização social, ligava-se intimamente, com efeito, à vida agrícola. Ora, em nenhuma outra região da Europa o movimento de urbanização foi tão intenso quanto na península itálica, àquela época. E, mesmo nas regiões menos urbanizadas da Itália, a separação jurídica entre os três estamentos clássicos deu lugar a uma incipiente organização da sociedade em classes, na qual medraram, já no início do século XIII, as primeiras manifestações do capitalismo mercantil e financeiro. Na segunda metade do século XIV, surgiram em várias partes da península empreendimentos industriais e minerários. Os estaleiros navais de Veneza, dirigidos pelo Estado, reuniam vários milhares de operários. Na mesma região, desenvolveu-se a vidraria. Em Tolfa, nos Estados pontifícios, iniciou-se a extração do alume, sulfato largamente utilizado na fabricação de produtos têxteis.

As transformações políticas provocadas por essa reestruturação social e econômica foram marcantes. Nas comunas da Lombardia e da Toscana instalou-se o regime republicano, sob a direção da burguesia mercantil. Em Florença, a rivalidade entre os nobres de velha cepa, os *magnati*, e os burgue-

---

1. *Il Príncipe*, cap. XVII, *Opere di Niccolò Machiavelli*, Ugo Mursia Editore, 7ª ed., 1976, p. 97.

ses associados em corporações, os *popolani*, resolveu-se em 1293 em favor dos burgueses: os membros das 147 famílias de *magnati* foram excluídos das funções oficiais e sancionados penalmente. Mas a confusão entre a coisa pública e o patrimônio privado não tardou a instalar-se. Em 1343, os banqueiros Bardi e Peruzzi tentaram, sem maior cerimônia, apoderar-se do governo florentino, a fim de salvar suas firmas da bancarrota, com o aproveitamento dos recursos do tesouro público.

Enquanto isso, no reino normando da Calábria e da Sicília, o imperador Frederico II Hohenstaufen criava, no século XIII, o primeiro Estado autocrático moderno, com absoluta concentração de poderes em sua pessoa e a consequente supressão das liberdades privadas. Nos Estados pontifícios, encravados na região central da península, a suserania papal reduziu os príncipes locais à condição de simples vassalos do pontífice romano.

É essa prematura desarticulação da sociedade feudal que explica as duas principais características do meio social itálico, a partir do século XIV, características que mais claramente anteciparam os tempos modernos: o individualismo e a utilização do poder político como técnica de engenharia social (o "Estado-artefato", na expressão famosa de Jacob Burckhardt).[2] O respeito aos costumes ancestrais cedeu o passo ao sentimento de exacerbada honra pessoal e ao culto do herói, o homem que, situando-se sempre acima do "vulgo vil sem nome" de que falava Camões, forja sozinho o seu próprio destino. Abolida a autonomia jurídica dos estamentos tradicionais, nobreza, clero e povo tendem a ser simples massa de manobra, na permanente aventura de reconstrução da sociedade, para a maior glória do príncipe. A este, que se apresenta, normalmente, como um ser predestinado, superior ao comum dos mortais, tudo é permitido — o assassínio, a rapina, a quebra dos juramentos mais solenes —, desde que tenha êxito. Na vida política italiana da época a única desonra era ser vencido. Daí a multiplicação de despotismos, civis ou eclesiásticos, e das guerras de conquista, com o amplo recurso a tropas de mercenários, cujos chefes (*condottieri*) frequentemente acabavam por se impor como príncipes de nova linhagem: a legitimação política conquistada pela força das armas.

A completa erosão dos padrões éticos tradicionais, que tanto espanto causou, até mesmo aos contemporâneos, parece ser o efeito dessa profunda transforma-

---

2. *Die Kultur des Renaissance in Italien*, publicado em 1860.

ção provocada em toda a sociedade itálica pela destruição das antigas estruturas de poder.[3]

O escândalo da vida abertamente licenciosa foi sobretudo marcante no meio eclesiástico. Escrevendo em 1434 aos padres conciliares reunidos em Constança, o papa Eugênio IV dizia que "da planta dos pés até o topo da cabeça, já não há no corpo da Igreja uma só parte sadia". Ora, no final do século podia-se afirmar, sem hesitação, que a parte mais comprometida pela doença era a cabeça. Inocêncio VIII, papa de 1484 a 1492, fez questão de convidar a alta nobreza italiana para a cerimônia do casamento de seu filho. Alexandre VI, que o sucedeu no trono pontifício pela compra dos votos dos cardeais durante o conclave, reinou como um sátrapa dissoluto: apreciava a exibição de espetáculos luxuriosos em seu palácio, como a dança de cortesãs nuas, e apoiou todas as ambições políticas de sua prole numerosa, da qual faziam parte os tristemente célebres Lucrécia e César Borgia.[4] Seu sucessor, Júlio II, que acumulara imensa fortuna como cardeal, foi grande admirador da arte bélica e, embora "velho decrépito", como disse azedamente Erasmo, não hesi-

---

3. Já Dante revoltava-se contra a imoralidade de costumes em vigor na sua época (final do século XIII, início do século XIV). No *Purgatório* (canto XXIII, versos 97-102), ele põe na boca de Marco Lombardo uma significativa objurgatória contra as mulheres florentinas:

O dolce frate, che vuo' tu ch'io dica?
Tempo futuro m'è già nel cospetto,
cui non sarà quest'ora molto antica,
nel qual sarà in pergamo interdetto
a le sfacciate donne fiorentine
l'andar mostrando con le poppe il petto.

Ou, na tradução de Italo Eugenio Mauro, Editora 34, 1998:

Ó meigo irmão, que queres que mais diga?
Tempo futuro desde já suspeito
para o qual esta hora não vai ser antiga,
em que negará o púlpito o direito
às descaradas damas florentinas
de andar co' as mamas exibindo o peito.

4. Dele disse Maquiavel, no capítulo XVIII de *O Príncipe*: "[Ele] nada mais fez nem pensou em outra coisa, senão em enganar os homens, e sempre encontrou ocasião para fazê-lo. E nunca houve homem que tivesse mais êxito em prometer algo – com apoio nos maiores juramentos – sem jamais cumprir a sua promessa".

tou em revestir a couraça para acompanhar a expedição militar dos franceses contra Nápoles.[5]

Toda essa podridão, no entanto, convivia com a mais extraordinária florescência artística que a humanidade jamais conheceu em três séculos. Entre ambos os fenômenos sociais, teria havido, porventura, alguma relação de causa e efeito? No século XVIII, Rousseau dirá que sim, ao compor a dissertação premiada pela Academia de Dijon: as artes e as ciências, sustentou, são a causa primeira da corrupção dos costumes.[6]

2. AS LINHAS MESTRAS DO PENSAMENTO DE MAQUIAVEL

O ideal de regeneração da Itália

Para compreender a crueza chocante dos conselhos e juízos políticos que Maquiavel prodigalizou, é preciso re-situar sua obra no contexto da sociedade italiana de fins do século XIV e início do século XV. As suas reflexões desabusadas provinham de uma sincera revolta contra o estado de coisas vigente na Itália; em toda ela, e não apenas em sua amada Florença. Maquiavel, de fato, retoma, com a mesma irresignação amarga, a causa aparentemente perdida da unificação italiana, que antes dele fora defendida por outro gênio florentino, exilado de sua cidade natal: Dante Alighieri.[7]

O capítulo final do *Príncipe* diz tudo sobre a motivação profunda da obra: "Exortação ao Príncipe [Lorenzo de Médici] para livrar a Itália das mãos dos bárbaros". Nos *Discursos sobre a Primeira Década de Tito Lívio*,[8] escreveu ele que "se deve defender a pátria [para ele, evidentemente, a Itália e não Florença] com ignomínia

---

5. "O papa Júlio II", disse Maquiavel, "que se serviu da fama de liberal (isto é, de dadivoso) para chegar ao papado, não pensou depois em mantê-la, a fim de poder fazer a guerra" (idem, capítulo XVI).

6. Cf. Parte II, cap. V.

7. "*Ahi serva Italia, di dolore ostello,*
nave sanza nocchiere in gran tempesta,
non donna di provincie, ma bordello!"
Purgatório, canto VI, (versos 76-8)

8. Livro III, cap. XLI.

ou com glória; de qualquer desses modos, ela será bem defendida"; e que "um bom cidadão, por amor à pátria deve esquecer as injúrias privadas" que tenha sofrido.[9]

Desde o fim do Império Romano, com efeito, os povos itálicos viviam sob a dominação de potências estrangeiras, autênticas sucessoras das hordas bárbaras que haviam posto fim ao Estado romano, o grande modelo de referência em termos de grandeza e poder.

A partir do século XIII, a península itálica e a Sicília foram um campo de batalha permanente, na prolongada rivalidade entre o imperador e o papa. De norte a sul, entre um principado e outro, e mesmo no interior de cada cidade, guelfos e gibelinos[10] se hostilizaram e mataram sem descontinuar. Nenhuma das duas facções jamais pensou em se aliar à outra, para defender a Itália contra as pretensões hegemônicas daqueles dois soberanos.

A política como arte do que é e não do que deve ser

"Sendo meu intento", declarou Maquiavel no capítulo XV do *Príncipe*, "escrever coisas úteis aos meus leitores, pareceu-me mais conveniente ir direto à verdade efetiva das coisas, e não à sua imagem. Muitos, com efeito, imaginaram, como fatos verdadeiros, repúblicas e principados que jamais foram vistos nem conhecidos; porque há tamanha distância entre a vida efetiva e a vida ideal (*è tanto discosto da come si vive a come si doverrebbe vivere*), que aquele que deixa de lado o que se faz para seguir o que se deve fazer prepara antes a sua própria ruína do que a sua preservação; pois um homem que queira agir sempre com bondade acaba por arruinar-se em meio a tantos que não são bons. De onde é necessário a um príncipe, que se queira manter no poder, preparar-se para ser mau, e usar ou não da maldade, segundo as necessidades."

Afirmando com todas as letras uma regra de comportamento que seria dois séculos depois enfatizada por Mandeville (vícios privados, virtudes públicas), e tor-

---

9. Livro III, cap. XLVII.

10. A rivalidade principiou na Alemanha na primeira metade do século XII, em função da coroa imperial. Com a morte do imperador Lotário, em 1138, os partidários de Conrado III de Hohenstaufen, dito Waibling (do nome do seu castelo localizado em Waiblingen), levantaram-se contra os partidários de Henrique da Baviera, da família Welf. Na Itália, do século XII ao século XV, foram denominados guelfos os partidários do papa e gibelinos os do imperador.

nada princípio da nova teoria econômica preconizada por Adam Smith,[11] assinala Maquiavel que o príncipe não deve importar-se "em incorrer na infâmia pela prática dos vícios, sem os quais ele dificilmente poderia salvar o Estado; pois, bem consideradas as coisas, sempre encontrar-se-á algo com a aparência de virtude, cuja observância conduz à ruína, e algo que parece um vício, mas que, quando praticado, produz segurança e bem-estar".[12]

Como se vê, as regras sob as quais deve viver o vulgo não servem para o príncipe, que tem sobre si a responsabilidade de manter o Estado forte e independente.

A crueldade, frisa Maquiavel,[13] não pode ser abolida no exercício do poder: o que importa é saber utilizá-la, de modo a conseguir uma duradoura obediência popular. Assim, "ao conquistar um Estado, o conquistador deve previamente examinar todos os malefícios que é obrigado a praticar, e fazê-los desde logo, a fim de não ter de renová-los todos os dias, e poder desse modo, não os repetindo, tranquilizar os homens e conquistá-los com benesses. Quem procede de outra forma, quer por timidez, quer por mau conselho, é obrigado a ter sempre o punhal na mão; não pode confiar em seus súditos, nem eles no príncipe, em razão dos contínuos e renovados agravos". Na mesma linha de raciocínio, para se manter o governo de cidades ou principados que, antes de conquistados, regiam-se por suas próprias leis, pode ser necessário e mesmo útil começar por arruiná-los.[14]

No capítulo XVIII ele volta ao assunto, que ocupa um lugar central em sua concepção da ação política. "Nas ações dos homens, e máxime dos príncipes, contra as quais não se pode recorrer a nenhum tribunal, o que importa são as finalidades. Procure, pois, o príncipe vencer e manter o Estado; os meios serão sempre julgados honrosos e por todos louvados; porque o vulgo só se prende às aparências e não à realidade; e não há no mundo senão o vulgo; a minoria é sempre vencida, quando não tem no que se apoiar."

Segue-se que o príncipe deve, sobretudo, "fazer-se temido, de modo que, se não conseguir ser amado, evite pelo menos o ódio, pois é perfeitamente possível ser ao mesmo tempo temido e não odiado, o que sucederá sempre que ele se abstenha de se apossar dos bens e das mulheres de seus cidadãos e súditos.[15] Assim, ainda

---

11. Cf. Parte II, cap. VI.

12. *O Príncipe*, cap. XV. O mesmo conselho é reafirmado nos capítulos XVI e XVII.

13. Idem, cap. VIII.

14. Idem, cap. V.

15. No capítulo XIX, ele repete o conselho. Na *Política* (1318 *b*, 19 ss.), Aristóteles já havia observado

que seja obrigado a verter o sangue de alguém, só poderá fazê-lo com uma justificativa conveniente e causa manifesta". Mas deve, sobretudo, abster-se de roubar, porque "os homens esquecem mais rapidamente a morte do pai do que a perda do seu patrimônio. Demais, as razões para pilhar os bens alheios nunca faltam; o que começa a viver de rapina sempre encontra ocasião para fazê-lo, ao passo que as ocasiões de matar são raras e fugazes".[16]

Como veremos,[17] a criação do Estado totalitário no século xx, com a concentração da grande propriedade ou, pelo menos, de todo o poder de controle patrimonial nos órgãos de governo, veio desmentir essa última asserção: o novo Moloch teve muito mais ocasiões e facilidades para matar do que para pilhar os seus súditos.

Enfim, arremata Maquiavel, um príncipe deve acautelar-se contra dois perigos: um de origem interna, da parte de seus súditos; outro de origem externa, da parte dos grandes de fora. Ele se defenderá destes últimos com boas armas e bons aliados; e, tendo armas, sempre terá bons aliados.[18]

Por essa profissão de fé realista, Maquiavel tem sido apresentado, comumente, como o fundador da moderna ciência política, na qual — pretende-se — só há lugar para juízos de fato, nunca para juízos de valor. Como se a consciência ética dos cidadãos, e o seu comportamento efetivo em função dos padrões de dever-ser, vigentes na vida social, não fossem fatos reais, que influem decisivamente no jogo do poder! Como se os poderosos pudessem descurar inteiramente das justificativas éticas (religiosas, morais e jurídicas), para obter a maior obediência possível de todos, sem o uso da força! Rousseau, muito mais realista que os maquiavélicos de todos os naipes, bem advertiu: "O forte nunca é bastante forte para permanecer sempre no poder (*pour être toujours le maître*), se não transforma a sua força em direito e a obediência em dever".[19]

---

que "os homens suportaram as tiranias do passado e suportam agora as oligarquias, quando o governante não os impede de trabalhar e não se apossa dos seus bens".

16. *O Príncipe*, cap. xvii.

17. Infra, cap. xi.

18. Idem, cap. xix

19. *Do Contrato Social*, livro i, cap. 3.

A razão de Estado como critério supremo da ação política

A palavra *stato,* na Itália de Maquiavel, havia tomado um sentido novo. Ela não designava mais o estamento (dos nobres, ou dos clérigos, por exemplo), mas sim a sociedade política independente, não submetida à soberania do imperador nem à do papa. A contraposição política, a partir do final da Idade Média, era entre sociedade civil e sociedade eclesiástica; ao passo que, com o predomínio da ideologia liberal no século XIX, ela passou a ser entre Estado e sociedade civil.

A expressão *ragion di stato,* porém, nunca foi usada por Maquiavel. Ela parece ter sido inventada pelo seu amigo Francesco Guicciardini (1483-1540), homem público florentino, autor da primeira História da Itália.[20] Mas aquela fórmula, tornada célebre, resume bem o pensamento central de Maquiavel: à independência e à estabilidade interna do Estado tudo deve ser sacrificado, pois elas constituem o bem supremo da vida humana.

Segue-se daí que o poder de governo é o nervo central de toda ação política. Esta, com efeito, constitui, antes de tudo, uma técnica de conquista e manutenção do poder; e o poder não se dilui no povo, mas se encarna e se desenvolve na pessoa do príncipe.

Para bem exercer as funções de governo, o príncipe deve, portanto, possuir um certo número de qualidades pessoais, que Maquiavel, usando de um termo habitual no meio itálico, denominava *virtù.* É a *virtus* romana, no sentido original latino; ou seja, o conjunto de qualidades usualmente atribuídas ao varão (*vir*), em especial a força física e a insensibilidade. O príncipe volúvel, leviano, efeminado, pusilânime ou indeciso merece ser desprezado.[21]

> Um príncipe não deve, pois, ter outro objetivo nem outro pensamento, nem escolher nada mais como sua atividade própria, senão a arte da guerra, com as suas regras e a sua disciplina; porque esta é a única arte que cabe a quem comanda; e é de tanta *virtù,* que não somente preserva os que nasceram príncipes, como ainda, muitas vezes, eleva a esse estado os homens de condição privada. E, em sentido contrário, vê-se que, quando os príncipes pensam mais nas delícias do que nas armas, perdem a sua condição principesca.[22]

20. Foram conservadas três cartas que Maquiavel enviou a Guicciardini em 1521.

21. *O Príncipe*, cap. XIX.

22. *O Príncipe*, cap. XIV.

Nos *Discursos sobre a Primeira Década de Tito Lívio*,[23] ele reforça o argumento. "Ao suceder a um príncipe excelente (isto é, forte), é possível manter-se no poder um príncipe fraco; mas na sucessão de um príncipe fraco, é impossível manter-se o reino com outro príncipe fraco".[24] É exatamente o que Camões assinalou nos *Lusíadas*, a respeito do reinado de d. Fernando, dito O Formoso: "Um fraco rei faz fraca a forte gente".[25] A força do príncipe, de resto, mede-se, sobretudo, pela sua capacidade de decisão rápida e oportuna: "Não é prudente fazer amizade com um príncipe que tenha mais opiniões do que força", sintetizou ele cruamente.[26]

Daí decorre que não são as leis que legitimam o uso da força pelo príncipe, mas antes o contrário: "Boas leis não existem onde não há boas armas".[27]

23. As citações são extraídas de *Opere di Niccolò Machiavelli*, cit.

24. Livro I, cap. XIX.

25. D. Fernando sucedeu no trono português a seu pai, d. Pedro, o amante de Inês de Castro:

Do justo e duro Pedro nasce o brando,
Vede da natureza o desconcerto!,
Remisso e sem cuidado algum, Fernando,
Que todo o reino pôs em muito aperto;
Que, vindo o Castelhano devastando
As terras sem defesa, esteve perto
De destruir-se o reino totalmente,
Que um fraco rei faz fraca a forte gente.
(Canto III, estrofe CXXXVIII)

26. Idem, Livro II, cap. IX. Camões concorda também com o florentino, nesta matéria:

A disciplina militar prestante
Não se aprende, Senhor, na fantasia,
Sonhando, imaginando ou estudando,
Senão vendo, tratando e pelejando
(*Os Lusíadas*, Canto X, 1221/1224)

Tal há de ser quem quer, co dom de Marte,
Imitar os ilustres e igualá-los:
Adivinhar perigos e evitá-los,
Com militar engenho e sutil arte
Entender os imigos e enganá-los,
Crer tudo, enfim, que nunca louvarei
O capitão que diga: "Não cuidei"
(Canto VIII, estrofe LXXIX)

27. *O Príncipe*, cap. XII.

Não se pense, porém, que um Estado fortemente armado possa dispensar o apoio da religião. Rejeitando, tal como Dante, o exercício do poder temporal pelos papas, Maquiavel sustenta que a religião deve estar a serviço do poder civil, e não o contrário. É impressionante observar como, antevendo o perigo de guerras civis provocadas pela dissensão religiosa — a Reforma Protestante mal se iniciava no ano da morte de Maquiavel —, soube ele insistir no fato de que, sem um largo consenso religioso, é impossível manter o povo unido, ainda que sob um Estado forte. No caso da Itália, ele apontou a notável imoralidade do clero romano como a causa principal do estado de irreligiosidade geral do povo, a qual, por sua vez, representou um fator decisivo para a desunião endêmica entre as cidades da península.[28] Na velha Roma, ao contrário, os governantes souberam sempre servir-se da religião para manter a ordem interna e sustentar os seus empreendimentos de conquista no exterior.[29]

Desprezo pelo povo

Nos *Discursos*,[30] Maquiavel sustenta que "onde existe igualdade, não se pode instituir um principado; e onde ela não existe, não se pode instituir uma república".

Acontece que o povo é incapaz de se governar a si mesmo. Esta lhe parecia uma verdade da maior evidência. "Uma multidão sem chefe é inútil",[31] assim como um exército sem chefe é facilmente derrotado.[32]

O seu ceticismo quanto à natureza humana levou-o, naturalmente, a reconhecer que, em toda sociedade, há sempre uma luta permanente entre o povo e os grandes senhores. E nessa situação, que conduz fatalmente à instituição do principado, o povo é mero joguete nas mãos do príncipe, ou dos potentados.[33] Mas ele pode vir a ser um precioso aliado na rivalidade, também permanente, entre esses dois lados.[34] Para que o príncipe não perca o favor popular, de um lado, e fortaleça

---

28. Veja-se o capítulo XII do livro I dos *Discursos sobre a Primeira Década de Tito Lívio*: "*Di quanta importanza sia tenere conto della religione, e come la Italia, per esserne mancata mediante la Chiesa romana, è rovinata*".
29. "*Come i Romani si servivono della religione per riordinare la città e seguire le loro imprese e fermare i tumulti*" (*Discursos*, livro I, cap. XIII).
30. Livro I, cap. LV.
31. *Discursos*, livro I, cap. XLIV.
32. *O Príncipe*, exortação final.
33. Idem, cap. IX.
34. Idem, cap. XIX.

economicamente a sociedade, de outro, deve evitar ao máximo interferir nos negócios particulares, de modo a favorecer o enriquecimento geral. O soberano deve mesmo "animar seus cidadãos a poderem tranquilamente exercitar as suas atividades profissionais, seja no comércio, seja na agricultura, ou em qualquer outro campo (*in ogni altro esercizio delli uomini*); de sorte que uns não hesitem em fazer benfeitorias em suas propriedades, pelo temor de que elas lhes sejam confiscadas, e que outros não hesitem em iniciar uma atividade mercantil, por medo dos impostos". O príncipe deve, ao contrário, estabelecer prêmios aos que intentam fazer tais coisas e, em geral, a todos os que, de algum modo, pensam na prosperidade de sua cidade ou de seu Estado".[35]

Em meados do século seguinte, um outro ardoroso partidário da monarquia, Thomas Hobbes, retomou integralmente a mesma ideia de um Estado absoluto que estimula a riqueza e os negócios privados. Esse esquema de autoritarismo político e liberalismo econômico, como se sabe, serviu admiravelmente ao capitalismo, daí em diante.

A obra de Nicolau Maquiavel foi, sem dúvida, o mais severo requisitório contra a debilidade do poder político na Itália, esfacelada pelo estado de permanente beligerância entre pequenos soberanos locais, que acabaram por transformá-la em simples joguete de forças externas ("os bárbaros"). Poucos anos depois que Maquiavel fazia essa advertência, abria-se um novo período de dissensões internas, não mais na Itália, mas em várias outras partes da Europa, como consequência política inevitável da Reforma Protestante. As guerras de religião passaram a ensanguentar o Velho Continente durante um século, até a celebração da paz de Westfália em 1648.

Vejamos, então, quais foram as ideias que alimentaram esse estado de beligerância permanente.

---

35. Idem, cap. xxi.

II. A Reforma Protestante

A Reforma Protestante foi, incontestavelmente, a primeira revolução social do mundo moderno.

Entendamo-nos, porém, sobre o sentido do vocábulo. *Revolutio*, em latim, é o ato ou efeito de *revolvere* (*volvere*, com o significado de volver ou girar, com o prefixo *re* a indicar repetição do movimento), no sentido literal de rodar para trás e no figurativo de volver ao ponto de partida, ou então de relembrar-se. Copérnico, na obra famosa de 1543, com a qual lançou as bases do sistema heliocêntrico (*De revolutionibus orbium coelestium*), usou o substantivo para designar o movimento cíclico e necessário dos astros, notadamente a circunvolução orbital dos planetas em torno do Sol.

O uso político do vocábulo começou com os ingleses, que o empregaram no sentido de uma volta às origens e, mais precisamente, de uma restauração dos antigos costumes e liberdades. Esse primeiro significado político do termo não se afastava, portanto, da astronomia, e implicava o reconhecimento de que a história é cíclica ou repetitiva. A palavra *revolution* foi assim usada, pela primeira vez, para caracterizar a restauração monárquica de 1660, após a ditadura de Cromwell. Vinte e oito anos depois, o episódio da derrubada da dinastia Stuart, com a consequente entronização do duque de Orange e sua mulher, ficou definitivamente marcado nos relatos históricos como a *Glorious Revolution*. Em ambos os movimentos, o objetivo histórico proclamado pelos vencedores era a *restoration* das antigas franquias, legitimadas pelos usos e costumes tradicionais.

Já na França, em 1789, a palavra sofreu uma mudança semântica de 180 graus. Ela passou a indicar, desde então, uma renovação completa das estruturas sociopolíticas, a instauração *ex novo*, não apenas de um governo ou de um regime político, mas de toda uma sociedade, no conjunto das relações de poder que compõem a sua estrutura organizatória. Tanto assim que, para os franceses, ao inverso da tradição inglesa, o exato contrário da *Révolution*, com maiúscula, foi a mesquinha *restauration* dos Bourbon no trono da França, após a derrota definitiva de Napoleão em Waterloo.

À luz desse esclarecimento prévio, compreende-se que a Reforma Protestante tenha configurado uma revolução, mais no sentido francês do que no britânico.

Em primeiro lugar, evidentemente, no campo religioso. Na Grécia e em Roma, matrizes da civilização ocidental, a adesão dos fiéis, como na maior parte das religiões antigas, fazia-se a um conjunto de crenças, legitimadas pela mais longeva tradição. Diferentemente, nas religiões monoteístas, a transcendência absoluta do Deus único sempre exigiu a presença de um emissário, mediador ou profeta, encarregado, em determinado momento histórico, de revelar a palavra divina. No monoteísmo, portanto, a revelação de Deus representa o grande divisor de águas da História. Todo o passado é apagado e todo o futuro fixado de modo imutável. Todavia, no judaísmo, no cristianismo e no islamismo, ao culto da palavra divina foi sendo acrescido, com o tempo, um conjunto de práticas, ritos e crenças, os quais, de modo legítimo ou ilegítimo, ampliaram consideravelmente o acervo sagrado da revelação divina.

A revolução protestante consistiu em romper, de um só golpe, com toda a tradição plurissecular de instituições, princípios e práticas, que formaram o arcabouço da Cristandade medieval, para instaurar em seu lugar o culto da Palavra, expurgada de todo e qualquer acréscimo histórico. A pregação doutrinária dos Reformadores, longe de configurar uma volta às origens históricas, vale dizer, à prática de vida dos primeiros cristãos, foi um esforço de redescobrimento da revelação divina, a qual, segundo eles, permanecera encoberta e sufocada por quinze séculos de errônea tradição. Salvo uma ou outra episódica citação dos Padres da Igreja, notadamente Santo Agostinho (aliás, patrono da ordem monástica à qual pertenceu Lutero), os escritos dos Reformadores fundam-se exclusivamente nos livros bíblicos, ou neotestamentários (dentre estes, sobretudo os quatro relatos evangélicos e as epístolas de São Paulo).

A par dessa negação radical do passado, a verdade é que a Reforma Protestante contribuiu, de modo direto ou indireto, para a transformação da sociedade europeia, não só no campo religioso, como também no terreno político e econômico, ao produzir fundas alterações no ideário, nas instituições de organização social e na prática de vida.

I. MARTINHO LUTERO (1483-1546)

Em suas anotações críticas à filosofia do direito de Hegel,[1] Karl Marx observou que "o passado revolucionário da Alemanha é efetivamente teórico, é a *Reforma*".[2] E explicou: "Lutero venceu a servidão pela *devoção*, porque substituiu esta última pela *convicção*. Ele quebrou a fé na autoridade, porque restaurou a autoridade da fé. Ele transformou os clérigos em leigos, porque transmudou os leigos em clérigos. Ele libertou os homens da religiosidade externa, porque interiorizou a religiosidade nos homens. Ele emancipou o corpo dos grilhões, porque agrilhoou os corações".

Apesar dessas limitações do empreendimento revolucionário luterano, Marx não deixou, porém, de ressaltar a sua importância como precedente histórico. "Assim como outrora a revolução começou no cérebro de um *monge*, doravante ela começa no cérebro do *filósofo*." É que, "se o protestantismo não era a solução do problema [da Alemanha], ele pelo menos o colocou no seu verdadeiro lugar. Pois embora já não houvesse, então, um combate do leigo contra *o clérigo exterior a ele*, permanecia sempre o combate contra *o seu próprio clérigo interiorizado*, contra a sua *natureza clerical*". E dessa mentalidade clerical a crítica da religião, iniciada por Feuerbach, teria libertado a Alemanha, segundo Marx.

Essa interpretação do papel desempenhado por Martinho Lutero na História é, porém, muito acanhada.

A substituição da devoção religiosa disciplinada pela instituição eclesiástica,

---

1. *Zur Kritik der Hegelschen Rechtsphilosophie – Einleitung*, in *Karl Marx, Friedrich Engels Studienausgabe*, vol. I, *Philosophie*, Fischer, Frankfurt, 1990, p. 28.
2. Todas as palavras em itálico são assim grafadas no original.

pela convicção pessoal guiada pela consciência e a razão de cada indivíduo, diversamente do que julgou Marx, produziu seus efeitos muito além da religião. Ela foi a matriz dos direitos humanos construídos sobre o fundamento da autonomia de cada indivíduo, tais como a liberdade de consciência e de crença, a liberdade de expressão e de opinião, a liberdade de reunião e de associação, direitos esses essenciais à construção do mundo moderno.

Se já não há nenhuma distinção hierárquica entre os membros da Igreja — e Lutero cita a propósito, abundantemente, a passagem de São Paulo na 1ª Epístola aos Coríntios sobre a Igreja como o corpo de Cristo (12, 12 e ss.) — se todo cristão, como sacerdote de Cristo, "tem plenos poderes para sentir e julgar o que é justo ou injusto na fé",[3] pois, segundo a palavra do mesmo São Paulo, "o homem espiritual tudo julga e não é julgado por ninguém",[4] ficam em consequência abolidos os dogmas impostos ao povo de Deus pela autoridade eclesiástica.

Ora, como não perceber a imediata repercussão que essa tese de natureza religiosa teve sobre a organização da sociedade política? Com que fundamento poderia, doravante, um príncipe impedir que os seus súditos julgassem da justiça ou da moralidade dos atos de governo, segundo a consciência de cada um? Como justificar as leis e os decretos, ou as sentenças dos tribunais, sem a referência a uma Lei Maior, de força análoga à Lei de Deus no plano temporal, e que os revolucionários norte-americanos do século XVIII denominaram Constituição?

E não foi só esse o abalo sísmico provocado pela pregação luterana na organização política pós-medieval da sociedade europeia. Dirigindo-se em 1520 à "nobreza cristã da nação alemã", Lutero procurou demonstrar, com o arrazoado de um hábil causídico, que a hierarquia da Igreja Católica não encontrava fundamento algum no Evangelho, tal como interpretado à luz da fé. "A sagração do bispo é como se ele, em nome e por conta de toda a assembleia [dos fiéis], fosse apartado do rebanho em que todos têm igual poder, e ordenado para exercer esse mesmo poder, a fim de orientar os demais; tal como quando dez irmãos, príncipes reais, iguais herdeiros, escolhem um deles como sucessor [do rei] para governá-los; eles continuariam todos a ser reis, dotados de igual poder e, no entanto, um deles foi escolhido para governar."[5]

3. *An den christlichen Adel deutscher Nation*, Philipp Reclam Jun., Stuttgart, 1962, pp. 22-3.
4. Primeira Epístola aos Coríntios 2, 15.
5. Op. cit., p. 15.

É surpreendente que nenhum desses "nobres cristãos da nação alemã", a quem a exortação de Lutero foi dirigida, tenha percebido as inelutáveis consequências desse argumento, como causa deslegitimadora do seu poder dinástico. Pois, se nenhum príncipe é legitimado a reinar pelo nascimento (ou pela sagração religiosa), mas se todos eles devem se considerar mandatários ou delegados dos outros príncipes do mesmo estamento, ou melhor, tal como os bispos, mandatários ou delegados de todo o povo, como impedir, desse momento em diante, o progresso da ideia republicana de que o exercício do poder, em todos os níveis, representa o desempenho de uma função pública, e não a fruição de uma propriedade individual?

Na verdade, as ondas revolucionárias da Reforma não pararam aí.

Em sua campanha contra o poder papal e a organização eclesiástica romana, Lutero percebeu, desde logo, a importância de contar com o apoio político dos nobres e soberanos dos diferentes principados existentes na Alemanha.

Para os príncipes, soberanos territoriais, o movimento luterano abria uma clara perspectiva de proveito político, pois eles ficariam desembaraçados da interferência, não apenas religiosa, mas também militar, da autoridade papal em seus domínios.

Desde meados do século XV, dois grupos sociais sentiam-se particularmente enfraquecidos em toda a Alemanha: a pequena nobreza, formada pelos antigos cavaleiros, e os camponeses. Contra eles, atuavam a burguesia e a alta nobreza. A primeira, ao adquirir progressivamente o monopólio do crédito. Quanto à alta nobreza, ela transformara os camponeses, nos domínios agrícolas agora inteiramente cercados, de servos com direito ao cultivo do solo por conta própria, em simples assalariados. Em ambos os grupos sociais em declínio, a pregação luterana foi acolhida como uma espécie de teologia da libertação *avant la lettre*.

Mas com base em que princípio fundou Lutero o seu apelo à nobreza alemã? Aparentemente, na comunidade da fé cristã. Ele sentiu, porém, que esta seria uma razão insuficiente para reunir todos os destinatários do seu manifesto no mesmo movimento, pois as propostas de reforma religiosa por ele apresentadas eram justamente a novidade que estava em causa, e para a qual se pedia o apoio dos poderes políticos locais. Tampouco podia Lutero falar em nome e por conta do povo alemão, dado que este politicamente não existia, fracionado como estava em múltiplos principados. E de qualquer modo, invocar direitos do povo significaria denegar a legitimidade da soberania monárquica.

A solução encontrada por Lutero foi genial, e prefigurou, de certo modo, o golpe de mestre de Sieyès na reunião dos Estados Gerais do Reino da França, em 1789.[6] Ele exortou os príncipes cristãos a darem apoio político à sua doutrina religiosa, em nome de toda a nação alemã; a nação, entendida como uma comunidade cultural, não apenas de língua, mas também de tradições, valores, usos e costumes próprios.

A consciência da nacionalidade alemã despontava então, fortemente, como um direito à afirmação da própria diferença perante todos os estrangeiros. E efetivamente, a religião cristã, tal como regulada pela cúria romana, era cada vez mais sentida e julgada pelos alemães como algo estranho à sua personalidade coletiva, como um ritual fixado em uma língua incompreensível (o latim) por um poder estrangeiro, concentrado na pessoa de um imperador distante: o papa. A pregação luterana veio dar a todos os alemães um sentimento de autoafirmação, de legítimo orgulho pelos seus valores nacionais, a começar pela sua própria língua.

Lutero bem compreendeu a força desse nacionalismo montante. Todas as orações e rituais da Igreja Reformada foram, desde logo, expressos em alemão. Reconhecendo o pendor natural da sua gente pela música, introduziu na nova liturgia hinos de grande valor artístico, até hoje conservados e apreciados. Mas, sobretudo, empreendeu a monumental tradução completa da Bíblia em alemão, o Novo Testamento a partir do texto grego publicado por Erasmo em 1516, e o Antigo Testamento, com o auxílio de eminentes eruditos, a partir do texto hebraico. A versão luterana da Bíblia contribuiu, decisivamente, para impor o uso da língua alemã erudita, o *Hochdeutsch*, em todas as regiões da Alemanha e nos territórios germânicos circunvizinhos, sobrepujando a multiplicidade dos dialetos locais.

Mas Lutero, como todo autêntico revolucionário, longe de ser um espírito ponderado e sistemático, era um apaixonado, inteiramente possuído por uma só obsessão. Embora refinado intelectual, o pensar para ele sempre foi considerado mero instrumento do agir. Daí um certo número de paradoxos, que a sua atuação transformadora não deixou de apresentar.

O primeiro e mais importante deles concerne à liberdade humana.

Na sequência do seu combate aberto contra o tráfico das indulgências, praticado pelos representantes da Santa Sé — os fiéis podiam "comprar" sua salvação eterna, pagando determinadas quantias em dinheiro a título de esmolas para as

---

6. Sobre esse episódio, permito-me indicar ao leitor o capítulo 5 do meu livro *A Afirmação Histórica dos Direitos Humanos*, 6ª ed., São Paulo, Saraiva.

almas do purgatório —, Lutero fundou-se em uma sentença de São Paulo (Epístola aos Romanos 3, 28) — "o homem é justificado pela fé, sem as obras da Lei" — para sustentar que, no tocante à salvação de sua alma, a criatura humana é puramente passiva e não dispõe de liberdade alguma. Deus, em sua insondável sabedoria, predestina cada um de nós, desde toda a eternidade, para o Paraíso ou o Inferno.

Para a defesa dessa tese extremada, muito contribuiu a formação teológica recebida por Lutero como monge agostiniano. Santo Agostinho, com efeito, em sua polêmica contra o pelagianismo,[7] sustentou que o impulso do homem para o bem procede unicamente de Deus e não da vontade humana. Fundando-se no ensinamento de São Paulo contido na Epístola aos Romanos, notadamente nos capítulos 9 a 11, o bispo de Hipona insistiu em que nada pode alterar a eterna decisão de Deus sobre o destino de cada alma humana. Os eleitos são escolhidos antes da criação do mundo.

Em 1524, Erasmo de Rotterdam, o maior humanista do seu tempo e um dos maiores de todos os tempos, insurgiu-se contra essa doutrina, e procurou refutá-la em um opúsculo, ao qual deu o título de *Diatriba de libero arbitrio* (Discussão sobre o livre-arbítrio). Lutero, furioso, respondeu em tom violento, no ano seguinte, com um texto quatro vezes mais extenso, por ele denominado, segundo uma expressão colhida em Santo Agostinho,[8] *De servo arbitrio*. A querela inflamou-se ainda mais, com duas réplicas que Erasmo deu a público em 1526.

Ninguém se enganou, à época, quanto ao alcance da polêmica. Por trás da sua aparência puramente teológica, veio à luz uma oposição bem marcada quanto à concepção do ser humano. Na imagem crua de Lutero, a vontade humana acha-se colocada entre Deus e Satã, "como um animal de carga. Se Deus o monta, ele quer ir e vai lá aonde Deus quer, como diz o Salmo: *Eu me tornei como um animal de carga; e estou sempre contigo*. Se o cavaleiro é Satã, ele quer ir e vai aonde quer Satã. Ele não é livre, na verdade, de acorrer para um ou outro desses cavaleiros, ou de procurá--los; mas os próprios cavaleiros combatem entre si para conquistá-lo e possuí-lo".[9]

Se assim é, comentou amargamente Erasmo, "toda a tragédia humana reduzir-

---

7. O monge Pelágio (360-425 A. D.), contemporâneo de Santo Agostinho, defendeu a bondade natural do homem e a força do livre-arbítrio, pregando que Deus dá a todos a possibilidade de escolher livremente entre o bem e o mal. Suas teses foram condenadas por dois concílios de bispos africanos, em 416 e 418.

8. *Contra Julianum*, livro II, cap. VIII, 23.

9. *De servo arbitrio*, in D. *Martin Luthers Werke, Kritische Gesamtausgabe*, vol. 18, Weimar, 1883 e ss., p. 635. Pode-se aproximar essa figura de retórica do mito concebido por Platão, no *Fedro* (245 *a* e ss.), para explicar a natureza absolutamente contraditória do ser humano. Ele imagina que a natureza de todos os

-se-ia a uma luta grotesca entre dois paladinos, à custa de um servo vil, que não tem culpa alguma". Podemos, porventura, admitir razoavelmente que "o criminoso e o malvado foram criados assim, e depois responsabilizados por sua culpa?".[10] Tal seria, obviamente, reduzir o ser humano à condição de simples matéria-prima nas mãos de Deus. "Para que serviria então o homem, se Deus agisse sobre ele como o oleiro sobre a argila, assim como poderia agir até sobre uma pedra?"[11]

Pôs-se, dessa forma, o enorme paradoxo que inaugurou a era moderna. No momento em que o indivíduo, pela primeira vez na História, começava a adquirir consciência de si mesmo, de sua autonomia e de seus direitos próprios, perante os grupos sociais aos quais sempre se submeteu — a tribo, a família, o clã, o estamento, as organizações religiosas —, o revolucionário Lutero negava a liberdade individual, enquanto o tradicionalista Erasmo a sustentava.

E outras contradições vieram a lume.

No manifesto que dirigiu "à nobreza cristã da nação alemã", Lutero defendeu a tese de que, quando a autoridade eclesiástica falha em extirpar os abusos introduzidos na vida da Igreja, os poderes terrenos, vale dizer, os príncipes alemães, teriam o dever de intervir e convocar um concílio reformador. Todavia, no opúsculo *Von weltlicher Obrigkeit* (Da Autoridade Terrena), publicado três anos depois, ele sustentou a distinção entre os dois reinos, o espiritual e o temporal, e enfatizou o dever de obediência do súdito ao seu príncipe e o pecado da rebelião, com apoio no mandamento de São Paulo: "Todo homem se submeta aos poderes constituídos, pois não há poder que não venha de Deus, e os que existem foram estabelecidos por Deus. De modo que aquele que se revolta contra o soberano opõe-se à ordem estabelecida por Deus. E os que se opõem atrairão sobre si a condenação".[12]

A rebelião camponesa na Saxônia, em 1524, foi a ocasião para Lutero radicalizar o seu pensamento a esse respeito. Enquanto na Igreja não existe nenhuma distinção

---

seres, divinos e humanos, é semelhante a uma parelha de cavalos alados, guiada por um cocheiro. Mas, ao passo que na natureza dos deuses, os cavalos e o cocheiro são compostos de bons elementos, simbioticamente unidos, na natureza humana a parelha tem um cavalo bom e um cavalo mau, que agem um contra o outro. "Em tais condições", diz o filósofo, "é necessariamente, quanto a nós, uma tarefa difícil, uma tarefa pouco agradável, ser o cocheiro!" Obviamente, calou fundo na alma de Lutero a confissão de São Paulo, na Epístola aos Romanos (7,15): "Realmente, não consigo entender o que faço; pois não pratico o que quero, mas faço o que detesto".
10. Edouard Beauduin, *Memórias de Erasmo*, São Paulo, Paz e Terra, 1991, p. 283. Trata-se de uma autobiografia póstuma, organizada e publicada por d. Edouard Beauduin no século xx a partir dos manuscritos originais de Erasmo.
11. Op. cit., p. 291.
12. Epístola aos Romanos 13, 1 e 2.

hierárquica entre os fiéis, pois pelo batismo todos são sacerdotes de Cristo, no reino temporal, sustentou ele, a desigualdade é algo necessário, sem o que a ordem não poderia subsistir. No ano seguinte, chocado com o espetáculo da revolta dos camponeses da Turíngia, liderada, entre outros, por Thomas Müntzer, seu antigo seguidor, Lutero não hesitou em conclamar os príncipes proprietários a exterminar os rebeldes, em um panfleto cujo título já dizia tudo: *Wider die räuberischen und mörderischen der andern Bauern* ("Contra os ladrões e assassinos dos outros camponeses").

A contradição saltava aos olhos. Para lutar contra o absolutismo do papa, Lutero acabou contribuindo para o estabelecimento de um poder absoluto dos soberanos temporais. É verdade que, para ele, os fiéis estariam sempre dispensados de obedecer aos comandos ímpios e escandalosos, emanados dos governantes. Mas isso não os autorizava, jamais, a se revoltar contra os senhores políticos, cujo poder, como disse São Paulo, provém de Deus.

Tem-se a impressão, aliás, que a velhice endureceu sobremaneira o coração do grande Reformador. Assim é que, embora tendo defendido os judeus em texto publicado em 1523 (*Que Jesus nasceu como judeu*),[13] Lutero voltou raivosamente a tratar do assunto vinte anos depois (*Acerca dos Judeus e suas mentiras*).[14] Os judeus formariam um "povo rejeitado e amaldiçoado", perante o qual os cristãos deveriam "exercer uma misericórdia afiada (*eine scharfe Barmherzigkeit*), a fim de eventualmente salvar alguns deles das chamas e do braseiro". E concluiu, apresentando alguns "conselhos": "Que se incendeiem suas sinagogas e quem puder jogue enxofre e piche"; "que se lhes tomem todos os seus livros [...], os quais sejam preservados para aqueles que se converterem"; "que lhes seja proibido, sob pena de perderem o corpo e a vida, de louvar a Deus, dar-lhe graças, orar, ensinar publicamente entre nós e em nosso país". Finalmente, se tudo isso se mostrasse ineficaz, Lutero aconselhou os governantes a banir os judeus do seu território.

2. JOÃO CALVINO (1509-64)

O segundo grande Reformador da religião cristã no século XVI acentuou as características de racionalismo e individualismo, que iriam marcar a vida ética no

---

13. *Dr. Martin Luthers Werke. Kritische Gesamtausgabe*, cit., 11, pp. 314 e ss.
14. Ibidem, 11, 417 e ss.

mundo pós-medieval. A rejeição da autoridade do costume e da tradição é feita em nome da razão humana. Embora corrompida pelo pecado, ela não é simplesmente "a prostituta" de que falava Lutero, mas o dom divino pelo qual o Senhor nos habilita a conhecer os seus mandamentos e a interpretar a sua Palavra, expressa nas Santas Escrituras, sem mancha alguma de magia e superstição, como ocorria no passado. É pela razão que cada homem pode entrar diretamente em contato com o seu Criador, sem carecer da intermediação da Igreja e dos sacramentos.

Foram esses aspectos racionais e individualistas da doutrina calvinista, aplicados à tarefa de metódica transformação do mundo pela atividade profissional de cada ser humano no cumprimento da sua vocação de glorificar a Deus, que as diversas confissões cristãs de obediência calvinista — notadamente os presbiterianos e os puritanos — desenvolveram ao máximo. Foram elas, sobretudo, que propiciaram à classe burguesa em ascensão as bases éticas de construção da civilização capitalista, como sustentou Max Weber em ensaio célebre.

Ao contrário de Lutero, Calvino não dispersou a exposição de sua doutrina em vários escritos de circunstância, mas concentrou-a (sem prejuízo da elaboração de comentários sobre alguns livros do Velho e do Novo Testamento) em obra maior — *Instituição da Religião Cristã* —, cujo conteúdo foi sendo notavelmente ampliado em sucessivas edições. Publicada em latim pela primeira vez em 1536, recebeu a sua primeira tradução francesa, por obra do próprio autor, em 1541. Conheceu sete edições em latim durante a vida de Calvino e uma segunda tradução em francês, em 1560.

O ponto de partida da ética calvinista é um pessimismo absoluto quanto à natureza humana. Por força do pecado, ela é corrompida e nada produz que não mereça condenação. Por conseguinte, todo bem que fazemos vem de Deus.[15]

Tal como Lutero, Calvino contende com a noção de livre-arbítrio do ser humano, sobre a qual fundou-se a teologia cristã, desde os primórdios. Sem dúvida, o homem foi criado como um ser livre, à imagem do seu Criador. Mas, pela maldição do pecado, tornou-se um escravo voluntário (na edição latina, Calvino emprega o termo grego ἐθελόδουλος, escravo voluntário). O que não quer dizer que os homens sejam impedidos por forças exteriores de conseguir o que almejam. "Quando se discute o livre-arbítrio, o que está em debate não é a possibilidade de o homem

---

15. *Institution de la Religion Chrétienne*, Editions Kerygma – Editions Farel, 1978, 1ª reimpressão em 1995, livro II, cap. III. Trata-se da tradução francesa de 1560.

realizar e executar o que deliberou, sem que nada o possa impedir; mas pergunta--se se em todas as coisas ele tem a livre escolha (*la libre élection*) em seu juízo, para discernir o bem do mal, e aprovar um e rejeitar o outro; ou, analogamente, se ele tem a livre afeição em sua vontade para desejar buscar e seguir o bem, odiar e evitar o mal. Pois se isto pudesse existir no homem, ele não seria menos livre se estivesse encerrado numa prisão, do que se dominasse toda a terra."[16]

Posta a questão nesses termos, Calvino dá um passo adiante para sustentar a tese abrupta de que, "ainda que por necessidade, nós pecamos voluntariamente".[17] A áspera contradição da fórmula não deixou de lhe ser exprobada por numerosos autores, como ele próprio reconheceu. A sua resposta foi negar que o pecado cessasse de ser considerado como tal, pelo fato de ser necessário, bem como negar, também, que ele pudesse ser evitado, pelo fato de ser voluntário. Seu raciocínio permaneceu aferrado a uma mesma linha dedutiva: o homem foi criado livre, mas em razão do pecado, cometido pela sua própria vontade, tornou-se servo do mal e incapaz de se libertar por suas próprias forças.

De onde a defesa integral da única saída lógica do dilema assim montado, segundo a tese já sustentada por Lutero e, muito antes dele, como lembramos, já avançada por Santo Agostinho: a salvação vem unicamente de Deus, sem mérito algum de nossa parte.

Calvino poderia ter se limitado a isso. Mas, movido pelo dever de pregar integralmente a Palavra do Senhor, segundo uns, ou levado pelo *furor argumentandi*, segundo outros, foi além e não hesitou em afirmar o que lhe pareceu uma consequência lógica do raciocínio. Como lembrado anteriormente, a tese paulina, sobre a qual se fundou Lutero em seu manifesto de Wittenberg, é de que somos justificados pela fé, não pelas obras da lei mosaica. Ora, Calvino permaneceu sempre rigidamente apegado à ideia de que tudo, inclusive a própria fé, nos vem de Deus, pois desde o pecado original nada de bom nos advém por nosso próprio mérito. Se assim é, só resta logicamente reconhecer que cada um de nós, desde toda a eternidade, está predestinado, por um decreto divino, à salvação ou à condenação eterna.[18]

É curioso como essa visão ético-teológica teve grande aceitação nas gerações seguintes, até mesmo em certos meios católicos. No início do século XVII, o

16. Op. cit., livro II, cap. IV, p. 79.
17. Op. cit., livro II, cap. V, p. 81.
18. Op. cit., livro III, caps. XXI e ss, pp. 392 e ss.

holandês Cornelius Otto Jansen, que latinizou seu nome para Jansenius, esteve na origem de um movimento espiritual de grande vigor na França, o qual sustentava, tal como os primeiros reformadores, que em razão do pecado original o homem é necessariamente inclinado ao mal, e só pode ser salvo pela graça do Cristo, concedida a um pequeno número de eleitos, previamente escolhidos. O movimento jansenista, que contou com a prestigiosa adesão de Pascal, insurgiu-se, da mesma forma que as diversas igrejas protestantes, contra o mundanismo da vida eclesial, e opôs-se vigorosamente aos jesuítas, acusados de manipular o poder temporal em seu favor.

É importante ressaltar as consequências ético-políticas que essas convicções religiosas provocaram no curso da História.

Assim, por exemplo, o argumento empregado por Calvino para sustentar a sua tese da predestinação, de que a livre escolha divina principiou com a eleição do povo de Israel.[19] Ele não deixa de esclarecer que a eleição de um povo dentre os outros não significa que, *ipso facto*, todos os filhos desse povo seriam, também, de pleno direito eleitos.[20] Mas é de se perguntar se as gerações futuras, que receberam em depósito a doutrina do Reformador de Genebra, não foram implicitamente levadas a considerar que o povo eleito, composto pelos que abraçaram a verdadeira religião, não é sempre superior aos demais. Os primeiros guias e formadores da fé puritana, na Inglaterra do século XVI, William Tyndale e Thomas Cranmer, sistematizaram as ideias de Calvino e as puseram de acordo com a tradição teológica inglesa, para elaborar o que se veio a denominar uma teologia do pacto com Deus (*a covenant theology*). As comunidades puritanas que desembarcaram na Virgínia e na baía de Massachusetts, na primeira metade do século XVII, estavam convencidas de que formavam o povo eleito, ligado ao Senhor por uma aliança sagrada, como um Novo Israel, chamado a construir na América uma Nova Jerusalém.

Na perspectiva religiosa, que domina toda a vida social, era inevitável conceber as populações colonizadas como constituídas por seres inferiores, quando comparados ao povo eleito do Senhor. Note-se, aliás, que os teólogos católicos chegaram, por outras vias, à mesma conclusão, relativamente aos indígenas americanos. No famoso debate em que se defrontou com Bartolomé de Las Casas perante o imperador Carlos V, durante o Concílio de Valladolid em 1550, Juan Ginés

19. Op. cit., livro III, cap. XXI, p. 399.
20. Ibidem, pp. 402-3.

de Sepúlveda sustentou que os índios americanos eram "inferiores aos espanhóis, assim como as crianças em relação aos adultos, as mulheres em relação aos homens, e até mesmo, pode-se dizer, como os macacos em relação aos seres humanos". Mas, pelo menos, ainda havia teólogos do porte de Las Casas e Francisco de Vitoria para sustentar a igualdade essencial de todos os seres humanos, com fundamento nos princípios bíblicos.

Outra consequência das ideias calvinistas sobre a predestinação é que elas não puderam deixar de engendrar uma cultura de individualismo exacerbado. Cada um de nós encontra-se rigorosamente só no mundo, diante do problema colossal da salvação eterna. Ninguém pode nos ajudar, pois tudo depende de uma escolha divina já tomada desde sempre. Nem a Igreja nem os sacramentos de nada valem a esse respeito. Daí decorre, como bem observou Max Weber, a atitude pessimista de desconfiança em relação a tudo e a todos, que marcou o meio social puritano. Cada um por si e Deus para os seus eleitos. Cada qual confie tão só em si mesmo e nada espere dos outros.[21] Não há dúvida que esse ideal de vida do *self-made man* influenciou poderosamente as futuras gerações e constituiu uma justificativa moral de grande peso para que o burguês médio desprezasse a degeneração moral dos estamentos privilegiados — a nobreza e o clero católico —, que viviam à custa do trabalho alheio.

O dever primeiro do fiel, segundo essa visão de mundo, consiste em trabalhar com afinco, segundo a vocação sobrenatural de seu estado e profissão, para glorificar a Deus. Uma vida de pura contemplação, ou o retiro do mundo na solidão monástica constituem graves pecados de omissão. É curioso observar, aliás, que as igrejas calvinistas sempre exortaram os seus fiéis com a mesma palavra de ordem que guiou a ação do grande exército combatente da Contrarreforma, a Companhia de Jesus: *ad maiorem Dei gloriam*. Entre uns e outros, vigeu a mesma ascese voltada para o trabalho de transformação, não só moral, mas também material do mundo; a mesma exaltação do *Homo faber*; o mesmo racionalismo na conduta ética, pelo qual "o processo de santificação da vida podia assumir quase que o caráter de uma empresa mercantil", com o balanço diário do dever e haver das ações e omissões.[22]

21. *Die protestantische Ethik und der "Geist" des Kapitalismus*, texto de acordo com a 2ª edição de 1920, Beltz Athenäum, Weiheim, 1996, p. 63.
22. Max Weber, op. cit., p. 84.

Os puritanos desenvolveram ao máximo essa ascese santificadora do trabalho. O ócio é a raiz de todos os vícios. O descanso, na santidade, não é deste mundo. Na Terra, para estar seguro de seu estado de graça, o homem deve trabalhar com desvelo no ramo profissional que o Senhor lhe destinou. E todas as atividades profissionais são santas, sem que haja inferioridade alguma das chamadas artes mecânicas. O contraste com a cultura barroca, que se desenvolvia na mesma época nos países de tradição católica, era gritante. Para a mentalidade puritana, não é o luxo e a ostentação dos santuários e dos serviços litúrgicos que aumenta a glória de Deus, mas unicamente o trabalho diuturno de suas criaturas, na transformação do mundo. Daí porque o puro gozo da riqueza e a dissipação do tempo constituem pecados gravíssimos, sem remissão.

Na concepção de Calvino, todos os bens terrenos pertencem a Deus e nós somos simplesmente os seus administradores.[23] Obrigados a prestar contas perante o Senhor, temos que demonstrar que não dissipamos os bens que nos foram confiados, mas que, ao contrário, fizemos com que eles frutificassem ao máximo.

Richard Baxter, o mais influente líder puritano da Inglaterra no século XVII, não hesitou em tirar desse ensinamento todas as suas consequências práticas. Se Deus nos aponta um caminho pelo qual podemos legalmente obter mais lucro do que em outra via de negócios, sem perigo para a nossa alma e a dos outros, não podemos recusar esse caminho que corresponde à nossa vocação. Pois, se assim o fizermos, recusaremos a nossa condição de servos de Deus, que aceitam as suas dádivas e as usam para a maior glória do seu santo nome. O que significa que o fiel deve sempre trabalhar, a fim de enriquecer para Deus e não para a satisfação da carne no pecado. Baxter cita a propósito a parábola dos talentos, contada no Evangelho de Mateus (25, 14-20), para ilustrar o dever que compete a cada um de nós de fazer frutificar os bens que o Senhor nos confiou. E conclui, afirmando que querer ser pobre equivale a querer ser doente, o que é o contrário da glorificação de Deus.[24]

Na verdade, Calvino nunca chegou a esse extremo. Ele reconhece que, se o Senhor nos proíbe de lesar ou ultrajar o nosso próximo, porque ele quer que consideremos cara e preciosa a vida deste, ele também requer de nós "os ofícios da caridade, pelos quais ela pode ser conservada".[25] Mais ainda, o Reformador de Genebra

23. Op. cit., livro III, cap. x, pp. 190-1.
24. Apud Max Weber, op. cit., pp. 132-3.
25. Op. cit., livro II, cap. VIII, nº 9.

criticou duramente a distinção escolástica entre conselho e preceito, no tocante ao mandamento divino de amor ao próximo.[26]

De qualquer maneira, parece irrecusável, como apontou Max Weber, que a combinação de vida ascética, voltada unicamente para o trabalho, sem nenhum luxo e ostentação, com a procura metódica do aumento do patrimônio, segundo o modelo do bom administrador da parábola evangélica, contribuiu decisivamente para favorecer e justificar moralmente, com o selo da religião, o desenvolvimento do processo de acumulação capitalista.[27]

A verdade é que a organização da vida social não podia, evidentemente, ficar alheia às preocupações religiosas de Calvino. Ao discorrer sobre a sociedade política, ele começa por observar que, no homem, a separação entre alma e corpo acarreta necessariamente a separação entre o regime eclesiástico e o regime civil, vale dizer, entre a jurisdição espiritual e a temporal, pois a primeira diz respeito à vida da alma e a segunda aos costumes exteriores.[28]

Mas a separação assim preconizada entre a jurisdição espiritual e a temporal não parece ser absoluta. Ao refutar os anabatistas, que pregavam o desprezo completo pelas instituições da vida civil e política, Calvino sustentou que o reino de Cristo, que é espiritual, "suscita já nesta terra, em nós mesmos, um certo gosto pelo reino celeste, e nesta vida mortal e transitória um certo gosto pela beatitude imortal e incorruptível: pois a finalidade desse regime temporal é alimentar e manter o serviço exterior de Deus, a pura doutrina e a religião, manter o estado da Igreja em sua inteireza, formar-nos em toda equidade exigida para a companhia dos homens pelo tempo que nos cabe viver entre eles, instituir nossos costumes segundo a justiça civil, de modo a vivermos em harmonia uns com os outros, mantendo e conservando a paz e a tranquilidade comuns". Ora, conclui, dado que tudo isso forma um conjunto de adjutórios necessários à nossa viagem terrestre rumo ao céu, "os que querem separá-los do homem retiram-lhe a sua natureza humana".[29]

Nessa linha de pensamento, Calvino enfatiza que compete à autoridade civil zelar para que "a idolatria, as blasfêmias contra o nome de Deus e contra a sua ver-

26. Ibidem, cap. VIII, nº 56, op. cit., p. 177.
27. Op. cit., p. 147.
28. Op. cit., livro III, cap. XIX, pp. 315-6; livro IV, cap. X.
29. Op. cit., livro IV, cap. X, p. 449.

dade, e outros escândalos da religião não sejam publicamente expostos e semeados no seio do povo". Em outras palavras, compete "à polícia [as autoridades civis] o encargo de bem ordenar a religião [...], pois não admito que os homens aqui forjem arbitrariamente leis concernentes à religião e à maneira de honrar Deus [...], mas aprovo uma ordenação civil que zela para que a verdadeira religião, que é contida na Lei de Deus, não seja publicamente violada e manchada por uma licença impune".[30] Tudo isso, como se sabe, ele se encarregou pessoalmente de realizar, quando instituiu em Genebra um governo puro e duro. Em suma, os deveres dos magistrados estendem-se às "duas Tábuas da Lei", isto é, aos mandamentos em relação a Deus e ao próximo.[31]

Tal como Lutero, Calvino reafirma a doutrina de São Paulo sobre a origem divina de todo poder político, e reconhece que a monarquia é o regime mais recomendável. "É uma vã ocupação dos homens privados, que não possuem nenhuma autoridade para ordenar as coisas públicas, discutir sobre qual o melhor regime político (*état de police*)." Esse regime, prossegue, é o que permite ao povo viver em liberdade. Para tanto, Calvino preconiza a instituição de um governo coletivo, pelo qual se busca evitar, com a atuação de diversos conselhos, o abuso de poder.[32] Pode-se, aliás, afirmar que, ao regular a forma de organização da Igreja Presbiteriana, o Reformador de Genebra preparou, de certo modo, a criação da democracia representativa moderna. Para ele, a igreja é uma comunidade ou corpo, do qual somente o Cristo é a cabeça, sendo todos os membros iguais entre si. O ofício ministerial — e não se esqueça que ministro é palavra que vem do étimo latino *minus* — é atribuído, portanto, a todos os fiéis, e os cargos executivos distribuídos a vários deles, eleitos para tal pelo povo de Deus.

No tocante à relação política que une os governados aos governantes, a posição de Calvino é bem matizada. Para ele, o povo deve sempre respeitar as autoridades e obedecer aos seus mandamentos. Mas isso não significa que seja obrigado a aprovar "todas as loucuras, tolices ou crueldades, ou temperamentos malvados, ou todas as vilezas" dos governantes.[33] Que significa esse não aprovar? É lícito ao povo revoltar-se contra os governantes, em nome de Deus? De modo

30. Op. cit., livro IV, cap. X, p. 450.
31. Op. cit., livro IV, cap. X, pp. 456 e ss.
32. Ibidem, p. 455.
33. Ibidem, pp. 471 e ss.

algum, responde Calvino. A revolta popular contra os detentores do poder político é sempre condenável. O povo é obrigado a respeitar as autoridades, ainda que indignas, sofrendo-as como um castigo de Deus.[34] Mas essa atitude puramente passiva também tem os seus limites: em hipótese alguma, deveria ser permitido obedecer antes às ordens dos governantes terrenos, do que aos mandamentos de Deus.[35] Calvino acrescenta, porém, que jamais a submissão passiva aos governantes indignos deve existir entre aqueles que foram instituídos para censurar e controlar os detentores do poder. Tal atitude laxista seria um perjúrio e uma traição à liberdade do povo.[36]

Como toda autêntica revolução, a Reforma Protestante foi um fator de profunda divisão e contenda social. Já a partir dos anos imediatamente subsequentes à pregação luterana e calvinista, e durante mais de um século, quase toda a Europa ocidental foi incendiada por rebeliões e guerras civis entre grupos de católicos e protestantes.

Foi a partir dessa trágica realidade que se desenvolveu todo o pensamento político de Jean Bodin e Thomas Hobbes, como passamos a ver.

34. Ibidem, pp. 474-5.
35. Ibidem, pp. 480-1.
36. Ibidem, pp. 479-80.

III. Bodin e Hobbes: a Autocracia como Fundamento da Ordem Social

I. A PERDA DA UNIDADE RELIGIOSA E A BUSCA DE UM NOVO CONSENSO POLÍTICO

Com o advento da Reforma Protestante no início do século XVI, a instituição da Cristandade, que já havia sofrido uma grave ruptura com a criação da ortodoxia oriental no século XI, desapareceu por completo. Como vimos,[1] na cosmovisão teológica de Tomás de Aquino toda a vida ética submetia-se à lei divina, por intermédio das prescrições constantes da lei natural e da lei humana. Um mandamento do príncipe, contrário ao direito natural e à Lei de Deus, não teria validade alguma. Na arquitetura imponente e harmoniosa do sistema, a religião comandava, em última instância, a moral social e o direito positivo.

A afirmação das teses luteranas e calvinistas, contra os dogmas da Igreja Católica Romana, não foi apenas uma manifestação de rebeldia religiosa. Ela deu início a uma verdadeira revolução política, que mergulhou a Europa ocidental em um estado de guerra permanente.

Até então, a religião, como elemento componente da coisa pública, diferia de todas as demais questões de Estado, pois não podia, jamais, ser submetida a livre discussão e sufrágio, dada a natureza absolutista dos dogmas de fé. Romper com a

---

1. Parte I, cap. IV.

religião oficial da sociedade política, de modo efetivo ou potencial, importava em colocar-se, intencionalmente, fora da comunidade, para viver como um banido. Ora, banido e bandido, como se sabe, são palavras de mesma raiz etimológica. Elas designam sempre um inimigo público.

Diante da perda definitiva da unidade espiritual europeia, e perante as múltiplas guerras, civis ou externas, que punham doravante a ferro e a fogo o território da antiga Cristandade, era indispensável encontrar uma fórmula política que, sem procurar restabelecer a unidade tradicional — objetivo que, com exceção dos tradicionalistas, todos consideravam impossível e mesmo desastroso —, voltasse, no entanto, a harmonizar, em novo esquema, os três componentes do mundo ético: a religião, a moral e o direito.

Essa fórmula política, capaz de restaurar a unidade e a segurança, para Jean Bodin (1530-1596) e para Thomas Hobbes (1588-1679) só podia ser a instauração da monarquia absoluta. Procurava-se, dessa forma, eliminar os últimos vestígios do feudalismo, com as suas características de descentralização e privatização do poder político.

Para ambos os autores, a felicidade humana na vida social depende, fundamentalmente, da segurança e da paz, e a razão de ser da ordem política consiste em garantir a preservação desses valores supremos. Em tais condições, mais importante que a fidelidade a uma religião é a fidelidade ao regime político dispensador dessa garantia; o que impõe o estabelecimento de uma ligação,[2] pessoal e irrenunciável, à pessoa daquele que, por antonomásia, passou a ser designado desde então, na linguagem política, *o soberano*. O vínculo de sujeição completa ao monarca deveria tornar-se, doravante, o fundamento único do *status civitatis*, a condição necessária e suficiente para o gozo dos direitos ligados à cidadania.

Assim, da mesma forma que Maquiavel concentrava toda a vida política na pessoa do príncipe, cuja ética própria nada tinha a ver com a ética do vulgo, Bodin e Hobbes pregaram a separação entre o mundo político e o mundo religioso, com a clara submissão deste àquele. Mas, no relativamente longo lapso de tempo que separa esses autores, em época de rápidas transformações — três quartos de século decorreram entre a publicação de *Os Seis Livros da República* e a do *Leviatã* —, acentuou-se a clivagem entre política e religião. Bodin ainda

---

2. Não é sem importância lembrar que o étimo da palavra *religião* é o verbo latino *religo, -are*.

aceita o pluralismo cristão, contanto que cada igreja se reconheça vassala do rei. Já em Hobbes, cujo agnosticismo é mal disfarçado, a tolerância religiosa não se justifica: a exigência incondicional de ordem interna e paz externa postula a instituição, em cada Estado europeu, de uma só religião: a do príncipe. É o princípio do *cujus regio, eius religio*, reconhecido oficialmente na Europa continental pelos tratados de Vestfália de 1648, os quais puseram fim à chamada *Guerra dos Trinta Anos.*[3]

Propunha-se, com isso, a instauração de um regime de completa heteronomia da vida ética. Religião, moral e direito não deveriam fundar-se, nem mesmo parcialmente, na vontade do súdito, ou no consentimento da coletividade política. Mas, enquanto para o pensamento medieval o fundamento heteronômico da ética encontrava-se, em última instância, em Deus,[4] Bodin e Hobbes propunham trazer esse fundamento para a Terra e encarná-lo na pessoa do monarca soberano.

Foi contra esse projeto de total heteronomia da vida ética e da ordem social, que se levantaram Rousseau e Kant no século XVIII, como veremos mais adiante.[5]

2. O PARADOXO DE UM ABSOLUTISMO MONÁRQUICO LIMITADO

É preciso afastar a superficialidade das opiniões preconcebidas, nessa matéria. O caráter absoluto ou integral (*thorough*) do regime monárquico, instituído na França com Richelieu e na Inglaterra com os Stuart, há de ser compreendido em seu contexto histórico. Ele faz sentido, quando se coteja o poder do rei com a autoridade dos antigos príncipes medievais, submetidos à dupla autoridade do imperador e do papa. Mas deixa de ser significativo, se o confrontarmos com a realidade do Estado contemporâneo, no qual, mesmo em regime democrático, o poder dos governantes é incomparavelmente mais forte e concentrado.

Na verdade, o movimento constitucionalista do século XVIII desconsiderou a

---

3. Celebrados entre o imperador germânico, a França e a Suécia, os tratados de Vestfália reconheceram aos príncipes alemães do Norte, todos protestantes, liberdade de religião e direito de aliança com estrangeiros, pondo fim, em consequência, à tentativa dos Habsburgos de unificar a Alemanha sob sua égide. Por esses tratados a França adquiriu o território da Alsácia.

4. Cf. Parte I, capítulo IV.

5. Parte II, capítulos V e VII.

existência e a importância das antigas *leis fundamentais* das monarquias inglesa e francesa.[6] Na França, elas diziam respeito, no campo político, ao princípio dinástico (a chamada lei sálica, que reservava a coroa apenas aos homens), ao domínio real e ao relacionamento entre as três ordens ou estamentos (*Les Trois États du Royaume*), que compunham tradicionalmente a sociedade: o clero, a nobreza e o povo. No campo privado, elas se referiam à organização da família, inclusive a propriedade familiar e as sucessões por causa de morte. Na Inglaterra, a primeira e mais importante das leis fundamentais sempre foi a *Magna Carta* de 1215, que, entre outras prescrições, exigia o consentimento dos senhores feudais para o lançamento de novos impostos (o princípio de *no taxation without representation*).[7]

É sugestivo lembrar que Luís XIV, no auge de sua glória, não hesitou em declarar ao Parlamento:[8] "As leis fundamentais do nosso reino nos põem na *feliz impotência* de alienar o domínio de nossa coroa". Luís XV, mais de meio século depois, repete exatamente a mesma expressão, em uma declaração ao Parlamento datada de fevereiro de 1771: "'Tentaram alarmar nossos súditos a respeito de seu estado, sua honra, suas propriedades, ou do próprio destino das leis que estabelecem a sucessão à coroa, como se um regulamento disciplinar pudesse estender-se a esses objetos sagrados, a essas instituições, em relação às quais encontramo-nos na *feliz impotência* de mudar".[9]

Demais, o reduzido número dos funcionários da coroa e a notória dificuldade das comunicações tornavam os monarcas da época muito menos poderosos do que qualquer chefe de governo em nossos dias.

Não há dúvida, porém, que a proposta de concentração de todos os poderes de governo, de natureza civil e religiosa, na pessoa do rei, veio romper com uma longa tradição, abrindo espaço para uma experiência política de efeitos duradouros.

---

6. Não assim na Inglaterra. Veja-se a obra de John Wiedhoff Gough, *Fundamental Law in English Constitutional History*, Oxford University Press, 1955.

7. Cf. o meu livro *A Afirmação Histórica dos Direitos Humanos*, 7ª ed., São Paulo, Saraiva, 2010, capítulo 1.

8. Na França do *Ancien Régime*, os Parlamentos não eram órgãos legislativos, mas sim altos tribunais, encarregados de julgar membros do clero ou da nobreza, e de registrar as novas leis editadas pelo rei. A partir de Luís XIV, os vários Parlamentos provinciais foram substituídos por um único, com sede em Paris.

9. Citações extraídas do livro de Bertrand de Jouvenel, *De la Souveraineté – A la recherche du bien politique*, Paris, Editions M. Th. Génin – Librairie de Médicis, 1955, pp. 259-60.

3. JEAN BODIN

O enfraquecimento do poder real na França, na segunda metade do século XVI

A doutrina calvinista difundiu-se no território francês a partir de 1530. Já em 1562, a Igreja Reformada contava com 2 mil comunidades solidamente implantadas.

Essa situação levou a regente, Catarina de Médicis, aconselhada por seu chanceler, Michel de L'Hôpital, a abandonar a política repressiva dos dois monarcas anteriores, Francisco I e Henrique II, e a procurar estabelecer um *modus vivendi* pacífico entre católicos e protestantes.

A moderação da coroa suscitou, desde logo, violenta reação por parte da nobreza católica, liderada pela Casa de Guise. As sucessivas guerras civis, que iriam prolongar-se até o Edito de Nantes, em 1598,[10] tiveram início com o massacre de uma congregação calvinista em Vassy, em março de 1562. Enquanto o duque de Guise ocupava Paris e passava a exercer pressão direta sobre a coroa, os protestantes, liderados pela nobre família Condé e pelo almirante Coligny, estabeleciam seu quartel general em Orléans.

Após uma sucessão de batalhas e acordos de paz entre as duas facções, acordos que se revelaram simples armistícios, sucedeu em agosto de 1572 um episódio trágico, que deixou marcas indeléveis nas gerações futuras. Na véspera da festa de São Bartolomeu, cerca de 3 mil huguenotes, reunidos em Paris para a celebração do casamento de Margarida de Valois com Henrique de Navarra, o futuro Henrique IV, foram massacrados.

É preciso dizer que, desde 1560, os líderes católicos haviam criado várias associações de propaganda e combate, denominadas Santas Ligas Católicas. Em 1576, ano da publicação de *Os Seis Livros da República* de Bodin, elas acabaram por fundir-

---

10. Promulgado no ano da morte de Bodin, o Edito de Nantes foi uma obra-prima de equilíbrio e prudência. O rei garantia aos huguenotes a liberdade de consciência (avanço notável para a época) e o direito de praticar a sua religião publicamente em certas regiões do país em que eles eram mais numerosos. Como garantia contra os eventuais ataques armados da parte dos católicos, os protestantes passaram a ter à sua disposição um certo número de fortes, onde pudessem se recolher. Estabeleceu-se, entre os fiéis de ambos os lados, igual direito de acesso a cargos públicos, escolas e universidades. Coroando todas essas medidas, o rei criou no Parlamento de Paris, o principal tribunal do reino, uma Câmara especial, composta por huguenotes, competente para julgar os litígios nos quais eles figuravam como partes.

-se em uma só Liga em todo o país, sob a liderança da família de Guise. Seus objetivos não eram apenas exterminar os protestantes, mas também restaurar os antigos privilégios feudais do clero e da nobreza, progressivamente enfraquecidos pelos reis de França, quando não parcialmente eliminados. Nesse zelo antiprotestante e antimonárquico, os líderes da Liga não hesitaram em entrar em negociações com Filipe II da Espanha, o maior rival do rei de França, à época.

A partir de 1588, o estado insurrecional alastrou-se por todo o reino. Naquele ano, na chamada *journée des barricades*, o rei Henrique III foi expulso de Paris, e várias cidades revoltaram-se contra a autoridade real, criando governos municipais revolucionários. Uma comissão central da Liga, formada por dezesseis membros — uma prefiguração do *Comité de Salut Public* da Revolução Francesa —, iniciou uma ação terrorista contra todos aqueles julgados demasiadamente tíbios em relação aos protestantes. Em 1589, o próprio rei foi assassinado. O Estado francês nunca esteve tão perto de desintegrar-se, antes de 1789, quanto naquele momento.

Jean Bodin, professor de direito e depois magistrado, alinhou-se, desde o início das guerras de religião, no grupo de homens públicos denominado *Partido dos Políticos*, liderado pelo chanceler Michel de L'Hôpital. Admitindo a realidade do "fato protestante", eles procuravam manter um claro distanciamento em relação a ambos os lados em luta, e pregavam a tolerância religiosa, a fim de salvar a ordem pública e a independência do país. A seu ver, a autoridade do rei deveria ser preservada a qualquer custo, de modo que ele pudesse atuar como árbitro respeitado, acima dos contendores. Era a política acima da religião.

A elaboração do conceito de soberania

A noção de *soberania* é de origem feudal. Ao compilar no século XI os costumes da região do Beauvaisis, nos confins da Picardia, da Normandia e da Île-de-France, Philippe de Beaumanoir distinguiu a soberania (termo correlato de suserania) de cada senhor feudal, da soberania do rei. "Cada barão", escreveu ele, "é soberano em sua baronia. Mas o rei é soberano acima de todos, e exerce, juridicamente, a guarda geral de todo o seu reino."[11]

11. Cf. Philippe de Beaumanoir, *Coutumes de Beauvais*, ed. por Am. Salmon, t. 2º, Paris, Alphonse Picard et Fils, 1900, n. 1043.

Nessa época, portanto, a soberania estava intimamente ligada à pessoa de cada senhor feudal. O rei era um deles, mas destacava-se dos demais pela sua primazia: ele se apresentava, segundo a fórmula consagrada, como *primus inter pares*. A primazia, porém, não lhe dava poder de julgar os outros senhores como se fossem seus vassalos, mas simplesmente de atuar como árbitro nos conflitos suscitados entre eles. Caso surgisse um litígio entre um senhor feudal e o rei, a disputa deveria ser resolvida por decisão arbitral do imperador ou do papa.

A originalidade teórica de Bodin consistiu em retomar o velho termo e dar-lhe um sentido diverso, em clara contradição com o direito feudal. A partir de sua obra, soberania passa a significar, na linguagem política e jurídica, um poder absoluto, indivisível e inalienável.

Os monarcas de toda a Europa apropriaram-se do conceito. Mas não só eles: Rousseau, no século XVIII, ao atribuir a titularidade da soberania ao povo, lançou a pedra fundamental das modernas democracias. O direito internacional também incorporou o novo conceito, como base do princípio de igualdade de todos os Estados.

Pode-se dizer que *Os Seis Livros da República,* obra típica de um erudito da Renascença, recheada de citações em grego, latim e hebraico, gira toda em torno da noção de soberania, apresentada desde logo como "o fundamento principal de toda República", vale dizer, do "reto governo de várias famílias e do que lhes é comum"; entendendo-se por "governo", segundo a terminologia da época, a direção de toda a vida social, pública ou privada.[12] Não é preciso ler nas entrelinhas para compreender que, nessa concepção, o fundamento principal — sublinhe-se o qualificativo — da religião, da moral e do direito não se encontra na esfera sobre-humana, mas aqui mesmo, no mundo de seres mortais.

"A soberania é um poder absoluto e perpétuo." Posta a definição inicial, Bodin passa imediatamente a comentá-la.

Poder perpétuo, diz ele, significa poder próprio daquele que o exerce; portanto, poder não delegado. Na república romana, embora o ditador concentrasse em suas mãos todos os poderes de governo (tanto a *potestas,* quanto o *imperium*), somente podia exercê-los por um tempo limitado e improrrogável. Logo, ele não era soberano. A mesma distinção valia, em estrita lógica, em relação aos "lugares-

---

12. Edição facsimilar da de 1583, de Paris, *chez Jacques du Puis, Libraire iuré, à la Samaritaine,* publicada por Scientia Aalen, Darmstadt, 1961, Livro Primeiro, cap. VIII, p. 122.

-tenentes generais" do rei de França, pois o documento de sua nomeação continha sempre a cláusula final: "enquanto nos aprouver" (*tant qu'il nous plaira*).

Poder absoluto, prossegue Bodin, é aquele não limitado por encargos ou condições. O verdadeiro soberano, por conseguinte, é o que faz a lei, sem estar minimamente obrigado a submeter-se a ela. "Assim como o papa não amarra as suas próprias mãos, como dizem os canonistas,[13] assim também o príncipe soberano não pode amarrar as suas, ainda que o quisesse." O que não significa, apressa-se em aduzir, que os príncipes não estejam sujeitos às "leis divinas e naturais". "O poder absoluto dos Príncipes e senhorias soberanas não se estende, de modo algum, às leis de Deus e da natureza." O prudente esclarecimento, a bem dizer, não limita em nada, concretamente, a soberania monárquica, e a lembrança do respeito devido às "leis divinas e naturais" aparece, antes, como simples cláusula de estilo.

Tanto isso é verdade, que a argumentação a respeito da qualidade absoluta da soberania é desde logo retomada, ao se indagar se o príncipe está ou não sujeito às leis que ele tenha explicitamente jurado guardar. A resposta dada pelo jurisconsulto, toda fundada nos princípios do direito privado, é sutil e formalista, no habitual estilo dos arrazoados forenses:

> É preciso distinguir. Se o Príncipe jura a si próprio de guardar a lei, ele não fica obrigado nem pela lei nem pelo juramento feito a si mesmo. [...] Se o Príncipe soberano promete a outro Príncipe guardar as leis que ele próprio, ou seus antecessores, fizeram, ele fica obrigado a guardá-las, se o Príncipe ao qual a palavra foi dada tem interesse nisto,[14] ainda que não tenha havido juramento. Se o Príncipe a quem a palavra foi dada não tem interesse nela, nem a promessa nem o juramento podem obrigar o promitente. Diremos o mesmo, se a promessa é feita a um súdito pelo Príncipe soberano, ou seu antecessor. Pois, neste caso, não há diferença alguma, como pensam muitos: não que o Príncipe esteja obrigado pelas suas leis, ou pelas de seus antecessores, mas sim [que ele só está obrigado] pelas convenções justas e pelas promessas que tenha feito, quer mediante juramento, quer sem ele; assim como um particular, pelas mesmas razões, pode ser dispensado de

13. Os especialistas no direito da Igreja Católica, dito direito canônico.

14. Bodin nada mais faz, neste passo, do que retomar a lição dos romanistas e canonistas medievais, segundo os quais, a *poena*, destinada a reparar os danos causados por um ato ilícito, deve corresponder ao *interesse*, isto é, o montante dos danos sofridos pela vítima. Na linguagem jurídica francesa, aliás, a expressão correspondente a *perdas e danos* é *dommages-intérêts*.

cumprir uma promessa injusta e absurda, ou extremamente gravosa, ou obtida por dolo, fraude ou erro, coação, justo temor, ou por lesão enorme,[15] da mesma forma o Príncipe pode obter restituição de tudo o que representou uma diminuição de sua majestade,[16] se ele é soberano. E assim, é reafirmada a nossa máxima: que o Príncipe não está sujeito às suas leis, nem às leis de seus antecessores, mas somente às convenções justas e razoáveis, em cuja observância os súditos, em geral ou em particular, têm interesse.

A conclusão é clara, e Bodin a exprime de forma peremptória: "O ponto principal da majestade soberana e do poder absoluto consiste, principalmente, em dar lei aos súditos em geral, sem o seu consentimento".[17]

Aliás, prossegue ele, em antecipada objeção à teoria de Rousseau,[18] essa qualidade principal da soberania, consistente no poder de legislar sem o consentimento de outrem, mostra que o povo jamais pode ser tido como soberano, "visto que ele forma um só corpo, e não pode obrigar a si próprio". Para Bodin, era inquestionável que todo vínculo obrigacional é formado entre duas partes distintas.

Mas enfim, perguntar-se-á, de onde provém essa qualidade própria dos reis? —pois, evidentemente, a tese da soberania absoluta só pode, logicamente, aplicar-se aos monarcas, e Bodin, no capítulo IV do Livro Sexto, não sente dificuldade alguma em demonstrar que a monarquia é o melhor regime político.

Surge o grande paradoxo: uma explicação religiosa que, em si mesma, dispensa toda obediência a uma religião determinada.[19] "Depois de Deus, nada há

---

15. No antigo direito, a lesão consistia numa desproporção acentuada entre prestação e contraprestação, nos contratos bilaterais, como a compra e venda. Rege atualmente a matéria o art. 157 do Código Civil.

16. É a regra da *restitutio in integrum*, no caso do chamado enriquecimento sem causa, isto é, a vantagem indevida, obtida por alguém em detrimento de outrem, ainda que sem dolo ou intenção de lesar.

17. No capítulo X do Livro Primeiro (p. 211 da edição citada), ele volta mais longamente ao assunto. "A primeira marca do Príncipe soberano é o poder de dar lei a todos em geral e a cada um em particular. Mas dizer isto não é suficiente, pois é preciso acrescentar: sem o consentimento de ninguém, superior, igual, ou inferior a ele. Pois, se o Príncipe é obrigado a fazer a lei com o consentimento de um superior, ele é súdito; com o consentimento de um igual, ele será seu companheiro; de um súdito, quer do Senado, quer do povo, ele não é soberano."

18. Cf. Parte II, cap. V.

19. Livro Primeiro, capítulo X.

de maior na terra do que os Príncipes soberanos, por Ele estabelecidos como seus lugares-tenentes, a fim de comandarem aos outros homens." É preciso, pois, respeitá-los e reverenciá-los, uma vez que "quem despreza seu Príncipe soberano, despreza Deus, do qual ele é a própria imagem na terra".

Ou seja, todo verdadeiro monarca, dotado de soberania, seja ele católico ou protestante, é o representante de Deus na terra. Como tal, a sua palavra é lei e exprime a vontade divina.

4. THOMAS HOBBES

A guerra civil do século XVII

As origens da guerra civil nas ilhas britânicas remontam às perseguições religiosas do reinado de Isabel I de Inglaterra, na segunda metade do século XVI. A sucessão da dinastia dos Tudor pela dos Stuart, quando da morte daquela rainha sem descendentes, em 1603, ativou todos os fermentos de discórdia, que já haviam sido inoculados na sociedade britânica.

Na Inglaterra, os campos opostos eram formados, de um lado, pelos pequenos senhores rurais (*gentry*) e a burguesia mercantil, notadamente de Londres; de outro lado, pelo grande *establishment*, ou seja, a alta nobreza e o clero anglicano.

Sob o aspecto religioso, o tradicional conflito entre católicos e anglicanos ampliou-se, com o aparecimento de mais duas confissões cristãs: os calvinistas (chamados puritanos) e os presbiterianos, estes largamente majoritários na Escócia.

No terreno político, os reis Stuart, tanto Jaime I quanto Carlos I, procuraram governar sem o Parlamento, deixando de convocá-lo, ou dissolvendo-o sistematicamente, assim que convocado. Ora, a Câmara dos Comuns era composta, em sua quase totalidade, por representantes da *gentry* e da burguesia mercantil, no seio das quais os presbiterianos e puritanos eram largamente majoritários; ao passo que na Câmara dos Lordes encontravam-se somente representantes da aristocracia e do alto clero anglicano.

A oposição persistente entre o rei e o Parlamento provocou, indiretamente, sérios prejuízos econômicos à burguesia mercantil. Não podendo lançar tributos sem a prévia aprovação parlamentar, o monarca viu-se obrigado, para financiar as despesas da coroa, a criar inúmeros monopólios regalianos, reduzindo com isto, substancialmente, as áreas de livre comércio, em uma época em que o espírito mercantil-capitalista começava a se impor em parcelas crescentes da população.

A acumulação de conflitos suscitou duas consequências de monta para o futuro do reino. A primeira delas foi a emigração de bom número de persegui- dos e descontentes para a América do Norte (cerca de 20 mil pessoas, entre 1629 e 1640). A segunda consistiu no desencadear, em 1642, na Inglaterra e na Escócia, de uma guerra civil que culminou em 1649 com a prisão, o julgamento e a execução de Carlos I, pelas forças militares comandadas por um cabo de guerra de excepcio- nal talento, Oliver Cromwell. Este, investido na chefia de um governo republicano de extremo rigor calvinista, aceitou em princípio a colaboração de um Parlamento reduzido, mas decidiu extingui-lo em 1653, para assumir até a sua morte, cinco anos mais tarde, as funções de ditador, sob a qualificação, conferida pelos seus generais, de Lorde Protetor da República da Inglaterra, da Escócia e da Irlanda.

A vida inteira de Hobbes desenrolou-se durante esse período extremamente agitado da história da Grã-Bretanha. Ele nasceu, com efeito, em 1588, ano em que a Invencível Armada de Felipe II ameaçou a independência da ilha, e faleceu em 1679, no início do grande conflito religioso que marcou os últimos anos da dinastia Stuart. Refugiado na França com os Cavendish assim que rebentou a guerra civil, em 1642, só voltou à Inglaterra no ano de publicação do *Leviatã*, em 1651.

A concepção geral do homem e da sociedade

a) Uma visão geométrica da vida social

Hobbes foi o primeiro grande pensador a aplicar, na análise das relações sociais, a concepção mecânica, inaugurada por Francis Bacon e René Descartes. Consta, aliás, que durante certo tempo ele trabalhou como amanuense a serviço de Bacon, de quem pôde, portanto, haurir diretamente algumas ideias fundamen- tais sobre a natureza humana.

Logo no início do *Leviatã*,[20] Hobbes explica que a razão nada mais é do que

---

20. Primeira Parte, cap. v, edição original, pp. 17 e ss.

a faculdade de realizar, sobre qualquer assunto, com as adaptações necessárias, as quatro operações aritméticas. Assim, diz ele, as mesmas operações de adição, subtração, multiplicação e divisão, feitas com números, são realizadas em geometria com linhas, figuras, ângulos, proporções etc.; em lógica, por meio de deduções silogísticas; em política, com base em pactos que geram deveres; em direito, a partir de leis e fatos, para se deduzir o que é juridicamente certo ou errado. A característica diferencial de superioridade do homem em relação ao animal, afirma ele, consiste não apenas em descobrir os efeitos e consequências daquilo que se concebe ou descobre (ou seja, a razão puramente técnica ou utilitária), mas também em reduzir esses efeitos e consequências a regras gerais, chamadas *teoremas* ou *aforismos*.

Como bom discípulo de Descartes, Hobbes sustentou que a causa de todos os ilogismos e afirmações absurdas é a falta de método. O verdadeiro método racional não tem por finalidade chegar a definições nominais, como faziam os escolásticos, mas, ao contrário, partir de definições rigorosas e caminhar de consequência em consequência, até se chegar à certeza de uma conclusão. E a ilustração dessa proposta metodológica é dada pelo próprio *Leviatã*, cuja estrutura imita, de certo modo, um tratado de geometria euclidiana: nos primeiros capítulos, Hobbes esforça-se por definir, tão claramente quanto possível, todos os conceitos básicos de que passa a se servir em seguida, no desenvolvimento de seus raciocínios.

No campo da ética, frisou, a recusa de se empregar o verdadeiro método de raciocínio levou a consequências totalmente irracionais. "A ignorância das causas e da constituição original do que é direito, equidade, lei e justiça conduziu os homens a fazer do costume e do exemplo a regra de suas ações; de tal modo que isso os levou a pensar que é injusto tudo o que costumeiramente se pune, e que é justo tudo aquilo que, não sendo punível, mas, ao contrário, aprovável por todos, pode ser apresentado como exemplo." Hobbes cita a propósito, para grande escândalo do *establishment* jurídico, a instituição do precedente judicial vinculante, isto é, a decisão de um tribunal superior sobre determinada matéria, a qual deve ser seguida por todos os tribunais no futuro. "Só os juristas", denuncia ele, "usam da falsa medida de justiça, por eles barbaramente denominada um precedente."[21]

Ao assim proceder, os juristas assemelham-se a crianças, que não têm outra regra de conduta sobre o bem e o mal, senão a que lhes é inculcada pelos pais.

21. Ed. original, p. 50.

Com uma agravante, porém: enquanto as crianças se comportam de modo coerente, segundo o padrão moral paterno, os adultos mudam constantemente de regra de referência para as suas ações, passando do costume à razão e desta ao costume, de acordo com o seu interesse momentâneo. "É isto que explica ser a doutrina do lícito e do ilícito (*Right and Wrong*) perpetuamente disputada, tanto pela pena, quanto pela espada, enquanto a doutrina das linhas e figuras não o é, dado que, nesta matéria, as pessoas não receiam que a verdade contrarie sua ambição, lucro ou concupiscência. Pois não duvido que, se fosse contrária ao direito de propriedade de qualquer pessoa, ou ao interesse dos que têm propriedade, a proposição doutrinária de que *os três ângulos de um triângulo são iguais a dois ângulos de um quadrado*, ela não apenas seria disputada, mas até suprimida, pela queima de todos os livros de geometria, na medida das possibilidades do interessado."[22]

A conclusão lógica desse raciocínio, Hobbes faz questão de tirá-la com toda ênfase: no conflito inevitável de interesses particulares, é inútil recorrer à autoridade tradicional; entre o costume e a lei, é preciso optar definitivamente por esta última, cujo fundamento de vigência não é a justiça, mas sim o poder incontrastável do soberano.

Fora disso, é impossível superar o caos social e instaurar a paz. À concepção geométrica da sociedade, corresponde, portanto, uma visão cética da moralidade.

b) Ceticismo moral

Na primeira parte do *Leviatã*,[23] Hobbes faz questão de deixar bem clara a sua concepção relativista sobre a moralidade das ações humanas. Nada existe na vida objetivamente bom ou mau, pois tudo depende dos desejos ou apetites pessoais de cada um. Tudo o que é objeto de apetite ou desejo do sujeito é normalmente considerado bom. Em sentido contrário, o que é objeto de ódio ou aversão é tido por mau; o que é desprezível, vil; e assim por diante. Não há, por conseguinte, nenhuma norma ou princípio ético objetivo, fundado na natureza das ações humanas. Tudo depende, em última instância, do juízo de cada indivíduo isoladamente considerado; ou, na sociedade política, da decisão daquele que representa a cole-

22. Ibidem.
23. Primeira Parte, cap. VI

tividade; ou ainda, do critério do juiz ou árbitro que as partes em conflito hajam escolhido para dirimi-lo.

Tal como Maquiavel, cuja visão pessimista do mundo ele partilhou em boa medida, Hobbes entendia que os homens são naturalmente levados a se querelar e guerrear, em razão de três impulsos primários: rivalidade, mútua desconfiança e paixão pela glória. Deixados a si mesmos, por conseguinte, os indivíduos tendem naturalmente a se destruir uns aos outros. Daí resulta, segundo a fórmula famosa, que a vida humana, sem a proteção de um poder político forte e soberano, é sempre "solitária, pobre, grosseira, brutal e breve" (*solitary, poore, nasty, brutish and short*).[24]

c) A rejeição da sociedade estamental da Idade Média e a defesa do ideal de vida burguês

Um dos traços mais marcantes do pensamento de Hobbes é que ele foi o primeiro filósofo político moderno a rejeitar completamente a tradição medieval da sociedade dividida em três estamentos: o clero, a nobreza e os plebeus. Para Hobbes, o povo é uma massa uniforme, reunida em determinado território pela força do poder soberano. A sociedade política não é, portanto, um dado da natureza, nem o homem, em si mesmo, um "animal político", como pensou Aristóteles. O Estado é algo construído intencionalmente, e o cidadão, um produto artificial dessa construção política.

Desse postulado decorrem, logicamente, duas únicas soluções possíveis, a fim de se estabelecer a coesão social: o reconhecimento, ou de uma soberania situada fora e acima do povo, como ele propôs, ou então da soberania popular. Como se verá, Rousseau seguiu fielmente esse raciocínio, e optou pela última solução.[25]

A modernidade de Hobbes não se limitou à rejeição da sociedade estamental da Idade Média. Ele foi, na verdade, o primeiro grande pensador, no Ocidente, a defender a civilização burguesa, tal como a conhecemos hoje em seu apogeu.

A raiz dessa atitude pioneira encontra-se na aceitação integral da nova maneira de pensar, propugnada por Francis Bacon e por Descartes (na sexta parte do *Discurso sobre o método*): o saber tecnológico. Hobbes foi, como assinalado, grande amigo e admirador de Bacon, cujos ensaios se encarregou de traduzir para o latim,

24. Ed. original, p. 62.
25. Cf. Parte II, cap. V.

a língua da comunidade intelectual europeia naquela época, de modo a assegurar a sua mais ampla difusão.

A ciência, para esses novos pensadores, só tem valor pela sua utilidade, como instrumento de transformação da natureza, a serviço da maior comodidade humana.

Ao desenvolver a sua tese central, da passagem da humanidade do estado de natureza para o estado civil,[26] Hobbes pinta com cores fortes a situação primitiva de guerra de todos contra todos, observando que, em tais condições, "não há lugar para a Indústria, porque o seu fruto é incerto; não há Navegação nem utilização possível do conforto ligado às coisas que podem ser importadas por mar; não há Habitações confortáveis; não há Instrumentos de transporte de pessoas e coisas, pois eles exigem grande força; não há Ciência das coisas terrenas; nem cômputo do Tempo; nem Artes e Ofícios; nem Literatura"; enfim, não há sociedade humana.

Para o pensador inglês, como se percebe, civilização é sinônimo de vida urbana, de produção e distribuição empresarial de bens. Trata-se, a seu ver, de um gênero de vida inteiramente voltado para a paz e a tranquilidade públicas.[27]

O idealismo desse autor, geralmente considerado como exemplarmente realista, aparece aqui em todo o seu esplendor. Ignorava ele, por acaso, que durante toda a primeira metade do século XVII feriu-se o que um historiador caracterizou, com toda razão, como a primeira autêntica guerra mundial?[28] Nos quatro continentes, do mar do Norte ao Nordeste brasileiro, no interior de Angola, tanto quanto na ilha de Timor, ou nas costas do Chile, holandeses e ibéricos guerrearam entre si, encarniçadamente, pelo controle da produção e do comércio do cravo e da noz-moscada das Molucas, da canela do Ceilão, da pimenta de Malabar, da prata do México, do Peru e do Japão, do ouro da Guiné, do açúcar do Brasil e dos escravos negros da África ocidental. No mesmo ano em que o *Leviatã* era publicado, a guerra pelo controle da vasta região açucareira do Nordeste brasileiro, entre os Estados Gerais dos Países Baixos, cuja classe dominante era a burguesia mercantil, e o reino de Portugal, atingia o seu clímax.

Como não poderia deixar de ser, nessa visão burguesa da vida social, as noções de justiça e injustiça estão intimamente ligadas à vida mercantil. Para Hobbes, a ideia

---

26. *Leviatã*, Primeira Parte, cap. XIII.

27. *"The Passions that incline men to Peace, are Feare of Death; Desire of such things as are necessary to commodious living; and a Hope by their Industry to obtain them"* (idem, ibidem).

28. Cf. C. R. Boxer, *The Portuguese Seaborne Empire 1415-1825*, Carcanet, 1991.

aristotélica de que, ao lado de uma justiça comutativa, de pura igualdade de prestações, houvesse uma justiça distributiva, em que os bens seriam atribuídos desigualmente, conforme as carências e abundâncias de cada um, é absurda. "Como se houvesse Injustiça em vender mais caro do que se compra; ou em dar a um homem mais do que ele merece. O valor de todas as coisas que contratamos é medido pelo Desejo dos Contratantes; portanto, o justo valor é o que eles concordam em pagar."[29]

Ao defender a superioridade do regime monárquico sobre todos os outros, Hobbes emprega um argumento que seria, nos séculos seguintes, o fundamento de toda a moral burguesa: o cuidado em proteger o interesse privado promove o interesse público, não o contrário.[30]

Coerente com esse princípio, ele não tem dificuldade em sustentar, contra o modelo da civilização greco-romana, que a verdadeira liberdade do cidadão não existe no plano político, mas unicamente na vida privada. Usando uma fórmula ousada, afirma que "a liberdade do súdito é compatível com o poder ilimitado do Soberano", pois "as Leis não têm poder algum para proteger [os súditos], sem a Espada nas mãos do homem, ou dos homens, encarregados de executar as leis". "A Liberdade de um súdito", diz ele também, "existe, portanto, somente naquelas matérias cujas ações foram predeterminadas pelo Soberano: tal como a Liberdade de comprar e vender, e todos os outros contratos de uns com outros; de escolher a sua morada, seu próprio regime alimentar, seu estilo de vida, bem como educar seus filhos como bem entender; e assim por diante."[31]

No campo da alimentação e procriação, prosseguiu, a liberdade de comércio é fundamental. Os bens naturais, graças ao esforço humano, tornam-se mercadorias, isto é, artigos intercambiáveis no mercado, nacional ou estrangeiro. Até mesmo o trabalho humano transforma-se em mercadoria negociável em vista de um lucro (*"for a mans Labour also, is a commodity exchangeable for benefit, as well as any other thing"*).[32] Afinal, essa afirmação nada mais é do que um simples escólio do teo-

---

29. *Leviatã*, Primeira Parte, cap. XV.

30. *"The Passions of men, are commonly more potent than their Reason. From whence it follows, that where the publique and private interest are most closely united, there is the publique most advanced. Now in Monarchy, the private interest is the same with the publique The riches, power, and honour of a Monarch arise onely from the riches, strength and reputation of his Subjects"* (Segunda Parte, cap. XIX).

31. Idem, Segunda Parte, cap. XXI.

32. Segunda Parte, cap. XXIV, ed. original, p. 172. Como se vê, Adam Smith contou com um ilustre predecessor, em sua análise econômica do trabalho como fator de produção.

rema proposto no início da obra, segundo o qual o valor de um homem, tal como o de qualquer outra coisa, é o seu preço; vale dizer, o *quantum* a ser dado pelo uso de seu poder; o que significa que esse valor nunca é absoluto (*The Value, or WORTH of a man, is as of all other things, his Price; that is to say, so much as would be given for the use of his Power; and therefore is not absolute*).[33]

A conclusão geral do argumento é que toda a liberdade dos súditos depende do silêncio da lei.

Não se poderia dizer melhor, para firmar o princípio de *law and order*, sobre o qual se assentou a civilização burguesa: a organização estatal existe para garantir aos cidadãos a inteira liberdade de comércio, supremo ideal burguês. O capitalismo encontrava, assim, em Thomas Hobbes o seu primeiro grande defensor no campo político.

A proposta de uma nova organização política

O Estado autocrático de Hobbes, que tanto impressionou seus contemporâneos e as gerações futuras, não é afinal uma quimera, idealizada por um espírito acadêmico. Despojado de alguns exageros de estilo, os seus princípios fundamentais serviram, admiravelmente, para o funcionamento a pleno vapor do sistema capitalista, sobretudo nos países asiáticos, africanos e latino-americanos, submergidos pela vaga imperialista no último quartel do século XIX.

Vejamos as linhas mestras da organização política por ele proposta.

a) A segurança e a paz como valores supremos

A ideia de que a segurança, interna e externa, constitui uma necessidade vital para o indivíduo encontra-se originalmente em Hugo Grócio (1583-1645), cuja obra, *De iure belli ac pacis*, publicada em 1625, é tida como fundadora da teoria do direito internacional. Grócio sustentou que toda a vida social seria baseada em dois princípios. O primeiro deles é o de que todo indivíduo tem direito à autopreservação. O segundo princípio fundante da ordem social é o de que todo dano desnecessário, provocado em outrem, é injustificado e exige reparação.

---

33. Primeira Parte, cap. x, ed. original, p. 42.

Hobbes desenvolveu os mesmos princípios, no início da segunda parte do *Leviatã* (capítulo XVII).

A sociedade política, que à época costumava denominar-se república (vocábulo traduzido literalmente por *commonwealth* em inglês), foi criada como o único meio de superação do estado natural de guerra de todos contra todos. A sua instituição pressupõe, pois, logicamente (mas não historicamente), a existência de um pacto fundamental, pelo qual todos os homens alienam sua energia e bens a uma só pessoa, ou a uma só assembleia, a fim de que essa pessoa ou assembleia os proteja e defenda contra os riscos que envolvem a vida de cada um.[34] O único direito natural que os indivíduos conservam é o de autopreservação. Somente com base nele o Estado é criado, e o governo pode exigir de todos uma obediência absoluta.

Convém lembrar que essa ideia de pacto social fundador já havia sido exposta por Platão, na *República* (358 *d*-359 *a*). O filósofo põe aí, na boca de Glauco, ao discutir com Sócrates, a tese de que há e haverá sempre uma separação e mesmo oposição entre a ordem natural e a ordem jurídica. Pela natureza, cometer a injustiça é bom e sofrê-la, um mal. Todavia, a quantidade de mal, resultante da injustiça sofrida, ultrapassa a quantidade de bem que decorre da injustiça cometida. Assim, quando os homens se veem mutuamente prejudicados pelas injustiças cometidas, uns contra os outros, e carecem individualmente de poder para evitá-las, decidem, em proveito comum, celebrar um pacto de não mais cometerem nem sofrerem injustiças.

Como veremos, Rousseau retomou a ideia e a fórmula do pacto fundador da sociedade civil, substituindo, no entanto, o indivíduo e a assembleia soberana pelo povo.

Seja como for, com essa ideia política, Hobbes afirmou pela primeira vez, na idade moderna, a tese de que a ordem jurídica é sempre fruto da vontade dos homens, não existindo, por conseguinte, nenhum direito sobre-humano, fundado na natureza ou na vontade divina. Aí está, sem dúvida, o embrião teórico do conceito de Constituição, concebida como o pacto fundador de uma nova ordem jurídica, tal como foi proclamado pelos norte-americanos no século seguinte.

---

34. *"I Authorise and give up my Right of Governing my selfe, to this Man, or to this Assembly of men, on this condition, that thou give up thy Right to him, and Authorise all his Actions in like manner."*

b) A relação política é sempre de soberano a súdito

Com o pacto fundamental, os súditos perdem o direito de mudar o regime político, pois a atribuição da soberania a alguém é sempre permanente e incondicional.[35] Nenhum indivíduo pode, sem injustiça, protestar contra a instituição da soberania. Os súditos não têm o direito de denunciar como injustos os atos do soberano, pois ele é o único juiz do que é necessário para a manutenção da paz e a defesa dos seus súditos.

O pacto de submissão é revogado unicamente nas seguintes hipóteses: 1) os súditos são feitos prisioneiros de guerra; 2) o soberano renuncia ao poder, em relação a si mesmo e a seus herdeiros; 3) o súdito é banido do Estado; 4) o soberano é submetido ao poder de outrem.[36]

Senhor absoluto da vida e dos atos de seus súditos, o soberano é o único que tem legitimidade para imperar, também, sobre as suas consciências. Na terceira parte do *Leviatã*, Hobbes enfrenta, afinal, a questão que deu origem a toda a sua filosofia política, ao desenvolver os princípios de uma "república cristã" (*a Christian Commonwealth*); na verdade, um cristianismo bem laicizado e nada teológico.

Começa por afirmar que a prática religiosa só é legítima quando se funda na vontade do soberano, o qual assume sempre, logicamente, as funções de pontífice máximo.[37] Assim como o Velho Testamento, diz ele, só se tornou a verdadeira Lei do povo judeu quando da renovação do Pacto com *Iahweh*, após o retorno do cativeiro na Babilônia, da mesma forma o Novo Testamento só veio a ser considerado canônico sob o reinado dos monarcas cristãos. E a razão é simples. Uma lei, reitera Hobbes, nada mais é do que a ordem emanada do homem ou da assembleia, a quem os súditos deram soberana autoridade para editar normas diretoras de suas ações, segundo o seu próprio arbítrio; e também para puni-los, quando eles as contrariam. Assim sendo, quando qualquer outra pessoa apresenta aos súditos outras normas, não prescritas pelo soberano, elas nada mais são do que mero conselho ou recomendação, na hipótese de não contrariarem a vontade do soberano, e atos ilegais e sediciosos, no caso contrário.

35. Segunda parte, cap. XVIII.
36. Segunda parte, cap. XXI.
37. Cap. 42.

A Igreja, portanto, não tem nenhum poder político, mas apenas autoridade moral para ensinar e aconselhar.

c) A fundação do positivismo jurídico

Indo muito além das ousadias éticas de Maquiavel, Hobbes afirma, com todas as letras, que a noção de justiça é meramente convencional.

A lei civil, editada pelo soberano absoluto, equivale à verdadeira lei natural, cuja interpretação, em qualquer hipótese, só pode ser feita legitimamente por ele.[38] Em uma sociedade política bem ordenada, o soberano é o único legislador, e não está sujeito, em hipótese alguma, às leis que ele próprio edita.

Compete ao monarca, segundo reza a opinião tradicional, editar boas leis para os seus súditos. Mas o que é uma boa lei?, pergunta Hobbes. A resposta é franca e direta, bem longe das sutilezas doutrinárias empregadas por Jean Bodin. "No meu entender, uma Boa Lei não é sinônimo de Lei Justa; pois Lei alguma pode ser Injusta. A Lei é sempre feita pelo Poder Soberano, e tudo que é feito por esse Poder é tido como aprovado por qualquer um do povo; e o que todos reconhecem como tal, ninguém pode dizer que é injusto. Com as Leis da República acontece o mesmo que com as Leis do Jogo: tudo o que é aceito pelos jogadores não é Injustiça para ninguém. Uma Boa Lei é o que é Necessário para o Bem do Povo; como, de resto, é óbvio (*A good Law is that, which is Needfull, for the Good of the People, and withall Perspicuous*)."

Aí estão condensados os princípios fundamentais do utilitarismo moral e do positivismo jurídico, cujos doutrinadores não fizeram mais do que explicitá-los e desenvolvê-los nos séculos seguintes.[39]

Todo poder ao soberano monarca, cuja vontade, expressa na lei, é sempre necessariamente justa. A fé no paraíso do além-túmulo não dá à instituição eclesiástica o direito de perturbar a ordem política. A liberdade dos súditos não se encontra na vida pública, mas na pacífica realização de seus interesses particulares.

Eis um programa ideal para instituir a civilização burguesa e fazer triunfar o capitalismo, com o aproveitamento dos despojos do mundo feudal em decadência.

O novo modelo de vida assim proposto, porém, encobria um perigo mani-

38. Parte Segunda, cap. 26.
39. Vide Parte II, caps. VI e X.

festo: se todo o poder político se concentra na cabeça do organismo social, os governados ficam permanentemente sujeitos às crises de loucura dos governantes, ou, o que é muito pior, à institucionalização da falta de todo critério ético como forma de governo. Valerá a pena pagar, pela ordem e pela estabilidade política, condição indispensável de bons negócios, um preço tão elevado? O empresariado capitalista entendeu que sim, mais de dois séculos depois da publicação do *Leviatã*, quando, frustrado com o fato de a aventura imperialista ter conduzido à grande guerra europeia de 1914-18 e à primeira experiência comunista durável de âmbito nacional, decidiu, temerariamente, apoiar a instituição do Estado totalitário.[40]

No mesmo século de Hobbes, contudo, um outro pensador inglês de excepcional valor enxergou o perigo e procurou esconjurá-lo. Para John Locke, na perspectiva nunca afastada de tirania, sobretudo quando confortada pela religião, o essencial é guarnecer a esfera da vida privada contra todas as indevidas intrusões do poder estatal, por meio de uma sólida barreira defensiva, constituída por direitos e liberdades individuais, ligados à natureza humana e não dependentes do arbítrio do soberano.

Ao aceitar sabiamente essa proposta, que inaugurou a era dos direitos humanos, a burguesia conheceu notável prosperidade.

40. Cf. Parte II, cap. XI.

IV. John Locke: Liberdades Individuais e Propriedade Privada como Fundamentos da Ordem Política

I. DE HOBBES A LOCKE: A MUDANÇA DE PERSPECTIVA

Se as ideias de Hobbes sobre política e religião contribuíram decisivamente para a liquidação da sociedade estamental europeia, e abriram caminho à irresistível ascensão nacional e internacional da burguesia, foi somente graças às propostas institucionais de John Locke que a civilização burguesa e o correspondente modo de vida capitalista puderam se afirmar em todo o mundo.

Para tanto, muito serviu a excepcional capacidade de persuasão desse propagandista nato, aliada à clareza e precisão de suas propostas em matéria constitucional. Suas ideias influíram, poderosamente, no espírito dos próceres da independência dos Estados Unidos.[1]

O grande paradoxo é que entre Hobbes e Locke a divergência de ideias políticas estabeleceu-se a partir de idênticas premissas intelectuais.

---

1. Em uma carta que dirigiu a James Madison em 30 de agosto de 1823, Thomas Jefferson queixou-se de que Richard Henry Lee, autor da proposta de independência das colônias britânicas na América, aprovada no Segundo Congresso Continental, em 2 de julho de 1776, isto é, dois dias antes da Declaração de Independência, teria declarado que esta nada mais era do que uma cópia do tratado de John Locke sobre o governo (cf. Thomas Jefferson, *Political Writings*, Cambridge University Press, pp. 145-6).

John Locke, da mesma forma que seu antecessor, era um fervoroso adepto do espírito geométrico, em assuntos de ordem ética. "A moralidade é suscetível de demonstração, da mesma forma que as matemáticas", asseverou enfaticamente em seu *Ensaio sobre o Entendimento Humano*.[2] Para ele, *"onde não há propriedade não há injustiça*[3] é uma proposição tão certa quanto qualquer demonstração em Euclides: pois sendo a ideia de propriedade um direito a algo, e a ideia à qual se dá o nome de injustiça sendo a invasão ou violação desse direito, é evidente que, ao serem tais ideias estabelecidas e esses nomes a elas anexados, posso tão certamente saber que essa proposição é verdadeira, quanto a de que um triângulo tem três ângulos iguais à soma de dois ângulos retos".[4] A habitual imprecisão das ideias em assuntos de moral, aduziu ele, provém da ambiguidade dos conceitos empregados. Para eliminá-la, propôs, tal como fizera Hobbes, que se principiasse toda argumentação pela precisa definição das palavras usadas.[5]

A análise matemática da realidade social, por nítida influência de Descartes, foi dominante em todo o século XVII. Spinoza, por exemplo, grande admirador do francês, não hesitou em denominar a sua obra máxima *Ethica Ordine Geometrico demonstrata*.

O único grande pensador do século que discordou frontalmente dessa orientação geral foi Pascal, ao distinguir o *esprit de geométrie* do *esprit de finesse*. No primeiro, observou, "os princípios são palpáveis, mas afastados do uso comum, de sorte que se tem dificuldade para virar a cabeça desse lado, por falta de hábito; mas por pouco que se a vire, os princípios são claramente percebidos". Já quanto ao espírito de finura, "os princípios estão no uso comum e diante dos olhos de todos. De nada adianta virar a cabeça, ou se fazer violência; a questão toda é possuir uma vista realmente boa: pois os princípios são tão desconexos e numerosos, que é quase impossível abarcá-los todos. Ora, a omissão de um princípio conduz ao erro; assim, é preciso ter a vista bem clara para ver todos os princípios e, em seguida, o espírito justo para não raciocinar de modo falso sobre princípios conhecidos".[6] Em outro passo, ressaltou que os princípios ligados ao *esprit de finesse* são muito mais

2. Livro Terceiro, cap. XI e Livro Quarto, cap. XVI.

3. O instituto da propriedade, como veremos a seguir, é a pedra angular sobre a qual se erige o edifício da sociedade burguesa.

4. Idem, Livro Quarto, cap. III.

5. Idem, ibidem.

6. *Pensées*, edição Brunschicg, Garnier, Paris, p. 73.

sutis que os princípios geométricos: é preciso senti-los, mais do que enxergá-los; ou, dito de outro modo, é preciso vê-los num só golpe de vista (*"il faut tout d'un coup voir la chose d'un seul regard"*); ou seja, intuí-los, e não proceder passo a passo, por meio de raciocínios. Eis por que os geômetras, concluiu Pascal, são tão ridículos ao tratar dessas matérias; pois tendo o espírito por demais rombudo para percebê-las, querem sempre começar por definições de conceitos e pelo enunciado de princípios, sem nada conseguir enxergar.[7]

É de justiça, porém, reconhecer que John Locke, não obstante se tenha declarado francamente adepto da análise geométrica da realidade social, não era desprovido do espírito de finura de que falou Pascal.

Na verdade, não foi apenas o pretendido método geométrico que aproximou Locke de Hobbes. Para ambos (bem como para a generalidade dos filósofos anglo-saxões que os sucederam, diga-se de passagem), toda a ética funda-se numa análise sensorial e empírica da natureza humana. O *Ensaio sobre o Entendimento Humano* é uma longa argumentação contra a existência de ideias morais inatas. O bem e o mal, insiste Locke, não são ideias congênitas, mas ligadas indissoluvelmente às sensações de prazer e de dor, que experimentamos no curso de toda a nossa existência.[8]

Por outro lado, da mesma forma que Hobbes, e na esteira da tradição inaugurada por Bacon e Descartes, Locke reconheceu a grande importância a ser atribuída à tecnologia na evolução social. O atraso em que se encontrava o vasto continente americano em sua época, exemplificou, é causado pela ignorância dos povos nativos a respeito de todas as utilidades que podem ser extraídas do minério de ferro. Assim, concluiu, se os povos europeus viessem a perder a tecnologia do ferro, em pouco tempo retrocederiam ao estado primitivo dos indígenas americanos.[9]

Ora, a grande divergência entre Hobbes e Locke estabeleceu-se não acerca de questões menores da vida ética, mas sobre o seu próprio fundamento. Para Hobbes, quer em matéria religiosa, quer em assuntos profanos, o fundamento de todos os deveres do comportamento humano é a decisão de uma autoridade superior ao comum dos homens, um soberano situado acima deles, fonte da legitimi-

---

7. Idem, p. 74.
8. Mesma obra, Livro Primeiro, cap. XX.
9. Idem, Livro Quarto, cap. XII.

dade política, e ao qual todos devem submeter-se. Para Locke, ao contrário, é preciso distinguir três sortes de leis: a divina, a civil e a lei por ele chamada de opinião ou reputação.[10]

Quanto à primeira, obviamente, o seu autor é o próprio Deus: "Que Deus tenha editado uma regra, segundo a qual os homens devem governar-se a si mesmos, penso que não há ninguém tão embrutecido a ponto de negá-lo". Quanto à lei civil, porém — e aí vai a diferença capital em relação ao pensamento de Hobbes —, Locke sustenta que ela emana não de uma autoridade superior aos homens, mas da própria comunidade (*commonwealth*).[11] Recorrendo, ele também, ao postulado da passagem do estado da natureza ao estado civil ou político, argumenta que, sendo todos os homens, pela própria natureza, "livres, iguais e independentes", ninguém pode ser compelido a sair dessa situação e submeter-se ao poder político de outrem, sem o seu consentimento. "Quando um certo número de homens consente em formar uma comunidade ou governo, eles se veem com isso reunidos num só corpo político, no qual a maioria tem o direito de agir e decidir sobre tudo mais."[12]

A palavra *maioria* é frisada no original, e ela é, efetivamente, a chave para a compreensão da ideia aí expressa. O corpo político assim formado não substitui os indivíduos e, na impossibilidade de se obter sempre o consentimento de todos eles, é preciso contentar-se com o sufrágio da maioria. A decisão majoritária não deve ser assimilada à vontade de uma pessoa fictícia — o Leviatã —, da qual os indivíduos, incapazes de vida autônoma, ter-se-iam tornado partes dependentes. O pressuposto ético de formação de toda sociedade política é que os indivíduos, ao se tornarem cidadãos, não perdem a titularidade daquilo que Locke denomina *property*, isto é, os bens que lhes são próprios e conaturais à sua condição humana: a vida, as liberdades e as suas posses (*life, liberties and estates*).[13] O acento tônico é, portanto, transferido, da lei natural objetiva e impessoal dos antigos, para os direitos natu-

---

10. Idem, Livro Segundo, cap. XXVIII.

11. Idem, ibidem.

12. *Second Treatise of Government*, edição de C. B. Macpherson, Hacking Publishing Company, 1987, § 95.

13. Idem, § 123. Convém frisar que o autor emprega a palavra *liberdade* no plural. Essa questão de flexão numérica do substantivo tem muita importância. Como salientou Benjamin Constant na conferência pronunciada no Ateneu Real de Paris em 1819 (*De la liberté des Anciens comparée à celle des Modernes*), os antigos concebiam a liberdade como um estado objetivo e geral, que dizia respeito ao conjunto dos cidadãos. Para os modernos, diversamente, o que importa são as liberdades individuais de cada cidadão, as quais delimitam a esfera inviolável de sua vida privada.

rais no sentido subjetivo e moderno, ou seja, as prerrogativas inatas de cada cidadão, as quais devem ser respeitadas pela maioria soberana.

Eis aí lançada a primeira ideia moderna de direitos humanos.

Finalmente, a terceira espécie de norma ética, que ele denominou "lei de opinião ou de reputação", diz respeito ao que é considerado virtude ou vício no meio social. Locke, de acordo com a concepção relativista que prevaleceu na passagem do século XVII para o século XVIII em toda a Europa ocidental (o período correspondente à "crise da consciência europeia"),[14] assinala que essa lei moral nada tem a ver com a lei natural clássica, constante e uniforme, pois os juízos coletivos sobre o que se considera virtude ou vício variam de nação para nação, de região para região.[15] Locke considera óbvio, portanto, também nessa matéria, que o padrão ético do bem e do mal não seja fixado por nenhuma autoridade política ou religiosa.[16]

A mudança de perspectiva em relação a Hobbes é radical. Para usar a terminologia geométrica, que ambos os autores tanto prezaram, em Locke a vida social deixa de ser concebida como um volume, composto de três dimensões — comprimento, largura e altura —, e passa a ser apresentada como uma figura plana, despida da dimensão hierárquica.

2. O PANO DE FUNDO SOCIAL: O FORTALECIMENTO DA BURGUESIA COM O ACIRRAMENTO DO CONFLITO RELIGIOSO

A mudança radical de perspectiva entre as concepções éticas de Hobbes e Locke explica-se, na verdade, pela importante alteração das condições sociais de vida na Inglaterra, entre a primeira e a segunda metade do século XVII.

Em geral, os historiadores apenas focalizam as movimentações da cena política, onde sobressaem, *full of sound and fury*, as peripécias ligadas ao agravamento da querela religiosa. Impressiona, de fato, verificar como os reis da dinastia Stuart, restaurados no trono após a execução de Carlos I e o interregno representado pelo protetorado de Cromwell (1649-60), não tenham do passado nada esquecido e

14. É o título do belo livro de Paul Hazard, *La crise de la conscience européenne,* Fayard, 1961.
15. Pascal já havia profligado duramente a falta de um critério uniforme de justiça, na Europa do século XVII (*Pensées,* ed. Brunschivcg, nº 293 e 294).
16. *An Essay Concerning Human Understanding,* Livro Segundo, cap. XXVIII.

nada aprendido. Os Bourbon na França iriam repetir a mesma tragédia um século depois.

Enquanto a coroa britânica insistia em afirmar a supremacia do seu poder religioso, buscando para tanto, com fatal inabilidade, o apoio do rei da França e do papa — e a partir desses fatos, pode-se discutir, infindavelmente, se os reis ingleses queriam ou não reconverter o país ao catolicismo —, o movimento puritano, animado do fervor próprio de todos os que se consideram enviados de Deus para salvar a humanidade, vinha elaborando, desde há muito, uma concepção igualitária da vida social. *No bishop, no king* foi a fórmula contundente, cunhada já em 1604 pelos líderes puritanos, durante a Hampton Court Conference, em presença do próprio rei. Aliás, um quarto de século antes, em 1578, o *Second Book of Discipline* preconizava a substituição dos bispos por assembleias supervisoras, compostas de pastores e anciãos, em todos os níveis: paroquial, provincial, nacional e mundial. John Owen, encarregado dos assuntos religiosos durante todo o regime de Cromwell, sustentava que era melhor haver quinhentos erros dispersos entre todos os cidadãos, do que um só erro na pessoa de alguém que dispusesse de poder e jurisdição sobre toda a sociedade.

Fora do âmbito religioso, surgiram importantes movimentos igualitários, como o dos *Levellers*, entre os soldados e oficiais que combatiam Carlos I. Eles chegaram a propor, em documento de 1647 (*Agreement of the People*), ou seja, um século e meio antes da Revolução Francesa, que se abolissem todos os costumes ancestrais, cuja interpretação era tradicionalmente confiada à autoridade dos tribunais do rei, de modo que os ingleses passassem a obedecer à lei editada por um órgão legislativo, que funcionaria como uma espécie de curador (*trustee*) do povo soberano.

Outro significativo movimento igualitário foi o dos chamados *Diggers*, liderado por Gerrard Winstanley. Ele fundou em 1647, em companhia de William Everard, uma colônia agrícola comunitária, extinta no ano seguinte pelas autoridades civis. Em 1652, publicou um manifesto denominado *The Law of Freedom in a Platform*, dedicado a Oliver Cromwell, no qual sustentou que a guerra civil tinha sido uma luta do povo, não só contra o rei, mas também contra os senhores rurais, os juristas e todos os que viviam de comprar e vender mercadorias (*all who bought and sold*), todos eles inimigos dos agricultores sem terra e dos pobres lavradores, tal como os padres, cuja pregação sobre o céu e o inferno servia para desviar a atenção dos homens sobre seus direitos neste mundo e era, portanto, um instrumento de dominação social.

Na segunda metade do século, a rigor, a querela político-religiosa não evoluiu em bases diferentes, relativamente à primeira metade. Mas em 1651, um fato novo, de profundas consequências socioeconômicas , passou a determinar a evolução histórica imediata. Naquele ano, Oliver Cromwell, já investido nas funções de *Lord Protector*, baixou o *Navigation Act*, pelo qual estabeleceu-se a distinção entre as diferentes mercadorias importadas pela Inglaterra, pela Irlanda ou pelas colônias britânicas. As provenientes da Europa podiam ser transportadas em navios do país de origem, ou em navios ingleses. Mas as originárias da Ásia, da África e da América só poderiam ser transportadas em navios de bandeira inglesa. Essa lei, reeditada em 1660, assestou um golpe mortal na hegemonia holandesa em matéria de comércio internacional, ao mesmo tempo que dava vigoroso impulso à prosperidade da burguesia mercantil das ilhas britânicas. Junte-se a isto o fato de que, na segunda metade do século XVII, o capitalismo avançou a passos largos no setor agrícola, ao organizar em bases empresariais a produção de lã para a exportação, e ter-se-á o quadro socioeconômico responsável pelo êxito da *Glorious Revolution* de 1688.

Não há dúvida de que a ideia central apresentada por John Locke no momento em que se fazia a mudança dinástica no reino — a igual preservação de uma esfera de vida privada para todos os cidadãos (embora implicitamente admitida a existência de cidadãos de primeira e de segunda classes, isto é, proprietários e não proprietários) — serviu admiravelmente aos interesses da burguesia montante.

Era preciso, porém, como condição indispensável de pacificação dos espíritos, sem a qual não há comércio que prospere, resolver a querela religiosa, que envenenava a vida política inglesa havia mais de um século.

3. O NECESSÁRIO RECONHECIMENTO DO CARÁTER PRIVADO DE TODA PRÁTICA RELIGIOSA

Ainda nessa matéria, as posições de Hobbes e Locke estão em clara antítese, uma em relação à outra. A fim de suprimir, radicalmente, toda possibilidade de guerra civil fomentada por conflitos religiosos, Hobbes entendia que os súditos só estariam autorizados a professar a religião do soberano, sendo todas as demais confissões religiosas consideradas focos de sedição.

Em sua *Carta sobre a Tolerância*, datada de 1685, Locke sustentou, com invulgar brilho, uma posição diametralmente contrária. O documento, verdadeiro modelo de arrazoado, no fundo e na forma, capaz de fazer inveja ao mais competente advogado, exerceu notável influência no meio europeu e americano, nos séculos posteriores. Muitos argumentos nele expostos desafiam, ainda hoje, qualquer contestação.

A ideia central, à qual todas as razões apresentadas por Locke são subordinadas, é que a religião não é matéria de ordem pública, sobre a qual os poderes políticos devem pronunciar-se e editar leis, mas sim de caráter privado. Trata-se, a bem dizer, de uma ideia moderna, totalmente desconhecida no mundo antigo.[17]

Mas ao sustentar que a religião é assunto da vida particular de cada família ou indivíduo, Locke não sugeria que os poderes públicos se desinteressassem por completo da questão. Ele não podia, obviamente, ignorar que as diferenças de convicção religiosa sempre alimentaram dissensões e lutas armadas entre os particulares, além de inúmeras rebeliões contra as autoridades políticas, com as consequentes repressões, vexatórias e cruéis, por parte destas. A tolerância invocada por Locke não é uma simples virtude moral, mas, antes, um dever jurídico, que incumbe, tanto aos governantes quanto aos particulares, uns perante os outros, dever esse correspondente a um direito natural de todos: o de professar livremente suas convicções religiosas.

O primeiro e fundamental princípio nessa matéria, sustenta Locke, é distinguir e separar, de modo nítido, o que é da competência das autoridades estatais e o que diz respeito a atribuições próprias dos chefes religiosos. A república (*commonwealth*) é "a sociedade constituída tão só para preservar e desenvolver os interesses civis do povo, ou seja, substancialmente, a vida, a liberdade, a saúde, o lazer e a posse das coisas exteriores, tais como a moeda, terras, casas, móveis e outras do mesmo gênero. Constitui dever do magistrado civil, mediante a imparcial aplicação de leis iguais, assegurar a todo o povo em geral, e a cada um dos súditos em particular, a justa posse desses bens".[18]

A cura das almas não entra, minimamente, no âmbito de competência das autoridades civis. É evidente que um tal poder não foi jamais cometido a estas por

---

17. Cf. Parte I, cap. I.

18. *A Letter Concerning Toleration*, in John Locke, *Political Writings*, com introdução de David Wootton, Penguin Classics, 1993, pp. 393-4.

consentimento do povo, porque ninguém pode, de modo tão ilimitado, entregar cegamente a outrem, príncipe ou súdito, o cuidado de sua salvação, por meio da prescrição da fé ou do culto que se deve abraçar.

Além disso, a cura das almas não pode competir às autoridades civis, porque o poder destas exerce-se por meio da força externa, enquanto a verdadeira e salvadora religião consiste na íntima persuasão da mente, sem a qual nada é aceitável para Deus. E a natureza da mente humana é de tal ordem que ela jamais poderá ser compelida à fé por meio da coação. Confisco de bens, prisão, tortura: nada disso é eficaz para fazer alguém mudar de convicção religiosa.

Pretender, como preconizou Hobbes, que os súditos tenham, todos, a religião do soberano é sustentar um rematado absurdo. Pois, supondo-se que haja uma só verdade religiosa, uma só via para o céu, quem nos assegura que mais homens seriam conduzidos a ele se não tivessem outro caminho a seguir, a não ser o da religião oficial, e devessem, portanto, renunciar ao uso de sua razão? Como aceitar, racionalmente, que a salvação eterna dependa do lugar em que as pessoas nasceram?

Dir-se-á, prossegue, que os governantes não podem, em sã consciência, aceitar a idolatria no território do Estado. Mas, pergunta Locke, quem nos garante que o poder atribuído às autoridades civis para perseguir os idólatras não seja utilizado, com a mesma força, para reprimir a ortodoxia religiosa? "Pois é preciso lembrar que o poder civil é sempre o mesmo em toda parte, e que a religião do príncipe é sempre ortodoxa por si mesma. Se, portanto, um tal poder for reconhecido ao magistrado civil em matéria espiritual, como acontece em Genebra (por exemplo), ele pode extirpar pela violência a religião que lá se considera idólatra. Pelo mesmo princípio, um outro magistrado, em país vizinho, pode oprimir a religião reformada; na Índia, a religião cristã. Ou o poder civil pode tudo alterar em matéria religiosa, de acordo com o bel-prazer do príncipe, ou não pode mudar coisa alguma. Se, porventura, vier a ser permitido introduzir alguma novidade em matéria de religião, por meio de leis e penas, não haverá limite algum nesse campo; da mesma maneira, será lícito alterar tudo, de acordo com o princípio de verdade que o magistrado concebeu."[19]

Sem dúvida, a idolatria é um pecado. Mas isso não autoriza o magistrado a puni-la. A cupidez, a falta de caridade, a preguiça e muitos outros defeitos morais

19. Op. cit., p. 416.

são pecados. Nem por isso jamais se pretendeu que a autoridade civil devesse puni--los. E a razão é óbvia: essas faltas não prejudicam os direitos de outras pessoas nem atentam contra a paz pública das sociedades.[20]

As autoridades civis não têm o direito de proibir a pregação ou a prática de nenhuma opinião especulativa em igreja alguma, quando tais pregações ou práticas não dizem respeito aos direitos civis dos súditos. "Se um católico romano acredita que aquilo que se chama pão é realmente o corpo do Cristo, ele não causa nenhum dano ao seu vizinho. Se um judeu não acredita que o Novo Testamento é a Palavra de Deus, ele não atenta contra os direitos civis dos homens. Se um pagão duvida de ambos os Testamentos, nem por isso deve ser punido como se fora um cidadão pernicioso."[21]

Certamente, prossegue Locke, o juízo crítico que um cidadão faça sobre uma lei promulgada em matéria política, para o bem comum do povo, não a torna menos vigente, nem dispensa esse indivíduo de cumprir o mandamento legal. Quando, porém, for editada uma lei sobre matéria que se não compreende no raio de competência da autoridade civil — por exemplo, o dever de o povo abraçar uma religião exótica, ou de participar do culto e das cerimônias religiosas de uma outra igreja —, os homens, em tal caso, não ficam obrigados a cumprir essa lei contra as suas consciências.[22]

A objeção que se fazia comumente a esse raciocínio, naquela época, era de que as assembleias e reuniões religiosas punham em perigo a paz pública e ameaçavam o bem comum.

Locke respondeu a essa objeção com algumas perguntas: por que, então, há, diariamente, reuniões nos mercados e tribunais? Por que se admite que multidões se aglomerem nas bolsas de valores e de mercadorias, e que o povo se concentre nas cidades? Segundo a explicação oficial, tais reuniões eram civis, sendo as outras de natureza religiosa. Mas, observou Locke, se estas últimas reuniões são estranhas às questões de ordem civil, por que razão seriam elas mais capazes de perturbá-la?

A isso respondiam os defensores do absolutismo religioso que "as reuniões civis são compostas de homens que diferem, um do outro, em matéria de religião; ao passo que as reuniões eclesiásticas aproximam pessoas que são, todas, da

20. Op. cit., p. 417.
21. Op. cit., p. 420.
22. Op. cit., p. 423.

mesma opinião". Razão singular essa. "Como se um acordo a respeito de algum assunto religioso", observou Locke, "representasse uma conspiração contra o bem comum (*commonwealth*); ou como se os homens não fossem muito mais calorosamente unânimes em matéria de religião, quanto menos liberdade eles tiverem de se reunir! Dir-se-á, ainda, que as reuniões civis sendo abertas, qualquer pessoa pode comparecer, enquanto os conventículos religiosos, sendo mais fechados, favorecem por isso as maquinações clandestinas. A isso, respondo: Não é verdade, pois muitas reuniões civis não são abertas a qualquer um. E, se algumas reuniões religiosas são privadas, quem, pergunto eu, há de ser censurado por isso? Os que desejam, ou os que proíbem que elas sejam abertas ao público? Novamente, dir-se-á que a comunhão religiosa reúne estreitamente as mentes e os corações, e são por isso mais perigosas. Mas se assim é, por que o governante não tem receio de sua própria Igreja; e por que não proíbe ele tais reuniões, como perigosas para o seu governo? Dir-se-á: porque ele próprio é membro da Igreja e até mesmo o seu chefe.[23] Como se ele não fosse membro do Estado e mesmo o seu chefe!"[24]

Como se não bastassem esses argumentos irrespondíveis, Locke ainda sacou mais outro, que veio depois a se tornar um lugar-comum. Suponhamos, disse ele, que a discriminação maior entre os homens não fosse de ordem religiosa, mas a respeito de alguma diferença corporal, como a cor dos cabelos ou dos olhos. Suponhamos que as leis civis dispusessem que os homens de cabelos negros, ou de olhos cinzentos, não gozariam dos mesmos direitos que todos os outros cidadãos; que não lhes fosse permitido comprar ou vender livremente, ou exercer o ofício ou profissão de sua escolha. Alguém, por acaso, duvidaria que as pessoas assim discriminadas em razão de seus traços físicos, e entre si unidas como objeto da mesma perseguição, seriam tão perigosas para as autoridades civis quanto as que se reúnem entre si para professar a mesma religião? "Alguns associam-se com o fito de lucro em operações mercantis; outros, por falta de ocupação, criam clubes para degustar o vinho clarete. A vizinhança une alguns e a religião, outros. Mas há só uma coisa capaz de concitar todo o povo à rebeldia: a opressão."[25]

A conclusão final é clara e percuciente: todo indivíduo deve gozar exatamente dos mesmos direitos garantidos a todos os outros.

---

23. Lembre-se que o rei da Inglaterra é o chefe da Igreja Anglicana.
24. Op. cit., pp. 427-8.
25. Op. cit., pp. 428-9.

É preciso reconhecer, no entanto, que a cerrada argumentação da *Carta sobre a Tolerância* nem sempre é de uma lógica incensurável.

Nela se sustenta, por exemplo, que tudo que é lícito para um cidadão, segundo as leis do Estado, não pode ser proibido pelas autoridades religiosas.[26] Assim, se as leis civis permitem a dissolução do casamento pelo divórcio, as autoridades religiosas não poderiam proibi-lo. Ora, justamente porque as esferas de competência entre o Estado e as sociedades religiosas são distintas, e que a sociedade civil não se confunde com a sociedade religiosa, não há incongruência alguma em se admitir que as proibições e permissões vigentes no seio dessas diferentes entidades não sejam as mesmas.

Da mesma forma, embora afirme que às autoridades estatais não compete, de modo algum, julgar a ortodoxia de credos religiosos, Locke é de opinião que o ateísmo não deve ser tolerado. Parte, para tanto, da falsa premissa de que os ateus não se considerariam obrigados pelas promessas ou juramentos que tenham feito, quando esses vínculos são essenciais para a preservação da sociedade civil. "A exclusão de Deus, ainda que só em pensamento, dissolve tudo."[27] É forçoso reconhecer que o autor manifesta, nessa matéria, a mesma atitude preconceituosa que condena, veementemente, nas relações entre o Estado e os diferentes grupos religiosos. Se o governo não pode, legitimamente, compelir ninguém a seguir uma religião, tampouco tem o direito de impor aos cidadãos que admitam a existência de Deus.

Tais sofismas, no entanto, não chegam a abalar a extraordinária força de convicção dos demais argumentos. Não é difícil entender, após a leitura desse notável panfleto político, por que os revolucionários americanos, um século após a sua divulgação na Inglaterra, entenderam que a liberdade de religião é a fonte de todas as liberdades individuais, ou por que a Primeira Emenda à Constituição americana é considerada, ainda hoje, a pedra angular de todo o ordenamento jurídico dos Estados Unidos.[28]

---

26. Op. cit., p. 415.

27. Op. cit., p. 426.

28. *"Freedom of Religion, of Speech, and of the Press – Congress shall make no law respecting an establishment of religion, or prohibiting the free exercise thereof; or abridging the freedom of speech, or of the press; or the right of the people peaceably to assemble, and to petition the government for a redress of grievances."* Ao decidir em 1943 o caso *Murdock v. Pensilvânia*, a Suprema Corte dos Estados Unidos declarou que os direitos consignados nessa Primeira Emenda situam-se numa posição de maior realce (*"a preferred position"*), relativamente aos demais direitos declarados no *Bill of Rights*, isto é, no conjunto das dez primeiras emendas à Constituição.

Acontece que as liberdades individuais não são respeitadas se a organização dos poderes públicos não representar, por si só, uma espécie de garantia institucional para esse efeito.[29] É o que Locke procurou demonstrar no *Segundo Tratado do Governo*.

4. A PROPOSTA DE REORGANIZAÇÃO DOS PODERES PÚBLICOS

Para Hobbes, como se viu no capítulo anterior, o problema político central era a situação de insegurança coletiva, provocada pela guerra civil de conteúdo religioso. A solução radical, por ele proposta, consistia no estabelecimento de um regime rigidamente autocrático que, afastando todos por igual — nobres, religiosos e plebeus — da cena política, desse-lhes, em compensação, a garantia de ordem e estabilidade, necessárias para se dedicarem a suas atividades particulares.

Na concepção de Locke, se a finalidade das instituições políticas é a mesma — garantir aos particulares uma esfera inviolável de vida, onde cada qual possa decidir, livremente, os assuntos de seu exclusivo interesse —, o obstáculo à realização desse ideal é exatamente o oposto do que imaginou Hobbes: a origem de todos os abusos sofridos pelos governados não se encontra na carência, e sim no excesso de poder dos governantes.

A organização dos poderes públicos, por conseguinte, tem uma única finalidade: estabelecer limites intransponíveis ao exercício das respectivas competências; e isso tanto no plano vertical, quanto no horizontal.

No plano vertical, isto é, nas relações entre governantes e governados, nenhum governo tem legitimidade, em circunstância alguma, para reduzir ou, menos ainda, suprimir a vida, as liberdades e as posses dos cidadãos. Sobre esses bens, como se viu, os indivíduos têm direitos ligados à própria natureza humana. Se a razão de ser da sociedade política é justamente a preservação dos direitos naturais dos indivíduos, e se essa garantia, assevera Locke, só pode ser dada pela lei, o órgão público supremo, sagrado e inalterável, na sociedade política, só pode ser o Legislativo.

Mas, não obstante gozar dessa posição de supremacia no edifício político,

---

29. A noção de garantia institucional foi elaborada pelos constitucionalistas alemães, durante a chamada República de Weimar (1919-33).

o Legislativo não pode, jamais, atuar de modo arbitrário, no que diz respeito às vidas e ao patrimônio dos cidadãos. "Pois, não sendo ele senão o poder conjunto que cada membro da sociedade conferiu a uma pessoa, ou assembleia legislativa, ele não pode ser mais extenso do que os poderes que os membros da sociedade tinham no estado da natureza, antes de ingressarem em sociedade e de os transferirem à comunidade; pois ninguém pode transferir a outrem mais poder do que possui; e ninguém tem um absoluto poder arbitrário sobre si mesmo, ou sobre qualquer outra pessoa, para destruir sua própria vida, ou tirar a vida e a propriedade de outrem."[30]

Demais disso, o Legislativo há de ser sempre considerado um órgão subordinado ao povo. Retomando a proposta feita pelos *Levellers* no *Agreement of the People* de 1647, como lembrado há pouco, Locke serve-se, para desenvolver essa tese, de um instituto tradicional do direito inglês, o *trust*, pelo qual alguém assume, em confiança e com amplos poderes, o encargo de administrar certos bens em benefício de pessoas geralmente incapazes de geri-los.[31] Sendo o Legislativo, diz ele, uma espécie de órgão fiduciário (*trustee*) em relação ao povo, este detém "um poder supremo para demitir ou alterar o Legislativo, quando lhe parecer que ele age contrariamente à função fiduciária (*trust*) que lhe foi atribuída".[32] Pois sendo todo poder, nessas condições, atribuído e direcionado para certas finalidades, quando o *trustee* as descumpre, por negligência ou intencionalmente, ele deve ser destituído. Assim, o povo tem sempre o poder de dissolver ou alterar a composição do Poder Legislativo.[33]

No plano horizontal, o modo mais eficaz de limitar o poder estatal consiste em dividi-lo. A máxima tradicional recomenda dividir para melhor dominar. Locke inverte os seus termos: é preciso dividir o poder para melhor controlá-lo. Ele, e não Montesquieu, é o verdadeiro criador do sistema de separação de pode-

---

30. *Second Treatise of Government*, § 134.

31. "*If we are asked what is the greatest and most distinctive achievement performed by Englishmen in the field of jurisprudence*", escreveu o grande jurista inglês Frederic William Maitland, "*I cannot think that we should have any better answer to give than this, namely, the development from century to century of the trust idea*" (*Selected Essays*, 1936, p. 128).

32. A Declaração de Direitos, aprovada pelos representantes do povo da Virgínia em 12 de junho de 1776, antes, portanto, da Declaração de Independência dos Estados Unidos, inspirando-se em Locke, proclamou em seu art. 2º: "*That all power is vested in, and consequently derived from, the people; that magistrates are their trustees and servants, and at all times amenable to them.*"

33. Idem, § 149.

res, nos tempos modernos. Montesquieu, aliás, tinha consciência de que nada propunha de novo: a tese da divisão de poderes é exposta num capítulo consagrado, como diz o título, à Constituição da Inglaterra.[34]

Mas se a função óbvia do Poder Legislativo é fazer leis, é preciso reconhecer, diz Locke, que o cumprimento dessa tarefa não demanda muito tempo de trabalho. Logo, não há razão alguma para que esse órgão público permaneça constantemente em atividade. E porque é uma tentação excessiva para a fragilidade humana que as mesmas pessoas que votam as leis tenham também o poder de executá-las, situação em que elas poderiam isentar-se pessoalmente do dever de cumpri-las, separando-se, portanto, do resto da comunidade, a função de zelar pela execução das leis promulgadas deve competir a outras pessoas que, ao contrário dos legisladores, podem e devem atuar de modo permanente.[35] Daí a necessidade de se criar um Poder Executivo.

Quanto a este último, porém, Locke é manifestamente tributário da tradição parlamentar inglesa. Para ele, a função de executar as leis só pode ser atribuída a alguém que participe do Legislativo, e seja claramente subordinado a este, de sorte a poder ser destituído a qualquer tempo.[36] Usando uma imagem que Rousseau viria consagrar, Locke afirma, em conclusão, que só o Legislativo "tem o direito de determinar de que maneira a força da república (*commonwealth*) deve ser empregada para preservar a comunidade e os seus membros".[37]

Finalmente, além desses dois órgãos públicos de governo, existe ainda um terceiro, que deve ocupar-se das relações da sociedade política com o exterior, e decidir sobre a guerra e a paz, ou sobre a celebração de tratados e alianças. Este último Poder, que Locke denomina "federativo", sem muito insistir na propriedade dessa denominação (*the thing be understood, I am indifferent as to the name*), embora distinto do Executivo, está quase sempre a ele vinculado.[38] A distinção entre ambos ocorre apenas na maneira de agir: enquanto o Executivo deve ater-se estritamente aos termos do disposto nas leis, o Poder Federativo atua unicamente com base na prudência.

34. *De l'esprit des lois*, livro xi, cap. 6º.
35. Idem, § 143.
36. Idem, § 152.
37. Idem, § 143.
38. Por isso, Montesquieu preferiu denominá-lo *puissance exécutive des choses qui dépendent du droit des gens*.

Não é preciso grande esforço de análise para perceber que esse esquema institucional, embora nitidamente influenciado pela organização política da Inglaterra, adapta-se a qualquer regime político, monárquico ou não. Ele é um projeto político republicano, na acepção clássica do termo: existe para a organização da coisa pública ou bem comum do povo.

Mas, na verdade, o quadro institucional, além de republicano, é também democrático. Acima de todos os órgãos governamentais, está sempre o povo. Já vimos que o Legislativo, supremo poder estatal, nada mais é do que o agente fiduciário (*trustee*) do povo soberano, que pode a todo tempo alterá-lo ou dissolvê-lo. Ora, se a corrupção política for de tal monta que se estabeleça uma situação de usurpação (o exercício do poder por quem não tem, minimamente, o direito de usá-lo), ou de tirania (o exercício do poder além dos limites jurídicos), só resta ao povo usar o seu direito, também natural, de revolução, reorganizando o Estado de alto a baixo.[39] Os revolucionários americanos e franceses, no século XVIII, aceitaram e aplicaram, com todo rigor, esse ensinamento de John Locke.[40]

5. A DEFESA DA PROPRIEDADE INDIVIDUAL EXCLUSIVA, BASE DO SISTEMA CAPITALISTA

Se a doutrina dos direitos individuais, como prerrogativas ligadas à própria natureza humana, fez de Locke um dos fundadores da moderna teoria dos direitos humanos, a defesa por ele desenvolvida do direito de apropriação privada tornou-o um dos pais fundadores da civilização burguesa e um dos santos patronos do sistema capitalista.

---

39. Idem, capítulos XVII, XVIII e XIX.
40. A Declaração de Direitos de Virgínia, de 1776, dispôs em seu art. 3º: "*That government is, or ought to be, instituted for the common benefit, protection, and security, of the people, nation, or community; of all the various modes and forms of government that is best, which is capable of producing the greatest degree of happiness and safety, and is most effectually secured against the danger of mal-administration; and that whenever any government shall be found inadequate or contrary to these purposes, a majority of the community hath an indubitable, unalienable, and indefeasible right, to reform, alter, or abolish it, in such manner as shall be judged most conducive to the publik weal*". O art. 2º da Declaração dos Direitos do Homem e do Cidadão, aprovada pela Assembleia Nacional Francesa em agosto de 1789, por sua vez, proclama: "*Le but de toute association politique est la conservation des droits naturels et imprescriptibles de l'homme. Ces droits sont la liberté, la propriété, la sûreté et la résistance à l'oppression*".

Historicamente, portanto, John Locke situa-se num momento-chave, em que as duas grandes forças formadoras da civilização moderna começam a expandir-se e a confrontar-se.

Mas, para que se possa compreender plenamente a argumentação elaborada por Locke em defesa do direito de propriedade, é preciso apreciá-la no contexto socioeconômico em que ela se desenvolveu e, especialmente, à luz da grande querela a respeito da reordenação da propriedade fundiária na Inglaterra.

Paul Mantoux, em obra já clássica,[41] expôs minuciosamente o papel exercido pela reestruturação do domínio rural na Inglaterra, como fator condicionante da Revolução Industrial de meados do século XVIII.

A organização agrária na Grã-Bretanha conservou durante vários séculos, após o fim da Idade Média, uma estrutura feudal, onde o domínio eminente do senhor rural (*lord of the manor*) coexistia com múltiplos direitos reais sobre a terra, pertencentes a pequenos agricultores autônomos (*yeomen*). Estes eram, ora proprietários (*freeholders*), ora arrendatários com título registrado e cujos direitos se transmitiam hereditariamente (*copyholders*), ora arrendatários vitalícios (*leaseholders for life*).

As terras que esses lavradores autônomos possuíam nunca formavam uma extensão contínua, mas eram entrecortadas por lotes pertencentes a outros agricultores, a modo de uma colcha de retalhos. Com isso, embora não houvesse condomínio agrário juridicamente reconhecido, os *yeomen* eram naturalmente obrigados a realizar uma cultura colaborativa ou solidária da terra. E pelo menos durante quase seis meses por ano, isto é, entre o final da colheita em fins de julho e a festa da Candelária (2 de fevereiro), a totalidade dessas terras era utilizada como pasto comum por todos os proprietários. A esse regime de ocupação do solo agrícola deu-se, desde sempre, o nome de *open or common fields*.[42]

Além disso, junto às terras assim possuídas como *open fields*, estendiam-se campos, lagos e pântanos, de que todos aqueles lavradores autônomos usufruíam em comum, sob o direito eminente do senhor rural. Eram outros tantos *commons*,

---

41. *A Revolução Industrial no Século XVIII*, tradução brasileira da 2ª edição francesa de 1927, editada pela Editora Unesp e Hucitec, sem data.

42. Na definição de H. Homer, em obra publicada em 1766 e intitulada *Essay on the nature and method of ascertaining the specific shares of proprietors upon the inclosure of common fields*, "*open or common fields are tracts of land, wherein the property of several owners lies promiscuously dispersed*" (apud Paul Mantoux, op. cit., p. 129, nota 35).

utilizados para compáscuo (*common of pasture*), para corte de árvores (*common of estovers*), para a pesca (*common of piscary*), ou para a retirada de turfa (*common of turbary*).[43]

A partir do século XVI, esse regime agrário feudal passou a ser progressivamente substituído pela forma capitalista de exploração da terra. As terras comuns foram cercadas, e as parcelas em que se dividiam os *open fields* reunidas em um trato de extensão contínua, em mãos de um único proprietário. Esse movimento, que se estendeu por todo o século XVII, ganhou notável impulso a partir do advento do príncipe de Orange ao trono britânico, em 1688.[44] O Parlamento, controlado pelos grandes senhores rurais, passou então a editar milhares de *Acts of Enclosure*, que impunham, em cada paróquia, a reorganização da antiga estrutura agrária.

A nova exploração capitalista da terra produziu os mesmos efeitos econômicos e sociais que o capitalismo industrial iria em seguida provocar. A criação de latifúndios abriu caminho para a substituição da antiga agricultura de subsistência, pela ampla criação de gado ovino, com o fito de produzir lã, inicialmente exportada e, em seguida, utilizada na indústria têxtil local. Socialmente, essa transformação agrícola deu origem a uma nova classe de arrendatários de terras, para os quais a agricultura já não era um modo de vida tradicional, mas uma profissão lucrativa, cujo desempenho exigia apurada técnica e vultosos capitais. A exploração capitalista da terra atraiu, desde logo, inúmeros burgueses e não poucos nobres. Ela acabou por liquidar a antiga *yeomanry*, e condenou à miséria a totalidade dos diaristas rurais (*cottagers*) que, embora não proprietários, serviam-se das terras comuns para retirar madeira ou criar algumas poucas cabeças de gado. Já em 1622, Lupton dizia que "os cercados engordam os rebanhos e emagrecem os pobres".[45]

Mas na segunda metade do século XVIII, ou seja, quando já iniciada a Revolu-

---

43. A turfa é um material fóssil, combustível, formado por matérias vegetais imersas na água, em terrenos paludosos. Ela era comumente utilizada, à época de Locke, como fertilizante, como forragem e também na feitura de carvão para aquecimento doméstico.

44. Karl Marx descreveu de modo contundente o processo de concentração da propriedade das terras agrícolas, após a mudança dinástica de fins do século XVII. A *Glorious Revolution*, disse ele, trouxe ao poder "os proprietários da mais-valia, nobres e capitalistas. Inauguraram a nova era em que expandiram em escala colossal os roubos de terras do Estado, até então praticados em dimensões mais modestas. Essas terras foram presenteadas, vendidas a preços irrisórios ou simplesmente roubadas mediante anexação direta a propriedades particulares" (*O Capital*, tradução de Reginaldo Sant'Anna, livro I, vol. 2, 16ª ed., 1998, Rio de Janeiro, Editora Civilização Brasileira, p. 837).

45. Citado por Paul Mantoux, op. cit., pp. 142-3.

ção Industrial, os apologistas do novo regime agrário tornaram-se maioria. Arthur Young, o mesmo que viajou pela França durante a Revolução de 1789, considerava um *non-sense* a acusação de que os métodos modernos de exploração agrícola provocavam a miséria da população rural. "A meu ver", escreveu ele, "a população é um objetivo secundário. Deve-se cultivar o solo de modo a fazê-lo produzir o máximo possível, sem se inquietar com a população. Em caso algum um fazendeiro deve ficar preso a métodos agrícolas superados, suceda o que suceder com a população. Uma população que, ao invés de aumentar a riqueza do país, representa para ela um fardo, é uma população nociva." Em outro passo, manifestando uma preocupação malthusiana *avant la lettre*, questionou: "De que utilidade seria, num Estado moderno, a existência de uma província cujo solo fosse inteiramente cultivado, à maneira da antiga Roma, por camponeses proprietários?... Para que serviria isso, senão para produzir homens? O que, em si, é uma perfeita inutilidade!".[46]

Em estreito vínculo com essa questão de reforma agrária capitalista devem ser lidas e compreendidas as considerações que Locke expõe no capítulo v do seu *Segundo Tratado do Governo*, consagrado à propriedade.

A grande questão ética que ele se propõe a elucidar a esse respeito, como bom puritano, é a existência de um direito particular à apropriação de bens materiais, perante a Lei de Deus. Se o Todo Poderoso criou a Terra, e a entregou à humanidade para ser possuída em comum pelo conjunto dos descendentes de Adão, como aceitar, à luz da religião, do direito e da moral, que alguns bens sejam subtraídos desse condomínio universal e atribuídos com exclusividade a certos indivíduos apenas?

Locke principia por sustentar que, "se a terra e todas as criaturas inferiores são comuns a todos os homens, no entanto cada homem tem a *propriedade* de sua própria *pessoa*;[47] quanto a ela, ninguém tem direito algum, salvo ele próprio. O trabalho do seu corpo e a obra de suas mãos, podemos dizer, são propriamente dele". Portanto, tudo quanto o homem extrai da natureza, e transforma pelo seu trabalho, pertence-lhe a título de propriedade pessoal.[48] É, assim, o trabalho que estabelece, historicamente, a progressiva transformação do primitivo condomínio de todos os homens em propriedade exclusiva de alguns apenas.

---

46. Apud Paul Mantoux, cit., p. 166, nota 177, e p. 170.

47. As palavras *propriedade* e *pessoa* são grifadas no original.

48. *Second Treatise of Government*, § 27.

A tese parece razoável, supondo-se que o trabalho, gerador de propriedade, seja desenvolvido pessoalmente pelo futuro proprietário. Que dizer, contudo, do trabalho feito não por ele, mas por alguém que lhe é subordinado, na condição de escravo ou assalariado? Por que, então, o verdadeiro trabalhador não adquire, jamais, a propriedade da terra por ele fecundada com o suor de seu rosto, como diz a Bíblia?

Locke não responde direta e claramente à pergunta, mas deixa entrever, em rápida alusão, que é justa a aquisição de propriedade agrícola mediante a exploração do trabalho alheio. Ao discutir a polêmica questão das terras comuns, afirma que "as turfas que o meu criado cortou" nessas terras "tornam-se minha propriedade" (*the turfs my servant has cut [...] become my property*).[49] Por maioria de razão, quando alguém, por meio de mão de obra a ele subordinada, cerca e cultiva um terreno que, até então, pertencia em condomínio à comunidade local, torna-se seu legítimo e incontestável proprietário. "Quanto mais extensamente um homem cultiva, planta, melhora, arroteia uma área de terra, mais ela se torna sua propriedade. Pelo seu trabalho, ele efetivamente a retira do domínio comum (*He by his labour does, as it were, inclose it from the common*)."[50]

A contradição entre essa justificação da propriedade individual e a teoria política, por ele exposta no mesmo tratado, é evidente. Os governantes não podem se apropriar do poder público em seu benefício, porque nada mais são do que agentes fiduciários do povo, único titular legítimo da soberania. Mas, em contraste, qualquer indivíduo pode se apossar de bens comuns, alegando que os transformou pelo seu trabalho.

Sensível, talvez, a essa contradição, Locke procura reforçar a sua argumentação em matéria de propriedade privada, lançando mão de mais dois argumentos.

Aquele que, ao cercar e lavrar uma parcela de terra comum, dela se torna seu exclusivo proprietário não prejudica em nada as demais pessoas. Continuará havendo terras bastantes para todos. "Pois aquele que deixa aos outros tanto quanto estes podem usar, procede tão bem quanto aquele que nada tira dos outros para si."[51]

O segundo argumento adicional para justificar a sua teoria da propriedade privada foi acrescentado ao § 37 do *Segundo Tratado do Governo*, em sua terceira

49. Idem, § 28.
50. Idem, § 32.
51. Idem, § 33.

228

edição. Locke apresenta aí, com antecipação de um século, uma análise econômica que seria desenvolvida e aprofundada por Adam Smith em *A Riqueza das Nações.* "Aquele que se apropria de terra pelo seu trabalho não diminui, mas ao contrário aumenta o cabedal da humanidade: pois as provisões destinadas ao sustento da vida humana, produzidas por um acre de terra cercada e cultivada são (para falar moderadamente) dez vezes maiores que as que provêm de um acre de terra de igual riqueza, mas não cultivada e possuída em comum." É, portanto, o trabalho e só ele que cria a riqueza.[52]

Até esse ponto, a argumentação nada tem de reprovável, segundo a tradição bíblica à qual ele sempre se considerou vinculado. Locke, contudo, não se detém aí. Observa que o valor econômico das coisas depende, obviamente, de sua utilidade para os homens. No sistema comunitário tradicional da agricultura inglesa, os campos eram cultivados para o sustento dos próprios agricultores. Na lógica da explicação anterior, as terras são apropriadas por aquele que as cultiva, porque servem para o seu sustento individual e o de sua família. Mas ninguém podia ignorar, à época, que a finalidade da eliminação do sistema tradicional de terras comuns era outra: tratava-se de produzir para o mercado.

Ora, a economia de mercado exige, para o seu funcionamento, a introdução de um bem econômico de valor universal, uma mercadoria que pode ser trocada por qualquer outra: a moeda. Eis aí uma nova justificativa para a apropriação das terras comuns. Se o trabalho serve como título de propriedade da parcela de terra necessária ou útil ao sustento do trabalhador (ou daquele que emprega mão de obra alheia) e sua família, a moeda justifica a apropriação de maiores extensões de terra. É só o sistema monetário que permite aos homens aumentar indefinidamente (e justificadamente, segundo Locke) as suas posses.

Como comprovação da sua tese, ele apresenta um argumento de pura essência capitalista, e que hoje nos é servido com todos os temperos, na propaganda neoliberal da globalização. Imaginemos, diz ele, que exista algures uma ilha afastada de todo comércio possível com o resto do mundo; uma ilha condenada à vida autárquica, em suma. Ainda que nesse rincão isolado a terra fosse excepcionalmente fértil e a natureza exuberante, ainda que os seus habitantes fossem todos sadios, talentosos e trabalhadores, se não houvesse moeda, as transações internas e o comércio com o estrangeiro seriam entravados e, em consequência, não haveria a menor

---

52. Idem, § 40.

possibilidade de se expandirem a riqueza geral e as posses individuais, além de certo limite. Da mesma maneira, prossegue, de que serviria a alguém possuir dez mil acres ou uma centena de milhares de acres de excelente terra, bem cultivada, com bom gado, no remoto interior do continente americano, se não tivesse a menor possibilidade de, mediante o comércio com outras partes do mundo, obter ganhos monetários com a venda de seus produtos? "Não valeria a pena cercar essas terras, e veríamos o agricultor abandonar ao comum estado selvagem da natureza (*the wild common of nature*) tudo aquilo que fosse mais do que o necessário para suprir as necessidades de vida própria e de sua família."[53]

Ao assumir, definitivamente, a sua posição de classe dominante, primeiramente no Ocidente e depois no mundo todo, a burguesia teve a astúcia de realçar, na doutrina ético-política de John Locke, tão só os elementos que serviam para justificar o seu poder, e encobriu o restante sob o manto da utopia.

Assim, os cidadãos foram convidados a se ocupar unicamente de suas liberdades privadas, deixando que os assuntos de governo fossem decididos por agentes políticos, considerados oficialmente seus representantes, pelo fato de exercerem suas funções em virtude de uma periódica eleição popular. O direito reconhecido por Locke ao povo, de revogar coletivamente os mandatos parlamentares, ou mesmo de alterar a estrutura do órgão legislativo, passou a ser considerado mera fantasia, ou excesso retórico. Quanto ao direito de resistência à opressão, verdadeira chave de abóbada do edifício político assim teoricamente erigido, ele foi desde logo capitulado, sem apelação, como crime político. Uma vez estabelecida a igualdade formal de todos perante a lei, a antiga separação estamental foi substituída pela desigualdade patrimonial, em muitos sentidos mais opressiva do que aquela. A maioria do povo, à qual, segundo o pensador inglês, competiria decidir todos os assuntos de governo em última instância, tornou-se simples massa de manobra dos homens de fortuna.

Já no tocante à defesa da propriedade individual exclusiva como fonte de riqueza, essa interpretação seletiva do pensamento de John Locke não precisou ser feita. Tudo o que a nova classe burguesa queria era a apresentação do direito de propriedade privada como pura liberdade individual, no mesmo nível da liberdade de expressão, ou de reunião, tal como fez o *Segundo Tratado do Governo*. A extraordinária concentração de poder econômico privado, que o capitalismo desenvol-

53. Idem, § 48.

veu em progressão geométrica após a Revolução Industrial, passou, dessa forma, a ser considerada um autêntico direito natural, protegido e reforçado pelo Estado, como meio de garantia contra o abuso de poder político.

O sofisma era, no entanto, flagrante, e exigia uma refutação em regra. Ela começou a ser feita, no quadro de uma ampla crítica da sociedade moderna, por Jean-Jacques Rousseau.

v. Jean-Jacques Rousseau e a Regeneração do Mundo Moderno

Sob as roupagens de um estilo límpido e candente, desvenda-se um pensamento de grande riqueza e complexidade, ainda não de todo esquadrinhado e compreendido, depois de dois séculos e meio de incessante reflexão e exegese. A beleza da forma literária, que lembra em muitos aspectos o estilo sublime do "divino" Platão, tem sido, paradoxalmente, o alvo preferido dos ataques, antigos e modernos,[1] desfechados contra Jean-Jacques Rousseau. Ele é frequentemente acusado de superficialidade, sobretudo pelos que confundem filosofia com pensamento abstruso; quando não se lhe atribui o propósito deliberado de iludir os leitores com a graça sedutora de suas palavras.

De qualquer modo, para bem situar o seu pensamento na evolução da filosofia ética, convém, preliminarmente, confrontá-lo com Hobbes, do qual representa uma contestação quase ponto por ponto, e também com Kant, cuja concepção ética apresenta uma certa afinidade com a do pensador genebrino.

---

1. Na advertência preliminar das *Cartas escritas da montanha*, em que se defende das acusações publicadas anonimamente pelo procurador-geral Tronchin, da República de Genebra, Rousseau roga aos leitores que ponham de lado o seu belo estilo e examinem apenas se ele raciocina bem ou mal; pois, "do simples fato de que um Autor se exprime em bons termos, não vejo como se pode deduzir que esse Autor não sabe o que diz" (*Lettres écrites de la montagne*, em Jean-Jacques Rousseau, *Oeuvres complètes*, III, *Du contrat social – Écrits politiques*, Gallimard, Bibliothèque de la Pléiade, Paris, 1964, p. 686).

1. HOBBES E ROUSSEAU: A CONTRADIÇÃO SISTEMÁTICA

Quanto à concepção geral do homem e do mundo, assim como em quase tudo que diz respeito à organização política, Rousseau aparece, no século XVIII, como o anti-Hobbes por excelência.

Enquanto em Hobbes o centro de referência ética é sempre o indivíduo, para Rousseau ele é a comunidade.

O pensamento de Hobbes, como o de Maquiavel, parte do postulado da maldade intrínseca da natureza humana. Rousseau, ao contrário, sustenta a bondade natural do homem.

Hobbes defende o progresso material e artístico, como sinal de civilização. Rousseau, em manifesta oposição, condena-o veementemente, por razões de ordem ética.

A legitimação da ordem política, em Hobbes, está sempre acima do povo, situando-se no órgão que concentra todos os poderes, para garantia da segurança individual. Em Rousseau, ela se encontra no próprio povo soberano, a fim de assegurar a liberdade de todos.

2. ROUSSEAU E KANT: CONVERGÊNCIAS E DIVERGÊNCIAS

É conhecida a confissão de Kant, de que teve em sua vida dois mentores intelectuais: Newton e Rousseau. "Newton", disse Kant, "viu pela primeira vez a ordem e a regularidade, combinadas com a maior simplicidade, lá onde, antes dele, só se encontravam a desordem e a exorbitante variedade; desde então, continuam os cometas a seguir uma trajetória geométrica. Rousseau descobriu pela primeira vez, entre a variedade das formas humanas admitidas, a natureza profundamente abscôndita do homem e da lei oculta, em virtude da qual fica justificada a providência, de acordo com as suas observações." Kant reconhece, assim, que foi Rousseau quem, a respeito da natureza humana, o pôs "no bom caminho".[2] E a admiração pelo pensador genebrino permaneceu viva durante toda a sua vida: na sala de estudos de sua casa, em Königsberg, havia um só retrato, o de Rousseau.

Daí a evidente convergência de pensamento entre ambos.

2. Apud E. Cassirer, *Kant, Vida y Obra*, Fondo de Cultura Económica, México, 2ª ed., 1968, p. 111.

Partindo do postulado da existência de uma vontade livre como atributo essencial do ser humano, Rousseau e Kant procuraram fugir do relativismo moral, difundido na Europa após o desaparecimento da civilização medieva. Era preciso encontrar um fundamento absoluto para a ética; e esse fundamento foi apresentado por Rousseau e Kant como uma lei superior: a vontade geral e o imperativo categórico.

Outro traço comum ao pensamento desses autores é a recusa de fundar a ética no método empírico. Rousseau e Kant são, sob esse aspecto, abertamente idealistas. Logo no começo do *Discurso sobre a origem e os fundamentos da desigualdade entre os homens*, Rousseau declara: "Comecemos, pois, por afastar todos os fatos, porque eles nada têm que ver com a questão".[3] Kant, por sua vez, partindo do pressuposto da separação radical entre o mundo do ser e o do dever-ser, rejeita categoricamente o método de se procurar justificar a lei moral pelos costumes, ou pelo exemplo das boas ações.[4]

Mas entre a ética de Rousseau e a de Kant há também claras divergências. Rousseau entende, assim, que a apreensão da verdade moral é feita antes pelos sentimentos que pela razão raciocinante. "O erro da maior parte dos moralistas", escreveu ele, "foi sempre de tomar o homem como um ser essencialmente racional. O homem não passa de um ser sensível, que consulta unicamente as suas paixões para agir, e ao qual a razão só serve para remediar as tolices por elas provocadas."[5] Rousseau, aliás, foi um dos prógonos do estilo romântico na literatura: o seu romance epistolar, *A Nova Heloisa*, representou um dos maiores êxitos literários da época, tendo sido reimpresso 76 vezes até o final do século, sem contar as dezenas de edições apócrifas. Kant, ao contrário, sempre sustentou que somente a razão pura, isto é, expurgada de toda inclinação emotiva ou sentimental, é capaz de encontrar as grandes leis da vida ética.

Além disso, enquanto o imperativo categórico de Kant é uma lei geral e universal, portanto essencialmente abstrata, uma lei que se aplica a todos os povos em todas as épocas, porque fundada na razão pura, a vontade geral de Rousseau só vige para uma comunidade determinada: a pátria.

Finalmente, o juízo ético que ambos fazem sobre a natureza humana é radi-

---

3. *Oeuvres complètes*, III, cit., pp. 134-5.
4. *Grundlegung zur Metaphysik der Sitten*, ed. por Karl Vorländer, Felix Meiner, Hamburgo, 1994, pp. 27 e ss.
5. *Oeuvres complètes*, III, cit., p. 554.

calmente contraditório. Rousseau sustenta que o ser humano nasce bom, mas a sociedade o corrompe. Kant, em sentido oposto, fiel ao pietismo de sua formação religiosa, declara que o mal deita raízes na própria natureza humana.[6]

3. LINHAS MESTRAS DE UM PENSAMENTO REVOLUCIONÁRIO

O pensamento de Jean-Jacques Rousseau é revolucionário, nos dois sentidos políticos que o termo *revolução* adquiriu na era moderna, ou seja, restauração das antigas liberdades e reconstrução completa da ordem tradicional.[7] Aceitando a ideia de um pacto fundador da sociedade política, o genebrino sustentou, ardorosamente, a necessidade de uma restauração da pureza original dos costumes, corrompida pela civilização moderna. Mas essa regeneração não implica uma volta, pura e simples, ao passado; ela é, antes, a refundação da sociedade civil sobre novas bases, segundo o espírito das instituições que vigoraram em Esparta e em Roma, apresentadas como paradigma absoluto.

A verdade é que poucos autores transformaram tão fortemente a realidade social pelas suas ideias quanto Rousseau. Não é exagero reconhecer que o seu pensamento, em matéria de educação e de reforma do Estado, exerceu decisiva influência sobre o curso da história moderna, primeiro no Ocidente e depois no mundo todo.

a) Um moralista ou reformador dos costumes sociais

Uma ideia-força domina todo o pensamento de Rousseau: a sociedade moderna corrompeu a pureza dos costumes antigos. É quase como a transposição do mito do pecado original, que conduziu a humanidade longe do Paraíso primitivo. O homem nasce bom, mas o progresso técnico e artístico desenvolve na sociedade um fermento de corrupção. "A corrupção é doravante a mesma em todos os lugares; já não existem na Europa bons costumes nem virtudes", desabafa no final de sua vida.[8]

6. *Cf. Die Religion innerhalb der Grenzen der blossen Vernunft*, 1ª ed., Königsberg, Friedrich Nicolovius, 1793, pp. 3 e ss.

7. Cf. neste livro, Parte II, cap.II.

8. *Les Confessions*, livro décimo-primeiro, Gallimard (Bibliothèque de la Pléiade), p. 536.

O pessimismo social é, aliás, em Rousseau, um traço permanente de caráter. Em uma de suas primeiras obras, o *Discurso sobre a origem e os fundamentos da desigualdade entre os homens*, ele não hesita em dizer que "a sociedade é natural à espécie humana, como a decrepitude ao indivíduo; os Povos têm necessidade de artes, Leis, Governos, assim como os velhos precisam de muletas".[9] No *Contrato Social*, ele compara o corpo político com o corpo humano, que "começa a morrer desde o nascimento e traz em si mesmo as causas de sua destruição". Não deixa, porém, de acrescentar que ambos "podem ter uma constituição robusta e apropriada para conservá-los por um tempo mais ou menos longo".[10] "Assim como os homens", afirma em outra passagem da mesma obra, "os povos são, em sua maioria, dóceis apenas em sua juventude; eles se tornam incorrigíveis na velhice."[11]

Ora, essa visão pessimista da sociedade moderna opunha-se, radicalmente, ao espírito dos "filósofos da Ilustração" no século XVIII. Segundo eles, a humanidade caminhava de modo seguro para uma era de felicidade universal, graças aos progressos materiais continuamente produzidos pela ciência e pelas artes mecânicas. Rousseau foi um dos raros pensadores de seu século a sustentar exatamente o contrário; o que o fez sofrer, até o fim da vida, a hostilidade quase unânime do meio intelectual europeu.[12]

Seus modelos de civilização, Esparta e Roma, foram sociedades nas quais predominava rígida austeridade moral, no quadro de uma vida essencialmente agrícola. No exato momento em que a Revolução Industrial desencadeava na Europa uma das maiores transformações sociais de toda a História, Rousseau manteve uma visão puramente moralista das atividades econômicas, sustentando uma espécie de mística do trabalho manual: "Em tudo que depende da indústria humana, deve-se proscrever cuidadosamente toda máquina e toda invenção capaz de reduzir o trabalho, poupar mão de obra e produzir os mesmos efeitos com menos esforço".[13] Chega a afirmar, para grande escândalo dos bem-pensantes, que "raciocinando-se logicamente, dever-se-ia fazer o possível para dar pouca duração

---

9. *Oeuvres complètes*, III, cit., p. 232.

10. *Du Contrat social*, edição precedida de um ensaio sobre a política de Rousseau por Bertrand de Jouvenel, Genebra, Les Éditions du Cheval Ailé, 1947, Livro terceiro, cap. XI, p. 296.

11. Idem, Livro segundo, cap. VIII; op. cit., p. 234.

12. *"Ce n'est pas sur les idées d'autrui que j'écris; c'est sur les miennes. Je ne vois pas comme les autres hommes; il y a longtemps qu'on me l'a reproché"* (*Émile ou de l'Éducation*, prefácio).

13. *Oeuvres complètes*, III, cit., p. 525.

e solidez às obras da indústria, de modo a torná-las o mais possível perecíveis, e considerar como verdadeiras vantagens os incêndios, os naufrágios e todos os outros prejuízos que fazem a desolação dos homens".[14] O grande paradoxo é que o capitalismo industrial dos séculos posteriores, em sua busca incessante de um aumento generalizado do consumo, aplicou sistematicamente essa política de produzir, em todos os setores, objetos descartáveis.

Para Rousseau, o grande mal dos tempos modernos era a civilização burguesa, com a sua moral mercantil de favorecimento dos hábitos de luxo e de criação de desejos artificiais, a serem satisfeitos pelos homens de negócio. "O luxo é um remédio muito pior que o mal que pretende curar; ou antes, ele é propriamente o pior de todos os males, em qualquer Estado, grande ou pequeno, que possa existir, pois para alimentar as multidões de Lacaios e de miseráveis que engendrou, oprime e arruína o lavrador e o Cidadão. [...] Da Sociedade e do luxo que ela engendra, nascem as Artes liberais e mecânicas, o Comércio, as Letras; e todas essas inutilidades, que fazem florescer a indústria, enriquecem e perdem os Estados."[15]

É flagrante o contraste dessa visão desconsolada do mundo com o elogio da técnica e da modernidade, manifestado por Hobbes cem anos antes, e desenvolvido ao extremo por Mandeville no começo do século XVIII.[16] Mas a contradição não é menos viva em relação ao pensamento do meio intelectual francês da sua época.

Montesquieu, no *Espírito das Leis*,[17] já havia sustentado que o "comércio cura os preconceitos destruidores; é quase uma regra geral que, em todo lugar onde há costumes amenos (*des moeurs douces*), existe o comércio; e lá onde existe comércio, há costumes amenos". Mais ainda: "O efeito natural do comércio é de levar à paz. Duas nações que negociam juntas tornam-se reciprocamente dependentes: se uma tem interesse em comprar, a outra tem interesse em vender; e todas as uniões são fundadas em necessidades mútuas".[18]

O seu espírito equilibrado, porém, reconhecia que "as leis do comércio aperfei-

---

14. Idem, ibidem.

15. Nota IX ao *Discurso sobre a Origem e os Fundamentos da Desigualdade*, in *Oeuvres complètes*, III – *Du Contrat social, Écrits politique*, Paris, Galllimard (Bibliothèque de la Pléiade), p. 206.

16. Cf. o capítulo seguinte.

17. Quarta Parte, Livro XX, capítulos I e II.

18. Relembre a advertência de Camões, ao justificar o estabelecimento manu militari das colônias de comércio portuguesas no Extremo Oriente: "Quem não quer comércio, busca guerra" (*Os Lusíadas*, canto VIII, 732).

çoam os costumes, da mesma forma que essas mesmas leis o pervertem. O comércio corrompe os costumes puros: era a matéria das queixas de Platão; ele aprimora e ameniza os costumes bárbaros, como vemos atualmente". Do mesmo modo, "se o espírito do comércio une as nações, ele não une os particulares. Vemos que, nos países em que predomina com exclusividade o espírito de comércio, trafica-se com todas as ações humanas, e com todas as virtudes morais: as menores coisas, exigidas pela humanidade, são feitas ou dadas contra pagamento em dinheiro". E acrescentava: "Os políticos gregos, que viviam no governo popular, não reconheciam outra força que pudesse sustentá-los, senão a virtude. Os de hoje nos falam de manufaturas, de comércio, de finanças, de riquezas e até de luxo".[19] E, em outra passagem da mesma obra,[20] ele condenou sem rebuços o espírito mercantil. "Tudo se perde, quando a profissão lucrativa dos mercadores consegue ainda pelas suas riquezas tornar-se uma profissão honesta. Isto pode ser bom nos Estados despóticos, nos quais frequentemente o emprego dos comerciantes constitui uma parte das funções dos próprios governantes. Mas isto não é bom na república; e algo semelhante destruiu a república romana."

Não se pode, aliás, deixar de lembrar que até mesmo os efeitos positivos que Montesquieu emprestava ao comércio, como a pacificação das relações internacionais, foram constantemente desmentidos pela história moderna. Basta considerar que as guerras provocadas pelos dois grandes surtos de imperialismo econômico, nos séculos XVI e XVII, e a partir do século XVIII,[21] estiveram intimamente ligadas à expansão do capitalismo mercantil, no primeiro caso, e do capitalismo industrial, no segundo.

Quanto a Voltaire, contemporâneo de Montesquieu, ele não fazia restrição alguma ao espírito mercantil da civilização burguesa, que conhecera já em estado avançado de desenvolvimento, do outro lado da Mancha. "O comércio, que enriqueceu os cidadãos da Inglaterra", escreveu ele, "contribuiu para torná-los livres, e essa liberdade, por sua vez, expandiu o comércio; de onde se formou a grandeza do Estado."[22]

A declaração de guerra de Rousseau aos valores componentes da civilização

19. Idem, Livro III, cap. V.
20. Livro XIII, cap. XX.
21. No século XVII, com efeito, a Europa conheceu uma grande depressão econômica.
22. *Lettres philosophiques*, dixième lettre, *Sur le commerce*, GF Flammarion, 1964, p. 66.

burguesa foi feita logo em sua primeira obra, a dissertação premiada em um concurso promovido pela Academia de Dijon, em 1750. Os candidatos foram convidados a se pronunciar sobre o seguinte tema: *se o restabelecimento das Ciências e das Artes contribuiu para purificar os costumes*. A resposta negativa de Rousseau, vazada em estilo apaixonado, deve ter seduzido literariamente os examinadores como um brilhante paradoxo. Mas não deixou de suscitar as mais expressas reservas por parte dos seus amigos intelectuais, que dirigiam a composição da *Enciclopédia*, a primeira grande obra da cultura europeia a explicar, pormenorizadamente e com ilustrações, todas as artes e os ofícios mecânicos, em pé de igualdade com as questões filosóficas ou científicas.[23] No *Discurso Preliminar* da *Enciclopédia*, D'Alembert fez questão de "rejeitar os ataques que um escritor eloquente e filósofo lançou, há pouco, contra as ciências e as artes, acusando-as de corromper os costumes." Rousseau, aliás, desde o início, não teve dúvidas quanto à hostilidade implacável que as suas ideias iriam provocar no meio intelectual da época, que começava a ser inteiramente intoxicado pelos valores burgueses. "Prevejo que serei dificilmente perdoado pela posição que ousei tomar. Ao chocar frontalmente tudo o que suscita hoje a admiração dos homens, só posso esperar uma censura universal."[24]

Não importa. O genebrino solitário continuou a avançar impavidamente no mesmo rumo. Era preciso aprofundar a análise das causas da grave doença moral dos tempos modernos. Ora, em seu espírito, a etiologia do mal era uma só: a desigualdade artificialmente criada entre os homens.

Foi o tema de sua segunda declaração de guerra contra a modernidade, o *Discurso sobre a origem e os fundamentos da desigualdade entre os homens*, com o qual concorreu, pela segunda vez, a um concurso lançado pela mesma Academia de Dijon, em 1753.

O tom do libelo acusatório contra as instituições sociais em vigor é dado logo de início:

> Concebo na Espécie humana duas espécies de desigualdade; uma, que denomino natural ou Física, porque estabelecida pela Natureza, e que consiste na diferença das idades, da saúde, das forças do Corpo, e das qualidades do Espírito, ou da Alma. A outra, que se pode chamar desigualdade moral, ou política, porque depende de uma espécie de convenção, e que é estabelecida, ou pelo menos autorizada pelo consen-

---

23. O subtítulo da *Enciclopédia*, aliás, diz tudo: *dictionnaire raisonné des sciences, des arts et des métiers*.

24. Prefácio ao Discurso sobre as Ciências e as Artes.

timento dos Homens. Esta última desigualdade consiste nos diversos privilégios, de que alguns gozam em detrimento dos outros, como o privilégio de serem ricos, mais honrados, mais Poderosos que os outros, ou mesmo de se fazerem obedecer.[25]

Era a primeira vez que um escritor moderno apresentava a riqueza como um privilégio, e sustentava ser a dominação política dos ricos, que Aristóteles considerava a verdadeira oligarquia,[26] uma instituição puramente convencional, contrária à natureza humana.

A matriz de todos os males sociais era, portanto, a propriedade privada:

> O primeiro que, havendo cercado um terreno, teve a ideia de dizer *isto me pertence*, e encontrou gente bastante simples para acreditar nele, foi o verdadeiro fundador da sociedade civil. Quantos crimes, guerras e homicídios; quantas misérias e quantos horrores não teria poupado ao Gênero humano aquele que, arrancando as estacas ou aterrando os valados, tivesse gritado aos seus semelhantes: *Não ouçam esse impostor; vocês estarão perdidos, se se esquecerem de que os frutos pertencem a todos e de que a Terra não pertence a ninguém.*[27]

A dose, desta vez, era excessiva e insuportável. A Academia de Dijon rejeitou liminarmente a monografia. Na ata da sessão em que foram examinados os trabalhos do concurso, ficou registrado: "Ela [a Academia] não terminou de ler [a monografia de Rousseau], em razão de sua extensão e pelo fato de ser contrária à tradição (*en raison de sa mauvaise tradition*)".[28] E Voltaire, a quem Rousseau enviara um exemplar do Discurso, respondeu-lhe por carta de 30 de agosto de 1755: "Recebi seu novo livro contra o gênero humano. [...] Tem-se vontade de andar de gatinhas, quando se lê a sua obra. No entanto, como há mais de sessenta anos deixei de fazê-lo, sinto infelizmente que não saberei retomar esse hábito, e deixo essa marcha natural para os que dela são mais dignos que o Senhor ou eu".

Sarcasmos à parte, a verdade é que o meio intelectual da época não podia

25. In *Oeuvres complètes*, III, cit., p. 131.
26. Cf. *Política*, 1290 b, 1; 1306 b, 25.
27. *Oeuvres complètes*, III, cit., p. 164.
28. Apud Jean Starobinski, Introdução ao Discurso, in Jean-Jacques Rousseau, *Oeuvres complètes*, cit., pp. XLII e XLIII.

deixar de se sentir chocado com esse violento requisitório contra a propriedade privada. As obras políticas de John Locke, em que a propriedade é apresentada como um direito natural do indivíduo e um dos fundamentos da sociedade civil, eram bem conhecidas na França. Para envenenar ainda mais a querela, sucedeu que, no artigo sobre a economia política, publicado na *Enciclopédia* dois anos depois da redação daquele discurso, Rousseau havia afirmado que "a propriedade é o mais sagrado de todos os direitos dos cidadãos, e mais importante, sob certos aspectos, que a própria liberdade".[29] Ao reafirmar a posição de Locke, sustentou aí que "o fundamento do pacto social é a propriedade, e a sua primeira condição, que cada qual seja mantido na tranquila fruição do que lhe pertence".[30]

A antinomia entre essas sucessivas tomadas de posição tem suscitado abundantes críticas e explicações, no correr dos tempos. Seria prudente, porém, procurar saber, preliminarmente, de que propriedade ele fala, em cada um desses discursos. Não parece difícil compreender que o "direito sagrado", invocado no artigo sobre a economia política, representa uma condição vital de subsistência do indivíduo e sua família; ou seja, aquilo que as declarações norte-americanas e francesas do final do século conceberam como um direito humano. Já a outra propriedade, que habilita o seu titular a exercer um poder sobre outrem, longe de se apresentar como direito inerente à condição humana, aparece, bem ao contrário, como um fator de opressão social, um atentado à liberdade "inviolável e sagrada", sendo, em consequência, a causa matriz da desigualdade entre os homens.

Com efeito, a apropriação de terras em extensão superior à que o proprietário pode cultivar, pessoalmente ou com sua família, conduz, de modo inevitável, ao trabalho subordinado de outrem, na condição de servo ou assalariado. É preciso saber que, quando Rousseau escreveu aquela autêntica proclamação revolucionária, ou seja, em meados do século XVIII, a França sofria o mesmo processo de demarcação e apropriação de terras cultiváveis que a Inglaterra conhecera anteriormente, com a supressão das terras comunais, e a transformação dos antigos lavradores autônomos em trabalhadores assalariados.[31]

---

29. A Declaração dos Direitos do Homem e do Cidadão, aprovada pela Assembleia Nacional Francesa no início da Revolução, inspirou-se sem dúvida nesta afirmação enfática de Rousseau, ao qualificar a propriedade como "direito inviolável e sagrado" (art. 17).

30. *Oeuvres complètes*, III, cit., pp. 262-3, 269-70.

31. Esse processo de apropriação das terras comunais atingiu o seu ápice, na Inglaterra, com a mudança dinástica do final do século XVII, como lembrado no capítulo anterior.

Contra essa espoliação do pobre pelo rico — em geral arrendatário de nobres e instituições eclesiásticas — Rousseau se insurgiu, com toda a comburente paixão de que era provido. No mesmo artigo da *Enciclopédia* sobre a economia política, ele ilustra a radical desigualdade nas relações contratuais de trabalho, sob a forma de uma franca explicação, dada pelo rico empregador ao pobre empregado:

> Você tem necessidade de mim, porque sou rico e você é pobre. Façamos, pois, um acordo: permitirei que você tenha a honra de me servir, sob a condição de que me dê o pouco que lhe resta, em paga do trabalho que assumo de ser seu patrão.[32]

Na verdade, a despeito das críticas sempre mais frequentes e ferozes que recebeu, Rousseau continuou a desenvolver a sua denúncia contra a sociedade moderna, que favorecia a acomodação política dos interesses da classe burguesa nas novas instituições estatais, acomodação da qual a Inglaterra oferecia o modelo, após a *Glorious Revolution* de 1688. No capítulo do *Contrato Social* dedicado à democracia,[33] escreveu ele: "Nada há de mais perigoso do que a influência dos interesses privados nos Negócios públicos; e o abuso das leis pelo Governo é um mal menor, do que a corrupção do Legislador, consequência infalível [da preponderância] dos interesses particulares".

No capítulo sobre os deputados ou representantes, da mesma obra (livro terceiro, capítulo xv), ele volta ao tema:

> A partir do momento em que o serviço público deixa de ser a principal atividade dos Cidadãos, e que eles preferem servir com a sua bolsa e não com a sua pessoa, o Estado já está à beira da ruína. É preciso partir para o combate? Eles pagam tropas [de mercenários] e ficam em casa. É preciso comparecer ao Conselho? Eles nomeiam deputados e ficam em casa. À força de preguiça e de dinheiro, eles têm, enfim, soldados para subjugar a pátria e representantes para vendê-la. [...] A palavra *finanças* é de escravo; ela é desconhecida na Cidade. Num Estado realmente livre, os cidadãos fazem tudo com os seus braços e nada com dinheiro. Ao invés de pagarem para se isentar de seus deve-

---

32. Idem, p. 273. Marx fez questão de reproduzir essa passagem no livro i, de *O Capital*, cf. edição brasileira, trad. de Reginaldo Sant'Anna, Civilização Brasileira, livro primeiro, vol. ii, 16ª ed., p. 860, nota 232.

33. Livro terceiro, cap. iv; edição organizada por Bertrand de Jouvenel, cit., p. 265.

res, eles pagarão para cumpri-los. Eu me afasto muito das ideias comuns: para mim, as corveias são menos contrárias à liberdade que os impostos.[34] O Estado é tanto mais bem organizado quanto mais os negócios públicos suplantam os interesses privados no espírito dos Cidadãos. Há, na verdade, muito menos negócios privados, porque a soma da felicidade comum, ao fornecer uma porção mais considerável à felicidade de cada indivíduo, este já não precisa preocupar-se tanto com ela em seus negócios particulares.[35]

Um ano após a publicação do *Contrato Social*, ao redigir o *Projeto de Constituição para a Córsega*, ele aperta ainda no ponto:

Considero as finanças como a gordura do corpo político, a qual, acumulando-se em certas redes musculares, sobrecarrega o corpo de uma obesidade inútil e torna-o mais pesado que forte. [...] Em vez de querer que o Estado seja pobre, desejaria, ao contrário, que ele tivesse tudo e que cada qual possuísse sua parte no bem comum, unicamente na proporção de seus serviços.[36]

Daí o seu conselho insistente para que "a ilha de Córsega, não podendo enriquecer-se com dinheiro, seja rica em homens", segundo a velha advertência de Bodin: *"il n'y a de richesses que d'hommes"*. "O poder que vem da população é mais real do que o que vem das finanças, e produz mais seguramente seus efeitos."[37]

Ora, para se alcançar essa pureza de costumes, inexistente na sociedade moderna, o caminho é um só: a volta à vida agrícola de antanho.

---

34. As corveias eram serviços materiais gratuitos, que os servos eram obrigados a prestar aos senhores em cujas terras viviam, na Europa feudal. A Revolução de 1789 aboliu, com o feudalismo, todas as imposições de prestações pecuniárias ou de serviços, não determinadas por lei. Daí a norma, constantemente repetida nas Constituições, de que "ninguém será obrigado a fazer ou deixar de fazer alguma coisa senão em virtude de lei" (Constituição Federal brasileira de 1988, art. 5º – II). Rousseau voltou ao assunto no *Projeto de Constituição para a Córsega*: *"Que ce mot de corvée n'effarouche point des Républicains! Je sais qu'il est en abomination en France, mais est-il en Suisse? Les chemins s'y font aussi par corvées et personne ne se plaint. L'apparente commodité du payement ne peut séduire que des esprits superficiels et c'est une maxime certaine que moins il y a d'intermédiaires entre le besoin et le service, moins le service doit être onéreux"* (*Oeuvres complètes*, III, p. 932).

35. Op. cit., p. 305.

36. *Oeuvres complètes*, III, cit., pp. 930-1.

37. Idem, op. cit., p. 904.

A proposta não deixa de causar um certo espanto. Com que, então, o revolucionário Rousseau prega a via do regresso para a mudança social? Mas o paradoxo é de simples aparência: o objetivo último e praticamente único de suas críticas e proposições é a regeneração dos costumes. Ele bem sabia que um retorno puro e simples ao passado é radicalmente impossível. Era preciso inspirar-se do espírito dos antigos, adaptando-o às novas condições do presente.[38]

No *Projeto de Constituição para a Córsega*, ele ressalta que a atividade agrícola não é apenas vantajosa para a população pelo fato de multiplicar os seus meios de subsistência, mas também e principalmente porque ela os torna mais patriotas, isto é, mais vinculados ao solo natal do que os habitantes das cidades. Estes, facilmente viciados pelos costumes mercantis, só pensam na satisfação de seus interesses particulares, e tendem a levar uma existência tecida no ócio e nas dissipações. A vida rural, ao contrário, é dominada pela igualdade e a simplicidade de costumes. A cultura da terra forma homens pacientes e robustos; dotados, portanto, das qualidades necessárias para serem bons soldados.[39] Ainda aí, o modelo romano e espartano transparece claramente.

O fundamental, em qualquer circunstância, a seu ver, seria prevenir a desigualdade social e assegurar a prevalência do espírito público sobre o interesse privado. Uma das mais importantes funções do governo, escreveu Rousseau no artigo sobre a economia política da *Enciclopédia*, consiste em "prevenir a extrema desigualdade das fortunas; não mediante a expropriação dos tesouros dos ricos, mas pela supressão de todos os meios de se acumular a riqueza; não pela construção de asilos (*hôpitaux*) para os pobres, mas impedindo-se que os Cidadãos se tornem tais".[40] No final de sua vida, no momento em que Adam Smith preparava a composição da obra que lançaria os fundamentos teóricos do capitalismo, Rousseau não hesitou em reafirmar com vigor a sua constante advertência: "O interesse privado jamais produziu algo de grande e nobre".[41]

A corrupção moral, em suma, sempre pareceu a ele a principal causa de ruína da civilização moderna. Para vencê-la, seria preciso encontrar um critério abso-

---

38. Aristóteles, por exemplo, sustentou que os melhores cidadãos eram os agricultores e que, por conseguinte, a melhor forma de democracia era aquela em que os agricultores exerciam a soberania (*Política* 1318 *b*, 10 ss.)

39. *Oeuvres complètes*, III, cit., pp. 904-5.

40. Idem, p. 258.

41. *Les Confessions*, cit., p. 320.

luto de moralidade, sobre o qual fundar a regeneração social. Esse critério, a seu ver, consistiria na "mudança da natureza humana", no restabelecimento da bondade original do homem. E o método de ação, tal como preconizaram Platão e Aristóteles,[42] seria de duas ordens: a educação e a refundação da sociedade civil. "Aquele que ousa empreender a tarefa de instituir um povo deve sentir-se capaz de mudar, por assim dizer, a natureza humana; de transformar cada indivíduo, que por si mesmo é um todo perfeito e solitário, em parte de um todo maior, do qual esse indivíduo recebe, de certo modo, sua vida e seu ser."[43]

b) A educação como instrumento de regeneração social

A lição dos antigos é irrefutável: há sempre uma íntima ligação entre educação e política, entre a formação do cidadão e a organização jurídica da cidadania. Se a boa natureza original do ser humano foi corrompida pela sociedade moderna, a regeneração dependerá de uma reforma profunda, tanto do sistema educacional, quanto da organização do Estado, pois esses dois setores estão intimamente ligados. A principal tarefa dos Poderes Públicos é educar os cidadãos para a vida política. "É preciso estudar a sociedade pelos homens e os homens pela sociedade: aqueles que querem tratar separadamente a política da moral não compreenderão nunca nada de ambas."[44] O que significa, como é óbvio, que a verdadeira educação é de cunho moral e não técnico. A educação preocupa-se com a única finalidade que importa: o desenvolvimento harmônico de todas as qualidades humanas. A mera instrução, diferentemente, cuida dos meios ou instrumentos. Desviada de sua finalidade maior, ela pode criar autômatos e súditos, nunca cidadãos e homens livres.

A ligação visceral entre educação e política é, portanto, uma das ideias mestras do seu pensamento. Ele a sustentou pela primeira vez no já citado artigo sobre *economia política*, publicado na *Enciclopédia* em 1755:

A pátria não pode subsistir sem liberdade, nem a liberdade sem a virtude, nem a virtude sem os cidadãos; tudo será conseguido, se os cidadãos forem formados; sem isto,

---

42. Cf. supra, Parte i, cap. ii.
43. *Du Contrat social*, livro segundo, cap. vii; op. cit., p. 228.
44. *Émile ou de l'éducation*, Garnier-Flammarion, 1966, p. 306.

só haverá maus escravos, a começar pelos chefes de Estado. Ora, formar cidadãos não é questão que se resolva em um dia; e para termos adultos formados, é preciso começar a instruí-los desde a infância. [...] A educação pública, sob regras prescritas pelo governo, e sob (controle) dos magistrados[45] estabelecidos pelo soberano, é uma das máximas fundamentais do governo popular ou legítimo.[46]

A mesma ideia é retomada em uma de suas últimas obras, *Considerações sobre o governo da Polônia*, composta em 1770 e 1771, e mostra a constância de seu pensamento. No capítulo IV, sob o título *Educação*, lê-se:

> Este é o artigo importante. É a educação que deve dar às almas a força nacional, e dirigir de tal maneira as opiniões e seus gostos, que elas (as almas) sejam patriotas por inclinação, por paixão, por necessidade. Uma criança, ao abrir os olhos deve ver a pátria, e até a morte não deve ver nada mais do que ela. Todo republicano verdadeiro sugou, com o leite de sua mãe, o amor de sua pátria, isto é, das leis e da liberdade.[47]

Esse patriotismo, aliás, é levado por Rousseau às últimas e excessivas consequências, ou seja, ao nacionalismo intratável, hostil a tudo o que é estrangeiro. Vemos despontar aí, em toda a sua violência, o ardor xenófobo da Revolução Francesa, em completa oposição ao ideal universalista e missionário, que inspirou inicialmente os seus líderes.[48] No *Emílio*, encontramos estas palavras terríveis:

> Toda sociedade parcial, quando é estreitamente unida, separa-se da grande. Todo patriota é duro com os estrangeiros: eles não passam de homens, eles nada são a seus olhos. Esse inconveniente é inevitável, mas fraco. O essencial é ser bom em relação àqueles com quem se vive.[49]

---

45. O termo é empregado no sentido do direito público romano, para designar todo aquele que detém uma parcela do poder público.

46. *Oeuvres complètes*, III, cit., p. 259.

47. Idem, p. 966.

48. Permito-me reenviar o leitor às considerações que fiz, a esse respeito, em meu livro *A Afirmação Histórica dos Direitos Humanos*, cit., cap. 5º.

49. Op. cit., pp. 38-9.

E, em nota de rodapé, acrescentou essa observação aguda: "Da mesma forma, as guerras das repúblicas são mais cruéis que as das monarquias", pois as paixões populares costumam ser incontroláveis.

Não foi, portanto, simples coincidência se Rousseau escreveu concomitantemente as suas duas obras principais, *Emílio* e *Do Contrato Social*, e as fez publicar no mesmo ano de 1762.

Emílio é a obra que inaugura a pedagogia moderna. Nela se sustenta que a finalidade última da função educacional é tornar o educando uma pessoa livre e consciente de sua condição de igualdade com todas as outras. A esse princípio supremo do bom sistema educacional corresponde a boa organização do Estado:

> Se se busca saber em que consiste precisamente o maior de todos os bens, aquele que deve ser a finalidade de todo sistema de legislação, ver-se-á que ele se reduz a dois objetos principais, a *liberdade* e a *igualdade*. A liberdade, porque toda dependência particular significa enfraquecer, na mesma proporção, o corpo do Estado; a igualdade, porque a liberdade não pode subsistir sem ela.[50]

As palavras de ordem da Revolução Francesa estavam assim lançadas.[51]

Mas a atividade educacional, note-se bem, só terá êxito se se conformar, estritamente, com a natureza humana. Daí por que a educação dos sentimentos deve preceder a educação da razão, pois aqueles nascem antes desta. A criança sente, antes de refletir. E, na idade adulta, o juízo ético procede, ao mesmo tempo, de uma intuição sentimental e da avaliação racional das ações humanas. "Unicamente pela razão, sem ligação com a consciência, não se pode estabelecer nenhuma lei natural; e todo o direito da natureza não passa de uma quimera, se não se fundar numa necessidade natural do coração humano."[52]

Retomando, em outro contexto, o sentido da célebre fórmula de Pascal — *o coração tem suas razões que a razão desconhece* —,[53] Rousseau antecipou, de certa forma, todo o desenvolvimento da filosofia ética, com a descoberta, na segunda

---

50. *Du Contrat social*, livro segundo, cap. XI, op. cit., p. 245.

51. A Declaração dos Direitos do Homem e do Cidadão, aprovada pela Assembleia Nacional Francesa em 1789, só se refere, em seu art. 1º, à liberdade e à igualdade. A ideia de fraternidade só aparece na Constituição de 1791, e ainda aí a propósito da celebração das festas nacionais.

52. *Émile*, cit., p. 305.

53. Blaise Pascal, *Pensées*, ed. Brunschvicg, Garnier, fragmento nº 277.

metade do século xix, do mundo dos valores. O bom, o justo, ou o moralmente digno, com efeito, não se apreendem apenas pelo raciocínio, mas, sobretudo, por uma empatia do sujeito que julga com as ações por ele julgadas. Todo aquele incapaz de sentir, de imediato, o que há de sublime ou abjeto, de generoso ou perverso nas ações humanas é um louco moral.

Ora, essa necessária educação dos sentimentos insere-se no quadro de um trabalho pedagógico mais amplo, cujo objetivo é incutir no educando o hábito de discernir e julgar, sem a aceitação passiva da autoridade alheia.[54] Caso contrário, ao chegar à idade adulta, o indivíduo será sempre escravo da opinião dominante; ou seja, agirá politicamente como súdito e não como cidadão. Numa extraordinária antecipação do estado de alienação das massas na sociedade moderna, em que o poder político se exerce mais pela manipulação da opinião pública do que pelo uso da força bruta, Rousseau foi o primeiro pensador a enfatizar a importância do trabalho de legitimação ética no campo da política. "O mais forte", advertiu logo no início do *Contrato Social*,[55] "nunca é bastante forte para permanecer sempre no poder (*pour être toujours le maître*), se não transforma sua força em direito e a obediência em dever". Contra o trabalho constante e avassalador de autopropaganda dos detentores do poder, desenvolvido hoje com aterradora eficiência pelos meios de comunicação de massa, só um povo plenamente educado a pensar e a agir com autonomia é capaz de resistir.

Na verdade, o caldo de cultura ideal para o desenvolvimento dos regimes políticos autoritários e inescrupulosos, que inculcam no povo a ideia de que os grupos dominantes têm um direito natural a mandar e todos os demais seres humanos uma disposição inata para obedecer, é a desigualdade estrutural da sociedade. Contra a desigualdade, o melhor remédio é e será, sempre, a educação:

> Sendo todos iguais pela constituição do Estado, devem ser educados juntos e da mesma maneira; e se não se pode estabelecer uma educação pública inteiramente gratuita, é preciso, pelo menos, oferecê-la por um preço que os pobres possam pagar.[56]

---

54. *Émile*, cit., p. 215.
55. Livro primeiro, cap. iii; op. cit., p. 178.
56. *Considérations sur le gouvernement de Pologne et sur sa réformation projetée*, in *Oeuvres complètes*, iii, cit., p. 967.

Recomendação, como se vê, atualíssima, numa época em que a educação, juntamente com a saúde ou a cultura, tendem a tornar-se, com o triunfo do capitalismo globalizado, simples mercadorias, apreciáveis tão só em função de sua capacidade de gerar lucros às empresas que as exploram.

Na verdade, a liberdade do cidadão depende, estreitamente, de uma condição de geral igualdade econômica. Nesse ponto, a oposição de Rousseau ao ideário burguês e ao sistema capitalista é radical. Em uma sociedade realmente livre, insistiu ele, todos vivem do seu próprio trabalho e não da propriedade acumulada. Não há rentistas, nem se admite um direito à transmissão sucessoral de bens:

> O homem e o cidadão, quem quer que seja, não têm outro bem a oferecer à sociedade senão a sua própria pessoa; todos os seus outros bens já fazem parte dela, quer ele queira, quer não; e quando um homem é rico, ou ele não aproveita de sua riqueza, ou o público dela aproveita em comum. No primeiro caso, ele defrauda os outros daquilo de que ele próprio se priva; e, no segundo, ele não lhes dá coisa alguma. Assim, a dívida social continua a lhe pesar por inteiro, enquanto ele não a paga com o seu bem. Mas meu pai, ao ganhá-lo, serviu à sociedade... Seja, ele pagou a própria dívida, mas não a sua. Você deve mais aos outros, do que se tivesse nascido sem bens, pois você nasceu favorecido. Não é justo que o que um homem fez para a sociedade desobrigue outro de pagar a esta o que deve; pois cada qual, sendo devedor de sua própria pessoa, só pode pagar por si, e nenhum pai pode transmitir suas riquezas, que são a prova e o preço do trabalho. [...] Trabalhar é, portanto, um dever indispensável ao homem social. Rico ou pobre, poderoso ou fraco, todo cidadão que vive no ócio é um malandro.[57]

Ele próprio, de resto, deu o exemplo: até o fim da vida foi fiel ao seu ofício de copista de partituras musicais.

Seria essa uma visão utópica da sociedade, um radicalismo absurdo? De modo nenhum, pensava Rousseau. Enquanto os homens de seu tempo acreditavam que o mundo permaneceria sempre o mesmo, sem pensar nas mudanças inevitáveis, e sem prever nem procurar prevenir a revolução iminente, ele teve, quase trinta anos

---

57. Idem, p. 253. Nos fragmentos escritos para o *Projeto de Constituição para a Córsega*, ele reafirma: "As leis concernentes às sucessões devem todas tender a igualar as coisas, de sorte que cada qual tenha algo e que ninguém possua nada em excesso" (*Oeuvres complètes*, III, cit., p. 945).

antes da tomada da Bastilha, uma premonição estupenda: "Aproximamo-nos do estado de crise e do século das revoluções".[58]

Era urgente e indispensável, pois, elaborar novas instituições políticas para a sociedade pós-revolucionária. Foi o que procurou fazer, ao redigir o *Contrato Social*.

c) A refundação da sociedade política

Em toda essa matéria, Rousseau se alinha integralmente com o pensamento clássico: a atividade e as instituições políticas são o que há de mais importante na vida social.[59] Foi durante a sua permanência em Veneza, como secretário do embaixador da França no biênio 1743-4, que ele firmou essa convicção para sempre:

> Percebi que tudo se ligava radicalmente à política, e que, sob qualquer ângulo que se examinasse a questão, nenhum povo seria, jamais, senão o que a natureza do seu governo dele fizesse. Assim, pois, essa magna questão do melhor governo possível me parecia reduzir-se à seguinte: qual é a natureza do governo, capaz de formar o povo mais virtuoso, mais esclarecido, mais sábio, o melhor enfim, tomando-se essa palavra no seu mais amplo sentido? Pareceu-me que essa questão ligava-se estreitamente a esta outra, se é que ambas eram diferentes: qual o governo que, pela sua própria natureza, mantém-se sempre mais próximo da lei? De onde a indagação: o que é a lei?[60]

Mas se os antigos explicavam essa importância primordial da política na vida humana de modo objetivo, pelo fato de ela ordenar hierarquicamente os bens ou interesses, Rousseau revela-se, neste ponto, um homem do seu tempo: o motor de toda a atividade política é um impulso subjetivo, o desejo de conquistar e exercer o poder:

> A via mais geral e mais segura que se tem para satisfazer seus desejos, quaisquer que sejam, é o poder. Assim, a cada paixão a que um homem ou um povo se entrega, se ele as tem realmente vivas, corresponde uma viva aspiração ao poder, quer como fim em si mesmo, se ele é orgulhoso e fútil, quer como meio, se ele é vingativo ou voluptuoso.

58. Idem, p. 252.
59. Cf. Parte I, cap. II.
60. *Les confessions*, cit., livro nono, pp. 396-7.

É, pois, na economia bem compreendida do poder civil que consiste a grande arte do governo, não só para se manter, mas também para difundir em todo o Estado a atividade, a vida; para tornar um povo ativo e laborioso.[61]

Mas se o impulso para a conquista do poder domina toda a cena política, sobre que fundamento levantar a estrutura arquitetônica dessa sociedade nova, na qual a paixão de mando não corre o risco de degenerar em dominação pura e simples? Se todo homem nasce livre, mas encontra-se, em toda parte, em estado de sujeição,[62] qual o ponto de partida para reverter essa situação?

Para Rousseau, são dois os pilares fundamentais, sobre os quais há de se construir a nova sociedade: o postulado de um pacto fundador (o contrato social) e a soberania da vontade geral.

A reinterpretação do postulado do contrato social

A ideia de contrato social, ou pacto fundador, Rousseau a tomou de Hobbes, Locke e Montesquieu, não como um fato histórico, mas como um pressuposto lógico de todo o raciocínio político. Tal como eles, Rousseau não se refere minimamente, ao usar a expressão, a um evento passado, enterrado na pré-história da humanidade, mas à condição lógica de justificação da relação política. "Com efeito", diz ele logo no início do *Contrato Social*,[63] "se não houvesse nenhuma convenção anterior, onde estaria, a menos que a eleição fosse unânime, a obrigação para a minoria de se submeter à decisão da maioria, e como justificar o fato de que cem, que querem um governante, têm o direito de votar por dez, que não o querem de modo algum? A lei da pluralidade dos sufrágios é, ela própria, estabelecida por convenção, e supõe, pelo menos uma vez, a unanimidade".

Mas, ao retomar a ideia de um pacto fundador da sociedade política, lançada pelos pensadores que o precederam, Rousseau emprestou-lhe um sentido original

---

61. *Projet de Constitution pour la Corse, Oeuvres complètes*, III, cit., pp. 938-9.

62. São as interrogações famosas, que abrem como um toque de clarim o *Contrato Social*: "*L'homme est né libre, et partout il est dans les fers. Tel se croît maître des autres, qui ne laisse pas d'être plus esclave qu'eux. Comment ce changement s'est-il fait? Je l'ignore. Qu'est-ce qui peut le rendre légitime? Je crois pouvoir résoudre cette question*".

63. Livro primeiro, cap. VI, op. cit., p. 188.

e altamente simbólico: é uma espécie de batismo cívico, cujo efeito consiste em provocar a ressurreição do homem bom, do homem original do estado da natureza, pervertido pela sociedade moderna.

É de se perguntar se o contrato social ou pacto fundador, nessa concepção, seria a norma suprema, acima da qual nenhuma outra teria força e valor. O genebrino não foi muito claro a respeito. Todavia, pelo menos num passo, ele parece adotar uma opinião contrária. Na sexta das *Cartas escritas da montanha*, em que apresenta sua defesa em resposta às acusações que lhe dirigiu o procurador-geral Tronchin, de Genebra, encontram-se as seguintes afirmações:

> Mas por essa condição da liberdade, que compreende outras tantas, nem todas as espécies de obrigações são válidas, mesmo perante os Tribunais humanos. Assim, para determinar uma obrigação concreta, deve-se explicar a sua natureza, revelar o seu uso e a sua finalidade; deve-se provar que ela é conveniente aos homens, sem contrariar em nada as Leis naturais: pois não é permitido infringir as Leis naturais pelo Contrato Social, assim como não se permite infringir as Leis positivas pelos Contratos dos particulares, dado que não é senão por essas mesmas Leis que existe a liberdade, que dá força à obrigação.[64]

Objeto do pacto fundador é aquele mesmo postulado por Hobbes, ou seja, a alienação total que cada indivíduo faz de todos os seus direitos. Mas Rousseau não podia admitir que o receptor desses direitos individuais, como propôs Hobbes, fosse um soberano situado acima e fora da sociedade civil. Tal seria trocar a condição de dependência natural por um estado de absoluta sujeição convencional.

O magno problema de toda organização política, enfatizou Rousseau, é a possibilidade de se instituir e manter a liberdade de todos em relação a todos. Esse problema pode ser assim formulado:

> Encontrar uma forma de associação que defenda e proteja, com toda a força comum, a pessoa e os bens de cada associado, e pela qual cada um deles, unindo-se a todos, só obedeça, no entanto, a si mesmo, e continue tão livre quanto antes.[65]

---

64. *Oeuvres complètes*, III, cit., p. 807.
65. *Du Contrat social*, livro primeiro, cap. V, op. cit., p. 191.

Para que isso se realize, é indispensável que a própria comunidade seja a receptora da totalidade dos direitos individuais. Só dessa maneira pode-se assegurar a liberdade geral, pois "cada qual, dando-se a todos, não se entrega a ninguém".[66] Para Rousseau, com efeito, só existe liberdade onde houver completa igualdade de posição jurídica. Põe-se aqui, portanto, uma inversão do princípio que fundamenta o direito liberal-capitalista, segundo o qual a liberdade gera a igualdade, e não o contrário.

Nessa perspectiva, o enunciado ideal do pacto fundador, do mesmo modo, só poderia ser uma inversão da fórmula excogitada por Hobbes:

> Cada um de nós põe em comum sua pessoa e todo seu poder, sob a suprema direção da vontade geral; e nós recebemos, coletivamente (*en corps*), cada membro como parte indivisível do todo.[67]

O conflito incessante entre vontade geral e vontade particular

O segundo fundamento da reconstrução do Estado em Rousseau é o que ele chamou, com lamentável impropriedade semântica, *vontade geral*. Não se trata, com efeito, de uma faculdade subjetiva, mas, bem ao contrário, de um princípio ético objetivo, semelhante ao imperativo categórico de Kant, a pairar acima da vontade dos homens. A expressão, aliás, já havia sido usada por Montesquieu em sentido bem diverso do que lhe emprestou Rousseau. Ao discorrer sobre a divisão dos poderes, o autor do *Espírito das Leis* declara que o "poder executivo das matérias que dependem do direito das gentes" nada mais é do que "a vontade geral do Estado"; vale dizer, a expressão decisória da coletividade, manifestada pelo chefe de Estado.[68]

O conceito de vontade geral, em Rousseau, contou com alguns precedentes teóricos, na lógica e na teologia.[69] Não é difícil, também, vislumbrar a sua noção

66. Idem, livro primeiro, cap. VI.

67. Idem, ibidem, op. cit., p. 192.

68. Cf. o capítulo 6 do livro XI, do *Espírito das Leis*, in Montesquieu, *Oeuvres complètes*, vol. II, Gallimard (Bibliothèque de la Pléiade), p. 399.

69. Leiam-se, a esse respeito, as considerações de Bertrand de Jouvenel, no ensaio dedicado ao pensamento de Rousseau, na edição do *Contrato Social* já citada, pp. 105 e ss.

em alguns pensamentos de Pascal.[70] Mas a principal fonte doutrinária foi, indiscutivelmente, o verbete *direito natural*, que Diderot redigiu para a *Encyclopédie*, e que causou em Rousseau a mais viva impressão.[71]

Diderot figurou a hipótese cerebrina de um "homem atormentado por paixões tão violentas, que a própria vida torna-se para ele um fardo por demais oneroso, caso não as satisfaça, e que, para adquirir o direito de dispor da existência dos outros, está pronto a abandonar-lhes a sua própria".

À pretensão imaginária desse personagem violento, Diderot responde que ele não teria legitimidade alguma para fazer com que os outros homens aceitassem a sua proposta, pois é simplesmente absurdo impor aos outros a sua própria vontade. Ninguém pode ser, ao mesmo tempo, juiz e parte numa causa litigiosa.

Em suma, nenhum indivíduo tem o direito de decidir da natureza do justo e do injusto. Esse direito pertence tão só ao gênero humano, pois "o bem de todos constitui a sua única paixão". E prossegue: "As vontades particulares são suspeitas; elas podem ser boas ou más, mas a vontade geral é sempre boa: ela nunca conduziu ao engano, ela jamais o fará".

Com base nessas premissas, Diderot, cedendo à prolixidade, tira nada menos do que nove conclusões:

> 1ª – o homem que não ouve senão a sua vontade particular é inimigo do gênero humano; 2ª – a vontade geral é, em cada indivíduo, um ato de puro entendimento, a refletir, no silêncio das paixões, sobre o que o homem pode exigir de seu semelhante, e sobre o que seu semelhante tem o direito de exigir dele; 3ª – essa consideração da vontade geral da espécie e do desejo comum é a regra de conduta de um particular, relativamente a outro particular na mesma sociedade; de um particular em relação à sociedade da qual ele é membro, e da sociedade a que ele pertence em relação às outras sociedades; 4ª – a submissão à vontade geral vincula todas as sociedades, sem excluir as que são formadas pelo crime. Infelizmente, a virtude é tão bela, que

---

70. Veja-se, por exemplo, a seguinte reflexão: "*Si les pieds et les mains avaient une volonté particulière, jamais ils ne seraient dans leur ordre qu'en soumettant cette volonté particulière à la volonté première qui gouverne le corps entier. Hors de là, ils sont dans le désordre et dans le malheur; mais en ne voulant que le bien du corps, ils font leur propre bien*" (*Pensées*, ed. Brunschvicg, Garnier, fragmento nº 475).

71. No artigo sobre a economia política, da *Enciclopédia*, ele se refere à exposição de Diderot como sendo "a fonte desse grande e luminoso princípio, do qual este artigo é o desenvolvimento" (*Oeuvres complètes*, III, cit., p. 245).

os ladrões respeitam-lhe a imagem no fundo de suas cavernas; 5ª – as leis devem ser feitas para todos e não para um só; de outro modo, esse ser solitário assemelhar-se-ia ao argumentador violento antes referido; 6ª – uma vez que das duas vontades, uma geral e a outra particular, a vontade geral não se engana nunca, não é difícil perceber a qual delas deve pertencer o Poder Legislativo, para a felicidade do gênero humano; e que veneração se deve aos mortos augustos, cuja vontade particular reúne, tanto a autoridade quanto a infalibilidade da vontade geral; 7ª – supondo-se a noção das espécies num fluxo perpétuo, a natureza do direito natural não mudaria, pois seria sempre relativa à vontade geral e ao desejo comum de toda a espécie; 8ª – a equidade está para a justiça como a causa para o seu efeito, ou que a justiça não pode ser outra coisa senão a equidade declarada; 9ª – todas essas consequências são evidentes para aquele que raciocina, e o que não deseja raciocinar, renunciando à qualidade de homem, deve ser tratado como um ser desnaturado.

Eis como se concebe um princípio supremo de vida ética, o qual, apesar de sua denominação equívoca, põe-se sempre acima da vontade humana (a chamada "vontade particular"), e que permanece sempre o mesmo no correr da História, ainda que se admita "a noção das espécies num fluxo perpétuo". Kant, como veremos, inspirou-se nessa construção puramente intelectual para formular o seu conceito de imperativo categórico.[72]

Em Rousseau, a vontade geral distingue-se das vontades particulares não pela quantidade de sufrágios, mas pela qualidade de suas decisões. "Há sempre uma diferença entre a vontade de todos e a vontade geral; esta só vê o interesse comum, enquanto a outra só enxerga o interesse privado".[73] O que generaliza a vontade, portanto, é menos o número de votos que o interesse comum a uni-los.[74]

A vontade geral impõe, assim, a supremacia do bem público sobre o interesse privado. Mas essa supremacia é de direito, não de fato. Sobre isso, Rousseau nunca alimentou a menor ilusão:

Numa legislação perfeita, a vontade particular ou individual deve ser nula, a vontade coletiva, própria do Governo, muito subordinada; por conseguinte, a vontade geral

72. Cf. infra, Parte II, cap. VII.
73. *Du Contrat social*, livro segundo, cap. III; op. cit., pp. 211-2.
74. Idem, livro segundo, cap. IV; op. cit., p. 216.

ou soberana, sempre dominante, é a regra única de todas as outras. Segundo a ordem natural, ao contrário, essas diferentes vontades tornam-se mais ativas, na medida em que elas se concentram. Assim, a vontade geral é sempre a mais fraca, a vontade coletiva vem em segundo lugar e a vontade particular é a primeira de todas: de modo que, no Governo, cada membro é antes de tudo ele mesmo, em seguida Magistrado,[75] e depois cidadão; gradação diretamente oposta à que exige a ordem social.[76]

Na verdade, os mandamentos da vontade geral, como supremo princípio da razão ética, nem sempre são percebidos pelo povo; não por incapacidade deste, mas pela perversão geral dos costumes. Um povo despido de virtudes cívicas é radicalmente incapaz de sentir a pureza desses mandamentos éticos:

> A vontade geral é sempre reta e tende sempre à utilidade pública: mas daí não se segue que as deliberações do povo tenham sempre a mesma retidão. As pessoas querem sempre o seu bem, mas nem sempre o percebem. O povo não é nunca corrupto, mas ele é frequentemente enganado; é somente então que ele parece querer o mal.[77]

Temos, pois, que uma deliberação unânime do povo pode ser perfeitamente ilegítima, quando contraria o princípio ético supremo. Que dizer, então? O povo não deve ser soberano?

Rousseau sentiu a dificuldade e buscou, não sem hesitações e obscuridades, uma solução aceitável para esse problema particularmente delicado. O genebrino é considerado, unanimemente, como o pai da soberania popular, cujo espectro tanto atemorizou os estamentos privilegiados e a própria burguesia, durante a Revolução Francesa.[78] Mas essa noção política de soberania do povo, na lógica do

---

75. Cf. nota 45 supra.

76. Idem, livro terceiro, cap. II; op. cit., p. 260.

77. Idem, livro segundo, cap. III. No artigo sobre a economia política, ele afirma que "basta ser justo para ter a certeza de seguir a vontade geral". E mais: "Desejais que a vontade geral seja cumprida? Fazei com que todas as vontades particulares a ela se relacionem; e como a virtude nada mais é do que essa conformidade da vontade particular à geral, para dizer o mesmo em uma só palavra, fazei com que reine a virtude" (*Oeuvres complètes*, III, cit., pp. 251-2).

78. Tomo a liberdade de remeter o leitor, quanto a essa questão, ao capítulo 5º do meu livro *A Afirmação Histórica dos Direitos Humanos*, cit.

raciocínio de Rousseau, não deveria ser tomada em sentido absoluto, pois acima dela estaria, sempre, o supremo princípio de moralidade, que é a vontade geral.

O texto definitivo do *Contrato Social* não é, porém, nesse particular, isento de ambiguidades, e contém mesmo afirmações contraditórias.

Ao conceituar o soberano, no capítulo sétimo do livro primeiro, Rousseau começa por refutar o argumento pelo qual Bodin rejeitava a possibilidade jurídica de se atribuir ao povo a soberania.[79] "Não se pode aplicar aqui a máxima do direito civil, de que ninguém se vincula às obrigações assumidas consigo mesmo; pois há uma grande diferença entre obrigar-se perante si mesmo, ou em relação ao todo de que se faz parte."[80] Acrescenta, porém, imediatamente, uma observação significativa, que reproduz de modo integral a concepção absolutista que Bodin tinha da soberania, agora aplicada ao povo:

> É preciso notar, ainda, que a deliberação pública, que pode obrigar todos os sujeitos perante o Soberano, em razão das duas diferentes relações sob as quais cada um deles é considerado, não pode, pela razão contrária, obrigar o próprio Soberano perante si mesmo; e que, por conseguinte, é contra a natureza do corpo político que o Soberano se imponha uma lei que ele não possa infringir. Não podendo considerar-se senão sob uma única e mesma relação, ele se encontra, então, no caso de um particular que contrata consigo mesmo; de onde se vê que não há nem pode haver nenhuma espécie de lei fundamental obrigatória para o corpo do povo, nem mesmo o contrato social.

Quem não percebe, aí, a admissão do absolutismo político, com a substituição do monarca tradicional pelo povo irresponsável?

O curioso é que, originalmente, essa concepção absolutista da soberania popular não fora aceita por ele. Nos *Manuscritos de Genebra*, onde se conservam os primeiros esboços de suas obras, a soberania do povo é concebida em termos muito mais comedidos.[81] Rousseau afirmava, então, que "há no Estado uma força comum, que o sustém, uma vontade geral, que dirige essa força, e é a aplicação de uma à outra que constitui a soberania". Assim, pois, de acordo com essa explica-

79. Cf. supra, Parte II, cap. III.
80. *Du Contrat social*, Livro I, cap. VII, op. cit., p. 194.
81. Cf. *Oeuvres complètes*, III, cit., p. 1453.

ção, uma decisão popular contrária à vontade geral, que presidiu à celebração hipotética do contrato social, não pode ser considerada soberana.

Seja como for, é da combinação dessas duas ideias fundamentais do seu sistema ético-político, o contrato social e a vontade geral, que deriva a concepção que Rousseau fazia da liberdade e da igualdade, as duas grandes armas ideológicas de que os revolucionários de 1789 se serviram para derrubar o *Ancien Régime*.

A liberdade e a igualdade no Estado regenerado

A liberdade natural se distingue da liberdade civil, porque enquanto aquela é submetida à vontade particular, e tem por limite unicamente as forças do indivíduo, a liberdade civil submete-se sempre à vontade geral.[82]

Essa submissão é total e irrevogável. "A fim de que o pacto social não seja uma fórmula vã, ele comporta tacitamente esse compromisso, que é o único a dar força aos demais: que todo aquele que se recusar a obedecer à vontade geral será coagido a fazê-lo por todo o corpo [político]; o que não significa outra coisa, senão que ele será forçado a ser livre."[83]

Forçado a ser livre? Como explicar essa contradição de uma liberdade imposta? Não há como negar, a concepção de liberdade política, em Rousseau, não abre o menor espaço ao indivíduo nem aos grupos minoritários. O pensador genebrino rejeita, claramente, a ideia de direitos naturais do homem, tal como formulada por John Locke, segundo vimos no capítulo anterior.

A explicação para isso é que, no Estado concebido por Rousseau, a liberdade é mera decorrência da igualdade de base, estabelecida entre todos os cidadãos; de sorte que, numa sociedade de iguais, seria politicamente impossível que uns oprimissem os outros.

De qualquer modo, tal como a liberdade, para Rousseau a igualdade civil ou

---

82. *Du Contrat social*, livro primeiro, cap. VIII, op. cit., pp. 199-200. É interessante observar que o autodidata Rousseau emprega, nessa passagem, um raciocínio puramente jurídico, ao afirmar que a posse do estado de liberdade natural é unicamente o efeito da força, ou do pretenso direito do primeiro ocupante; ao passo que a liberdade civil, tal como a propriedade, só pode fundar-se num título (no caso, o contrato social). Provavelmente, essa distinção técnica entre posse e propriedade, com ou sem título, lhe tenha sido inspirada por Bodin, que, como se viu, sempre refletiu sobre o direito público e a realidade política com os conceitos do direito privado (cf. Parte II, cap. V).

83. *Du Contrat social*, livro primeiro, capítulo VII, op. cit., p. 197.

política não é um dado e sim um construído. "Em lugar de destruir a igualdade natural", diz ele, "o pacto fundamental, ao contrário, substitui por uma igualdade moral e legítima aquilo que a natureza tinha podido assentar de desigualdade física entre os homens; de modo que, podendo ser desiguais em força ou em gênio, eles se tornem todos iguais por convenção e de direito."[84]

A igualdade jurídica, assim estabelecida, não elimina, portanto, as diferenças naturais entre os indivíduos. O que ela suprime, isto sim, é a relação de dominação e sujeição entre eles. Não se deve entender por igualdade, lê-se em outra passagem do *Contrato Social*,[85] "que os graus de poder e de riqueza sejam absolutamente os mesmos, mas que, quanto ao poder, ele esteja abaixo de toda violência e só se exerça em razão da posição social (*le rang*) e das leis; e quanto à riqueza, que cidadão algum seja tão opulento a ponto de poder comprar um outro, e nenhum tão pobre a ponto de ser constrangido a vender-se".

Seria possível introduzir essa mudança radical na sociedade moderna, corrompida por profundas desigualdades? O exame atento do conjunto das obras de Rousseau mostra que ele não ocultou, a esse respeito, um sentimento de profundo pessimismo.

No citado artigo sobre *economia política*, publicado na *Enciclopédia* em 1755, encontram-se as seguintes afirmações:

> O que há de mais necessário e talvez de mais difícil, no governo, é uma integridade severa para fazer justiça a todos, e, sobretudo, para proteger o pobre contra a tirania do rico. O maior mal já está feito, quando há pobres a defender e ricos a conter. É sobre a mediocridade, unicamente, que se exerce toda a força das leis; elas são igualmente impotentes contra os tesouros do rico e contra a miséria do pobre; o primeiro as elude, o segundo delas escapa; um rompe a rede, enquanto o outro a atravessa.[86]

No *Emílio*,[87] então, esse pessimismo é levado às últimas e desesperadoras conclusões:

---

84. *Du Contrat social*, livro primeiro, cap. IX, op. cit., p. 204.
85. Livro segundo, cap. XI, op. cit., p. 245.
86. *Oeuvres complètes*, III, cit., p. 258.
87. Op. cit., p. 307.

Há no estado civil uma igualdade de direito quimérica e vã, porque os meios destinados a mantê-la servem, eles próprios, para destruí-la, e porque a força pública, atribuída ao mais forte para oprimir o fraco, rompe a espécie de equilíbrio que a natureza havia posto entre ambos. [...] A multidão sempre será sacrificada à minoria, e o interesse público ao interesse particular; sempre, as palavras especiosas de justiça e de subordinação servirão de instrumento à violência e de armas à iniquidade.

E em nota a essa passagem, acrescentou de modo peremptório:

O espírito universal das leis de todos os países é o de favorecer sempre o forte contra o fraco, e aquele que tem posses contra o que nada tem: este inconveniente é inevitável e sem exceção.

No *Projeto de Constituição para a Córsega* aparece essa mesma visão sombria da realidade política:

O poder civil se exerce de duas maneiras: uma legítima, pela autoridade, a outra abusiva, pelas riquezas. Por toda parte em que as riquezas dominam, o poder e a autoridade são ordinariamente separados, porque os meios de adquirir a riqueza e os meios de alcançar a autoridade, não sendo os mesmos, são raramente empregados pelas mesmas pessoas. Então, o poder aparente fica nas mãos dos magistrados,[88] e o poder real nas dos ricos. Em um governo desses, tudo avança ao sabor das paixões dos homens, nada tende à finalidade da instituição.

Sucede, então, que o objeto da cobiça se divide: uns aspiram a conseguir a autoridade para vender seu uso aos ricos e para se enriquecerem eles próprios por esse meio; outros, em maior número, buscam diretamente as riquezas, com as quais estão seguros de possuir um dia o poder, para comprar, quer a autoridade, quer aqueles que a detêm.[89]

Como se vê, Karl Marx não foi mais explícito ao analisar o regime político da sociedade burguesa.

No *Contrato Social,* todavia, a terrível questão não é tida como insolúvel. Se o abuso é inevitável, daí não se segue que se não deva pelo menos estabelecer regras

88. Vide nota 41 supra.
89. *Oeuvres complètes,* III, cit., p. 939.

para coibi-lo. "É precisamente porque a força das coisas tende sempre a destruir a igualdade, que a força da legislação deve sempre tender a mantê-la."[90] Sábia advertência, que o liberalismo desenfreado afastou arrogantemente, com desastrosas consequências para as classes e os povos pobres do mundo inteiro.

Temos, portanto, que todo o equilíbrio social, na igualdade, depende da força das leis. Mas o que se deve entender por lei? Seria qualquer norma editada pelos representantes do povo, como se passou a sustentar após a Revolução Francesa?

O retorno à concepção clássica da lei

Para Rousseau, não há a menor dúvida, a lei autêntica nada mais é do que a expressão da vontade geral. Daí por que um Estado bem governado carece de muito poucas leis.[91] A vontade geral expressa-se em princípios superiores que, ligados necessariamente ao bem comum, jamais descem a pormenores regulamentares.

A verdadeira lei, portanto, tal como a conceberam os filósofos gregos,[92] é uma manifestação da razão, confirmada por longa tradição. Os usos e costumes formariam, segundo Rousseau, "a mais importante de todas as leis, aquela que se grava não sobre o mármore nem sobre o bronze, mas nos corações dos cidadãos". É ela que "faz a verdadeira constituição do Estado".[93]

É curioso verificar que a concepção contratual da sociedade se coaduna, de certo modo, com o sentido etimológico de *lex*, na língua latina. Em sua primitiva acepção, a palavra estava ligada à ideia de convenção, de pacto celebrado entre duas pessoas ou dois grupos sociais. Nesse sentido, *lex* difere de *ius* (direito), que significava nos primórdios uma fórmula ditada, e de *mos*, isto é, o uso ou costume consagrado.[94]

---

90. Livro segundo, cap. XI, op. cit., p. 246.

91. *"Si l'on me demandait quel est le plus vicieux de tous les Peuples, je répondrois sans hésiter que c'est celui qui a le plus de Loix. La volonté de bien faire supplée à tout, et celui qui sait écouter la loi de sa conscience n'en a guère besoin d'autres, mais la multitude des Loix annonce deux choses également dangereuses et qui marchent presque toujours ensemble, savoir que les Loix sont mauvaises et qu'elles sont sans vigueur"* (Oeuvres complètes, III, cit., p. 493).

92. Veja-se Parte I, cap. II.

93. *Du Contrat social*, livro segundo, cap. XII; op. cit., p. 250.

94. Sobre tudo isso, ver o *Dictionnaire etymologique de la langue latine* de A. Ernout e A. Meillet, 3ª ed., Paris, Librairie C. Klincksieck, 1951.

Mas como apreender o sentido da vontade geral? Será a multidão capaz de senti-la e interpretá-la?

Ainda neste ponto, Rousseau rejeita os usos modernos e volta à concepção dos clássicos. Da mesma maneira que, para Aristóteles, a razão raciocinante pode se aplicar ao objeto da ciência, mas é incapaz de lhe apreender os princípios, aos quais só se pode aceder por aquela faculdade que os gregos denominavam *noos* (νόος), que se poderia traduzir aqui por razão intuitiva;[95] da mesma forma que, para os escolásticos, todo homem tem uma inclinação natural ao bem, independentemente de raciocínio (sindérese),[96] assim também, para Rousseau, a lei autêntica, como expressão da vontade geral, não é objeto de demonstrações racionais, mas revela-se ao povo de modo imediato, em momentos privilegiados de sua existência, nos quais a intuição do bem comum suplanta a adesão a interesses particulares. Quando, ao contrário, são os interesses privados que prevalecem, "faz-se passar falsamente, sob o nome de Leis, decretos iníquos, que só visam ao interesse particular". Nesses momentos, "a vontade geral emudece".[97]

A fórmula, como assinalou um autor,[98] é bem sugestiva: ela evoca um oráculo. Mesmo quando os homens não conseguem ouvir a vontade geral, nem por isso ela cessa de existir. O essencial é querer interrogá-la, e saber interpretar as respostas dadas às perguntas assim feitas. "A lei de ordem pública, nas assembleias, não visa tanto a que a vontade geral seja nela mantida, quanto a fazer com que ela seja sempre interrogada e que ela responda sempre".[99]

Entendida como expressão autêntica da vontade geral, a lei é, pela sua própria natureza, um penhor de liberdade:

> As pessoas são livres quando obedecem às Leis e não quando obedecem a um homem, porque neste último caso obedeço à vontade alheia, enquanto que, ao obedecer à Lei, obedeço tão só à vontade pública, que é tão minha quanto de qualquer outro. Aliás, um senhor pode permitir a um o que proíbe a outro, ao passo que, pelo fato de a lei

95. Cf. *Ética a Nicômaco*, 1141 *a*, 1-8.

96. Cf. supra, parte I, cap. IV.

97. *Du Contrat social*, livro quarto, cap. I, op. cit., p. 321,

98. Bertrand de Jouvenel, no ensaio sobre a política de Rousseau, na edição citada do *Contrato Social*, p. 110.

99. *Du Contrat social*, livro quarto, cap. I; op. cit., p. 322.

não fazer acepção de pessoas, a condição de todos é igual e, por conseguinte, não há senhor nem servo.[100]

Entendida nesse preciso sentido de legítima expressão da vontade geral, logicamente nenhuma lei autêntica pode ser injusta, pois "ninguém é injusto contra si mesmo".

Todavia, uma outra conclusão, tirada da mesma premissa, revela-se incoerente: "Um povo pode, a todo momento, mudar suas leis, mesmo as melhores; pois, se lhe apraz prejudicar-se a si mesmo, quem tem o direito de impedi-lo?". Se a verdadeira lei nada mais é do que a expressão da vontade geral, e se esta não pode errar (afirmação peremptória de Diderot, retomada por Rousseau *ipsis verbis* no livro segundo, capítulo terceiro, do *Contrato Social*), como poderia a lei prejudicar o povo?

Mas, admitindo-se que a verdadeira lei é a expressão da vontade geral, há, sem dúvida, uma questão política de fundamental importância: quem tem legitimidade para legislar? Obviamente só o povo, pois só ele recebeu em bloco, pelo contrato social, a totalidade dos direitos pertencentes, no estado da natureza, a cada indivíduo. Quanto a essa questão fundamental, a lógica do sistema concebido por Rousseau não admite outra resposta.

Mas isso não significa admitir que a legislação votada pelo povo obedeça sempre aos ditames da vontade geral. "De que modo uma multidão cega, que amiúde não sabe o que quer, porque raramente sabe o que é bom para si, levaria avante um empreendimento tão grandioso, tão difícil, quanto um sistema de legislação? De si mesmo o povo quer sempre o bem, mas de si mesmo nem sempre o enxerga."[101]

E o raciocínio prossegue, levando o argumento à sua conclusão radical:

Para descobrir as melhores regras de sociedade que convêm às nações, seria mister uma inteligência superior, que visse todas as paixões dos homens e não experimentasse nenhuma; que não tivesse relação alguma com a nossa natureza e a conhecesse a fundo; cuja felicidade fosse independente de nós e que, no entanto, quisesse de bom grado se ocupar da nossa; uma inteligência, enfim, que, reservando para si no

---

100. *Oeuvres complètes*, III, cit., p. 493.
101. Idem, livro segundo, cap. VI; op. cit., p. 226.

progresso dos tempos uma glória distante, pudesse trabalhar num século e fruir no outro. Seriam necessários Deuses para dar leis aos homens.[102]

O emprego do verbo no modo condicional já indica que, nessa matéria, o ótimo é inimigo do bom. Embora não sendo ateu nem ímpio, como as autoridades civis e eclesiásticas de seu tempo o declararam, Rousseau não podia acreditar que o Senhor do Universo se dignasse ocupar-se dos mesquinhos assuntos humanos. O privilégio de mando político por direito divino não passava, aos seus olhos, de um embuste doutrinário. Assim, malgrado todas as suas deficiências e fraquezas, o povo tem legitimidade, sim, para dar leis a si próprio.

Mas — note-se bem — essa legitimidade é exclusiva e indelegável. O poder legislativo é inerente à soberania, e esta, submetida de direito aos mandamentos da vontade geral, é inalienável. "Afirmo que a soberania, não sendo senão o exercício da vontade geral, não pode jamais ser alienada, e que o Soberano, que nada mais é do que um ser coletivo, só pode ser representado por si mesmo: é possível sem dúvida transferir o poder, mas não a vontade."[103]

Sobre este ponto, Rousseau é intratável. Não poupando invectivas à representação popular, que à época era a grande bandeira política da burguesia e dos *philosophes* contra o absolutismo monárquico, o genebrino avançou nesse campo como um cavaleiro solitário:

A Soberania não pode ser representada, pela mesma razão que ela não pode ser alienada: ela consiste essencialmente na vontade geral, e a vontade não se representa de forma alguma; ela é a mesma, ou é outra; não há meio-termo. Os deputados do povo não são, pois, nem podem ser seus representantes, nada mais são do que seus comissários;[104] eles nada podem concluir definitivamente. Toda lei que o Povo pessoalmente não ratificou é nula; não é lei.[105]

---

102. Idem, livro segundo, cap. VII; op. cit., p. 227.
103. Idem, livro segundo, cap. I; op. cit., p. 206.
104. Não é sem importância observar que os membros do primeiro governo soviético, após a revolução de outubro, foram denominados comissários, não ministros.
105. Na verdade, a recusa de uma representação de vontades é mais outro romanisno de Rousseau. No direito romano primitivo, não havia mandatários, mas apenas núncios, isto é, porta-vozes.

E conclui essa apaixonada diatribe com as afirmações que tanto chocaram os contemporâneos:

O povo inglês pensa ser livre, mas se engana redondamente; ele só é livre durante a eleição dos membros do Parlamento: imediatamente após essa eleição, ele é escravo, fica reduzido a nada. Nos breves momentos de sua liberdade, o uso que dela faz bem merece que a perca.[106]

Nas *Considerações sobre o Governo da Polônia*, ele reincide no ataque:

Não posso deixar de me espantar diante da negligência, da incúria e, ouso dizer, da estupidez da Nação Inglesa que, depois de ter equipado os deputados com o poder supremo, não acrescenta nenhum freio para regular o uso que eles poderão dele fazer durante os sete anos inteiros que dura a sua comissão.[107]

A verdade é que os leitores de Rousseau, de ontem e de hoje, dificilmente entendem a concepção do Estado ideal, apresentada em suas obras. As palavras designadoras das instituições políticas — lei, governo, soberano, por exemplo — são tomadas no sentido da linguagem comum, quando no vocabulário próprio de Rousseau sua acepção é bem diferente. Aliás, logo no início do capítulo do *Contrato Social* consagrado ao "governo, em geral",[108] escreveu ele: "Advirto ao leitor que este capítulo deve ser lido pausadamente (*posément*), e que não possuo a arte de ser claro para quem não quer prestar atenção".

Que significa *governo*, para o autor do *Contrato Social*? Simplesmente, "um corpo intermediário, estabelecido entre os súditos e o Soberano para sua correspondência mútua, encarregado de executar as leis e de manter a liberdade, tanto civil, quanto política".[109] O povo, com efeito, é, alternadamente, soberano e súdito: ele edita as leis às quais deve obedecer.

---

106. *Du Contrat social*, livro terceiro, cap. xv; op. cit., p. 307. Comentário de Voltaire à margem dessa passagem: "Parece muito estranho que ocorra ao autor do *Contrato Social* dizer que todo o povo inglês deveria reunir-se em Parlamento, e que ele deixa de ser livre quando o seu direito consiste em se fazer representar no Parlamento pelos deputados. Desejaria ele que 3 milhões de cidadãos viessem votar em Westminster? Os camponeses, na Suécia, fazem-se presentes (no Parlamento) por forma diversa da deputação?" (op. cit., p. 307, nota 1).

107. *Oeuvres complètes*, iii, p. 979.

108. Livro terceiro, cap. i; op. cit., p. 251.

109. Ibidem, p. 252.

Na concepção de Rousseau, repita-se, nem toda norma emanada do povo é lei. Só tem esse caráter a que exprime um mandamento da vontade geral. Ora, esta não se expressa sobre nenhum assunto particular ou privado, mas somente sobre as matérias de relevante interesse público. Por conseguinte, num Estado bem ordenado, a legislação é necessariamente escassa. Fazendo sua a concepção dos antigos,[110] ele sustenta, como vimos, que a abundância de normas denominadas leis é o sintoma mais evidente da corrupção de um regime político.[111]

Mas se a legislação é um ato do povo, e ninguém tem legitimidade para falar em seu nome, o poder de dar execução às leis não deve pertencer ao povo; e isto por duas razões. Em primeiro lugar, porque o povo soberano só deve manifestar-se sobre assuntos de interesse geral, sem descer às minúcias de atos particulares, sob pena de corromper-se. Em segundo lugar, porque não se pode imaginar que o povo permaneça reunido o tempo todo para decidir sobre questões de aplicação da lei. Assim, tudo o que é propriamente matéria de governo, no sentido de mera execução das leis, deve ser da competência de comissários do povo, revogáveis a qualquer momento, e cujo poder é suspenso de pleno direito quando o povo se reúne para deliberar.[112]

Entendida na acepção particular de um regime político em que o povo decide diretamente sobre todos os assuntos de governo, a democracia "nunca existiu nem existirá jamais".[113] Mas essa noção de regime democrático é errada. Confunde-se, aí, o soberano com o governo, o Poder Executivo com o Legislativo; o que não pode existir em Estado algum. "Uns imaginam que uma Democracia é um Governo em que todo o Povo é Magistrado[114] e Juiz. Outros só veem a liberdade no direito de eleger seus chefes, e, pelo fato de estarem submetidos unicamente a Príncipes, creem que aquele que comanda é sempre o Soberano. A Constituição democrática é certamente a Obra-prima da arte política; todavia, quanto mais o artifício é admirável, menos é dado a todos os olhos de enxergá-lo interiormente."[115]

---

110. Cf. supra, Parte I, cap. I.

111. Cf. nota 91 supra.

112. "No momento em que o Povo se reúne legitimamente em corpo Soberano, toda jurisdição do Governo cessa; o poder executivo fica suspenso, e a pessoa do último Cidadão é tão sagrada e inviolável quanto a do primeiro Magistrado, porque onde se encontra o Representado, já não há Representante" (ibidem, livro terceiro, cap. XIV; op. cit., 303.

113. Ibidem, livro terceiro, cap. IV; op. cit., p. 266.

114. Cf. supra, nota 45.

115. *Lettres écrites de la montagne, huitième lettre*, in *Oeuvres complètes*, cit., pp. 837-8.

Ora, a inclinação natural de todo aquele que detém o Poder Executivo por delegação popular é de se apropriar desse poder, cujo exercício lhe foi confiado. Em todos os países, o governo age e conspira contra a soberania popular, da mesma forma que a vontade particular age e conspira incessantemente contra a vontade geral. "Eis aí o vício inerente e inevitável que, desde o nascimento do corpo político, tende sem cessar a destruí-lo, assim como a velhice e a morte destroem, enfim, o corpo humano."[116]

Exatamente por isso, o povo não deve, jamais, abrir mão de seu poder de legislar, pois a verdadeira lei é uma garantia permanente da liberdade. "Um povo livre obedece, mas não vive como servo; ele tem chefes, mas não senhores; ele obedece às Leis, mas só obedece a elas, e é pela força das Leis que ele não obedece aos homens."[117]

A falsa separação entre o povo legislador e os comissários, por ele nomeados para exercerem as funções de execução das leis, está, assim, na raiz das objeções que a sociedade moderna levanta contra esse regime de autolegislação popular. Mas será ele realmente factível? Pode o povo abandonar seus afazeres particulares para dedicar-se diretamente à causa pública, ainda que tão somente nos assuntos de grande relevância para toda a coletividade?

Rousseau sentiu a dificuldade do problema assim levantado. Para solucioná-lo, o seu pensamento voltou-se, como de costume, aos seus modelos constantes, Roma e Esparta. Ele acabou, porém, ao assim proceder, enredando-se num dilema absurdo, e renegou as premissas fundamentais de sua concepção da vida política, na qual todos abrem mão, reciprocamente, de seus direitos, para que todos possam ser realmente livres.

Em Roma e nas cidades gregas, os cidadãos, isto é, os que tinham direitos políticos, eram poucos, e podiam facilmente reunir-se em praça pública para debater e decidir as questões de interesse público. Nos Estados modernos, de grande extensão territorial e muito populosos, isso se tornou impraticável, e Rousseau não concebia outra forma de deliberação popular além desta. Era, sem dúvida, impossível prever, no século XVIII, que o progresso técnico acabaria por engendrar um sistema complexo de telecomunicação para uma sociedade de massas. Mas como a preparação dos Estados Gerais de 1789 na França veio demonstrar, o povo, mesmo na

---

116. *Du Contrat social*, livro terceiro, cap. X; op. cit., p. 292.
117. *Lettres écrites de la montagne, huitième lettre*, in *Oeuvres complètes*, III, cit., p. 842.

zona rural, podia reunir-se nas paróquias para manifestar, nos *cahiers de doléances*, suas queixas e propostas de mudança, não a respeito de assuntos propostos pelo governo, mas no tocante ao funcionamento de todas as instituições do reino, sem reservas. Cerca de 40 mil registros de queixas e acusações foram então compilados, revelando no *Tiers État* uma notável convergência de críticas sobre a injustiça dos privilégios feudais das duas primeiras ordens do reino: o clero e a nobreza.[118]

Por outro lado, na Grécia e em Roma, as tarefas materiais e os trabalhos penosos eram realizados por escravos, o que deixava aos cidadãos todo o tempo disponível para se dedicarem aos assuntos da cidade. Que dizer diante disso? A liberdade política de uns deve ser preservada à custa da liberdade pessoal de outros? Rousseau não hesita em responder afirmativamente. É preferível, sim, afirma ele, ter escravos do que perder inteiramente a liberdade política. "Vós, povos modernos, não tendes escravos, mas vós sois escravos: pagais a liberdade deles com a vossa. Podeis exaltar essa preferência; de minha parte, vejo nela mais covardia que humanidade."[119]

A proposta da ditadura e do tribunato como instituições do novo Estado

Não foi só em matéria de legislação que Rousseau se inspirou nos antigos para a elaboração de seu projeto político. Dos romanos veio-lhe também a ideia da instituição do tribunato e da ditadura.

Os tribunos, em sua concepção, deveriam exercer uma espécie de poder moderador, impedindo os excessos dos demais poderes. Montesquieu, aliás, já havia assinalado essa especificidade do poder tribunício. Em confronto com a "faculdade de estatuir", que é "o direito de ordenar por si próprio, ou de corrigir o que foi ordenado por outro", os tribunos de Roma tinham a "faculdade de impedir", isto é, "o direito de tornar nula uma resolução tomada por outrem".[120]

Quanto à ditadura, Rousseau a admite, segundo a expressão romana, como último recurso para a salvação da pátria: *salus populi suprema lex*. O poder ditatorial,

118. Cf. *1789 – Les Français ont la parole, cahiers des États Généraux présentés par Pierre Goubert et Michel Denis*, Collections Archives, Julliard, 1964.

119. *Du Contrat social*, livro terceiro, cap. xv; op. cit., p. 309.

120. *De l'Esprit des lois*, livro xi, cap. 6, in Montesquieu, *Oeuvres complètes*, ii, Gallimard, 1951, p. 401.

segundo ele, teria duas modalidades: ou as prerrogativas do governo já existente seriam reforçadas, concentrando-se na pessoa de um ou dois de seus integrantes, ou, quando o perigo se revelasse maior, nomear-se-ia um chefe supremo, "que faria calar todas as leis e suspenderia momentaneamente a autoridade Soberana".[121]

Os revolucionários franceses utilizaram-se, sucessivamente, de ambas as formas de ditadura. Com a invasão do território nacional pelos exércitos das monarquias vizinhas, em 1793, o Comitê de Defesa Geral, na Convenção, foi transformado em Comitê de Salvação Pública" (*Comité de salut public*). Ele passou a acumular todos os poderes de governo e a deliberar em segredo. "É pela violência", exclamou Marat, "que deve ser estabelecida a liberdade; é chegado o momento de se organizar, momentaneamente, o despotismo da liberdade, para esmagar o despotismo dos reis."[122] Iniciava-se o regime do Terror. Num segundo momento, com a execução de Robespierre na famosa jornada de 9 *Thermidor* (27 de julho de 1794), o regime encaminhou-se lentamente para a outra forma de ditadura, na pessoa do general Bonaparte, que acabou por se sagrar imperador.

Decididamente, o alvitre lançado por Rousseau, da instituição da ditadura como remédio heroico, revelou-se muito pior que a doença política que ele procurava debelar.

Outro romanismo, preconizado no *Contrato Social* (livro quarto, capítulo VII), foi a reabilitação da censura. Ao contrário do seu uso moderno, que consiste em proteger o governo, civil ou eclesiástico, contra as críticas e a livre opinião do povo, a função da censura, na concepção política de Rousseau, visava a proteger o povo soberano contra a prepotência dos poderosos, que procuram mudar os usos e costumes tradicionais para reforçar seus privilégios:

> Assim como a declaração da vontade geral se faz pela lei, a declaração do julgamento público faz-se pela censura; a opinião pública é uma espécie de lei, da qual o Censor é o Ministro, e que ele se limita a aplicar aos casos particulares, a exemplo do Príncipe. O tribunal censório, ao invés de ser o árbitro da opinião do povo, é o seu porta-voz; e assim que ele se desvia dela, suas decisões são vãs e sem efeito algum.[123]

---

121. *Du Contrat social*, livro quarto, cap. VI; op. cit., pp. 348-9.

122. Cf. François Furet e Mona Ozouf, *Dictionnaire critique de la Révolution Française*, verbete *Comité de Salut Public*, Flammarion, 1988, p. 523.

123. Op. cit., pp. 353-4.

Ainda aí, como se vê, não se há de abrir nenhuma separação entre política e moral.

A instituição da religião cívica

Pois foi em obediência a essa mesma preocupação de restabelecimento da unidade ética de origem, que Rousseau defendeu a existência de uma religião ligada à cidadania.[124]

A religião, sustentou ele nas *Cartas escritas da montanha*,[125] tirante a forma do culto, que não passa de cerimonial, tem duas partes, o dogma e a moral. Os dogmas, por sua vez, subdividem-se também em duas classes: os que declaram os princípios de nossos deveres, e servem, portanto, de base para a moral, e os que dizem respeito à fé tão somente, sendo, pois, de natureza especulativa. Ora, "quanto à parte da Religião que diz respeito à moral, ou seja, a justiça, o bem público, a obediência às Leis naturais e positivas, as virtudes sociais e todos os deveres do homem e do Cidadão, isso pertence à esfera do Governo: é somente quanto a esse ponto que a Religião submete-se, diretamente, à sua jurisdição, e que ele [governo] deve banir, não o erro, do qual não é juiz, mas todo sentimento nocivo que tenda a romper o vínculo social".

Entenda-se bem o sentido dessa proposta política. Não se trata de instituir uma religião de Estado, tal como existia então na França e nos cantões suíços, e em virtude da qual Rousseau foi perseguido como veiculador de ideias ímpias. O objetivo não é, minimamente, o de reforçar o poder dos chefes civis ou eclesiásticos, mas o de proteger o patrimônio moral do povo, cristalizado em longa tradição de usos e costumes. A religião não é do Estado e sim dos cidadãos e daquela nação por eles formada. Sobre este ponto, não há, no fundo, nenhuma oposição às ideias defendidas por Locke.[126]

Assim os revolucionários de 1789 a entenderam, num primeiro momento, ou seja, até a ruptura com a monarquia, em consequência da tentativa de fuga de Luís XVI para o estrangeiro, no verão de 1791. As "festas federativas" uniam a cele-

124. Veja-se o *Contrato Social*, livro quarto, cap. VIII.
125. *Oeuvres complètes*, III, cit., pp. 694-5.
126. Veja-se o capítulo anterior.

bração da pátria e do Deus cristão; entoava-se o *Te Deum* e prestava-se um juramento cívico, enquanto as crianças eram sucessivamente batizadas e apresentadas ao povo no altar da pátria. [127]

É verdade que a tradicional inclinação galicana da Igreja Católica francesa muito favoreceu esse casamento da revolução com a religião. Mas a lua de mel não podia durar muito tempo. O próprio Rousseau havia afirmado a incompatibilidade de gênios, e anunciado o divórcio inevitável. Para ele, a expressão "república cristã" é contraditória. "O Cristianismo só prega a servidão e a dependência. Seu espírito é por demais favorável à tirania, para que ela não se aproveite sempre disso. Os verdadeiros Cristãos são feitos para serem escravos; eles sabem disso e não se perturbam minimamente; esta vida breve é de muito pouco valor a seus olhos."[128]

4. O PARADOXO ROUSSEAU

Raramente, na história do pensamento, um autor suscitou tantas contradições quanto Jean-Jacques Rousseau.

Admirador incondicional dos antigos, de suas virtudes, costumes e instituições, e acusador implacável da corrupção moderna, ele foi, não obstante, incontestavelmente, um dos fundadores da modernidade.

Na proposta de restauração dos costumes antigos, Rousseau reservou lugar de destaque para a educação. Mas o sistema pedagógico por ele preconizado no *Emílio*, pelo qual os pais deveriam se ocupar pessoalmente dos filhos, com a recomendação de que eles seguissem cuidadosamente a evolução física, afetiva e mental do educando, do nascimento aos 25 anos de idade, não encontra paralelo em nenhum modelo histórico anterior.

Na vida política, a obra desse venerador apaixonado de Roma e Esparta, em lugar de suscitar um movimento de restauração das antigas liberdades, como ocorreu com as revoluções no mundo anglo-saxônico, representou a principal inspiração da Revolução Francesa, cujo espírito de absoluta renovação histórica foi, entre outras invenções, sublinhado com a aprovação de um novo calendário oficial, em substituição ao calendário cristão.

---

127. J. Michelet, *Histoire de la Révolution Française*, Paris, Gallimard, vol. I, pp. 402 e ss.
128. *Du Contrat social*, livro quarto, cap. VIII; op. cit., p. 368.

No campo literário, o enfoque introspectivo daquele que os contemporâneos consideravam um misantropo *démodé*, abriu caminho para todo o movimento romântico do século XIX e a literatura intimista do século XX, a começar por Proust. Não se esqueça, aliás, que esse contemptor das artes cênicas, apontadas como causa da corrupção dos costumes modernos, foi o autor celebrado de uma ópera de bom nível artístico, *Le Devin du village*.

Mas as contradições vividas pelo autor e sua obra não se limitam à oposição entre a civilização antiga e a moderna. As lições de patriotismo, prodigalizadas por Rousseau em quase todos os seus escritos, fizerem dele um dos primeiros nacionalistas dos tempos modernos, exatamente numa época em que a legitimidade da soberania nacional começava a suplantar a legitimidade da soberania monárquica. Ele chegou a dizer, como lembrado, que todo patriota é duro para com os estrangeiros, pois estes não passam de homens, eles nada são a seus olhos.

E, no entanto, o patriota Rousseau foi perseguido e condenado em sua terra natal, e só encontrou asilo em solo estrangeiro. Em outubro de 1790, dois anos após a sua morte, o busto do genebrino, juntamente com um exemplar do *Contrato Social*, foi instalado solenemente na sala da Assembleia Nacional francesa, e alguns anos depois, suas cinzas transferidas para o Panteão dedicado aos grandes homens da França, em Paris. No discurso que pronunciou na Convenção Nacional em 24 de abril de 1793, Robespierre, autor da proposta de transferência dos despojos mortais de Rousseau para o Panteão, apresentou o projeto de nova declaração de direitos, na qual se proclamaria que "os homens de todos os países são irmãos, e os diferentes povos devem se ajudar mutuamente de acordo com o seu poder, como cidadãos do mesmo Estado". Em todos os movimentos de independência nacional na América Latina, a partir do final do século XVIII, Jean-Jacques Rousseau sempre foi invocado como uma espécie de nume tutelar.[129]

Enfim, um não menor paradoxo foi o fato de que a concepção social igualitária desse inimigo figadal da civilização burguesa tenha sido adotada pela burguesia

---

129. Na conjuração do Rio de Janeiro, de 1794, uma das acusações oficiais feitas contra o dr. Mariano José Pereira da Fonseca, o futuro marquês de Maricá, foi o fato de ele possuir em sua biblioteca um livro de Rousseau (cf. *História Geral da Civilização Brasileira*, I – *A Época Colonial*, t. 2, São Paulo, Difusão Europeia do Livro, 1968, p. 408). Frei Caneca, em sua *Dissertação sobre o que se deve entender por pátria do cidadão e deveres deste para com a mesma pátria*, cita o genebrino (cf. *Frei Joaquim do Amor Divino Caneca*, Coleção Formadores do Brasil, organização e introdução de Evaldo Cabral de Mello, São Paulo, Editora 34, 2001, p. 66, nota 26).

triunfante. Ela serviu não só como justificação teórica para a supressão dos antigos privilégios estamentais, que a prejudicavam, mas também para a instituição de um regime de igualdade puramente formal dos cidadãos, perante uma lei que, votada não pelo povo, mas por seus pretensos representantes, em lugar de exprimir a vontade geral, nada mais faz do que consagrar o interesse e a vontade particular da classe dominante.

Na verdade, o pensamento assim adulterado de Rousseau serviu de simples fachada política para o grande projeto de expansão mundial da civilização burguesa. Muito mais importante, nessa perspectiva, foi a elaboração, durante todo o século XVIII, das bases teóricas do sistema capitalista, no contexto de uma visão utilitária da vida social.

É o que passamos a ver, com a análise das ideias de Mandeville, David Hume e Adam Smith.

VI. Utilitarismo e Razão de Mercado: Bernard Mandeville, David Hume e Adam Smith

Com Mandeville e Adam Smith, opera-se mais uma grande ruptura no universo ético da antiguidade. Agora, já não se trata de pôr a política longe da moralidade ordinária, como pretenderam fazer Maquiavel e Hobbes, mas de afastar a atividade econômica dos preceitos éticos e das leis que regem os demais setores da vida social. A economia passa a ser estudada como uma ciência exata, segundo o modelo fixado no século XVII para a física e a astronomia, ou então, numa outra redução analógica, segundo o método aplicável em biologia. Em qualquer hipótese, portanto, como uma espécie de ciência da natureza, cuja estrutura é expressa em linguagem matemática.

A revolução científica do século XVII — com o aperfeiçoamento do método experimental, a criação do cálculo infinitesimal e a descoberta dos primeiros princípios de mecânica celeste, por obra de Kepler, Galileu, Leibniz, Pascal e Newton — exerceu poderosa influência no ambiente cultural anglo-saxônico no século seguinte. Adam Smith, que muito se interessou pela astronomia e chegou a escrever uma história dessa ciência,[1] não hesitou em utilizar uma analogia astronômica para explicar a sua teoria do preço natural das mercadorias, correspondente, segundo ele, ao custo de produção. Assim, o desequilíbrio entre a oferta e a

---

1. *The History of Astronomy*: in *Essays on Philosophical Subjects*, Oxford, Clarendon Press, 1980, pp. 33 e ss.

demanda provocaria o aumento ou a redução do preço de mercado. Mas esse desequilíbrio, com a sua consequente variação de preços no mercado, seria meramente temporário. "O preço natural", explicou Adam Smith, "é, por assim dizer, o preço central, em torno do qual os preços de todas as mercadorias gravitam sem cessar. Diversos acidentes podem, algumas vezes, mantê-los suspensos bem acima desse preço, e outras vezes fazê-los cair abaixo dele. Mas quaisquer que sejam os obstáculos que os impeçam de se fixarem nesse centro de repouso e permanência, eles tendem constantemente a ele."[2]

Entre essas mercadorias, ele incluía o trabalho. Tal como qualquer outra, ele se submeteria, necessariamente, à lei da gravitação universal dos preços, sem a menor consideração do seu aspecto humano. Ao analisar economicamente a escravidão, no capítulo da remuneração do trabalho da *Riqueza das Nações*,[3] Smith observa cruamente que o custo de manutenção (*wear and tear*) de um escravo fica inteiramente a cargo do senhor, ao passo que o do trabalhador assalariado é partilhado entre ele próprio e o seu patrão. O que conduz logicamente à conclusão — que os senhores de escravos no Brasil se recusaram a enxergar até o final do século XIX — de que o instituto da servidão é menos vantajoso que o do trabalho assalariado, como a burguesia europeia já começava a descobrir à época em que as reflexões de Adam Smith foram feitas.

Faltava, porém, dar um embasamento filosófico a essa teoria natural da vida econômica, livre das injunções morais e religiosas. David Hume providenciou-o. Ao corrigir os "excessos" de Mandeville, a ética de Hume, fundada não só na combinação equilibrada de egoísmo e altruísmo, considerados ambos como princípios naturais do ser humano, mas também na concepção utilitária da justiça, deu a Adam Smith a justificação necessária do predomínio da razão de mercado na vida sociopolítica. A civilização capitalista já podia, assim, iniciar a sua ascensão triunfal em todo o orbe terrestre.

Para Mandeville, é completa a separação entre ética e economia. Assim como Maquiavel julgou que o fato de se abandonar, em política, *"quello che si fa per quello che si doverrebbe fare"* conduz à ruína do Estado, também Mandeville entendeu que

---

2. *A Riqueza das Nações*, livro primeiro, capítulo VII. Todas as citações e remissões, referentes a essa obra, são feitas, neste capítulo, com base na edição em inglês da Everyman's Library, Londres e Nova York, com introdução de William Letwin, 1975.

3. Livro I, capítulo VIII, op. cit., t. I, p. 72.

a vida econômica rege-se pelas leis da natureza e não por princípios ideais, os quais, quando transformados em política econômica, engendram a pobreza e não a riqueza das nações. Para ele, o ser humano nada mais é do que um conjunto de paixões, as mais variadas, que dirigem o nosso comportamento de modo inelutável.[4] Compete à razão analisá-las, para melhor compreender o seu mecanismo intrínseco.

David Hume retomou o argumento numa obra de juventude, mas deu-lhe um sentido novo, menos naturalista.[5] Insistiu no fato de que a razão é inerte, e jamais pode prevenir ou produzir alguma ação ou afeição. A razão é pura descoberta da verdade e da falsidade, as quais consistem na aceitação ou rejeição, seja da relação real entre ideias, seja da existência real e da importância de fatos. Ora, as paixões, volições e ações, as quais constituem a matéria-prima da moral, são evidentemente insuscetíveis de uma aceitação ou rejeição intelectual. Elas jamais podem, por conseguinte, ser tidas por verdadeiras ou falsas, racionais ou irracionais, mas são, simplesmente, louváveis ou censuráveis.

Sem dúvida, Adam Smith nunca aceitou a visão amoral que Mandeville tinha da vida econômica. O seu primeiro livro, *Teoria dos Sentimentos Morais*, publicado em 1759, denota a evidente influência do pensamento de Hume, por quem sempre nutriu grande amizade e admiração. Trata-se, na verdade, de um tratado de ética, no qual ele critica a "licenciosidade" de Mandeville. A própria *Riqueza das Nações*, publicada quase vinte anos mais tarde, não deixou de ser concebida, até certo ponto, como um desdobramento de suas preocupações com as questões de moral pública.

Mas o fato é que, embora não aceitando a redução da moral ao domínio dos puros fatos, Adam Smith, tal como Mandeville, e de acordo com os princípios morais de Hume, não concebia a vida econômica desligada das forças biológicas da natureza, e não admitia fosse ela regulada artificiosamente, segundo a vontade dos governantes. Já na *Teoria dos Sentimentos Morais* encontram-se em germe algumas das ideias centrais da *Riqueza das Nações*. Assim, por exemplo, a metáfora da "mão invisível", que conduz automaticamente a multiplicidade dos egoísmos ao bem comum.

---

4. "*One of the greatest Reasons why so few People understand themselves, is, that most Writers are always teaching Men what they should be, and hardly ever trouble their Heads with telling them what they really are. As for my Part, without any Complement to the Courteous Reader, or my self, I believe Man (besides Skin, Flesh, Bones, &c that are obvious to the Eye) to be a compound of various Passions, that all of them, as they are provoked and come uppermost, govern him by turns, whether he will or no*" (*The Fable of the Bees*, Liberty Classics, Indianapolis, prefácio).

5. *A Treatise of Human Nature*, livro II, parte III, seção 3, e livro III, parte I, seção 1.

Em todos os tempos, o produto do solo sustenta aproximadamente o número de habitantes que é capaz de sustentar. Os ricos apenas escolhem do monte o que é mais precioso e mais agradável. Consomem pouco mais do que os pobres; e a despeito de seu natural egoísmo e rapacidade, embora pensem tão somente em sua própria comodidade, embora a única finalidade que buscam, ao empregar os trabalhos de muitos, seja satisfazer seus próprios desejos vãos e insaciáveis, apesar disso dividem com os pobres o produto de todas as suas melhorias. São conduzidos por uma mão invisível a fazer quase a mesma distribuição das necessidades da vida que teria sido feita, caso a terra fosse dividida em porções iguais entre todos os seus moradores; e, assim, sem intenção, sem saber, promovem os interesses da sociedade e oferecem meios para multiplicar a espécie.[6]

O contato estreito que Adam Smith manteve na França em 1764 com os economistas chamados fisiocratas, notadamente Quesnay, reforçou certamente sua convicção quanto à insensatez de se procurar regular a atividade econômica por meio de medidas governamentais.

Para o criador da *fisiocracia* (palavra composta pelos étimos gregos *physis* e *kratos*, e que significa literalmente poder ou governo da natureza), "as leis naturais são físicas ou morais. Entende-se aqui, por lei física, o curso regular de todo evento físico de ordem natural, que é evidentemente o mais vantajoso para o gênero humano. Entende-se aqui, por lei moral, a regra de toda ação humana de ordem moral, segundo a ordem física que seja evidentemente a mais vantajosa para o gênero humano".[7] A concepção utilitária da ética, nessa passagem, merece ser ressaltada, pois ela se harmoniza perfeitamente com a orientação filosófica que predomina entre os anglo-saxônios até o presente. Em sua obra *Máximas gerais do governo econômico*, François Quesnay enfatizou um preceito que deve ter agradado sobremaneira a Adam Smith: "Mantenha-se a inteira liberdade do comércio; pois a política do comércio interior e exterior mais segura, mais exata, mais proveitosa à nação e ao Estado consiste na plena liberdade da concorrência".[8]

6. *The Theory of Moral Sentiments*, Prometheus Books, Amherst, Nova York, 2000, pp. 263 e ss.
7. *Physiocratie*, Paris, Flammarion, 1991, p. 83.
8. Idem, p. 245.

Até o fim da vida, Adam Smith defendeu a ideia mestra da fisiocracia, de que só a agricultura produz riqueza. Os comerciantes, artesãos e industriais (*manufacturers*), segundo afirmou com todas as letras em *A Riqueza das Nações*,[9] são uma "classe improdutiva", sustentada e empregada, ao mesmo tempo, à custa das duas outras classes, estas realmente produtivas, a dos proprietários rurais e a dos cultivadores. Ela é improdutiva porque o seu trabalho não acrescenta valor algum às coisas sobre as quais ele se exerce.[10] "É o excedente produzido pela terra, ou o que sobeja após a dedução do necessário à manutenção, primeiro dos cultivadores, depois dos proprietários, que mantém e emprega a classe improdutiva."[11] Marx pode ter se inspirado nessa análise para formular, no século seguinte, a sua teoria da mais-valia.

Seja como for, com Mandeville, David Hume e Adam Smith, a vida social deixa de ser analisada em termos voluntaristas, tal como fizeram Maquiavel, Hobbes e Locke, e passa a ser concebida como a expressão da natureza humana, ou o produto do jogo automático de forças coletivas, que transcendem a esfera de autonomia individual. Em lugar dos *condottieri* autoritários, dos soberanos absolutos, ou do povo soberano, únicos responsáveis pela paz e a ordem, a análise econômica desvenda a existência de um demiurgo impessoal, que cuida de nosso bem-estar com a impassibilidade de uma força da natureza: o mercado.

I. BERNARD MANDEVILLE (1670-1733)

Não foi sem dúvida por mero acaso que Mandeville concebeu a sociedade como semelhante ao organismo humano, cujo equilíbrio natural (homeostasia) independe de nossa vontade. Ele formou-se em medicina na Holanda, seu país natal, e exerceu essa profissão durante muitos anos na Inglaterra, seu país de adoção.

O destino de sua obra máxima, *A Fábula das Abelhas, ou vícios privados, benefícios públicos*, editada originalmente em 1714 e reeditada com ampliações em 1723, foi muito semelhante ao destino de *O Príncipe* de Maquiavel. Considerado por

9. Livro IV, capítulo IX, op. cit., t. II, p. 162.
10. Idem, Livro II, cap. III, op. cit., t. I, p. 294.
11. Livro IV, capítulo IX, op. cit., t. II, p. 163.

várias gerações um livro maldito, provocou a censura repressiva das autoridades e valeu ao seu autor uma sólida reputação de imoralidade. Mas tal como o opúsculo do florentino, foi uma obra avidamente lida e ardorosamente comentada por todos os grandes intelectuais e homens públicos do século.

Fiel à sua visão estritamente fisiológica do ser humano, Mandeville enxergava-o como um complexo de paixões ou impulsos naturais contraditórios, que se compensam reciprocamente. Há assim, sustentava ele, uma natural complementaridade entre vícios e virtudes. Foi preciso, afirmou, que a Igreja de Roma afundasse no abismo da indolência e da estupidez dos seus clérigos, ao final da Idade Média, para que a humanidade tivesse o benefício incomparável da Reforma Protestante. Da mesma forma, se não existissem prostitutas, seria impossível preservar a honestidade e o recato das mulheres de família contra os inevitáveis assaltos da concupiscência masculina contrariada.

Ao sustentar isto, porém, fazia questão de dizer que não estava pregando a imoralidade. "Estou muito longe de encorajar o vício, e penso que seria uma indizível felicidade para o Estado se o vício da impureza pudesse ser radicalmente banido; mas receio que isto é impossível. As paixões de alguns são demasiadamente violentas para serem coibidas por alguma lei ou preceito; e a sabedoria de todos os governantes consiste em suportar inconvenientes menores, a fim de prevenir os maiores."[12]

Ademais, os vícios não apenas complementam e preservam as virtudes, como ainda, ao se chocarem uns com os outros, se anulam reciprocamente, para o bem geral da coletividade. Se, por exemplo, não existissem os usurários, que suprem os pródigos em sua permanente necessidade de dinheiro, em pouco tempo o conjunto dos artesãos e empregados, que trabalham para os ricos, cairia na mais aviltante miséria. Tudo isso prova que as paixões combatem-se com outras paixões, e não simplesmente com repreensões.[13] Na natureza humana não há propriamente bons sentimentos; ou melhor, todos os sentimentos que julgamos puros e altruístas são, na verdade, simples manifestações de egoísmo.[14]

Advertiu ainda que, assim como as paixões podem gerar benefícios, do

---

12. *The Fable of the Bees, Remark (H.)*, cit., vol. I, p. 95.

13. *A Search into the Nature of Society*, na mesma edição citada de *The Fable of the Bees*, vol. I, p. 333.

14. É o que ele sustentou em um longo *Ensaio sobre a Caridade e as Escolas de Caridade*, acrescido ao corpo da obra, em sua edição definitiva de 1723.

mesmo modo as necessidades e obstáculos naturais da vida promovem as artes, as ciências e a prosperidade das nações. Temos, pois, que a autopreservação do ser humano, que Hobbes, na esteira de Grócio, considerava o único direito natural, para Mandeville nada mais é do que um negócio (*business*), no puro sentido etimológico do vocábulo latino: *nec otium*. O homem se realiza pelo trabalho, considerado pura atividade econômica, e o governo deve ser mero gerente (*management*) dessa grande empresa que é a sociedade.

Servindo-se de um argumento até hoje sempre brandido pelos defensores da desregulamentação da atividade empresarial, Mandeville observa que os farmacêuticos não podem ser considerados culpados pelos assassínios cometidos por aqueles que se servem dos venenos preparados nas farmácias, da mesma sorte que os fabricantes de armas não são responsáveis pela sua utilização criminosa.[15] Aliás, que seria dos serralheiros e ferreiros do reino, se não mais houvesse furtos com arrombamento nas residências particulares?[16] Como sustentar a multidão dos servos e artesãos de todo gênero, que vivem do luxo e do esbanjamento dos ricos, caso o "pecado nobre" da prodigalidade fosse extirpado da sociedade?[17] Como condenar a vaidade feminina, se é ela que alimenta um sem-número de artesãos e trabalhadores de toda sorte, para a confecção de roupas, joias e adereços, ou para a prestação de serviços estéticos os mais variados?[18]

É claro que esse mesmo argumento pode, hoje, ser utilizado para justificar o tráfico de drogas, o lenocínio ou a exploração de jogos de azar, sem restrições. Mas os adoradores do deus mercado, de ontem e de hoje, afastam o argumento com um simples dar de ombros.

Em suma — e esta é a explicação para o subtítulo da obra —, pelo jogo natural das forças do mercado, os vícios privados acabam por engendrar benefícios públicos; ou, como declarou um personagem de *Memórias Póstumas de Brás Cubas*, "o vício é, muitas vezes, o estrume da virtude".[19]

Mas em que consistem esses benefícios públicos? Obviamente, na riqueza das nações, no crescimento vigoroso e contínuo do produto nacional. Numa extraordinária antecipação da ideologia que acabou por dominar o mundo contemporâ-

15. Op. cit., *Remark (F.)*
16. Idem, *Remark (G.)*
17. Idem, *Remark (K.)*
18. Idem, *Remark (T.)*
19. Capítulo LXXVI.

neo, Mandeville sustenta que da opulência econômica deriva, necessariamente, a felicidade dos povos. O valor econômico supera todos os demais, em matéria de organização política. Por conseguinte, promover a riqueza nacional constitui a principal tarefa dos governantes. Eles são desculpados de todos os crimes que vierem a cometer, se souberem alcançar esse resultado. E ele só será alcançado mediante o estímulo ao comércio e às manufaturas, livres de impostos excessivos e de toda regulamentação estatal.

O que se enxerga nitidamente por trás dessas afirmações é a ideia de que a nova classe burguesa dos homens de negócio constitui o principal fator de progresso das nações. Não se esqueça que Mandeville viveu na Inglaterra no início do século XVIII, época em que a burguesia começava a colher todos os frutos da *Glorious Revolution* de 1688, com a instituição das primeiras garantias jurídicas da liberdade individual. Mandeville insiste, pois, nos princípios jurídicos que acabariam por fundamentar a dominação da classe burguesa: a garantia da propriedade e a abolição dos privilégios, sob o império da lei: *"Let property be inviolably secured, and Privileges equal to all Men. Suffer no body to act but what is lawful, and every body think what he pleases"*.[20]

Todo o programa do Estado liberal já aparece aí, traçado em suas grandes linhas.

2. DAVID HUME (1711-76)

Seguidor convicto do método experimental nas ciências, de acordo com a linha de pensamento inaugurada por Francis Bacon no século XVI, e levada a êxitos retumbantes com a revolução científica do século seguinte, Hume não concebe outro caminho para a reflexão ética, fora do empirismo. A ética deveria ser, para ele, uma "ciência da natureza humana", fundada na observação dos fatos. O seu objeto é a descoberta dos princípios do agir humano, entendendo-se por princípios não as leis ou normas de dever-ser, dirigidas à razão e à vontade de cada indivíduo, mas sim as inclinações que representam componentes elementares da natureza humana, assim como a água, a terra, o ar e o fogo são elementos componentes da natureza física.

20. Idem, *Remark (Q.)*

Não é preciso dizer quanto esse "naturalismo científico" influenciou Adam Smith, em sua busca de um fundamento não especulativo para a teoria econômica.

Para Hume, tal como para Rousseau,[21] os princípios da natureza humana sobre os quais deveria fundar-se toda a reflexão ética são, primeiramente, as paixões e os sentimentos, e apenas secundariamente a razão. Esta segue sempre atrás, e sua função consiste em descobrir os meios mais aptos para fazer com que as paixões e os sentimentos alcancem o seu objetivo. A razão, portanto, mesmo no campo ético, é meramente técnica.

"A finalidade das reflexões de ordem moral", reconheceu ele, "é ensinar-nos o nosso dever; e, mediante representações da deformidade do vício e da beleza da virtude, engendrar hábitos correspondentes, que nos levem a evitar aquele e a acolher esta. Mas havemos de esperar esse resultado das inferências e conclusões do entendimento, as quais, por si sós, não controlam as afeições, nem põem em marcha os poderes ativos dos homens?" Sem dúvida, concede ele, a razão descobre verdades; mas na medida em que as verdades descobertas pela razão não provocam nem desejos nem aversão, é óbvio que elas não podem influenciar o comportamento humano. "O que é honrado, justo, moralmente conveniente; o que é nobre, ou generoso, toma posse do nosso coração, e nos anima a acolhê-lo e a preservá-lo. O que é inteligível, evidente, provável, verdadeiro, provoca apenas o frio assentimento da razão e, ao satisfazer a curiosidade especulativa, põe um ponto final em nossa pesquisa."[22]

Em outra passagem, reforça o argumento, abrindo caminho para a teoria axiológica, que só viria à luz no século XIX:

> A distinção de limites e funções, entre a *razão* e a *inclinação* (*taste*) é facilmente reconhecida. A primeira conduz ao conhecimento do que é verdadeiro e do que é falso. A segunda dá-nos o sentimento da beleza e da deformidade, do vício e da virtude. A razão descobre objetos, tal como eles se encontram na natureza, sem adições ou acréscimos. A inclinação tem uma faculdade criativa, uma vez que, ao dourar ou manchar (*gilding or staining*) todos os objetos naturais com as cores recebidas dos sentimentos, suscita, de certo modo, uma nova criação.[23]

21. Cf. capítulo anterior desta obra.

22. *An Enquiry concerning the Principles of Morals*, Oxford Philosophical Texts, Oxford University Press, 1999, p. 75.

23. Idem, Apêndice 1, cit., p. 163.

Ora, se "a moralidade é determinada pelos sentimentos" e não pela razão,[24] para Hume os principais sentimentos que determinam as ações humanas são a benevolência e o egoísmo: não um com exclusão do outro, mas ambos em concurso. Entre eles, é preciso, pois, encontrar um critério de equilíbrio ou coexistência pacífica, e esse critério só pode ser, para o filósofo, a utilidade pública, vale dizer, "os interesses da humanidade".[25] Mas de que maneira podemos reconhecer tais interesses? Pela sensação de prazer que eles suscitam em nós. "Ninguém é absolutamente indiferente à felicidade ou infelicidade dos outros. A tendência natural da primeira é provocar prazer; a da segunda, dor."[26]

Como se vê, Hume retoma, mais de vinte séculos depois, o critério ético que Sócrates exprobrava nos sofistas.[27]

Mas — e aí vai o constante balanceamento entre egoísmo e altruísmo — o interesse público não se oporia, também naturalmente, ao interesse privado? Pelo contrário, responde Hume, os homens começam sempre por sentir a utilidade de determinada ação para si próprios, e, em seguida, acabam por reconhecer a sua utilidade geral. Tal ocorre, porque a utilidade é sempre percebida como algo de agradável, e é este sentimento que provoca a nossa aprovação.[28]

Não é difícil perceber em tais afirmações a origem da tese, tão cara a Adam Smith, da realização natural do bem público pela busca diligente do interesse pessoal.

É sobre o sentimento de utilidade pública que se funda, em primeiro lugar, o Estado. Repudiando claramente Locke e retornando a Hobbes, Hume sustenta que a legitimidade do poder político não se encontra no consentimento dos governados, mas na necessidade de segurança. Um Estado que não garante segurança aos seus cidadãos não merece existir, pois é fundamentalmente injusto.[29]

Para Hume, a justiça, diversamente dos sentimentos de benevolência, generosidade ou humanidade, virtudes naturais do ser humano, é uma espécie de vir-

24. Idem, ibidem, p. 160.

25. Idem, p. 81.

26. Idem, p. 109, nota 19.

27. Cf. Platão, *Protágoras*, 353 c e ss.

28. "*Usefulness is agreeable, and engages our approbation. This is a matter of fact, confirmed by daily observation. But, useful? For what? For some body's interest, surely. Whose interest then? Not our own only: For our approbation frequently extends farther. It must, therefore, be the interest of those, who are served by the character or action approved of; and these we may conclude, however remote, are not totally indifferent to us*" (idem, p. 108).

29. *A Treatise of Human Nature*, livro III, parte II, seções 8 e 9.

tude construída, cuja realização demanda o estabelecimento de um sistema de normas sociais.

Chegado a esse ponto, o leitor de Hume sem dúvida espera que o filósofo faça um largo desenvolvimento teórico da extensão dessa virtude "socialmente construída", cuja função consiste em conciliar os sentimentos naturais de benevolência e egoísmo. Mas não. A concepção de justiça de Hume é mediocremente reduzida à questão de como legitimar a distribuição da propriedade de bens materiais entre os indivíduos.[30]

Suponhamos, diz ele, a existência de um país abençoado pela natureza, no qual todo indivíduo, sem qualquer trabalho ou esforço próprio, tem acesso a todos os bens necessários e mesmo úteis à sua existência. Ou, ao contrário, imaginemos uma sociedade tão carente dos bens mais elementares à sobrevivência de seus habitantes, que cada qual só pensa em preservar a própria vida. Ou, ainda, uma sociedade em que todos sejam tão generosos e desprendidos, a ponto de não desejarem possuir como próprio bem algum. Em tais situações, afirma Hume, as regras de justiça seriam totalmente inúteis, pois a questão da propriedade dos bens materiais não faria sentido.[31]

Passando em seguida à discussão das "leis particulares, pelas quais a justiça é imposta e a propriedade determinada", o filósofo trata, unicamente, como o faria um professor de direito, da aquisição da propriedade, quer pela posse prolongada, quer por efeito de um contrato, quer, finalmente, por sucessão *causa mortis*. Alçando-se, em seguida, ao nível dos sistemas gerais de distribuição da propriedade, ele condena em termos veementes toda veleidade igualitária nessa matéria. Atribuir a propriedade dos bens materiais igualmente a todos seria algo não somente impraticável, mas claramente prejudicial à sociedade. Impraticável, pois os diferentes graus de aplicação individual no trabalho, ou de capacidade técnica, quebrariam em pouco tempo essa igualdade utópica de bens entre os homens. Mas, sobretudo, um tal sistema, desencorajando a iniciativa individual, acabaria por mergulhar a sociedade na mais completa indigência.[32]

Temos, pois, que a justiça orienta-se integralmente pelo valor da utilidade, e que as suas prescrições, fora a hipótese extrema da autopreservação da vida indivi-

---

30. No *Tratado da Natureza Humana* (livro III, parte II, seção 2), ele já havia exposto essa ideia.
31. Idem, pp. 83 e ss.
32. Idem, pp. 90 e ss.

dual,[33] dizem respeito tão só à propriedade, ou seja, às coisas que cada indivíduo — e somente ele — pode licitamente usar.[34]

Ora, a utilidade é um valor-meio, não um valor-fim. As pessoas, as ações humanas e as coisas não são nunca úteis em si mesmas, mas como instrumentos da realização de um interesse, isto é, de algo diverso da própria pessoa, de uma ação humana ou coisa utilizada. A utilidade, portanto, como meio ou instrumento de realização de um interesse, tem um valor, normalmente apreciável em dinheiro. Não por outra razão ela é a mola propulsora da atividade econômica.

Por aí se vê como a ética de Hume representou, de certo modo, uma verdadeira introdução filosófica ao grande desígnio de Adam Smith: fazer da economia (que até então ainda se qualificava como "política") uma ciência autônoma, fundada no egoísmo esclarecido.

3. ADAM SMITH (1723-90)

Coincidentemente, ele nasceu no mesmo ano em que se publicava a edição ampliada da *Fábula das Abelhas*. Embora Adam Smith possuísse uma mentalidade e um estilo de vida bem diferentes dos de Mandeville, as ideias deste exerceram, sem dúvida, uma grande influência sobre o seu pensamento.

Essa influência, a bem dizer, não se limitou ao campo da análise econômica, com o reconhecimento da necessidade do *laissez-faire* e a condenação da política mercantilista. Tal como Mandeville, Adam Smith rejeitou totalmente a ideia de que o dinheiro, ou os metais preciosos, enriquecem as nações. Ao insistir num ponto que seria depois largamente desenvolvido por Karl Marx, o primeiro grande teórico do capitalismo reconheceu que, de fato, só o trabalho cria a riqueza.

Mas, na verdade, além dessa coincidência de ideias econômicas, existiu inegável harmonia entre Mandeville e Adam Smith, quanto à visão global da sociedade.

Há, em primeiro lugar, a ideia, cara a Mandeville, de que a técnica é o grande elemento transformador da sociedade, e de que essa transformação faz-se sempre no sentido de uma melhoria geral de condições de vida; em uma palavra, do progresso.

---

33. Idem, p. 86.
34. *"What is a man's property? Any thing, which it is lawful for him, and for him alone, to use"* (idem, p. 93).

Eis uma ideia francamente desconhecida no passado. Os autores clássicos sempre entenderam que as civilizações entram fatalmente em decadência, à medida que a pureza dos antigos costumes começa a se perder, e que os homens passam a perseguir o luxo e a ostentação, abandonando a austeridade primitiva. Os escritores gregos e romanos eram unânimes a esse respeito. E os pensadores cristãos, desde Santo Agostinho, não deixaram de assinalar essa lei fatal da História.

O "século das luzes", porém, rompeu com essa tradição multimilenar, e considerou o progresso das ciências e das artes a fonte primária da civilização. Quanto a esse ponto, como vimos, Rousseau ficou isolado entre os seus contemporâneos.[35]

Mandeville fez questão de frisar que os costumes tradicionais dos povos foram marcados pela ignorância e a brutalidade. A elevação moral consiste, antes de tudo, nas boas maneiras, e a expansão destas depende do progresso geral das técnicas e artes. São as necessidades e obstáculos naturais da vida que suscitam o progresso das ciências e das artes e, com ele, a prosperidade das nações.[36]

Para Adam Smith, era evidente que a felicidade humana dependia, primacialmente, da geral prosperidade econômica. Portanto, o dever principal dos políticos é de trabalhar em vista desse objetivo supremo. As técnicas de produção e a economia como um todo, nessa concepção, deixam de ser simples atividades-meios, como pensavam os antigos. Elas passam a dirigir a política, aquela esfera da vida social que Aristóteles considerava superior a todas as outras.[37]

O que esses autores, porém, ignoraram, ou não quiseram enxergar, é uma realidade que hoje salta aos olhos de qualquer um: o conjunto do saber tecnológico foi oligopolizado pelos ricos e poderosos em seu próprio benefício. Em tais condições, as migalhas que sobram para os quatro quintos da humanidade, no início do século XXI, são incapazes de dar aos párias da terra a possibilidade material daquela "busca da felicidade" (*the pursuit of happiness*), que a Declaração de Independência dos Estados Unidos, ocorrida no mesmo ano da publicação da *Riqueza das Nações*, considerou um direito inato no ser humano.

Ora, ainda que Adam Smith não tivesse vislumbrado essa realidade, a verdade é que ela era uma consequência lógica de sua concepção ética. Também para ele, tal como para Mandeville, os homens são naturalmente dirigidos pelo egoísmo.

35. Cf. o capítulo anterior.
36. *A Search into the Nature of Society*, in *The Fable of the Bees*, vol. I, cit., p. 346.
37. Cf. Parte I, cap. II.

Esta convicção ainda não aparece tão nua e crua na *Teoria dos Sentimentos Morais*, quanto na *Riqueza das Nações*. Naquele tratado de ética, Smith reconhece que o interesse público é sempre superior ao interesse particular, devendo, portanto, os homens sacrificar este àquele.[38] Em crítica a David Hume, chega mesmo a afirmar que a utilidade não é o principal critério ético,[39] e rejeita com desprezo os "sistemas licenciosos", entre os quais inclui, como lembrado, o de Mandeville.

Mas essas tomadas de posição, nada surpreendentes no ambiente puritano escocês em que o autor foi educado e viveu, mal escondem o seu reconhecimento de que o egoísmo é o impulso primário das ações humanas. A *Teoria dos Sentimentos Morais* principia, aliás, abruptamente, por colocar o problema de como frear essa inclinação natural de todos os homens a fazer do seu interesse pessoal o critério supremo de suas ações:

> Por mais egoísta que se suponha o homem, evidentemente há alguns princípios em sua natureza que o fazem interessar-se pela sorte dos outros, e considerar a felicidade deles necessária para si mesmo, embora ele nada extraia disso, senão o prazer de assistir a ela.

Adam Smith fala em princípios, no plural, mas eles na verdade reduzem-se a um só: é o que ele chama *simpatia*, isto é, "nossa solidariedade com qualquer paixão" alheia; pois "em todas as paixões de que é suscetível o espírito do homem, as emoções do espectador sempre correspondem àquilo que, atribuindo-se o caso, imagina seriam os sentimentos do sofredor".[40] Trata-se, evidentemente, de uma nova forma de explicação do princípio da benevolência, exposto por Hume.

Como se vê, o critério supremo de moralidade, para Adam Smith, não é um bem objetivo, como na ética de Platão e Aristóteles. Não é, tampouco, um princípio racional superior a toda subjetividade, como o imperativo categórico de Kant. Esse padrão superior de moralidade é simplesmente o sentimento que imaginamos existir no coração dos outros. Não se pode deixar de pensar no fingimento do poeta, tão bem descrito por Fernando Pessoa...

A dificuldade é que, na sequência do raciocínio, Adam Smith acaba por reco-

---

38. Op. cit., pp. 346 e s.
39. Idem, pp. 270-1.
40. Idem, p. 5.

nhecer a insuficiência dessa explicação meramente sentimental. "Se sempre somos mais profundamente afetados pelo que interessa a nós mesmos do que pelo que diz respeito aos outros homens, o que leva os generosos em todas as ocasiões, e os maus em muitas, a sacrificar seus próprios interesses pelos interesses maiores de outros?" Responde, afirmando que "não é a débil centelha de benevolência, que a natureza acendeu no coração humano, que pode resistir aos mais fortes impulsos do amor de si. É um poder mais forte, um motivo mais convincente, que nessas ocasiões se põe em ação. Esse princípio é a razão, a consciência, aquele que habita no nosso peito, o homem interior, o grande juiz e árbitro de nossa conduta."[41] Mais adiante, fala em "espectador imparcial" de nossas ações.[42]

Já na *Riqueza das Nações*, porém, essa explicação subjetiva é posta de lado, e o esquema mandevilliano do equilíbrio natural dos egoísmos vem à tona. A sociedade humana é um tecido de inter-relações de troca de bens e serviços, pois nenhum indivíduo é autossuficiente. O princípio da divisão do trabalho não diz respeito apenas à produtividade econômica, mas à própria existência da sociedade moderna, cuja complexidade de desejos e necessidades é crescente. "Na sociedade civilizada", observa Adam Smith, "o homem necessita sempre da cooperação e assistência de grandes multidões, enquanto sua vida inteira mal basta para obter a amizade de algumas poucas pessoas."

Ora, é inútil esperar que essa ajuda dos outros advenha da mera benevolência alheia, como imaginou Hume. Fiel à tradição inaugurada por Grócio, Adam Smith não reconhece nesse sentimento algo de importante para a harmonia social. A única via de cooperação pacífica e frutuosa entre os homens consiste em que cada um apele ao egoísmo racional do outro.[43] "Cada indivíduo está continuamente forcejando por encontrar o emprego mais vantajoso para o capital de que dispõe. É a sua própria vantagem, na verdade, e não a da sociedade, que ele tem em vista. Mas a procura de sua vantagem própria o leva, naturalmente, ou de certo modo necessariamente, a escolher aquele emprego do capital que se

---

41. Idem, pp. 193-4.

42. Idem, pp. 206.

43. No *Discours de la Méthode* (Sexta Parte), Descartes já advertira que as grandes criações técnicas não podem ser obra de um indivíduo, mas carecem do concurso de várias pessoas, que trabalhariam não por simples curiosidade ou pelo desejo de aprender, mas por interesse de lucro, pois "a esperança de ganho é um meio muito eficaz" (edição comentada por Étienne Gilson, Librairie Philosophique J. Vrin, Paris, 1987, p. 72).

revela mais vantajoso para a sociedade."[44] É preciso, em suma, mostrar ao indivíduo que é do seu interesse pessoal entrar numa relação de troca; que ele ganhará mais com isso do que se se recusar a negociar. Em termos concretos, "não é da benevolência do açougueiro, do cervejeiro ou do padeiro que esperamos obter o nosso jantar, mas da atenção que eles dispensam ao seu próprio interesse. Nós apelamos não ao seu sentimento humanitário, mas ao seu egoísmo, e nunca lhes falamos de nossas necessidades, mas dos seus próprios proveitos".[45]

O equilíbrio natural dos egoísmos que se entrechocam não existe apenas nas trocas, mas estende-se a todos os demais setores da vida econômica e social. A concorrência entre os negociantes e produtores, que Mandeville já havia apontado como fonte de riqueza e progresso social, é apresentada por Adam Smith como a grande instituição pública, cuja preservação constitui a tarefa primordial dos governos.

Mas — somos autorizados a perguntar — o preço a pagar por essa liberação geral de egoísmos não é a institucionalização da desigualdade entre os homens, com a submissão permanente dos fracos e pobres aos ricos e poderosos? Adam Smith não o nega, mas observa que a subordinação de uns a outros corresponde, por assim dizer, à própria natureza da vida social.[46] Em todos os tempos e todos os lugares, a desigualdade existiu, como efeito da ação de quatro fatores: as condições físicas de força, beleza, agilidade; ou morais de sabedoria, virtude, prudência, justiça e temperança; a idade; a superioridade de fortuna; a superioridade de nascimento. Ora, essas quatro causas da desigualdade social reduzem-se, de fato, a duas apenas: a riqueza e a nobreza (superioridade de nascimento). E bem examinadas as coisas, não se pode deixar de reconhecer, pelo estudo das sociedades pastoris, que a própria nobreza se origina da riqueza material.

Tudo se reduz, portanto, à propriedade de bens. Até mesmo a autoridade política foi instituída não para garantir a segurança em todos os setores, como pretendeu Hobbes, mas unicamente para assegurar o livre gozo da propriedade. O que significa, conclui sem rodeios, que "o poder político, na medida em que foi instituído para garantia da propriedade, existe, na verdade, para defender o rico contra o pobre, vale dizer, aqueles que possuem algo contra os que nada têm".[47]

---

44. *Riqueza das Nações*, Livro IV, cap. II, op. cit., t. I, p. 398.
45. Idem, Livro I, cap. II, op. cit., t. I, p. 13.
46. Idem, Livro V, cap. I.
47. *"Civil government, so far as it is instituted for the security of property, is in reality instituted for the defence of the rich against the poor, or of those who have some property against those who have none at all."*

Aliás, mesmo em matéria de concorrência empresarial, o equilíbrio natural dos egoísmos está longe de produzir uma situação de igualdade, pois o interesse de ganho, abandonado ao seu livre curso, conduz diretamente ao monopólio. Adam Smith reconhece, com pesar, que a fiscalização e a repressão das manobras anticoncorrenciais só podem ser feitas pelos governantes, nos quais, paradoxalmente, nunca se pode confiar. "A violência e a injustiça dos governantes é um velho mal, para o qual, receio, a natureza dos negócios humanos dificilmente admite um remédio. Mas a mesquinha rapacidade, o espírito monopolista dos comerciantes e fabricantes, que não são nem devem ser governantes,[48] embora não possa talvez ser corrigido, pode ser facilmente impedido de perturbar a tranquilidade alheia."[49]

Facilmente? Não foi o que a experiência histórica mostrou nos séculos seguintes. A crítica corrosiva de Karl Marx veio pintar com cores vivas o malefício provocado pelo processo de concentração do poder capitalista a toda a classe trabalhadora.

Mas antes de se discutir a concepção marxista da ética, e a teoria hegeliana da história que de certo modo a inspirou, é preciso considerar a última grande tentativa teórica de reconstrução da unidade ética original, na obra de Emanuel Kant.

---

48. Recomendação ingênua, que o capitalismo contemporâneo se apressou em rejeitar.
49. Idem, Livro quarto, cap. III.

vii. A Proposta Kantiana de Reconstrução da Unidade Ética

O programa filosófico de Kant, por ele reconhecido em notas que elaborou para um curso de lógica,[1] foi organizado em função das seguintes perguntas: 1) Que posso saber? 2) Que devo fazer? 3) Que posso esperar (na outra vida)? 4) Que é o homem?.

Para responder a essas questões fundamentais, que desde sempre alimentaram a reflexão filosófica, Kant, fiel à orientação cartesiana que deu início ao pensamento moderno, fixou, desde a *Crítica da Razão Pura*, um preciso método de pensamento. Consistiu ele na busca de um conhecimento não fundado na experiência, mas que, bem ao contrário, a antecede, pelo fato de desvendar os seus elementos condicionantes. Seguindo o caminho traçado por Descartes, Kant frisou que, muito embora o conhecimento se inicie pela experiência, isto é, pelo uso de nossos sentidos, ele não pode limitar-se a isso, pois os sentidos nos transmitem uma imagem deformada ou incompleta das coisas por eles apreendidas. O verdadeiro conhecimento, portanto, ultrapassa o nível empírico e deve estar fundado em faculdades racionais, independentes de toda experiência sensorial; um conhecimento que Kant denominou *a priori* ou puro, enquanto o derivado dos senti-

---

1. *Immanuel Kants Logik – ein Handbuch zu Vorlesungen*, publicado em Königsberg por Friedrich Nicolovius em 1800.

dos é necessariamente *a posteriori* ou impuro. "O homem encontra realmente em si mesmo uma faculdade, pela qual ele se distingue de todas as outras coisas, até mesmo de si próprio, na medida em que é afetado pelos objetos: essa faculdade é a razão (*Vernunft*)."[2]

Esse método de pensamento foi por Kant qualificado de crítico, no sentido etimológico do termo. O verbo *krinô* (κρίνω), em grego, significa literalmente joeirar, peneirar; no sentido figurado, separar ou julgar.[3] São palavras correlatas: *kritêrion* (κριτήριον), faculdade de julgamento, ou sede do tribunal; e *kritês* (κριτής), juiz. Kant partiu do postulado de que não se pode descobrir a verdade nas coisas, porque elas estão fora de nós. Mas pode-se sempre examinar a representação das coisas na mente. Ao fazê-lo, descobrimos princípios racionais, não deduzidos pelo raciocínio, mas que, ao contrário, o condicionam, em todos os campos.[4]

Trata-se, como se percebe, de um método de pensamento idealista ou racionalista: a verdade não se encontra fora da razão humana, mas dentro dela. Os escolásticos diziam que o conhecimento da verdade supõe a adequação do pensamento à coisa pensada (*adequatio intellectus ad rem*). A filosofia moderna, a partir de Descartes, inverte a explicação: tudo o que podemos saber com certeza está em nossa mente e não fora dela. A filosofia deixa, portanto, de ser meramente especulativa (*speculum* = espelho), refletindo a realidade exterior, e passa a ser introspectiva: a tarefa do filósofo consiste em descobrir as leis que regem o nosso pensamento, não só o pensamento em si mesmo (a lógica), mas o pensamento como instrumento de captação da realidade exterior (o que Kant denominou metafísica). Em outras palavras, o saber filosófico é, antes de tudo, uma epistemologia, uma análise do conhecimento.

O idealismo ou racionalismo kantiano é total, aplicando-se a todo o campo da investigação filosófica. A razão, para Kant, distingue-se em pura e prática, conforme se refira ao conhecimento em si mesmo, ou ao conhecimento em vista da

---

2. *Grundlegung zur Metaphysik der Sitten*, edição organizada por Karl Vorländer, Felix Meiner Verlag, Hamburgo, 7ª ed., 1994, p. 78. Nessa mesma passagem, Kant distingue a razão do simples entendimento (*Verstand*), na medida em que este, como faculdade de raciocínio, submete-se àquela.

3. Esse verbo grego corresponde ao *cerno* latino, com as mesmas acepções. Dele derivam, em português e nas demais línguas neolatinas, discernir e discernimento.

4. Na *Ética a Nicômaco* (1098 *a*, 35 e s.), Aristóteles já havia advertido que não se deve exigir uma exata demonstração das causas em todas as hipóteses. Por exemplo, os primeiros princípios (*arkhes*) são apreendidos, uns por indução, outros por percepção sensória (*aisthesis*), outros ainda pelo hábito.

ação. Mas a própria razão prática procede de princípios transcendentais, independentes de toda experiência sensorial e, portanto, também ela, sob esse aspecto, é uma filosofia pura. "A lei moral", disse ele na conclusão da *Crítica da Razão Prática*, "manifesta em mim uma vida independente da animalidade e mesmo de todo o mundo sensível."[5]

O contraste com a filosofia antiga é bem marcado. Para Platão e Aristóteles, como vimos,[6] a reflexão ética examinava os bens objeto das ações humanas, sejam eles reflexos dos arquétipos eternos (Platão) ou realidades imanentes ao mundo (Aristóteles). Para Kant, ao contrário, o pensamento ético tem por objeto a descoberta dos princípios ou leis objetivas do agir humano.

A racionalidade dos princípios éticos, segundo Kant, é marcada por três características essenciais. Eles são universais, na medida em que vigoram para todos os homens, em todos os tempos. São absolutos, pois não comportam exceções ou acomodações de nenhuma espécie: o dever de dizer a verdade, por exemplo, há de ser cumprido, não obstante os resultados danosos que daí possam advir, para si ou para os outros.[7] Eles são, finalmente, formais, no sentido de que existem como puras fórmulas de dever-ser, vazias de todo conteúdo: os mandamentos éticos devem ser obedecidos, não porque digam respeito a bens ou valores dignos de consideração ou respeito, mas simplesmente porque são conformes à razão.

Não é descabido enxergar nessa rejeição completa da experiência sensorial como critério da verdade, nessa subordinação permanente dos sentidos à razão, o reflexo, na mente puritana de Kant, da doutrina paulina da contradição radical entre a carne e o Espírito.[8] Daí a ideia de qualificar o conhecimento *a priori*, isto é, não subordinado aos sentidos, como puro (*rein*). O filósofo procura explicar esse

---

5. 1ª edição, Riga, 1788, p. 289.

6. Parte I, cap. II.

7. Foi o objeto do seu opúsculo *Sobre um pretenso direito de mentir por amor ao próximo* (*Über ein vermeintes Recht aus Menschenliebe zu lügen*).

8. Cf., p. ex., Epístola aos Gálatas 5, 16-17: "Ora, eu vos digo, conduzi-vos pelo Espírito e não satisfareis os desejos da carne. Pois a carne tem aspirações contrárias ao Espírito e o Espírito contrárias à carne. Eles se opõem reciprocamente, de sorte que não fazeis o que quereis". No mesmo sentido, Epístola aos Romanos 8, 12 e s. Essa oposição paulina foi exacerbada pelo pietismo alemão, ao qual se filiou Kant. Vejam-se, a propósito, as informações dadas por Max Weber em *Die protestantische Ethik und der "Geist" des Kapitalismus*, texto de acordo com a 2ª edição de 1920, Beltz Athenäum, Weiheim, 1996, pp. 90 ss.

qualificativo por analogia com as operações químicas,[9] mas não pode esconder a conotação moral do vocábulo.

I. FUNDAMENTOS DA ÉTICA

No prefácio à sua obra *Fundamentos para uma Metafísica dos Costumes*,[10] Kant anuncia que o objetivo de suas reflexões éticas consiste em descobrir os princípios transcendentais — isto é, os princípios *a priori* ou puros — do comportamento moral, os quais não dependem da experiência, mas antes a condicionam.

Ao iniciar sua exposição, afirma que só a virtude, isto é, a vontade moralmente boa, nos torna dignos de ser felizes. Os homens podem alcançar a felicidade por vários caminhos, mas o único moralmente digno é o caminho da virtude.

Aristóteles também havia sustentado, na *Ética a Nicômaco* (1097 *b*, 20 e ss.), que só a virtude nos faria felizes; mas ele compreendia no conceito de virtude não só faculdades ou disposições morais, como também intelectuais. Para Kant, seguindo na esteira de longa tradição cristã, a virtude é um conceito moral e não intelectual. No entanto, conduzido pelo seu método estritamente racional, ele acaba chegando a uma conclusão oposta, ao reduzir a virtude moral a uma faculdade integrante da razão humana. Na *Crítica da Razão Prática,* ele vai mais além, e rejeita a ideia de que a felicidade pessoal possa ser o objeto da moral. Só o dever constitui "um princípio determinante da vontade".[11]

Partindo, pois, da premissa de que nada há de melhor no mundo, moralmente falando, do que uma vontade boa, isto é, uma vontade movida pela virtude, o filósofo inicia a análise do que seja essa vontade moralmente boa pela enunciação, na primeira parte de *Fundamentos para uma Metafísica dos Costumes* (*Passagem do conhecimento racional comum da moralidade ao conhecimento filosófico*), de três postulados, cuja demonstração procura fazer na segunda parte (*Passagem da filosofia moral popular à metafísica dos costumes*).

9. *Crítica da Razão Prática*, cit., pp. 166-7.
10. Costumes (*Sitten*) tem, aí, o sentido de comportamento ético.
11. Op. cit., pp. 62-3.

Primeiro postulado: a virtude não consiste em boas obras, ou no êxito das ações empreendidas, mas apenas no próprio querer, na própria vontade.

Põe-se aí, portanto, a radical recusa do critério da utilidade, como guia das ações humanas. Na rejeição do utilitarismo, Kant se coloca em clara oposição não só à filosofia anglo-saxônica (David Hume, em particular), mas também, como bom protestante que era, em oposição à moral ordinária do catolicismo romano, tão aguçada pelo Concílio de Trento como instrumento de luta contra a Reforma. Lutero, com efeito, como vimos,[12] fundou toda a sua doutrina teológica sobre a tese defendida com ardor por São Paulo na Epístola aos Romanos: a justiça de Deus se revela na fé e não nas obras da lei mosaica.

O caráter absoluto da ética kantiana, com a recusa de qualquer consideração sobre as consequências práticas do rigoroso cumprimento dos deveres, foi largamente rejeitado no pensamento contemporâneo. Logo após a Primeira Guerra Mundial, Max Weber, diante das críticas recebidas no meio universitário pelo fato de haver participado da delegação alemã que assinara o Tratado de Versalhes, grandemente desfavorável à Alemanha, procurou justificar-se, elaborando uma distinção entre a ética de sentimentos (*Gesinnungsethik*), que não se preocupa com os resultados do comportamento humano, e uma ética de responsabilidade (*Verantwortungsethik*), que leva sempre em conta as consequências dos atos ou omissões dos homens, sobretudo no campo político.[13] Sessenta anos após, em celebrada obra sobre as exigências éticas da civilização tecnológica, na qual o homem tomou conhecimento de que era capaz de extinguir toda a vida no planeta, Hans Jonas retomou e aprofundou o tema.[14]

De qualquer forma, segundo Kant, a vontade moralmente boa não existe como simples meio para a satisfação de nossas necessidades naturais, pois para isso basta o instinto, como nos animais. Ela é uma finalidade em si mesma, ou seja, é o bem supremo, condição da qual dependem todos os outros bens, inclusive a aspiração à felicidade.

Ora, a vontade moralmente boa é a da pessoa que cumpre o seu dever; não

---

12. Parte II, cap. II.

13. *Politik als Beruf, Max Weber Gesamtausgabe*, J. C. B. Mohr (Paul Siebeck), Tübingen, parte I, seção 17.

14. *Das Prinzip Verantwortung – Versuch einer Ethik für die technologische Zivilisation*, Insel Verlag, Frankfurt am Main, 1979.

porque isso seja de seu interesse, como sustentou Adam Smith, nem porque haja uma inclinação natural para o cumprimento do dever, uma simpatia em relação aos que necessitam de auxílio, por exemplo. Tal seria agir conforme o dever (*pflichtmässig*), mas não por dever (*aus Pflicht*).[15] Na *Crítica da Razão Prática*, a distinção é retomada em relação à lei moral, em termos de comportamento por respeito à lei (*um des Gesetzes willen*), também denominado moralidade (*Moralität*),[16] e a legalidade (*Legalität*), que é a obediência puramente externa à lei.

É por essa forma que Kant explica o grande mandamento judaico-cristão do amor ao próximo. É obviamente impossível, assinala ele, obrigar alguém a amar outrem, inclusive um inimigo, por inclinação ou afeição (*Neigung*),[17] pois os sentimentos não se comandam. Mas é perfeitamente possível obrigar os homens a cumprir esse dever, mesmo a contragosto. Já na *Doutrina da Virtude*, segunda parte de sua *Metafísica dos Costumes*, ele distingue entre o amor propriamente dito e o bem-querer (*Wohlwollen*). O amor tem a ver com os sentimentos e não com a vontade. "Não posso amar porque quero, menos ainda porque devo (ser obrigado a amar); portanto, um dever de amar é um absurdo. O bem-querer (*amor benevolentiae*), contudo, na medida em que é um fazer, pode submeter-se a uma lei de dever."[18] O amor ao próximo, "essa lei de todas as leis", escreveu ele na *Crítica da Razão Prática*,[19] "apresenta, como todo preceito moral do Evangelho, a intenção moral em toda a sua perfeição; ela é, da mesma sorte, um ideal de santidade, do qual devemos nos esforçar para nos aproximarmos, num progresso ininterrupto, mas infinito".

---

15. Na *Ética a Nicômaco* (1105 *a*, 26 e s.), Aristóteles já havia observado que, enquanto no campo das técnicas ou artes (*epi tôn technôn*) as obras têm valor em si mesmas, quando se indaga sobre o caráter virtuoso ou não de um ato, não basta considerá-lo objetivamente, mas importa ainda saber da disposição de ânimo do agente, se ele sabia o que fazia, se ele decidiu livremente praticar o ato em questão, e se, ao agir, ele procedeu de modo firme e inabalável.

16. Primeira parte, livro primeiro, cap. 3; op. cit., p. 127.

17. *Grundlegung zur Metaphysik der Sitten*, cit., p. 53, nota de rodapé. Tal como Aristóteles, Kant sempre se esforçou por precisar os conceitos de que fazia uso. Segundo ele (*Grundlegung zur Metaphysik der Sitten*, cit., p. 33, nota de rodapé), a inclinação é "a dependência da faculdade de desejar, relativamente às sensações". Difere do interesse, na medida em que este se refere à razão.

18. 1ª edição, Königsberg, 1797, p. 39. O filósofo retoma, nesta passagem, a distinção corrente na Escolástica medieval, entre *amor concupiscentiae* e *amor benevolentiae* (cf. São Tomás, *Suma Teológica*, IIa. IIae, qu. XXIII, art. 1).

19. Ibidem, op. cit., pp. 148-9.

Eis aí uma observação da maior importância para esclarecermos as relações entre direito e moral, como veremos na parte final deste livro.[20]

Segundo postulado: uma ação praticada por dever tira seu valor moral não da intenção do agente ao praticá-la, mas da máxima ou regra subjetiva de ação por ele seguida.

Quem nos garante que, ao cumprir um dever, a nossa intenção é realmente isenta de todo egoísmo, que não fomos movidos pelo secreto desejo de exibir nossa virtude perante o mundo, de fortalecer nossa reputação de homens virtuosos? A intenção não é, portanto, um guia seguro para o julgamento moral das ações humanas.

Tampouco pode-se estabelecer como critério da moralidade o exemplo concreto de homens virtuosos, ou o das boas ações efetivamente praticadas. Tais exemplos, diz Kant, servem unicamente para nos encorajar, isto é, para demonstrar a nossa possibilidade de executar o que a lei moral ordena. Mas eles não se substituem aos comandos da razão, cuja validade é universal e independente de qualquer experiência histórica.

Não se pode deixar de lembrar aqui, diante dessa visão puramente abstrata da moral, a peremptória afirmação de Rousseau, no *Discurso sobre a Origem e os Fundamentos da Desigualdade entre os Homens*: "Comecemos por afastar todos os fatos, pois eles nada têm que ver com a questão". Tal como Kant, Rousseau rejeita categoricamente a possibilidade de se tirarem conclusões morais dos simples fatos. Daí a sua crítica severa a Grócio: "Sua mais constante maneira de pensar consiste em estabelecer sempre o direito pelo fato".[21]

A verdadeira ação virtuosa, diz Kant, é unicamente aquela feita em cumprimento puro e simples do dever. "Pois a representação do dever e em geral da lei moral, quando é pura e não adulterada pela adição exterior de estimulantes sensíveis, tem sobre o coração humano, pela via única da razão (que percebe então que ela pode ser prática por si mesma), uma influência muito mais forte do que todos os outros móveis (da vontade)." O dever, para esse rígido puritano, é ele-

---

20. Cf. Parte III, cap. III.
21. *Do Contrato Social*, Livro primeiro, capítulo 2.

vado à condição de uma entidade suprema, quase divina, cujo louvor nunca será excessivo.[22]

É o dever, de fato, o verdadeiro objeto da lei moral. Se tudo o que existe no mundo age segundo leis, só os homens (Kant generaliza: "só os seres racionais", neles incluídos, segundo a sua concepção religiosa, os anjos e o próprio Deus) têm a faculdade de agir segundo a representação das leis, isto é, segundo princípios. O que significa que só os seres racionais têm vontade, ou seja, são livres. "Dado, por conseguinte, que para fazer derivar as ações das leis a razão é convocada, a vontade nada mais é do que uma razão prática."[23]

Aqui, porém, é preciso saber diferençar as máximas das leis. A máxima é um princípio subjetivo da ação, ou seja, um princípio que está na consciência individual do agente. A lei, diferentemente, é um princípio objetivo, válido para todos.[24]

De onde se chega ao terceiro postulado, que assim se expressa:

Terceiro postulado: o dever é a necessidade (*Notwendigkeit*) de praticar uma ação por respeito à lei.

A lei aparece , desde logo, como algo contrário ao nosso egoísmo, pois ela é um princípio que nos impomos a nós mesmos.

Mas se o dever é a necessidade de praticar uma ação por respeito à lei, importa notar que o dever vale, como princípio racional *a priori* das ações humanas, independentemente de ser ou não respeitado na prática. Mesmo que ninguém jamais cumprisse a lei (positiva), tal fato de maneira alguma revogaria aquela lei mais profunda, que nos impõe o cumprimento do dever.

---

22. Leia-se o ditirambo que Kant dedica ao dever, no capítulo 3 do livro primeiro, primeira parte, da *Crítica da Razão Prática*; op. cit., p. 155: "Dever! Nome grande e sublime, tu, que não conténs em ti mesmo nada de agradável, nada de encantador (*was Einschmeichelung*), mas que reclamas a submissão; tu que, de qualquer maneira, não suscitas na alma nenhum temor ou aversão natural ao impulsionar a vontade, mas que estabeleces simplesmente uma lei que se insinua na alma, e que provoca, apesar de tudo, a nossa veneração (senão sempre a nossa obediência), lei diante da qual extinguem-se todas as inclinações, ainda que contra ela reajam em segredo; que origem é digna de ti, e onde se encontra a raiz de tua nobre linhagem, que rejeita altivamente todo parentesco com as inclinações, raiz essa da qual importa fazer derivar, como de sua fonte, a condição indispensável do único valor que os homens podem se dar a si mesmos?".

23. *Grundlegung zur Methaphysik der Sitten*, cit., p. 32.

24. Idem, p. 19, primeira nota de rodapé.

Aqui, o paralelismo com Rousseau é evidente. Ele muito insistiu, como vimos,[25] na diferença entre *a vontade geral* e *a vontade de todos*. Mesmo se todos os cidadãos votassem em um determinado sentido, tal não significaria que a vontade geral estaria sendo respeitada. Pois ela, como princípio supremo de moralidade, não tem sua validade dependente da efetiva concordância ou aceitação dos homens.

Como foi assinalado, para Kant as máximas distinguem-se das leis pelo fato de que estas últimas são princípios objetivos de ação. Os seres racionais são os únicos capazes de agir não pela força impessoal e inconsciente de leis, mas mediante a sua representação racional. Ora, prossegue Kant, "a representação de um princípio objetivo, na medida em que ele se impõe a uma vontade, chama-se mandamento (*Gebot*) da razão, e a fórmula do mandamento chama-se imperativo".[26]

Todos os imperativos exprimem-se pelo verbo dever (*sollen*), e seu cumprimento é moralmente bom quando determinado pela representação da razão, e não simplesmente quando é agradável aos sentidos.

Os imperativos, por sua vez, impõem-se de modo hipotético ou categórico. "Os imperativos hipotéticos representam a necessidade prática de uma ação possível, considerada como meio de se obter algo desejado (ou, pelo menos, suscetível de desejo). O imperativo categórico seria o que representaria uma ação que se impõe por si mesma, sem relação com outra finalidade; portanto, uma ação objetivamente devida (*als objectiv-notwendig*)."[27]

Os imperativos hipotéticos, por conseguinte, fazem parte da técnica, pois dizem respeito unicamente aos meios aptos à consecução de certos fins, sem que esses fins sejam necessariamente racionais e bons. "As prescrições que deve seguir o médico para curar totalmente o paciente, e as que deve seguir um assassino para envenenar letalmente sua vítima têm o mesmo valor, na medida em que umas e outras lhes são úteis para realizarem de maneira cabal os seus desígnios."[28]

Mas, ao lado desses imperativos hipotéticos, há aquele que, sem pôr como princípio e condição do agir a realização de determinada finalidade, impõe-se de forma imediata ao agente. É o imperativo categórico. "Ele concerne não à matéria da ação, nem tampouco ao seu resultado, mas à forma e ao princípio do qual

25. Parte II, cap. V.
26. *Grundlegung zur Metaphysik der Sitten*, cit., p. 33.
27. Idem, p. 34.
28. Idem, p. 35.

ela resulta; e o que nela há de essencialmente bom consiste em sua maneira de ser, quaisquer que sejam as consequências (da ação)."[29]

O imperativo categórico é o supremo princípio da moralidade. Enquanto os imperativos hipotéticos são necessariamente condicionais — se quiseres tal resultado, deves agir de tal modo —, o imperativo categórico é incondicional e, portanto, válido em todos os tempos e em todos os lugares. Ele comanda não diretamente as ações humanas, mas as máximas ou representações subjetivas do dever, as quais nascem em todas as consciências. De onde ele assim se formula: "Age unicamente segundo a máxima pela qual tu podes querer, ao mesmo tempo, que ela se torne uma lei universal".[30]

Em aplicação desse princípio, Kant propõe vários exemplos,[31] nem todos, aliás, evidentes por si mesmos, pois as soluções dadas aos problemas imaginados pelo filósofo são hoje intensamente discutidas, e encontram variadas soluções nos diferentes sistemas jurídicos nacionais.

Alguém vê-se tão atribulado por males de toda sorte que acaba por se perguntar se não seria melhor pôr fim à sua vida, do que continuar a suportar penosamente uma situação de sofrimento desesperado. Se ele procurar, no entanto, erigir em lei universal a sua máxima de preferir o suicídio à continuação de seu estado de sofrimento irremediável, dar-se-á facilmente conta, diz Kant, de que isso é moralmente insustentável, pois um ser vivo não pode pretender, como lei universal, a destruição da vida.

Um segundo exemplo é o de alguém que, ao necessitar urgentemente de dinheiro, solicita um empréstimo, sabendo, no entanto, que não poderá reembolsar o mutuante. Ora, que aconteceria se essa máxima de vida — obter recursos pecuniários por empréstimo, mediante promessas falsas — fosse transformada em lei universal? Obviamente, a destruição de toda confiança nesse tipo de promessa, diz Kant.

O terceiro exemplo é o do homem cheio de talentos, mas que se entrega a uma vida dissipada, sem a menor consideração das necessidades alheias.

Um quarto exemplo, semelhante a este último, é o do homem feliz, para quem tudo dá certo na vida, e que não se preocupa minimamente com as desgraças alheias.

29. Idem, p. 37.
30. Idem, p. 42.
31. Idem, pp. 43 e ss.

Kant passa a desenvolver um raciocínio da mais alta relevância para a orientação da vida humana, em qualquer circunstância. Toda vontade, diz ele, dirige-se a um fim. Ora, o homem é o único ser no mundo que se apresenta, aos seus próprios olhos, como um fim em si mesmo. Todos os demais entes, ao contrário, podem ser, de alguma forma, utilizados como meio ou instrumento para a consecução de finalidades de outrem. De onde poder-se formular o imperativo categórico também nos seguintes termos: "Age de forma a tratar a humanidade, não só em tua própria pessoa, mas na pessoa de qualquer outro, ao mesmo tempo como uma finalidade e jamais simplesmente como um meio".[32]

Por aí se vê que o homem é o único ser no mundo capaz de agir e comportar-se segundo as leis que ele próprio edita; ou, dito de outra forma, o ser humano, diferentemente dos demais seres vivos, vive segundo o princípio da autonomia da vontade. O paralelo com o pensamento de Rousseau também aí é irrecusável. Segundo o genebrino, a essência do pacto social, que funda a sociedade livre, consiste justamente no fato de que os indivíduos, tendo embora renunciado a todos os seus direitos próprios, continuam, não obstante, a viver em liberdade, pois eles submetem-se às leis que eles próprios editam.

Ora, se os homens são fins em si mesmos, e não podem ser utilizados como meio para a obtenção de outros fins; se os homens são os únicos seres no mundo capazes de viver segundo as leis que eles próprios editam, daí se segue que só os homens têm dignidade; o que significa que eles não têm preço.[33] O preço é o valor daquilo que pode ser substituído por outra coisa. Mas os homens em geral, e cada homem em particular, são propriamente insubstituíveis na vida.

Na *Crítica da Razão Prática*, Kant volta ao tema para dizer que, se todos os seres não humanos do mundo são capazes de suscitar afeição ou temor, só os homens suscitam respeito (*Achtung*).[34]

Não se poderia dizer melhor para expressar o fundamento universal de validade dos direitos humanos. Tudo se reduz, afinal, a um princípio original que só pode ser encontrado nos seres racionais: a liberdade. Ela representa, como diz Kant, a chave explicativa da autonomia da vontade.[35] Liberdade e capacidade de submissão às leis por eles próprios editadas são uma só e mesma coisa.

---

32. Idem, p. 52.
33. Não é sem interesse lembrar que o verbo *preisgeben*, na língua alemã, significa abandonar, renunciar.
34. Primeira parte, Livro primeiro, capítulo 3; op. cit., p. 130.
35. É o subtítulo da terceira parte de *Fundamentos para uma Metafísica dos Costumes*.

Mas como pode o homem reconhecer e aplicar o imperativo categórico, diante dos inúmeros e complexos problemas da vida? Repropõe-se aí, como se percebe, a mesma dificuldade enfrentada por Rousseau no tocante à revelação da *vontade geral.*[36]

A essa pergunta, Kant responde que todo homem é dotado de razão, e basta recorrer a ela para iluminar a sua vida. "Não existe ninguém, mesmo o pior celerado, desde que ele esteja habituado a usar de sua razão, que, quando se lhe põem diante dos olhos os exemplos de lealdade nos desígnios, de perseverança na observância das boas máximas, de simpatia e universal benevolência (mesmo com grandes sacrifícios de vantagens e bem-estar), não aspire poder, também ele, ser animado pelos mesmos sentimentos."[37]

Trata-se — é bem o caso de dizer — do idealismo em seu estado puro. Mas de um idealismo francamente contraditório com o princípio, tantas vezes afirmado por Kant, de que os sentimentos não podem servir como guias da razão pura prática.

2. EM QUE CONSISTE O DIREITO

Após haver exposto os fundamentos da ética, em *Fundamentos para uma Metafísica dos Costumes* e na *Crítica da Razão Prática*, Kant inicia propriamente a exposição da ética, que ele chama *metafísica dos costumes*, pela afirmação de que "toda legislação" compreende duas partes: em primeiro lugar, "uma lei que representa como objetivamente necessária a ação que deve ser cumprida, isto é, que faz da ação um dever; e, secundariamente, um motivo que liga subjetivamente à representação da lei o princípio de determinação do livre-arbítrio a essa ação". E acrescenta: "A segunda parte equivale a dizer que a lei faz do dever um motivo".[38]

Deve-se, desde logo, advertir que o conceito de lei, em Kant, tal como em Rousseau, aliás, não é confinado ao direito. Em seu sentido mais elevado, a lei é "uma proposição que contém um imperativo categórico".[39] Ou seja, é "a expressão da vontade geral".

36. Cf. supra, Parte II, cap. V.
37. *Grundlegung zur Metaphysik der Sitten*, cit., pp. 81-2.
38. *Metaphysische Anfangsgründe der Rechtslehre*, 1ª ed., Königsberg, 1797, p. 14.
39. Idem, p. 29.

Pois bem, a legislação que faz de uma ação um dever e, ao mesmo tempo, desse dever um motivo, é uma legislação ética. O sujeito cumpre a lei por dever de consciência. Diversamente, aquela que não liga o motivo à lei e , por conseguinte, admite um outro motivo que não a lei do dever, é jurídica. "No concernente a esta última legislação", observa Kant, "vê-se facilmente que os motivos diferentes da ideia do dever hão de ser deduzidos de princípios patológicos (*sic*) de determinação do livre-arbítrio, as inclinações e aversões, mais destas do que daquelas, pois essa legislação deve ser coativa e não atrativa." Assim, os deveres decorrentes da legislação jurídica são necessariamente exteriores, pois essa legislação, para Kant, "não exige que a ideia do dever, que é interior, seja por si mesma um princípio de determinação do livre-arbítrio do sujeito ativo e, como ela necessita de motivos apropriados às leis, ela só pode ligar a estas, motivos exteriores".[40]

Daí por que, segundo o filósofo, "a doutrina do direito e a doutrina da virtude distinguem-se, menos pela diferença entre os deveres, do que pela diferença de sua legislação, que vincula um ou outro motivo à lei". E exemplifica: "Cumprir uma promessa contratual é um dever exterior; mas o mandamento de agir unicamente porque se trata de um dever, sem levar em conta outro motivo, diz respeito apenas à legislação interior".[41]

E efetivamente, para Kant, o motivo próprio de cumprimento de um dever jurídico é a possibilidade de coação, que está necessariamente ligada ao direito. Sem dúvida, reconhece ele, o sujeito passivo pode respeitar o direito por dever de consciência; mas esse motivo nunca é exigido no plano estritamente jurídico, ao contrário do que ocorre no plano da moralidade pura.

Nesse ponto, é forçoso reconhecer que a reflexão kantiana resvala para um abstracionismo inteiramente alheio à realidade jurídica. A separação radical entre deveres ou motivos, exteriores ou interiores à consciência do agente, não foi consagrada em nenhum sistema jurídico. Ao contrário, atribui-se sempre mais ao juiz, no direito contemporâneo, o dever de perquirir os motivos que levaram o agente à ação ou omissão no caso concreto. No direito privado, o abuso do direito é comumente sancionado como um ato ilícito, exatamente em função do motivo ou intenção do agente. No campo do direito público, a figura do desvio de poder (o ato, formalmente legal, é praticado em vista de finalidade diversa do interesse público),

40. Idem, p. 15
41. Idem, p. 17.

inicialmente reconhecida apenas em relação aos agentes do Poder Executivo, tende hoje a espraiar-se para o terreno da legislação e até mesmo do exercício do poder judicial. Na legislação penal moderna, a perquirição dos motivos que levaram o réu a praticar o ato definido como crime é comumente feita não apenas para a fixação do grau da pena (motivo nobre, fútil ou torpe, por exemplo), como ainda na própria definição de certos tipos penais (caso da prevaricação, reconhecida quando um agente público deixa de praticar ato de ofício por interesse ou motivo pessoal).

Além disso, a ideia de coação, apresentada por Kant como nota característica do direito, ainda carece de precisão. Como se verá,[42] o positivismo jurídico moderno interpretou a coação como proveniente de uma força exterior aos sujeitos da obrigação jurídica, força organizada institucionalmente no Estado. A consequência lógica foi negar a qualidade jurídica a deveres que, embora fundados na consciência do respeito à dignidade humana, não eram sancionados pelo ordenamento estatal. Vale dizer, não haveria direitos humanos contra o Estado, o que conduziu diretamente aos totalitarismos do século XX.

Seja como for, para Kant o princípio fundamental do direito é e só pode ser a liberdade, interpretada, porém, em termos puramente individuais. O direito, portanto, de acordo com esse princípio, pode definir-se como "a substância das condições (*der Inbegriff der Bedingungen*), sob as quais o arbítrio de cada um pode se harmonizar com o arbítrio dos outros, segundo uma lei geral de liberdade".[43]

Ainda no tocante à doutrina jurídica, uma parte importante das reflexões de Kant teve por objeto o direito internacional. No mesmo ano de 1795, em que a novíssima república francesa e a Prússia celebraram um tratado de paz, publicou ele um opúsculo que se tornou célebre: *Para a Paz Perpétua — Um projeto filosófico*. A concepção da obra, sob a forma de um anteprojeto de tratado internacional, com comentários explicativos de cada um de seus artigos ou cláusulas, foi, de fato, uma grande inovação à época.

A originalidade desse escrito teórico vinha também de sua substância. Pela primeira vez, na teoria do *ius gentium*, sustentava-se que os sujeitos das relações internacionais eram os Estados e não os príncipes ou monarcas. Aliás, já no artigo primeiro do anteprojeto, Kant determinou que "a Constituição civil, em todos os Estados, deve ser republicana".

---

42. Parte II, cap. X infra.
43. *Metaphysische Anfangsgründe der Rechtslehre*, cit., p. 33.

Mas além dos Estados — e aí vai outra estupenda originalidade da reflexão kantiana, que antecipou de dois séculos a realidade jurídica — os indivíduos devem também ser considerados sujeitos de direito no plano internacional. O que significa dizer que, a par do direito interestatal, deve existir um direito cosmopolita (*Weltbürgerrecht*), ou direito da cidadania mundial. Toda pessoa, ao chegar a um país estrangeiro, tem o direito de não ser tratada como inimiga. Kant frisou: trata-se de um direito, não de simples filantropia. E a razão é simples: devido ao formato esférico da Terra, vivemos todos encerrados em certos limites e somos, por conseguinte, obrigados a um mútuo entendimento.[44]

Todavia, essa estrutura jurídica garantidora de um estado de paz permanente, e não de precários períodos de armistício entre potências beligerantes, só se completaria, no entender do filósofo, se estivesse fundada num federalismo de Estados livres. O termo usado foi bem esse — *Föderalism* —, neologismo que não ingressou no idioma oficial alemão.[45] É de se perguntar se Kant não se deixou impressionar pela Constituição norte-americana de 1787, que transformou a clássica confederação (já existente na Suíça havia vários séculos) em uma união mais estreita de unidades estatais autônomas. O fato é que, também nesse ponto, a antecipação kantiana é notável. Ao término das duas guerras mundiais que ensanguentaram a humanidade no século xx, os Estados procuraram instituir entre si uma união política estável: a Sociedade das Nações em 1919, e a Organização das Nações Unidas em 1945.

A ideia central dessas reflexões e propostas de Kant, em matéria de relações internacionais, foi por ele expressa de modo claro e enfático: a política deve sempre submeter-se à ética, isto é, aos ditames da moral e do direito. Este, por sua vez, não existe, se estiver separado da justiça.

É a refutação cabal das propostas maquiavélicas e hobbesianas.

3. A RELIGIÃO NOS LIMITES DA RAZÃO PURA

O programa de reconstituição da unidade ética, a que se propôs Kant, não se completaria sem que ele assinalasse o lugar a ser ocupado pela religião no sistema assim reconstituído.

O filósofo viu-se, porém, nesse passo, em grandes dificuldades. De um lado, a

---

44. *Die Metaphysik des Sitten – Erster Teil, Metaphysische Anfangsgründe der Rechtslehre*, § 62.
45. O termo correto é *Föderalismus*.

sua formação pietista e o ambiente intransigentemente religioso do governo prussiano da época, o qual chegou a censurar como heterodoxo um de seus escritos, impeliam-no a incluir a religião no sistema ético. Mas, de outro lado, essa tarefa chocava-se, claramente, com os princípios já assentados da filosofia crítica, que tudo submetia ao crivo da razão, e que, no terreno da ética, fundava-se inteiramente na liberdade humana.

Entre essas duas exigências procurou ele encontrar um meio-termo.[46]

Reconheceu que o homem, único ser no mundo dotado de autonomia, isto é, capaz de submeter-se às leis por ele próprio editadas, não necessita da existência de um ser superior a si mesmo para o reconhecimento do dever, nem tampouco de outro motivo para o seu cumprimento, a não ser a própria lei. Não obstante, admitiu que a religião, embora dispensável como fundamento das máximas individuais de vida ética, teria, em razão das suas consequências necessárias, uma ligação com a finalidade última da existência humana.

A explicação, como se vê, é um tanto obscura, ao procurar conciliar o inconciliável.

Já na *Crítica da Razão Prática*, publicada em 1788, Kant havia sustentado que a imortalidade da alma e a existência de Deus seriam "postulados da razão pura prática".[47] O postulado, explicou ele, é "uma proposição teórica,[48] mas , como tal, não pode ser provada, na medida em que essa proposição é inseparavelmente dependente de uma lei prática, dotada *a priori* de um valor incondicional".

A conformidade perfeita da vontade à lei moral, aduziu, é algo inatingível pelos homens. Como, porém, ela é praticamente necessária, a sua realização supõe um progresso sem fim em vista dessa conformidade integral da vontade com a lei. De onde a necessidade de se admitir a imortalidade da alma.

Quanto ao postulado da existência de Deus, Kant o apresenta como uma decorrência lógica de que, sendo a felicidade o soberano bem para os homens, e tendo em vista que estes vivem no mundo, tal fato pressupõe a existência de alguém que seja causa do mundo e, portanto, alguém que lhe seja exterior. Apressa-se, no entanto, em advertir que esse postulado da existência de Deus é uma necessi-

---

46. Cf. *Die Religion innerhalb der Grenzen der blossen Vernunft*, obra publicada pela primeira vez em Königsberg, em 1793.

47. Primeira parte, livro segundo, capítulo II, seções IV e V: op. cit., pp. 216 e ss.

48. Adjetivo grifado no original.

dade moral subjetiva, mas não um dever, isto é, uma necessidade moral objetiva; pois não é um dever a necessidade de admitir a existência de algo. Não se deve, tampouco, entender, acrescenta, que seja necessário admitir a existência de Deus como o fundamento de toda obrigação em geral, pois esse fundamento repousa unicamente na autonomia da razão humana. O que pertence ao dever é, tão só, trabalhar para produzir e favorecer no mundo o soberano bem, cuja possibilidade pode então ser postulada, mas que não pode ser representada pela nossa razão, a não ser supondo-se a existência de uma inteligência suprema.

Além dos postulados da imortalidade da alma e da existência de Deus, Kant apresenta ainda o cristianismo como o protótipo da religião racional, vale dizer, universal.

Inútil dizer que a religião, assim concebida, nada mais é do que uma espécie de moral, e uma moral cujo caráter de racionalidade dificilmente se coaduna com os princípios postos por Kant como fundamento da vida ética.

4. CONCLUSÃO

Analisada na perspectiva histórica, é inegável que a filosofia ética de Kant representou notável esforço em defesa da dignidade humana, contra as forças de degradação e aviltamento. O princípio de que o ser humano não pode nunca servir de meio para a obtenção de uma finalidade que lhe seja alheia, ainda que esta se apresente, distorcidamente, como necessária, ou mesmo sublime — como quer o utilitarismo capitalista, ou pretendem os fanatismos políticos e religiosos de todo gênero —, tem sido um farol a iluminar a trajetória dos defensores da dignidade humana nos últimos séculos.

Não se pode, contudo, deixar de reconhecer que o esforço kantiano tendente a reconstruir a unidade ética, abalada pelos relativismos que se foram acumulando desde o final da Idade Média, não chegou a bom termo.

Para esse insucesso, muito contribuiu o extremado idealismo no qual se encerrou o seu pensamento. Kant, tal como Rousseau, estava persuadido de que, para resgatar a moral em toda a sua pureza, era preciso fugir da realidade histórica. Mas, diferentemente de Rousseau, insistiu na necessidade de se fazer abstração, não só do componente afetivo e sentimental do ser humano, como também de todos os condicionamentos materiais da vida social. Ao cabo de sua impressionante investigação filosófica, a resposta de Kant à quarta e última indagação fundamental por ele proposta como programa de pensamento,[49] indagação que engloba, na verdade, todas as demais — Que é o homem? —, deixa muito a desejar.

Faltou, essencialmente ao sistema kantiano uma visão concreta da condição humana, uma análise do homem inserido no fluxo histórico e no meio social onde vive. Ao rejeitar todo contato com as impurezas do mundo sensível, só restou ao filósofo procurar reconstruir intelectualmente o ser humano como um ente de razão,[50] cujas más condições de vida, tais como a pobreza, por exemplo, podem, como ele admitiu, "suscitar-lhe tentações de violar o seu dever",[51] mas não constituiriam, jamais, limitações decisivas para o uso da razão e o exercício da liberdade.

A figura descarnada que daí emergiu, fora do tempo e do espaço, não podia servir de modelo à reconstrução da unidade ética.

Contra esse abstracionismo histórico e social reagiram Hegel e, logo em seguida, Karl Marx, como passamos a ver.

---

49. Cf. o início deste capítulo.

50. É, aliás, o que ele afirma, com todas as letras, na *Metaphysische Anfangsgründe der Rechtslehre*, cit., p. 28. Ele inventou, para expressar essa ideia, o neologismo grego νοούμεννον, a partir de νοῦς, palavra que designava o espírito ou a razão.

51. *Crítica da Razão Prática*, cit. pp. 166-7.

VIII. Hegel: o Homem como Ser Histórico

A obra e a atividade docente de Hegel, desenvolvidas durante os primeiros três decênios do século XIX, marcam uma das mais profundas transformações experimentadas pelo pensamento filosófico ocidental.

A partir de Descartes, como foi assinalado na Introdução desta obra, prevaleceu sem contestações, no Ocidente, um método de pensar analítico, pelo qual a solução de todas as questões consideradas como problemas ($\pi\rho\acute{o}\beta\lambda\eta\mu\alpha\tau\alpha$), segundo a clássica definição de Aristóteles,[1] isto é, aquelas cuja verdade pode ser alternativamente recusada ou aceita, dependia da prévia decomposição do objeto pensado em todas as suas partes. Para Descartes, aliás, todo o mundo exterior ao sujeito pensante devia ser considerado, metodicamente, como um problema.

Se esse método se revelou, desde logo, o mais adequado no campo das ciências físicas — embora, mesmo aí, ele tenda, hoje, a ser reconsiderado —,[2] ele não era obviamente apto à compreensão dos seres vivos, sobretudo do mais complexo dentre eles, o ser humano. No mundo biológico, objeto do pensamento não são coisas está-

---

1. *Tópica*, 104 *b*.
2. Vejam-se, a esse respeito, as considerações expendidas por Ilya Prigogine, Prêmio Nobel de Química, em seu livro *La Fin des certitudes – Temps, chaos et les lois de la nature*, Paris, Editions Odile Jacob, 1996.

ticas, cujas partes componentes podem ser analisadas separadamente, fora do todo. O ser vivo é um todo indecomponível e em perpétua evolução. A sua análise em partes separadas nada mais é, por conseguinte, do que a dissecação de um cadáver.

O elemento temporal faz parte da essência do ser humano. Não se trata do tempo puramente cíclico da natureza, nem tampouco do tempo matemático e reversível da física, e sim de uma transformação substancial dos entes, do nascimento à morte, e na sucessão das gerações. O velho não é substancialmente idêntico ao adulto, nem este ao jovem ou à criança. Da mesma forma, a humanidade atual é bem diferente da que existiu em épocas passadas. Retomou-se, assim, depois de tantos séculos, a visão simbólica de Heráclito: o sol é novo a cada dia, e se renova perpetuamente, sem descontinuar;[3] ninguém pode entrar duas vezes no mesmo rio.[4] A essência do ser humano é histórica.

Mas, para apreender a especificidade ontológica dessa realidade sistêmica[5] e cambiante, era imprescindível criar um novo método de pensamento.

I. A DIALÉTICA DE OPOSIÇÃO E SUPERAÇÃO DOS CONTRÁRIOS

Hegel partiu de um postulado ontológico fortemente marcado por Fichte e Schelling: o ser só se afirma pela contradição ao seu oposto, contradição que culmina sempre pela sua vitória, com a sujeição do oponente.

A realidade é, em sua essência, conflituosa e não harmônica. Ainda aí, ressurgiu a intuição de Heráclito: "O conflito é o pai de todos os seres, o rei de todos eles"; ou então, a ideia de que o dia e a noite, o bem e o mal formam uma unidade.[6]

A filosofia hegeliana evoluiu, porém, desde logo, para uma visão diferente, na qual se nota a indisfarçável influência da imagem trinitária da divindade, própria da teologia cristã. Os opostos não se aniquilam, nem um deles sujeita o outro, mas ambos são superados dinamicamente pelo advento de um *tertius*, que os engloba e completa.

Aliás, como foi assinalado,[7] todo o pensamento da época florescente do

---

3. Apud Aristóteles, *Meteorológicas*, 355 a, 13 (*Les Présocratiques*, Paris, *Gallimard*, 1988, p. 147).

4. Apud Plutarco, *Les Présocratiques*, cit., p. 167.

5. Sobre a noção de sistema, cf. a Introdução.

6. Citações extraídas de Hipólito, *Refutação de todas as heresias*, in *Les Présocratiques*, cit., pp. 158-9.

7. Emile Bréhier, *Histoire de la Philosophie*, III, Quadrige/Presses Universitaires de France, 6ª ed., 1994, p. 653.

romantismo alemão, do final do século XVIII e início do século XIX, estava impregnado de religiosidade. Sob o influxo dessa influência determinante, o saber filosófico voltou a buscar o absoluto, próprio da religião, e a religião voltou a procurar a racionalidade, própria do saber filosófico, como havia sucedido no apogeu da Idade Média.[8]

A finalidade da dialética, segundo Hegel, é a apreensão do que é concreto e universal, em oposição ao individual e abstrato. A visão concreta da realidade é, portanto, o exato oposto do pensamento analítico, que recorta as partes do todo ao qual elas pertencem, tornando-as, nessa operação mecânica, completamente ininteligíveis. Recuperando uma ideia cara a Plotino, Hegel sustenta que o ser e o pensamento tendem sempre à unidade. Mas não é só isso. A apreensão concreta do real, além dessa busca da unidade, nunca retira o objeto pensado do fluxo temporal no qual ele se insere, necessariamente.

A dialética hegeliana é dinâmica; é um processo, no exato sentido etimológico do termo: o verbo latino *procedo, -ere* significa, com efeito, avançar. Reduzida à sua essência, ela consiste no movimento de algo que, existindo inicialmente por si mesmo (*an sich*), contrapõe-se em seguida à sua expressão exterior, para retornar finalmente em si (*in sich*), em estágio mais desenvolvido do próprio ser. E o movimento prossegue, sem cessar.

A fórmula é empregada sistematicamente para dar conta de tudo o que existe, mesmo à custa, muitas vezes, de um evidente artificialismo, como se o real tivesse que se adaptar ao mental, e não o contrário. Demais, o estilo pesado do filósofo, carregado de neologismos e expressões abstrusas, não contribui para uma fácil compreensão do seu pensamento.

Toda a filosofia de Hegel se apresenta nos moldes rígidos de uma tríade dialética. Ela se divide em três partes, correspondentes aos três momentos ou etapas do processo racional, que é, ao mesmo tempo, um processo ontológico: os momentos do Ser, da Natureza e do Espírito. O Ser designa o conjunto dos elementos lógicos de toda realidade. A Natureza é a manifestação do Ser no mundo físico e biológico. O Espírito, a consciência dessa realidade global e dinâmica.[9]

---

8. Cf. Parte I, capítulo IV, sobre São Tomás de Aquino.
9. É da filosofia hegeliana que se origina a clássica distinção, no mundo cultural germânico, entre as ciências humanas, ditas ciências do espírito (*Geisteswissenschaften*) e as ciências naturais (*Naturwissenschaften*).

Cada um dos momentos ou etapas do processo dialético, por sua vez, reproduz a mesma formulação triádica. No interior do Ser, há um ser por si (*an sich*), um ser para si (*für sich*), que é a essência (*Wesen*), e um ser que, havendo se exteriorizado, retorna a si mesmo (*in sich*). A este último momento do ser, Hegel deu, curiosamente, a denominação de conceito (*Begriff*).[10] No domínio da Natureza, há uma natureza por si, o conjunto das leis físicas; uma natureza para si, o conjunto das forças físico-químicas; e uma natureza em si e para si, o organismo vivo. Finalmente, no campo do Espírito, há um espírito por si, ou espírito subjetivo, o indivíduo; um espírito para si, ou espírito objetivo, a cultura; e um espírito absoluto, que transcende todos os outros.

Convém assinalar a especificidade do segundo momento do processo dialético, que sofreu, no pensamento pós-hegeliano, uma transformação importante. À exteriorização do ser, ou seja, a etapa em que ele está objetivamente fora do sujeito — na terminologia do filósofo, um ser para si (*für sich*) —, Hegel deu o nome de *Entfremdung*. A generalidade dos tradutores, em todas as línguas, usa o termo *alienação*. Mas este último vocábulo foi originalmente empregado na linguagem jurídica romana para designar a transferência, de um *paterfamilias* a outro, de direitos sobre um bem, ou sobre um indivíduo (as pessoas ditas *alieni iuris*, isto é, os escravos, as mulheres *in manu* e os filhos-famílias *in mancipio*). Na modernidade, a mesma palavra passou a ser usada em psiquiatria para indicar variados estados de loucura, em que o sujeito perde a consciência de si mesmo. Ludwig Feuerbach, como veremos no capítulo seguinte, denominou *Selbstentfremdung* a subordinação do homem às ideias ou mitos por ele próprio criados. E Marx empregou-o para indicar a situação do proletariado em relação à burguesia. Mas no sistema filosófico hegeliano, o verdadeiro sentido de *Entfremdung* não é de alienação, nem mesmo de estraneidade (pois a cultura não é algo estranho ao ser humano que a criou), mas sim de exteriorização do próprio sujeito nas suas obras.

---

10. Na *Enciclopédia das Ciências Filosóficas*, § 160, ele explica que "na lógica-de-entendimento, costuma-se considerar o conceito como mera forma do pensar, e, mais precisamente, como uma representação geral. É a essa maneira inferior de apreender o conceito que se refere a afirmação tantas vezes repetida, por parte da sensibilidade e do coração, de que os conceitos enquanto tais são algo morto, vazio e abstrato. De fato, porém, sucede exatamente o inverso, e o conceito é antes o princípio de toda a vida, e assim, ao mesmo tempo, o [que é] pura e simplesmente concreto" (*Enciclopédia das Ciências Filosóficas em Compêndio – 1830*, vol. I, *A Ciência da Lógica*, texto completo, com os adendos orais, traduzido por Paulo Mendes, com a colaboração do pe. José Machado, Edições Loyola, São Paulo, 1995, p. 292).

Pois bem, cada elemento subordinado de cada um dos componentes daquela tríade maior decompõe-se, da mesma forma, em três dimensões. Por exemplo, no campo do Espírito, que mais nos interessa aqui, o espírito subjetivo é por si a alma; para si, a consciência; em si e para si, espírito. O espírito objetivo, que corresponde ao mundo da cultura, é por si direito; para si, costumes (*Sitten*); em si e para si, moral (*Moralität*). O espírito absoluto é por si arte; para si, religião revelada (obviamente o cristianismo); em si e para si, filosofia.

Repita-se que essas tríades hegelianas não são esquemas estáticos, mas processos ou sequências dinâmicas, em que as duas primeiras fases contrapostas se realizam plenamente na terceira fase (a famosa *Aufhebung*).

Para o filósofo, não só o pensamento, mas toda a vida é uma tensão permanente entre elementos contraditórios: universal e particular, finito e infinito, determinado e indeterminado, reflexão e ação, concreto e abstrato, natureza e razão, liberdade e necessidade, ser e dever-ser, ideal e real, divino e humano. Quando essa tensão desaparece, é porque o indivíduo já se aproxima da morte, e o povo, da sua dissolução definitiva.

A dialética é, portanto, a própria vida, e a vida nos obriga a pensar dialeticamente. Como disse Hegel, "o dialético, em geral, é o princípio de todo o movimento, de toda a vida e de toda a atividade na efetividade".[11]

Ora, na concepção triádica hegeliana, há uma elevação das duas primeiras fases para a terceira, a fase do Espírito, fase que, por sua vez, existe como uma ascensão histórica do humano ao divino.

É o que passamos a ver.

2. A FILOSOFIA DO ESPÍRITO, OU A REFLEXÃO SOBRE A VIDA ÉTICA

Em um ensaio sobre o direito natural, escrito quando era *Privatdozent* na Universidade de Iena,[12] Hegel já havia tomado posição contra o formalismo abstrato de Kant em matéria ética.

11. *Enciclopédia das Ciências Filosóficas*, § 81, adendo, cit., p. 163.
12. *Über die wissenschaftlichen Behandlungsarten des Naturrechts, seine Stelle in der praktischen Philosophie und sein Verhältnis zu den positiven Rechtswissenschaften*, in *Georg Wilhelm Friedrich Hegel – Sämtliche Werke*, ed. por Georg Lasson, vol. VII, *Schriften zur Politik und Rechtsphilosophie*, Leipzig, Verlag von Felix Meiner, 1913, pp. 327 e ss.

O processo de conversão da máxima pessoal de vida em lei universal sob a forma de imperativo categórico, frisou ele, justifica o bem e o mal; ou seja, conduz indiferentemente à moralidade ou à imoralidade. Tome-se, sugere Hegel, o exemplo dado pelo próprio Kant, da coisa confiada em depósito.[13] Quando o depositário se interroga sobre se deve ou não restituí-la, ele já está no caminho da imoralidade. Kant assevera que a não restituição destrói a ideia de depósito e, de modo mais geral, a própria ideia de propriedade. Mas isso representa uma verdadeira tautologia: a propriedade é a propriedade, e a propriedade alheia é a propriedade alheia. Afinal, observa Hegel, é perfeitamente lógico supor uma sociedade que não reconhece a propriedade. A tautologia reapareceria, então, com o sentido trocado: a não propriedade é a não propriedade. Portanto, se se quiser justificar a existência do direito de propriedade, não se pode raciocinar de modo abstrato. A propriedade só se justifica, ou seja, só tem sentido ético, num contexto humano concreto, isto é, na História.

A grande deficiência da ética kantiana, conclui Hegel, é de duas ordens. Em primeiro lugar, ela isola, como fazem os empiristas, um fato do seu contexto humano, deixando-o, portanto, sem sentido. Em seguida, ela aplica a esse fato uma fórmula universal, que serve para justificar situações contraditórias.

A proposta ética de Hegel toma o contrapé do abstracionismo kantiano. A vida humana é essencialmente histórica, ou seja, ela se transforma no curso de um processo evolutivo constante. Além disso, ela se desenvolve em meio a contradições permanentes: natural e ideal, sensibilidade e razão, fatos e normas. A função da ética consiste na superação de todos os dualismos em uma unidade englobante, que representa, para Hegel, o espírito encarnado ou, como ele denominou, o *espírito objetivo*, o qual, segundo se advertiu mais acima, é superado pelo espírito absoluto.

O espírito objetivo comporta três esferas, com graus crescentes de abrangência e aprofundamento; ou, para usarmos os qualificativos hegelianos, com graus crescentes de universalidade e concreção. Essas esferas de progressiva abrangência são o direito, a moral (*die Moralität*) e aquilo que se poderia denominar, à falta de melhor termo, a eticidade (*die Sittlichkeit*).

---

13. Op. cit., pp. 354 e ss.

O direito

A esfera jurídica é a mais abstrata de todas, ou seja, a mais distante da vida real. No seu livro sobre a filosofia do direito,[14] Hegel esclarece essa abstração, dizendo que "no tocante ao conteúdo da ação concreta e às relações morais e éticas (*moralische und sittliche Verhältnisse*), o direito abstrato é apenas uma possibilidade; vale dizer, o mandamento jurídico (*die rechtliche Bestimmung*) é tão só uma permissão ou uma autorização. A necessidade desse direito limita-se, por força de sua abstração, a algo de negativo: não causar prejuízo à personalidade e àquilo que dela resulta. Nesse campo, só há, assim, proibições jurídicas, e a forma positiva das prescrições jurídicas funda-se, em última instância, na proibição".

Como veremos no capítulo x desta Parte, a escola do chamado positivismo jurídico ateve-se exclusivamente a esse nível de pura abstração formal. E o resultado, como advertira Hegel, consistiu em extrair por completo o fenômeno jurídico do fluxo vital, com a redução da ciência do direito a uma análise lógica de proposições normativas.

Na concepção hegeliana da juridicidade, há uma nítida separação entre a esfera privada e a pública. É somente na primeira delas que se forma, propriamente, o direito. A segunda esfera constitui um aspecto da vida ética superior. O filósofo manteve-se, nessa questão, fiel às ideias que professava durante o seu período de docência em Iena.[15] Na cidade antiga, lembrou ele, não havia separação entre o público e o privado, entre o Estado e a sociedade civil. Com a dissolução da *pólis* sob o efeito do imperialismo macedônio e, em seguida, do romano, os indivíduos se recolheram às suas vidas privadas e à fruição dos bens materiais. A procura da riqueza privada substituiu a defesa do bem comum. A relação de propriedade tornou-se o centro da vida jurídica. "Cada qual trabalha para si, ou é obrigado a trabalhar para outrem."[16] Ao mesmo tempo, o consolo diante da morte foi buscado no Além. A própria religião tornou-se, de certo modo, privada. Perdeu-se, com isso, aquela consciência cívica da igualdade e do bem comum, que Montesquieu deno-

---

14. *Grundlinien der Philosophie des Rechts, oder Naturrecht um Staatswissenchaft im Grundrisse,* na coleção das obras completas de Hegel, editada por Hermann Glockner, volume sétimo, Stuttgart, 1952, Fr. Frommanns Verlag, § 38, pp. 91-2.
15. Cf. Jean Hyppolite, *Introduction à la philosophie de l'histoire de Hegel,* Editions du Seuil, Paris, 1983, pp. 36 e ss.
16. Apud Jean Hyppolite, cit., p. 38.

minou *virtude*, sobre a qual se funda, necessariamente, o regime republicano. Os cidadãos tornaram-se incapazes de sacrificar suas vidas pela pátria, pois a preocupação com a segurança e a paz individuais tornaram-se dominantes.

Impossível não enxergar, nessa análise da decadência do mundo antigo, uma crítica radical à sociedade burguesa, cuja expansão Hegel divisava com nitidez em toda a Europa ocidental, após a Revolução Francesa. Não é exagerado supor que tais ideias tenham calado fundo na alma do jovem Karl Marx.

A moral

A segunda esfera do chamado espírito objetivo é a moral (*die Moralität*). É aí que aparece a liberdade subjetiva ou livre-arbítrio, a "liberdade no sentido europeu", como disse Hegel num adendo ao § 503 da *Enciclopédia das Ciências Filosóficas*. É, em suma, a liberdade dos filósofos da Ilustração no século XVIII, consagrada nas proclamações revolucionárias.

Hegel observou que os seus contemporâneos atribuíam grande importância a essa dimensão subjetiva da liberdade, em detrimento da dimensão objetiva, ou seja, da existência efetiva de instituições livres na sociedade política. Já os antigos, lembrou ele, chamavam os direitos consagrados nas leis de sua cidade, ou nação, "suas liberdades".[17] A verdadeira liberdade, portanto, concreta e universal, segundo a terminologia hegeliana, somente é alcançada na esfera da chamada eticidade, com a constituição do Estado.

De qualquer modo, para Hegel, a liberdade, como todas as faculdades humanas, não é sempre a mesma, em valor e intensidade, através dos tempos. Ela progride e se fortalece na evolução histórica. De certa maneira, a história universal representa um progresso constante da vida humana, na consciência da liberdade.[18]

A vida ética

Chega-se, assim, à esfera superior do espírito objetivo, a vida ética, que se desdobra em três subesferas: a família, a sociedade civil e o Estado.

17. *Enciclopédia das Ciências Filosóficas*, cit., vol. III – *A Filosofia do Espírito*, § 539, adendo, p. 309.
18. Cf. *Vorlesungen über die Philosophie der Weltgeschichte*, cit., p. 40.

É aí, sobretudo, que Hegel se distancia do pensamento de seus predecessores na Alemanha, mormente de Kant. A família, a sociedade civil e o Estado só podem ser compreendidos de modo concreto no tempo e no espaço, e não de forma abstrata, como nas concepções tradicionais de um direito natural, sempre igual a si mesmo. As instituições sociais, quaisquer que sejam, só existem quando positivadas historicamente em povos determinados. Fora disso, o que há são abstrações sem vida.

No quadro dessa consideração necessariamente histórica das diferentes sociedades (ou povos, como ele prefere dizer), Hegel as concebe como verdadeiros organismos vivos, dotados de uma estrutura diferenciada em órgãos e funções. Ou seja, o exato contrário da concepção individualista, dominante no seu tempo.

No já citado ensaio sobre o direito natural, assim como em outro artigo sobre o sistema ético,[19] o qual permaneceu inédito até o início do século XX, ele desenvolveu essa visão orgânica das sociedades antigas e modernas. Toda sociedade é dividida em estamentos (*Stände*), que se relacionam de modo hierárquico. O estamento superior, o único verdadeiramente livre, é o formado pela aristocracia militar, pois somente ela pensa o todo e se eleva acima da particularidade das necessidades naturais. A esse estamento incumbem, racionalmente, as tarefas de governo. Abaixo dele, situa-se a burguesia comerciante, encarregada da produção das riquezas materiais, e que, por isso mesmo, encerra-se na sua vida privada, age unicamente em vista de sua segurança própria, materializada na posse de bens, e só consegue divisar o todo de modo abstrato. Por fim, há o campesinato. O curioso é que Hegel o coloca acima da burguesia mercantil, ao dizer que o estamento campônio possui, graças ao seu trabalho concreto, um certo sentido imediato do todo, e participa do universal pelo sentimento profundo de confiança.

É claro que essa visão "orgânica" da sociedade reflete a realidade alemã do século XVIII, anterior ao impacto social provocado pela Revolução Francesa, muito embora com uma lacuna importante: o estamento clerical é de todo ausente. Mas Hegel, sempre preocupado em compreender a vida humana no fluxo histórico, não deixa de assinalar, no artigo citado, o advento de um estamento burocrático de tipo napoleônico, que possui o sentido do dever estatal, e se consagra racionalmente às tarefas de governo. É já o reconhecimento, *avant la lettre*, do modelo

---

19. *System der Sittlichkeit*, in *Schriften zur Politik und Rechtsphilosophie*, cit., pp. 419 e ss.

de legitimidade burocrática do Estado moderno, magistralmente examinado por Max Weber um século depois.

Seja como for, nos seus primeiros escritos Hegel manifestou um claro desprezo pela classe burguesa, julgando que ela não teria nenhuma função de vanguarda a exercer na história. Nesse ponto, que é capital — é bem o caso de dizer — a história encarregou-se de provar o contrário, como Marx não deixou de enfatizar durante toda a sua vida.

Na *Filosofia do Direito*, a visão medieval da sociedade acaba sendo substituída por um outro esquema orgânico, em que a classe burguesa é de certo modo absorvida pela sociedade civil (*bürgerliche Gesellschaft*) — e não é sem importância lembrar, como já foi aqui assinalado, que essa mesma expressão designa, na língua alemã, a sociedade civil e a sociedade burguesa. Ela exerce a mediação necessária entre a família e o Estado.

A tríade hegeliana apresenta-se aqui, no entanto, aparentemente desligada do esquema dialético. A sociedade civil não se opõe à família, mas antes a serve, subministrando-lhe os bens materiais de que ela necessita para subsistir. E ela tampouco precede o Estado, mas é criada por ele. No adendo ao § 182 da *Filosofia do Direito*, Hegel observa que "a sociedade civil é a diferença que vem se colocar entre a família e o Estado, mesmo se a sua formação é posterior à do Estado, que deve precedê-la; pois, enquanto diferença, pressupõe o Estado, que ela, como entidade autônoma, deve ter diante de si para poder subsistir. Aliás", acrescenta, "a criação da sociedade civil pertence ao mundo moderno".

Para Hegel, a sociedade civil, como sistema das necessidades (*System der Bedürfnisse*), "conserva o que resta de estado da natureza", e é, por isso mesmo, necessariamente inigualitária e individualista.[20] Ela representa o âmbito do indivíduo concreto, com suas necessidades materiais e seu egoísmo, constituindo, portanto, um "sistema atomístico",[21] no qual o indivíduo é uma mônada autônoma. Para que o indivíduo naturalmente egoísta possa satisfazer suas necessidades e alcançar os seus fins particulares, é indispensável tratar todos os outros indivíduos como meios ou instrumentos; ou seja, infringir o princípio que Kant considerou a lei máxima da moralidade.[22]

---

20. Cf. o § 200 da sua *Grundlinien der Philosophie des Rechts*.
21. *Enciclopédia das Ciências Filosóficas*, III, § 523.
22. Veja-se o capítulo anterior.

Nessa perspectiva, é preciso evitar, sobretudo, reduzir o Estado — como sempre pregou a ideologia liberal, e como foi vivamente denunciado por Marx — à condição de mero gerente da sociedade civil, a qual, por sua vez, é submetida à dominação burguesa. "Quando se confunde o Estado com a sociedade civil", adverte Hegel, "e quando se lhe dá por objetivo zelar pela segurança e proteger a propriedade privada e a liberdade pessoal, então o interesse dos indivíduos, enquanto tais, é a finalidade última em função da qual eles se reúnem [num Estado], ficando destarte cada qual livre de decidir se se torna ou não membro do Estado. Mas o Estado mantém uma relação muito diferente com o indivíduo, pois ele é o espírito objetivo, de tal modo que o indivíduo só adquire objetividade, verdade e eticidade (*Sittlichkeit*) quando é membro do Estado."[23] E, referindo-se evidentemente à filosofia política hobbesiana, acrescenta que se, em certos momentos históricos, os indivíduos devem sacrificar-se pela comunidade, "seria um cálculo bem distorcido (*eine sehr schiefe Berechnung*) se, para justificar esse sacrifício, se considerasse o Estado somente como sociedade civil, e o seu objetivo supremo, tão só, a segurança da vida e da propriedade dos indivíduos".[24]

Hegel toma posição, claramente, contra a concepção voluntarista da formação da sociedade política. Ele reconhece que Rousseau teve o mérito de estabelecer a vontade como princípio do Estado. Mas como ele concebeu a vontade unicamente sob a forma individual — no que foi seguido por Fichte —, ao deixar de perceber que a vontade geral não é o racional em si e para si, mas somente o que se extrai como interesse comum em cada vontade individual consciente de si mesma,[25] a associação dos indivíduos no Estado tornou-se, na doutrina de Rousseau, um contrato. Ora, diz Hegel, "uma vez instaladas no poder [com a Revolução Francesa, bem entendido], essas abstrações nos ofereceram o espetáculo mais prodigioso que nos foi jamais dado contemplar em toda a história do gênero humano: a tentativa de recompor inteiramente a Constituição de um Estado, pela destruição de tudo o que existia antes, a fim de dar por fundamento a esse Estado aquilo que se supunha racional. Mas, justamente porque se tratava tão só de abstrações sem Ideia, essa tentativa produziu um resultado terrível e cruel".[26]

23. Idem, § 258, adendo, op. cit., p. 329.
24. Idem, § 324, adendo, op. cit., p. 433.
25. Cf, supra, cap. 5.
26. *Grundlinien der Philosophie des Rechts*, cit., § 258, adendo, p. 331.

Nas preleções sobre a filosofia da história universal, ele volta ao tema. "Quando o princípio da vontade *individual* é o único fundamento da liberdade política, de sorte que todos os indivíduos devem prestar seu assentimento a tudo quanto é feito pelo e para o Estado, não existe propriamente Constituição. A única instituição necessária, em tal caso, seria um centro sem vontade, que registrasse as necessidades aparentes do Estado, e desse a público a sua opinião; o que implicaria a existência de um mecanismo destinado a convocar os indivíduos, receber seu voto e fazer a operação aritmética de sua contagem, com o cômputo da soma de votos favoráveis às distintas propostas; com o que a decisão seria encerrada."[27]

A religião

Mas onde se situa a religião no quadro hegeliano da vida ética: na esfera da sociedade civil, ou como integrante do Estado?

Numa das passagens mais longas de sua *Filosofia do Direito*, Hegel enfrenta essa questão que, desde o século XVI, esteve na origem de um sem-número de guerras e de intermináveis querelas doutrinárias.

Ele começa por refutar a tese de que a religião é o fundamento do Estado. "Afirmação alguma", diz ele, "é mais apta a provocar tão grande confusão, e mesmo a erigir a confusão em Constituição do Estado."[28]

Em primeiro lugar, argumenta Hegel, é muito suspeito que se recomende a prática religiosa especialmente nos tempos de miséria pública, de ruína e de opressão, como se a religião fosse uma espécie de bálsamo das almas contra as atribulações provocadas pela injustiça, ou uma esperança compensatória da perda de bens materiais. Em segundo lugar, ao se admitir que uma das recomendações da religião é permanecer indiferente diante dos interesses deste mundo, adota-se uma atitude de efetivo desinteresse pelos assuntos que dizem respeito ao Estado, como se tais assuntos fossem decididos com base no puro arbítrio. Em suma, essa visão das coisas supõe que, na esfera estatal, preponderam sempre a força bruta e as paixões descontroladas, e que somente a religião traria ordem e moralidade à vida pública. Na verdade, lembra Hegel, essa era a situação predominante outrora,

---

27. *Vorlesungen über die Philosophie der Weltgeschichte*, cit., pp. 117-8.
28. *Grundlinien der Philosophie des Rechts*, § 270, adendo, op. cit., p. 348.

quando, diante de uma tirania, procurava-se consolar os oprimidos com a esperança no Além. Ou seja, nessa concepção, a fé religiosa representa a forma mais cruel de servidão do ser humano.[29]

Como se percebe, a crítica que Hegel faz dessa religião alienante não deixa muito a desejar em relação às diatribes que contra ela lançaria Feuerbach pouco depois.[30]

A religião autêntica, no dizer do filósofo, é totalmente diferente dessa caricatura. Ela contém a verdade absoluta e, por isso mesmo, é a forma mais elevada do espírito, pois tem por objeto o próprio Deus, princípio e causa infinita, do qual tudo provém. Ora, como o seu culto consiste em certas práticas e uma doutrina, a religião precisa contar com o concurso de bens e de um quadro de funcionários. Daí a sua relação necessária com o Estado, que lhe assegura as condições indispensáveis ao exercício do culto. E mais ainda: "Como a religião é o elemento que se revela capaz de integrar o Estado no mais íntimo das almas individuais, o Estado pode exigir de todos os seus cidadãos que eles pertençam efetivamente a uma comunidade religiosa, qualquer que ela seja, pois o Estado não tem que se preocupar com o conteúdo [da fé religiosa], na medida em que este diz respeito ao aspecto interno da representação".[31] Em outras palavras, a religião é assunto de foro íntimo, e não interfere no cumprimento dos deveres que todo cidadão tem para com os poderes públicos. O pensamento de Locke sobre o assunto é, portanto, aceito em sua integralidade.[32]

Hegel ilustrou a sua posição, nessa matéria, com o exemplo dos *quakers* e dos anabatistas, que cumprem seus deveres de cidadãos de maneira passiva, sem serem por isso privados da cidadania.

Lembrou ainda, na mesma ordem de considerações, que a rigor o Estado poderia recusar aos judeus o *status* de cidadãos pois eles não se consideram uma simples comunidade religiosa, mas como membros de um povo separado de todos os outros: o povo eleito de Iahweh. O filósofo entrou, aí, num terreno perigoso. A Prússia havia reconhecido a cidadania aos judeus, em 1811. Mas já em 1819, ou seja, no momento em que Hegel compunha a sua *Filosofia do Direito*, ocorria uma recrudescência do antissemitismo. A sua posição, no entanto, foi bem clara a esse respeito. Os judeus, disse ele, são antes de tudo homens, uma qualidade que não deve ser con-

---

29. Idem, p. 349.
30. Cf. capítulo seguinte.
31. *Grundlinien der Philosophie des Rechts*, cit., p. 349.
32. Cf. o capítulo IV desta Parte II.

siderada de maneira abstrata e destituída de toda importância. Na verdade, da atribuição de direitos de cidadania pode nascer, nos judeus, a autoestima de eles serem tratados como pessoas portadoras de direitos na sociedade civil (o "direito a ter direitos", de Hannah Arendt), e desse fato fundamental pode surgir e se realizar a tão desejada assimilação da maneira de pensar e de sentir dos judeus na sociedade germânica. Recusar a cidadania aos judeus equivaleria a manter e reforçar a sua exclusão da comunidade, e isto seria, com toda razão, imputado como um ato injusto à responsabilidade do Estado. "A opinião favorável a essa exclusão [dos judeus], ainda que tida como justificada, tem-se revelado, na prática, a mais tresloucada (*am törichtsten*), quando, ao contrário, a conduta dos governos tem sido sábia e digna."[33]

Por conseguinte, conclui Hegel, a separação entre a Igreja e o Estado é um imperativo da razão. Mas a explicação dada para isso, como sucede amiúde com o filósofo, está longe de ser clara. A religião, como "elemento do que é espiritual no sentido mais elevado, elemento do verdadeiro em si e para si, enquanto religiosidade subjetiva ou ciência teórica, situa-se além do Estado". Este, "sendo o que é leigo em si e para si", deve respeitá-la, "uma vez que o elemento propriamente ético se encontra inteiramente fora de si (*sic*). Que tenha havido épocas e períodos de barbárie, em que toda a vida espiritual superior centrava-se na Igreja, e onde o Estado não era senão um regime temporal da violência, do puro arbítrio e da paixão, onde enfim esta oposição abstrata era o princípio essencial da realidade, é sem dúvida o que nos ensina a história".[34] Eis por que a separação entre a Igreja e o Estado está longe de ser um malefício para este, pois somente graças a essa separação ele pôde ser fiel ao seu destino, e afirmar-se como "a racionalidade e a moralidade conscientes de si mesmas".[35]

O Estado

Segundo as expressões tantas vezes citadas, "o Estado é a realidade efetiva da ideia ética";[36] "é o racional em si e para si";[37] "é a realidade efetiva da liberdade concreta".[38]

33. Idem, p. 354, nota de rodapé.
34. Idem, pp. 357-8.
35. Idem, p. 362.
36. *Grundlinien der Philosophie des Rechts*, § 257, op. cit., p. 328.
37. Idem, § 258, op. cit., p. 329.
38. Idem, § 260, op. cit., p. 337.

Ora, mesmo quando compreendida no quadro geral de seu sistema filosófico, essa concepção do Estado não deixa de carregar consigo uma insuportável dose de idealismo, no mau sentido. Com que, então, haveremos de admitir que o Estado representa sempre a plenitude do humano e a consagração da mais completa liberdade para os seus cidadãos? Porventura, os indivíduos jamais foram oprimidos pela força estatal?

Voltemos, porém, à exposição da filosofia política de Hegel. Assim como o Estado é um organismo vivo, da mesma forma a sua Constituição não pode ser tida como algo artificial e, portanto, suscetível de ser feita e desfeita à vontade. "A questão: a quem, a que autoridade — e organizada de que modo — compete *fazer uma Constituição* é a mesma que esta: quem tem de fazer o espírito de um povo. Se se separa a representação de uma Constituição da do espírito, como se bem existisse ou tivesse existido sem possuir uma Constituição à sua medida, tal opinião prova somente a superficialidade do pensamento sobre a coerência do espírito, de sua consciência a respeito de si e de sua efetividade. O que assim se chama *fazer* uma Constituição, em razão dessa inseparabilidade, nunca se encontrou na História, tampouco como *fazer* um Código de leis: uma Constituição *só se desenvolveu* a partir do espírito, em identidade com o seu próprio desenvolvimento; e, ao mesmo tempo com ele, percorreu os graus necessários e as transformações através do conceito.[39] É pelo Espírito Imanente e a História — na verdade a história e *sua* própria História (do povo) —, que as Constituições têm sido feitas e são feitas."[40]

O conceito hegeliano de Constituição corresponde, pois, substancialmente, ao de *politeia* no pensamento dos grandes filósofos gregos, sobretudo Aristóteles. Não se trata, como na era moderna, da determinação voluntária de um sistema supremo de normas jurídicas, compendiado numa Carta Política, mas da organização própria de um povo como sociedade independente e soberana, construída ao longo da História.

Ora, exatamente porque o Estado é a encarnação do espírito do povo, ele só se afirma no seu relacionamento com outros Estados. Nessa oposição ao outro, ou seja, na afirmação de sua soberania, ele adquire a consciência de si mesmo.

---

39. Como foi visto acima, para Hegel o Conceito é o ser que atingiu a sua plenitude.

40. *Enciclopédia das Ciências Filosóficas*, vol. III, cit., § 540, adendo. Essa concepção hegeliana de Constituição e de Código identifica-se, integralmente, à da chamada Escola Histórica, que vicejou na Alemanha na primeira metade do século XIX, com os juristas Gustav Hugo, Savigny e Puchta.

Deparamo-nos, aí, com a fonte ideológica do nacionalismo alemão, desenvolvido virulentamente a partir do Estado prussiano, na segunda metade do século XIX. Não foi, assim, mera coincidência, se a consagração intelectual de Hegel, em toda a Alemanha, ocorreu exatamente durante o período final de sua vida, quando lecionou em Berlim.

Foi com base nessa concepção nacionalista da trama histórica — e o conceito de *Volk* em Hegel corresponde exatamente ao de *nation* para os franceses — que ele rejeitou, de modo categórico, a proposta kantiana da constituição de uma federação mundial de Estados, que acabaria por anular, com base em razões de pura moralidade abstrata, o espírito de cada povo, estancando, com isso, a fonte de sua vitalidade.[41]

As relações do Estado com os seus cidadãos, assim como as relações de um Estado com outro, no plano internacional, não se regem pelas normas da moral privada, vigentes nas relações interindividuais, mas por uma ética superior. "A visão da suposta injustiça, que a política há de sempre comportar na pretendida oposição à moral, funda-se, antes, numa maneira superficial de se representar a moral, a natureza do Estado e de suas relações sob o aspecto moral."[42]

Aliás, mesmo quando se examinam as coisas no campo estrito do direito, Hegel considera incongruente a ideia de se constituir uma federação mundial de Estados. Os Estados não são pessoas privadas, mas totalidades inteiramente independentes em si mesmas. Por conseguinte, as relações entre os Estados não podem ser tomadas como simples relações de direito privado. No âmbito do direito privado, há sempre um tribunal, acima das partes em litígio, para decidir o que é conforme ao direito. Não assim nas relações interestatais. "Como não existe poder algum capaz de decidir contra o Estado o que é, em si, conforme ao direito, e de executar essa decisão, devemos nos contentar nesse domínio com o dever-ser." Ora, na visão de Hegel, a ética é uma verdadeira ontologia e, portanto, não pode conformar-se com o mero postulado do dever-ser. "Os Estados são independentes em suas relações. Eles concluem entre si estipulações, mas são sempre superiores a essas estipulações."[43]

A proposta de Kant da possível instauração de uma paz perpétua é, por isso, claramente contrária à natureza das coisas no plano internacional. Hegel, que

41. Cf. o capítulo anterior.
42. *Grundlinien der Philosophie des Rechts*, cit., § 337, adendo, p. 445.
43. Idem, § 330, adendo, op. cit., pp. 440-1.

assistiu fascinado a todas as guerras provocadas pela Revolução Francesa, e teste-munhou a vigorosa afirmação da ideia de nação e de legitimidade nacional, contra a legitimidade dinástica do *Ancien Régime*, sempre defendeu, desde o seu período de docência em Iena, a necessidade das guerras como momentos de afirmação do espírito de cada povo diante de seus rivais. É pela guerra que "se conserva a saúde ética dos povos". Um período demasiadamente longo de paz acaba por enfraquecê--los mortalmente.[44]

A verdade é que cada povo segue, necessariamente, o seu próprio destino, e o choque entre esses destinos nacionais forma o jogo dialético, pelo qual "é produ-zido o Espírito universal, o Espírito do mundo, Espírito ilimitado que exerce o seu direito — direito esse que é supremo — sobre os espíritos finitos na história mun-dial, que é também o tribunal mundial".[45]

Tudo começa e tudo acaba, portanto, na História. Essa visão panorâmica da vida humana no tempo constitui a chave de abóbada da filosofia hegeliana.

3. A HISTÓRIA COMO ESSÊNCIA DA VIDA HUMANA

O deslumbramento, exercido sobre o espírito de Hegel pela explosão revo-lucionária na França e o surgimento da figura heroica de Napoleão, marcou defi-nitivamente a sua visão de mundo, na perspectiva histórica. Ele estava em Iena, em outubro de 1806, quando o exército napoleônico esmagou os prussianos e saxões, em duas memoráveis batalhas. O filósofo sentiu que um mundo novo vinha à luz, e que era preciso acompanhar dia a dia as etapas desse parto histó-rico. Desde então, como ele disse, a leitura dos jornais tornou-se "uma espécie de oração matinal realista".[46]

Mas Hegel compreendeu, desde logo, que a história é um drama universal, envolvendo todos os povos, e que a sua apreciação, portanto, deve ser feita de modo englobante e cinemático, e nunca sob a forma estática de uma coleção de fatos des-ligados uns dos outros, a modo de instantâneos fotográficos. "O ponto de vista da história universal filosófica", fez questão de frisar, "não é um dentre vários pontos

---

44. *Über die wissenschaftlichen Behandlungsarten des Naturrechts*, op. cit., p. 372.
45. *Grundlinien der Philosophie des Rechts*, cit., § 340 *in fine*, p. 446.
46. Apud J. Hyppolite, op. cit., p. 106.

de vista gerais, escolhido com abstração de todos os outros. O seu princípio espiritual é a totalidade dos pontos de vista. A história universal filosófica considera o princípio concreto e espiritual dos povos e sua história, e não se ocupa das situações particulares, mas tão só do pensamento universal, que se prolonga no conjunto."[47]

Nessa concepção totalizante da realidade histórica, Hegel foi precedido por Políbio. No prefácio de sua obra (Livro primeiro, 4), ele adverte que o historiador deve esforçar-se por fazer com que seus leitores possam enxergar panoramicamente as forças que atuam na história, capazes de produzir todos os seus efeitos ao mesmo tempo. Isso, reconheceu ele, lhe deu a ideia de contar a história do povo romano, dado que ninguém, antes dele, havia tentado compor uma história universal. Não faltaram historiadores, acrescentou, para oferecer um relato de tal ou qual guerra, considerada isoladamente, bem como de certos fatos concomitantes. Mas não tinha havido ainda ninguém que houvesse tentado "estudar o conjunto dos acontecimentos, para determinar quando e como se estabeleceu a conexão entre eles, e qual foi o resultado desse mútuo encadeamento de fatos".

Para Hegel, o material histórico não é um puro ente de razão, a ser apreciado *more geometrico*. Desde os seus tempos de juventude, ele se fixara, como objetivo supremo do seu labor intelectual, compreender a vida humana. "Pensar a vida, eis a tarefa!"[48] Sem dúvida, ele não deixa de assinalar que "a razão rege o mundo," e que, por conseguinte, "a história universal transcorre racionalmente".[49] Ou, empregando a fórmula célebre, que suscitou ásperas polêmicas filosóficas, "o que é racional, é real; e o que é real, racional" (*was vernünftigst, das ist wirklich; und was wirklich ist, das ist vernünftig*).[50] Na concepção hegeliana, a razão não é pura subjetividade, não se reduz a uma faculdade intelectual. Ela tem também um aspecto objetivo, que é o princípio da evolução histórica. Nesse particular, a diferença entre a filosofia de Hegel e o pensamento abstrato dos pensadores da Ilustração no século XVIII, com a única exceção de Montesquieu, é radical.

À luz dessa razão histórica objetiva, Hegel ressaltou, desde seus primeiros escritos sobre a religião e o direito, a necessidade de se considerar a História, tal como a vida, não de modo abstrato e sim na concreção daquilo que ele denominou

47. *Vorlesungen über die Philosophie der Weltgeschichte*, cit., p. 9.
48. Apud J. Hyppolite, op. cit., p. 14.
49. *Vorlesungen über die Philosophie der Weltgeschichte*, cit. p. 4.
50. *Grundlinien der Philosophie dês Rechts*, cit., prólogo, p. 33. Na *Enciclopédia das Ciências Filosóficas*, Introdução, § 6, ele procura explicar o sentido da fórmula.

"positividade". A religião não é só dogma ou fé, mas também um conjunto de ritos, costumes e organizações sociais. O direito não se confunde com a justiça, mas concretiza sempre, historicamente, os valores éticos em instituições de poder, como assinalamos na Introdução a esta obra. Por isso mesmo, Hegel critica duramente a visão racionalista de Kant, segundo a qual a religião reduzir-se-ia à crença na existência de Deus e na imortalidade da alma; da mesma forma que rejeita a concepção de um direito natural desligado de toda experiência histórica efetiva. Em ambos os domínios, a vida manifesta em si mesma a dialética de ideal e poder, autonomia e heteronomia, moralidade e legalidade. A oposição ontológica essencial não é, pois, entre a razão pura e a realidade empírica, como sustentou Kant, mas entre o dinâmico e o estático, a vida e a morte.

Ora, a História, como razão objetiva que rege o mundo, não é o reino do acaso, mas tem um sentido, cuja revelação constitui a grande tarefa da filosofia.[51] Esse sentido ou fim último da História, Hegel o enxerga num afluir para a perfeição, na posse do bem absoluto, que não é outro senão o próprio Deus.[52] E este é exatamente aquele "ponto ômega", de que falou Teilhard de Chardin mais de um século depois.[53]

Ainda aí, Políbio precedeu-o nessa visão histórica. Na vida do povo romano, assinalou o grande historiador grego, a deusa Fortuna (Τύχη) "dirigiu, por assim dizer, todos os acontecimentos numa única direção, e obrigou todas as ações humanas a se orientarem para um só e mesmo objetivo".[54]

Considerado, portanto, no quadro geral da evolução histórica, dirigida para uma meta final, compreende-se que o ser humano obedece, como disse Hegel, a "um impulso de perfectibilidade";[55] que a humanidade é conduzida, pela necessidade racional, a se elevar incessantemente, rumo à plenitude do espiritual.

Tal não significa, porém, admitir que o evolver histórico, fixado pela razão absoluta, que é uma manifestação de Deus no mundo, acabe por eliminar completamente a liberdade humana. De modo algum. Empregando uma fórmula que Marx alguns anos depois iria retomar com redobrado vigor,[56] Hegel afirma que o

---

51. Idem, p. 5. Cf., também, *Enciclopédia das Ciências Filosóficas*, vol. III, cit., § 549.

52. Idem, pp. 30-1.

53. Cf. *Le Phénomène humain*, Paris, Editions du Seuil, 1955, pp. 282 e ss.

54. Op. cit., ibidem.

55. *Vorlesungen über die Philosophie der Weltgeschichte*, cit., p. 129.

56. Cf. o capítulo seguinte.

homem "é aquilo que ele próprio faz de si mesmo, mediante a sua atividade";[57] e nisso ele se opõe radicalmente aos animais.

Na verdade, para compreender em sua plenitude o sentido da História, é preciso reconhecer que os atores desse drama universal não são os indivíduos e sim os povos. Os povos são a verdadeira encarnação do Espírito, ou razão divina, que reina sobre o mundo. Cada povo, em sua existência histórica, representa, por conseguinte, uma manifestação particular, no tempo e no espaço, do que ele chamou Espírito do mundo, a "universalidade absoluta".[58]

O espírito do povo (*Volksgeist*), tal como a razão, desdobra-se em um elemento subjetivo e em um outro objetivo. Ele é a consciência que o povo tem de sua objetividade ética, ou seja, de sua religião, de sua moral, do seu direito.[59] Trata-se, portanto, como foi bem observado,[60] de uma realidade semelhante à *vontade geral* de Rousseau,[61] ou seja, a própria personalidade do povo, a qual o torna essencialmente diferente de todos os outros. É por isso que *Volk*, em Hegel, representa uma realidade totalmente diferente da *plebs* romana, ou do *peuple* da França revolucionária. O vocábulo tem o sentido de nação em sua continuidade histórica.

Nessa continuidade histórica, como o filósofo salientou desde os seus escritos de juventude, o povo obedece inelutavelmente ao seu destino, que "é a consciência de si mesmo, mas como de um inimigo"; é o desdobramento dialético do agente no seu oposto. Eis por que, para um povo, a suprema consciência da liberdade consiste na aceitação do seu destino, como se fora um autêntico oráculo divino.[62]

A existência do povo é, na verdade, semelhante à de um organismo vivo. Numa longa e notável passagem das suas *Preleções sobre a filosofia da história universal*, essa visão orgânica da vida dos povos é descrita com todas as cores.[63] "O espírito do povo é um indivíduo natural; nessa condição, floresce, atinge a maturidade, decai e morre." Como ser vivo, o povo é uma atividade constante: ele se ocupa da produção e realização de si mesmo. Mas, assim que alcança esse objetivo final,

---

57. Idem, p. 35. A mesma ideia é reafirmada pouco mais adiante (pp. 51-2), agora a propósito do espírito: *"Der Geist ist nicht ein Naturding wie die Tier; das ist, wie es ist, unmittelbar. Der Geist ist dies, dass er sich hervorbringt, sich zu dem macht, was er ist."*

58. *Grundlinien der Philosophie des Rechts*, cit., § 352, p. 451.

59. Idem, 36.

60. J. Hyppolite, op. cit., pp. 28-9.

61. Cf. supra, Parte II, capítulo 5.

62. Cf. J. Hyppolite, cit., pp. 52-3.

63. Op. cit., pp. 45-6.

desaparece nele o interesse por si mesmo. "Somente tenho interesse por algo", diz Hegel, "enquanto esse algo permanece oculto para mim, ou é necessário a uma finalidade minha, que ainda não se cumpriu. Quando um povo se formou por completo e alcançou seu fim, o seu mais profundo interesse desaparece." Assim que ele atinge o seu estado de pleno desenvolvimento, sua vida já não é atividade, mas "o brando deslizar através de si mesmo. A idade florida, a juventude de um povo é o período em que o espírito ainda permanece ativo. Os indivíduos têm, então, o empenho de conservar sua pátria, de realizar a finalidade do povo. Uma vez alcançada esta, começa o hábito de viver. E assim como o homem perece pelo hábito de viver, assim também o espírito do povo perece no gozo de si mesmo. Quando o espírito do povo chegou ao término de sua atividade, cessam a agitação e o interesse; o povo vive a passagem da virilidade para a velhice, no gozo do já adquirido. A necessidade que havia surgido já foi satisfeita mediante uma instituição; logo, ela deixa de existir. A própria instituição deve ser suprimida. Inicia-se, com isso, um tempo presente sem necessidades. [...] O povo vive, agora, na satisfação do fim alcançado e cai no costume, no qual já não há vida alguma, e caminha, assim, para a sua morte natural. Ainda pode fazer muito na guerra e na paz, tanto dentro de suas fronteiras, quanto no exterior. Ainda pode seguir vegetando um largo tempo. Agita-se, sem dúvida. Mas essa agitação é meramente a dos interesses particulares dos indivíduos, não é o interesse do povo. A vida perdeu seu máximo e supremo interesse, pois o interesse só existe quando há oposição, antítese".

E conclui esse *morceau de bravoure* de forma patética: "A morte natural do espírito do povo pode apresentar-se como uma anulação política. É o que se chama costume. O relógio ainda tem corda e continua a funcionar. Mas o costume é uma atividade sem oposição, uma pura duração formal, em que a plenitude e a profundidade do fim já não precisam expressar-se. [...] Assim morrem os povos, tal como os indivíduos, de morte natural. Ainda que os indivíduos continuem a existir, sua existência é sem interesse e sem vida; eles não sentem a necessidade de suas instituições, porque justamente essa necessidade já está satisfeita. É um estado de nulidade, de vácuo político. Já não há oposição nem luta. Foi o que aconteceu com as antigas cidades imperiais, as quais sucumbiram inocentes, sem saber como".

Ainda aí, como se vê, a trama da vida é feita de contradições e oposições, de rupturas e resistências, lição que Karl Marx bem absorveu.

Mas a morte de um povo não paralisa o curso da História. Quando lançamos os olhos para o passado e as variadas civilizações que antecederam a nossa, temos a impressão de "caminhar por entre ruínas do egrégio".[64] Ora, uma nova vida sempre exsurge da morte. "É este", diz Hegel, "talvez o maior pensamento concebido pelos orientais e, seguramente, o mais elevado de sua metafísica."[65]

Essa ideia encontra-se, com efeito, não apenas na tradição hindu, mas também em todas as civilizações do chamado Crescente Fértil, as quais certamente influenciaram a religião judaica. E São Paulo dela se serve para assentar as bases da teologia cristã. "Nós que morremos para o pecado, como haveríamos de viver ainda nele? Ou não sabeis que todos os que fomos batizados em Cristo Jesus, é na sua morte que fomos batizados? Pois pelo batismo fomos sepultados com ele na morte, a fim de que, como Cristo foi ressuscitado dentre os mortos pela glória do Pai, assim também nós vivamos vida nova."[66] Trata-se de uma das ideias mais difundidas na história das civilizações. Platão, com todo o seu racionalismo, não sustentou no *Fédon* (70 *c* e seguintes) que a vida procede da morte, assim como esta daquela?

De qualquer maneira, assinala Hegel, o importante é que o fenômeno da geração de uma nova vida a partir da morte não é o mesmo, no mundo humano (na dimensão do espírito, segundo a sua terminologia) e no reino da natureza. "A ressurreição na natureza é a repetição de uma só e mesma coisa; é a tediosa história sempre sujeita ao mesmo ciclo. Nada de novo existe debaixo do sol. Com o sol do espírito, porém, a coisa varia. Seu curso e seu movimento não são uma repetição de si mesmo. O cambiante aspecto sob o qual o espírito se apresenta, com suas criações sempre distintas, é em sua essência um progresso."[67] Daí por que a morte dos povos, sustenta ele, não é algo puramente negativo. Morto um povo, outro mais forte se levanta. O espírito do mundo vai, assim, assumindo formas menos imperfeitas.

Seja como for, para Hegel não passa de um engano imaginar que a História é composta de *res gestae* individuais. Sem dúvida, os grandes heróis são indivíduos que se deixam possuir pela paixão; e "nada de grande realizou-se no mundo sem paixão".[68] Mas as paixões individuais, bem consideradas as coisas, nada mais são do que manifestações do espírito do povo. "Os homens de maior talento são aqueles

64. *Vorlesungen über die Philosophie der Weltgeschichte*, cit., p. 11.
65. Idem, ibidem.
66. Epístola aos Romanos, 6, 2-4.
67. Idem, pp. 47-8.
68. Idem, p. 63.

que conhecem o espírito do povo e sabem nortear-se por ele."[69] E mesmo quando isto não se verifica, há sempre uma "astúcia da razão na História", que repõe a vida dos povos no rumo certo. César, ao destruir a república, com a extensão do poder militar de *imperium* sobre todas as instituições políticas, pensou unicamente no seu interesse pessoal. Mas , na verdade, o espírito do povo dele se serviu para transformar Roma na protagonista do drama histórico em todo o Ocidente, naquele preciso momento.[70]

E de fato, em toda época histórica, segundo o filósofo, há sempre um povo dominante, muito embora nenhum povo possa exercer esse papel mais de uma vez.[71]

É bem de ver, no entanto, que povo, nessa acepção, parece ser sinônimo de civilização. Hegel, com efeito, interpreta a evolução histórica como sendo a sucessão de algumas poucas civilizações dominantes, que ele denomina "mundos". Tais "mundos", que se sucedem na história, são apresentados como formando uma tríade dialética: o oriental, o grego e o germânico.[72] Na explicação do filósofo, o desenrolar da história universal revela como o espírito trabalha para chegar a saber o que ele é, em si mesmo. Os orientais não sabem que o espírito é livre. E como ignoram essa verdade, eles próprios não podem ser livres. A seus olhos, somente um indivíduo é livre: o déspota. A consciência da liberdade surge apenas com os gregos. Mas estes, tal como sucedeu com os romanos, só reconhecem a liberdade em alguns homens, não em todos. Por isso esses povos tiveram escravos, e a sua consciência da liberdade foi um produto acidental, efêmero e limitado. A consciência de que todo homem é livre como homem só apareceu, na História, com as *nações* germânicas (e aqui o filósofo, advertida ou inadvertidamente, substitui povo por nação). Esse progresso na consciência do espírito foi, segundo Hegel, um fruto do cristianismo. Sem dúvida, com o triunfo da religião cristã, não cessou de imediato a escravidão, nem os Estados, os

69. Idem, p. 37.

70. Idem, pp. 67-8.

71. *Grundlinien der Philosophie des Rechts,* cit., § 347.

72. *Vorlesungen über die Philosophie der Weltgeschichte,* cit., pp. 39-40. No mesmo sentido, *Grundlinien der Philosophie des Rechts,* cit., §§ 354 e ss., op. cit., pp. 452 e ss. Em outra passagem das *Preleções sobre a Filosofia da História Universal,* Hegel afirma que "se lançarmos os olhos sobre o mundo, descobriremos em suas três partes mais antigas três formas capitais: o princípio asiático, que é também o primeiro da História (mongólico, chinês, hindu), o mundo maometano, em que existe o princípio do espírito abstrato do Deus único, mas confrontado com o desenfreado livre-arbítrio, e o mundo cristão europeu--ocidental, onde se localiza o princípio supremo, o conhecimento pelo espírito de si mesmo e de sua profundidade própria" (op. cit., pp. 134-5).

governos e as Constituições se organizaram segundo o princípio da liberdade. Mas, de qualquer modo, com o cristianismo o curso da História abriu caminho rumo à progressiva liberdade para todos os seres humanos.

4. A HERANÇA HEGELIANA

A filosofia de Hegel, o último grande ensaio de explicação global do mundo e do homem que o Ocidente conheceu, provocou de imediato na Alemanha, e depois em toda a Europa e na América, um formidável impacto, cujas ondas de choque continuam a se fazer sentir até hoje. A concepção de que o ser humano constrói-se progressivamente na História — que ele existe em estado de "permanente inacabamento", como disse Heidegger —[73] e de que essa autorrealização histórica perfaz-se dialeticamente, pela superação da essencial contradição entre o particular e o universal, o bom e o mau, o finito e o infinito, numa unidade maior, foi desde logo aceita por um grande número de pensadores, considerados herdeiros intelectuais do filósofo.

Mas na partilha desse patrimônio comum formaram-se na Alemanha, como mostrou o historiador David Friedrich Strauss em seus escritos de combate (*Streitschriften*) de 1837-1838, três grandes correntes de pensamento, agrupadas em forma semelhante à dos diferentes partidos políticos no parlamento francês. Criou-se uma "direita hegeliana", preocupada em defender a ortodoxia do mestre, tanto em relação aos dogmas cristãos (recusa da aparência de panteísmo, dada por várias das suas obras), quanto no concernente ao regime político tradicional (monarquia aristocrática), reforçado em toda a Europa ocidental após o Congresso de Viena de 1815. Formou-se também uma corrente de "centro" que, como sempre sucede na história da filosofia, procurou evitar o debate sobre as grandes questões éticas, refugiando-se na análise epistemológica. E finalmente, levantando-se contra ambos os grupos, tidos como conservadores ou reacionários, firmou-se também uma corrente revolucionária, a famosa "esquerda hegeliana".

Nesta última, uma figura alcançou desde logo incontestável preeminência e passou a influir decisivamente sobre o curso histórico: Karl Marx.

É o que passamos a ver.

---

73. *Sein und Zeit*, 17ª ed., Tübingen, Max Niemeyer Verlag, 1993, p. 236.

ix. Karl Marx: a Crítica Radical da Sociedade Burguesa e o Anúncio da Libertação do Homem

A personalidade intelectual do jovem Marx foi engendrada pela conjunção de duas visões filosóficas: a de Hegel e a de Feuerbach.

A Universidade de Berlim, na qual se matriculou com dezoito anos completos, em outubro de 1836, era inteiramente dominada pelo pensamento hegeliano, em relação ao qual Marx manifestou, de início, grande animosidade. Em carta ao pai, datada daquele ano, ele se queixou de que a doença que então o acometera provinha certamente "da intensa irritação causada pelo fato de ter que idolatrar uma concepção que eu detesto". Não obstante, influenciado pelas aulas de Bruno Bauer, professor de teologia, cujo livro *A Questão Judaica* seria por ele depois duramente criticado, Marx integrou-se ao grupo dos jovens hegelianos de esquerda, que se declaravam ateus e republicanos, em clara oposição ao Estado prussiano, monárquico e religioso. Este, aliás, não tardou em reprimir essas incipientes manifestações de rebeldia, destituindo Bruno Bauer do seu posto docente em 1839. Encorajado pelos colegas, Marx decidiu então obter seu doutoramento em Iena. Lá, em 1841, defendeu uma tese na qual analisou, segundo o método dialético hegeliano, a diferença entre a filosofia natural de Demócrito e a de Epicuro.

Doravante, a visão de que o homem é um ser histórico, e de que a História se desenvolve num movimento dialético de superação de contradições, não mais o deixou. Mas tratava-se de uma dialética com sinais trocados, em relação à de Hegel.

Para Marx — e a sua tese de doutoramento já o demonstrava claramente — a mola mestra da história não é o Espírito, mas a matéria.

Essa visão firmemente materialista do homem e do mundo foi reforçada pela leitura das obras de Ludwig Feuerbach, *A Essência do Cristianismo* (*Das Wesen des Christentum*), publicada em 1841, e *Teses Preliminares para a Reforma da Filosofia*, de 1842. Nessas obras, o autor procurou reabilitar o conhecimento empírico, de modo a aproximar a especulação filosófica do saber científico, que manifestava à época os primeiros sinais do desenvolvimento espetacular que o caracterizou nos anos posteriores. "Todas as ciências", afirmou Feuerbach,[1] "precisam fundar-se na natureza. Uma doutrina permanece apenas como hipótese, enquanto a sua base natural não for encontrada. Isso vale especialmente para a doutrina da liberdade. Somente a nova filosofia foi capaz de naturalizar a liberdade, a qual, até agora, era uma hipótese antinatural e sobrenatural."

Ainda de Feuerbach, Marx aceitou a visão eminentemente humanista da História. O Espírito Absoluto de Hegel — a religião, a arte e a filosofia —, quando deixa de ser considerado um puro e simples produto do engenho humano, não passa de um fantasma. Para o homem, curvar-se diante de sua própria obra é uma atitude idolátrica.

I. QUESTÃO DE MÉTODO

Marx partiu dessa visão materialista e antropológica de Feuerbach. Mas superou-a em pouco tempo, considerando que o homem não pode ser compreendido fora da sociedade na qual vive.

Isso o levou, logo nos primeiros anos em que a perseguição política obrigou-o a afastar-se definitivamente da Alemanha, a forjar um novo método de pensamento.

O primeiro trabalho de elaboração desse novo método que, como Marx reconheceu no preâmbulo à *Crítica da Economia Política*, serviu desde então de fio condutor de todas as suas reflexões, foi uma crítica da filosofia do direito de Hegel, crítica cuja introdução ele publicou em Paris, nos *Deutsch-Französische Jahrbücher*, em 1844.

---

1. Ludwig Feuerbach, *Vorläufige Thesen zur Reform der Philosophie*, in *Anthropologischen Materialismus, Angewählte Schriften* I, Ullstein editor, 1985, p. 98.

A reflexão ética kantiana, como se viu,[2] considerou o homem de forma abstrata e individualista, como um ser cuja autonomia não é condicionada pela História e o meio social, e cujas faculdades racionais lhe permitem, sempre, superar a força dos instintos e das paixões.

O método crítico de Marx retomou a dimensão histórica da vida humana, enfatizada por Hegel, mas rejeitou categoricamente toda concepção idealista. O ponto de partida, como salientado, foi a posição epistemológica defendida por Feuerbach (e bem antes dele por Locke, como vimos),[3] segundo a qual o sensível é a base de toda ciência. Seguiu ainda a orientação de Feuerbach, ao sustentar a necessidade de transferir integralmente para o campo da sociedade e do agir humano o método rigoroso, próprio das ciências naturais. "O homem", escreveu ele num esboço de crítica à economia política que faz parte dos chamados *manuscritos parisienses*,[4] "é o objeto direto das ciências da natureza: a natureza sensível e imediata é propriamente sensibilidade humana ou, o que vem a dar no mesmo, o fato de que o outro existe concretamente para mim. É somente graças ao outro que a minha própria consciência é sensibilidade humana para mim. Mas a natureza é o objeto imediato da ciência do homem."

No mesmo diapasão, ao criticar os jovens hegelianos nos escritos posteriormente reunidos sob o título *A Ideologia Alemã*,[5] ele volta ao assunto:

Ao contrário da filosofia alemã, que desce do céu para a terra, aqui há uma elevação da terra para o céu; em outras palavras, não se parte daquilo que os homens dizem, imaginam, se representam, nem tampouco do que se diz, se pensa, se imagina e se representa a respeito deles, para daí chegar ao homem de carne e osso; é a partir dos homens que agem realmente e de seu processo de vida real, que se expõe o desenvolvimento dos reflexos e dos ecos ideológicos desse processo. As formações brumosas do cérebro humano são, elas também, sublimados necessários do processo material de sua vida, empiricamente verificável e ligado a circunstâncias materiais prévias. Em consequência, a moral, a religião, a metafísica e todas as demais ideologias,

2. Supra, Parte II, capítulo VII.

3. Parte II, capítulo IV.

4. Traduzo da edição francesa dos manuscritos não publicados de Marx, feita por Maximilien Rubel, *Karl Marx, Oeuvres, Économie*, II, Paris, Gallimard (Bibliothèque de la Pléiade), 1968, p. 87.

5. *Die Deutsche Ideologie, in Karl Marx, Friedrich Engels Werke*, Institut für Marxismus-Leninismus beim ZK der SED, Dietz Verlag, Berlim, vol. 3, pp. 26-7.

assim como as formas de consciência que lhes correspondem, não têm história nem desenvolvimento; são, ao contrário, os homens que, ao mesmo tempo que desenvolvem sua produção e sua acumulação materiais, transformam, com essa realidade que lhes é própria, tanto o seu pensamento, quanto os produtos deste. Não é a consciência que determina a vida, é a vida que determina a consciência. Na primeira concepção, parte-se da consciência enquanto indivíduo vivo; na segunda, que corresponde à vida real, parte-se dos próprios indivíduos, reais e vivos, e considera-se a consciência unicamente como a deles próprios.

Como se percebe, o método de pensamento adotado por Marx é fundamentalmente reducionista: o sistema religioso e o padrão de moralidade, vigentes em determinada sociedade, nada mais são do que o reflexo da sua organização jurídico-política; e esta última simplesmente expressa a realidade da estrutura econômico-social. Marx permaneceu sempre fiel a essa visão de mundo. Ainda no final de sua vida, ao comentar criticamente o programa do Partido Operário Alemão, publicado em 1875, ele reafirmou que "o direito não pode jamais elevar-se acima da estrutura econômica da sociedade e do desenvolvimento cultural que dela depende".[6]

Quer isto dizer que a cultura não passaria, então, de um pálido reflexo das relações produtivas da sociedade em dado momento histórico, e que a liberdade humana, afinal de contas, nada mais seria do que uma enganosa aparência? A admitir-se esse determinismo absoluto da vida social, teríamos que os pensadores, os filósofos, os doutrinadores sociais, sem exceção alguma, nada poderiam fazer para mudar a sociedade; eles, na melhor das hipóteses, atuariam como justificadores do *statu quo*. Sem dúvida, Marx não adotou essa visão simplista e mecânica da vida humana. "Os homens", escreveu ele em *O 18 Brumário de Luís Bonaparte*,[7] "fazem a sua própria história, mas não a fazem como bem entendem (*aus freien Stücken*), segundo as circunstâncias por eles escolhidas, e sim em função de condições preexistentes , herdadas do passado histórico. A tradição de todas as gerações mortas pesa, decididamente, sobre o cérebro dos vivos".

E, de fato, a visão determinista da vida social implicaria, obviamente, a negação de toda utilidade ao labor intelectual, com vistas a influir, ainda que minima-

---

6. *Karl Marx, Friedrich Engels Werke,* op. cit., vol. 19, p. 21.

7. *Der achtzehnte Brumaire des Louis Bonaparte, in Karl Marx, Friedrich Engels Werke*, op. cit., volume 8, p. 115.

mente, na evolução histórica. Se toda a vida humana em sociedade obedece a um rumo inexorável, predeterminado pela condição geral das forças produtivas e das consequentes relações de produção, o pensamento crítico, mesmo aquele desenvolvido por Marx, seria uma pura e simples descrição de fatos, jamais uma proposta de mudança, dirigida àqueles que podem alterar, pela revolução, o rumo da História. Cairíamos, com isso, numa espécie de quietismo moral; e para sermos consequentes com as premissas metodológicas assinaladas acima, o pensamento crítico assumiria ares de uma análise científica, fria e objetiva, da imutável realidade natural.

Marx soube fugir desse beco sem saída e superar a estreiteza dessa visão metodológica. Não resta dúvida, porém, que o seu pensamento, quanto a essa questão central do método, não está isento de ambiguidades. Intoxicado, como todos os intelectuais do seu tempo, pelo elixir inebriante de uma ciência oniexplicativa, que se pretendia capaz de decompor com precisão matemática e em bases experimentais a realidade humana, interpretada como simples elemento da natureza, ele sempre se insurgiu contra os devaneios românticos dos que, ao se proclamarem socialistas, não enxergavam limite algum à livre modelagem das estruturas sociais. E nessa polêmica, como sempre acontece com os espíritos apaixonados, Marx adotou com frequência posições extremadas.

Mas os "socialistas utópicos" não foram os únicos adversários contra os quais ele se levantou. O campo adverso compunha-se também, como vimos, dos herdeiros do idealismo hegeliano, que propunham a soberania inelutável do Espírito, para melhor justificarem sua escolha de um confortável absenteísmo político e moral. Contra estes, sobretudo, o jovem Marx desferiu os seus mais contundentes ataques. O verdadeiro pensamento crítico, escreveu ele a respeito da filosofia do direito de Hegel,[8] "não é uma simples paixão da cabeça, mas, ao contrário, a cabeça da paixão"; paixão que se chama *indignação*, e cuja obra essencial é a *denúncia*. Sem dúvida, acrescentou,[9] "as armas da crítica não substituem a crítica das armas, e a força material deve ser derrubada pela força material; mas a teoria torna-se, ela também, força material, quando toma conta das massas. A teoria é capaz de comover as massas, quando ela faz sua demonstração *ad hominem*,[10] e

---

8. *Zur Kritik der Hegelschen Rechtsphilosophie, Einleitung, in Karl Marx, Friedrich Engels Werke,* op. cit., vol. 1, p. 385.

9. Ibidem.

10. O argumento *ad hominem* é aquele pelo qual se procura confundir o adversário, opondo-se-lhe seus próprios atos ou palavras.

ela a faz a partir do momento em que se torna radical". Dirigindo-se ao público alemão, Marx lembrou, muito a propósito, que, sob o aspecto histórico, a emancipação teórica (a recusa da alienação ideológica) tem um sentido prático para a Alemanha. "Pois o passado *revolucionário* da Alemanha é teórico: é a *Reforma*. A revolução começa, atualmente, no cérebro do *filósofo*, assim como outrora ela começou no cérebro de um monge."[11]

Em suma, como ele condensou na 11ª das *Teses sobre Feuerbach*, "os filósofos até agora limitaram-se a *interpretar* diversamente o mundo; trata-se agora de *mudá-lo*".[12]

Obviamente, para mudar o mundo é preciso começar por entender a posição do homem no mundo, do homem como agente e produto da História. Aristóteles afirmara que o ser humano é um animal político, isto é, que a natureza humana é societária e não simplesmente gregária. Marx, polemizando com os individualistas liberais da primeira metade do século XIX, retomou a crítica desenvolvida por Hegel contra o pensamento liberal-individualista, e levou-a às suas últimas consequências, fora do contexto orgânico ou estamental em que Hegel a desenvolveu. "A sociedade", afirmou Marx, "não é composta de indivíduos; ela exprime a soma das relações, condições etc., nas quais se encontram esses indivíduos, uns em relação aos outros. É como se se quisesse dizer que, do ponto de vista da sociedade, não há escravos nem cidadãos: são sempre seres humanos, uns como os outros. Muito pelo contrário, eles [como seres humanos abstratamente considerados] estão fora da sociedade. Ser escravo ou ser cidadão é algo que corresponde a relações sociais, relações dos indivíduos A e B. A não é em si mesmo escravo; ele se torna escravo na e pela sociedade."[13]

Essas relações sociais de dominação e sujeição nada mais são, em última análise, do que o reflexo da apropriação das forças econômicas por uma classe social, que as organiza segundo seu interesse coletivo próprio.

O mecanismo jurídico de organização das forças produtivas na sociedade civil é a propriedade. Ela estrutura a sociedade em classes antagônicas: de um lado, a que possui os instrumentos de produção (classe dominante, no sentido etimológico do termo — *dominus*: senhor, proprietário); de outro lado, as demais classes, destituídas da propriedade dos instrumentos de produção.

É preciso, pois, preliminarmente, desmitificar a moral, a política e o direito.

11. Ibidem.
12. *Karl Marx, Friedrich Engels Werke,* cit., vol. 3, p. 7.
13. Karl Marx, *Oeuvres, Économie,* cit., II, p. 281.

2. CRÍTICA DA MORAL, DA POLÍTICA E DO DIREITO COMO REFLEXOS DA ESTRUTURA SOCIOECONÔMICA

A primeira parte do reducionismo metodológico operado por Marx — a crítica da religião — fora construída por Feuerbach, ao pôr em destaque o fenômeno da autoalienação (*Selbstentfremdung*) do ser humano, ou seja, o fato de que ele se constitui escravo das crenças religiosas por ele próprio inventadas.

Foi por isso que Marx iniciou sua reflexão sobre a filosofia do direito de Hegel[14] pela afirmação de que a crítica da religião já estava em essência concluída na Alemanha, e que ela é o pressuposto de toda crítica. O homem faz a religião, e não o contrário. "O homem não é, de forma alguma, um ser abstrato, genuflexo fora do mundo;[15] o homem é o mundo humano, o Estado, a sociedade.[16] [...] A crítica do Céu transforma-se, assim, numa crítica da terra, a crítica da religião na crítica do direito, a crítica da teologia na crítica da política."

Eis por que, segundo procurou mostrar, a mera laicização do Estado — aquilo que a retórica liberal do século XIX denominava "emancipação política" — não significaria, de modo algum, a eliminação dos vínculos servis de ordem religiosa que amesquinham o homem.[17] A emancipação política, reconheceu Marx, é certamente um grande progresso. Mas ela não é, de modo algum, "a última forma de emancipação humana em geral". Ela liberta o Estado das peias religiosas, sem libertar minimamente os indivíduos. "O homem emancipa-se *politicamente* da religião, ao bani-la da esfera do direito público e ao relegá-la à esfera do direito privado." Institui-se, então, a dicotomia típica da Revolução Francesa: como cidadão, o indivíduo já não é religioso; mas como homem que vive fora da política, ele conserva todos os seus laços religiosos. Com isso, a religião — como de-

---

14. *Karl Marx, Friedrich Engels Werke*, cit., vol. 1, p. 378.
15. Alusão ao homem religioso, que se humilha diante da divindade.
16. *"Aber der Mensch, das ist kein abstraktes, ausser der Welt hockendes Wesen. Der Mensch, das ist die Welt des Menschen, Staat, Sozietät."*
17. *Zur Judenfrage*, in *Karl Marx, Friedrich Engels Werke*, cit., vol. 1, pp. 347 e ss. Trata-se de uma crítica ao livro de Bruno Bauer, *Die Judenfrage*, de 1843, no qual o autor ataca os judeus por reivindicarem a sua emancipação política na condição de grupo minoritário do Estado prussiano, que era confessional, tendo o cristianismo como religião oficial. Para Bauer, era indispensável, antes de mais nada, emancipar o próprio Estado da religião, como fizeram os revolucionários franceses. Esse panfleto crítico de Marx, que faz parte dos chamados *manuscritos parisienses*, foi publicado postumamente.

nunciou Hobbes —,[18] ao invés de fortalecer o espírito comunitário, torna-se um fator de divisão e de hostilidade interindividual; isto é, na expressão tantas vezes repetida do pensador inglês, o *bellum omnium contra omnes* (a guerra de todos contra todos). Segundo esse método reducionista, por conseguinte, a religião, a moral, a política e o direito nada mais são do que epifenômenos das forças econômicas que agem na sociedade; elas pertencem ao mundo ideológico e formam, por assim dizer, a superestrutura do edifício social.[19]

Como afirmou o *Manifesto do Partido Comunista*, "as condições de vida da velha sociedade já se acham aniquiladas nas condições de existência do proletariado. O proletariado não tem propriedade; suas relações com a mulher e os filhos já nada têm em comum com as relações familiares burguesas. O trabalho industrial moderno, a subjugação do operário ao capital, tanto na Inglaterra, quanto na França, assim na América como na Alemanha, despoja o proletário de todo caráter nacional. As leis, a moral, a religião são para ele meros preconceitos burgueses, sob os quais se ocultam outros tantos interesses burgueses".[20] E mais adiante, respondendo à acusação dos ideólogos burgueses, de que o movimento comunista eliminaria toda cultura: "A cultura, cuja perda o burguês deplora, é para a imensa maioria a mera instrução para o uso de máquinas. [...] As vossas ideias nada mais são do que o resultado das relações burguesas de produção e propriedade, assim como o vosso direito nada mais é do que a vontade da vossa classe transformada em lei, vontade essa cujo conteúdo é dado pelas condições materiais de vida da vossa classe".

Daí a razão pela qual, como afirmou Marx na *Ideologia Alemã*, "os comunistas não pregam nenhuma espécie de *moral* [...]. Eles não dirigem aos homens a exortação moral: *Amai-vos uns aos outros, não sejais egoístas, etc.* Ao contrário, eles sabem muito bem que o egoísmo, tanto quanto o altruísmo, *é*, sob certas condições sociais, uma forma necessária de afirmação dos indivíduos".[21]

---

18. Cf. Parte II, capítulo III.

19. Marx usa dois termos sinônimos, um de origem latina (*Superstruktur*) e outro de origem germânica (*Überbau*): cf. a edição francesa das obras de Marx por Maximilien Rubel, t. III – *Philosophie*, cit., p. 1781.

20. Karl Marx/Friedrich Engels, *Manifest der Kommunistischen Partei – Grundsätze des Kommunismus*, Philipp Reclam Jun., Stuttgart, 1989, p. 31.

21. *Karl Marx, Friedrich Engels Werke, cit.*, vol. 3, p. 229.

Ora, esse egoísmo, como forma necessária de afirmação individual, foi organizado juridicamente pela burguesia, a partir do desmantelamento da sociedade feudal do *Ancien Régime*, provocado pelas revoluções políticas do último quartel do século XVIII.

Dado que na estrutura antagônica de classes da sociedade burguesa cada uma delas persegue o seu próprio interesse, para que se mantenham a ordem e a submissão voluntária dos governados aos governantes, é indispensável criar e institucionalizar a ficção do bem comum ou interesse geral.

Tal se dá, segundo Marx, pela sistemática transformação do interesse próprio da classe dominante em interesse comum de toda a sociedade, sob a forma de moral, de direito e de legitimidade política. "Toda classe nova, que toma o lugar de uma classe anteriormente dominante", escreveu ele,[22] "é obrigada, quando mais não seja para atingir seus fins, a apresentar seus interesses como o interesse comum de todos os membros da sociedade; ou seja, para falar de ideias, [a nova classe é obrigada a] moldar seus pensamentos sob a forma de universalidade, de proclamá--los os únicos razoáveis, os únicos de valor universal."

Em outra passagem de *A Ideologia Alemã*, ele retomou a mesma ideia:

> Os comunistas teóricos, os únicos que dispõem de tempo para se ocupar da história, têm precisamente isto de particular: eles são os únicos que *descobriram*, pelo exame da história, que o "interesse geral" é uma invenção dos indivíduos reduzidos à função de "seres privados". Eles sabem que essa oposição é de simples *aparência*, pois um dos elementos dessa oposição, o interesse dito "geral", é incessantemente produzido pelo outro elemento, o interesse privado, e não constitui, de modo algum, diante deste, um poder independente, com uma história independente; eles sabem, por conseguinte, que essa oposição se aniquila e se engendra continuamente de modo prático. Não se trata, pois, daquela "unidade negativa" hegeliana dos dois termos de uma oposição, mas antes do aniquilamento, materialmente condicionado, de um modo de existência materialmente condicionado, o qual foi, até o presente, o [modo de existência materialmente condicionado] dos indivíduos, com o qual desaparecem, ao mesmo tempo, essa oposição e a unidade dos contrários.[23]

---

22. *Karl Marx, Friedrich Engels Werke*, cit., vol. 3, pp. 47-8; no mesmo sentido, p. 227.
23. Op. cit., p. 229.

Para Hegel, como já foi lembrado, o "sistema das necessidades", representado pela sociedade civil, deve submeter-se à "efetividade da ideia ética", encarnada no Estado.

Marx procura demonstrar como a burguesia triunfante, a partir das Revoluções Americana e Francesa, inverte essa relação hierárquica. Doravante, a organização estatal é mero cenário a embelezar e idealizar a trama real da existência, que se desenvolve inteiramente dentro da sociedade civil. Esta, como frisou Marx, "compreende o conjunto do comércio material dos indivíduos num certo estágio do desenvolvimento das forças produtivas. Ela engloba a totalidade da vida comercial e industrial desse estágio histórico, e ultrapassa, em certa medida, o quadro do Estado e da nação. Todavia, ela deve afirmar-se externamente como nação e internamente como Estado".[24]

Opera-se com isso, como proclamou, de resto, expressamente, a Declaração de Direitos de 1789, o desdobramento do mesmo sujeito individual em dois personagens, o *homem* e o *cidadão*: aquele com uma vida real e concreta, este como simples figurante, a desempenhar na sociedade um papel estilizado e secundário.

A sociedade feudal, assinalou com razão Marx, desconhecia inteiramente essa duplicação da vida individual, pois nela "os elementos da vida civil, tais como a propriedade ou a família, ou o modo de trabalho, transformavam-se, sob a forma do senhorio, das ordens e das corporações, em elementos da vida política".[25] Ou ainda, como mostrou em outra obra de sua mocidade,[26] a propriedade feudal domina os homens como uma força estrangeira: do mesmo modo que os servos ou trabalhadores agrícolas, assim também o morgado pertence à terra, ao herdá-la. O fundo agrícola tem sua individualidade ligada à do seu senhor: ele possui a mesma posição social deste, é uma baronia ou um condado, com os privilégios correspondentes. Para os que vivem dentro de seus limites territoriais, o fundo agrícola é uma espécie de nação reduzida. A propriedade fundiária feudal dá nome ao seu senhor, assim como o reino confere o seu ao rei.

Marx foi, na verdade, o primeiro a enxergar e analisar a extraordinária transformação estrutural que a burguesia operou na sociedade moderna. Em lugar dos antigos estamentos, cada qual com o seu sistema próprio de direitos e deveres,

24. *Karl Marx, Friedrich Engels Werke*, cit., vol. 3, p. 36.
25. *Zur Judenfrage*, cit., pp. 367-8.
26. *Esboço de uma crítica da economia política*, in Karl Marx, *Oeuvres, Économie*, II, trad. Maximilien Rubel, cit., p. 51.

surgem as classes sociais, todas regidas pela mesma lei geral, que lhes assegura iguais direitos e deveres; mas todas elas, de fato, separadas e opostas entre si pela desigual repartição do único direito que realmente conta, aquele que define os limites da vida individual na esfera privada e na vida pública: a propriedade.[27]

Ora, enquanto o direito das antigas ordens ou estamentos feudais unia os homens na sucessão ininterrupta das gerações, como membros de uma mesma comunidade, para a vida e para a morte, a propriedade (*rectius*, a propriedade do direito burguês) separa definitivamente os indivíduos uns dos outros, tanto os proprietários entre si, quanto eles em relação aos que não conseguiram adquirir a propriedade; os quais, por isso mesmo, perdem a própria posse de suas vidas, tornam-se despossuídos. Com efeito, a essência da propriedade privada, como paradigma dos direitos reais na sociedade burguesa, é bem o seu caráter exclusivo: o proprietário está legalmente autorizado a usar, gozar e dispor da coisa que lhe é própria como bem entender, e excluir desse uso, gozo e disposição (o *abusus* romano, isto é, a alienação ou consumo integral da coisa) todos os demais sujeitos de direito.

É esta, frisou Marx, a verdadeira e fundamental liberdade burguesa. Quando as declarações de direitos da Revolução Francesa definem a liberdade como "o poder de fazer tudo o que não causa prejuízo a outrem", elas estabelecem logicamente entre os indivíduos limites intransponíveis, como as linhas divisórias que demarcam terrenos contíguos.[28]

Daí advém o fato constrangedor de que na sociedade burguesa os não proprietários são, fatalmente, reificados, ou seja, tratados não como pessoas, mas como simples coisas (*res*), que têm um valor apreciável em dinheiro. Na sociedade civil, doravante organizada em mercado, os trabalhadores (e também, Marx poderia ter acrescentado, a grande massa dos consumidores) não têm dignidade e sim um preço. Outras vezes, nem isso: os trabalhadores são excluídos do mercado como objetos descartáveis, cuja manutenção torna-se por demais custosa para fazer fun-

---

27. Não obstante, talvez fascinado pela sua descoberta das classes sociais, Marx acaba por aplicar o conceito de modo geral e indiscriminado, confundindo as modernas classes com os antigos estamentos (*Stände*). Ao afirmar, na abertura do *Manifesto Comunista*, que "a história de todas as sociedades até agora existentes é a história da luta de classes", ele comete um anacronismo. A divisão da sociedade em classes, que já não se distinguem entre si pela desigualdade de direitos, mas sim pelo fato da detenção ou não do poder econômico, fundado na propriedade dos meios de produção, só começou a existir efetivamente quando a burguesia logrou destruir o *Ancien Régime*.

28. "*Die Grenze, in welcher sich jeder dem anderen unschädlich bewegen kann, ist durch das Gesetz bestimmt, wie die Grenze zwei Felder durch den Zaunpfahl bestimmt ist*" (*Zur Judenfrage*, cit., p. 50).

cionar, equilibradamente, as finanças da macroempresa em que se transformou o Estado. O equilíbrio das finanças estatais, de simples meio tornou-se um fim em si mesmo. Pois o próprio Estado só existe, nessa concepção, para garantir o livre jogo das forças do mercado.

Assim, as revoluções do século XVIII operaram uma divisão da sociedade em duas esferas — a política e a civil —, sendo aquela subordinada a esta. Na sociedade feudal, o indivíduo não tinha autonomia alguma: ele só podia existir como parte integrante da sua ordem ou estamento. Ao contrário, na moderna sociedade civil ou sociedade burguesa (e é importante lembrar que na língua alemã há uma só palavra para designar ambos os adjetivos: *bürgerliche Gesellschaft*), os indivíduos são libertados de todos os antigos vínculos estamentais — eles já não se qualificam pelo *status* de nobre, de clérigo ou de integrante do povo ("terceiro estado") — e podem, por conseguinte, consagrar-se à livre realização de seus egoísmos. Em lugar dos antigos privilégios ou estatutos próprios de cada ordem, instituiu-se um duplo regime jurídico. Na esfera da vida civil, todos os *homens* têm direitos e deveres iguais, estabelecendo-se entre eles uma livre concorrência de egoísmos: ganha quem é o mais forte, vale dizer, quem tem mais poder econômico. Na esfera da vida política, porém, nem todo *cidadão* é igual a outro: há os ativos, que podem votar e ser votados (durante quase todo o século XIX vigorou, nos países da Europa ocidental, o sistema eleitoral do voto censitário), e os passivos que, mesmo no fundo de sua miséria, ainda devem rejubilar-se pelo fato de terem sido libertados, pela burguesia, de sua primitiva condição de servos e súditos.

Na sociedade burguesa, portanto, a relação entre o Estado e a sociedade civil é o exato oposto daquilo que foi sustentado por Hegel. O Estado aparenta dirigir "de cima" a sociedade civil, mas ele, na verdade, lhe é subordinado. O Estado ostenta defender o bem comum do povo, mas na verdade ele protege, por meio da ficção jurídica, o interesse próprio da classe burguesa, a qual já exerce um poder incontrastável na sociedade civil pela apropriação dos instrumentos de produção.

Poder-se-ia dizer, na linha desse raciocínio marxista, que manter essa ilusão política, sobretudo a ideia democrática de que o povo se governa a si mesmo por meio de seus representantes eleitos, é indispensável para que se legitime, segundo os padrões modernos, aquela "servidão voluntária" de que falou Étienne de la Boétie no século XVI, como característica de toda organização política.[29]

29. Cf. infra, Parte III, capítulo V.

Sucede, porém, advertiu Marx, que a dicotomia Estado/sociedade civil, levada ao paroxismo na civilização burguesa pelo efeito da simplificação da luta de classes, já prenuncia o seu desaparecimento. Os servos da atualidade foram reduzidos, por força do sistema capitalista, a uma única e colossal classe: o proletariado. É ela que, libertando-se a si mesma da dominação burguesa, acabará por destruir a última manifestação histórica da divisão da sociedade em classes, inaugurando-se então, propriamente, o fim da História.

Para anunciar esse final dos tempos, Marx assume o estilo profético dos primeiros cristãos, que viviam na esperança da volta de Jesus Cristo ao mundo como o Messias Salvador. Tal como o Nazareno, o proletariado carrega presentemente, em nome da humanidade, todo o peso do pecado na forma da exploração capitalista. Ele encarna a suprema perdição do homem antigo, condição necessária para que, mediante o batismo da revolução, venha à luz a plenitude do homem novo. O proletariado é essa classe, "cujos *grilhões* são *radicais*", uma classe da sociedade burguesa, que é a negação de todas as classes dessa sociedade, "uma categoria social que é a dissolução de todas as categorias sociais, uma esfera que possui um caráter universal pelos seus sofrimentos universais, e que não reivindica um *direito particular*, porque a injustiça perpetrada contra ela não é uma *injustiça particular*, mas sim *a injustiça absoluta*".[30]

3. A IMPORTÂNCIA DA ACUMULAÇÃO DO SABER TECNOLÓGICO

Uma das ideias mais fecundas de Karl Marx para explicar a vida social e o curso da História foi, sem dúvida, a da importância capital (é bem o caso de dizer) do uso do saber tecnológico.

O *Manifesto Comunista* mostrou, em parágrafos famosos, como a burguesia, ao desenvolver incessantemente a técnica de produção em benefício das suas empresas, transforma o mundo material e revoluciona a sociedade. Em lugar do antigo modo de produção feudal e corporativo, a classe burguesa criou a manufatura, que reunia, num mesmo local concentrado de produção, a mão de obra que antes trabalhava dispersa em pequenos núcleos, familiares ou corporativos. A

---

30. *Zur Kritik der Hegelschen Rechtphilosophie, Einleitung,* in *Karl Marx, Friedrich Engels Werke,* op. cit. vol. 1, p. 390.

seguir, com a invenção do maquinismo moderno, substituiu as manufaturas pela grande fábrica industrial, cuja produção em escala crescente exigiu a ampliação do mercado consumidor de seus produtos, da comuna para a província, desta para a nação, e finalmente, mediante a política imperialista, do conjunto das nações industriais ao mundo todo, com a constituição de um autêntico mercado globalizado, que o *Manifesto* denomina "mercado cosmopolita".

Com isso, a burguesia desempenhou, efetivamente, na história moderna, "um papel altamente revolucionário". Nos países afetados pelo que se veio a chamar, mais tarde, Revolução Industrial, em pouco mais de um século toda a estrutura social foi transformada, e a "superestrutura ideológica" — a qual, na visão marxista, compreende não só o ideário, mas também o conjunto das instituições jurídico-políticas — foi inteiramente renovada. Na passagem do século XX ao século XXI, o modo de vida burguês-capitalista torna-se a regra mundial, e os países onde ele ainda não vingou desenvolvem uma luta de retaguarda para evitar a capitulação diante da formidável estrutura de dominação imperial.

Ora, tudo isso foi conseguido graças à utilização em larga escala, pelo burguês empresário, do saber tecnológico. Ao aceitar a ideia central de Adam Smith de que é o trabalho que cria a riqueza, Marx soube perceber que o valor econômico pode também ser criado pelo trabalho intelectual, pela tecnologia. Nos *Grundrisse für eine Kritik der politischen Ökonomie*,[31] observou que "à medida que a grande indústria se desenvolve, a criação da verdadeira riqueza depende menos do tempo e da quantidade de trabalho empregado do que da ação de fatores postos em movimento no curso do trabalho, e cuja poderosa eficácia é incomensuravelmente maior que o tempo de trabalho imediato que custa a produção; ela [a criação da riqueza] depende muito mais do estado geral da ciência e do progresso tecnológico, que é uma aplicação da ciência à produção".

Toda a essência da Revolução Industrial se encontra nesse fato histórico, e é justamente pelo fraco desenvolvimento da tecnologia aplicada à atividade agrícola que Marx explicava o grande atraso da agricultura em relação à indústria no seu tempo.[32]

Ao anunciar, desde meados do século XIX, o fenômeno da assim chamada glo-

---

31. Cf. *Karl Marx, Friedrich Engels Werke*, op. cit., vol. 42. Trata-se de um conjunto alentado de notas redigidas por Marx, entre 1857 e 1858, para servir como elementos de base (daí a palavra alemã com que essa obra é conhecida, *Grundrisse*) para uma crítica da economia política. Sua publicação deu-se apenas em 1939, por iniciativa do Instituto do Marxismo-Leninismo de Moscou.

32. *O Capital*, livro III, 6ª seção, cap. XXII, in *Karl Marx, Friedrich Engels Werke*, cit., vol. 25, pp. 706 e ss.

balização, ele anteviu que a apropriação do saber tecnológico pelo empresário capitalista é o grande fator de concentração de poder em suas mãos, poder que, ao criar um mercado mundial, transforma o conjunto das relações e instituições sociais nos quatro cantos da Terra. A tecnologia criou a era da incerteza e da instabilidade universal, com a rápida dissipação de tudo o que é estável e permanente.[33]

É verdade que, na época de Marx, os empresários industriais ainda não se haviam lançado no campo do investimento tecnológico. Daí observar ele que "a lei do desvio da agulha magnética no campo de ação de uma corrente elétrica, ou a lei relativa à produção do magnetismo do ferro em torno do qual circula uma corrente elétrica nada custam, uma vez descobertas". E acrescenta: "Uma outra força produtiva, que nada custa ao capitalista é o poder da ciência (*scientific power,* no original), o que não o impede de explorá-lo. A ciência alheia é incorporada ao capital, do mesmo modo que o trabalho alheio".[34] Mas a partir do momento em que, em fins do século XIX, os empresários capitalistas se deram conta da importância econômica da ciência aplicada para a criação de vantagens competitivas, o investimento em pesquisa tecnológica tornou-se prioritário na grande empresa industrial. As empresas passaram a contratar com frequência os serviços profissionais de cientistas e técnicos e a criar laboratórios industriais, e os resultados assim obtidos, em termos de invenção de novos produtos ou novos processos de fabricação, foram regularmente protegidos por patentes, cujo âmbito de aplicação, graças à criação de organismos internacionais, como a Organização Mundial da Propriedade Intelectual e a Organização Mundial do Comércio, passou a abranger o mundo todo.

A grande *trouvaille* do empresário capitalista foi, sem dúvida, perceber, muito cedo, que a sua principal arma para a conquista dos mercados e do próprio poder político era a apropriação e o desenvolvimento incessante da tecnologia, reconhecida como o principal fator de produção de bens e de modelagem da opinião pública, pela dominação dos meios de comunicação de massa. De que serviam, com efeito, os grandes latifúndios, ou a acumulação mercantilista de metais preciosos, sem os meios técnicos para fazê-los frutificar? Da mesma sorte, com o surgimento da sociedade de massas, na qual as relações sociais são crescentemente impessoais, percebeu-se que a tecnologia da comunicação coletiva, sobretudo a partir do desenvolvimento da eletrônica, abria espaço a uma verdadeira indústria da manipulação da opinião pública,

---

33. A afirmação famosa do *Manifesto Comunista: "Alles Ständische und Stehende verdämpft".*
34. *Grundrisse,* in *Karl Marx, Friedrich Engels Werke,* t. 42, cit., p. 657.

pelo controle dos meios de comunicação de massa. Com isso, as relações de exercício do poder político passaram a ser estruturadas segundo os critérios empresariais de eficácia e de custo-benefício, muito semelhantes àqueles empregados na produção de bens (a chamada "política de resultados").

Ou seja, o capitalismo desumaniza o homem, na sua dupla condição de animal racional. Pela exploração do trabalho físico e intelectual, ele reserva ao empresário capitalista uma parte do valor da riqueza criada pelo trabalhador como *animal laborans* (a produção da mais-valia, como meio de acumulação do capital). Pela criação de uma mentalidade coletiva composta de ideias pré-fabricadas (a produção metódica de uma superestrutura ideológica e normativa), ele impede os homens de exercer, como seres racionais, um juízo crítico sobre a organização da sociedade em que vivem.

4. O ANÚNCIO DA LIBERTAÇÃO DEFINITIVA DO HOMEM

A crítica desenvolvida por Marx das condições de vida em sociedade, como se percebe, atribuiu um papel decisivo ao fenômeno da dominação de classe, e assinalou, numa ampla perspectiva histórica, que o desenvolvimento da sociedade capitalista dirigir-se-ia, agonicamente, para o confronto final entre a burguesia e o proletariado. Chegaríamos com isto, então, ao ponto terminal do velho mundo, entraríamos naquela fase histórica de aflição universal, nos trabalhos de parto de uma nova humanidade, livre de toda exploração e aviltamento.

A perspectiva escatológica da teoria marxista assume, neste ponto, um caráter nitidamente apocalíptico, no sentido original e pleno da palavra: é a revelação de um futuro exaltante, mas brumoso, cujos contornos não se deixam apreender com nitidez.

Com efeito, no tocante à estrutura e às características essenciais desse mundo novo, a ser engendrado pela vitória final do proletariado sobre a burguesia, as indicações que Marx nos deixou foram muito escassas. Elas se encontram, sobretudo, no *Manifesto Comunista*,[35] com alguns poucos acréscimos e correções, aduzidos pelas suas reflexões sobre o golpe de Estado de Luís Napoleão Bonaparte, em 1851, a experiência revolucionária da Comuna de Paris, em 1871,[36] e as considerações

---

35. Como sabido, Engels em duas ocasiões, antes e depois da morte de seu amigo, reconheceu que o *Manifesto Comunista* havia sido redigido tão só por Marx.

36. *Bürgerkrieg in Frankreich*, in *Karl Marx, Friedrich Engels Werke*, cit., vol. 19, p. 28.

críticas que dirigiu ao Programa do Partido Operário Alemão, em 1875, e ao programa do Partido Operário Francês, em 1880.

O levante final da classe proletária contra a burguesia, segundo anunciou o *Manifesto*, desdobrar-se-ia em duas fases.

Na primeira fase, qualificada como "a conquista da democracia" (*die Erkämpfung der Demokratie*),[37] a Revolução transformaria o proletariado em classe dominante, cuja função histórica não consistiria em reproduzir a tradicional exploração das classes dominadas, mas em superar a divisão da sociedade em classes. Tratar-se-ia, portanto, de um período transitório, durante o qual o proletariado exerceria, como Marx afirmou enfaticamente em seus comentários críticos ao programa do Partido Operário Alemão de 1875, uma *ditadura revolucionária*.[38] Ditadura, porque todos os poderes seriam concentrados na classe proletária, que agiria politicamente, não como um órgão parlamentar, mas como "um corpo atuante, executivo e legislativo ao mesmo tempo". E ditadura revolucionária, porque seria ridículo, como afirmou, procurar transformar o Estado burguês "pelos meios legais".[39] O *Manifesto Comunista* enumera, no final da sua segunda parte, dez medidas revolucionárias, destinadas a "arrancar, pouco a pouco, todo o capital da burguesia, e centralizar em mãos do Estado, isto é, do proletariado organizado em classe dominante, os instrumentos de produção".[40] Ao redigirem, no entanto, em 1872, o prefácio à segunda edição alemã do *Manifesto*, Marx

37. Marx retomou, nessa passagem, as observações que Engels fizera em artigo publicado em 7 de outubro de 1847, no jornal *Deutsche Brüsseler Zeitung*: "Em todos os países civilizados, a democracia tem como consequência necessária a dominação política do proletariado, e a dominação política do proletariado é a primeira condição de todas as medidas comunistas" (*Karl Marx Oeuvres, Économie*, I, cit., p. 1582).

38. *Karl Marx, Friedrich Engels Werke*, op. cit., vol. 19, p. 28.

39. *Kritik des Gothaer Programms*, in *Karl Marx, Friedrich Engels Werke*, cit., vol. 19, p. 29.

40. São elas:

1. Expropriação da propriedade fundiária e emprego da renda da terra para despesas do Estado.

2. Imposto fortemente progressivo.

3. Abolição do direito de herança.

4. Confisco da propriedade de todos os emigrantes e rebeldes [lembrança da Revolução Francesa].

5. Centralização do crédito em mãos do Estado, por meio de um banco nacional com capital estatal e monopólio exclusivo [assinale-se a redundância].

6. Centralização dos meios de transporte em mãos do Estado.

7. Multiplicação das fábricas nacionais [criadas após a Revolução de 1848, na França], dos instrumentos de produção, cultivo e melhoria das terras incultas segundo um plano geral.

e Engels repudiaram esse programa revolucionário, considerando-o já ultrapassado pela evolução histórica.

A verdade é que a ideia de se instituir uma ditadura do proletariado representa uma contradição nos termos. A ditadura, criada pela república romana logo após a derrubada da monarquia, era uma magistratura pessoal, por prazo fixo e improrrogável. O povo romano exprimia o seu consentimento, de modo excepcional, a essa absoluta concentração de poderes numa pessoa determinada, nos casos em que estivesse em perigo a sua sobrevivência perante o inimigo externo (*salus populi suprema lex*). Jamais passou pela cabeça dos jurisconsultos e estadistas de Roma que o povo pudesse exercer, coletivamente, o conjunto de atribuições coativas de um ditador ou *praetor maximus*.

Quanto à segunda fase do processo revolucionário, as indicações apresentadas por Marx foram ainda mais sumárias. Pode-se dizer que, até o final de sua vida, ele permaneceu fiel à ideia de supressão do Estado, por considerá-lo mero produto da divisão da sociedade em classes e instrumento político da classe dominante. No final de sua segunda parte, o *Manifesto Comunista* afirma que, com o desaparecimento das classes sociais, toda a produção ficaria concentrada em mãos "dos indivíduos associados", de tal sorte que "o poder político" (*die politische Gewalt*) também desapareceria, pois "o poder político é o poder organizado de uma classe para a opressão de outra". O Estado, segundo a imagem cunhada no *18 Brumário de Luís Bonaparte*[41] e repetida em *A Guerra Civil na França*,[42] viveria como autêntico parasita à custa da sociedade, entorpecendo-lhe os movimentos. "Todas as revoluções aperfeiçoaram essa máquina [o Estado], em lugar de destruí-la. Os partidos que lutaram alternadamente pelo poder consideraram a conquista desse imenso edifício do Estado como o principal butim do vencedor."[43]

---

8. Trabalho obrigatório para todos, instituição de exércitos industriais (*Errichtung industrieller Armeen*), especialmente para a agricultura.

9. União dos estabelecimentos agrícolas e industriais, superação gradual da separação entre a cidade e o campo.

10. Educação pública e gratuita de todas as crianças. Abolição do trabalho fabril das crianças em sua forma atual. Harmonização da educação com a produção material etc. etc. [*sic* no original].

41. Cf. *Karl Marx, Friedrich Engels Werke*, cit., vol. 8, p. 196.

42. Idem, vol. 17, p. 591.

43. *Der achtzende Brumaire des Louis Bonaparte*, in *Karl Marx, Friedrich Engels Werke*, vol. 8, p. 197.

Como já se disse tantas vezes, esse programa de libertação do homem é a parte mais deficiente do pensamento marxista. Pode-se acrescentar: em seu surpreendente desconhecimento da realidade humana, sobretudo da realidade do poder, Marx descamba aí para o mundo da utopia, no sentido pejorativo que a palavra então apresentava, revelando, portanto, o desvio de pensamento que ele tantas vezes criticou, de forma implacável, nos socialistas do seu tempo.

Ao que parece, o crítico acerbo de Hegel deixou-se seduzir, inconscientemente, pela dialética hegeliana. De outra forma, não se consegue entender como, no esquema marxista, a vitória final do proletariado sobre a burguesia importaria na definitiva superação (*Aufhebung*) não só da estrutura classista da sociedade, mas ainda de toda dominação de indivíduos ou grupos sociais, uns sobre outros.

O programa de estatização completa da produção econômica e dos serviços públicos, esboçado no *Manifesto Comunista* e depois abandonado, era muito mais realista, e foi afinal aplicado nos Estados comunistas que se constituíram no curso do século xx. Mas o realismo, em política, nem sempre coincide com a observância do princípio de integral respeito à dignidade humana. Os Estados comunistas descambaram, todos eles, para a institucionalização do abuso de poder, chegando mesmo, alguns deles, ao totalitarismo.

Percebe-se que Marx recebeu, sem a necessária crítica, o pensamento de Rousseau, radicalmente contrário à institucionalização de um poder que se interpusesse entre o povo e a vontade geral. Ora, o grande genebrino, como vimos,[44] não deixou de manifestar, quanto à capacidade do povo de sintonizar a todo momento a vontade geral, um invencível pessimismo. Marx deixou-se também, ao que parece, influenciar pelas ideias vagamente anárquicas que vigoravam na Europa durante o século xix, muito embora o movimento comunista internacional tenha se chocado duramente, mais de uma vez, com os adeptos do anarcossindicalismo.

A questão central da relação de poder, no seio da sociedade, não é a de se saber como suprimi-la, mas sim a outra, muito mais delicada e complexa, de se instituir um eficiente sistema de controle do poder, em todos os setores — econômico, político, religioso, cultural etc. —, por aqueles que devem a ele submeter-se. Mas essa questão, lamentavelmente, não foi enfrentada por Marx.

---

44. Cf. Parte ii, capítulo v.

5. ANÁLISE CIENTÍFICA E JUÍZO ÉTICO

É escusado lembrar, hoje, o formidável impacto que a crítica da sociedade burguesa, desenvolvida por Karl Marx, provocou no mundo inteiro. O movimento socialista em seu conjunto, e o comunista em particular, adquiriram com ela, desde a segunda metade do século XIX, um impulso extraordinário, dando nascimento, no século seguinte, a experiências políticas de grande envergadura, para o bem e para o mal, em diferentes partes do mundo. Com isso, o próprio sistema capitalista sofreu, por reação, considerável influência em seu desenvolvimento. Não é preciso grande esforço de imaginação para perceber que a História contemporânea teria seguido um rumo bem diverso se Marx não tivesse existido.

A ideologia marxista, posta em prática, de modo fiel ou infiel, pelos grandes Estados comunistas, como a União Soviética e a República Popular da China, contribuiu também, decisivamente, para a aproximação cultural das diferentes civilizações existentes no mundo moderno. O marxismo, tal como o capitalismo ao qual ele se opôs radicalmente, foi um dos elementos de maior impacto na mudança da mentalidade e das instituições tradicionais dos povos de cultura não europeia.

Se as elucubrações teóricas são, como Marx pretendeu, meros subprodutos da organização jurídico-política e da realidade econômica, o verdadeiro pensamento crítico escapa a essa passividade de uma modelagem reflexa. Com Karl Marx, a teoria tornou-se, visivelmente, uma força social que os titulares do poder econômico ou político não puderam ignorar.

Do mesmo modo, o reducionismo da ética à condição de mero aparato ideológico, simples justificativa das relações de produção, não pode ser aceito como regra sem exceções. A principal dessas exceções, aliás, é a própria crítica desenvolvida por Marx da sociedade burguesa e da economia capitalista. Essa análise devastadora, afinal, foi feita em nome do quê? Da fria e objetiva análise científica? Não é preciso conhecer em profundidade a obra de Marx para perceber que em cada linha de seus escritos sobre os mais diversos temas pulsa um insopitável movimento de indignação diante da injustiça social; e foi a denúncia sistemática dessa injustiça — não o exame pretensamente científico do capitalismo — que calou fundo no coração das massas. A apropriação da mais-valia, por exemplo, apresentada como a quinta-essência da exploração do trabalho, é claramente sentida e denunciada como um roubo. A própria condenação inapelável do capitalismo — como sistema de produção econômica, de organização social e de constituição política —

não decorre apenas, no âmbito da crítica marxista, das contradições internas do sistema, geradoras de convulsões periódicas ou crises de conjuntura. Ela se funda, antes disso, no fato da sistemática desumanização dos trabalhadores, reduzidos à condição de simples mercadorias, cuja existência, portanto, não tem dignidade, mas sim um preço. O mesmo poderia Marx ter dito do tratamento dispensado pela empresa capitalista aos consumidores de modo geral. Com a agravante de que o sistema desenvolveu, no mundo contemporâneo, o supremo refinamento da exclusão social. No atual fastígio do capitalismo financeiro e especulativo, e com o avanço ininterrupto do maquinismo e da automação por efeito da "terceira Revolução Industrial" — a revolução da eletrônica —, assiste-se à dispensa crescente do concurso da mão de obra supérflua, e expulsa-se do mercado uma massa, também crescente, de consumidores despidos de poder aquisitivo.

Ao contrário, portanto, do que pretendeu Marx, o seu pensamento foi sim, nesse particular, uma vigorosa pregação moral, que sacudiu a indiferença e a hipocrisia dos setores moralistas tradicionais, sobretudo no campo religioso. Felizmente, a moda intelectual do seu tempo, de tudo explicar em termos científicos, não o impediu de pensar o homem em sua especificidade ética.

O mesmo, porém, não se pode dizer dos adeptos da chamada escola positivista no campo da teoria jurídica, como passamos a ver.

x. A Separação entre Moral e Direito no Positivismo Jurídico

Como foi visto no último capítulo, ao criticar o idealismo hegeliano, Marx tendeu a reduzir a ética em geral, e o direito em particular, a simples sublimados da realidade econômica. As classes dominantes, por meio do disfarce ideológico, transformariam o seu interesse particular em interesse geral de toda a sociedade, de modo a fazer do sistema ético-jurídico uma justificativa de sua dominação social.

No positivismo jurídico, opera-se da mesma forma uma redução ou simplificação da vida social, não já sob a forma de estruturas superpostas, mas de compartimentos estanques: o direito, como sistema normativo, existe independentemente da moral, da realidade econômica ou das formas de organização política. A visão de mundo dos profissionais do direito, em consequência, deve-se restringir ao ordenamento normativo, entendido como um sistema bastante a si mesmo.

I. CARACTERÍSTICAS GERAIS DO PENSAMENTO POSITIVISTA

A escola positivista, criada no século XIX, procurou transportar para o campo da ética e da vida social o mesmo rigor de análise e raciocínio, próprio das ciências exatas. A primeira formulação sistemática desse modo de pensar foi feita por

Augusto Comte (1798-1857), na França. É dele, aliás, a criação do neologismo *sociologia*, para designar a ciência dos fatos sociais.

A partir de Augusto Comte, o pensamento positivista desenvolveu-se sucessivamente no campo filosófico em empiriocriticismo, positivismo lógico, empirismo lógico e, finalmente, no século xx, em filosofia analítica e linguística. Todas essas correntes de pensamento têm em comum os mesmos princípios metodológicos, a saber: 1) o conhecimento humano só pode ter por objeto fatos apreendidos pela experiência sensível; 2) fora do mundo dos fatos, a razão só pode ocupar-se, validamente, de lógica e de matemática. O saber fundado nesses dois princípios — o único que pode ser considerado científico — foi denominado por Comte um saber positivo, por oposição ao falso saber, dito metafísico.

No campo do direito, essa posição metodológica foi, de certa forma, antecipada pela escola utilitarista britânica, cujas origens remontam ao século XVII. Thomas Hobbes, no *De Cive*, publicado em 1642, afirmou enfaticamente que "a utilidade é a regra do direito" (seção primeira, capítulo primeiro, x). Para Jeremias Bentham, cujo utilitarismo exerceu grande influência sobre o pensamento jurídico de John Austin, a ética deveria ser transformada numa ciência positiva da conduta humana, "tão exata quanto a matemática".[1] Infelizmente, a mediocridade de Bentham contaminou a generalidade de seus seguidores.[2]

---

1. *Introduction to the Principles of Morals and Legislation,* prefácio:*"Truths that form the basis of political and moral sciences are not to be discovered but by investigations as severe as mathematical ones, and beyond all comparison more intrincate and extensive".*

2. Marx, impressionado com a influência exercida por Bentham ainda na segunda metade do século XIX, consagra-lhe uma nota contundente no *Capital*, Livro Primeiro, parte sétima, cap. XXII, 5, nota 63 (tradução de Reginaldo Sant'Anna, ed. Civilização Brasileira, 16ª ed., livro I, parte 2, p. 709): "Jeremias Bentham é um fenômeno puramente inglês. Mesmo sem excluir Christian Wolf de nossos filósofos [filósofos alemães], nunca houve, em tempo algum, em nenhum país, ninguém que, como ele, se pavoneasse tão presunçosamente com os lugares-comuns mais prosaicos. Nem o princípio da utilidade foi invenção de Bentham. Reproduziu, sem espírito, o que Helvetius e outros franceses do século XVIII tinham dito com agudeza intelectual. Se queremos, por exemplo, saber o que é útil a um cão, temos de conhecer antes sua natureza. Essa natureza não pode ser inferida do princípio de utilidade. Do mesmo modo, para julgar todas as ações, movimentos, relações etc. do homem pelo princípio da utilidade, temos de nos ocupar, antes, com a natureza humana em geral e ainda com a natureza humana historicamente modificada em cada época. Bentham não faz cerimônia. Com a mais ingênua simplicidade, supõe que o burguês moderno, especialmente o burguês da Inglaterra, é o ser humano normal. O que é útil a essa normalidade humana e a seu mundo, é útil de maneira absoluta.

Hans Kelsen, um século depois de Austin, adotou exatamente o mesmo método para elaborar a sua "teoria pura do direito". Ele fala em "ética científica",[3] em "teoria científica do direito",[4] em "conhecimento científico do direito positivo",[5] em "jurista científico".[6]

Na verdade, a pretensão de tratar as questões éticas com o método de raciocínio matemático é bem antiga, na história da filosofia. Platão, no *Eutyphron* (359 *b* e seguintes), como vimos,[7] advertiu para o fato de que as questões de numeração, peso, ou medida têm uma natureza muito diversa da consideração do que é belo ou feio, justo ou injusto, bom ou mau, nas ações humanas. Aristóteles, por sua vez, mostrou que "é próprio do homem culto somente procurar o rigor de raciocínio, para cada gênero de assunto, na medida em que a sua natureza o admite". E acrescentava: "É evidentemente tão absurdo aceitar de um matemático raciocínios prováveis, quanto exigir de um orador demonstrações propriamente ditas".[8]

Na época em que se elaboraram as primeiras explicações utilitaristas no meio intelectual anglo-saxão, Blaise Pascal distinguiu com clareza o "espírito de geometria" do "espírito de finura" (*esprit de finesse*). Para o conhecimento do homem, disse ele, só este último deve ser aplicado.[9]

Na busca dessa exatidão de raciocínio, os positivistas do direito não podiam considerar objeto da teoria jurídica as ações humanas, em razão de sua variabilidade imprevisível e de sua extrema complexidade. Restavam assim, como objeto

---

Por esse padrão julga o passado, o presente e o futuro. A religião cristã, por exemplo, é útil porque condena, no plano religioso, os mesmos delitos que o código penal pune no domínio jurídico. A crítica da arte é prejudicial porque perturba a admiração das pessoas honestas por Martin Tupper etc. Com ideias desse jaez, nosso valoroso homem, cuja divisa é *nulla dies sine linea*, escreveu montanhas de livros. Se eu tivesse a coragem de meu amigo H. Heine, chamaria Jeremias de gênio da estupidez humana".

3. *Reine Rechtslehre*, 2ª ed., 1960, reimpressa em 2000 por Verlag Österreich, p. 64.

4. Idem, ibidem.

5. Idem, p. 70.

6. Ibidem.

7. Parte I, capítulo II.

8. *Ética a Nicômaco*, 1094 *b*, 25.

9. *Pensées*, edição Brunschicg, *article premier*, §§ 1 e seguintes. *"J'avais passé longtemps dans l'étude des sciences abstraites; et le peu de communication qu'on en peut avoir m'en avait dégouté. Quand j'ai commencé l'étude de l'homme, j'ai vu que ces sciences abstraites ne sont pas propres à l'homme, et que je m'égarais plus de ma condition en y pénetrant que les autres en les ignorant."*

próprio de uma análise que se pretendia científica do direito, unicamente os textos normativos, considerados sob dois aspectos: na precisão semântica de seus conceitos técnicos e no encadeamento lógico das proposições. O direito reduzir-se-ia, inelutavelmente, a puras formas normativas. O conteúdo político, econômico, religioso etc. deveria ser expurgado da teoria jurídica, a fim de que ela pudesse pretender a algum rigor científico.

Compete à "ciência do direito", segundo a concepção positivista, tão só dizer o que o direito é, sem cuidar minimamente de dizer o que o direito deve ser. Em outras palavras, os juízos próprios de uma teoria "científica" do direito não são juízos de valor; são silogismos, ou então puros juízos de fato: tal norma é jurídica porque vem expressa numa proposição de dever-ser (gênero próximo), contendo a previsão de uma sanção coativa (diferença específica em relação às demais normas da ordem social); tal lei é válida porque foi editada pela autoridade competente, segundo o procedimento para tal fim previamente estabelecido.

Cria-se, com isso, uma rígida separação entre direito e moral. Contrariando a tradição multissecular de todas as civilizações, os positivistas consideram que o direito existe sem ligação com a justiça, e os juristas não têm que julgar a ordem jurídica de acordo com os grandes valores éticos, porque essa não é uma tarefa científica e sim política. Ora, a se levar este raciocínio às últimas consequências, teremos, como conclusão lógica, que o terror permanente, estabelecido por um Estado totalitário, não deve interferir na análise fria e objetiva que um jurista faz do sentido, da vigência, ou do âmbito de aplicação das normas editadas por esse Estado. O que significa fazer do sistema jurídico uma simples técnica de manifestação da vontade dominante, no meio social, quaisquer que sejam as finalidades perseguidas pelos que exercem essa dominação.

A ciência do direito, assim concebida, é qualificada de positivista em dois sentidos. Em primeiro lugar, porque toda ciência autêntica obedece ao método positivo. Além disso, porque o direito é sempre posto ou imposto (*ius positum*) por aqueles que detêm o poder político, os quais se arrogam, por esse simples fato, o monopólio do uso legítimo dos instrumentos de coação, a fim de sancionar as normas por eles editadas. Em termos práticos, na época moderna não há direito fora do Estado, e a legitimidade das normas jurídicas deve ser apreciada, exclusivamente, à luz da regularidade procedimental de sua gênese: desde que a norma foi editada pela autoridade competente e de acordo com as regras de procedimento prescritas, ela é legítima.

Convém apreciar o sentido e alcance dessas características gerais do positivismo jurídico, que alcançou larga influência entre os juristas dos mais variados países, pela análise do pensamento de dois dos seus expoentes máximos: John Austin e Hans Kelsen.

2. O PENSAMENTO DE JOHN AUSTIN

A obra máxima de Austin é o conjunto de preleções,[10] por ele pronunciadas na recém-fundada Universidade de Londres a partir de 1826, como titular da cátedra de *Jurisprudence and Law of Nations*.

O conceito-chave da moral e do direito, segundo ele, é o de comando, que significa uma notificação ou intimação de um desejo, feita por uma ou várias pessoas a outra ou várias outras, para que façam ou abstenham-se de fazer algo.[11] Na linha do pensamento utilitarista, Austin sustenta que a nota específica do comando não reside no seu caráter imperativo, mas no poder efetivo, ou no propósito do seu autor, de impor ao destinatário um mal pelo descumprimento dos desejos expressos por aquele. Inexistindo esse poder ou esse propósito, não há comando algum. O mal, que pode ser imposto a alguém pelo descumprimento de um comando, chama-se sanção. Ela constitui a própria essência da responsabilidade, ou do dever.[12]

Para Austin, o fundamento último de toda moral (mas não do direito, como se verá logo abaixo) é a lei divina. O valor positivo ou negativo de todas as demais leis depende de sua conformidade, ou não conformidade, com a lei que Deus impôs aos homens. Algumas dessas leis divinas nos foram reveladas; outras só podem ser inferidas por um juízo objetivo de utilidade, ou seja, pela consideração do benefício ou malefício que podem ser empiricamente verificados, para a humanidade, em cumpri-las ou descumpri-las.

---

10. *The Province of Jurisprudence Determined*, cuja primeira edição é de 1830. As referências abaixo são extraídas da edição feita por Wilfrid E. Rumble para a coleção *Cambridge Texts in the History of Political Thought*, Cambridge University Press, 1995.

11. Op. cit., p. 21.

12. É pertinente lembrar que, no direito privado, Alois Brinz, um pandectista alemão da segunda metade do século xix, elaborou toda a sua teoria da obrigação em torno do conceito de responsabilidade (*Haftung*), como sujeição do devedor ao poder coativo do credor. Cf., a esse respeito, o meu *Essai d'analyse dualiste de l'obligation en droit privé*, Paris, Dalloz, 1964, pp. 4 e s.

A teoria da utilidade geral, pela sua objetividade, é a única explicação científica para o juízo ético que se possa fazer da conduta humana. Austin rejeita toda ideia subjetiva de consciência moral, em razão de sua invencível incerteza e variabilidade, no tempo e no espaço.[13]

Na apreciação dessa utilidade objetiva, deve-se levar em consideração sempre o indivíduo ou indivíduos, e não a coletividade, como se esta fora um todo orgânico. Reiterando a posição de Adam Smith, Austin enfatiza que o indivíduo é o melhor juiz de seus próprios interesses. Em consequência, o princípio geral de utilidade exige que cada um se preocupe, antes de tudo, com os seus próprios interesses, e não com os interesses de outrem.[14]

Estabelecidos, por essa forma, os princípios da ética, Austin passa a analisar a forma pela qual se expressam os comandos de caráter geral, isto é, as leis.[15]

A rigor, as leis propriamente ditas são sempre positivas, pois elas são postas pelo seu autor individual ou coletivo, ou existem pela posição do seu autor. Neste preciso sentido, diz ele, há três espécies de leis propriamente ditas: as leis divinas, as leis positivas humanas e as regras da moralidade positiva.

As duas primeiras são comandos postos, direta ou indiretamente, por um monarca ou soberano coletivo, para valer sobre pessoas em estado de sujeição. Por isso, são revestidas de uma sanção legal, ou seja, podem ser impostas de modo coativo. Escusa dizer que a sanção das leis divinas é extraterrena.

No caso das regras de moralidade positiva, no entanto, embora comandos postos por homens a outros homens, elas não emanam de pessoas em posição de superioridade política, nem são postas em conformidade com direitos fundados em lei (*legal rights*). Em consequência, tais regras de moralidade positiva são despidas de sanção legal, embora disponham de sanções de outro tipo, como a censura moral. É o que ocorre na esfera internacional, nas relações entre Estados soberanos. Daí por que Austin denega toda qualidade jurídica ao direito internacional.[16] É também o que ocorre, segundo Austin, no nível constitucional, relativamente ao soberano político, seja ele um monarca ou o próprio povo. Contra um soberano que descumpre comandos postos pela Constituição não existem sanções jurídicas, mas apenas a censura moral.

13. Op. cit., pp. 81 e s.
14. Op. cit., pp. 95 e s.
15. Op. cit., pp. 109 e s.
16. Op. cit., pp. 112, 123-4, 171, 175.

Ao lado das regras de moralidade positiva, que são leis propriamente ditas, outras há, segundo Austin, que não possuem essa qualidade, pois não são impostas por determinados homens sobre outros, mas unicamente pela opinião pública. São as regras de honra, ou da moda, por exemplo. Austin é brutal em sua crítica aos juristas romanos, pelo fato de haverem confundido, na definição de *iurisprudentia*, autênticas leis positivas com regras de moralidade. Chega a falar de *contemptible imbecility*.[17] É o caso, sem dúvida, de retornar o insulto contra o seu autor, pois o jurista inglês ignorava, crassamente, a filosofia estoica que serviu de base à elaboração dos conceitos de direito natural dos *iurisprudentes*.[18]

Isto posto, Austin considera-se logicamente autorizado a demonstrar que o direito é um setor da vida social bem distinto da moral, e que o tratamento "científico" desse setor da realidade social nada tem a ver com as considerações que tradicionalmente fazem os jurisconsultos sobre a justiça ou injustiça das leis.

"Quando dizemos", escreve ele, "que uma lei humana é boa ou má, ou simplesmente merece elogio ou reprovação, ou então, que ela é o que deveria ser ou não, estamos querendo dizer (a menos que queiramos, simplesmente, exprimir nosso agrado ou aversão) o seguinte: a saber, que a lei está de acordo ou em desacordo com algo que tacitamente referimos como medida ou prova."[19]

Em longa nota acrescida à sua quinta preleção,[20] Austin toma como objeto de sua acerba crítica as afirmações de Blackstone, notável jurista inglês do século XVIII, de que as leis divinas são superiores em obrigação a todas as outras; de que não se pode admitir que a lei humana contrarie a lei divina; de que a lei humana contrária à lei divina é inválida; de que, finalmente, todas as leis humanas válidas retiram sua força do modelo divino.

Para Austin, as duas últimas afirmações são rematados absurdos (*stark nonsense*). "As leis mais perniciosas e, por conseguinte, as que mais se opõem à vontade divina têm sido e são continuamente aplicadas como leis pelos tribunais. Suponhamos que um ato inócuo, ou mesmo benéfico, seja proibido pelo soberano sob pena de morte; se eu pratico esse ato, serei processado e condenado, e se eu objetar à sentença que ela contraria a lei de Deus, o qual ordenou aos legisladores humanos não proibissem atos inócuos, o tribunal de justiça demonstrará a ineficácia de

17. Op. cit., p. 161.
18. Cf. Parte I, capítulo III.
19. Op. cit., p. 113.
20. Op. cit., pp. 157 a 163.

meu raciocínio mandando-me enforcar, em cumprimento da lei que eu impugnei como inválida. Uma exceção, objeção ou pleito, fundados na lei de Deus, jamais foram recebidos por um tribunal de justiça, desde a criação do mundo até o presente momento."

Retomando integralmente o raciocínio feito por Hobbes, Austin afirma que, sob o aspecto jurídico, não há como sustentar-se que uma lei é, em si mesma, justa ou injusta. "Na verdade, a própria lei é o padrão de justiça. Tudo o que contraria a lei é injusto, com referência a essa lei, embora possa ser justo com referência a outra lei de autoridade superior."

3. O PENSAMENTO DE HANS KELSEN

A "teoria pura do direito" reafirma, basicamente, as ideias da *analytical jurisprudence* de John Austin sobre o direito e a moral.

Mas entre ambos os autores, há uma diferença intelectual bem marcada. O pensamento de Kelsen tem uma origem kantiana, ao passo que Austin sempre se moveu no quadro do utilitarismo anglo-saxônico. Para Kelsen, o direito pertence ao mundo do dever-ser; logo, não se há de pensar, juridicamente, com base no que é ou acontece no mundo dos fatos, pois o dever-ser não deriva do ser nem vice-versa.

No curso da exposição de suas ideias, no entanto, Kelsen nem sempre consegue manter-se fiel ao princípio de absoluta separação lógica entre o que é e o que deve ser.

Ao discorrer, por exemplo, sobre a vigência de uma norma jurídica, reconhece que ela depende, até certo ponto, de sua efetividade no meio social. "Uma norma jurídica é considerada como objetivamente válida apenas quando o comportamento humano por ela regulado lhe corresponde de fato, pelo menos em certa medida. Uma norma que nunca e em parte alguma é aplicada e respeitada, isto é, uma norma que — como se costuma dizer — não é em medida alguma eficaz, não será considerada como norma válida e em vigor (*gültig*). Um mínimo da assim chamada efetividade (*Wirksamkeit*) é uma condição da sua validade ou vigência (*Geltung*)." [21] Ou seja, o dever-ser acaba dependendo do ser.

Em outra passagem, ao referir-se ao fundamento último de validade da ordem

---

21. Op. cit., p. 10.

jurídica, por ele identificado como a "norma fundamental" (*Grundnorm*), ou seja, o pressuposto lógico-transcendental do direito vigente, tal como as categorias racionais de Kant ou o contrato social de Rousseau, Kelsen reconhece que se trata de um fato, "o fato fundamental da criação jurídica".[22] Por isso mesmo, a revolução — um fato histórico não fundado em nenhuma ordem jurídica vigente — instaura uma ordem nova, pela substituição da norma fundamental.[23]

A incongruência é patente. O pensador austríaco começa por sustentar que o direito, como ordem do dever-ser, não pode ser analisado segundo os critérios metodológicos próprios da ordem do ser; em outras palavras, que a existência do direito não depende de fatos não jurídicos. Mas reconhece que toda a ordem jurídica deriva, em última instância, de um "fato fundamental", que é o pressuposto lógico de sua existência.

Na mesma linha de pensamento de John Austin, Kelsen enxerga na sanção punitiva a essência mesma da norma jurídica. Chega a afirmar que devida é a sanção e não a conduta prescrita pela norma. É isso, em última análise, que distingue a comunidade jurídica de um bando de salteadores. Neste, com efeito, existem também normas de conduta aplicáveis coativamente aos seus membros; mas essa coação não é devida. "O sentido da ordem jurídica é que certos males devem, sob certos pressupostos, ser aplicados; que, de modo geral, determinados atos de coação devem, sob determinadas condições, ser executados. Tal não é apenas o sentido subjetivo dos atos por meio dos quais o direito é imposto, mas também o seu sentido objetivo. Exatamente pela circunstância de ser esse o sentido que lhes é atribuído, tais atos são reconhecidos como atos criadores de direito, como atos de produção ou execução de normas."[24] Não se vê bem por que esse raciocínio não se aplicaria, também, às normas internas de uma quadrilha de salteadores.

Como se percebe, a atribuição do caráter jurídico unicamente às normas dotadas de sanção coativa torna impossível o reconhecimento de direitos humanos, quando eles não são declarados no ordenamento estatal.

Na verdade, para Kelsen não existem ordens sociais desprovidas de sanção. A aprovação ou reprovação da coletividade já é, em si mesma, uma sanção. O que distingue o direito das demais ordens sociais é que a sanção jurídica é sempre coativa: ela se aplica ao destinatário da norma contra a sua vontade, se necessário pelo

22. Op. cit., p. 201.
23. Op. cit. p. 213.
24. Op. cit., p. 45-6.

emprego até da força física.[25] A coação é, assim, o "critério decisivo" para a definição do direito.

Kelsen assinala, também, reproduzindo a expressão de Max Weber, que a comunidade jurídica detém o monopólio da coação; que o Estado "é essencialmente uma ordem de coação e uma ordem de coação centralizadora e delimitada no seu campo territorial de validade".[26] No entanto, admite a existência de "ordens jurídicas descentralizadas", de que o direito internacional constitui o melhor exemplo.[27] Trata-se, segundo reconhece, de uma "ordem jurídica primitiva", mas, de qualquer modo, uma ordem inequivocamente jurídica, pois dispõe de mecanismos de sanção coativa, como as represálias e a guerra.[28]

Definido assim o direito, Kelsen passa a sustentar que o elemento axiológico é necessariamente estranho a essa definição. Em outras palavras, para se saber o que é o direito, é perfeitamente dispensável indagar se a ordem jurídica é justa ou injusta. O adjetivo é secundário, não faz parte da essência ou substância da matéria.

> Que a justiça não pode ser uma característica que distinga o direito de outras ordens coativas é algo que decorre do caráter relativo do juízo de valor segundo o qual uma ordem social é justa. [...] Se se toma a justiça como o critério da ordem normativa designada como direito, então as ordens coativas capitalistas do mundo ocidental não são de modo algum direito, do ponto de vista do ideal comunista do direito, e a ordem coercitiva comunista da União Soviética tampouco é direito do ponto de vista do ideal de justiça capitalista. Um conceito de direito que conduz a uma tal consequência não pode ser aceito por uma ciência jurídica positiva.[29]

Ainda aí, o sofisma é evidente. A ordem jurídica não existe como uma finalidade em si mesma, mas sempre como meio institucional de se concretizarem certos fins sociais, tidos como valiosos. Que esses fins sociais sejam considerados justos para uma determinada comunidade e injustos para outra não significa que o direito deva reduzir-se a puras normas abstratas.

Em suma, a questão de se saber se determinadas normas são ou não jurídicas,

25. Op. cit., p. 34.
26. Op. cit., p. 55.
27. Op. cit., p. 64.
28. Op. cit., pp. 321 e ss.
29. Op. cit., vol. I, pp. 94-5.

vale dizer, na visão kelseniana, se elas são ou não dotadas de sanção coativa aplicável pela autoridade estatal, não é nem pode ser o único objeto da teoria jurídica. Seria uma inaceitável mutilação teórica pretender que a questão dos fins sociais visados pelas normas de direito deva ser posta de lado. O direito não é apenas técnica, mas faz também parte da ética.

De qualquer modo, foi com base nessa concepção asséptica da ordem jurídica que Kelsen pretendeu separar o direito da moral. Para ele, esse discrime pode ser feito segundo o critério kantiano de que a moral rege apenas a conduta interior, enquanto o direito diz respeito ao foro externo das ações humanas. As intenções e motivos nem sempre ficam alheios à análise jurídica, ou ao exame judicial do caso concreto.[30]

Para Kelsen, a distinção lógica entre essas duas esferas normativas é de outra ordem. A moral, tal como o direito, é composta de normas "criadas pelo costume ou por meio de uma elaboração consciente (v. g. por parte de um profeta ou do fundador de uma religião, como Jesus). Neste sentido a moral é, como o direito, positiva, e só uma moral positiva tem interesse para uma ética científica, tal como apenas o direito positivo interessa a uma teoria científica do direito". Na verdade, "uma distinção entre o direito e a moral não pode encontrar-se naquilo que as duas ordens sociais prescrevem ou proíbem, mas no como elas prescrevem ou proíbem uma determinada conduta humana". O que distingue, precisamente, o direito da moral é, portanto, o fato de que só o direito é uma ordem coativa.[31]

Segundo Kelsen, a teoria jurídica tradicional admitia a ligação entre direito e moral, simplesmente porque ela pressupunha "uma única moral válida — que é, portanto, absoluta — da qual resulta uma justiça absoluta". Mas o postulado da existência de uma justiça absoluta não é de modo algum necessário, para que se possa julgar valorativamente a conduta humana. Retomando, ele também, o raciocínio hobbesiano, observa que "o conceito de *bom* não pode ser determinado senão como *o que deve ser*, isto é, como uma norma. Ora, se definimos o direito como norma, isto implica que o conforme-ao-direito (*das Rechtmässige*) é um bem".[32]

Em suma, a pretensão de se submeter o direito a um julgamento moral parte, segundo Kelsen, do pressuposto errôneo de que há uma única moral; quando, na

30. Op. cit., vol. I, pp. 114 e s.
31. Ibidem, pp. 119-20.
32. Op. cit., vol. I, p. 128.

realidade histórica, sempre houve "vários sistemas de moral, profundamente diferentes uns dos outros e muitas vezes antagônicos; e que uma ordem jurídica positiva pode muito bem corresponder — no seu conjunto — às concepções morais de um determinado grupo, em especial do grupo ou camada dominante da população que lhe está submetida — e, efetivamente, verifica-se em regra essa correspondência — e contrariar ao mesmo tempo as concepções morais de um outro grupo ou camada de população".[33]

O argumento é falso. Ninguém pressupõe que todos os sistemas jurídicos vinculam-se a um único conjunto de valores ou princípios éticos, mas que cada um deles tem a sua própria orientação axiológica, a qual representa aquele "espírito das leis" de que falou Montesquieu. E é somente à luz dos valores éticos que animam o ordenamento jurídico, que as suas normas e instituições podem ser compreendidas e explicadas.

Na verdade, a evolução histórica aponta para a progressiva constituição de uma ordem jurídica superior, fundada nos mesmos valores de respeito integral à dignidade humana, ordem que é o sistema mundial de direitos humanos, o qual se expressa em normas internacionais e nacionais.

4. A IMPORTÂNCIA HISTÓRICA DO POSITIVISMO JURÍDICO

O último argumento aqui transcrito da tese sustentada por Hans Kelsen, a respeito da separação entre moral e direito, é da maior importância, pois ele nos dá uma chave explicativa do peso histórico do positivismo jurídico, como elemento de legitimação, tanto da submissão da esfera política à econômica, na ordem capitalista, quanto da lógica de funcionamento do Estado totalitário.

Não foi por mera coincidência que o avanço internacional do capitalismo deu-se, historicamente, *pari passu* à difusão do pensamento positivista no campo do direito.

Convém lembrar que a regra do precedente, no direito inglês, ou seja, o dever, para os juízes, de respeitar as anteriores decisões judiciais sobre o mesmo assunto (*stare decisis*), só se tornou legalmente obrigatória na primeira metade do século XIX, coincidindo com o nascimento da *analytical jurisprudence*. Na mesma época, a

---

33. Ibidem, p. 131.

chamada Escola da Exegese, na França, passou a propugnar a interpretação literal dos dispositivos da codificação napoleônica. Em ambos os sistemas jurídicos, os valores políticos supremos foram a certeza e a segurança jurídicas, com a exata previsibilidade das decisões judiciais, como parâmetro invariável para o desenvolvimento da atividade empresarial.

Os grandes princípios morais da ideologia liberal-capitalista, como se sabe, sempre foram a ordem e a segurança das relações privadas, sobretudo as de conteúdo econômico. Para tanto, os sacerdotes do credo capitalista não cessam de enfatizar a necessidade de vigência de um sistema jurídico estável, no qual haja previsibilidade de aplicação efetiva de suas normas, tanto pela administração pública, quanto pelos tribunais. Ou seja, no condensado de uma fórmula célebre, *law and order*. A legitimidade de qualquer sistema jurídico, portanto, há de ser aferida, segundo essa concepção, não por meio de um juízo ético referido a valores externos ao próprio ordenamento, mas por um critério que lhe é intrínseco. Tal critério, as obras de Austin e Kelsen apontaram com muita clareza: a regularidade formal de produção das normas jurídicas. O direito, como sustentou Kelsen, é uma construção escalonada de normas (*eine normative Stufenbau*), em que as inferiores tiram sua validade das superiores, até se atingir aquele primeiro pressuposto lógico-transcendental, que é a norma fundamental. A vida jurídica dispensa completamente, portanto, o juízo ético. Toda ordem jurídica, pelo simples fato de existir e funcionar segundo uma regularidade lógica interna, é necessariamente justa.

Graças à ação ideológica do positivismo jurídico, passou-se, tranquilamente, da concepção substancial à meramente formal de Constituição. Nas origens, a função maior, senão única, de uma Constituição era a garantia dos cidadãos contra o abuso de poder. Em 1789, os representantes do povo francês, constituídos em assembleia nacional, declararam que "toda sociedade, na qual a garantia dos direitos não é assegurada, nem a separação dos poderes determinada, não tem Constituição" (Declaração dos Direitos do Homem e do Cidadão, art. 16). Depois do trabalho de sapa do positivismo jurídico, passou-se a admitir a existência e validade jurídica de Constituições com qualquer conteúdo. A Constituição tendeu a ser, doravante, uma espécie de codificação, cuja diferença em relação às outras consistiria em sua maior força normativa e em não poder ser ela alterada pelos meios ordinários. Além disso, desenvolveu-se uma tendência à dissolução do corpo normativo constitucional em normas esparsas, as chamadas *leis constitucionais*. Após a sua derrota na guerra de 1870 contra a Prússia, a França passou a ser regida, a partir de 1875, não por uma Constituição, mas por várias leis constitucionais: sobre a organização dos poderes públicos, sobre a organização do Senado, sobre as relações entre os poderes públicos.

Nessas condições, o objeto próprio de uma Constituição deixou de ser a proteção dos cidadãos contra o abuso de poder, reduzindo-se à regulação do funcionamento dos órgãos estatais. De onde a conhecida crítica do movimento neoliberal às declarações constitucionais de proteção aos direitos econômicos e sociais, em nome da "governabilidade".

Ora, com a afirmação da simples legalidade formal como fator de legitimidade política, e pela redução da Constituição ao nível de mero ordenamento dos órgãos estatais, qualquer que seja a finalidade última perseguida pelos governantes, é inegável que os positivistas do direito contribuíram, decisivamente, para o surgimento, no século xx, de um dos piores monstros que a humanidade jamais conheceu em toda a sua longa história: o Estado totalitário.

É o que passamos a ver.

xi. O Niilismo Ético do Estado Totalitário

Com o surgimento do totalitarismo em pleno século xx, o movimento histórico tendente a desagregar o patrimônio ético da humanidade atingiu o seu ápice. Como vimos ao longo dos capítulos anteriores, começou-se por separar a esfera pública das regras da moralidade comum, invocando-se a exceção da razão de Estado. Apartou-se, em seguida, a religião política oficial do culto religioso privado. Decretou-se, mais adiante, o divórcio entre os padrões éticos gerais e o campo das atividades econômicas, com a soberania do mercado. Logo a seguir, o positivismo jurídico passou a sustentar, com pretensões científicas, que a moral, em seu conjunto, nada tinha que ver com o direito, considerado em sua essencial pureza, e que era possível praticar, de modo juridicamente inatacável, atos de claro aviltamento da pessoa humana.

No desfecho dessa tendência desagregadora da vida social, as experiências totalitárias eliminaram todos os sistemas éticos tradicionais de regulação da conduta humana. Superada ficou a distinção entre sociedade civil e Estado, porque tudo passou a fazer parte da esfera estatal. Mas o próprio Estado, com isso, transmudou-se num complexo burocrático desmedido e aterrorizador, cuja configuração não encontra paralelo em nenhum modelo do passado.

I. CARACTERÍSTICAS ESSENCIAIS DO TOTALITARISMO

A novidade histórica do Estado totalitário

Na famosa conferência que pronunciou no Ateneu real de Paris, em 1819 — *La liberté des anciens comparée à celle des modernes* —, conferência à qual já foi feita longa referência nesta obra,[1] Benjamin Constant procurou mostrar como a concepção de liberdade, vigorante na antiguidade clássica, era inteiramente estranha ao sentimento de liberdade individual do homem moderno.

Na cidade antiga, lembrou ele, consideravam-se livres apenas os cidadãos, isto é, os que tinham voz e voto nas assembleias do povo, ou nos órgãos de governo, para decidir sobre a paz e a guerra, votar as leis e julgar os seus concidadãos. Mas a cidadania não passava então de um privilégio, do qual eram excluídos, não só obviamente os escravos, mas também as mulheres, os estrangeiros e também, em certas cidades, os comerciantes e os artesãos. Ora, aqueles mesmos poucos indivíduos que gozavam de plena cidadania, e se consideravam, portanto, livres, submetiam-se, na esfera de sua vida privada, à supremacia absoluta da tradição e dos costumes ancestrais, sem poder ensaiar a mais insignificante inovação em assuntos de moral familiar ou de religião, sob pena de cometerem o grave delito de impiedade. Ademais, era impensável, na antiguidade, que as autoridades públicas alterassem, ainda que minimamente, as normas da moralidade tradicional e as regras do culto religioso, tidas, umas e outras, como estabelecidas pela divindade.

Com o advento da civilização burguesa, ao contrário, a participação na vida pública tornou-se muito menos importante do que a tranquila fruição da autonomia privada em assuntos de moral e religião, ou em matéria de negócios. O supremo abuso não consiste, para a mentalidade burguesa, na privação do direito de votar e ser votado em pleitos políticos, mas na supressão, ou mesmo na simples limitação, pelo Estado, da liberdade de expressão, de culto religioso, ou de iniciativa empresarial. Instituiu-se, assim, uma separação não só conceitual, mas real, entre o Estado e a sociedade civil, separação totalmente desconhecida no mundo antigo. A *politeia* dos gregos e a *res publica* romana formavam um todo unitário, composto pelo povo e o conjunto dos governantes. A esfera privada, na verdade,

---

1. Cf. Parte I, capítulo I.

não se localizava em genérica "sociedade civil", contraposta ao poder público, mas na família, isolada ou reunida com outras, para formar fratrias ou cúrias. Como bem salientou Fustel de Coulanges em *A Cidade Antiga*, da família provieram todas as instituições gregas e romanas, tanto as de direito privado quanto as da organização política, com seus princípios gerais e regras de aplicação.

Ora, a originalidade das experiências totalitárias vividas no século xx reside no fato de que, ao se contraporem marcadamente ao Estado Liberal do constitucionalismo moderno, nem por isso reproduziram as tiranias ou autocracias do passado. Na verdade, o Estado totalitário veio suprimir por completo a liberdade dos antigos e a dos modernos.

A tentativa de completa reconstrução da estrutura social

O que caracteriza o totalitarismo é o fato — sem precedentes na História — da destruição, por obra do poder público, das estruturas mentais e institucionais de todo um povo, acompanhada da tentativa de reconstrução, a partir dessa terra arrasada, de mentalidades e instituições inteiramente novas.

Daí por que, desde os anos 1930 do século xx, já não era possível confundir o Estado totalitário com aquele simplesmente autoritário. A distinção entre ambos, ao que parece, foi proposta pela primeira vez na teoria política por Karl Loewenstein, em obra consagrada à análise do regime instituído pelo ditador Getúlio Vargas no Brasil.[2] Ao contrário dos Estados autoritários, nos quais o povo não participa do poder político, mas a vida privada goza de uma certa autonomia — era o caso do "Estado Novo" de Getúlio Vargas —, o Estado totalitário suprime a liberdade, individual ou grupal, em todos os campos, exatamente porque, com o seu advento, desaparece a separação entre Estado e sociedade civil, entre a esfera pública e a vida privada.

O que atrapalha, porém, nessa matéria, é que as mesmas expressões — Estado totalitário e Estado autoritário — foram usadas com sentido trocado, tanto pelo fascismo italiano quanto pelo nazismo alemão, para caracterizar os seus respectivos regimes políticos. Mussolini e o filósofo oficial do regime, Giovanni Gentile, justificavam o qualificativo totalitário com a frase célebre: *"Niente contra lo Stato, niente fuora dello Stato, tutto nello Stato"*. Mas a Itália fascista sempre fez questão de deixar intocado

---

2. *Brazil under Vargas*, The MacMillan Company, Nova York, 1942, conclusão, pp. 369 e ss.

o espaço religioso, quando mais não fosse para não reabrir o contencioso político-territorial com o Vaticano, desencadeado quando da ocupação de Roma pelas tropas piemontesas, em 1870. Nesse sentido, portanto, o Estado fascista não foi totalitário. Quanto ao hitlerismo, este preferiu caracterizar, eufemisticamente, o Terceiro Reich como uma "forma estatal autoritária" (*autoritäre Staatsform*).

Ora, a distinção entre esses dois tipos de Estado é marcante. No ambiente social totalitário, a par da porfia estatal em destruir na população o espírito religioso e, bem entendido, as manifestações exteriores do culto, foram abolidos todos os critérios tradicionais de moralidade, e suprimidas todas as virtudes costumeiras, consideradas doravante resquícios apodrecidos de uma idade revoluta. De acordo com o novo critério de moralidade, virtuosa era apenas a pessoa capaz de repetir, de modo maquinal, as fórmulas ideológicas oficiais; elogiável, tão só, aquele que se deixava conduzir, mecanicamente, pela obediência cega ao chefe, realizando assim, no sentido próprio e figurado, a sinistra fórmula inaciana do *perinde ac cadaver*. O fascismo italiano inaugurou o estilo, numa espécie de contrafação do dogma da infalibilidade papal: *Il Duce a sempre raggione*. Na Alemanha, Himmler cunhou para as tropas SS o lema *Meine Ehre heisst Treue* (literalmente, "minha honra chama-se confiança").

Como a política tem horror ao vácuo, no espaço de onde foram expulsas a moral e a religião, introduziu-se compulsoriamente a ideologia, isto é, a explicação dogmática e oniabrangente do homem e do mundo, a servir de alimento para a atividade de permanente propaganda do Estado.

Da mesma forma, em lugar do direito, isto é, do sistema de normas gerais de conduta, conhecidas e estáveis, tornadas públicas e sancionadas pela autoridade competente, de aplicação previsível segundo processos racionais de interpretação, instaurou-se a submissão completa de todos, de corpo e alma, à pessoa mítica do chefe, transformado em personagem sobre-humano, que tudo sabe, tudo vê e tudo decide. Na tríade nazista — *ein Volk, ein Reich, ein Führer* — este último concentrava em si os dois outros: o povo e o Estado reduziam-se à condição de mero instrumento de ação do chefe.

O fundamento da dominação totalitária

Abolidos todos os critérios fixos e objetivos de moralidade e juridicidade, o que cada indivíduo podia fazer ou deixar de fazer dependia, a todo momento, das ordens expressas ou tácitas, emanadas dos diferentes órgãos de poder, cuja esfera de competência, aliás, nunca foi publicamente delimitada, de modo a criar um sentimento geral de incerteza. Aos súditos do Estado totalitário era impossível saber, ainda que vagamente, quando se infringia ou não uma norma oficial; tanto mais que, em razão de sua completa inutilidade, abandonou-se, desde logo, todo recurso à edição de leis. Em lugar delas, erigiu-se uma regulamentação, gigantesca e pormenorizada, dirigida unicamente aos funcionários do regime. O ordenamento jurídico transformou-se num imenso regulamento secreto, de natureza estritamente burocrática.

Daí o principal fator de aglutinação dos indivíduos, em regime totalitário, ter sido o terror, difuso ou concentrado, mas presente em toda parte. Montesquieu já havia ressaltado que o medo era a mola mestra dos regimes despóticos.[3] Mas esse ambiente de generalizado temor, nos despotismos do seu tempo, aparece hoje como muito moderado, quando o confrontamos com o terrorismo totalitário.

Neste último, a máquina estatal era montada para incutir em todos, em qualquer circunstância, o sentimento de trágica impotência diante dos órgãos oficiais ou oficiosos do Estado. Os órgãos estatais operavam sob a cobertura do mais espesso sigilo, ou melhor, da total falsidade: as declarações governamentais e a fachada oficial do Estado jamais corresponderam à realidade. A própria ideologia, alimento de uma incessante propaganda, interior e exterior, era falsa, pois consistia na fabricação de um ideário variável, ao sabor das circunstâncias do momento. Daí as mesmas afirmações ou *slogans* poderem ser considerados, alternativamente, ortodoxos, ou, ao revés, sintomas reveladores da mais abominável traição.

As tiranias do passado consideravam todos os adversários políticos inimigos do tirano e, portanto, passíveis de eliminação. No ambiente totalitário, esse esquema dualista, que opõe o tirano aos seus inimigos, é substituído pela brutal oposição entre o Estado burocrático e a totalidade do povo. A perseguição aos inimigos do regime, na loucura ideológica de nazistas e comunistas, cedo transformou-se em oposição absoluta entre o bem e o mal. Judeus e trotskistas foram apenas os primeiros e mais visíveis grupos condenados à posição de vítimas propiciatórias para a salvação da raça pura, ou da classe proletária. A partir deles, o combate exterminatório foi se alargando indefinidamente.

3. *Do Espírito das Leis*, Livro III, capítulo IX.

Na verdade, no ambiente paranoico do Estado totalitário, o povo inteiro é suspeito e deve, por conseguinte, ser mantido em estado de estreita vigilância e completa submissão. O perigo não se restringe aos atos manifestamente sediciosos; ele reside nos próprios pensamentos, na obediência de má vontade às campanhas oficiais, sempre tidos como provas irrefutáveis da intenção de fazer o mal, isto é, resistir ao Chefe. Daí a política de radical isolamento de cada indivíduo, perseguida como o objetivo a ser alcançado a qualquer custo. A simples possibilidade de comunicação privada e mesmo íntima entre as pessoas já é o caldo de cultura para a oposição ao regime. Ora, como atingir esse grau de completo isolamento individual, senão pelo estímulo à delação sistemática, mesmo entre cônjuges, ou os mais próximos familiares?

Temos, pois, que essa coleção de indivíduos, obrigatoriamente separados uns dos outros — porque todos são traidores em potencial (o crime de intenção) —, forma uma massa uniforme, composta de unidades iguais, perfeitamente fungíveis e, portanto, suscetíveis de extermínio em massa. Como bem salientou Hannah Arendt,[4] o ideal burguês da igualdade formal perante a lei, levado às suas últimas consequências, preparou de certa forma a massificação geral da sociedade, em que as diferenças de gênero, raça, tradição cultural ou nacionalidade são inteiramente apagadas, para que o Leviatã pudesse, doravante, torturar e matar a seu bel-prazer, como as divindades de antanho. Reproduzia-se, assim, aquele ambiente de derrisória tragédia, tão bem caracterizado por um personagem de *Rei Lear*:

As flies for the wanton boys, are we to the gods,
They kill us for their sport.[5]

Na verdade, o aparato estatal totalitário, não obstante a onipresença do Chefe, aparecia como uma descomunal máquina burocrática, cuja complexidade desafiava toda compreensão lógica. Em todos os setores, proliferavam órgãos incumbidos das mesmas tarefas, e que, tendo sido criados como rivais, fiscalizavam-se secretamente uns aos outros. Havia sempre uma duplicação de aparelhos policiais, de forças militares e quadros funcionais, encarregados de idênticos serviços; e, recobrindo esse organismo monstruoso, como uma espécie de membrana colada ao corpo todo, e que o

---

4. *The Origins of Totalitarianism*, nova edição, Harcourt Brace & Company, pp. 299 e ss.

5. Ato quarto, cena 1.

impedia de respirar,[6] atuava o partido único. O que fazia com que, também no nível estatal, tudo banhasse num clima de desconfiança absoluta.

Para esse resultado tenebroso, muito contribuiu, sem dúvida, o progresso das técnicas de dominação social. Sob a influência do positivismo jurídico,[7] o modelo weberiano da racionalidade burocrática, legitimado em si mesmo e não pelos fins a que servia, revelou-se um instrumento de escol no envolvimento de todo o corpo social numa rede inextricável de regulamentos e sanções, cuja serventia prática não chegava a ser percebida com nitidez, nem pelos administradores nem pelos administrados. Como mostrou Hannah Arendt em reportagem famosa,[8] o supremo encarregado de fazer operar o serviço de liquidação dos judeus e outros grupos sociais indesejados, no Terceiro Reich, revelou-se afinal, quando confrontado com a realidade do colossal genocídio que ajudara a praticar, um homenzinho assustado e estupefato, pois sempre fora um triste burocrata, dominado pela mania da ordem e do respeito sagrado à letra do regulamento.

Mas, pergunta-se, o fato de o regime comunista haver perdurado na União Soviética por quase sete décadas e o regime hitlerista por doze anos, dos quais a metade em ambiente de guerra total, explicar-se-ia apenas pela técnica da dominação totalitária fundada no terror?

A historiografia recente, pelo menos em relação à Alemanha hitlerista, contesta essa explicação unilateral.[9] Ressaltou-se, assim, que o Estado nazista procurou, desde o início, conquistar a adesão do proletariado e das classes médias, por uma política de completa reabsorção da enorme massa de desempregados, provocada pela depressão de 1929, e também pela distribuição preferencial de víveres em favor daqueles grupos sociais economicamente mais fracos. Iniciada a guerra, decidiu-se pagar às famílias dos militares mobilizados 85 % dos salários por eles percebidos antes da mobilização. Ao mesmo tempo, tendo aprendido a trágica lição da

---

6. Emprego aqui, intencionalmente, a metáfora criada por Karl Marx para caracterizar o Estado francês sob Napoleão III. Cf. *Der achtzehnte Brumaire des Louis Bonaparte, in Karl Marx, Friedrich Engels Werke,* Institut für Marxismus-Leninismus beim ZK in der SED, Dietz Verlag, vol. 8, p. 196.

7. Veja-se o capítulo anterior.

8. *Eichmann in Jerusalem – A Report on the Banality of Evil,* 1963. O livro em tradução brasileira, *Eichmann em Jerusalém – Um Relato sobre a Banalidade do Mal,* foi publicado no Brasil pela Companhia das Letras em 2000.

9. Cf. o livro recente de Götz Aly, *Hitlers Volkstand – Raub, Rassenkrieg und Nationaler Sozialismus,* S. Fischer, Frankfurt, 2005.

guerra de 1914 a 1918, as autoridades nazistas tudo fizeram para evitar a inflação monetária que todo conflito militar costuma provocar. Enquanto isso, Hitler não hesitou em sangrar economicamente a camada mais rica da população alemã: em fins de 1942, o Estado lançou um imposto extraordinário de 8 milhões de marcos sobre os proprietários de imóveis.

Por aí se vê como o poder político, mesmo em regimes totalitários, não dispensa jamais um mínimo de adesão voluntária dos governados. Percebe-se, também, como era pobre a explicação do nazismo em termos de luta de classes, dada pelos comunistas. O partido nazista, que se denominava Nacional Socialista Operário Alemão, foi efetivamente socialista, no tocante à política de compulsória equalização de renda do povo alemão.

A mesma preocupação em não ofender de modo frontal os sentimentos morais da população ocorreu com respeito à política genocida. Sabe-se hoje que ela foi preparada com a liquidação coletiva dos internados em asilos psiquiátricos. Entre janeiro de 1940 e agosto de 1941, cerca de 70 mil pessoas consideradas alienadas mentais foram mortas, utilizando-se experimentalmente o mesmo processo de gaseificação depois empregado nos campos de concentração. Os nazistas tomaram a precaução de procurar sentir qual seria a reação dos meios eclesiásticos. A Missão Interior, organização assistencial da Igreja Luterana, indagada se o Estado poderia decidir a exterminação de certas categorias de doentes durante a guerra, em caso de penúria de alimentos disponíveis para toda a população alemã, não ofereceu nenhuma objeção. Num levantamento da opinião pública organizado pelo governo em abril de 1941, 80% dos familiares desses doentes declararam-se a favor dessa medida extrema. Mas a experiência criminosa teve que ser interrompida em agosto de 1941, quando o bispo de Münster, monsenhor Von Galen, condenou enfaticamente essa política dita de eutanásia, num sermão pronunciado na catedral.

Em relação aos judeus, a propaganda massificante organizada pelo Ministério do dr. Goebbels logrou intoxicar a população a tal ponto, que a resistência ao genocídio foi praticamente nenhuma.

Uma política de massificação compulsória

É incontestável que no Estado totalitário nunca houve um critério fixo de moralidade e de juridicidade. Hannah Arendt atribui o fenômeno ao fato de se ter adotado uma ideologia do movimento contínuo, ou permanente transformação da vida humana: na Alemanha, a ideologia do darwinismo racial e na União Soviética, o marxismo.[10]

Essa interpretação, porém, não parece adequada. O evolucionismo biológico e a dialética histórica, independentemente do grau de verdade que lhes possamos atribuir, constituem, em si mesmos, um princípio fixo, uma "lei" explicativa da vida humana. A evolução das espécies vivas, ou a luta de classes, como sustentaram Darwin e Marx, não se desenvolvem de qualquer modo, mas obedecem a uma direção determinada. Na verdade, a inexistência de uma ordem ética estruturada, na Alemanha nazista e na União Soviética stalinista — os únicos Estados totalitários objeto da análise de Hannah Arendt — nada mais foi do que o resultado de deformação e extrapolação arbitrárias, que o aparelho burocrático estatal fez daquelas teorias, para legitimar o totalitarismo. O pensamento científico e histórico, de Darwin e Marx, foi transformado em pura ideologia, isto é, em mito oniexplicativo.

Característica marcante do Estado totalitário é a compactação da massa populacional num todo passivo e uniforme, com a consequente abolição não só da cidadania, mas da própria autonomia individual.

A ilustração trágica da redução compulsória do povo a uma massa amorfa de indivíduos indiferençados foi dada pelos campos de concentração, onde eram confinados todos os suspeitos e inimigos em potencial do regime, ou os indivíduos condenados ao extermínio coletivo pelo simples fato de pertencer a determinada "raça". O *Gulag* soviético e o *Lager* nazista foram gigantescas máquinas de despersonalização de seres humanos. Ao dar entrada num campo de concentração nazista, o prisioneiro não perdia apenas a liberdade e a comunicação com o mundo exterior. Não era, tão só, despojado de seus haveres: roupas, objetos de uso pessoal, cabelos e até próteses dentárias. Ele era, sobretudo, esvaziado da sua própria personalidade, da sua condição de ser humano, com a substituição, altamente simbólica, do nome por um número, em geral tatuado no corpo, como se fora a marca de propriedade de um animal. O prisioneiro já não se reconhecia como um ser autônomo, dotado de razão e sentimentos: todas as suas energias concentravam-se na luta contra a fome, a dor e a exaustão. E nesse esforço desesperado de sobrevivência, tudo era permitido: o furto da comida dos outros prisioneiros, a delação, a prostituição, a bajulação dos guardas, o pisoteamento dos mais fracos.

---

10. *The Origins of Totalitarianism*, cit., pp. 462 e s.

Auschwitz foi o modelo diabólico do universo concentracionário. Lá, de abril de 1940 a janeiro de 1945, um número colossal de homens, mulheres e crianças, na posição de vítimas ou de carrascos, perderam toda a consciência da dignidade humana, aquela αἰδώς de que falavam os gregos, e regrediram ao estado de hominídeos. Estima-se que essa formidável usina de morte liquidou entre 1 milhão e 1 milhão e meio de pessoas em seus fornos crematórios.

Na China comunista, a experiência concentracionária aperfeiçoou-se: já não se tratava de punição ou de extermínio, mas de "Reforma pelo Trabalho" (*Lao Dong Gai Zao*).[11] Na verdade, o objetivo da instituição era puramente produtivista. Os chineses lograram obter, pela intensificação ideológica, aquilo que os soviéticos e nazistas jamais conseguiram pela coação brutal: tornar os campos de concentração um centro produtivo para o país. Os prisioneiros dos campos de internação desbravaram e tornaram férteis vastas áreas da Manchúria, até então estéreis. Foram eles os pioneiros da indústria plástica chinesa nos anos 1950 do século xx, bem como da construção e do funcionamento de algumas das maiores fábricas do país e alguns de seus mais importantes centros agrícolas.

O essencial é considerar que, no Estado totalitário, a esfera da vida privada e, até mesmo, da vida íntima desaparece. George Orwell ilustrou essa situação alucinante no romance *1984*. Ninguém mais é considerado pessoa, vale dizer, em ninguém mais o Estado reconhece a capacidade inata de ter direitos.

Foi o que se viu, de modo marcante, na multidão de refugiados e apátridas.[12] Tendo perdido a sua nacionalidade, e não podendo provar nenhum ato de oposição ao seu Estado de origem, foram condenados a perambular de fronteira a fronteira, não estando habilitados a pleitear o asilo político em nenhum outro Estado. À falta de um termo adequado no vocabulário jurídico, passaram a ser designados, eufemisticamente, como "pessoas deslocadas" (*displaced persons*). Representavam, em verdade, na acepção literal da palavra, indivíduos "utópicos", isto é, de lugar nenhum.

Foi, sem dúvida, em vista dessa realidade chocante que as Nações Unidas inseriram, na Declaração Universal dos Direitos Humanos de 1948, a norma de que "todo ser humano tem o direito de ser, em todos os lugares, reconhecido como

---

11. Veja-se o testemunho de Jean Pasqualini, *Prisonnier de Mao – Sept ans dans un camp de travail en Chine*, Gallimard, 1975.

12. Hannah Arendt, *The Origins of Totalitarianism*,. cit., pp. 278 e 295.

pessoa perante a lei" (art. VI). Com efeito, a essência dos direitos humanos, como assinalou Hannah Arendt, é o direito a ter direitos.[13]

Consideradas essas características essenciais do totalitarismo, torna-se evidente a sua diferença substancial em relação às antigas tiranias ou autocracias, como o regime político de Esparta, ou o império romano sob Diocleciano. Nessas velhas autocracias jamais se cogitou destruir os costumes dos antepassados ou a religião tradicional, a fim de se introduzir uma nova maneira de viver em sociedade. Ao contrário, os regimes políticos e os governos mais autoritários da antiguidade, no Oriente e no Ocidente, foram sempre os mais conservadores e os mais tradicionalistas em matéria de crenças e costumes.

Convém, no entanto, advertir, desde logo, que é um engano equiparar a esses modelos antigos os novos exemplos de Estado confessional, engendrados pelo fundamentalismo religioso contemporâneo. A História não se repete, pela boa razão de que a memória coletiva, tal como a individual, não é mera reprodução de experiências anteriores, mas uma acumulação incessante de experiências novas, que se fundem, progressivamente, em um todo complexo, em perpétua evolução. A repetição de estados mentais passados é mera regressão patológica.

Por isso mesmo, os novos Estados confessionais do fundamentalismo religioso, a exemplo do Irã após a destituição do xá Reza Pahlavi, são, inegavelmente, totalitários. As estruturas mentais e institucionais da modernidade já haviam penetrado na sociedade iraniana, e a tentativa de destruí-las, a fim de se reintroduzir em seu lugar a submissão completa da vida pública e privada aos ditames do Alcorão, tal como interpretados pelos chefes religiosos xiitas, foi incontestavelmente totalitária.

2. A IRRUPÇÃO DO TOTALITARISMO: OS FATORES PREDISPONENTES

A questão das origens sempre afligiu os historiadores. No caso do Estado totalitário, essa aflição foi patente, pelo cunho de absoluta e inesperada novidade que o fenômeno apresentou. Como foi possível engendrar o totalitarismo? Quais os fatores responsáveis pela criação desse monstro, e por que razão irrompeu ele tão só no século XX, e justamente na Europa, que tanto se vangloriava de ser a região mais civilizada do planeta?

13. *The Origins of Totalitarianism*,. cit., pp. 290 e s.

Para ensaiar uma resposta a essas cruciantes interrogações, parece adequado distinguir, etiologicamente, entre fatores predisponentes e causas desencadeantes da terrível moléstia. Os primeiros debilitam o organismo e facilitam, assim, a irrupção do mal.

Em seu estudo fundamental sobre as origens do totalitarismo, Hannah Arendt aponta, como causas geradoras do fenômeno, o antissemitismo e o imperialismo da segunda metade do século XIX. Sem desprezá-las, cumpre estender, no entanto, a explicação causal ao fator ideológico, e aprofundar a análise histórica no passado.

As ideias ou explicações teóricas no campo ético, como se procurou mostrar ao longo de toda esta obra, não são inócuas nem se revelam simples sublimados das relações de produção econômica, como sustentou Marx em alguns de seus escritos. Sem dúvida, toda teoria corresponde sempre ao momento histórico em que é formulada, e interage necessariamente com o estado da técnica e a conformação das instituições sociais em vigor, como foi assinalado na Introdução deste livro. Mas nisso tudo há sempre um bom grau de autonomia e de capacidade criadora do pensamento, do qual um dos melhores exemplos é, justamente, o marxismo.

Na preparação da experiência totalitária, um papel não desprezível deve ser atribuído às ideias de reconstrução total da sociedade, as quais medraram na Europa no curso do século XIX. Elas podem ser agrupadas nos dois campos opostos em que se posicionam os combatentes em toda luta política, e que tradicionalmente se classificam como direita e esquerda.

No campo da direita, desenvolveu-se um difuso mas profundo sentimento de pavor ou angústia, pelo confronto com a realidade racial e cultural dos povos política ou economicamente dominados pelos europeus, de um lado, e perante a irrupção da plebe na vida econômica e no cenário político, como efeito da rápida urbanização provocada pelo capitalismo industrial.

O imperialismo capitalista

O primeiro fator predisponente da peste totalitária parece, sem dúvida, ter sido o capitalismo colonial, cujo nascimento ocorreu em fins do século XV, com a viagem de Colombo às Américas e a abertura do caminho marítimo ao Extremo Oriente. Nessa primeira fase de expansão mundial do capitalismo, a exploração colonial levada a efeito pelos povos europeus foi essencialmente mercantil, tendo servido a atividade missionária cristã como justificativa ideológica do empreendimento comercial. Montesquieu enxergou os fatos com clareza. "O objeto dessas colônias", escreveu ele,[14] "é de comerciar em melhores condições do que se faz com os povos vizinhos, em relação aos quais todas as vantagens são recíprocas. Determinou-se que só a metrópole poderia negociar com a colônia; e com toda razão, pois o objetivo do estabelecimento foi a extensão do comércio, não a fundação de uma cidade ou de um novo império."

A dominação colonial capitalista criou o imperialismo moderno, bem diverso dos exemplos imperiais da antiguidade. Em primeiro lugar, pelo fato — absolutamente sem precedentes históricos — de que a dominação política foi, amiúde, exercida não diretamente pelo Estado, mas por uma companhia de comércio, que dispunha de forças armadas próprias e exercia poderes estatais delegados. Em segundo lugar, porque as potências imperiais europeias buscaram, desde o início, transformar as colônias em extensões territoriais do mercado metropolitano. Na fase de imperialismo mercantil, as populações autóctones foram, desde logo, utilizadas como mão de obra servil para a extração de metais preciosos ou a produção de bens agrícolas exportáveis; e assim que se verificou a escassez de mão de obra local para fazer funcionar as empresas extrativas ou produtoras de *commodities* agrícolas, os europeus montaram uma vasta rede de tráfico negreiro entre a África e as Américas.

É importante assinalar que a passagem do imperialismo mercantil para o industrial, no século XIX, explica a mudança radical da política do Estado inglês em relação ao tráfico de escravos africanos. Durante todo o século XVIII, os britânicos foram os principais traficantes, controlando no mínimo a metade do transporte de mão de obra servil no Atlântico. A Revolução Industrial, porém, forçou-os a uma mudança de 180 graus nesse campo. Como primeiro país transformado pela Revolução Industrial, o Reino Unido deu-se conta, desde cedo, de que a crescente produção de suas indústrias devia ser absorvida, cada vez mais, pelos mercados das colônias, ou ex-colônias europeias. Para tanto, era indispensável aumentar a capacidade de consumo das populações nesses territórios, por meio da expansão do trabalho assalariado. Daí o desenvolvimento de uma política repressora do tráfico de escravos no Atlântico, com o apresamento sistemático de navios negreiros não só em alto-mar, mas até mesmo em águas territoriais de outros países, como sucedeu várias vezes nas costas e em portos brasileiros.

14. *De l'Esprit des Lois*, livro XXI, cap. XXI, *Oeuvres complètes*, II, Gallimard (Bibliothèque de la Pléiade), p. 643.

Tudo isso contrastou vivamente com o imperialismo antigo. Roma, por exemplo, sempre procurou preservar os costumes e, até certo ponto, a organização política dos povos dominados, para evitar os riscos de revolta. O imperialismo capitalista, ao contrário, tinha que destruir a organização social autóctone das colônias (a eliminação da estrutura tribal, por exemplo), a fim de adaptá-las às necessidades de organização empresarial-exportadora, bem como, numa fase ulterior, para a criação de mercados locais dos produtos metropolitanos, mediante a mudança forçada de hábitos de consumo da população. Como observou Gandhi reiteradamente, a Índia foi mais prejudicada pelo que recebeu da Inglaterra do que pelo que esta lhe retirou.

Ora, a extensão às colônias do mercado capitalista metropolitano, sobretudo no século XIX, não se fez acompanhar do sistema de governo vigente no Estado colonizador, com limites e controles institucionalizados. O aparato militar e policial foi deslocado para os países colonizados, e lá atuou de forma independente e irresponsável, exatamente como veio depois a atuar nos Estados totalitários.[15] Consolidou-se, com isso, a convicção de que o jogo político democrático, sempre feito de desequilíbrios e incertezas, podia e devia ser proveitosamente substituído pelo regime de poder concentrado e incontrolado, ferramenta indispensável para um trabalho de engenharia social, que incluía a eliminação dos oponentes e mesmo dos grupos sociais considerados inferiores ou perniciosos, por meio de medidas radicais, como o genocídio. Afinal, uma política semelhante de destruição em massa já havia sido praticada, no início da colonização ibérica nas Américas, e a mesma hecatombe reproduziu-se séculos mais tarde no Congo belga, por ocasião do *boom* da borracha.[16]

Outro ponto de analogia entre o imperialismo capitalista e o totalitarismo do século XX, foi o importante papel exercido pela justificativa ideológica. Na fase de imperialismo mercantil, a ideia de conversão à fé cristã das populações indígenas colonizadas foi largamente utilizada, com o incentivo das autoridades eclesiásticas europeias, e apesar dos protestos de alguns corajosos missionários locais, como o frei Bartolomé de Las Casas na América espanhola[17] e o padre Vieira no Brasil.

15. Hannah Arendt, *The Origins of Totalitarianism*, cit., p. 136.
16. Veja-se, a esse respeito, o relato de Adam Hochschild, *O Fantasma do Rei Leopoldo – Uma história de cobiça, terror e heroísmo na África Colonial*, São Paulo, Companhia das Letras, 1999.
17. Cf. a sua *Brevissima relación de la destrucción de las Indias*, publicada em 1542.

Diferentemente, no período de imperialismo industrial, a justificativa assumiu um cunho nacionalista, com laivos de generosidade condescendente, invocando-se a histórica missão civilizadora da Europa.

Como bem salientou Hannah Arendt,[18] a burguesia empresarial europeia usou a fundo um estratagema ideológico, já denunciado, aliás, por Marx,[19] ou seja, a apresentação do seu interesse próprio — a extensão do mercado metropolitano às colônias — como sendo o interesse geral de toda a nação. Em importante estudo publicado em 1902 (*Imperialism, a Study*), o economista britânico John Atkinson Hobson mostrou como a classe capitalista europeia, "governadora da máquina imperial", tinha perfeita consciência da irracionalidade da política colonialista, quando medida em termos de benefício nacional. As vantagens econômicas dela derivadas eram claramente inferiores ao custo total das guerras e repressões armadas nos territórios coloniais. Buscou, então, encobrir a verdadeira razão do movimento imperialista — a necessidade de escoamento para as colônias do excedente da produção industrial das metrópoles — sob o disfarce do patriotismo, da filantropia e até mesmo do espírito de aventura. Nessa campanha de convencimento nacional, a contribuição dos literatos foi largamente utilizada.[20]

Vejamos agora a outra causa histórica do totalitarismo, apontada por Hannah Arendt: o antissemitismo.

O antissemitismo

O seu efeito político mais espetacular nos tempos modernos foi, sem dúvida, o de demonstrar que as massas populares podiam ser galvanizadas numa espécie de transe coletivo, para que se purgassem todos os males que afligiam a nação, mediante a liquidação ritual de um bode expiatório: o povo judeu. Com isso, obtinha-se a suspensão de todos os princípios e regras que compunham um Estado de Direito, alegando-se que as leis e o funcionamento dos tribunais tornavam-se obstáculos à salvação nacional.

18. *The Origins of Totalitarianism*, cit., p. 136.
19. Cf. Parte II, capítulo IX.
20. Veja-se o livro de Edward W. Said, *Cultura e Imperialismo*, São Paulo, Companhia das Letras, 1995.

Convém, no entanto, estender o olhar a um passado mais distante, a fim de bem avaliar o fenômeno.

As origens mais remotas do antissemitismo podem ser encontradas no mito imemorial do homem maldito, o *Homo sacer* dos romanos, aquele que, como Édipo, fora destinado pelos deuses a encarnar todo o Mal e a assumir a posição de sujeito objetivamente culpado, ainda que disto não tivesse a menor consciência. Era a vítima propiciatória, cujo sacrifício tornava-se necessário para a salvação geral.[21]

Sem dúvida, a política totalitária de imposição da unidade ideológica pela força conta com inúmeros precedentes, através da História. Vale a pena, porém, destacar, pela duradoura influência que exerceu na moderna cultura europeia, a experiência inquisitorial da Igreja Católica, iniciada na Baixa Idade Média.

A causa geradora imediata da Santa Inquisição foi a ampliação das heresias cátara e valdense em toda a vasta região mediterrânea europeia. Tal fato, pelo manifesto perigo político que suscitava numa sociedade em que o poder civil mal se distinguia do eclesiástico, explica o abandono, pela Santa Sé, da tradição original cristã de aplicar somente penas espirituais aos culpados de desvios em matéria de fé.

A rápida ampliação dos territórios dominados politicamente pelos hereges, a partir de 1150, fez com que o papa Alexandre III, por ocasião do terceiro Concílio de Latrão, em 1179, obtivesse da assembleia a decisão de usar a força contra a heresia, com o confisco de bens e a redução dos ímpios ao estado de servidão. Cinco anos depois, Lúcio III convocou novo concílio em Verona, ao cabo do qual foram instituídas comissões paroquiais, encarregadas de perseguir e capturar os heréticos em qualquer lugar em que se escondessem. Como tais comissões tivessem manifestado pouco zelo no desempenho de sua tarefa, Gregório IX, por uma série de bulas, expedidas entre 1231 e 1235, retirou-lhes a incumbência, atribuindo-a à ordem dos padres pregadores, que São Domingos acabara de fundar.

Os novos inquisidores eram acolitados por grande número de auxiliares, desde notários até agentes policiais, e tiveram competência para julgar as mais altas autoridades, civis e eclesiásticas. Encontramos aí a prefiguração do que viria a

---

21. Sobre essa instituição do direito romano arcaico, Giorgio Agamben desenvolveu uma importante reflexão filosófico-política em seu livro *Homo sacer I: Il potere sovrano e la nuda vita*, Giulio Einaudi editore, Turim, 1995.

ser a temível polícia secreta dos futuros Estados totalitários: ninguém estava imune à vigilância e à repressão dos agentes secretos, ainda que bispo ou cardeal, nobre ou príncipe. No início do século XVI, a Inquisição espanhola manteve preso durante quase dezessete anos o arcebispo de Toledo e primaz da Espanha, o dominicano Bartolomé Carranza.

O processo inquisitorial desenvolvia-se sem que o indiciado, e depois réu, tivesse a mínima garantia de defesa, e essa situação aberrante permaneceu até a época contemporânea. Eram admitidas denúncias anônimas e a deposição de testemunhas também escondidas no anonimato. O réu jamais sabia, ao certo, as acusações que contra ele pesavam, e não tinha a rigor como se defender, pois tudo acabava se reduzindo, afinal, a uma questão de foro íntimo, a saber, se ele professava ou não, interiormente, a pura fé cristã.

A similitude com o que veio a ocorrer nos futuros Estados totalitários, ainda aí era completa. Tal como nos sinistros processos da era stalinista, por exemplo, o réu era acusado de perversão interior, ou de verdadeiros delitos de intenção. Daí a extraordinária importância atribuída à confissão e à colaboração do réu com o tribunal, pela denúncia de amigos e comparsas, que podiam ser seus parentes mais chegados. A Inquisição romana, de início, hesitou em utilizar a tortura (*quaestio*), um meio de prova habitual à época, a fim de fazer com que o acusado confessasse a sua impiedade. Mas já em 1252, pela bula *Ad extirpanda*, o papa Inocêncio IV a autorizava.

Dentre as sanções cominadas no processo inquisitorial, a única que a autoridade eclesiástica se recusava a aplicar, por escrúpulo tradicional ("a Igreja tem horror ao sangue"), era a pena capital. Mas, como era óbvio, a colaboração do braço secular nunca faltou para tanto.

Ao lado dos hereges propriamente ditos, os judeus foram, desde cedo, as vítimas preferenciais da Inquisição. Mas aí o interesse político suplantou o zelo religioso, e as monarquias da Europa ocidental decidiram, uma após a outra, pela expulsão coletiva: a Inglaterra em 1290, a França em 1384, a Espanha em 1492, Portugal em 1497, a Provença em 1501, o reino de Nápoles em 1541. Como sucedâneo da expulsão, iniciou-se também, no século XVI, a prática do agrupamento compulsório dos judeus num bairro isolado, o gueto, obrigando-se os seus habitantes a usar sinais distintivos, como o chapéu amarelo, imposto pelo papa Paulo IV numa bula de 1555. Fora do gueto, os judeus não podiam possuir imóveis, e toda uma série de profissões lhes era vedada.

A partir da união dos reinos de Castela e Aragão, na Espanha, e após a expulsão ou a conversão forçada de judeus e muçulmanos, a Inquisição voltou-se de preferência contra os conversos de ambos os grupos — respectivamente, marranos e mouriscos — e foi mais além: passou a sustentar que os seus descendentes haviam herdado a condição de impiedade dos ancestrais e deviam, portanto, ser extirpados do convívio com os "cristãos velhos". Era a política de "limpeza de sangue", que prefigurou, *avant la lettre*, o sanguinário racismo nazista.

Os ideologismos, racial e revolucionário

Chegamos, assim, ao último fator predisponente do totalitarismo, as construções ideológicas racistas e revolucionárias, desenvolvidas na Europa no curso do século XIX.

O primeiro autor a ser mencionado nessa matéria é Joseph Arthur de Gobineau.[22] Em seu *Ensaio sobre a Desigualdade das Raças Humanas*, publicado em duas partes, em 1853 e 1855, ele sustentou que todas as civilizações tendem inexoravelmente à decadência. Tratar-se-ia de um fenômeno universal, cuja explicação não se encontra na vontade de Deus, como pretendeu Bossuet, nem na degradação dos costumes, como sempre sustentaram os moralistas, nem tampouco na ação dissolvente do clima, segundo a teoria desenvolvida por Montesquieu no *Espírito das Leis*. A razão necessária e suficiente para a morte inelutável das civilizações residiria na mistura de raças. Originalmente, todas elas, umas superiores e outras inferiores, seriam puras. A miscigenação fez com que as raças superiores decaíssem ao nível das inferiores. A raça humana suprema seria a dos arianos, que teria existido há milênios, e que jamais poderá ser reconstituída em sua pureza original.

Essas divagações fantasiosas de Gobineau foram totalmente desprezadas em seu próprio país, mas causaram intensa repercussão na Alemanha, onde Ludwig

---

22. Ele serviu como embaixador da França no Brasil, entre abril de 1869 e maio de 1870. Tornou-se amigo pessoal de d. Pedro II, com o qual manteve assídua correspondência até o final de seus dias. O meio social brasileiro, porém, onde prevalecia uma intensa miscigenação racial, causou-lhe a maior repugnância. Veja-se, a esse respeito, o livro de Georges Raeders, *O Inimigo Cordial do Brasil – O Conde de Gobineau no Brasil*, Paz e Terra, 1988.

Schemann se incumbiu de exaltá-las ao redigir uma biografia apaixonada do autor, que recebeu também os encômios entusiastas de Richard Wagner.

As ideias de Gobineau foram recolhidas e desenvolvidas, no final do século XIX, pelo germanófilo inglês Houston Stewart Chamberlain, que se naturalizou alemão em 1915, em plena Primeira Guerra Mundial. Em 1899, ele publicou na Alemanha *Os Fundamentos do Século XIX* (*Die Grundlagen des neuzehnten Jahrhunderts*), no qual sustentou que os arianos ocidentais, ascendentes dos germanos, foram os autores de toda a grandeza e a criatividade dos povos europeus, sendo os judeus, ao contrário, os responsáveis por todo o lado negativo da vida europeia. A obra de Chamberlain alimentou, de modo geral, o movimento político pangermânico e, em especial, a grosseira ideologia do partido nazista.

No lado da esquerda política, a contribuição ideológica mais significativa para a geração do Estado totalitário proveio, inegavelmente, das ideias imprecisas e sumárias de Marx a respeito da organização política da sociedade comunista. A fórmula "ditadura do proletariado", em especial, continha em si uma contradição manifesta, que alimentou todos os abusos, como assinalado nesta obra.[23] A ditadura, na Roma republicana, era a atribuição temporária do poder de *imperium* a uma pessoa incumbida de salvar o bem comum (*res publica*), em situações de extremo perigo. Essa concentração pessoal de poderes, por conseguinte, é manifestamente incompatível com o governo coletivo. Ao analisar a insurreição da Comuna de Paris, em 1870, Marx explicou que os insurretos, ao tomarem o poder na capital francesa, após a derrocada do país perante as forças prussianas, não haviam exercido em sua plenitude os poderes ditatoriais que o episódio exigia. Mas, de qualquer modo, louvou a experiência de governo direto pelo proletariado. Ora, essa "democracia proletária direta" foi o antípoda do governo ditatorial, em que um só comanda e todos os demais obedecem.

No ensaio *O Estado e a Revolução*, escrito às vésperas da revolução de outubro, Lênin ainda procurou salvar o dogma de que o Estado, instrumento de opressão da classe dominante, desapareceria na sociedade comunista, onde, como explicou Engels, o governo dos homens seria substituído pela administração das coisas. Nem mesmo a democracia, como regime político, seria mantida, pois sendo ela uma forma de organização do Estado, estaria condenada a desaparecer com este. Quanto à decantada passagem da primeira fase da sociedade pós-revolucionária (a

---

23. Cf. Parte II, capítulo IX.

fase socialista) para a segunda fase, onde vigoraria o pleno comunismo, Lênin foi obrigado a reconhecer que "por que etapas e medidas práticas a humanidade encaminhar-se-ia em direção a esse objetivo supremo, nós não sabemos nem podemos saber".[24]

O fato é que essa hipotética "ditadura do proletariado" cedo transformou-se na real e crudelíssima ditadura do secretário-geral do Partido Comunista. E o pretendido e anunciado desaparecimento do Estado cedeu lugar à montagem do mais formidável aparelho estatal de todos os tempos.

3. A IRRUPÇÃO DO TOTALITARISMO: O FATOR DESENCADEANTE

A instituição do Estado totalitário na Europa, longamente preparada pelos movimentos sociais e as ideologias que acabamos de apontar, foi afinal precipitada pela guerra de 1914 a 1918, o verdadeiro momento crítico de transição entre duas eras históricas bem definidas.

A Grande Guerra, como desde logo foi chamada, distinguiu-se das demais, em primeiro lugar, pelo seu caráter mundial. Pela primeira vez na longa história dos conflitos bélicos, o estado de guerra envolvia, concomitantemente e não de modo diacrônico, países localizados em mais de um continente. Alexandre Magno, Roma e os mongóis, por exemplo, conquistaram, sucessivamente, países localizados em diferentes regiões do mundo. Mas nunca, como durante aqueles quatro anos de incessantes combates, pôde-se assistir ao confronto de dois blocos de potências, formados cada qual por países localizados em diversos continentes.

O caráter multicontinental do conflito já anunciava o término do longo período histórico de hegemonia europeia, iniciado em fins do século xv com os descobrimentos marítimos. Numa página brilhante de seu livro clássico *A Democracia na América*, cujo primeiro tomo veio a público em 1835, Alexis de Tocqueville anteviu, com impressionante clareza, o que veio a ser a nova repartição do poder após o término da Segunda Guerra Mundial, que representou, de certa forma, uma retomada das hostilidades, suspensas com o armistício de 11 de novembro de 1918. O quadro profético, embora um tanto edulcorado pelo estilo romântico da época, merece ser relido:

24. *L'État et la révolution*, Moscou, Éditions en Langues Étrangères, p. 118.

Há hoje, na face da Terra, dois grandes povos que, partindo de pontos diferentes, parecem avançar com um mesmo objetivo: são os russos e os anglo-americanos.

Ambos cresceram na obscuridade e, enquanto os olhares dos homens estavam voltados para outra parte, eles se colocaram subitamente na vanguarda das nações, e o mundo tomou conhecimento, quase ao mesmo tempo, de seu nascimento e de sua grandeza.

Todos os outros povos parecem haver alcançado praticamente os limites que lhes traçou a natureza, nada mais tendo a fazer senão conservá-los; eles, porém, continuam a crescer: todos os outros encontram-se paralisados e só avançam graças a mil esforços; somente eles prosseguem, com passos ágeis, numa carreira cujo término a vista ainda não alcança.

Os americanos lutam contra os obstáculos que lhes opõe a natureza; os russos, contra os homens. Uns combatem o deserto e a barbárie; os outros, a civilização revestida com todas as suas armas: por isso, as conquistas dos americanos são feitas com o arado do lavrador e as dos russos com a espada do soldado.

Para atingir seu objetivo, os primeiros confiam no interesse pessoal, e deixam agir, sem dirigi-las, a força e a razão dos indivíduos.

Os segundos concentram, por assim dizer, num só homem, toda a potência da sociedade.

Uns têm por principal meio de ação a liberdade; os outros, a servidão.

Seu ponto de partida é diferente, seus caminhos são diversos; e no entanto, cada um desses povos parece convocado, por um plano secreto da Providência, a tomar em suas mãos os destinos da metade do mundo.[25]

Efetivamente, antes mesmo de se encerrar a Primeira Guerra Mundial, a ordem europeia e, por repercussão lenta, mas inexorável, toda a ordem mundial foram sacudidas por um verdadeiro terremoto social: a destruição da monarquia russa e a constituição da União Soviética, com a revolução de outubro de 1917.

Para compreender a gênese do fenômeno totalitário, é, de fato, necessário refletir sobre o esfacelamento, provocado pela guerra de 1914 a 1918, de toda a estrutura social formada na Europa ao longo de vários séculos. A família, a remanescente aristocracia, as classes sociais, os partidos políticos, a burocracia estatal, os sindicatos, as corporações empresariais, e até mesmo as organizações religiosas

---

25. *De la Démocratie en Amérique*, tomo primeiro, Paris, Librairie de Médicis, pp. 623-4.

sofreram profundos abalos, ao mesmo tempo que sua importância na sociedade viu-se sensivelmente reduzida, senão anulada por completo.

Ao mesmo tempo, era posto em crise, com a Grande Guerra, todo aquele conjunto de convicções, valores e crenças, que constituíram, até então, o pensamento ético do mundo ocidental, e que se formara integralmente na sociedade europeia. Ao leitor que teve a paciência de percorrer a presente obra até aqui, não deve ter passado despercebido o fato de que todos os autores cuja personalidade foi analisada e cujo pensamento foi exposto, nos capítulos precedentes, viveram no mundo europeu.

O golpe de misericórdia na longa hegemonia mundial europeia foi dado pela grande depressão, desencadeada pelo *crash* da Bolsa de Nova York em 1929, e que durou até a abertura da Segunda Guerra Mundial, em setembro de 1939. A queda brusca no nível de atividade econômica em todo o mundo provocou a suspensão da economia monetária em vários países europeus, por efeito da hiperinflação, e consumou a desestruturação social de grande parte do mundo ocidental, ao privar de meios de subsistência todos os que viviam de salários, vencimentos, pensões ou rendas. À sociedade organizada sucedia, em pleno século XX, a sociedade inorgânica, a sociedade de massas.

A massa é, com efeito, o aglomerado de partes idênticas umas às outras. O Estado totalitário suprimiu o direito fundamental às diferenças, isto é, à identidade cultural de cada povo. À organização sucedeu a homogeneização do corpo social.

Criou-se, com isso, aquela superfície lisa, sobre a qual pôde ser edificado, sem maiores obstáculos, o edifício totalitário. Mais nenhuma instituição intermediária entre o indivíduo e o Estado levantava-se doravante como um obstáculo à livre ação deste, na ação de reengenharia social.

Por outro lado, a tábua de valores vigorante havia séculos na sociedade ocidental foi jogada às traças como velharia imprestável, sem que novos valores tivessem tido tempo de germinar e produzir frutos. Ao vazio das instituições sociais, somou-se o vácuo dos ideais e valores tradicionais, a engendrar em toda parte uma mentalidade niilista e desesperada. O terreno estava assim preparado para o advento de um messianismo brutal e avassalador, encarnado na pessoa do líder providencial, senhor absoluto das mentes e dos corações.

Sucedeu, porém, que, por uma dessas contradições de que a História é sempre rica, durante todo o período em que se desenvolvia no mundo a experiência totalitária, com o diabólico esplendor de violência e aniquilamento de todos os valores, uma pessoa frágil, de uma dessas raças que os nazistas consideravam inferiores e natural de um país pobre e colonizado, veio reabrir à humanidade um caminho cheio de esperanças.

No ocaso trágico do Ocidente, a velha Índia dava ao mundo um grande profeta.

XII. Gandhi: a Purificação da Vida na Verdade e no Amor

I. PRIMEIRO ATO

Cenário: África do Sul, 1893.

Entra em cena um jovem advogado indiano, formado pela Universidade de Londres e inscrito como *barrister* junto ao Supremo Tribunal do Reino Unido. Ele está instalado na província de Natal e deve viajar até Pretória, no interesse de um cliente. Enfarpelado segundo a moda ocidental, isto é, envergando paletó, camisa de colarinho duro, colete e gravata, instala-se com bilhete de primeira classe no trem noturno que segue de Durban à província de Transvaal. Na estação de Maritzburg, entra no compartimento um passageiro que, após examinar com olhar de profunda reprovação aquele "homem de cor", retira-se e volta, minutos depois, acompanhado de dois funcionários da ferrovia. "Venha comigo", disse um deles, "seu lugar não é aqui; é na terceira classe." Segue-se uma altercação: o advogado indiano declara que é portador de um bilhete de primeira classe; o empregado da estrada de ferro retruca que isso pouco lhe importa, e que se o passageiro persistir em ficar naquele vagão será despejado à força. "Pois bem", conclui o indiano, "faça isso. Recuso-me a sair daqui voluntariamente." Acorre um policial que, sem proferir uma palavra, agarra o passageiro e o empurra para fora do trem, juntamente com a sua bagagem, desde logo recolhida pelos funcionários da estação.

É inverno. A temperatura média nas regiões de maior altitude na África do Sul é bem baixa. O sobretudo ficara numa das malas. Tiritando de frio e sem ousar pedir de volta a bagagem para não ser novamente insultado, o indiano recolhe-se à sala de espera, para ruminar sua humilhação.

Comecei a pensar no que fazer. Deveria lutar por meus direitos? Voltar para a Índia depois do término da causa [que o obrigara a viajar para Pretória]? Seria covardia voltar para lá sem ter cumprido minha obrigação [de servir como advogado permanente de uma firma indiana, instalada em Durban]. Os constrangimentos a que estava sendo submetido eram superficiais — apenas um sintoma da profunda doença que é o preconceito racial. Eu deveria tentar, se possível, curar a enfermidade e sofrer as injustiças daí decorrentes. Só deveria procurar reparar erros, na medida em que tal fosse necessário à remoção do preconceito.[1]

O trajeto foi retomado no dia seguinte. Advertido por um longo telegrama que lhe mandara o indiano, o diretor da estrada de ferro instruiu o chefe da estação a reservar-lhe um lugar de primeira classe no próximo trem.

Mas a viagem não chegaria ao seu término sem novo incidente.

O trecho entre Charlestown e Johannesburgo devia ser percorrido em diligência. No meio do percurso, havia um pernoite em Standerton. Na manhã seguinte, ao procurar retomar seu lugar no veículo, o jovem advogado foi barrado pelo encarregado, que alegou ter sido sua passagem cancelada. Recebeu a resposta devida: a passagem era válida, sim, mas não para *coloured people* como ele. Temendo não chegar a Pretória a tempo para a audiência judicial, o advogado resignou-se, no entanto, a se acomodar na boleia, junto com o cocheiro. Ora, em meio à viagem, o mesmo encarregado da empresa transportadora sentiu vontade de fumar. Subiu, então, à boleia e ordenou ao indiano que se sentasse no estribo.

Aí foi demais. Conseguindo vencer o medo, o passageiro disse que não arredaria daquele lugar. Foi xingado e brutalmente espancado, até que os demais passageiros intervieram a seu favor, fazendo com que cessasse a pancadaria, e o brutamontes se dispusesse, aos resmungos e com olhares de ódio, a ocupar o lugar do cocheiro, que passou para o estribo.

---

1. Mohandas K. Gandhi, *An Autobriography – The Story of My Experiments with Truth*, traduzido do original em gujarati por Mahadev Desai, Beacon Press, Boston, p. 109.

Foram tais incidentes, como reconheceu Gandhi muitos anos depois, que engendraram a doutrina da *satyagraha*, isto é, a firmeza na verdade. Ele poderia ter se curvado às humilhações, por temor ou comodismo, sem protestar. Poderia, também, ter revidado ao insulto com o insulto, e à brutalidade com a violência. Não. Descobriu que, muito mais digno do que aceitar a injustiça e muito mais eficaz do que reagir violentamente à violência é defender a dignidade humana tão só com a arma da verdade, que "é dura como o diamante e suave como a flor em botão".[2]

2. O DESENVOLVIMENTO DO DRAMA

A técnica de defesa individual da verdade ficara razoavelmente delineada com os incidentes da viagem a Pretória. Faltava, porém, como Gandhi logo reconheceu, inventar um novo método de ação para a defesa coletiva da dignidade humana, fora dos caminhos batidos da ação política legal. E aí se revelou, para espanto dos contemporâneos, o extraordinário gênio político do indiano. Ele já havia ouvido falar da desobediência civil, pregada por Thoreau nos Estados Unidos e posta em prática pelas *suffragettes* na Inglaterra. Mas as ideias de Thoreau eram muito vagas, e a experiência do movimento feminista inglês dificilmente transponível para a realidade de grandes massas miseráveis das colônias europeias.

Na África do Sul, o grande problema político que se abateu sobre os indianos foi o projeto de lei, apresentado na assembleia da província do Transvaal, para extinguir o seu direito de voto nas eleições. Contra esse projeto, Gandhi pôs em prática, desde logo, um sistema de apelo à opinião pública, por meio de uma campanha de maciça correspondência aos jornais, não só locais, como ainda da Europa e da Índia, e também aos governantes, demonstrando, com uma técnica consumada de grande advogado, a imoralidade e a injustiça flagrantes do projeto de lei a ser votado.

O projeto de lei não prosperou, mas em seu lugar foi implementada uma medida incomparavelmente mais humilhante, medida, aliás, que a Alemanha nazista aplicaria alguns anos mais tarde com redobrado rigor contra os judeus: o registro especial da população indiana nas repartições policiais, completado com a obrigação individual de portar permanentemente o documento de identidade, sob pena de prisão ou deportação, com o confisco de bens. Gandhi propôs que os

2. Op. cit., p. 148.

indianos tomassem, desde logo, a iniciativa do descumprimento ostensivo da lei, apresentando-se maciçamente à polícia para serem presos.

A técnica assim lançada foi sendo aperfeiçoada em sucessivas e memoráveis campanhas, que ecoaram no mundo todo. A mais notável de todas consistiu nas duas marchas do sal, empreendidas na Índia em 1930.

Após décadas de negociações infrutíferas, ficou patente aos líderes indianos que o Reino Unido jamais daria independência ou autonomia (com o estatuto de *dominion*) à Índia. No final da década de 1920, na Índia e no Reino Unido, todos os olhos estavam postos em Gandhi, que à época já gozava da reputação de Mahatma, isto é, grande alma. Ele, porém, embora convencido da necessidade de lutar desde já pela independência do país, hesitava em dar início ao movimento, pois sentia que o seu povo ainda não estava preparado para a luta não violenta, na qual se devia respeitar integralmente a incolumidade pessoal dos que detinham o poder.

Por fim, após refletir incessantemente durante seis dias e seis noites sobre a maneira de proceder, teve uma inspiração. A venda de sal na Índia era monopólio do poder imperial: ninguém podia, sob pena de severas sanções, recolhê-lo das salinas naturais, mas todos eram obrigados a comprá-lo do governo; o que representava um custo pesadíssimo, em termos comparativos, para as grandes massas miseráveis, as quais, como salientou Gandhi, ao trabalharem expostas ao sol inclemente dos trópicos, tinham muito mais necessidade do mineral que os ricos.

Após preparar cuidadosamente o espírito de seus companheiros, decidiu iniciar em 12 de março daquele ano, a partir do seu monastério (*ashram*), uma marcha em direção ao litoral, numa distância de quase quatrocentos quilômetros, não sem antes avisar aos jornalistas: "Prestem atenção! Darei um sinal à nação". Tomou consigo 78 companheiros e atravessou centenas de aldeias. Ao parar em cada uma delas, pedia aos chefes locais que se demitissem de suas funções oficiais de representantes do governo central. Cerca de duzentos acolheram o seu pedido. Além disso, fazia questão de pregar aos habitantes o uso da roca (para a fiação doméstica dos tecidos), o convívio fraterno com o grupo dos intocáveis (excluídos da vida social, por não pertencerem a nenhuma das castas tradicionais), a melhoria do equipamento sanitário das aglomerações urbanas para evitar as frequentes epidemias, a renúncia a ingerir bebidas alcoólicas e, sobretudo, a violação do monopólio do sal.

Quando a comitiva chegou ao término de sua peregrinação, no dia 5 de abril, ela já era composta de milhares de pessoas. Dezenas de jornalistas e fotógrafos seguiam o cortejo. Não apenas o governo imperial, mas praticamente o mundo inteiro suspendeu a respiração, aguardando o desfecho do episódio. Que fará o bruxo?

Gandhi simplesmente entrou no mar para fazer suas abluções rituais, voltou em seguida à praia, abaixou-se e recolheu um punhado de sal, que entregou a um circunstante. Violara, assim, aos olhos de todos, o monopólio imperial. A orgulhosa Inglaterra fora desautorizada publicamente, sem que ninguém fosse ferido ou insultado.

Nos dias subsequentes, a Índia inteira foi sacudida por manifestações pacíficas de repúdio à dominação imperial. Ao longo de toda a extensa faixa litorânea do país, o povo retirava a água do mar como podia e a trazia para casa para obter o sal. Um verdadeiro exército de voluntários distribuiu nas cidades o sal furtado dos depósitos oficiais. Em todo o país, 60 mil pessoas, notadamente o futuro primeiro-ministro Jawaharlal Nehru e o então prefeito de Calcutá, foram recolhidos à prisão. O governo imperial já não tinha mãos a medir e manifestava um nervosismo crescente. Em 27 de abril, baixou um decreto, definindo como crime a publicação de qualquer notícia sobre o movimento de desobediência civil em curso.

Gandhi então, em carta ao vice-rei da Índia, lorde Irwin, anunciou que, "se Deus quiser", ele e alguns companheiros invadiriam as salinas de Dharsana, ao norte de Bombaim. Mas Deus assim não quis, e por intermédio do governo imperial, recolheu afinal o Mahatma à prisão. A nova operação de *satyagraha* teve que ser dirigida — fato altamente simbólico da revolução social em marcha — por uma mulher, a poeta Sarojini Naidu.

Desta vez, os *satyagrahis* eram 2 500, e tinham sido advertidos de que seriam espancados e detidos pelas forças de segurança do regime, mas que não deveriam sequer esboçar um gesto de defesa.

A operação foi acompanhada ao vivo por Webb Miller, um jornalista da United Press, que contou ao mundo o que vira. O estabelecimento salineiro de Dharsana era cercado por fossos e o comando policial havia postado quatrocentos agentes fortemente armados para guardá-lo. Em completo silêncio, os invasores chegaram ao local e destacaram alguns homens para ultrapassar os fossos e avançar até a paliçada. Receberam a ordem de se retirar, mas continuaram a avançar. Foram então, todos eles, derrubados a cacetadas, que lhes fraturaram o crânio ou os ossos dos ombros. Um novo destacamento avançou e foi recebido da mesma maneira, e assim sucessivamente. Os agentes policiais, exasperados, passaram então a pisotear furiosamente os feridos que jaziam por terra. Ao final, os oficiais comandantes decidiram pôr termo ao massacre e agarraram Sarojini Naidu, que protestou: "Vou à prisão, mas não admito que me toquem". Durante as horas seguintes, um impressionante cortejo de padioleiros passou a recolher os feridos.

Em declarações ao jornal britânico *Manchester Guardian*, em 17 de maio de 1930, o poeta Rabindranath Tagore, que recebeu o Prêmio Nobel de Literatura em 1913, tirou a lição política e moral do drama que acabava de se desenrolar. A Europa perdera por completo, perante o resto do mundo, o prestígio da sua pretensa civilização. A dominação imperial sobre a Índia tornara-se ilegítima, e só se mantinha, de modo inequivocamente precário, em razão do uso da força bruta.

3. O ÚLTIMO ATO

A agonia da dominação imperial britânica perdurou até o encerramento da Segunda Guerra Mundial. Mas durante esse ato final do drama político, as ondas de violência cresceram assustadoramente. À aberta hostilidade contra os colonizadores, que se abstinham cada vez mais de aparecer em público, vieram somar-se choques quase diários entre hindus e muçulmanos, criando um estado de verdadeira guerra civil em todo o país. Sob a liderança do advogado Mohamed Ali Jinnah, as populações islamitas do Noroeste do país já falavam de modo aberto em secessão.

Para Gandhi, tudo isso soava como o revés definitivo de uma pregação de mais de meio século: a violência embrutecedora acabava afinal por se impor. Ele sentia-se cada vez mais impotente e tomava sobre si, curiosamente, a responsabilidade pelo desastre.

Mas, apesar de tudo, sua chama missionária não se apagara. No início de 1947, foi chamado ao Bihar, no sopé do Himalaia, onde os hindus massacravam os muçulmanos. Como de costume, decidiu ir de aldeia em aldeia para apaziguar os ânimos e tentar convencer as populações enfurecidas da estupidez de sua conduta.

O novo vice-rei da Índia, lorde Mountbatten, mandou buscá-lo, no dia 22 de março, poucas horas depois de sua chegada a Nova Delhi. Um avião foi posto à disposição de Gandhi, para transportá-lo até a capital. Ele respondeu que não podia usar um meio de transporte ao qual as massas miseráveis da Índia não tinham acesso. Preferiu, portanto, tomar o trem. Ao embarcar, viu que sua sobrinha havia reservado dois compartimentos, com todo o conforto. Furioso, mandou o chefe do trem os alojar em um só compartimento, com todas as bagagens.

Ao chegar a Nova Delhi, verificou que as grandes decisões já estavam tomadas. A independência seria proclamada no dia 15 de agosto, admitindo-se a criação de dois Estados, a Índia e o Paquistão. Numa última e desesperada tentativa, Gandhi ainda chegou a propor que Jinnah fosse feito primeiro-ministro do novo Estado, desde que a secessão, que Gandhi considerava uma vivissecção, fosse evitada. Mas nenhuma das partes, nem Jinnah nem o Partido indiano do Congresso, aceitou a proposta.

Literalmente com a morte na alma, Gandhi voltou então ao Bihar, e decidiu iniciar uma nova peregrinação de paz na região vizinha de Caxemira, cujo marajá era hindu e cuja população majoritariamente muçulmana. Foi lá que ele recebeu um apelo desesperado de um ex-prefeito de Calcutá, para que viesse àquela metrópole, onde todos temiam que hindus e muçulmanos celebrassem a independência por um colossal massacre. Gandhi chegou à maior cidade da Índia com a ideia de lá passar apenas alguns dias. Estava longe de imaginar que ficaria vários meses e, sobretudo, que passaria o dia histórico da independência do seu país muito longe da capital, vivendo num casebre em ruínas, em companhia de um líder muçulmano.

Nessa casinhola ele recebeu, um dia, um grupo de pobres operários muçulmanos, apavorados com as ameaças de extermínio, contra eles lançadas por grupos armados de hindus.[3] Gandhi pediu a seu auxiliar, Nirmal Bose, que providenciasse um caminhão para transportá-los ao bairro muçulmano, do outro lado da cidade. O caminhão chegou e os fugitivos embarcaram. Alguns minutos depois da partida do veículo, ouviu-se uma forte explosão. Gandhi compreendeu imediatamente o que acontecera. Saiu de casa e dirigiu-se lentamente até o local da explosão: granadas tinham sido atiradas contra o caminhão, matando dois muçulmanos. Junto aos cadáveres estendidos no chão, uma mulher, a mãe de um dos mortos, chorava, o vestido ensopado de sangue.

Nirmal Bose viu um grupo de jovens hindus, que assistiam à cena, e dirigiu-se a eles para saber quem eram os autores do atentado. Os jovens contaram o que haviam visto e pediram a Bose que dissesse a Gandhi que estavam prontos para proteger doravante os muçulmanos, com bombas e armas de fogo se necessário, contra os seus camaradas hindus. "É o que podemos fazer", acrescentaram, "porque nós não compreendemos a não violência; se a Polícia nos prender, diga a Gandhi que nos

---

3. O episódio é contado no livro de Robert Payne, *Gandhi*, Paris, Ed. du Seuil, 1972, pp. 359 e ss.

tire da prisão." Ao ouvir esse relato, para grande espanto de Bose, Gandhi respondeu: "Vá e diga a eles que estou de acordo". "Mas são jovens delinquentes", objetou Bose; "como fica então a não violência?" E Gandhi: "São homens que vão utilizar a violência por uma causa moral. Eles procuram proteger os pobres; por isso estou com eles quanto à finalidade de sua ação, mas não quanto aos meios. Como poderia dizer a eles que a violência deve ser evitada, se a não violência é menos eficaz nas atuais circunstâncias? Não posso proibi-los de agir violentamente, a não ser apontando um meio substitutivo de ação".

Como na tragédia grega, percebia-se que todos os atores eram conduzidos, inelutavelmente, ao desfecho final, contra a própria vontade.

Gandhi de certa forma pressentiu o desenlace, e decidiu, algum tempo depois, instalar-se em Nova Delhi. A cidade era palco de incontáveis brutalidades contra a população muçulmana, da parte de hindus e sikhs. A situação parecia escapar completamente aos débeis contingentes de policiais, encarregados de manter a ordem.

No dia 13 de janeiro de 1948, em desespero de causa, ele tomou a resolução solene de dar início àquele que seria o último dos seus jejuns, um jejum total em busca da paz, até a morte. Apesar da comoção geral que o gesto provocou em todo o país, ainda se puderam ouvir gritos de grupos extremistas, nas ruas de Delhi, a pedir a morte de Gandhi. Febrilmente, entabulou-se uma negociação com mais de uma centena de representantes dos grupos étnicos e religiosos em conflito, sob a iniciativa e a direção do advogado Rajendra Prasad, um velho amigo de Gandhi. Por fim, no dia 17, chegou-se a um acordo escrito, pelo qual os signatários se declararam confiantes em que hindus, muçulmanos e sikhs voltariam a viver em paz na cidade, e se comprometeriam "a proteger a vida, os bens e a fé dos muçulmanos". O documento foi levado a Gandhi, que suspendeu imediatamente o jejum. Ele pesava então 48 quilos e apresentava sintomas de uma séria infecção nas vias respiratórias.

Foi assim, ainda profundamente debilitado pelo jejum e pela doença, que na manhã do dia 30 de janeiro o Mahatma, amparado pela sobrinha Manuhben, saiu ao jardim em frente à sua residência para as orações de praxe. Abrindo caminho de modo impetuoso entre os circunstantes, um jovem, que depois se soube ser o redator-chefe de um jornal extremista hindu, aproximou-se de Gandhi, fez menção de se prosternar diante dele e desfechou-lhe três tiros mortais.

Gandhi morreu como sempre sonhara: face a face com o seu assassino, sorridente e invocando o nome de Deus.

4. A DOUTRINA

A encarnação da verdade na vida

Para Gandhi, a *satyagraha* não é mera teoria, mas uma opção de vida. Daí por que todo aquele que deseja adotá-la deve começar por vencer a desunião íntima de sua personalidade, tal como pregaram os estoicos, aliás.[4] A verdade só aparece, em todo o esplendor de sua força espiritual, para as pessoas íntegras, ou seja, aquelas nas quais pensamento, palavra e ação formam um todo indissociável. Para alcançar essa perfeição, importa, antes de mais nada, libertar-se do medo que paralisa a ação e da violência que bloqueia o pensamento e distorce a palavra.

Dessa preocupação em realizar a integridade fundamental de cada pessoa decorre a permanente insistência de Gandhi em observar o princípio da *brahmacharya*, isto é, uma vida de ascese e continência. Não se trata apenas da abstenção de relações sexuais, insistiu ele, mas de uma pureza total de vida, pelo controle de pensamentos, palavras e obras.[5] Sem isso, advertiu, aqueles que aceitam viver na verdade não terão a energia interna indispensável para enfrentar, desarmados, o mundo hostil que os cerca.[6]

A purificação interior nos torna livres, de corpo e alma, para servir à verdade. Aqueles que sucumbem ao medo, ou se entregam à violência, são escravos permanentes dessas paixões, vale dizer, seres fracos e ignorantes, incapazes de sentir e utilizar a energia extraordinária que a natureza humana acumula dentro de cada um de nós. "Duras experiências", confidenciou Gandhi, "ensinaram-me a não me deixar vencer pela raiva. E assim como ao se comprimir o vapor obtém-se uma nova fonte de energia, do mesmo modo ao se controlar a raiva pode-se gerar uma força capaz de revolucionar o mundo inteiro."[7]

---

4. Cf. supra, Parte I, capítulo III.

5. M. K. Gandhi, *Non-Violent Resistance (Satyagraha)*, Dover Publications, Mineola (Nova York), 2001, p. 44.

6. Mesma obra, p. 95. É pertinente lembrar, a esse respeito, que Aristóteles considerava que a virtude (*aretê*), no sentido de excelência ou perfeição do ser humano, consiste essencialmente numa *energuéia*, uma força em ação (*Ética a Nicômaco* I, 6; 1098 *a*, 4 e ss.).

7. *The Mind of Mahatma Gandhi*, compilação de R. K. Prabhu e U. R. Rao, Oxford University Press, Londres, 1945, p. 11.

Outro aspecto dessa mesma integridade de vida é a profunda harmonia que ela implica entre, de um lado, os preceitos da moral, do direito e da religião e, de outro, a prática de vida. Nesse ponto, a doutrina gandhiana da *satyagraha*, em suas grandes linhas, identifica-se perfeitamente com a visão de mundo dos antigos, no Ocidente[8] e no Oriente. Na introdução da *Autobiografia*,[9] ele declara que todo o seu programa de vida representa uma busca constante de autorrealização, entendida como a visão de Deus face a face, a experiência que na língua sânscrita toma o nome de *moksha*, isto é, a libertação final. "Tudo o que faço, pela palavra oral ou escrita, todas as minhas incursões no campo da política têm essa finalidade. [...]." As suas experiências de vida lhe pareciam "acima de tudo, de natureza espiritual e também moral, pois a essência da religião é a moralidade". Dogmas, rituais e tradições litúrgicas têm valor universal, quando exprimem ou desenvolvem os grandes princípios éticos. Fora disso, não passam de particularismos culturais.[10] "Deus não está nem no céu nem no inferno, mas em cada um de nós. É, portanto, pela minha consagração ao serviço da humanidade que poderei, um dia, ver a Deus."[11]

Mas qual a verdadeira fonte da doutrina da *satyagraha*? Gandhi nunca escondeu a sua origem religiosa, nunca deixou de reconhecer que toda a sua inspiração, suscitada pelas constantes humilhações que sofreu e testemunhou, desde a sua estadia na África do Sul, brotou da constante meditação do longo poema da sabedoria hindu, intitulado *Bhagavad-Gita*.

Nele se encontram as duas grandes inspirações para a doutrina da "firmeza na verdade".[12] A primeira delas consiste em não se deixar nunca dominar pelas sensações e os sentimentos; isto é, em viver como uma pessoa livre, de corpo e alma, de coração e mente. A segunda inspiração é reconhecer a superioridade incontestável da ação sobre a inação; mas sem que o agente, ao cumprir o seu dever de agir, procure, ainda que indiretamente, obter para si uma recompensa. Ambos esses princípios significam a busca da plena autorrealização, que para ele nada mais é do que a aproximação com Deus.

---

8. Cf. supra, Parte I, capítulo I.

9. Op. cit., p. XXVI.

10. Rousseau sustentou, de certo modo, essas mesmas ideias, como vimos no capítulo V da Parte II.

11. *The Mind of Mahatma Gandhi*, cit., p. 24.

12. *The Message of the Gita by Mohandas K. Gandhi*, apêndice da nova tradução inglesa do *Bhagavad-Gita*, por Stephen Mitchell, Three Rivers Press, Nova York, pp. 211 e ss.

Na interpretação de Gandhi, o foco central do *Gita*, em torno do qual gravita todo o seu ensinamento, é a renúncia, pelo agente, da busca de qualquer recompensa pela sua ação. Na concepção do autor daquele texto sagrado, a sobrevivência do mundo depende da ação individual ou coletiva de todos os homens. Mas a autorrealização, do indivíduo diante dos outros e de cada nação perante as demais, só é alcançada quando o agente se desprende, totalmente, dos frutos de suas boas ações. "O que renuncia à ação decai; o que renuncia à recompensa pela ação se eleva." Assim Gandhi sintetizou todo o ensinamento do *Gita*.

Os preceitos fundamentais da "firmeza na verdade"

Tudo se funda no respeito integral à vida, sob qualquer de suas formas. Nesse particular, Gandhi seguiu uma das mais caras tradições do hinduísmo. "É toda a vida que procuro abraçar, graças à minha religião e, por via de consequência, graças ao meu patriotismo. Não me basta querer ser o irmão de cada um dos homens, ou mesmo me sentir unido à humanidade inteira. Desejo também alcançar essa mesma unidade com todos os seres vivos, mesmo os vermes da terra. Correndo o risco de chocá-los, faço questão de realizar essa identidade mesmo com as criaturas que rastejam no solo. Pois não afirmamos que somos todos criaturas do mesmo Deus? Se assim é, toda vida, qualquer que seja a maneira pela qual ela se manifesta, deve ser essencialmente uma só."[13]

Mas, como é óbvio, a vida humana é a que merece o supremo respeito neste mundo, pelas qualidades superiores que ela encerra. Na visão de Gandhi, as qualidades próprias do homem são a verdade, a justiça e o amor. São valores intercomunicáveis, como bem perceberam os antigos. A justiça e o amor nada mais são do que expressões da verdade, e é na sua reunião que surge a beleza autêntica; pois a fonte da qual emanam todos esses valores é o próprio Deus.

A concepção gandhiana do amor é praticamente idêntica à do Evangelho.[14]

---

13. *The Mind of Mahatma Gandhi*, cit., p. 135.

14. "Ouvistes que foi dito: *Amarás o teu próximo e odiarás o teu inimigo*. Eu, porém, vos digo: amai os vossos inimigos e orai pelos que vos perseguem; deste modo vos tornareis filhos do vosso Pai que está nos céus, porque ele faz nascer o sol igualmente sobre maus e bons e cair a chuva sobre justos e injustos. Com efeito, se amais aos que vos amam, que recompensa tendes? Não fazem também os publicanos a mesma coisa? Portanto, deveis ser perfeitos como o vosso Pai celeste é perfeito" (Mateus 5, 43-48).

Para ele, a *ahimsa* ou não violência é o amor, entendido não como um estado negativo de não ofensa ao próximo, mas como uma disposição de fazer o bem aos que nos ofendem ou prejudicam.[15] "Não é ser não violento contentar-se em amar os que nos amam. A não violência começa a partir do instante em que passamos a amar os que nos odeiam. Não ignoro as dificuldades desse grande mandamento do amor. Mas não é assim com todas as coisas grandes e boas? A mais difícil de todas é amar nossos inimigos. Mas se queremos realmente alcançá-la, a graça de Deus virá nos ajudar a ultrapassar os obstáculos mais temíveis."[16]

Ou então, esta outra reflexão:

> Sob um aspecto positivo, *ahimsa* significa um máximo de amor, uma caridade perfeita. Se sou não violento devo amar meu inimigo. Meu comportamento em relação a um malfeitor deve ser o mesmo, quer se trate de um inimigo estranho à minha família, quer de meu próprio filho. A *ahimsa*, para ser eficaz, exige a intrepidez e o respeito da verdade. Não se deve, com efeito, nem temer nem amedrontar aquele que amamos. De todos os dons que nos foram feitos, o da vida é sem dúvida o mais precioso. Aquele que faz o sacrifício desse dom desarma toda hostilidade. Ele abre caminho à compreensão mútua dos adversários e a uma solução honrosa do conflito.[17]

Ora, o amor à verdade exige do *satyagrahi* o repúdio ativo e permanente de toda injustiça. A *ahimsa* não se reduz, portanto, simplesmente àquela *apatheia*, pregada pelos estoicos na Grécia antiga, isto é, a superação das paixões, de modo que a pessoa não se deixe escravizar pelas coisas ou fatos sobre os quais não tem poder algum, tais como a morte ou a dor; a beleza ou a feiúra; a riqueza ou a pobreza de nascimento; a glória ou a obscuridade. Ao contrário da pregação budista, ou da filosofia estoica, não se cuida, na doutrina da firmeza na verdade, de permanecer indiferente (*adiáphoros*, na terminologia dos estoicos) diante de tudo isso, e de procurar alcançar aquele estado de absoluta tranquilidade de alma, o nirvana budista, ou a ataraxia, tão louvada pelos adeptos da escola cética e pelos epicuristas. De forma alguma. A doutrina gandhiana não admite que o *satyagrahi* vire as costas ao mal e

---

15. M. K. Gandhi, *Non-Violent Resistance (Satyagraha)*, Mineola (Nova York), Dover Publications, 2001, p. 161.

16. Nirmal Kumar Bose, *Selections from Gandhi*, Ahmedabad, 1948, p. 18.

17. Mesma obra, p. 151.

se refugie dentro de si. Ela exige, ao contrário, uma ação incessante contra a injustiça, em qualquer de suas modalidades, levada avante com o respeito integral à dignidade humana, não só da vítima, como também do vilão.

Por isso Gandhi sentia-se inconfortável com as expressões negativas, de que se servem as línguas ocidentais para designar o seu método de ação. "Nada jamais foi feito neste mundo sem ação. Rejeito a expressão *resistência passiva*: ela não traduz integralmente a realidade, e poder-se-ia ver nela a arma dos fracos." Da mesma forma, ele sempre procurou afastar do conceito de não violência qualquer espécie de passividade:

> A não violência supõe, antes de tudo, a capacidade de lutar. Mas é indispensável reprimir, de modo consciente e deliberado, todo desejo de vingança. Não há como negar, porém, que, em qualquer hipótese, a vingança tem mais valor que a pura submissão, totalmente inútil e efeminada. Na verdade, o perdão é superior a tudo. A vingança não passa de fraqueza, nascida do temor real ou imaginário de sofrer um mal. O homem que não teme ninguém sobre a terra achará até mesmo inútil querer suprimir a raiva daquele que tem a intenção de feri-lo.

Seguindo nessa mesma linha de pensamento, ele não hesita em ir às últimas consequências:

> Toda covardia e até mesmo a mínima fraqueza devem ser absolutamente afastadas. Enquanto não há esperança alguma de ver um covarde tornar-se um não violento, essa esperança não é excluída em relação a um homem violento. Eis por que — eu nunca me cansarei de dizer — se não soubermos defender, por nós mesmos, nossas esposas e nossos templos pelo recurso à força que vem da renúncia, ou seja, se não formos capazes de não violência, devemos ao menos, se ainda somos homens, ser capazes de nos defender pela luta.[18]

O essencial é atacar, ininterruptamente, a consciência dos maus. Foi para isso que Gandhi concebeu e aperfeiçoou o jejum, como verdadeira liturgia de sacrifício. A primeira ideia de jejuar ocorreu-lhe na África do Sul, como penitência pelas faltas cometidas por alguns jovens que moravam na comunidade agrícola deno-

---

18. Nirmal Kumar Bose, *Selections from Grandhi*, cit., pp. 153-4.

minada Fazenda Tolstói.[19] Pouco a pouco, porém, o jejum foi sendo aperfeiçoado como um instrumento essencial da *ahimsa*, e a sua realização encenada como um drama religioso, em que o *satyagrahi* chama sobre si os efeitos nefastos da injustiça, procurando com isso abrir os olhos dos que a cometem.

É nessa perspectiva cósmica da união sagrada do amor e da justiça na verdade, que Gandhi compreendia os grandes princípios de proteção da dignidade humana; a saber, a igualdade, a liberdade, a segurança e a solidariedade.

Ele foi, na sociedade indiana, o primeiro a enfrentar, com o método da "firmeza na verdade", a questão dos intocáveis, o grupo que, por razões religiosas, vive desde a mais remota antiguidade em situação de completa exclusão social. Essa foi, de longe, a mais difícil luta empreendida pelo grande líder: como vencer o preconceito fundado em um dogma religioso. "É trágico", exclamou certa vez, "ver que hoje a religião nada mais significa para nós do que certas interdições relativas à comida e à bebida, ou a convicção de pertencer a uma casta superior. Deixem-me dizer-lhes que não há ignorância mais grosseira. A superioridade de alguém não decorre de seu nascimento, nem de sua fidelidade a uma etiqueta. O único fator determinante é a maneira pela qual nos comportamos na vida. Deus não criou os homens marcando-os, na origem, com um sinal de superioridade ou inferioridade. Se um texto decretasse que um homem é inferior ou intocável em razão de seu nascimento, não deveria ser objeto de fé, pois ele constituiria um desmentido à existência de Deus, que é Verdade."[20]

Voltou ao tema em outra ocasião, para advertir que não se deve nunca abandonar o senso crítico que Deus nos deu diante da tradição. "Toda tradição em desacordo com as normas morais deve ser rejeitada sem hesitação, ainda que ela remonte à mais antiga idade histórica."[21]

Esse sentimento da radical igualdade de todos os humanos, fundada na sua inarredável dignidade de pessoas, levou-o logicamente a apontar a imoralidade intrínseca do sistema capitalista. A crítica de Gandhi, embora aparentando ignorância dos mecanismos econômicos e mesmo um certo caráter reacionário, vai na verdade ao fundo da questão; a saber, a lógica interna do sistema, em que tudo

19. Cf. *An Autobiography*, cit., pp. 287 e ss.

20. *Mahatma, Life of Mohandas Karamchand Gandhi*, livro organizado por D. G. Tendulkar, Bombaim, vol. III, 1952, p. 343.

21. Nirmal Kumar Bose, op. cit., p. 229.

deve funcionar para a concentração e a expansão do capital, como poder econômico gerador de desigualdade entre os homens:

> A máquina tem uma função a exercer. É preciso deixá-la cumprir o seu papel. Mas não se pode permitir que ela retire ao homem o trabalho do qual necessita para viver. É bom poder aperfeiçoar uma charrua. Mas suponhamos que um dia invente-se uma máquina que permitiria a um só homem cultivar todas as terras da Índia, a ponto de poder controlar toda a produção agrícola do país. Se os milhões de homens assim desempregados não encontrassem outra ocupação, eles não tardariam em morrer de fome, e a sua inação acabaria por mergulhá-los no mais completo embrutecimento, como já acontece com muitos.[22]

E prossegue:

> Faço votos para que se economize tempo e trabalho, não em proveito de uma fração da humanidade apenas, mas em benefício de todos. É bom ver que as riquezas se acumulam, mas em benefício de todos e não somente de alguns. A máquina, hoje, só ajuda poucos homens, em detrimento de milhões de outros. A mola mestra de toda essa evolução não é a ideia filantrópica de querer reduzir os esforços dos trabalhadores, mas é simplesmente a perspectiva de lucro. É contra esse estado das coisas que tenho lutado com todas as minhas forças.[23]

Ao declarar injusto o regime econômico que ignora ou despreza os valores morais, Gandhi não hesitou em denunciar a incompatibilidade entre o dever supremo do amor e o reconhecimento da propriedade privada, quando esta priva os outros do necessário a uma vida digna. Ele chegou mesmo a afirmar com todas as letras, tal como Proudhon, que a propriedade é um roubo. "Considero que, em certo sentido, nós somos todos ladrões. Se eu me aposso de algo do qual não tenho necessidade para meu uso imediato, isso significa que estou furtando esse bem de outrem."[24]

Essa condenação da propriedade privada estende-se, obviamente, à apropriação dos bens produtivos, instituição-chave do sistema capitalista:

22. Idem, p. 66.
23. Idem, p. 67.
24. Idem, pp. 17, 41 e 75.

Deveria haver trabalho para todos, de modo que ninguém passasse necessidade. Ora, esse ideal não pode ser universalmente alcançado, senão quando os meios de produção dos bens indispensáveis à vida ficarem sob controle das massas. Tais bens deveriam ficar livremente à disposição de todos, como sucede, ou pelo menos deveria suceder, com o ar e a água que Deus nos dá. As riquezas não deveriam jamais ser uma ocasião de especulação, destinada a explorar os outros. Seria preciso declarar oficialmente a injustiça da monopolização desses bens por um grupo de países, uma nação ou uma associação de pessoas.[25]

Eis por que, no tocante à ordem política colonial, Gandhi enxergava mais fundo do que os seus contemporâneos. Para ele, os ingleses haviam arruinado a Índia, não pelo que tiraram do país, mas pelo que nele introduziram em matéria de costumes, concepção de vida e organização — ou melhor, desorganização econômica — ao oferecerem conjuntamente o cristianismo e o sistema capitalista. Todo o enorme subcontinente indiano, a partir do século XIX, passou a ser utilizado como mercado consumidor dos tecidos de algodão produzidos pela indústria do Lancashire. Com isso, destruiu-se a milenar organização comunal do país, provocando a generalização da fome:

Antes de pensar em qualquer outra coisa, o faminto procura acalmar a sua fome. Ele chega a vender sua liberdade para obter algumas migalhas de alimentos. Eis a que foram reduzidos milhões de indianos. Para eles, Deus e todas as outras palavras análogas não passam de simples reuniões de sílabas, destituídas de sentido. De tanto ouvi-las, eles acabam se irritando. Se quisermos dar a essa gente um certo sentido de liberdade, é preciso começar por lhes dar um trabalho que possa ser feito em suas palhoças, e que lhes permita não morrer de fome. [...] Por conseguinte, os verdadeiros libertadores serão os que lhes deem trabalho e os meios de ter um pedaço de pão. Com isto, eles também estarão dando, a todos eles, a fome de liberdade.[26]

A insistência de Gandhi na utilização da roca para a fiação doméstica tinha evidentemente um duplo sentido: não só dar o exemplo de uma ocupação alternativa ao trabalho assalariado, como também mostrar publicamente os malefícios econômicos que o sistema imperialista havia causado ao país.

25. Idem, p. 40.
26. Idem, p. 59.

Ao contestar o anacronismo dos que procuravam aplicar à Índia miserável do século XX o receituário do capitalismo liberal do século XIX, e que consideravam a não violência um método primitivo de ação, ele tocou no ponto nevrálgico:

> A igualdade é a chave de abóbada da independência não violenta. Trabalhar pela igualdade econômica equivale a abolir o conflito eterno entre o capital e o trabalho. Para operar um nivelamento dessa ordem, é preciso, de um lado, reduzir a justas proporções a fortuna daqueles ricos, em cujas mãos estão concentrados quase todos os recursos da nação; e, de outro lado, elevar o nível de vida desses milhões de homens semimortos de fome. Um governo não violento é totalmente impossível, enquanto perdurar o abismo que separa os ricos dos milhões de famintos.[27]

Em suma, deve-se procurar a igualdade social como condição indispensável da liberdade. Mas esta não pode ser considerada uma finalidade em si mesma e, sim, apenas o meio de se alcançar a fraternidade universal, num ambiente de segurança. Contra a insegurança absoluta engendrada pela violência, é preciso pôr em prática o verdadeiro antídoto: a não violência absoluta.

E isso, tanto no plano nacional, quanto no internacional. Tendo vivido duas guerras mundiais, Gandhi não alimentava a menor ilusão quanto às possibilidades de se instaurar a paz, com base na pretensa sabedoria e moderação das nações ricas e fortes. "Qual é a causa do caos atual? É a exploração, já não diria das nações mais fracas pelas mais fortes, mas das nações irmãs, umas pelas outras. E minha objeção principal quanto à máquina [como símbolo da tecnologia monopolizada pelos poderosos na época moderna] repousa no fato de que ela permite que algumas nações explorem outras."[28]

"A coesão das nações", observou ele, "é feita da mesma reciprocidade que existe nas relações entre os cidadãos de um país. Um dia, será necessário estender ao Universo inteiro esse acordo nacional, da mesma maneira que se soube estender às dimensões de todo um país a solidariedade que sempre caracterizou a família."[29] "Se queremos servir nossos vizinhos que se encontram além das fronteiras,

27. Idem, pp. 77-8.
28. Idem, pp. 64-5.
29. Idem, p. 22.

não há mais limite algum. As fronteiras não foram feitas por Deus. São os diferentes Estados que as traçaram."[30]

5. O PROFETA

Em uma das paredes do monastério de Ahmedabad, Gandhi mandou certa vez inscrever a seguinte advertência:

> Nada tenho a ensinar ao mundo. A verdade e a não violência são tão velhas quanto as montanhas.

Nesse ponto, que é fundamental, o Mahatma certamente se enganava. Sem dúvida, a verdade, a justiça e o amor transcendem os tempos. Mas poucos são os que sabem discerni-los em seu próprio tempo, pelos sinais da vida e da morte. Gandhi foi desses poucos e, se quisermos compará-lo a algum ilustre antecessor, ele certamente se aproxima, por vários traços de personalidade, da figura exemplar de São Francisco de Assis.[31] Um e outro assumiram a pobreza e o absoluto despojamento pessoal, como a única condição de vida compatível com a função de servidores da verdade. Ambos professaram a fraternidade universal, irmanando-se não só com todos os seres humanos, mas também com todas as criaturas de Deus. Ambos viveram a paixão da igualdade até as últimas consequências, e pregaram, sem cessar, a superação de todas as formas, mesmo ocultas, de violência. Até mesmo nas dissensões suscitadas entre os discípulos de um e de outro, entre a corrente dos idealistas absolutos e a dos realistas moderados, eles se identificaram, não obstante a marcada diferença de culturas e de época histórica que os separou.

É que a vida é uma criação permanente. Assim como há muitas maneiras de ver a beleza no mundo, e cada artista que nasce nos ensina a contemplá-la a partir de um ângulo novo, assim também há vários modos de viver a verdade, a justiça e o amor, cuja dimensão é infinita. Todo grande profeta que se levanta no mundo ensina à humanidade novas maneiras de amar e servir à verdade.

Ora, Gandhi foi, incontestavelmente, um profeta; o maior, sem dúvida, da

30. Idem, p. 44.
31. Cf. supra, Parte I, capítulo IV.

época moderna. Na língua grega, o substantivo προφήτης e o verbo da voz média *prophemi* são formados pelo prefixo *pro*, com o sentido de *antes* ou *diante de*, e pelo verbo *phemi* (φημί), que significa *dizer*. Eis por que profeta era o qualificativo atribuído, na antiguidade, ao porta-voz de Deus, ou àquele que interpretava os textos sagrados sob inspiração divina.

Nesse preciso sentido etimológico, Gandhi cumpriu, admiravelmente, a função profética. Ao anunciar de antemão a grande encruzilhada histórica para a qual se dirige a humanidade em sua trajetória de unificação mundial — a ordem imperial capitalista, fundada na dominação econômica e militar, ou a sociedade comunitária, cuja Carta Constitucional é o sistema universal dos direitos humanos —, ele falou aos homens e mulheres de todas as culturas e civilizações, em nome d'Aquele que, segundo a melhor tradição religiosa, é a fonte eterna da Vida, na Verdade, na Justiça e no Amor.

Parte III

A Ética de um Mundo Solidário

O agitado período histórico que se convencionou denominar época moderna foi marcado, como acabamos de ver na Parte II desta obra, por uma crescente aproximação geográfica dos povos e um formidável entrechoque de culturas e civilizações.

Por trás dessa agitação, no entanto, como se procura mostrar no primeiro capítulo desta Parte, não é difícil enxergar o avanço de duas correntes históricas profundas, que determinam os episódios de superfície. Elas se contrapõem uma à outra, num antagonismo decisivo, na direção de um mesmo objetivo: a unificação da humanidade. Trata-se, afinal, de saber qual das duas prevalecerá: a que se apoia na força militar, na dominação tecnológica e na concentração de poder econômico; ou a que se funda na dignidade transcendente da pessoa humana.

Se escolhermos o segundo elemento dessa alternativa histórica, é indispensável e urgente pensar num programa de reconstrução ética do mundo.

É o que nos propomos a fazer nesta terceira e última Parte do livro.

I. A Humanidade no Século XXI: um Momento Decisivo na História

I. A GRANDE ENCRUZILHADA

Pouco a pouco, desde o momento em que se deu a passagem evolutiva dos hominídeos à espécie humana, os núcleos sociais, dispersos em várias partes do globo terrestre, foram se aproximando uns dos outros e estabelecendo entre si relações de embate ou de harmônica convivência. Com repulsas ou simbioses, foi sendo tecida, irreversivelmente, a camada de hominização, que acabou por recobrir toda a face da Terra. O impulso matriz da evolução biológica, que engendrou o homem como seu último e supremo rebento, passou, desde então, a ser influenciado e finalmente dirigido por ele. A criatura assumiu o controle do processo criador, para o bem e para o mal.

É que a espécie humana introduziu na natureza um elemento radicalmente inovador e mesmo revolucionário, que é a liberdade:

Conheço bem o homem, diz Deus,
Fui eu que o fiz. É um ser curioso,
Porque nele atua a liberdade, que é o mistério dos mistérios.[1]

1. Charles Péguy, *Le Mystère des saints innocents*.

Ora, a interpelação que nos é feita, no limiar do terceiro milênio da era cristã, é se o homem tem ou não capacidade para usar sabiamente dessa extraordinária qualidade, que suscita a admiração do próprio Deus, como imaginou o poeta.

Havendo asssumido a pilotagem do processo evolutivo no planeta, em que rumo o homem irá afinal conduzi-lo: no sentido da plenitude da Vida, ou reversivamente, em inesperada involução, na direção da Morte?

Essa indagação crucial vai aos poucos se abrindo a todos nós no presente, à medida que a humanidade, usufruindo de outra qualidade excepcional que a espécie humana introduziu no mundo — a reflexão —, começa a ter consciência de si mesma, e passa a se enxergar como o novo e supremo agente coletivo da História. Com efeito, o futuro da humanidade não comporta uma via única de solução, dentro do processo evolutivo. Há mais de uma opção à nossa frente. A nossa espécie vive agora o momento decisivo, em que já se sente perfeitamente responsável por si mesma e capaz de determinar em definitivo o seu porvir.

Para se chegar a esse ponto, porém, foi preciso avançar passo a passo através das idades. Relembremos, sumariamente, a sucessão das principais etapas que nos levaram à atual encruzilhada histórica.

2. DOS PRIMEIROS ARQUIPÉLAGOS HUMANOS REGIONAIS À FORMAÇÃO DO ECÚMENO MUNDIAL

A formação dos primeiros grupos humanos sedentários foi o efeito da grande revolução de ordem técnica, representada pela agricultura, entre 8 000 e 5 000 antes da era cristã, com a domesticação de plantas e animais. Ela não só permitiu a produção de um excedente alimentar estocável, que afastasse o perigo contínuo da fome, mas também ensejou as primeiras formas de especialização de atividades e de organização política, num território fixo. A partir de então, os grupos humanos já não precisavam deslocar-se continuamente de um território para outro; nem todos eram obrigados, ao mesmo tempo, a se dedicar à caça e à pesca; as mulheres podiam gerar mais filhos e cuidar dos afazeres domésticos (o nomadismo representava sério obstáculo ao desenvolvimento das famílias); e era possível separar os religiosos dos guerreiros, e ambos os grupos dos funcionários encarregados de administrar os assuntos comuns, distinguindo-se, assim, os serviços públicos das atividades particulares de cada um.

As diferentes sociedades sedentárias só vieram a formar os primeiros arquipélagos humanos quando o homem aprendeu a estabelecer a comunicação entre essas ilhas de povoamento por meio de alguns caminhos naturais, como os mares, as grandes estepes e os cursos de água.

Dentre os mares, merece especial destaque o Mediterrâneo, como ponto central de confluência do continente euro-asiático com o africano, e núcleo germinador das diferentes culturas que formaram a civilização moderna.

No tocante às estepes, as principais, como canais de comunicação continental, foram a euro-asiática e a norte-africana. Pela primeira passaram, por exemplo, as hordas de guerreiros mongóis, no século XIII, para chegar, na Europa, até as margens do rio Oder, atual território polonês, e até a costa nordeste do mar Adriático. Na Ásia, os mongóis dominaram toda a vasta região sudoeste, que se estende até o território da atual república de Burma. No Oriente Médio, eles alcançaram a Síria.

A estepe euro-asiática foi também a Estrada da Seda, que ligou durante séculos o norte da China ao Mar Negro e ao Mar Mediterrâneo, numa extensão de cerca de 6400 quilômetros. A seda chinesa era trocada por lã, ouro e prata. Foi por essa via que a China recebeu o nestorianismo de Constantinopla[2] e o budismo da Índia. A estrada partia de Sian, na China, seguia o traçado da grande muralha chinesa, margeava em seguida o deserto de Takla Makan, subia pelos montes Pamirs, atravessava o Afeganistão e continuava rumo ao Levante. Após a queda do império romano, a Estrada da Seda foi restabelecida pelos mongóis. Marco Polo dela se serviu para chegar a Catai.

Por meio da grande estepe norte-africana, os árabes puderam deslocar-se maciçamente em direção à bacia do Mediterrâneo, que serviu em seguida de ponto de apoio para a invasão da Europa e a difusão da mensagem islâmica até o Extremo Oriente, por meio da Estrada da Seda. No limiar da Idade Moderna, o grande império muçulmano cobria todas as províncias do antigo império bizantino, com exceção da Ásia Menor, e abarcava ainda a Pérsia, o Afeganistão, a Ásia Central e a península ibérica.

Já os rios de grande extensão formaram, por assim dizer, os caminhos fluen-

---

2. Nestório (fim do séc. IV A.D. a 451) foi bispo de Constantinopla. Suas opiniões sobre a natureza e a pessoa de Jesus Cristo provocaram a convocação do 3º concílio ecumênico em Éfeso, em 431, ocasião em que a sua doutrina foi considerada herética.

tes que permitiram o deslocamento das populações de uma a outra região dos continentes. Nas Américas, graças aos grandes cursos de água os homens puderam vencer as barreiras naturais, constituídas pelos maciços montanhosos, os desertos e as florestas.

A dominação dos mares e a utilização das estepes e dos grandes rios, como verdadeiras estradas naturais, só foram possíveis graças a algumas invenções técnicas decisivas, tais como a arte da navegação, a fabricação dos primeiros veículos terrestres e a utilização dos animais de sela e de carga.

A partir daí, o homem conseguiu:

1. Transferir, de uma região para outra, sementes, animais domésticos e as respectivas técnicas de exploração agrícola e pecuária, bem como as técnicas elementares de metalurgia;
2. Estabelecer relações comerciais permanentes entre os diferentes povos;
3. Transmitir línguas, bem como técnicas de grafia linguística;
4. Deslocar tropas militares e submeter outros povos ao mesmo poder político;
5. Difundir, por meio de expedições missionárias, mensagens religiosas aos mais distantes rincões.

Os arquipélagos humanos assim constituídos formaram civilizações, isto é, reuniões de vários povos que falam línguas da mesma família, partilham do mesmo ideário e das mesmas tradições, submetem-se às mesmas instituições de poder e dispõem do mesmo saber tecnológico.

Na antiguidade, as grandes civilizações se ignoraram ou se desprezaram mutuamente, pois cada qual, numa espécie de concepção ptolemaica do Universo, julgava-se o centro do mundo.

As primeiras tentativas de ligação permanente entre as diversas civilizações partiram do Ocidente, com o estabelecimento do império macedônio de Alexandre Magno no século IV a.C. e a fundação do império romano três séculos mais tarde. Foi a ocasião para que diferentes povos, com costumes sociais os mais diversos, passassem a coexistir sob uma mesma dominação política. Plutarco refere, na *Vida de Alexandre* (XLVII, 3), que à medida que conquistava os países bárbaros (isto é, estranhos à cultura grega), Alexandre procurava adaptar seu próprio modo de vida aos costumes dos povos conquistados, e fazer com que estes, por sua vez, adaptassem o seu modo coletivo de vida aos costumes macedônios, estimando que, por meio de uma comunhão de práticas de vida, mais do que pela força, sua autoridade política estaria assegurada.

Foi preciso aguardar o início do século XV, para que começasse a se formar o que Toynbee qualificou como a coalescência do ecúmeno mundial, no sentido que os gregos atribuíam à palavra οἰκουμένη, isto é, a terra habitada em comum.[3] Em pouco mais de cem anos, entre 1405, quando o almirante chinês Zheng Hê realizou a sua primeira expedição marítima de longo curso, como será dito mais abaixo, e 1522, ano em que o último navio sobrevivente da esquadra de Fernão de Magalhães completou sua viagem de circum-navegação do globo terrestre, todas as civilizações entraram simultaneamente em contato umas com as outras.

Acontece que o arquipélago mundial assim constituído, embora destruindo o autocentrismo de cada civilização então existente, estava longe de reunir os povos do mundo em situação de igualdade. Doravante, o europeu, orgulhoso das suas invenções técnicas, da sua ciência e do seu poder militar sem rival, passava a dominar todos os outros habitantes do globo terrestre, chegando mesmo a duvidar da comum participação destes no gênero humano.

É preciso reconhecer que para essa visão inigualitária da raça humana, o cristianismo prestou também, lamentavelmente, a sua colaboração. As autoridades eclesiásticas, com efeito, ao abandonarem o princípio evangélico da fraternidade universal dos povos, todos filhos do mesmo Pai, julgaram legítima e plenamente conforme aos desígnios de Deus a submissão indiscriminada dos habitantes de outros continentes ao poderio europeu.

Na África, por exemplo, o tráfico regular de escravos da costa ocidental para a Europa foi inaugurado pelos portugueses em 1444. Dez anos após, exatamente em 8 de janeiro de 1454, o papa Nicolau V aprovava e abençoava na bula *Romanus Pontifex*, dirigida ao rei de Portugal, não só a conquista militar de outras terras, como ainda o empreendimento de transformação de seres humanos em animais de trabalho:

> Não sem grande alegria chegou ao nosso conhecimento que nosso dileto filho infante D. Henrique, incendido no ardor da fé e zelo da salvação das almas, se esforça por fazer conhecer e venerar em todo o orbe o nome gloriosíssimo de Deus, reduzindo à sua fé não só os sarracenos, inimigos dela, como também quaisquer outros infiéis. Guinéus e negros tomados pela força, outros legitimamente adquiridos, foram trazidos ao reino, o que esperamos progrida até a conversão do povo ou ao menos de

---

3. *Mankind and the Mother Earth*, Oxford University Press, 1976.

muitos mais. Por isso nós, tudo pensando com devida ponderação, concedemos ao dito rei Afonso a plena e livre faculdade, entre outras, de invadir, conquistar, subjugar a quaisquer sarracenos e pagãos, inimigos de Cristo, suas terras e bens, a todos reduzir à servidão e tudo praticar em utilidade própria e dos seus descendentes. Tudo declaramos pertencer de direito *in perpetuum* aos mesmos D. Afonso e seus sucessores, e ao infante. Se alguém, indivíduo ou coletividade, infringir essas determinações, seja excomungado.[4]

Quase um século depois, durante o concílio de Valladolid de 1550, o teólogo Juan Ginés de Sepúlveda, em debate com frei Bartolomé de Las Casas, sustentou, na presença do imperador Carlos v, que os índios americanos eram "inferiores aos espanhóis, assim como as crianças em relação aos adultos, as mulheres em relação aos homens, e até mesmo, pode-se dizer, como os macacos em relação aos seres humanos". Embora essa tese não tenha nunca sido aceita oficialmente pela Igreja, é inegável que ela influenciou em muito a conduta dos colonizadores.

Muito se discutiu sobre as razões da supremacia incontrastável dos europeus sobre os demais povos do mundo àquela época. Hoje, vistos os fatos com o necessário recuo, é plausível afirmar que tais razões foram a vontade de poder político e econômico e a superior capacitação tecnológica, representada, sobretudo, pela aliança de três fatores: a invenção da caravela, barco capaz de atravessar o oceano e navegar meses a fio sem contato com a terra, o manejo das armas de fogo e o domínio da metalurgia do aço.

É verdade que na primeira metade do século xv os chineses já haviam se antecipado aos europeus, no campo da navegação transoceânica. Entre 1405 e 1433, o almirante Zheng Hê, ou Cheng Ho, realizou sete expedições marítimas, tendo alcançado a Índia e, pelo oceano Índico, Ormuz no golfo Pérsico, Aden na embocadura do mar Vermelho, e, finalmente, a costa oriental da África. Ao todo, 27 povos foram por ele visitados. Na África, presenteou as autoridades locais com seda e porcelana, e trouxe de volta girafas.

Abriu-se, então, aos chineses, a possibilidade de contornar o continente africano de leste a oeste (o caminho inverso do percorrido por Vasco da Gama ao final do século), e estabelecer feitorias comerciais ao longo de todo esse percurso. A primeira expedição de Zheng Hê reuniu uma frota colossal: eram 280 navios, tripula-

---

4. Apud Antonio Baião, *História da Expansão Portuguesa no Mundo*, Lisboa, Ática, 1939, vol. 2.

dos por 27 800 homens. Para se ter uma ideia do que isso representava de excepcional, lembre-se que na sua primeira viagem à América do Norte, quase noventa anos depois, Colombo contava com apenas três navios e menos de trezentos homens.

Os navios chineses, mesmo após a invenção da caravela pelos portugueses, eram tecnicamente superiores às embarcações europeias. Cada navio chinês tinha 120 metros, ou seja, cinco vezes mais do que a maior caravela da expedição de Colombo.

O que faltou ao Império do Meio para se lançar de modo dominador através dos mares foi justamente a vontade de poder, tributária de uma certa visão de mundo. A corte imperial considerava desprezível o esforço de conquistar povos bárbaros. Demais, embora os comerciantes chineses não fossem menos capazes e astutos que os europeus, na visão confuciana do mundo sempre prevaleceu o juízo de que a profissão mercantil era indigna do homem de bem, o *jun-zi*.[5]

Exatamente nessa mesma época, decisiva para a definição do curso ulterior da História, época correspondente na Europa à passagem da Alta para a Baixa Idade Média, uma classe social, oriunda do estamento popular — a burguesia —, iniciou a sua irresistível ascensão na sociedade europeia, e preparou-se, convenientemente munida do ideário e das técnicas capitalistas de exploração econômica, para a conquista do mundo inteiro.

3. A BURGUESIA OCIDENTAL AFEIÇOOU O MUNDO MODERNO À SUA IMAGEM E SEMELHANÇA

Lembremo-nos das passagens famosas do *Manifesto Comunista*, nas quais se descreveu, em forma magistral, a transformação do globo terrestre num mercado único, submetido à sistemática exploração econômica pela classe burguesa. Foi o prenúncio do primeiro processo de globalização capitalista, desencadeado na segunda metade do século XIX.

---

5. "O Mestre disse: quem se deixa guiar unicamente pelo proveito próprio, atrairá sobre si ódio e rancor." Da mesma forma: "*O Mestre disse: o homem de bem sabe o que é justo, o homem mesquinho só sabe o que é proveitoso*". (*Entretiens de Confucius*, tradução do chinês, introdução e notas de Anne Cheng, Éditions du Seuil, 1981, livro IV, 12 e 16).

A primeira globalização capitalista

Marx e Engels assinalaram, corretamente, que o fator-chave a impulsionar a burguesia na empresa de dominação mundial foi a necessidade de se abrirem espaços cada vez mais amplos para o escoamento da produção de bens e a absorção de serviços, os quais se multiplicavam em proporção geométrica, desde que a tecnologia se tornou a mola mestra do processo produtivo. No capitalismo industrial, o aumento constante do consumo é a condição *sine qua non* do equilíbrio do sistema. O movimento de formação do mercado mundial conduziu, necessariamente, à homogeneização cosmopolita não só das técnicas de produção, mas também dos hábitos de consumo. "Os (mesmos) produtos industriais são consumidos não apenas no próprio país (onde são fabricados), mas em todas as partes do mundo. As antigas necessidades, satisfeitas por produtos locais, cedem lugar a necessidades novas, que exigem, para sua satisfação, produtos de países e climas os mais longínquos. O primitivo isolamento e a autarcia local e nacional são ultrapassados pelo tráfico e a interdependência universal das nações."

Segundo o *Manifesto Comunista*, essa formidável empresa de dominação econômica mundial era levada a cabo sem guerras, unicamente com o emprego das armas comerciais. "O preço reduzido de suas mercadorias é a grossa artilharia com a qual ela (a burguesia) demole todas as muralhas da China e obtém a capitulação dos bárbaros mais teimosamente xenófobos." Essa visão pacífica da conquista do mundo todo pelos métodos comerciais já havia sido, no entanto, cruamente desmentida, desde as primeiras aventuras coloniais da época moderna, pela santa aliança da burguesia empresarial com a nobreza militar e os missionários cristãos.

Marx foi, de fato, o único a perceber que a homogeneização cosmopolita da atividade econômica era acompanhada de um movimento tendente à uniformização universal de costumes, valores e expressões culturais. À vertiginosa transformação das técnicas de produção e distribuição, o capitalismo acrescentou uma profunda alteração na vida ética dos povos. Nesse sentido, como salientou o *Manifesto*, a burguesia exerceu uma função eminentemente revolucionária. Ela destruiu todas as relações sociais de caráter feudal ou patriarcal, só deixando subsistir entre os indivíduos o vínculo do puro e simples interesse, o frio "pagamento à vista". Em suma, "ela dissolveu a dignidade da pessoa humana no valor de troca, e em lugar das inúmeras franquias, garantidas e bem adquiridas, introduziu uma liberdade única e sem escrúpulos: o livre comércio".

Aí está um ponto importante a merecer realce. A hegemonia sem controle da técnica a serviço do capital, no mundo contemporâneo, conduziu a uma crescente despersonalização das relações humanas, vale dizer, à negação do fundamento da ética, como veremos no próximo capítulo. Marx já havia assinalado que, assim como a propriedade feudal acabara por dominar os homens e despersonalizar todas as relações sociais, da mesma forma o poder do capital dominaria não só os seus sujeitos naturais — os trabalhadores e os consumidores — mas também os próprios capitalistas, que vivem condenados a fazer frutificar de modo incessante a sua propriedade, sob pena de desaparecerem do mercado.[6] As relações de produção tornam-se, com isso, crescentemente abstratas. Na época do capitalismo clássico, os grandes capitães de indústria conheciam perfeitamente a técnica de fabricação que empregavam, e orgulhavam-se dos produtos de sua fábrica. Hoje, os controladores de uma macroempresa industrial só conhecem os números do balanço e da conta de resultados. Eles ignoram tudo da técnica de produção, e são incapazes de dizer, com precisão, quais os produtos de sua empresa.

Mas voltemos ao processo de unificação material do mundo moderno. O grau do seu avanço, por efeito da ascensão mundial do capitalismo após a Revolução Industrial, pode ser medido pelas cifras do aumento do comércio, dos transportes e das comunicações internacionais.

O comércio mundial, que já havia mais do que duplicado entre 1720 e 1780, triplicou no período compreendido entre 1780 e 1840. Na década de 1870, a quantidade anual de toneladas transportadas por via marítima havia mais do que quadruplicado em relação a 1840.[7]

Mas o século XIX foi, sobretudo, a era das ferrovias. Já em 1855, havia linhas férreas nos cinco continentes. Dez anos mais tarde, Nova Zelândia, Argélia, México e África do Sul inauguraram as suas primeiras estradas de ferro. Em 1875, enquanto o Brasil, a Argentina, o Peru e o Egito já tinham mais de mil quilômetros de ferrovias instaladas, Ceilão, Java, Japão e Taiti instalavam suas primeiras linhas. Naquele mesmo ano, 1 375 milhões de passageiros e 715 milhões de toneladas de mercadorias foram transportados no mundo todo.[8] Ora, a construção da malha ferroviária nos países pobres foi, toda ela, financiada pelos investidores do mundo capitalista

6. Cf. supra Parte II, capítulo IX.
7. Cf. Eric Hobsbawm, *The Age of Capital: 1848-1875*, Barnes & Noble, Nova York, 1975, p. 50.
8. Eric Hobsbawm, op. cit., pp. 54-5.

desenvolvido, investidores que obedeciam aos interesses econômicos rivais dos seus países de origem. Daí o absurdo das variações de bitola. No Brasil e na China, por exemplo, construíram-se cinco redes ferroviárias autônomas, com cinco medidas diferentes de separação entre os trilhos.

Que dizer, então, das comunicações internacionais de mensagens? O século XIX assistiu à invenção do telégrafo, que em pouco mais de cinquenta anos, graças à instalação de cabos submarinos (o primeiro deles em 1851), passou a ligar os quatro cantos do mundo. No entanto, como foi bem observado, ao estabelecer uma separação radical entre as regiões que dispunham ou não de ligação telegráfica, essa técnica de comunicação à distância só fez aprofundar o abismo a separar o mundo industrializado dos rincões onde a indústria ainda não havia penetrado, nos quais o tempo de transmissão de mensagens continuava a depender da velocidade dos animais de transporte.[9] Um fenômeno análogo viria a ocorrer, ao final do século XX, com a utilização da internet. A civilização capitalista demonstrava, nitidamente, a sua capacidade de cindir a humanidade, de alto a baixo, entre uma minoria sempre mais reduzida, oligopolizadora dos instrumentos de poder em todos os campos, e a crescente maioria dos excluídos de toda proteção social.

O século XIX não terminaria, porém, sem a criação de um novo meio de comunicação à distância. Em 1876, o engenheiro Alexander Graham Bell obteve uma patente para a exploração do telefone. A primeira transmissão de uma mensagem telefônica internacional ocorreu em 1887, entre Paris e Bruxelas. Três anos após, foi possível estabelecer uma primeira comunicação entre Paris e Londres. Além disso, nos últimos anos do século, inventou-se a técnica de projeção cinematográfica, que iria constituir-se num dos mais eficientes meios de difusão cultural e de propaganda.

Ora, toda essa aproximação extraordinária dos povos do mundo por via do comércio e dos meios de transporte e comunicação à distância foi acompanhada de um fluxo migratório de trabalhadores sem precedentes. Entre 1820 e 1932, 52 milhões de europeus emigraram para as Américas, dos quais 32 milhões para os Estados Unidos. Um contingente adicional de três milhões e meio de pessoas emigrou da Europa para a Austrália e a Nova Zelândia, durante o mesmo período.[10]

O balanço final desse maciço deslocamento de pessoas foi espantoso. A Argentina, por exemplo, teve a sua população aumentada em nada menos do que 60% em quarenta anos (de 1870 a 1910). A Europa perdeu em média 11% da sua popu-

---

9. Idem, op. cit., p. 60.

10. Os dados que se seguem foram extraídos da *World Economic and Social Survey 2004*, das Nações Unidas.

lação e 13% da sua força de trabalho. Mas países como a Irlanda e a Itália perderam muito mais: 30% da sua força de trabalho.

Essa transferência inaudita de mão de obra de um continente para outro provocou uma apreciável mudança na média dos salários pagos aos trabalhadores. Estima-se que, entre 1870 e 1910, os salários médios nos países europeus de onde proveio o fluxo migratório cresceram em 9%, enquanto a média salarial nos países de imigração baixou 8%.

Paralelamente, durante esse mesmo período o mundo assistiu a outro vasto deslocamento de trabalhadores, da Índia e da China em direção a países do hemisfério sul. Tratava-se de mão de obra quase escrava — o caso dos cules chineses é bem conhecido — que aceitava receber uma remuneração ínfima e trabalhar em condições lastimáveis de exploração humana. Aí está, aliás, um dos fatores que contribuiu decisivamente para criar o fosso entre países desenvolvidos e subdesenvolvidos no século xx.

Escusa lembrar, porém, mais uma vez, que a unificação material do mundo, no século xix, não se fez unicamente pelas vias pacíficas do comércio, como afirmou o *Manifesto Comunista* em 1848. Marx e Engels subestimaram a capacidade da burguesia empresarial de realizar essa proeza sem recorrer à força bruta. A guerra, no sentido próprio e brutal da palavra, o empreendimento de destruição em massa de vidas e bens, planejado e executado com os mais aperfeiçoados recursos da tecnologia, tem sido, desde o início, um dos principais estímulos ao desenvolvimento do capitalismo. É o lado perverso e nada simbólico do conceito de "destruição criadora" de Joseph Schumpeter.

A partir da segunda metade do século xix, com efeito, o êxito bélico tornou-se sempre mais dependente do progresso técnico na produção industrial de armamentos, munições e veículos de combate. Desde 1861 e 1866, quando surgiram, respectivamente, a metralhadora e a dinamite, as invenções para fins bélicos multiplicaram-se de modo vertiginoso, e o complexo industrial-militar desencadeou, sob a bela e falsa aparência de obra civilizadora (ou cultural, como preferem qualificar os alemães), a primeira onda de globalização moderna, com o estabelecimento de novos impérios coloniais na África e na Ásia. Entre 1875 e 1915, quase um quarto da superfície do globo terrestre foi distribuído ou redistribuído, sob a forma de colônia, entre meia dúzia de Estados.[11] Antes disso, os Estados Unidos anexaram

---

11. Cf. Eric Hobsbawm, *The Age of Empire: 1875-1914*, Vintage Books, Nova York, 1989.

pelas armas, somente no continente americano, metade do território mexicano em 1848; fizeram intervenções militares em 1824 em Porto Rico, em 1845 e 1847 no México (em preparação à guerra de anexação do ano seguinte), em 1857 na Nicarágua, e em 1860 na província do Panamá e outra vez na Nicarágua. Antes do final do século, o Estado norte-americano tornou-se senhor do Havaí e das Filipinas, retomando o projeto original de Cristóvão Colombo: alcançar o Oriente pelo Ocidente.

Já foi feita aqui referência a essa nova edição do imperialismo colonial, quando do exame das causas do surgimento do Estado totalitário.[12] Importa salientar, de novo, agora, que a lógica do sistema capitalista de exploração das colônias fundou-se, toda ela, na relação de domínio territorial, o que implicava, como foi salientado pelo economista britânico John Atkinson Hobson em artigo publicado em 1902 (*Imperialism, a Study*), uma contradição insuperável entre os lucros apurados pela burguesia empresarial e os pesados ônus de administração direta das colônias, assumidos pelos Estados imperialistas. Tal fato levou, finalmente, à substituição desse sistema antiquado de dominação internacional pela segunda vaga de globalização, a partir de 1973, ano da primeira crise do petróleo.

Ora, no decurso do século XX, os efeitos de "destruição criadora" da ação militar foram ainda mais notáveis, com os êxitos obtidos no controle da energia nuclear para fins pacíficos, o aperfeiçoamento dos aviões a jato e o lançamento dos primeiros veículos interplanetários, com a adaptação da técnica própria dos mísseis balísticos. Encerrada a Guerra Fria com o esfacelamento do império soviético em 1989, alguns espíritos ingênuos esperavam uma acentuada redução dos gastos militares no mundo. Pura ilusão: já em 2003, essas despesas atingiam o equivalente a 2,7% do produto bruto mundial, ou seja, uma cifra quase igual à registrada em 1987. Desde 2003, as despesas militares mundiais não pararam de crescer.

No século XX, a rede de comunicações entre os povos da Terra tornou-se mais densa, com a introdução de novas técnicas de transporte e transmissão de mensagens, as quais intensificaram e aumentaram extraordinariamente a rapidez dos contatos humanos. Logo nos primeiros anos do século, iniciou-se a fabricação regular de automóveis e aviões, cuja velocidade e capacidade de transporte ampliaram-se com rapidez. Em 1901, Guglielmo Marconi pôs em prática a sua invenção da radiofonia, ao conseguir a transmissão de uma primeira mensagem transoceânica. O rádio abriu a era da comunicação de massas, que viria a conhecer

---

12. Cf. supra, Parte II, capítulo XI.

notável expansão, de meados do século em diante, com a televisão e, sobretudo, com o sistema de transmissão de sons e imagens por meio de satélites espaciais. Doravante, é todo o globo terrestre que se cobre de uma rede espessa de canais transmissores de mensagens visuais e sonoras.

É também do século XX a segunda grande revolução tecnológica dos tempos modernos, comparável, pelos seus efeitos de alteração global de modos de vida, à Revolução Industrial de meados do século XVIII: a informática ou sistema eletrônico de computação de dados. Nos anos 1970, começa a desenvolver-se a rede de computadores, ligados entre si por meio de linhas telefônicas (internet). Embora ainda praticamente desconhecida do grande público em 1990, ao final do século a internet já abarcava milhões de usuários no mundo inteiro, e o seu crescimento nos anos seguintes prosseguiu no mesmo ritmo. A internet surgiu, assim, como o primeiro veículo de comunicação, ao mesmo tempo pessoal e de massas, do mundo contemporâneo. Mas, ainda aí, esse invento extraordinário só fez aumentar a distância entre ricos e pobres no mundo contemporâneo: 19% da humanidade atual representam 91% dos utilizadores da internet.

A dominação política capitalista

No campo político, o século XX foi também prenhe de mudanças. Com a ocorrência de duas guerras mundiais, e entre elas a constituição da União Soviética e a grande depressão dos anos 1930, tornou-se patente que o projeto de dominação global do capitalismo só podia prosseguir com uma alteração substancial nos seus métodos de atuação.

Essa alteração consistiu em substituir a relação de domínio territorial, que vigorou desde as primeiras experiências imperiais, pela constituição de um poder de controle, em tudo e por tudo análogo àquele que os empresários capitalistas já haviam instaurado nas macrossociedades mercantis, separando os acionistas, proprietários nominais do capital, dos que efetivamente mandam na empresa, ainda que não acionistas. Nas décadas de 1950 e 1960, mais de uma centena de povos colonizados tornou-se independente e ingressou nas Nações Unidas. As grandes potências abriram mão de suas colônias e instauraram um sistema de dominação indireta sobre os países da periferia, graças ao monopólio dos recursos financeiros, da capacidade de consumo e da propriedade intelectual sobre as técnicas de produção; sem, contudo, deixar de recorrer, como *ultima ratio*, à intervenção militar. Competia doravante aos países assim controlados assumir diretamente os ônus administrativos e financeiros, ligados ao seu *status* de nações nominalmente independentes.

Nessa direção, os Estados Unidos tiveram a astúcia de se antecipar às antigas potências europeias, como anteviu com precisão Joseph Conrad em seu romance *Nostromo*, cuja primeira edição é de 1904. Em conversa com um empresário estabelecido em fictício país latino-americano, Costaguana, um capitalista ianque, Holroyd, descortina largo panorama do mundo no imediato porvir:

> Ora, o que é Costaguana? É o saco sem fundo de empréstimos a juros de dez por cento e outros investimentos absurdos. O capital europeu foi prodigamente despejado nele durante anos. Não o nosso capital, porém. Nós, neste país [os Estados Unidos], sabemos nos pôr ao abrigo, quando chove. Podemos sentar e observar. É claro que um dia vamos entrar no jogo. Somos forçados a isto. Mas não há pressa. O próprio tempo teve que esperar o surgimento do maior país de todo o universo de Deus. Nós daremos a palavra final sobre tudo: indústria, comércio, direito, jornalismo, arte, política e religião, do Cabo Horn até o Estreito de Smith, e mesmo além, se aparecer algo de valioso a ser apropriado no Polo Norte. E então, teremos todo tempo disponível para nos ocuparmos das ilhas remotas e dos continentes da Terra. Dirigiremos os negócios mundiais, quer o mundo queira, quer não. O mundo não pode impedir isso, nem nós tampouco, penso eu.

Na verdade, a ascensão dos Estados Unidos ao nível de primeira potência econômica mundial não se fez apenas pelos mecanismos de controle econômico dos países mais fracos, mas foi também viabilizado pelo emprego da força militar e da pressão política. A partir de 1945, quando o Estado norte-americano se deu conta de que era a única potência capaz de enfrentar, em todos os setores, a força comunista internacional, os sucessivos governos ianques apoiaram todos, rigorosamente todos os regimes ditatoriais e autoritários anticomunistas, na periferia do mundo capitalista, tendo perfeito conhecimento, graças à eficiência dos seus serviços diplomáticos e de espionagem, das atrocidades cometidas por seus pupilos em nome dos ideais do "mundo livre".[13]

---

13. Em *Killing Hope – US Military and CIA Interventions Since World War* II, Common Courage, Monroe, 2003, William Blum relacionou 55 intervenções armadas ou de espionagem dos Estados Unidos no mundo todo, entre 1945 e o final da Guerra Fria.

Finda a Guerra Fria, as potências bélicas do mundo não comunista viram-se, subitamente, confrontadas com a insólita situação de carência de inimigos. Os atentados de 11 de setembro de 2001, em Nova York e Washington, corrigiram essa deficiência e reconduziram a política internacional aos caminhos batidos de sempre. Só que, doravante, o inimigo é impessoal e não localizado. Ele está em toda parte e em lugar nenhum. Malgrado os esforços de propaganda bélica, ele não pode ser identificado a um Estado, uma religião, um grupo social, nem tampouco, bem entendido, a nenhum indivíduo.

Teve início, então, uma formidável empresa de desmantelamento das mais caras instituições jurídicas de defesa da pessoa humana contra o arbítrio do poder, no mundo ocidental. Rapidamente, leis celeradas foram adotadas em alguns países, suprimindo direitos e garantias tradicionais do indivíduo acusado da prática de crimes — agora, o novo e indefinível crime de terrorismo. Voltou-se, ignominiosamente, à formulação — em termos velados, mas inequívocos — dos delitos de intenção, inventados pela Santa Inquisição na Idade Média e reinstituídos pelo Estado totalitário no mundo moderno.[14] Recorrendo à prática tantas vezes provada e sempre profícua, de aplicação de técnicas empresariais à ação política, o governo do presidente George W. Bush, nos Estados Unidos, criou o sistema de contratar, no estrangeiro, a submissão de suspeitos de terrorismo a interrogatórios sob tortura. É o equivalente do *offshoring* empresarial, em que certas tarefas de fabricação são contratadas por empresas transnacionais em vários países, nos quais a mão de obra é mais barata. No caso da luta contra o terrorismo, suspeitos são detidos ou sequestrados em qualquer país do mundo por agentes norte-americanos, e desde logo encaminhados de avião (normalmente registrado em nome de empresas particulares) a determinados países, em geral do Oriente Médio, contratados para o exercício desse trabalho sujo.

A segunda globalização capitalista

No campo econômico, terminada a Segunda Guerra Mundial, ou, mais exatamente, a partir de 1950, o mundo não comunista entrou num período de extraordinária expansão, com relativa estabilidade monetária. Foram "os anos gloriosos", que

14. Cf. Parte II, capítulo XI.

findaram bruscamente em 1973, com o abandono, pelo governo norte-americano, do sistema de paridade fixa do dólar com o ouro (*gold exchange standard*). Em menos de três meses, o preço internacional do petróleo quadruplicou.

A segunda vaga de globalização foi bem diferente da primeira. Ela teve início com a baixa sensível do consumo global nos países mais ricos do planeta, acompanhada de um sobressalto inflacionário, provocado pela crise do petróleo, o que levou tais países a forçar a venda de seus produtos no mundo subdesenvolvido, a fim de enfrentar o problema recorrente do excesso de produção. O sistema capitalista, com efeito, depende, visceralmente, de um aumento contínuo do consumo global de bens e serviços, sem o qual ele entra em colapso. A entropia, ou perda de energia do sistema, consiste na tendência a um excesso de capacidade de produção instalada, em relação à curva declinante do consumo a longo prazo. Daí o esforço contínuo na criação de necessidades artificiais de bens e serviços, pelo recurso intensivo à publicidade e à propaganda comercial. A partir de 1998, o mundo capitalista entrou na fase crítica, em que os gastos com publicidade e propaganda aumentam, ano a ano, em ritmo maior do que o crescimento da produção mundial.

Uma das principais medidas aplicadas progressivamente no mundo todo, com grande reforço de argumentação ideológica, desde o início da segunda vaga de globalização, foi o enfraquecimento dos poderes de direção econômica nos Estados mais pobres, com a adoção das políticas denominadas, no jargão financeiro internacional, "programas de ajuste". Foram medidas conjunturais de austeridade — redução das despesas públicas, acompanhada por vezes de aumento de tributos —, além de medidas estruturais, tais como a desregulação das atividades econômicas, a abertura das fronteiras à importação de mercadorias estrangeiras (mas não à imigração dos trabalhadores estrangeiros) e a privatização das empresas públicas.

No campo das relações econômicas internacionais, a outra grande diretriz da segunda vaga de globalização, de acordo com as recomendações dos organismos financeiros internacionais, notadamente o FMI, foi a abolição total do controle de câmbio e de circulação dos capitais, a liberalização dos serviços financeiros transfronteiras e a eliminação das restrições que limitavam, tradicionalmente, o acesso das instituições e dos investidores estrangeiros aos mercados nacionais.

Concomitantemente, assistiu-se a um aumento considerável do endividamento dos Estados pobres, tanto no mercado nacional, quanto no internacional, anulando-se com isso, pelo peso crescente do serviço da dívida pública, o efeito das medidas de austeridade orçamentária adotadas. Ou seja, os Estados mais pobres tiveram que reduzir substancialmente suas despesas com a manutenção dos serviços públicos, bem como os seus investimentos de infraestrutura, sem poder atingir o equilíbrio fiscal esperado, em razão do crescimento desproporcional das despesas financeiras.

Uma das consequências mais marcantes da aplicação dessas medidas foi a progressiva transformação das empresas multinacionais, que se expandiram consideravelmente durante a fase dos "anos gloriosos", em empresas transnacionais. As primeiras instalam-se em diversos países e submetem-se à legislação local em todas as matérias, notadamente no que diz respeito às relações de trabalho, à concorrência e à proteção do meio ambiente. Já as transnacionais operam no mundo todo, não mediante investimentos locais, mas por meio da criação de uma rede de fornecedores, montadores e distribuidores, a ela ligados por contrato, e substituíveis a qualquer tempo.

É preciso reconhecer que tudo isso coaduna-se, à perfeição, com as características estruturais da segunda vaga de globalização. Da mesma forma que, ao abrir mão de suas colônias, as antigas potências imperialistas eliminaram os ônus da administração direta desses territórios, de forma análoga a empresa transnacional, ao contrário da multinacional, ficou inteiramente dispensada de enfrentar os eventuais obstáculos legais à sua expansão em outros países. Os vínculos contratuais que unem tais empresas às de outros países são bastante flexíveis, para permitir uma rápida mudança, conforme as conveniências do momento. A atividade das empresas transnacionais é, portanto, tão só, a de definir estratégias de produção, atuando taticamente para explorar as condições mais vantajosas (ou seja, de menor custo), em matéria de fornecimento, montagem e distribuição de bens ou prestação de serviços, em qualquer país do mundo.

No início do século XXI, calculou-se que o volume global de negócios das 150 maiores empresas multinacionais e transnacionais superava o PIB de 150 países e equivalia a quase 30% do produto mundial.

Ora, à medida que encolhia o poder dos Estados pobres de intervir nos seus mercados internos, assistiu-se a um reforço considerável do poder de regulação econômica dos organismos internacionais, sob controle das grandes potências. O FMI passou a condicionar seus financiamentos à aceitação de programas ditos de ajuste estrutural. Quanto à Organização Mundial do Comércio (OMC), que assumiu em 1994 a sucessão do GATT, ela impôs medidas de liberalização comercial e de respeito amplo aos direitos de propriedade intelectual, medidas que acabaram por suprimir, de fato, a margem de manobra dos países pobres no estabelecimento de políticas de desenvolvimento nacional, ao mesmo tempo que provocavam uma transferência importante de recursos financeiros desses países, em proveito das grandes potências econômicas. Estimou-se que a economia norte-americana se beneficiaria, com o recebimento de *royalties* pelas empresas sediadas no país, de recursos monetários treze vezes superiores aos obtidos com base na redução das tarifas de importação no estrangeiro.

Não foi só esse, infelizmente, o prejuízo global provocado por essa mudança estrutural do capitalismo, consistente em fazer com que as empresas vivam da exploração de direitos de propriedade intelectual, sem produzir coisa alguma. Como salientou o Programa de Desenvolvimento das Nações Unidas, a globalização do sistema de propriedade intelectual cavou ainda mais fundo o abismo que separa a minoria opulenta da maioria indigente da humanidade, por quatro razões principais:

1. Nos programas de pesquisa das empresas privadas, o lucro conta mais do que as necessidades humanas;

2. O reforço global dos direitos de propriedade intelectual mantém os países subdesenvolvidos à margem do saber tecnológico atualizado;

3. A proteção das patentes industriais não reconhece os saberes e os sistemas de propriedade tradicionais, de índole comunitária;

4. A promoção a qualquer custo dos interesses comerciais acaba por proteger os lucros e não as pessoas, apesar dos sérios riscos humanos que as novas tecnologias comportam.[15]

Tudo isso, sem falar das perdas sofridas pelos países pobres em razão das medidas de protecionismo comercial praticadas na esfera rica do planeta. Enquanto os acordos aprovados na OMC proibiam a outorga de ajuda pública às indústrias nacionais, prática na qual se fundou no passado o desenvolvimento industrial dos países ricos, estes últimos continuaram a conceder livremente amplos subsídios aos seus agricultores e a prodigalizar medidas protecionistas em todos os setores que consideravam "sensíveis".[16]

---

15. *Rapport Mondial sur le Développement Humain 1999*, De Boeck Université, p. 57.

16. Cf., a esse respeito, o estudo de Ha-Joon Chang, *Kicking Away the Ladder: development strategy in historical perspective*, 2003, traduzido em português sob o título *Chutando a Escada – A estratégia do desenvolvimento em perspectiva histórica*, publicado pela Editora Unesp, 2004.

Se se acrescer ainda a esse quadro sombrio o efeito de descapitalização provocado pelo endividamento externo, percebe-se que são os países pobres que sustentam financeiramente a parte mais rica do planeta, e não o contrário.[17]

Marx já havia assinalado, nos *Grundrisse*, que "a tendência à criação de um *mercado mundial* está inclusa no conceito mesmo de capital".[18] Nada de surpreendente, pois, que durante as duas vagas de globalização veio a se estabelecer uma nítida oposição de interesses entre o centro e a periferia do mundo capitalista, ou seja, uma espécie de transposição, no plano internacional, do fenômeno da luta de classes.

Ora, com a passagem do capitalismo industrial ao capitalismo financeiro, traço característico da segunda vaga de globalização, esse conflito mundial de interesses aprofundou mais ainda os desequilíbrios econômicos e sociais preexistentes. De acordo com o lugar-comum sempre repetido, o capitalismo seria o melhor sistema econômico de produção de bens e o pior em matéria de distribuição de renda. Não mais: agora ele é o pior nos dois campos. Já entramos seguramente numa fase histórica, em que o desenvolvimento da técnica de produção econômica é coarctado pela forma capitalista de organização das relações de produção; em outras palavras, iniciamos uma fase histórica em que as relações capitalistas de propriedade e de concorrência empresarial devem ser substituídas por relações de uso comum e de cooperação econômica, sob a supervisão do Estado e do próprio povo.[19]

Em meados do século XIX, quando Marx desenvolveu sua reflexão crítica, para que a atividade empresarial engendrasse lucros era necessário produzir para o mercado; o rentista, ou o simples acionista, subordinavam-se, efetivamente, na vida econômica, ao empresário industrial. O lucro dependia da produção, e esta do trabalho assalariado, cuja exploração, pelo mecanismo da mais-valia, engendrava, segundo Marx, a acumulação do capital. O *Manifesto Comunista* chegou mesmo a afirmar que "o trabalho assalariado é a condição de existência do capital". Com o advento do capitalismo financeiro, porém, a situação mudou inteiramente. A rentabilidade das empresas industriais depende, sempre mais, de sua capacidade de dispensar a mão de obra assalariada. Por diversas vezes, o índice médio de cotação

---

17. Cf. UNCTAD, *Trade and Development Report 2004*, pp. 57 e ss.

18. Karl Marx, Friedrich Engels, *Werke*, Institut für Marxismus-Leninismus beim ZK der SED, Dietz Verlag, Berlim, vol. 42.

19. Cf., infra, o capítulo V desta Parte.

dos valores mobiliários em Bolsa sobe, em exata correlação com o anúncio de um aumento do desemprego no país.

Os dados periodicamente divulgados pela Organização Internacional do Trabalho nos mostram a amplitude do desastre que se abateu sobre o mundo do trabalho. Metade dos trabalhadores empregados no mundo vive na faixa convencional de pobreza, ou seja, eles percebem um salário de menos de 2 dólares por dia; 20% deles classificam-se, claramente, como miseráveis, ao receberem um salário diário inferior a 1 dólar. Isso sem contar a legião dos desempregados, que aumenta ano a ano.

Ao mesmo tempo, o lucro médio das operações em massa de câmbio, de títulos e valores mobiliários, ou de índices no mercado futuro, é nitidamente mais elevado que o lucro normal das empresas industriais. Isso significa que, nesse sistema, ganha-se muito mais com serviços financeiros ou de simples intermediação, ou mesmo em operações especulativas, que nada produzem, do que na produção de bens para o mercado.

As consequências negativas dessa mudança estrutural do sistema capitalista não se fizeram esperar. Nas últimas três décadas do século xx, o ritmo de crescimento do produto mundial baixou sensivelmente, passando de uma média de 4,5% nos anos 1970, a 3,4% nos anos 1980, e a 2,9% no último decênio do século.[20] A tendência persistiu com a entrada do novo século. Durante esse mesmo período de tempo, como demonstrou o estudo de uma agência das Nações Unidas, observou-se um pronunciado aumento da desigualdade de renda, não apenas entre as nações, mas também na humanidade considerada como um todo.[21]

Na base do desenvolvimento irresistível do capitalismo esteve sempre o avanço tecnológico, a apropriação do *savoir faire* como instrumento de poder. Na verdade, o comunismo seguiu na mesma trilha. Ele foi vencido exatamente porque não soube desenvolver a tecnologia tanto quanto o capitalismo. Mas nem um nem outro desses sistemas jamais procurou pôr o poder tecnológico a serviço da pessoa humana.

---

20. Cf. Banco Mundial, *World Development Indicators – 1998*, Washington, 1998; e *World Development Report 2000/2001*, Washington, 2000.

21. Andrés Solimano, *The Evolution of World Income Inequality: Assessing the Impact of Globalization*, Cepal, 2001.

4. OS EFEITOS DISRUPTIVOS DA GLOBALIZAÇÃO CAPITALISTA

Se o processo de seleção natural é o fator chave da evolução biológica, pela necessidade de adaptação básica do homem aos constrangimentos do meio ambiente, como foi lembrado na Introdução a esta obra, a humanidade enfrenta, hoje, no limiar do terceiro milênio da era cristã, um desafio decisivo, qual seja, o seu rápido adensamento em toda a superfície do ecúmeno terrestre. Terá a biosfera condições de nos sustentar indefinidamente?

A questão, como se recorda, foi posta de início por Malthus, quando deu a público no final do século XVIII o seu livro famoso.[22] Ampliando constantemente a ocupação de uma superfície limitada, a espécie humana não pode deixar de se preocupar com as condições de sua sobrevivência a longo prazo, tendo em vista a limitação natural dos recursos naturais. Malthus calculou, de modo aproximado, que enquanto o crescimento populacional se fazia em ritmo de progressão geométrica, o aumento na produção dos meios de subsistência obedecia a uma progressão aritmética.

Até o presente, as previsões malthusianas no tocante ao crescimento demográfico foram basicamente confirmadas. Se a Terra contava com 1 bilhão de seres humanos na aurora do século XIX, a população mundial passou a ser de 2 bilhões em 1930; de 3 bilhões em 1960; de 4, em 1975; de 5, em 1987; e de mais de 6 bilhões no início do século XXI. Há aqui, todavia, um dado novo a considerar, sem precedentes na história da nossa espécie. Segundo os técnicos das Nações Unidas, o ritmo de crescimento demográfico torna-se menos acelerado. As previsões mais conservadoras estimam que a Terra contará com cerca de 9 bilhões de seres humanos em meados do século XXI, e que a partir de então a tendência será invertida, iniciando--se um processo de decréscimo da população mundial.[23] O que não deixará de suscitar novos e angustiantes problemas.

O extraordinário desenvolvimento tecnológico, ocorrido ao longo dos últimos dois séculos, corrigiu em parte a previsão pessimista de Malthus, no que tange à produção de meios de subsistência. O engenho técnico supriu parcialmente a carência natural de recursos, sobretudo alimentares. Mas aqui, como em todos os

---

22. *An Essay on the Principle of Population as it affects the Future Improvement of Society, with Remarks on the Speculations of Mr. Godwin, M. Condorcet, and other Writers* foi publicado anonimamente em 1798.

23. *World Population Prospects, the 2000 Revision*, Nova York, Population Division.

demais setores da vida social, o progresso tecnológico serviu de modo preferencial aos ricos e manteve em situação de grave carência as massas pobres e miseráveis. Embora sejamos capazes de produzir alimentos para nutrir o dobro da população mundial, na passagem do segundo para o terceiro milênio da era cristã ainda havia 800 milhões de pessoas no mundo afetadas pelo flagelo da fome, estimando-se que 36 milhões morreram no ano de 2000 em razão direta da fome ou de suas consequências imediatas. No *Relatório do Desenvolvimento Humano de 2004*, do Programa de Desenvolvimento das Nações Unidas, já se indicava a existência de 831 milhões de pessoas subnutridas no mundo.

Além disso, a contrapartida do acelerado progresso tecnológico foi a degradação constante dos bens renováveis do planeta, a qual atinge hoje proporções alarmantes. Em 2005, um grupo de 1 350 cientistas de 95 países publicou, sob a égide da ONU, a Avaliação Ecossistêmica do Milênio. Alguns dados contidos nesse relatório são assustadores:

• Mais de 1 bilhão de pessoas não têm acesso a abastecimento de água potável adequado e quase 3 bilhões (ou seja, praticamente a metade da humanidade) não dispõem de infraestrutura de saneamento. O consumo de água potável aumenta em 20% a cada dez anos, desde 1960.

• A concentração de dióxido de carbono na atmosfera cresceu 32%, de 1750 (início da Revolução Industrial) até hoje.

• Mais terras foram convertidas em lavoura e pasto após 1945, do que durante os séculos XVIII e XIX.

• Hoje, entre 10% e 30% de todas as espécies de anfíbios, mamíferos e aves estão ameaçadas de extinção. Pelo menos um quarto das espécies de peixes está submetido à superexploração empresarial.

• Cerca de 20% dos recifes e 35% dos manguezais existentes no mundo foram destruídos nas últimas décadas.

A questão da sobrevivência da nossa espécie põe-se hoje, portanto, de forma iniludível, a todos os homens de consciência e de responsabilidade. A humanidade somente terá condições de enfrentar esse formidável desafio se souber encontrar uma forma de união na qual todos os povos do mundo possam viver livres e iguais, em dignidade e direitos.

Ora, esse projeto de reumanização do mundo, o único viável na sua radical utopia, é absolutamente contraditório com o ideário, o sistema de poder e a prática capitalistas.

Até o advento da era moderna, no Ocidente, sempre se concebeu a vida social como devendo fundar-se no altruísmo e na supremacia do bem comum sobre o interesse privado. Já no início do século xvi, porém, a pregação maquiavélica de uma "política de resultados", a ser conduzida com base em quaisquer meios, abriu a primeira fratura ética entre a vida privada e a vida pública. O príncipe, em sua condição de herói situado acima do comum dos mortais, não se submetia à ética geral, vigente para os seus súditos.[24] Concomitantemente, a insistência da teologia protestante na inutilidade das "boas obras" para a salvação eterna, e a retomada de uma certa concepção veterotestamentária de que o êxito nos negócios deste mundo seria um sinal premonitório de que o fiel está incluído no rol dos eleitos do Senhor, serviram incontestavelmente de justificativa moral para um estilo de vida individualista, em que predominou a geral despreocupação com as desigualdades sociais.[25] Jean Bodin e Thomas Hobbes acrescentaram a essas ideias a sua proposta de instauração de um regime autocrático, como único remédio à insegurança geral.[26] Na época da Ilustração europeia, sob o influxo do utilitarismo, sustentou-se, com grande êxito, que as sociedades humanas podiam e deviam ser organizadas, na vida econômica, com base, exclusivamente, no interesse particular de cada um. Da inevitável e salutar concorrência de egoísmos decorreria, naturalmente, a realização do bem comum.[27]

Esta última proposta, na verdade, nada tinha de original. Ela já havia sido sustentada na antiguidade clássica, mas os antigos sempre a enxergaram como mero paradoxo retórico. Assim, por exemplo, no *Górgias* de Platão, Cálicles ataca violentamente a concepção de justiça de Sócrates, afirmando que a natureza não conhece a igualdade, mas que a lei natural exige, ao contrário, que seja sempre o forte a dominar o fraco e o rico a governar o pobre. E, extravasando a sua ojeriza pelo regime democrático, acrescenta que se as leis da *pólis* não seguem esse princípio é justamente porque elas são instituídas pelos fracos e os pobres (483 *a* e seguintes). Da mesma forma, na *República* (livro I, 338 *a* e seguintes), Trasímaco sustenta cruamente que a justiça é o direito do mais forte.

Ora, aquilo que a filosofia grega apresentava como uma tese paradoxal, apta

24. Cf. Parte II, capítulo I.
25. Cf. supra, Parte II, capítulo II.
26. Cf. Parte II, capítulo III.
27. Cf. Parte II, capítulo VI.

a suscitar o raciocínio dialético, a ideologia capitalista logrou impor ideologicamente como verdade natural. As leis não devem refrear a liberdade econômica para proteger os mais fracos e os mais pobres, sob pena de arruinar a nação. Pelo jogo natural da concorrência, ou oposição racional de egoísmos, vencerá sempre o melhor, o que representa sempre uma solução conforme ao interesse geral. Não há, assim, por que opor o interesse privado ao bem público, ou seja, procurar alcançar a igualdade pela defesa da maioria fraca e pobre, quer na sociedade civil, quer nas relações internacionais, perante a minoria rica e competente. Esta última sabe o que é bom para todos e trabalha pelo bem comum, ao buscar realizar racionalmente o seu interesse particular.

As instituições do Estado liberal e do direito internacional clássico seguiram fielmente tais ideias. Quanto à prática capitalista, ela consolidou em pouco tempo a dominação mundial do empresariado, porque este soube perceber, muito cedo, que a chave do êxito na conquista do poder consistia no monopólio da tecnologia como principal instrumento de produção. A técnica, como saber prático, tornou-se objeto de apropriação privada, e deixou de ser, como no passado, um instrumento de utilidade pública, acessível a todos.

Os efeitos dessas mudanças radicais sobre a evolução histórica tornaram-se patentes a partir da Revolução Industrial. Durante todo o período histórico que a precedeu, estimou-se que a diferença existente entre a nação mais rica e a mais pobre foi inferior à proporção de 2 para 1, provavelmente de 1,5 para 1. Ao se compararem regiões ou conjuntos de países, a diferença teria sido ainda menor, e num sentido inverso ao atual. Assim, por exemplo, às vésperas da Revolução Industrial, as atuais regiões ricas do planeta tinham uma renda global *per capita*, calculada em dólares norte-americanos de 1960, igual, ou até ligeiramente inferior, à do conjunto dos países subdesenvolvidos do presente: 182 para 188. Ao se iniciar o século XIX, essa relação já se invertia a favor dos primeiros: 198 a 188. A partir de então, ela foi se alargando sem cessar e rapidamente: 324 para 174, em 1860; 540 para 175, em 1900; 1 054 para 203, em 1950, 1 453 para 250, em 1960.[28] Nesse ano, a quinta parte mais rica da população mundial dispunha de uma renda média trinta vezes superior à dos 20% mais pobres. Em 1997, essa proporção havia mais do que dobrado

---

28. Paul Bairoch, "The Main Trends in National Economic Disparities since the Industrial Revolution", in Paul Bairoch e Maurice Lévy-Leboyer, *Disparities in Economic Development since the Industrial Revolution*, Macmillan, 1981, pp. 3 e ss.

— 74 para 1 —, e já nos primeiros anos do século XXI ela passou a ser de 80 para 1. Entre 1900 e 1998, cinquenta países sofreram uma redução no índice do produto interno bruto *per capita*.[29]

A conclusão é inafastável: a globalização capitalista desagrega irremissivelmente a humanidade. Na Introdução a esta obra, foi lembrada a lição do mito de Prometeu, contado no diálogo *Protágoras* de Platão. Não podemos, hoje, deixar de indagar se a maldição ligada à insensatez do titã, que confiou aos seres humanos o domínio da técnica, sem lhes dar ao mesmo tempo a necessária consciência ética, não estaria em vias de se realizar na face da Terra.

Com efeito, à medida que se adensa a ocupação do ecúmeno terrestre pela espécie humana, os povos se aproximam fisicamente uns dos outros por força do vertiginoso progresso técnico, mas ao mesmo tempo dissociam-se, drasticamente, por efeito da crescente desigualdade econômica, social e política. A globalização capitalista é um corpo sem alma; é a louca tentativa de estender ao orbe terrestre uma mesma dominação oligárquica, sem o mínimo respeito ao princípio elementar de que todos os seres humanos partilham do mesmo genoma, pertencem à mesma espécie, e devem, portanto, viver, em qualquer parte do mundo onde se encontrem, sempre livres e iguais, em dignidade e direitos.

5. UM OUTRO MUNDO É POSSÍVEL: A MUNDIALIZAÇÃO HUMANISTA

Se toda a evolução vital, como sustentou Teilhard de Chardin, é sempre acompanhada de uma *montée de conscience*, para que a humanidade se liberte da condição de objeto ou massa de manobra do poder do mais forte é indispensável que ela tome consciência de si própria, como sujeito ativo de direitos e agente responsável da evolução histórica. E, felizmente, não é difícil perceber que, ao lado da globalização disruptiva, produzida pelo capitalismo, está em curso, há vários séculos, um amplo movimento de mundialização associativa e comunitária.

A convicção profunda de que os homens — e, por conseguinte, os povos — são essencialmente iguais, em sua radical dignidade, resistiu, com o advento do

---

29. *Rapport Mondial sur le Développement Humain 2000*, publicado pelo Programa das Nações Unidas para o Desenvolvimento (PNUD), p. 82.

mundo moderno, a todas as influências corrosivas da ruptura ideológica, cujos principais elementos foram relembrados na segunda Parte desta obra.

No final do século XVII, reagindo contra as concepções autocráticas da sociedade política, John Locke sustentou a tese de que o postulado pacto fundador da sociedade civil atribui a todos os homens direitos individuais e inalienáveis, que devem ser respeitados, pelos governantes, em qualquer circunstância.[30]

No século XVIII, Rousseau[31] aprofundou a crítica de Locke à concepção autocrática da sociedade política, sustentando, não só que a soberania ou poder supremo pertence unicamente ao povo, mas também que este deve exercê-la diretamente, sem jamais se fazer representar, pois a representação política equivale a uma alienação da soberania. Ao atacar de modo apaixonado os costumes modernos, fundados na artificialidade e no individualismo, pregou o retorno ao espírito comunitário das civilizações antigas e advertiu, em plena fase de gestação das ideias liberais, que "o interesse privado jamais produziu algo de grande e nobre". Para Rousseau, não é a liberdade que engendra a igualdade no meio social, mas exatamente o contrário.

Na geração seguinte, Kant, grande admirador de Rousseau, enfatizou que o ser humano distingue-se das coisas materiais porque tem dignidade e não um preço, e nenhum homem deve, jamais, submeter-se à vontade de outro para servir de meio à consecução de uma finalidade, qualquer que ela seja, dado que a pessoa humana é, sempre e em todo lugar, uma finalidade em si mesma.[32] Ecoando esse ensinamento luminoso de Kant, a Declaração Universal dos Direitos Humanos de 1948 proclamou o princípio de que "todo ser humano tem o direito de ser, em todos os lugares, reconhecido como pessoa perante a lei" (artigo VI).

No século XIX, Hegel e sobretudo Marx puseram a nu a mesquinhez da moral burguesa que, sob a falsa aparência de respeito aos direitos individuais, nega em todas as instâncias o bem comum e reduz a vida social a uma pura e simples defesa do interesse particular.[33]

Por fim, em direta contradição com o espírito imperialista e totalitário, dominante em seu tempo, o Mahatma Gandhi, ao reacender o sagrado princípio do

30. Cf. Parte II, capítulo IV.
31. Cf. Parte II, capítulo V.
32. Cf. Parte II, capítulo VII.
33. Parte II, capítulos VIII e IX.

altruísmo, fundamento ético das grandes religiões, no Oriente e no Ocidente, pregou incansavelmente, inclusive com a própria morte, o respeito integral à Vida, em todas as suas modalidades.[34]

Graças à influência fecunda e regeneradora desses grandes valores éticos, foi sendo construído, andar por andar, o grandioso edifício do sistema universal dos direitos humanos. Em correspondência ao processo de progressiva coalescência da camada humana, que recobre toda a superfície do planeta, de modo a superpor, como disse Teilhard de Chardin, uma noosfera à biosfera,[35] foram reconhecidos sucessivamente, como titulares desses direitos, os indivíduos, os grupos sociais mais carentes, os povos e, por fim, a humanidade. Cada uma dessas sucessivas categorias de direitos humanos fortalece o respeito aos direitos pertencentes à categoria imediatamente anterior. Assim, sem o reconhecimento dos direitos econômicos, sociais e culturais, ou o dos direitos dos povos à democracia, não se garante o respeito aos direitos individuais, de caráter civil e político. Sem o reconhecimento dos direitos dos povos à autodeterminação e ao desenvolvimento, não se garante o direito à democracia. Sem o reconhecimento dos direitos da humanidade, todos os direitos dos povos carecem de uma adequada proteção.

Enfatize-se, porém, que a mundialização humanista não significa, de forma alguma, desprezo pelo saber tecnológico, ou o não reconhecimento do seu papel insubstituível no processo evolutivo da espécie humana. Técnica e ética completam-se, necessariamente, para impulsionar os povos e as civilizações a se unirem. A tecnologia, divorciada da ética, conduz à inevitável fratura da humanidade. A ética, ignorante do saber tecnológico, é ineficiente e vazia. O grande projeto de humanização do mundo exige que a ciência e a técnica sejam finalmente reconhecidas como patrimônio da humanidade, insuscetíveis, portanto, de qualquer tipo de apropriação, privada ou estatal.

Uma visão realista da História, à luz dos princípios da evolução biológica, só pode, na verdade, conduzir-nos à conclusão de que a espécie humana, confrontada hoje ao grande desafio da desagregação em escala acelerada, saberá optar — agora de forma consciente e responsável, e não mais por simples instinto — pelo caminho da Vida, e rejeitar sua submissão às forças de Morte. Ao contrário do que sempre

---

34. Parte II, capítulo XII.
35. Cf. *Le Phénomène humain*, Paris, Editions du Seuil, 1955. Lembre-se que νόος ou νοῦς, em grego, significa espírito ou razão.

pregaram os pessimistas, a liberdade não é um fardo insuportável, que os indivíduos e os povos procuram, loucamente, alijar de si, confiando sua vida e o futuro das gerações ulteriores à decisão de outros povos ou indivíduos, tidos como mais sábios e mais capazes. A resposta à questão crucial do nosso tempo, tal como assinalada nestas páginas, será por certo dada num sentido positivo. Estejamos convictos de que a humanidade saberá decidir livremente o seu futuro, construindo aquela "sociedade comum do gênero humano" de que falou Cícero, onde já não existirão dominadores e dominados, nababos e miseráveis, mas na qual todos os seres humanos poderão, enfim, exercer, em igualdade de condições, o seu fundamental direito à busca da felicidade.

Para que possamos enxergar mais claramente o pleno sentido desse projeto de um mundo mais livre, justo e solidário, precisamos refletir, antes de tudo, sobre o seu fundamento ético; havemos de precisar, em seguida, os princípios cardeais de sua organização, para podermos delinear, por fim, as principais disposições da Carta Constitucional de fundação da "sociedade comum do gênero humano".

É o objeto dos próximos capítulos.

II. O Fundamento da Ética

I. O CONCEITO DE FUNDAMENTO ÉTICO

Na linguagem filosófica, o termo fundamento designa o que serve de base ao ser, ao conhecer, ou ao decidir. Fundamento é a causa ou razão de algo (*ratio essendi, ratio cognoscendi, ratio decidendi*). Para Aristóteles, a substância é a razão do ser específico de determinado ente. Para Descartes, o *cogito* é o critério da certeza do ato de conhecimento. Para Kant, o imperativo hipotético é a razão de toda decisão técnica e o imperativo categórico, o supremo princípio da moralidade.[1]

Justamente, em se tratando da *ratio decidendi*, em matéria ética, é preciso saber distinguir entre a razão ou razões pelas quais uma norma de comportamento social é de fato obedecida — o costume, o temor da sanção, o desejo de agradar aos poderosos — e a razão última pela qual ela deve ser obedecida.

Essa distinção Kant a estabeleceu, sob a denominação de *dedução transcendental* (*transzendent Deduktion*), na *Crítica da Razão Pura*, valendo-se, curiosamente, de um raciocínio jurídico.[2] Os juristas, disse ele, quando tratam de autorizações de agir (*Befugnisse*), ou de usurpações (*Anmassungen*), sabem distinguir, em cada caso,

---

1. Cf. supra, Parte II, capítulo VII.
2. *Kritik der reinen Vernunft*, I, Segunda Parte, livro primeiro, § 13.

entre a questão propriamente jurídica (*quid iuris*) e a questão de fato (*quid facti*), e denominam dedução a demonstração da primeira (*quaestio iuris*). Assim, enquanto em questões de fato as normas processuais exigem que as partes exibam provas, em matéria de direito admite-se que cada parte apresente as razões justificativas de suas alegações, as quais tendem a demonstrar a legitimidade (*Rechtsmässigkeit*) de suas conclusões.

No sistema filosófico kantiano, enquanto a "dedução transcendental" diz respeito, em matéria de razão sensitiva pura, à possibilidade de um conhecimento *a priori* de objetos, em matéria de razão prática, ou seja, de decisões a tomar na vida propriamente humana e não meramente biológica, ela visa a encontrar a justificação (*Rechtfertigung*) da validade objetiva e geral de um fundamento determinante (*Bestimmungsgrund*) da vontade; ou, em outras palavras, uma razão justificativa para a lei moral, semelhante à causalidade no campo da natureza. E esse fundamento último de moralidade, segundo Kant, só pode ser a liberdade.[3]

De qualquer modo, como advertiu Hegel, o fundamento de algo existe sempre fora deste, como sua causa transcendente, e não pode, jamais, sob o aspecto lógico e ontológico, ser confundido com um dos seus elementos componentes, sobretudo quando ele não é necessário, mas contingente.[4]

Ora, em matéria ética, o fundamento é um critério ou modelo de vida. Na língua grega, de onde nos veio o vocábulo, critério é um substantivo ligado ao verbo *krinô* (κρίνω), empregado em três acepções principais: 1ª) julgar, decidir, condenar; 2ª) estimar, crer; e 3ª) separar, escolher, comparar. Em latim, usava-se o verbo *cerno*, de onde proveio o nosso *discernir*. Κριτήριον designa a medida ou padrão de julgamento e, secundariamente, o julgador (juiz ou tribunal).

Ressalte-se, desde logo, que não pode servir de critério para o juízo do bem e do mal a opinião deste ou daquele indivíduo. Aqui, tal como no campo das ciên-

---

3. *Kritik der praktischen Vernunft*, in *Kant's gesammelte Schriften*, vol. V, Berlim, Druck und Verlag von Georg Reimer, 1913, pp. 34-5.

4. *Enziklopädie der philosophischen Wissenschaften im Grundrisse (1830)*, nova edição por Friedhelm Nicolin und Otto Pöggeler, Akademie-Verlag, Berlim, 1966, § 121, p. 130: "Der *Satz des Grundes* heisst: 'Alles hat seinen zureichenden *Grund*', d. H. nicht die Bestimmung von Etwas als Identisches mit sich, noch als Verschiedenes, noch als bloss Positives oder als bloss Negatives, ist die wahre Wesenheit von Etwas, sondern dass es sein Sein in einem Anders hat, das als dessen Identisches-mit-sich sein Wesen ist. Dieses ist ebensosehr nicht abstrakte Reflexion *in sich*, sondern *in Anderes*. Der Grund ist das *in sich* seinde Wesen, und dieses ist wesentlich Grund, und Grund ist es nur, insofern es Grund von Etwas, von einem Andern ist.".

cias da natureza, a famosa fórmula de Protágoras, "o homem", isto é, cada indivíduo humano, "é a medida de todas as coisas", conduz logicamente, como bem ressaltou Sócrates, à negação de todo saber racional.[5] Em matéria ética, o critério ou modelo de vida deve valer, no essencial, para todos os homens e todas as civilizações. Frise-se: no essencial, pois há valores secundários que variam enormemente, entre as diferentes culturas e civilizações. Como diremos no capítulo IV desta Parte, é preciso não confundir desigualdades com diferenças: as primeiras representam a negação da dignidade intrínseca de todos os seres humanos, sem exceção alguma, ao passo que as diferenças fundadas na realidade biológica ou na capacidade de criação cultural constituem valores a serem sempre respeitados, sob pena, ainda aí, de negação da dignidade humana.

Tal não significa, porém, como é óbvio, que o fundamento da ética tenha sido sempre o mesmo, em todas as épocas históricas. A compreensão sistêmica do ser humano é sujeita, ela também, ao princípio da evolução, como será dito mais abaixo.

2. PESSOALIDADE E IMPESSOALIDADE NA FUNDAMENTAÇÃO DA VIDA ÉTICA ENTRE OS ANTIGOS

As diferentes filosofias ou doutrinas orientais, de modo geral, fundaram a ordem ética sobre um princípio impessoal, comum a toda a realidade, física e biológica. Esse critério impessoal, na tradição filosófica chinesa, era chamado a Via ou o Caminho (*Dao*). Para Lao-Tsé, era a restauração da ordem da natureza, a Via Celeste (*D'ien Dao*); para Confúcio, o Caminho de *Wen* e *Wu*, isto é, a tradição imemorial que remontava aos Reis Sábios da antiguidade. No budismo, o verdadeiro método de vida para se evitar o sofrimento, o nosso legado comum nesta Terra, consiste em seguir a via média, situada entre os extremos do prazer desabrido e da mortificação dilacerante.

A filosofia grega optou também, em grande medida, pela explicação impessoal do fundamento da vida ética.

No pensamento socrático-platônico, a vocação do filósofo é sempre a de descobrir a unidade essencial dos seres, escondida pela multiplicidade aparente

5. Cf. supra, Parte I, capítulo II.

dos fenômenos. A essa unidade essencial Platão deu o nome de *ideia*, ou *forma* (*eidos*). Como explicado em *Parmênides* (132 *d*), um de seus primeiros diálogos, "essas ideias existem na natureza como modelos (παραδείγματα), ao passo que as coisas [a multiplicidade dos fenômenos] assemelham-se a elas e de certa maneira as imitam". Para exprimir esse modelo abstrato das coisas que variam concretamente em sua individualidade, Sócrates criou o conceito, como instrumento indispensável do saber racional.

A elucubração platônica foi depois aprofundada, tendo o filósofo postulado que as ideias ou formas ideais não existem propriamente na natureza, mas num mundo à parte, exterior e superior ao nosso mundo terreno. Ao reconhecer a dificuldade de compreensão desse pensamento, Platão recorreu à explicação mitológica, formulando uma alegoria da realidade. No início do livro VII de *A República*, ele imagina que a humanidade se encontra neste mundo como a viver no interior de uma caverna, com as costas voltadas para a abertura, situada acima, e enxergando no fundo, numa espécie de teatro de sombras, as imagens das pessoas e dos objetos que existem fora da caverna, recortados pela luz do sol. "A subida para essa região superior [onde se encontram as ideias] e a contemplação do que lá existe representam o caminho da alma para aceder ao inteligível". Nessa região do cognoscível situa-se, "bem ao longe, a natureza do Bem, que se enxerga com dificuldade, mas que, uma vez percebida, aparece ao raciocínio como sendo, em definitivo, a causa de tudo o que é reto e belo". Obviamente, só mesmo os filósofos, pessoas treinadas longamente nesse complexo exercício mental, seriam capazes de reconhecer, nas ações humanas, a sua adequação ou não a esse modelo suprassensível de justiça e correção de vida. Por isso, Platão reservou exclusivamente a eles o governo da sua *pólis* ideal.

Em outros diálogos, porém, Platão propende para o personalismo ético, ao apontar os deuses do Olimpo como modelos a serem imitados. No *Teéteto* (176 *a-c*), por exemplo, Sócrates sustenta que o mal habita aqui na Terra e jamais tem a sua morada entre os deuses. Daí por que devemos procurar, incessantemente, fugir para o céu. "Fugir para o céu é tornar-se semelhante à divindade, na medida em que isso é possível; e tornar-se semelhante à divindade significa tornar-se justo, santo e sábio." Ao final de sua vida, o filósofo abundou nesse sentido, e adotou, como modelo absoluto de toda a vida ética, a pessoa de Zeus. Ao lembrar a antiga máxima, cara à cultura helênica, de que é preciso sempre seguir a justa medida, ou seja, agir moderadamente (μετρίως), ele afirma que só Deus seria, no mais alto grau, "a medida de todas as coisas",[6] em evidente alusão à célebre fórmula cunhada por Protágoras.

A explicação platônica dos arquétipos supranaturais, como modelos das coisas terrenas, foi inteiramente rejeitada por Aristóteles. O que nos permite reconhecer a unidade dos seres, apesar de suas múltiplas individualidades — por exemplo, aquilo pelo qual reconhecemos que os diferentes indivíduos humanos fazem parte do mesmo gênero —, não se encontra, para Aristóteles, fora dos entes ou coisas individuais, num mundo à parte, superior ao nosso, como imaginou Platão, mas dentro de cada um dos entes. É o que Aristóteles chamou, recorrendo a diferentes formas de conjugação do verbo ser, *einai, to ti ên esti,* ou *esti*; ou seja, aquilo que a escolástica denominou genericamente *quidditas* e os modernos, *essência.*

Especificamente no que diz respeito ao comportamento humano, que os gregos denominavam *práxis*, todas as ações ou escolhas são feitas, acentuou o filósofo, em função de algo que consideramos um *bem*, ou algo de bom (*agathou ti*).[7] Tais bens, causa final das ações humanas, organizam-se numa determinada hierarquia: há bens mais importantes que outros, e todos eles subordinam-se ao bem supremo (*to ariston*), que não pode ser algo inatingível, como as ideias platônicas, porque em tal hipótese não faria parte da ética. O bem supremo, segundo Aristóteles, constitui objeto da ciência política, a qual, como ciência da convivência humana numa sociedade organizada (πόλις), é parte integrante da ética.[8] O filósofo lembra que, segundo a opinião unânime, o bem supremo, causa final de toda a vida humana, é aquilo que ele denomina *eudaimonía*, palavra oriunda de εὐδαίμων, que significa, literalmente, estar possuído por uma boa divindade (δαίμων), palavra traduzida desde cedo e de modo deformante, nas línguas neolatinas, por *demônio. Eudaimonia*, por sua vez, é correntemente traduzida por *felicidade.*

Mas em que consiste a felicidade? Aristóteles observa que o simples fato de viver é uma condição que o homem partilha com todos os seres vivos. A felicidade humana, por conseguinte, só pode ser algo correspondente à função (*ergon*) própria do homem na vida, e conclui que ela é uma atividade da alma (a parte racional

---

6. *Leis* 716 *c.*
7. *Ética a Nicômaco*, 1094 *a*, 1-2.
8. Ibidem, 1094 *a*, 20 e ss.

do ser humano, pela qual este se distingue propriamente dos animais),[9] de acordo com a sua excelência (*aretê*) própria.

Como se vê, a concepção aristotélica do fundamento da ética, embora partindo da noção impessoal de bem, acaba por reencontrar a via do personalismo, ao apontar, como modelo ou padrão de comportamento, aquilo que constitui a excelência própria do ser humano.

Já com os estoicos, porém, como foi visto na primeira parte desta obra,[10] volta-se a uma concepção impessoal da ética, ao se defender a ideia de que a natureza, como ordem universal, animada pela divindade, é o princípio racional que deve servir de modelo ou guia para todas as ações humanas.

Se tal ocorria com a reflexão filosófica, é importante assinalar que, no campo da mitologia e da criação teatral ou poética, houve na cultura grega uma nítida evolução, no sentido de se adotar uma visão sempre mais personalista. É o que se percebe, nitidamente, por exemplo, pela interpretação que Sófocles deu ao antigo mito de Antígona.

O argumento central da peça é a ilegitimidade das leis humanas, quando contrárias à vontade dos deuses. À pergunta de Creonte sobre se Antígona tinha ciência da proibição legal de se dar sepultura religiosa a seu irmão Polínice, morto em revolta contra o soberano, a jovem responde com altivez (versos 446 a 460):

Antígona — Sim, eu a conhecia: como poderia ignorá-la? Ela era muito clara.

Creonte — Portanto, tu ousaste infringir a minha lei?

Antígona — Sim, pois não foi Zeus que a proclamou! Não foi a Justiça, sentada junto aos deuses inferiores (ἡ ξύνοικος τῶν κάτω θεῶν Δίκη);[11] não, essas não são as leis que os deuses tenham algum dia prescrito aos homens, e eu não imaginava que as tuas proibições fossem assaz poderosas para permitir a um mortal descumprir as outras leis, não escritas, inabaláveis, as leis divinas! Estas não datam nem de hoje nem de ontem, e ninguém sabe o dia em que foram promulgadas. Poderia eu, por temor de alguém, qualquer que ele fosse, expor-me à vingança de tais leis?

---

9. Ibidem, 1098 *a*, 15-20.

10. Capítulo III.

11. Em geral, traduz-se essa expressão, de modo ambíguo para ouvidos modernos, por "deuses infernais".

Atentemos para o que a jovem responde ao seu algoz: "Não foi Zeus que proclamou a tua lei!". Efetivamente, a figura mitológica de Zeus, de início um deus entre outros no Olimpo, adquire aos poucos um *status* de superioridade, até ser considerado, na evolução da mitologia grega, o pai de todos os deuses e, portanto, o ente supremo do qual toda a vida dependia. A etimologia do nome, é, aliás, significativa. A declinação da palavra tem duas origens bem distintas. O nominativo vem de vida (ἡ ζωή), de viver (ζάω), e os demais casos de διά, preposição que significa *através de, por intermédio de*. Zeus é, portanto, não só, em sua qualidade de pai, o autor da vida, mas também o intermediário pelo qual todos os demais entes vivos, mortais ou imortais, devem passar para obter os bens necessários à plenitude da vida. As suas esposas representam a personalização das grandes qualidades morais: Têmis, a Justiça; Métis, a Prudência; Eirene, a Paz; Eunomia, a Equidade; Dikê, o Direito. Lembre-se, mais uma vez, que nas civilizações antigas o direito jamais se aparta da moral; ele nunca se apresenta como mera técnica útil à produção de qualquer resultado, como veio a ocorrer na idade moderna. Para os antigos, toda vida humana deve ser dirigida à realização de certas finalidades superiores, a serem respeitadas por todos, inclusive e notadamente pelos governantes.

A mitologia grega encaminhou-se, pois, na direção do monoteísmo, tal como na religião judaica. É sabido, assim, que nos primórdios *Iahweh* ou *Elohim* não era tido como o único deus existente, mas o deus próprio do povo de Israel. Foi somente na teologia profética, desenvolvida, sobretudo, após o exílio babilônio, que Ele passou a ser considerado o Deus Vivo, Único e Verdadeiro.

3. FUNDAMENTO ABSOLUTO OU RELATIVO DA VIDA ÉTICA NA ERA MODERNA

Na época moderna, as opiniões se dividiram. Houve quem rejeitasse, decididamente, qualquer fundamento absoluto e transcendental para a vida ética, doravante triplamente fragmentada em religião, moral e direito. Segundo Maquiavel, como foi visto,[12] o príncipe vive numa esfera ética superior à do povo. As normas jurídicas só vigoram quando editadas ou aceitas pelo próprio príncipe, que a elas, obviamente, não se submete. No sistema excogitado por Hobbes, até a própria prática religiosa depende, em última instância, do *placet* do soberano político,

12. Parte II, capítulo I.

suprema autoridade não só nesse campo, como também em matéria de moral e de direito, soberano cujas normas só existem e são consideradas justas quando dele emanadas.[13]

Rousseau e Kant,[14] cada qual a seu modo, reagiram vivamente contra esse relativismo ético. Ao rejeitá-lo, ambos propuseram, como guia ou justificativa suprema das normas de comportamento humano, pelo menos no campo da moral individual e do direito, um princípio absoluto de natureza impessoal: a vontade geral, ou o imperativo categórico.

Hegel, por sua vez, condenou a visão de mundo abstrata e a concepção impessoal do fundamento da ética, sustentadas por ambos os pensadores. No sistema hegeliano,[15] a realidade humana, contraposta ao mundo da natureza, só pode ser compreendida segundo um método totalizante e concreto, que outro não é senão a vida histórica. Ora, a História tem um sentido: ela se desenvolve com um rumo certo, em direção a um objetivo último, no qual tudo acabará ao final sendo absorvido. Nessa marcha em direção à meta definitiva da História, a humanidade é guiada por uma entidade transcendente, o Espírito Universal, que age sempre em conformidade com o Espírito Absoluto, isto é, o próprio Deus.

Numa posição de radical negação dialética do idealismo hegeliano, mas absorvendo integralmente o seu método de compreensão histórica da realidade humana, Karl Marx sustentou que a vigência dos diferentes sistemas de religião, moral ou direito funda-se, sempre, sobre a estrutura econômica de produção e o consequente sistema de classes sociais que ela engendra.[16]

Mas, paralelamente à difusão das ideias marxistas e do movimento socialista, a escola positivista do direito retomou por inteiro o relativismo ético de Hobbes, ao sustentar que o direito não deve ser confundido com a moral, menos ainda com a religião, e que toda norma jurídica, uma vez editada pela autoridade competente e por meio de um processo regular, deve ser tida como lídima expressão da justiça. O positivismo jurídico, como foi salientado,[17] pela sua recusa defi-

13. Parte II, capítulo III.
14. Parte II, respectivamente capítulos V e VII.
15. Parte II, capítulo VIII.
16. Parte II, capítulo IX.
17. Parte II, capítulo X.

nitiva em fundar o direito numa autoridade superior ao Estado, preparou de certa forma o caminho para a explosão da experiência totalitária no século XX.

Nesse mundo sombrio e desatinado, do final do século XIX até meados do século XX, a figura do Mahatma Gandhi[18] surgiu como um verdadeiro facho de luz, a indicar à humanidade o caminho da esperança: a redescoberta dos fundamentos absolutos da vida ética nos princípios da Verdade e do Amor, que são a essência da divindade, segundo a melhor tradição monoteísta.

4. O DEUS PESSOAL COMO SUPREMO MODELO ÉTICO NO MONOTEÍSMO

No judeo-cristianismo, o Bem e o Mal não são princípios abstratos, mas entidades personalizadas, respectivamente, em Deus e em Satã. Este nome deriva de um verbo hebraico, que significa *acusar, opor-se a alguém*. Foi por isso que na primeira tradução grega da Bíblia (a versão dos Setenta), Satã recebeu o nome de *Diabolos*, que designa literalmente o que desune ou separa, e também, no sentido figurado, o caluniador. Aliás, no mito bíblico do pecado original, a disjunção ética do ser humano, após o pecado, é ilustrada com as figuras dos dois primeiros filhos do casal pecador, Caim e Abel, os quais encarnam, simbolicamente, o Mal e o Bem.

Seja como for, ao contrário do dualismo típico das religiões mesopotâmicas, que punham o Bem e o Mal em posições paralelas e equipolentes, Satã, na concepção judaica, é também uma criatura de *Iahweh* e, por conseguinte, a ele se submete.

No judaísmo

O Deus da Bíblia não é um princípio indeterminado e impessoal, como o "primeiro motor" na filosofia de Aristóteles, mas uma pessoa que mantém com os homens, por ele criados, uma relação pessoal em virtude da palavra, o grande instrumento de comunicação entre os seres racionais. O judaísmo é, aliás, eminente-

18. Parte II, capítulo XII.

mente, uma religião da palavra. Pela palavra, *Iahweh* criou o Universo.[19] Pela palavra o mal foi inserido no mundo.[20]

A intervenção dos deuses antigos na vida dos homens fazia-se por meio de ações extraordinárias, mas raramente como uma comunicação de pessoa a pessoa. *Iahweh*, ao contrário, desde o seu aparecimento a Moisés, fez questão de se manifestar pela palavra, a seguir consignada por escrito, formando a Torá, ao mesmo tempo Lei e Ensinamento. A raiz hebraica do vocábulo tem o sentido de *indicar o caminho, apontar a direção*. Em seguida, *Iahweh* falou aos homens por intermédio dos seus profetas (entre os séculos IX a IV a.C.), palavra derivada do verbo grego *phemi*, que significa *dizer, falar*. Por isso, no meio cultural grego, o Deus de Israel foi desde logo representado como o Deus da Palavra, *Lógos*, que na língua grega tem também o sentido de razão. *Iahweh* é, portanto, o Deus que mantém com as criaturas humanas um diálogo pessoal. O Evangelho de João, composto no início do século II da era cristã num ambiente cultural helênico, sintetizou brilhantemente essa interpretação teológica, ao declarar, em sua proclamação de abertura, que "no princípio era o Verbo, e o Verbo estava com Deus e Deus era o Verbo (καὶ Θεὸς ἦν ὁ Λόγος)".

Para a Bíblia o conhecimento que os homens têm de Deus não é uma operação meramente intelectual. O verbo *conhecer*, nas línguas semíticas antigas, não tinha o sentido de uma operação mental (como a *gnósis* dos filósofos gregos), mas significava uma adesão ou entrega de toda a pessoa — corpo, alma, coração e mente — a outra pessoa,[21] adesão integral que desabrocha em amor.[22] Correlati-

---

19. "Deus disse: 'Haja luz' e houve luz. [...] Deus disse: 'Haja firmamento no meio das águas e que ele separe as águas das águas', e assim se fez. [...] Deus disse: 'Que a terra verdeje de verdura: ervas que deem semente e árvores frutíferas que deem sobre a terra, segundo sua espécie, frutos contendo sua semente', e assim se fez. [...] Deus disse: 'Que haja luzeiros no firmamento do céu para separar o dia e a noite' [...], e assim se fez. Deus disse: 'Fervilhem as águas um fervilhar de seres vivos e que as aves voem acima da terra, sob o firmamento do céu', e assim se fez. Deus disse: 'Que a terra produza seres vivos segundo sua espécie: animais domésticos, répteis e feras segundo sua espécie', e assim se fez. [...] Deus disse: 'Façamos o homem à nossa imagem, como nossa semelhança, e que eles dominem sobre os peixes do mar, as aves do céu, os animais domésticos, todas as feras e todos os répteis que rastejam sobre a terra'." (Gênesis 1, 3-26).

20. No episódio da tentação à qual sucumbiu o primeiro casal humano, a Bíblia relata o diálogo entre Satã, travestido em serpente, e Eva, e entre esta e seu marido (Gênesis 3, 1-7).

21. Conferir com o mandamento consignado no Deuteronômio (6, 4), que se tornou o início da oração *Shemah*: "Ouve, Ó Israel: *Iahweh* nosso Deus é o único *Iahweh*! Portanto, amarás a *Iahweh* teu Deus com todo o teu coração, com toda a tua alma e com toda a tua força".

22. Ao falar pela boca do profeta Oseias, *Iahweh* diz à sua esposa infiel (o povo eleito): "Eu te desposarei a mim na fidelidade e *conhecerás* a Iahweh" (2, 22). E mais adiante: "Porque é amor que eu quero

vamente, o vocábulo era usado, também, para significar o ato de união sexual.[23] É nesse sentido de plena adesão pessoal que a Bíblia fala da "árvore do conhecimento do bem e do mal", cujos frutos Iahweh proibiu às primeiras criaturas humanas de comer (Gênesis, 2, 9 e 3, 3). Ao sucumbir, portanto, à tentação, o homem escolheu não aderir de todo a *Iahweh*, e preferiu *conhecer* o mal.

O centro e fundamento de toda a ética bíblica é, pois, a pessoa de *Iahweh*, que transcende o mundo, por ele criado, mas está, ao mesmo tempo, sempre presente e atuante, pelo diálogo e pela ação, na história da humanidade.

A transcendência absoluta do Deus de Israel é bem marcada. Ele está acima de tudo o que existe no mundo, por ele criado. "A quem haveis de assemelhar-me? Quem igualareis a mim? A quem haveis de comparar-me, como se fôssemos semelhantes?", proclama *Iahweh* pela boca do profeta Isaías (46, 5). Quando ele aparece ao homem, não pode ser contemplado face a face, mas apenas de costas (Êxodo 33, 21-23).

Mas, sobretudo, o Deus bíblico é absolutamente santo, sem mácula alguma de pecado. E, no entanto — e aí aparece a sua imanência ao mundo, sob o aspecto ético —, ele próprio se oferece como modelo de vida para os homens (Levítico, 19, 1-2):

Iahweh falou a Moisés e disse: Fala a toda a comunidade dos filhos de Israel. Tu lhes dirás: Sede santos, porque eu, *Iahweh* vosso Deus, sou Santo.

Seguem-se várias prescrições, e ao final de cada uma delas repete-se a afirmação: "Eu sou *Iahweh*".

Há duas noções aparentadas no adjetivo "Santo", com que a Bíblia qualifica *Iahweh*: aquilo que pertence à esfera divina e, portanto, é apartado dos homens, e a noção de excelência ou perfeição moral.

No original hebraico, a palavra empregada é *quôdeš*, cuja raiz significa *separação*. É, exatamente, o *sacer* do latim, oposto a *profanus*. Aquilo que pertence ou é consagrado à divindade é dito *sacrum*. De onde a indicação da solenidade de consagração de algo ou de alguém aos deuses como *sacrificium*; e a designação

---

e não sacrifício, *conhecimento* de Deus mais do que holocaustos" (6, 6). No Evangelho de João, usa-se do verbo grego καταλαμβάνω, cujo sentido original é *apreender* (1, 5; 10, 14-15; 14, 20; 17, 21-22).

23. "O homem conheceu Eva, sua mulher; ela concebeu e deu à luz Caim" (Gênesis, 4, 1). "Caim conheceu sua mulher, que concebeu e deu à luz Henoc" (Gênesis, 4, 17). "Matai também todas as mulheres que conheceram varão, coabitando com ele" (Números, 31, 17).

do depósito feito aos deuses de uma soma determinada, como garantia da boa-fé de uma parte num litígio judicial, ou da justiça de sua causa, como *sacramentum*. Observe-se que a palavra *sacer* não tem nenhuma conotação moral; ela designa a pessoa ou coisa que não pode ser tocada, sob pena de se contrair uma impureza religiosa. Eis por que o termo era também empregado, no direito romano religioso (*fas*), com o sentido de maldito ou danado. A pessoa culpada de algum delito de impiedade é declarada *sacer*, ou seja, consagrada aos deuses infernais. Nas primitivas leis romanas, a condenação era sempre expressa pela sentença *sacer esto* (que seja maldito).[24]

Já o vocábulo *sanctus* é o particípio passado do verbo *sancio, -is, sanxi*, que significa tornar sagrado ou inviolável; ou estabelecer de modo solene (com referência, sobretudo, às leis). Se, originalmente, a palavra é aparentada a *sacer*, ela adquire, no latim pós-clássico, o sentido moral de venerável e virtuoso.

Ora, o que distinguiu desde logo a Torá de todas as leis religiosas que a precederam (e as leis antigas, como salientado na Introdução desta obra, tiveram sempre um caráter religioso), foi que as prescrições dadas por Deus a Moisés não eram apenas cultuais, mas também morais: o povo de Israel assumiu o dever não apenas de prestar um culto a *Iahweh*, de acordo com o ritual prescrito, mas também de viver de modo justo e digno.

Com os profetas, o sentido moral da santidade divina veio sobrepujar, claramente, a acepção cultual do vocábulo, ligada à esfera do sagrado. A vocação profética consistiu em protestar contra a progressiva petrificação da Torá em práticas rituais, que sufocavam a sua dimensão moral, e davam ensejo, em especial nas camadas superiores do povo (sacerdotes, levitas, escribas, doutores da lei), à consagração (é bem o caso de dizer) da hipocrisia. Isaías, sobretudo, insistentemente lembrado por Jesus,[25] não se cansou de denunciar o formalismo do culto, desligado da retidão de vida (1, 11-17):

Que me importam os vossos inúmeros sacrifícios?, diz *Iahweh*.

Estou farto de holocaustos de carneiros e da gordura de bezerros cevados; no sangue de touros, de cordeiros e de bodes não tenho prazer.

---

24. Cf. A. Ernout e A. Meillet, *Dictionnaire étymologique de la langue latine – Histoire des mots*, 3ª ed., Paris, Librairie C. Klincksieck, 1951, verbete *sacer, -cra, -crum*.
25. Cf., por exemplo, Mateus 15, 8-9.

Quando vindes à minha presença
quem vos pediu que pisásseis os meus átrios?
Basta de trazer-me oferendas vãs:
elas são um incenso abominável.
Lua nova, sábado e assembleia,
não posso suportar iniquidade e solenidade!
As vossas luas novas e as vossas festas, a minha alma as detesta:
elas são para mim um fardo; estou cansado de carregá-lo.
Quando estendeis as vossas mãos, desvio de vós os meus olhos;
ainda que multipliqueis a oração não vos ouvirei.
As vossas mãos estão cheias de sangue:
lavai-vos, purificai-vos!
Tirai da minha vista as vossas más ações!
Cessai de praticar o mal,
aprendei a fazer o bem!
Buscai o direito, corrigi o opressor!
Fazei justiça ao órfão, defendei a causa da viúva![26]

No cristianismo

Na linha dessa mensagem profética, Jesus Cristo veio acentuar a supremacia da santidade pessoal sobre a sacralidade ritual. "Se estiveres para trazer a tua oferta ao altar e ali te lembrares de que o teu irmão tem alguma coisa contra ti, deixa a tua oferta ali diante do altar e vai primeiro reconciliar-te com o teu irmão; e depois virás apresentar a tua oferta" (Mateus 5, 23-24). "Quando estiverdes em oração, se tiverdes alguma coisa contra alguém, perdoai-o, para que também o vosso Pai que está nos céus vos perdoe as vossas ofensas" (Marcos 11, 25).

Jesus insurgiu-se, em especial, contra o costume de alguém consagrar a Deus determinados bens (ou seja, torná-los sagrados e indisponíveis), bens de que os parentes necessitavam para sobreviver. "Deus disse: *Honra ao teu pai e à tua mãe* e *Aquele que maldisser pai ou mãe certamente deve morrer*. Vós, porém, dizeis: Aquele que disser ao pai ou à mãe: 'Aquilo que de mim poderias receber foi consagrado

---

26. Versão da *Bíblia de Jerusalém*, São Paulo, Edições Paulinas.

a Deus', esse não está obrigado a honrar pai ou mãe. E assim invalidastes a Palavra de Deus por causa da vossa tradição. Hipócritas!" (Mateus 15, 4-6; igualmente Marcos 7, 10-12).

Jesus vai ainda mais além. Imitar a santidade de Deus não é apenas cumprir formalmente os preceitos de justiça, consignados na Torá, mas proceder sempre com intenções puras, evitando praticar todos os atos que servem de causa, mesmo indireta, dos delitos lá definidos. É esse o verdadeiro sentido das adversativas contidas no chamado "Sermão da Montanha" (Mateus 5, 20-48), as quais não significam uma revogação da lei mosaica, como o próprio Jesus advertiu (Mateus 5, 17-19), mas o seu aprofundamento: "Ouvistes que foi dito aos antigos... Eu, porém, vos digo...".

O Nazareno foi, de fato, muito claro, ao sustentar que a salvação não advém, necessariamente, do estrito cumprimento das normas rituais. O episódio do homem rico cumpridor da lei, contado em todos os Evangelhos sinópticos,[27] é muito revelador a esse respeito. Fascinado, sem dúvida, pela personalidade desse rabi novo, que dizia e fazia coisas próprias de um profeta, o jovem rico vem expor a grande preocupação de sua vida, aquela que, de resto, constituía a verdadeira obsessão do povo judeu naquela época: que fazer para alcançar a vida eterna? Como obter a salvação? Jesus dá-lhe como resposta o que todo judeu piedoso diria, ante uma indagação dessa ordem: é preciso guardar os mandamentos da Lei. O jovem insiste: mas quais mandamentos? Jesus lhe responde, recitando o Decálogo: não matarás, não cometerás adultério, não levantarás falso testemunho etc. Ao que o homem, certamente intrigado pela pregação inovadora do Mestre em relação ao ensinamento habitual dos doutores da lei, retruca: "Tudo isso tenho guardado. Que me falta ainda?". A resposta é direta: "Uma coisa ainda te falta. Vende tudo o que tens, distribui aos pobres e terás um tesouro nos céus; depois vem e segue-me". Ou seja, não basta cumprir literalmente a Lei para obter a salvação. O essencial é não perder de vista a sua finalidade ou razão de ser: o amor a Deus acima de tudo e o amor ao próximo como a si mesmo. O apego daquele homem às riquezas materiais — os relatos evangélicos dizem que ele saiu da entrevista pesaroso, porque era muito rico — nada mais é do que a revelação de que a estrita observância da lei pode ocultar um profundo egoísmo, isto é, a negação do supremo princípio ético, do qual o Decálogo é mera aplicação.

27. Mateus 19, 16-30; Marcos 10, 17-31; Lucas 18, 18-30.

A respeito da concupiscência argentária, Jesus é enfático em apresentá-la como um dos termos da suprema alternativa ética. "É mais fácil um camelo entrar pelo buraco de uma agulha do que um rico entrar no Reino de Deus."[28] E isso porque "ninguém pode servir a dois senhores. Com efeito, ou odiará um e amará o outro, ou se apegará ao primeiro e desprezará o segundo. Não podeis servir a Deus e ao dinheiro".[29] A advertência do Mestre é atualíssima, na presente fase de confronto decisivo entre a dominação capitalista mundial e a instauração da civilização humanista em toda a face da Terra.

O cerne do ensinamento evangélico foi a rejeição radical do legalismo formalista que prevalecia no meio judaico da época. Para Jesus, o cumprimento meticuloso de todas as prescrições rituais, ou a cega obediência à letra da lei, como em matéria de repouso sabático, por exemplo, de nada valiam, quando por trás desse formalismo abandonavam-se a justiça e o amor a Deus.[30] Nesse contexto, o ingresso no Reino de Deus não é apresentado como um direito que se adquire pelo exato cumprimento das obrigações decorrentes do Pacto celebrado no Sinai, mas resulta da pura graça divina: é um dom gratuito que Deus faz aos homens de fé.[31]

Na verdade, a mensagem contida no Evangelho, pela inversão completa da hierarquia tradicional de valores, representou uma das maiores revoluções éticas que a humanidade jamais conheceu. Os pobres são moralmente superiores aos ricos;[32] os pequeninos, aos grandes deste mundo; os desprezados e os marginais (em termos concretos, as prostitutas e os venais coletores de impostos), aos homens de respeito e prestígio. Enfim, na esfera política, os governantes devem ser considerados os servos dos governados, e não estes os súditos daqueles.[33]

Mas, sobretudo, o Deus de Jesus, antes de ser o supremo modelo de Justiça, é um exemplo de Amor, que não conhece privilégios nem exceções, e estende a sua benevolência até aos inimigos: "Amais os vossos inimigos e orai pelos que vos perseguem; desse modo vos tornareis filhos do vosso Pai que está nos céus, porque ele faz nascer o seu sol igualmente sobre maus e bons e cair a chuva sobre

28. Mateus 19, 24; Marcos 10, 25; Lucas 18, 25.

29. Mateus 6, 24; Lucas 16, 13.

30. Lucas 11, 42.

31. "Não tenhais medo, pequenino rebanho, pois foi do agrado do vosso Pai dar-vos o Reino!" (Lucas 12, 32).

32. Mateus 5, 3; 6, 24; 19, 16-26; Marcos 10, 17-22; Lucas 6, 20; 18, 18-23.

33. Mateus 20, 24-28; Marcos 10, 41-45; Lucas 22, 24-27.

justos e injustos. [...] Portanto, deveis ser perfeitos como o vosso Pai celeste é perfeito".[34]

A esse respeito, como já foi observado nesta obra,[35] a interpretação que Jesus deu ao mandamento da Torá de amor ao próximo (Levítico, 19, 18) vai muito além do círculo comunitário ou nacional. É este, como será mostrado no capítulo IV desta Parte, o princípio supremo sobre o qual deverá fundar-se a civilização mundial do gênero humano.

Sob o aspecto ético, em suma, a pessoa histórica de Jesus Cristo, independentemente da fé na sua divindade, representou, pela sua vida e o seu ensinamento, um modelo excepcional de perfeição humana, que serviu de exemplo a um número incontável de homens e mulheres de todas as culturas, através dos séculos.

No islamismo

Na terceira grande religião monoteísta, o islamismo, o caráter exemplar da perfeição divina, é também bem marcado como modelo de vida para o gênero humano.

Alá é supremamente justo e bom. Todas as suratas do Alcorão iniciam-se com a invocação de Deus *Rahman* e *Rahim*, palavras árabes que em geral se traduzem por Clemente e Misericordioso, mas que podem também ser interpretadas como Benfeitor e Benevolente. A bondade divina para com os humanos não conhece limites. Alá é "Aquele que perdoa", "que aceita o arrependimento". Ele é "o Paciente", que nunca se apressa em punir.

Como se vê, nas três grandes religiões monoteístas, a pessoa do Deus Único é apresentada como modelo de vida para o ser humano, cuja dignidade situa-se em sua dupla condição de criatura moldada segundo a imagem e semelhança do Criador, e de criatura beneficiária do especial favor divino.

Essa concepção foi decisiva para a elaboração histórica do conceito de pessoa humana e para o seu reconhecimento como padrão ético, mesmo fora da relação religiosa.

---

34. Mateus 5, 44-48.
35. Cf. Parte I, cap. I.

5. A ELABORAÇÃO HISTÓRICA DO CONCEITO DE PESSOA HUMANA

A ideia de que os indivíduos e grupos humanos podem ser reduzidos a um conceito ou categoria geral, que a todos engloba, é de elaboração recente na História. Como observou um antropólogo,[36] nos povos que vivem à margem do que se convencionou classificar como civilização não existe palavra que exprima o conceito de ser humano: os integrantes do grupo são chamados "homens", mas os estranhos ao grupo são designados por outra denominação, a significar que se trata de indivíduos de uma espécie diferente.

Durante o período axial da História, como foi assinalado,[37] despontou a ideia de uma igualdade essencial entre todos os homens. Mas foram necessários vinte e cinco séculos para que a primeira organização internacional a englobar a quase totalidade dos povos da Terra proclamasse, solenemente, numa Declaração Universal dos Direitos Humanos, que "todos os seres humanos nascem livres e iguais em dignidade e direitos" (artigo I), e que "todo ser humano tem o direito de ser, em todos os lugares, reconhecido como pessoa perante a lei" (artigo VI).

Na filosofia grega

Como salientado acima, ao rejeitar o idealismo transcendental de Platão, Aristóteles sustentou a possibilidade de discernir em cada ser humano, com abstração de suas características individuais, um elemento comum a todos os indivíduos, elemento que corresponde à função própria do homem no mundo, consistente em viver segundo a excelência (*aretê*) da sua condição de animal capaz de agir racionalmente.

Para os sofistas, e depois deles os estoicos, o elemento comum a unir todos os seres humanos no mesmo gênero seria a natureza (*physis*), como princípio universal de organização do cosmos.[38]

No "século de Péricles", por exemplo, o sofista Antifonte (480-411 a.C.)[39]

---

36. Claude Lévy-Strauss, *Anthropologie structurale deux*, Paris (Plon), 1973, pp. 383-4.

37. Cf. a Introdução a esta obra.

38. Reproduzo aqui, em grande parte, o que foi dito em *A Afirmação Histórica dos Direitos Humanos*, cit., pp. 14 e ss.

39. Segundo toda a probabilidade, o sofista Antifonte parece ser o grande orador e professor de retórica elogiado por Tucídides (*A Guerra do Peloponeso*, VIII, 68).

fundou-se sobre a existência de uma igual natureza para todos os homens, em sua crítica à divisão da humanidade em gregos e bárbaros,[40] aqueles tidos como superiores a estes:

> [...] os que descendem de ancestrais ilustres, nós os honramos e veneramos; mas os que não descendem de uma família ilustre, não honramos nem veneramos. Nisto, somos bárbaros, tal como os outros, uma vez que, pela natureza, bárbaros e gregos somos todos iguais. Convém considerar as necessidades que a natureza impõe a todos os homens; todos conseguem prover a essas necessidades nas mesmas condições; no entanto, no que concerne a todas essas necessidades, nenhum de nós é diferente, seja ele bárbaro ou grego: respiramos o mesmo ar com a boca e o nariz, todos nós comemos com o auxílio de nossas mãos [...].[41]

Em outros autores gregos, a igualdade essencial de todos os que participam da condição humana foi expressa mediante a oposição entre a individualidade própria de cada um e as funções ou atividades exercidas na vida social. Essa função social designava-se, figurativamente, pelo termo *prósopon*, que os romanos traduziram por *persona*, com o sentido próprio de rosto ou, também, de máscara de teatro, individualizadora de cada personagem.

No diálogo *Alcibíades*, por exemplo, o Sócrates de Platão procura demonstrar que a essência do ser humano está na alma, não no corpo nem tampouco na união de corpo e alma, pois o homem serve-se de seu corpo como de um simples instrumento. De onde se segue que a individualidade de cada ser humano não pode ser confundida com a sua aparência, estampada no rosto (*prósopon*):

> — *Sócrates*: Ah! estou vendo, era isto que, há pouco, dizíamos: que Sócrates, servindo-se da palavra, fala com Alcibíades; que ele não se dirige ao teu rosto (οὐ πρός σòν πρόσωπον), mas ao próprio Alcibíades. Ora, tu és a tua alma! (130, *e*).

---

40. O termo *bárbaros* significava originalmente, na língua grega, aquele que não fala o grego. Após as guerras médicas, a palavra tomou a acepção de *violento, cruel*.

41. Tradução do fragmento intitulado *Da Verdade*, XLIV, B, publicado em *Les Présocratiques*, Bibliothèque de la Pléiade, Paris (Gallimard), 1988, pp. 1107-8; texto grego e tradução alemã em Hermann Diels e Walther Kranz, *Die Fragmente der Vorsokratiker*, vol. 2, Zurique (Weidmann), 1996, pp. 352-3.

A oposição entre a máscara teatral (papel de cada indivíduo na vida social) e a essência individual de cada ser humano — que veio a ser denominada com o termo *personalidade* — foi, em seguida, longamente discutida e aprofundada pelos estoicos.

Para explicar essa unidade substancial do ser humano, distinta da aparência corporal, ou das atividades que cada qual exerce na sociedade, os estoicos lançaram mão dos conceitos de *hypóstasis* e de *prósopon*. O primeiro, correlato de *ousía*, que na língua latina traduziu-se por *substantia*, significava o substrato ou suporte individual de algo. Epicteto pôde assim dizer, numa das suas lições de vida:[42]

> Lembra-te que és ator de um drama, breve ou longo, segundo a vontade do autor. Se é um papel (*prósopon*) de mendigo que ele te atribui, mesmo este representa-o com talento; da mesma forma, se é o papel de coxo,[43] de magistrado, de simples particular. Pois cabe-te representar bem o personagem (*prósopon*) que te foi confiado, pela escolha de outrem.

Em outra passagem de sua obra, ele reafirma a ideia de que o papel dramático que cada um de nós representa na vida não se confunde com a individualidade pessoal:

> Haverá um tempo em que os atores trágicos acreditarão que suas máscaras (*prósopa*), seus calçados,[44] suas roupas, são eles mesmos. Homem, tu nada mais és aqui do que matéria para a tua ação e teu papel (*prósopon*) a desempenhar. Fala um pouco para se ver se és um ator trágico ou cômico; pois, exceto a voz, tudo o mais é comum a um e outro; e se lhe tiramos os calçados e a máscara (*prósopon*), se ele se apresenta em cena com a sua própria individualidade, o ator trágico desaparece ou sobrevive ainda? Se ele tem a voz correspondente (a esse papel), sobrevive.[45]

---

42. *Manual*, XVII.

43. É de se lembrar que Epicteto era coxo.

44. Na tragédia grega os atores usavam calçados altos – o coturno – e na comédia, calçados baixos, chamados soco. Daí a designação metonímica da tragédia e da comédia por esses dois tipos de sapato. "Matéria é de coturno e não de soco", disse Camões nos *Lusíadas* (canto X, estrofe VIII), referindo-se à epopeia marítima portuguesa.

45. *Discursos*, Livro I, cap. XXIX, 41 a 43.

Em Roma, essa doutrina estoica foi amplamente aceita.

No *De officiis*,[46] Cícero declara: "Depende de nós que função social desejamos exercer (*ipsi autem gerere quam personam velimus, a nostra voluntate proficiscitur*)". E em outra passagem da mesma obra:

> Devemos compreender que fomos dotados pela natureza de duas personalidades (*intellegendum etiam est duabus quasi nos a natura indutos esse personis*): uma delas é universal, oriunda do fato de sermos todos igualmente dotados de razão e com a superioridade que nos eleva acima dos seres irracionais. Dela deriva tudo o que é honesto e decente (*a qua omne honestum decorumque trahitur*), e dela depende o método racional de reconhecimento dos nossos deveres. A outra personalidade é aquela que é atribuída aos indivíduos em particular.[47]

Exatamente nesse sentido de função social que cada um exerce, o termo *persona* foi empregado também por Sêneca,[48] Plínio o Velho,[49] Plínio o Jovem[50] e por Suetônio.[51]

No cristianismo

A distinção conceitual entre *hypóstasis* e *prósopon*, estabelecida pelos estoicos, foi retomada com extraordinário vigor nos primeiros tempos do cristianismo, quando se procurou fixar a essência ou natureza divina de Jesus Cristo, como filho de Deus. A tese, escusa lembrá-lo, contrariava frontalmente o dogma fundamental do monoteísmo.

No primeiro concílio ecumênico, reunido em Niceia em 325, cuidou-se de decidir sobre a ortodoxia ou heterodoxia de duas interpretações antagônicas da identidade de Jesus: a que o apresentava como possuidor de uma natureza exclusivamente divina (daí o nome de monofisitas atribuído aos partidários dessa

46. I, 32, 115.
47. I, 30, 107.
48. *Epístolas* 94, 35-39.
49. *Epístolas* 1, 23, 5.
50. *Epístolas* 8, 7, 2.
51. *De grammaticis* 24, 4.

crença: *physis* = natureza), e a doutrina ariana, segundo a qual Jesus fora efetivamente gerado pelo Pai, não tendo, portanto, uma natureza consubstancial a este. Os padres conciliares estabeleceram, como dogma de fé, que a *hypóstasis* de Jesus Cristo apresentava uma dupla natureza, humana e divina, numa única pessoa (*prósopon*), vale dizer, numa só aparência.[52]

A segunda fase na história da elaboração do conceito de pessoa teve início com Boécio, no começo do século VI. Seus escritos influenciaram profundamente todo o pensamento medieval. Ao rediscutir o dogma proclamado em Niceia, Boécio identificou de certa forma *prósopon* com *hypóstasis*, e acabou dando à noção de pessoa um sentido muito diverso daquele empregado pelo concílio. Em definição que se tornou clássica, entendeu Boécio que *persona proprie dicitur naturae rationalis individua substantia* ("diz-se propriamente pessoa a substância individual da natureza racional").[53] Aqui, como se vê, a pessoa já não é uma exterioridade, como a máscara de teatro, mas a própria substância do homem, no sentido aristotélico; ou seja, a forma que molda a matéria, e que dá ao ser de determinado ente individual as características de permanência e invariabilidade. A substância é a característica própria de um ser, isto é, como se dizia em linguagem escolástica, a sua *quidditas*.[54] A definição boeciana de pessoa foi integralmente adotada por São Tomás na *Suma Teológica*, com expresso recurso aos conceitos de *substantia* ou *hypóstasis*.[55] Para ele, o homem seria um composto de substância espiritual e corporal.[56]

Foi sobre a concepção medieval de pessoa que se iniciou a elaboração do princípio da igualdade essencial de todo ser humano, não obstante a ocorrência de todas as diferenças individuais ou grupais, de ordem biológica ou cultural. Essa igualdade de essência da pessoa forma o núcleo do que se veio denominar, nos tempos modernos, direitos humanos. A expressão não é pleonástica , pois são direitos comuns a toda a espécie humana, a todo homem como homem, direitos, portanto, que resultam da sua própria natureza, não sendo meras criações do poder político.

---

52. Daí por que a expressão pessoa humana, nessa concepção religiosa do mundo, não é um pleonasmo.

53. *De duabus naturis et una persona Christi*, 3 p. L., 64, col. 1345.

54. Aristóteles conceituou negativamente a substância (*ousía*) como "o que não é predicado de um sujeito, pois é dela, bem ao contrário, que tudo mais é predicado": *Metafísica*, Livro Z, 3, 1029 a, 5-10.

55. *Suma Theologica, Prima Pars, q.29 a.1: substantia, in definitione personae ponitur pro substantia prima, quae est hypostasis* (substância, na definição de pessoa, significa substância primária, ou seja, a *hypóstasis*).

56. Op. cit., *Prima Pars, quaestio 75*.

A contribuição de Kant

A terceira fase na elaboração teórica do conceito de pessoa adveio com a filosofia kantiana.

Como salientado na segunda parte desta obra,[57] para Kant o princípio primeiro de toda a ética é o de que "o ser humano e, de modo geral, todo ser racional, *existe* como um fim em si mesmo, *não simplesmente como meio* do qual esta ou aquela vontade possa servir-se a seu talante".[58] E prossegue: "Os entes, cujo ser na verdade não depende de nossa vontade, mas da natureza, quando irracionais, têm unicamente um valor relativo, como meios, e chamam-se por isso *coisas*; os entes racionais, ao contrário, denominam-se *pessoas*, pois são marcados, pela sua própria natureza, como fins em si mesmos; ou seja, como algo que não pode servir simplesmente de meio, o que limita, em consequência, nosso livre-arbítrio".[59]

O filósofo quis acentuar, portanto, de um lado, a superioridade ética absoluta dos seres humanos em relação às coisas, e, de outro lado, a absoluta igualdade de todas as pessoas em sua comum dignidade.

Quanto a esta última afirmação, no entanto, o princípio kantiano não pode ser levado, cegamente, a consequências absolutas. Há situações em que a pessoa vê-se confrontada a outra, num conflito radical, cuja solução significa a eliminação de uma delas. Em tais casos, conforme as circunstâncias — legítima defesa ou estado de necessidade, por exemplo —[60] justifica-se eticamente o homicídio. Ocorre, aqui, uma eventual divergência entre os princípios da justiça e do amor.[61] Segundo o amor, é preferível deixar-se morrer do que matar. O princípio da justiça, diversamente, aceita que o sujeito prefira a sua própria vida à do outro. Os Códigos Penais dos mais diversos países declaram que, nessas circunstâncias extremas, não há crime.

---

57. Cf. supra, Parte II, capítulo VII.

58. As palavras sublinhadas são do texto original.

59. *Grundlegung zur Metaphysik der Sitten*, edição crítica da Felix Meiner Verlag, de Hamburgo, 1994, p. 51.

60. Considera-se em legítima defesa aquele que, usando moderadamente dos meios necessários, repele uma agressão injusta, atual ou iminente, a direito seu ou de outrem. Ocorre o estado de necessidade, quando alguém pratica determinado ato para salvar de perigo atual, não provocado por sua vontade, e que não poderia de outro modo ser evitado, direito próprio ou alheio, cujo sacrifício, nas circunstâncias, não era razoável exigir-se.

61. Cf., infra, o capítulo IV desta Parte.

Mas a dignidade da pessoa, segundo o filósofo, não consiste apenas no fato de ser ela, ao contrário das coisas, um ser considerado e tratado, em si mesmo, como um fim em si e nunca como um meio para a consecução de determinado resultado. Ela se funda também no fato de que, pela sua vontade racional, só a pessoa vive em condições de autonomia, isto é, como ser capaz de guiar-se pelas leis que ele próprio edita.

Daí decorre, como assinalou Kant, que todo homem tem *dignidade* e não um *preço*, como as coisas. A humanidade enquanto espécie biológica, e cada ser humano em sua individualidade, são propriamente insubstituíveis: não têm equivalente, não podem ser trocados por coisa alguma.[62]

Na verdade, a concepção kantiana da dignidade da pessoa como um fim em si leva à condenação de muitas outras práticas de aviltamento da pessoa à condição de coisa, além da clássica escravidão; tais como o engano de outrem mediante falsas promessas, ou os atentados cometidos contra os bens alheios.[63]

A criação do universo concentracionário no século XX, como se procurou indicar nesta obra,[64] veio demonstrar tragicamente a justeza da visão ética kantiana.

Analogamente, a transformação das pessoas em coisas realizou-se de modo menos espetacular, mas não menos trágico, com o desenvolvimento do sistema capitalista de produção, como denunciado por Marx.[65]

O mesmo processo de reificação transformou hodiernamente o consumidor e o eleitor, por força da técnica de propaganda de massa, em meros objetos. E a engenharia genética, por sua vez, tornou possível a manipulação da própria identidade pessoal, ou seja, a fabricação do homem pelo homem.

6. A CONSCIÊNCIA HUMANA

O elemento nuclear da reflexão sobre a pessoa, a qual tende a ser o ponto focal de toda a filosofia moderna, é, sem dúvida, a noção de consciência. Podemos

---

62. *"Im Reiche der Zwecke hat alles entweder einen Preis oder eine Würde. Was einen Pres hat, an dessen Stelle kann auch etwas anderes als Äquivalent gesetzt werden; was dagegen über allen Preis erhaben ist, mithin kein Äquivalent verstattet, das hat eine Würde"* (op. cit., p. 58).

63. Op. cit., pp. 52-3.

64. Cf. Parte II, capítulo XI.

65. Cf. Parte II, capítulo IX.

defini-la como a permanente re-situação da pessoa, como centro da relação infinita espaço-tempo. Expliquemo-nos.

Todos os animais têm, incontestavelmente, conhecimento do tempo e do espaço. Mas, de um lado, essas noções não se acham, para eles, coordenadas entre si. De outro lado, cada uma delas é rigorosamente limitada. No homem, ao contrário, espaço e tempo acham-se essencialmente correlacionados, como, de resto, a física einsteiniana veio demonstrar. Além disso, o ser humano é incapaz de conceber uma limitação ou finitude, quer do espaço, quer do tempo.

Ora, o conceito de consciência, no homem, engloba a ideia de que ele se vê, sempre, como o centro da relação infinita espaço-tempo, relação que, a rigor, só existe, concretamente, para o homem e em função dele.

A consciência humana existe em duas dimensões indissociáveis: a individual e a coletiva.

A dimensão individual da consciência humana

Ao reagir contra o crescente sentimento de despersonalização no mundo moderno, a reflexão filosófica da primeira metade do século xx acentuou o caráter único e, por isso mesmo, inigualável e irreprodutível, da personalidade individual.

Na esteira dos estoicos, reconheceu-se que a essência da personalidade humana não se confunde com a função ou papel que cada qual exerce na vida. A pessoa não é personagem. A chamada qualificação pessoal (estado civil, nacionalidade, profissão, domicílio) é mera exterioridade, que nada diz da essência própria do indivíduo. Cada qual possui uma identidade singular, inconfundível com a de outro qualquer e, por isso mesmo, insubstituível. *"Un seul être vous manque, et tout est dépeuplé"*, exclamou o poeta.[66] Ninguém pode experimentar, existencialmente, a vida ou a morte de outrem: são realidades únicas e insubstituíveis. Como bem salientou Heidegger, é sempre possível morrer em lugar de outrem; mas é radicalmente impossível assumir a experiência existencial da morte alheia.[67]

Aliás, essa unicidade de cada ser humano é bem marcada, psicologicamente, pela dificuldade do próprio sujeito em mergulhar no seu eu profundo. A autocons-

---

66. Lamartine, "L'isolement", em *Méditations*.
67. *Sein und Zeit*, 17ª ed., Tübingen (Max Niemeyer Verlag), 1993, p. 240.

ciência sempre se detém na superfície. É verdade que a psicanálise veio propor um método de bases racionais para a revelação da parte sempre recôndita da mente humana. Mas, a rigor, a comunicação integral entre as consciências individuais é radicalmente impossível; o que a intuição poética, de resto, não tardou em perceber:

Como é por dentro outra pessoa
Quem é que o saberá sonhar?
A alma de outrem é outro universo
Com que não há comunicação possível,
Com que não há verdadeiro entendimento.
Nada sabemos da alma
Senão da nossa;
As dos outros são olhares,
São gestos, são palavras,
Com a suposição de qualquer semelhança
No fundo.[68]

A ciência veio confirmar essa intuição poética. A descoberta da estrutura do DNA (ácido desoxirribonucleico) por Watson e Crick, em 1953, revelou que cada um de nós carrega um patrimônio genético próprio e, salvo no caso de gêmeos homozigóticos, um patrimônio genético único. Sucede que sobre esse primeiro molde da personalidade individual atua necessariamente, como fator de complementação, a influência conjugada do meio orgânico, do meio social e do próprio indivíduo sobre si mesmo, fazendo de cada um de nós um ente único, inconfundível.

Tudo isso, quanto à dimensão individual da consciência humana. Vejamos agora a sua dimensão social.

A dimensão social da consciência humana

O homem jamais pode sentir-se e enxergar-se como um ser isolado no mundo. Em reação contra a tendência a um certo solipsismo da filosofia pós-medieval, a

---

68. Fernando Pessoa, *Obra Poética*, Poesias Coligidas / Inéditas, nº 809, Biblioteca Luso-Brasileira, Editora Nova Aguilar, Rio de Janeiro, 1976, pp. 576-7.

partir do *cogito* cartesiano, o pensamento filosófico, desde Hegel, não cessa de focalizar a realidade essencialmente relacional da vida; implícita na estrutura do próprio vocábulo *consciência*: saber conjunto, *cum + scientia*.

Na *Fenomenologia do Espírito* e na *Filosofia da Religião*, Hegel desenvolveu a ideia de "consciência infeliz" (*das unglückliche Bewusstsein*), que é a impossibilidade em que se encontra o sujeito de situar-se harmonicamente na vida; vale dizer, a incapacidade da pessoa para reconhecer-se como centro da relação espaço-tempo, no evolver histórico.[69] O filósofo acentuou que, no estoicismo, a consciência de si é independente da consciência do outro, o que conduz diretamente a uma situação análoga à relação senhor—escravo. No ceticismo, o outro é pura e simplesmente negado, o que produz, dentro do sujeito pensante, uma espécie de visão esquizofrênica, ou uma duplicação mórbida do próprio eu. É a "consciência infeliz". Já no plano religioso, esse estado doentio da consciência é o resultado da incapacidade, em que se encontra o sujeito, de conciliar a realidade da vida finita com o pensamento do infinito.

Como já tivemos ocasião de lembrar,[70] em sua crítica à filosofia do direito de Hegel o jovem Marx retomou, sem citá-la, essa análise conceitual da "consciência infeliz", aplicando-a contra a alienação religiosa e o individualismo burguês. "O homem", protestou ele, "não é, de forma alguma, um ser abstrato, genuflexo fora do mundo (*ausser der Welt hockendes Wesen*); o homem é o mundo humano, o Estado, a sociedade". A partir daí, Marx desenvolveu a análise da consciência de classe e da consciência alienada.

No século XX, as correntes raciovitalista e existencialista fizeram do tema da inserção ontológica do homem no mundo o *Leitmotiv* de sua visão antropológica. O que existe como realidade segura, salientou Ortega y Gasset em ensaio pioneiro, publicado em 1914,[71] não são as coisas exteriores, tal como o *Eu* as vê e pensa; nem o *Eu* cartesiano e idealista, que enxerga e interpreta o mundo exterior em função de si próprio. A realidade radical é a pessoa imersa no mundo: *yo soy yo y mi circunstancia*, entendendo-se como circunstância, no sentido do étimo latino, aquilo que envolve e impregna minha vida, e sem o que ela seria propriamente inconcebível. Heidegger, na mesma linha de pensamento, definiu a condição existencial da pessoa com a expressão "estar-no-mundo" (*in-der-Welt-sein*).[72]

69. Cf. *Phänomenologie des Geistes*, Philipp Reclam Jun., Stuttgart, p. 157.
70. Parte II, capítulo IX.
71. *Meditaciones del Quijote*.
72. Op. cit., §§ 12 e 13, pp. 52 e ss.

A biologia contemporânea veio demonstrar que a modelação do complexo cerebral do homem produz-se, sobretudo, após o nascimento, e representa um produto do meio social. Contando com um estoque fantástico de mais de 100 bilhões de neurônios, cada qual com 10 mil conexões ou sinapses em média, o nosso cérebro passa por uma intensa modificação logo nos primeiros anos de vida: os neurônios considerados inúteis vão desaparecendo à razão de centenas de milhares por dia, ao mesmo tempo que se realiza um gigantesco desenvolvimento do sistema de sinapses, graças aos contatos do recém-nascido com o meio ambiente.

A consciência ética

Que significa concretamente, para o homem, a consciência de "estar-no-mundo"?

Lembramos, há pouco, a afirmação capital de Kant, de que a dignidade da pessoa consiste não apenas em ser ela a sua própria finalidade, mas também no fato de que só o homem, pela sua vontade racional, é capaz de viver com autonomia, isto é, guiar-se pelas normas que ele próprio edita.

Tal equivale a dizer que só o ser humano é dotado de liberdade, e, por conseguinte, de responsabilidade; isto é, só ele é capaz de escolher conscientemente as finalidades de suas ações, finalidades que podem se revelar boas ou más para si e para outrem, devendo, portanto, o agente responder perante os demais pelas consequências de seus atos. Em outras palavras, só o homem, como Aristóteles já havia assinalado, é, pela sua própria essência, um ser ético, que tem consciência do bem e do mal, capaz das maiores crueldades e vilanias, assim como dos gestos mais heroicos e sublimes.[73]

A consciência ética, na teologia bíblica, é a principal característica de semelhança do homem com Deus. No mito da tentação sofrida pelo primeiro casal humano, como reiteradamente assinalado nesta obra, Eva lembra ao demônio a proibição, sob pena de morte, de se comer do fruto da árvore localizada no centro do jardim do Éden. "A serpente disse então à mulher: 'Não, não morrereis! Mas

73. *Política* 1253 *a*, 17-18.

Deus sabe que, no dia em que dele comerdes, vossos olhos se abrirão e vós sereis como deuses, versados no bem e no mal."[74]

Ora, em razão da sua característica própria de ser dotado de consciência ética, absolutamente original no seio da natureza, o homem é, em grande parte, autor de si mesmo.

Na concepção monoteísta da criação do mundo, o ser humano aparece como tendo saído pronto e acabado das mãos do Criador. Aliás, como pura criatura, seria um louco orgulho de sua parte pretender participar, de alguma forma, do ato de criação, pois esta é uma prerrogativa de Deus.

Hoje, porém, a verdade indiscutível no meio científico é que o curso do processo de evolução vital foi substancialmente influenciado pela aparição da espécie humana. A partir de então surge em cena um ser capaz de agir sobre o mundo físico, sobre o conjunto das espécies vivas e sobre si próprio, como elemento integrante da biosfera. O homem passa a alterar o meio ambiente e, ao final, com a descoberta das leis da genética, adquire os instrumentos hábeis a interferir no processo generativo e de sobrevivência de todas as espécies vivas, inclusive a sua própria.

Foi exatamente essa concepção do homem — demiurgo de si mesmo e do mundo em torno de si — que um jovem humanista italiano, Giovanni Pico, senhor de Mirandola e Concordia, apresentou em 1486 em famoso discurso acadêmico.[75]

Imaginou ele que o Criador, ao completar sua obra, havendo povoado a região celeste com puros espíritos e o mundo terrestre com uma turba de animais de toda espécie, vis e torpes, percebeu que ainda faltava alguém, nesse vasto cenário, capaz de apreciar racionalmente a obra divina, de amar sua beleza e admirar-lhe a vastidão.

A dificuldade, no entanto, é que já não havia um modelo próprio e específico para a composição dessa última criatura. Todas as formas possíveis — de grau ínfimo, médio ou superior — haviam sido utilizadas e especificadas na criação dos demais seres. Decidiu então o Criador, em sua infinita sabedoria, que àquele a quem nada mais podia atribuir de próprio fosse conferido, em comum, tudo o que concedera singularmente às outras criaturas. Mais do que isso, determinou Deus que o homem fosse um ser incompleto por natureza.

---

74. Gênesis 3, 4-5.

75. *Oratio Ioannis Pici Mirandulae Concordiae Comitis*. Cito da edição bilíngue, latina e italiana, sob o título *Discorso sulla Dignità dell'Uomo*, aos cuidados de Giuseppe Tognon, Brescia, Editrice La Scuola, 1987.

Não te damos, ó Adão, nem um lugar determinado nem um aspecto próprio nem uma função peculiar, a fim de que o lugar, o aspecto ou a função que desejares, tu os obtenhas e conserves por tua escolha e deliberação próprias. A natureza limitada dos outros seres é encerrada no quadro de leis que prescrevemos. Tu, diversamente, não constrito em limite algum, determinarás tua natureza segundo teu arbítrio, a cujo poder te entregamos. Pusemos-te no centro do mundo, para que daí possas examinar, à tua roda, tudo o que nele se contém. Não te fizemos nem celeste nem imortal, para que tu mesmo, como artífice por assim dizer livre e soberano, te possas plasmar e esculpir na forma que escolheres. Poderás te rebaixar à irracionalidade dos seres inferiores; ou então elevar-te ao nível divino dos seres superiores.

Na concepção teológica dos primeiros grandes Reformadores, como vimos,[76] a natureza humana, corrompida pelo pecado original, nada produz de si mesma que não mereça condenação. Vivemos, portanto, na inteira dependência da graça divina, sem nada podermos fazer para merecê-la.

Sucede que essa consciência do bem e do mal não se manifesta, apenas, em cada indivíduo, mas existe também como realidade social. Como foi assinalado na Introdução desta obra, aquilo que Durkheim denominou *consciência coletiva* constitui o conjunto de crenças e sentimentos comuns aos membros de determinado grupo social, e tem vida própria, independente das vidas individuais. Essa consciência coletiva ou comum é também de natureza ética, e é aí, justamente, que mais amiúde se manifestam as divergências entre o coletivo e o individual, entre o indivíduo ou os indivíduos que se opõem às crenças, opiniões e valores dominantes na coletividade.

Ora, percebemos com nitidez sempre maior, na história moderna, uma extensão da consciência ética a toda a humanidade, ultrapassando as fronteiras culturais de cada civilização particular. É o que se vê, com clareza, em matéria de direitos humanos.

As primeiras manifestações de consciência da igualdade essencial do homem surgiram, como lembrado, no chamado período axial da História.[77] Essas sementes, lançadas concomitantemente em várias civilizações, que não mantinham entre si nenhuma espécie de comunicação, só começaram a germinar durante os

76. Parte II, capítulo II.
77. Veja-se a Introdução.

séculos XVII e XVIII na Europa ocidental, com as diferentes declarações de direitos civis e políticos. Mas, a partir da segunda metade do século XIX, o sistema de direitos humanos desenvolveu-se aceleradamente, abrangendo novos setores da convivência social e expandindo-se a todo o orbe terrestre. Foram sucessivamente reconhecidos, direitos econômicos, sociais e culturais; direitos dos povos e, por fim, ao se encerrar o século XX, direitos da humanidade.[78]

Em cada uma dessas etapas históricas, a dignidade da pessoa humana foi sendo publicamente revelada e oficialmente garantida.

Os exemplos em matéria de direitos civis e políticos são múltiplos. A escravidão, praticada em todas as civilizações durante milênios, e aceita sem hesitações pelas mais diversas escolas filosóficas e religiões como instituição natural, é hoje unanimemente condenada e tida, em certas circunstâncias, como um crime contra a humanidade.[79] O genocídio, admitido como recurso bélico extremo, até mesmo no quadro de um sistema de elevado padrão ético, como a lei mosaica,[80] passou a ser objeto de uma convenção internacional de caráter penal em 1948, e é atualmente capitulado como crime contra a humanidade.[81] A condição jurídica de inferioridade da mulher na vida civil só começou a ser oficialmente eliminada, na generalidade dos países, no século XX, e a discriminação contra as mulheres passou a ser punida internacionalmente com a celebração e a entrada em vigor da convenção de 18 de dezembro de 1979. A prática de discriminação racial e a instituição do *apartheid* foram declaradas criminosas na segunda metade do século XX, com a convenção de 21 de dezembro de 1965, sobre a eliminação de todas as formas de discriminação racial, com a convenção de 30 de novembro de 1973, sobre o *apartheid*, e, por fim, com o Estatuto do Tribunal Penal Internacional, de 1998 (art. 7º, 1, alínea *j*).

A dignidade do trabalhador assalariado, negada pelo sistema capitalista de produção, veio a ser juridicamente reconhecida, no plano nacional e internacional, no início do século XX. Em 1917 e 1919, respectivamente, a Constituição mexicana e a Constituição alemã de Weimar consagraram, pela primeira vez, direitos trabalhistas e de seguridade social, a par dos direitos civis e políticos. No mesmo ano de 1919 foi fundada a Organização Internacional do Trabalho. Os primeiros reconhecimentos oficiais de direitos das minorias culturais são também do início do século XX.

---

78. Cf. o nosso *A Afirmação Histórica dos Direitos Humanos*, cit.

79. Estatuto do Tribunal Penal Internacional, 1998, art. 7º, 1, alínea *c*.

80. Cf. Números 31, 1 e ss.; Deuteronômio 3, 1 e ss. e 20, 10 e ss.

81. Estatuto do Tribunal Penal Internacional, de 1998, art. 6º.

A partir do término da Segunda Guerra Mundial, foram enfim proclamados, não só direitos dos povos — à autodeterminação, ao desenvolvimento, à livre disposição de suas riquezas e recursos naturais, à paz e à segurança — mas vieram também a ser reconhecidos direitos da humanidade: à proteção do meio ambiente e da biodiversidade, à proteção contra certos atos criminosos, ou ao reconhecimento da intangibilidade do genoma humano.

7. O HOMEM, SER RACIONAL

A ideia de conceber o homem como um ser perpetuamente *in fieri*, e, portanto, eticamente ambíguo, misto de anjo e demônio,[82] capaz, pela sua própria iniciativa, de se aperfeiçoar ou se degradar ao extremo, já havia, como lembramos há pouco, sido afirmada por Aristóteles: "Assim como o homem é o melhor dos animais quando perfeito (τελεωθέν), ele é o pior de todos quando afastado do direito e da justiça (χωρισθέν νόμου και δίκης)".[83]

82. É esta uma das temáticas preferidas pelos poetas. O nosso Olavo Bilac, em seu soneto "Dualismo", soube ilustrá-la:

Não és bom, nem és mau: és triste e humano...
Vives ansiando, em maldições e preces,
Como se, a arder, no coração tivesses
O tumulto e o clamor de um largo oceano.

Pobre, no bem como no mal, padeces;
E, rolando num vórtice vesano,
Oscilas entre a crença e o desengano,
Entre esperanças e desinteresses.

Capaz de horrores e de ações sublimes,
Não ficas das virtudes satisfeito,
Nem te arrependes, infeliz, dos crimes.

E, no perpétuo ideal que te devora,
Residem juntamente no teu peito
Um demônio que ruge e um deus que chora.

83. *Política* 1253 *a*, 33-34.

Convém recolocar essa afirmação do filósofo no contexto do seu sistema de pensamento, relacionando-a com os conceitos de *potência* (δύναμις), *atividade* (ἐνέργεια), *função* (ἔργον), *excelência* (ἀρετή) — vulgarmente traduzida por virtude — e *perfeito ou acabado* (τέλειον).

A *potência* é a capacidade ou poder que um ente possui, pela sua própria atividade (*energueia*), de alterar outro, ou de alterar a si próprio.[84] No homem, essa capacidade de mudança, que é uma faculdade racional, pode visar a finalidades contraditórias: pode ser dirigida ao melhor ou ao pior,[85] tudo dependendo daquilo que representa a função própria (*érgon*) da arte ou técnica empregada, ou a função própria do ser humano no mundo. Quando esse processo de mudança ou transformação atinge o seu clímax, o indivíduo sobre o qual ele se exerceu é tido como perfeito e acabado (*teleios*), no sentido do bem e no sentido do mal. Assim, observa Aristóteles, um médico ou um flautista, capazes de exercer a sua profissão segundo um padrão de excelência (*aretê*), são considerados perfeitos. Mas também, em sentido contrário, fala-se de um perfeito sicofanta, ou de um ladrão completo e acabado.[86]

No quadro do sistema filosófico de Aristóteles, pode-se dizer que o conceito de pessoa aponta para a excelência própria do ser humano no mundo. Ora, essa excelência, desde o nascimento da filosofia na Grécia, tem sido considerada correspondente à sua qualidade de ser dotado de razão. No *Timeu*,[87] Platão afirma que o homem procura zelosamente exercer a sua faculdade de conhecimento, em busca da verdade. Ele participa desse modo, na medida do possível, da condição de imortalidade, própria dos deuses. No *Alcibíades*,[88] afirma-se que "não há nada mais divino na alma humana do que o ato de pensar e de conhecer". Aristóteles retoma a mesma ideia, ao dizer, na *Ética a Nicômaco*,[89] que a vida segundo a razão apresenta algo de divino. Mas em *A República* (518 *e*), Platão vai mais além, e sustenta que o caráter divino da faculdade de pensar está ligado, de um lado, à sua inextinguibilidade com a morte;[90] e, de outro, à capacidade própria do homem de agir no sentido da criação (fazer o bem) ou no da destruição (praticar o mal).

---

84. *Metafísica*, Livro H, 1046 *a*, 10-11.

85. Idem, ibidem, 1046 *b*, 4-5.

86. Idem, Livro Δ, 1021 *b*, 15-20.

87. 90, b-c.

88. 133, c.

89. 1177 *b*, 29 e ss.

90. É o tema central do *Fédon*: a imortalidade da alma.

Detenhamo-nos um pouco sobre o conceito de razão.

A razão pode ser tomada em sentido subjetivo ou objetivo. Subjetivamente considerada, ela é a capacidade própria do ser humano de desvendar as causas, a estrutura e a função de tudo o que existe, e agir de acordo com esse conhecimento. Objetivamente, o conceito de razão tem o duplo sentido de fundamento ("razão de ser") de algo, ou de argumento ou justificativa de uma decisão.

O que nos interessa, aqui, é a razão tomada em seu sentido subjetivo. Ela se desdobra, na verdade, em três espécies: especulativa, inventiva e ética. Cada uma delas corresponde a três indagações fundamentais: a) O que posso saber?; b) O que sou capaz de criar?; c) Como devo viver?

A primeira espécie de razão corresponde à capacidade de desvendar a essência dos entes, ou seja, as causas, a estrutura interna e a função ou finalidade de tudo o que existe. Eis por que ela é chamada especulativa — do latim *speculum*, espelho, no sentido próprio; no sentido figurado, reprodução fiel ou imagem. Ela é também chamada razão teórica — do grego θεωρία, isto é, contemplação. Ao exercer essa espécie de razão, o ser humano busca chegar à verdade por meio da análise ou da síntese do objeto pensado, da dedução ou da indução.

A segunda espécie de razão diz respeito não à pura reprodução intelectual dos objetos, ou à contemplação da verdade, mas ao agir ou fazer. Pela razão inventiva ou criadora, o homem concebe e realiza algo de novo, segundo o valor do belo (arte) ou do útil (técnica). Parte-se do que já existe e se conhece, e procede-se pelo impulso da imaginação, que é a projeção de ideias ou sentimentos no futuro.

No elogio do homem, na tragédia grega, são ressaltadas as duas primeiras espécies de razão, a especulativa e a inventiva. Lembramos, na Introdução, como no *Prometeu Acorrentado* de Ésquilo o titã se vangloria de ter dado aos homens a eminência do saber científico e tecnológico.[91] Ouçamos, agora, o que canta o coro na *Antígona* de Sófocles:[92]

Há muitas coisas espantosas no mundo, mas a maior delas é o homem.

Ele é o ser que, sabendo atravessar o mar cinzento na hora em que sopram o vento sul e suas tempestades, segue seu caminho por sobre os abismos que lhe abrem as ondas levantadas.

91. Cf. supra, p. 34.
92. Versos 332 a 363.

Ele é o ser que trabalha a deusa augusta entre todas, a Terra, a Terra eterna e incansável, com suas charruas que a sulcam ano a ano sem cessar; e a lavra pelas crias de suas éguas.

Os pássaros aturdidos são apresados e capturados, assim como a caça dos campos e os peixes que povoam os mares, nas malhas de suas redes, pelo homem de espírito engenhoso.

Graças às suas habilidades, assenhoreia-se do animal selvagem que percorre as serranias, e no momento azado subjuga, tanto o cavalo de crina espessa, quanto o infatigável touro das montanhas.

Palavra, pensamento rápido como o vento, aspirações donde nascem as cidades, tudo isso ele aprendeu sozinho, assim como soube, ao construir um abrigo, evitar os ataques do gelo e da chuva, cruéis para quem não possui outro teto, senão o céu.

Prevenido contra tudo, não se acha desarmado contra nada que lhe possa reservar o futuro. Da morte, somente, não poderá escapar por nenhum sortilégio, ainda que já tenha sabido, contra as doenças mais renitentes, encontrar vários remédios.

Do mesmo modo, na peça *As Suplicantes* de Eurípides,[93] Teseu manifesta seu profundo reconhecimento à divindade por haver dotado os homens de razão:

Dou graças a Deus, que regulou a vida dos mortais, outrora confusa e bestial; que nos deu, primeiro, a razão, depois a linguagem, mensageira da palavra; e tornou nítida a nossa voz; que deu como alimento aos homens o trigo, com este o orvalho celeste, para fecundar o solo, refrescar as suas entranhas. Esse Deus ensinou-nos, demais, a nos cobrir no inverno, a nos proteger do calor dos céus, a percorrer os mares para garantir a troca mútua dos produtos que faltam em nossas terras. Enfim, tudo o que se subtrai do saber dos humanos, os adivinhos nos anunciam, ao consultar o fogo, as dobras das vísceras e os pássaros do céus.

A mais importante de todas as espécies de razão é, sem dúvida, a razão ética, porque atua como guia ou governante da vida humana. Ela dita a linha reta do nosso comportamento no mundo. Por isso os romanos, em matéria de religião, moral e direito, falavam de normas ou regras. O sentido primigênio de *norma* em latim é esquadro. *Regula* provém do verbo *rego, -ere*, que significa *dirigir em linha reta*, ou de modo

93. Versos 201 a 214.

direto, correto ou direito. A razão ética serve-se das duas outras espécies de razão, para melhor dirigir o homem no sentido das finalidades de vida, por ele escolhidas.

Importa, de qualquer modo, considerar que a razão não atua isoladamente em cada um de nós, mas sempre em conexão com a nossa realidade corporal e os nossos sentimentos.

Quanto ao vínculo existente entre a razão e a dimensão corpórea, basta considerar, de um lado, que a sexualidade humana está longe de ter uma função meramente reprodutiva, como nos animais. Por outro lado, é preciso não esquecer que algumas civilizações fizeram da culinária uma espécie refinada de arte.

No campo das emoções e sentimentos, o homem, desde muito cedo, deles serviu-se não só para a criação artística, nas suas mais diversas manifestações, mas também para o conhecimento mais aprofundado da alma humana.

A função cognitiva do sentimento (o "coração"), a par do conhecimento racional, como se sabe, foi um dos temas maiores das reflexões de Pascal. "A razão", disse, "age lentamente, e com uma visão de tal forma múltipla sobre tão grande número de princípios, os quais devem estar sempre presentes [ao espírito do sujeito], que a todo momento ela adormece ou se desvia, por não ter todos os princípios presentes. O sentimento não atua dessa forma: ele procede instantaneamente, e está sempre pronto a agir."[94] Daí resulta, segundo a fórmula célebre, que "o coração tem suas razões, que a razão desconhece".[95]

Tal não significa, porém, que a razão ética não possa e não deva interferir na vida sentimental. Nos Códigos Penais de todos os países, os sentimentos e as emoções são considerados elementos componentes de alguns tipos criminais, como no crime de prevaricação, consistente no fato de um agente público "retardar ou deixar de praticar, indevidamente, ato de ofício, ou praticá-lo contra expressa disposição legal, para satisfação de um interesse ou sentimento pessoal".[96] As emoções e as paixões são também previstas como fatores não excludentes da imputabilidade penal,[97] ou então como circunstâncias atenuantes ou agravantes da responsabilidade, para aplicação da pena.[98]

94. *Pensées*, ed. Brunschvicq, nº 252 *in fine*.
95. Idem, nº 277.
96. Código Penal brasileiro de 1940, art. 319.
97. Código Penal brasileiro, art. 28,I.
98. Código Penal brasileiro: Art. 65 – "São circunstâncias que sempre atenuam a pena: [...] III – ter o agente: [...] c) cometido o crime [...] sob a influência de violenta emoção, provocada por ato injusto

Especificamente no tocante à paixão, é sabido que um dos princípios cardeais da cultura grega sempre foi o da exaltação da justa medida, com a correspondente condenação de todo excesso. "Nada de excessivo" (μηδέν ἄγαν) era uma das duas célebres inscrições do templo de Apolo em Delfos. Sob esse aspecto, o pecado capital, para os gregos, era a *hybris*, o orgulho desmedido, a insolência, que representava a antítese da principal virtude humana: a sabedoria ou moderação (σωφροσύνε).

Por outro lado, é exatamente essa característica de racionalidade ética que distingue as sociedades humanas dos bandos de animais. Quando Aristóteles definiu o homem como animal político,[99] ou um ser político pela sua natureza,[100] quis salientar que não somos apenas seres gregários, que precisam viver agrupados para sobreviver (nutrição, abrigo contra as intempéries, defesa coletiva contra os predadores). A convivência social, no quadro de uma organização política, é indispensável para desenvolver a nossa capacidade de vida autônoma e racional, em todos os sentidos que acabam de ser assinalados: a descoberta da verdade, a invenção técnica, a criação artística, as diferentes manifestações de amor.

8. O HOMEM, UM SER HISTÓRICO

Como bem salientou Hegel, o homem não é uma espécie natural, mas um ser histórico.[101] Ou seja, a essência própria do homem consiste num vir-a-ser, num contínuo devir.[102] E isso por duas razões.

Em primeiro lugar, porque a consciência, individual ou coletiva, implica o reconhecimento da própria vida como um processo (*processus*: ação de avançar), em que o presente nada mais é do que o desdobramento de um passado e tende sempre ao futuro. Não é indiferente, para visualizar a mentalidade de alguém, situá-lo no momento histórico em que viveu: cada um de nós já nasce com uma

---

da vítima." Já no artigo 61, II, *a*, considera-se circunstância agravante da responsabilidade penal ter o agente praticado o crime por motivo fútil ou torpe.

99. *Política*, 1278 *b*, 19.

100. *Ética a Nicômaco*, 1097 *b*, 10.

101. Cf. supra, Parte II, capítulo VIII.

102. *"Certes"*, anotou Montaigne logo no primeiro capítulo de seus *Ensaios*, *"c'est un subject merveilleusement vain, divers, et ondoyant, que l'homme."*

visão de mundo moldada por todo um ideário coletivo, composto de valores, crenças e preconceitos. Mas a vida é, também, essencialmente um projeto (*projectum*, particípio passado do verbo *projicio, -ere*, jogar para a frente), ou seja, ela é movimento rumo ao futuro. Como explicou um grande cientista, "um organismo só está em vida na medida em que vai viver ainda, nem que seja um instante. [...] Respirar, comer, andar significam antecipar. Ver é prever. Cada ação ou pensamento nosso confunde-se com aquilo que será".[103] Os indivíduos ou as sociedades que perdem interesse pela sua projeção no amanhã já se encontram às portas da morte.

Até mesmo em relação aos fenômenos físico-químicos, a ciência contemporânea afasta-se, sempre mais, do pressuposto de equilíbrio estável, dominante no passado. Reconhece-se, hoje, a função primordial do tempo irreversível na natureza, muito diferente do tempo abstrato e reversível da física teórica, o que significa reconhecer a função decisiva das flutuações e da instabilidade. As leis naturais exprimem, segundo esse modo de ver, antes possibilidades do que determinismos inevitáveis e irreversíveis. Em todos os níveis, da cosmologia à vida social, passando pela geologia e a biologia, o caráter evolutivo da realidade afirma-se sempre mais claramente. Ou seja, a ordem no Universo só pode ser mantida por meio de um processo incessante de auto-organização, com a permanente adaptação ao meio ambiente.[104]

Demais disso, o ser próprio do homem é um contínuo vir-a-ser por uma segunda razão. A pessoa é sempre algo de incompleto e inacabado, uma realidade em contínua transformação. Retomando a ideia expressa no apólogo de Pico de la Mirandola, há pouco citado, Heidegger salienta que o ser humano apresenta a característica singular de um permanente inacabamento (*eine ständige Unabgeschlossenheit*).[105] Nesse sentido, pode-se dizer que o homem é o único ser incompleto pela sua própria essência; ou seja, não tem substância, no sentido clássico que o termo possui na filosofia grega, medieval e moderna. Descartes, por exemplo, em seus *Principia Philosophiae* (I, 51), afirma que "por substância não

103. François Jacob, Prêmio Nobel de Medicina, *La souris, la mouche et l'homme*, Paris, Editions Odile Jacob, 1997, pp. 19-20.
104. Sobre todo este argumento científico, cf. o livro de Ilya Prigogine, Prêmio Nobel de Química, *La fin des certitudes — Temps, chaos et les lois de la nature*, Paris, Editions Odile Jacob, 1996.
105. Op. cit., p. 236.

podemos entender outra coisa, senão algo que existe de tal maneira que nada lhe falte para existir". Ora, como bem exprimiu Ortega y Gasset,[106] o homem não é, ontologicamente falando, um ser suficiente mas, bem ao contrário, indigente.

Mas se a condição própria do homem é o contínuo vir-a-ser, não mudaria a personalidade de cada um de nós no breve curso de nossas vidas? Poderemos falar na manutenção da mesma identidade pessoal?

9. A QUESTÃO DA IDENTIDADE PESSOAL

Mudam-se os tempos, mudam-se as vontades,
Muda-se o ser, muda-se a confiança;
Todo o Mundo é composto de mudança,
Tomando sempre novas qualidades.

Assim cantou Camões, em soneto famoso, e assim experimentamos nós, indefectivelmente, em nossas próprias vidas. No curso de uma só existência, quantas transformações sofre cada homem, no corpo e na alma? Ao atingirmos o crepúsculo da vida, seremos ainda a mesma pessoa dos tempos da infância, da adolescência ou da idade adulta?

Eis um problema que sempre, em qualquer civilização ou época histórica, suscitou perplexidade, e que se tornou o ponto focal de reflexão de uma importante corrente do pensamento moderno: a dos chamados filósofos existencialistas. Para eles, modificando parcialmente a máxima de Heráclito, não é nunca o mesmo homem que entra duas vezes no mesmo rio. Os filósofos gregos, em especial Aristóteles, distinguiram com nitidez, em relação a todos os entes, as categorias da *essência* e da *existência*. Diversamente, para a escola do existencialismo, e bem antes dela, para Kirkegaard e Hegel, a condição temporal é um elemento integrante da própria essência do ser humano.

No diálogo entre Sócrates e Diotima, do *Banquete* de Platão,[107] a pitonisa observa que, apesar de se dizer que um homem é sempre o mesmo, da infância à senectude, a verdade é que ele sofre uma contínua mudança durante toda a sua existência, no corpo e na alma. "Mudam os cabelos, a carne, os ossos, o sangue". Mudam também os hábitos, opiniões, desejos, prazeres, sofrimentos e temores.

---

106. *Sobre la Razón Historica*, Madri (Revista de Occidente en Alianza Editorial), 1983, p. 97.
107. 207 *e* ss.

Ao contrário dos seres divinos, que permanecem eternamente os mesmos, os humanos só se preservam mediante a substituição daquilo que se perde, ou se torna antiquado, por elementos novos, semelhantes àqueles.

Essa questão tornou-se lancinante no mundo moderno, em razão do fenômeno da "aceleração da História". Ainda aí, a intuição do poeta anteviu uma realidade que só se tornaria patente alguns séculos mais tarde:

E, afora este mudar-se cada dia,
Outra mudança faz [o tempo] de mor espanto:
Que não se muda já como soía.

Pois bem, ainda que optemos pela visão introspectiva como guia ou método de pensamento, segundo a proposta cartesiana, uma coisa é inegável, exatamente no quadro dessa visão de mundo: temos todos, em permanência, a consciência de nossa própria identidade. A sua ausência é sempre o sintoma de uma grave perturbação psíquica.

Sucede — antecipando o que será explicado logo adiante — que o conceito de *pessoa* não deve ser confundido com os entes individuais que o especificam. Sem o que, cairíamos inelutavelmente na aporia de Protágoras: cada um de nós, em sua individualidade única, é a medida de todas as coisas. No campo ético, como foi aqui repetidamente assinalado, esse absurdo conduz à completa anomia: cada qual enunciaria a sua própria regra de vida.

Mas — indaga-se — quando começa e quando termina a personalidade humana? Em particular, o embrião já deve ser considerado uma pessoa? Que dizer, então, do processo de clonagem humana? E o doente em fase terminal, deve ele ter seu resto de vida preservado em qualquer circunstância?

Eis aí questões da maior complexidade, cuja discussão completa demandaria a composição de alentadas monografias. Limitemo-nos a indicar, a seguir, o que parece essencial como tomada de posição nesse árduo debate.

10. QUESTÕES ÉTICAS LIGADAS AO INÍCIO E AO FIM DA PERSONALIDADE INDIVIDUAL

O postulado religioso, de que o ser humano foi criado por Deus à sua imagem e semelhança, e é dotado de uma alma imortal distinta do corpo, é digno do maior respeito, mas deve ser considerado, tão só, como objeto de fé. Ele não pode ser usado como argumento universal, sujeito ao critério único da razão.

O ser humano só começa a existir, como ente biologicamente distinto do organismo de sua matriz, a partir do nascimento com vida. Antes disso, ele é um projeto de ser humano.

Nem por isso, todavia, carece o embrião humano da dignidade inerente a essa condição. Ele não é uma coisa, mas, para todos os efeitos, deve ser tido como uma pessoa em potencial e, portanto, titular de direitos fundamentais, a começar pelo direito ao nascimento.[108]

O que veio complicar esse raciocínio foi o aperfeiçoamento da técnica de fecundação artificial *in vitro*. O embrião ainda não implantado no útero não tem a menor possibilidade de se tornar um ser humano. A ciência ainda não logrou inventar a gestação extrauterina.

Quer isso dizer que os óvulos humanos fecundados artificialmente, enquanto conservados *in vitro,* podem ser tratados como simples coisas? Certamente não.

Importa atentar para essa situação intermédia do zigoto ou óvulo fecundado e do feto no útero materno: não se trata de coisas, de não pessoas, mas ainda não estamos diante de um organismo autônomo e, portanto, de um ser humano inteiramente formado.

Algumas consequências éticas podem ser tiradas dessa condição biológica.

Em primeiro lugar, no tocante aos óvulos humanos conservados em laboratório, a sua utilização como objeto de experimentos científicos só se justifica quando observadas rigorosas condições. Os progenitores são conhecidos? Eles não pretendem dar início a um processo de gestação a partir desses óvulos já fecundados? São zigotos aptos a tanto? Há razões científicas para se esperar que a utilização de células desses embriões produza importantes resultados na cura de moléstias que afetam seriamente a vida humana? Não existem outros métodos terapêuticos para se chegar aos mesmos resultados?

Em segundo lugar, uma lógica consequência do fato de que o embrião humano deve ser protegido como pessoa em potencial é que essa proteção não se justifica, quando o feto não tem a menor condição biológica de vida extrauterina, ou seja, quando ele não possui todos os órgãos essenciais para sobreviver após o parto. É o caso bem conhecido dos embriões anencefálicos.

---

108. Assim o declarou o Comitê Consultivo Nacional de Ética, na França, num pronunciamento de 1984.

Questão análoga às que acabam de ser discutidas é a da clonagem humana.

Ela pode ser realizada com duas finalidades distintas: para permitir o aproveitamento das células do embrião assim formado com o objetivo de tratamento de moléstias em parentes próximos (clonagem terapêutica), ou com finalidade reprodutiva. A clonagem terapêutica, quando não implica a destruição do embrião daí resultante, não suscita nenhum problema ético. Em caso contrário, estamos diante da hipótese, já discutida, do uso de embriões conservados *in vitro*. Quanto à clonagem para fins reprodutivos, a Declaração Universal sobre o Genoma Humano e os Direitos Humanos, aprovada na 29ª sessão da conferência geral da Unesco, em 1999, considerou-a uma prática contrária à dignidade humana. Efetivamente, utilizada com largueza, ela pode servir como instrumento de uma condenável política eugenista de cunho racial. No plano privado, ela implica evidente desprezo dos progenitores pela pessoa do filho assim gerado, pois ele foi concebido como mera tentativa de reprodução de personalidade alheia.

Consideremos agora, de modo geral, a prática do aborto.

Digamos, desde logo, que a eliminação intencional de embriões humanos jamais pode ser tida como um ato banal, eticamente neutro. Ao contrário, é ato moralmente condenável e que deve, portanto, ser declarado ilícito. O que não significa, todavia, sob o aspecto de política legislativa, que se deva, em todas as hipóteses, caracterizá-lo como um ato criminoso. A criminalização sistemática e sem distinções do ato de provocar o aborto, como a experiência no mundo todo tem comprovado, estimula a proliferação de abortos clandestinos, com graves consequências para a saúde pública.

Dito isso, porém, é preciso reconhecer que há certos casos extremos, nada banais, em que a supressão do feto, por razões de preservação de um valor humano superior, deixa de ser moralmente reprovável e, por conseguinte, não deve ser considerada um ato ilícito.

São exemplos o aborto que sucede ao estupro da gestante e o aborto para salvar a vida da mãe. Na primeira hipótese, é preciso levar em conta o brutal constrangimento da mulher estuprada, capaz de inibir todo o seu instinto maternal, bem como a situação de excepcional humilhação em que irá viver o fruto dessa gravidez criminosa. Na segunda hipótese, quando se verifica um conflito entre a sobrevivência da genitora e a continuação da gravidez, ou mesmo entre a sobrevivência da parturiente e o nascimento com vida da criança, estamos diante daquilo que em direito se denomina *estado de necessidade*,[109] ou seja, a situação de conflito entre a vida de duas pessoas, em que é inevitável sacrificar uma delas para se evitar que ambas pereçam. Em tal hipótese, a escolha entre a vida da genitora ou a do feto deve ser feita, caso por caso, de acordo com o critério do menor mal.

Em qualquer hipótese, porém, o aborto, quando excepcionalmente admitido, deve ser autorizado pela autoridade judiciária.

Questão igualmente muito controvertida é a da eutanásia, ou da chamada ortotanásia. No primeiro caso, a morte é intencionalmente provocada. No segundo, há suspensão dos cuidados médicos destinados a prolongar a vida do paciente que se encontra em estado terminal, sem possibilidade de recuperação da saúde, condenado, portanto, a uma vida residual puramente vegetativa. Nesta última situação, as legislações em geral e a orientação ética das corporações de medicina em especial, em todo o mundo, reconhecem sempre mais a admissibilidade do procedimento.

Na hipótese de eutanásia, a questão básica é a de saber se a provocação da morte é ou não desejada pelo paciente. Em caso afirmativo, ocorre um suicídio assistido. Não há razão nenhuma para se condenar eticamente esse ato, se o paciente estava em perfeita consciência da sua situação e manifestou livremente seu pleno consentimento. Em caso contrário, quando o paciente se encontra na impossibilidade de tomar uma decisão plenamente consciente a respeito, a eutanásia só pode ser eticamente admitida quando decidida por acordo entre o cônjuge e os parentes consanguíneos de primeiro grau (pais e filhos). Mas sempre mediante supervisão médica.

II. A DIGNIDADE DA PESSOA HUMANA COMO SUPREMO MODELO ÉTICO

O leitor que nos acompanhou até aqui já percebeu que o vocábulo *pessoa* é empregado em dois sentidos bem distintos: como designação de um gênero e como indicação de uma espécie individual. Ora nos referimos a alguém individualmente determinado, ora ao gênero humano.

Num dos primeiros diálogos de Platão, *Parmênides*, Sócrates explica ao seu interlocutor o que isso significa.[110] A discussão gira em torno da possível distinção entre as coisas e as ideias. Os interlocutores estavam de acordo em que cada um de nós tem, de cada coisa, uma certa ideia. Mas qual a relação entre ambas? "O mais provável (μάλιστα καταφαίνεται)", diz Sócrates, "é que essas ideias existem na

109. Cf. supra, nota de rodapé 60.
110. 132, *d*.

natureza como modelos (παραδείγματα), e que as coisas se assemelhem a elas e as imitem".

Escusa dizer que não precisamos concordar com a opinião platônica de que as ideias existem na natureza (ἐν τῇ φύσει), para reconhecer que certas ideias — ou ideais —, sobretudo na vida ética, exercem a função de modelos de comportamento.

É exatamente essa, aliás, a razão pela qual o termo *prósopon*, que os romanos traduziram por *persona*, o qual originalmente designava a máscara teatral, como vimos, passou a ser usado em Roma, a partir do Alto Império (primeiro e segundo séculos da era cristã), para indicar a função pública, cujo alto prestígio oficial (*dignitas*) encarnava-se no seu titular.[111]

Mas foi incontestavelmente com o cristianismo, como lembramos poucas linhas atrás, que o conceito de pessoa como substância, em correlação com o seu sentido concreto de indivíduo, foi sistematicamente elaborado, a propósito da figura de Jesus Cristo, em sua dupla condição de homem e de Filho de Deus.

Durante a Baixa Idade Média, os pensadores cristãos, clérigos ou leigos, desenvolveram o dualismo entre *persona personalis* e *persona idealis*, para sustentar a condição superior e extraordinária do rei (ou do imperador) e do bispo (ou do papa), como Ernst H. Kantorowicz soube mostrar com invulgar brilho e erudição num estudo já clássico.[112]

Já por volta de 1100 A.D., um clérigo normando desconhecido, por isso denominado o Normando Anônimo, fez uso, provavelmente pela primeira vez, dessa distinção conceitual, ao sustentar os direitos eminentes do rei em relação à autoridade eclesiástica, no quadro da chamada *querela das investiduras*:

> Nós temos, pois, de reconhecer [no rei] uma pessoa gêmea (*persona geminata*), uma que descende da natureza, a outra da graça... Uma, em virtude da qual, pela condição da natureza, ele é igual aos outros homens; uma outra, em razão da qual, pela eminência da [sua] deificação [sic] e pelo poder do sacramento [a consagração ou coroamento do rei], ele está acima de todos os outros. De acordo com uma personalidade,

---

111. Cf. Eugen Cizek, *Mentalités et institutions politiques romaines*, Fayard, 1990, pp. 42-3.

112. *The King's Two Bodies, A study in mediaeval political theology*, Princeton University Press, 1ª edição em 1957. As citações aqui feitas são extraídas da 7ª edição em brochura, de 1997.

ele era, pela natureza, um homem individual; de acordo com a outra personalidade, ele era, pela graça, um *Christus*, isto é, um homem-Deus.[113]

A partir do século XIII estabeleceu-se progressivamente a distinção entre *officium* (cargo ou função) e *dignitas*, para dela se extraírem importantes consequências jurídicas. Uma pessoa pode ter o atributo pessoal da dignidade, sem no entanto exercer cargo algum. Uma decretal do papa Alexandre III, intitulada *Quoniam abbas*, determinou que "uma delegação ou investidura feita à Dignidade, sem a indicação do nome do delegatário, passa ao seu sucessor". Bernardo de Parma, em seu livro de comentários de meados do século XIII, *Glossa ordinaria*, explicou as razões dessa regra canônica, pelo fato de que "o predecessor e o sucessor devem ser compreendidos como uma única pessoa, dado que a Dignidade não morre (*quoniam Dignitas non moritur*)".[114]

De onde se chegou naturalmente à conclusão de que o rei (ou um prelado eclesiástico) possui dois corpos; ou, numa formulação análoga, duas personalidades.

Baldo distinguiu com clareza duas pessoas no rei: a *persona personalis*, "que é a alma na substância do homem" — lembremo-nos da definição de Boécio há pouco citada — ou seja, o rei individualmente considerado, e a *persona idealis*, "que é a Dignidade". Temos aí, como bem assinala Kantorowicz, a personificação de uma qualidade, do mesmo modo que se fala em personificação da Justiça. A consequência é que a Dignidade, enquanto o rei vive, está intimamente ligada à sua pessoa individual; mas, quando ele morre, passa a ter uma existência independente, e continua a subsistir.[115]

O mesmo Baldo, numa passagem dos seus *Consilia*, conclui, a respeito dessa duplicação de personalidades: "Reconhecemos a Dignidade como o principal e a pessoa como o instrumento. De onde resulta que o fundamento dos atos do rei é essa mesma Dignidade, que é perpétua".[116]

Na época elisabetana, dois séculos depois, um jurista inglês, Edmund Plowden, explicitou a duplicação da personalidade régia com palavras bem firmes:

---

113. Ernst H. Kantorowicz, op. cit., p. 46.
114. Idem, ibidem, pp. 385-6.
115. Idem, ibidem, pp. 399-400.
116. Idem, ibidem, pp. 441-2.

O Rei tem em si dois Corpos, a saber, o Corpo natural e o Corpo político. Seu Corpo natural (se considerado em si mesmo) é um Corpo mortal, sujeito a todas as Moléstias advindas da Natureza ou do Acidente, à Fraqueza Mental (*Imbecility*) da Infância ou da Velhice, assim como aos Defeitos análogos que sucedem aos Corpos naturais de outros indivíduos. Mas seu Corpo político é um Corpo que não pode ser visto ou tocado, consistente na Política e no Governo (*consisting of Policy and Government*), e constituído para a Direção do Povo e a Administração do bem público, e esse Corpo é inteiramente imune (*is utterly void*) à Infância e à Velhice e a outras naturais Deficiências e Fraquezas Mentais, às quais o Corpo natural é sujeito, e por essa Razão os atos do Rei em seu Corpo político não podem ser invalidados ou frustrados por nenhuma forma de Incapacidade no seu Corpo natural.[117]

Essa teoria medieval nos permite compreender em sua plenitude o contraste entre a dignidade transcendente da pessoa humana, enquanto supremo modelo da vida ética, e a individualidade pessoal de cada ser humano, com todas as suas limitações e deficiências. O paradigma da pessoa humana reúne em si a totalidade dos valores; ela é o supremo critério axiológico a orientar a vida de cada um de nós.

Ora, os valores éticos não são visualizados pelo homem uma vez por todas e completamente, mas descobertos pouco a pouco, no curso da História. A pessoa é um modelo, ao mesmo tempo transcendente e imanente à vida humana, um modelo que se perfaz indefinidamente e se concretiza, sem cessar, no desenvolvimento das sucessivas etapas históricas. Ao contrário da noção estoica de natureza, que existe na base ou origem de tudo e não muda nunca, a concepção dos valores evolui e aponta claramente para o objetivo de constante e ilimitado aperfeiçoamento do ser humano.

Mas com que fundamento podemos considerar a pessoa humana como supremo critério ético?

12. O FUNDAMENTO DA DIGNIDADE HUMANA

Historicamente, a excelência do homem no mundo foi justificada a partir de três perspectivas, complementares e não excludentes: a religiosa, a filosófica e a científica.

---

117. Idem, ibidem, p. 7.

Na perspectiva religiosa, foi sem dúvida o monoteísmo que mais realçou a dignidade da pessoa humana.

No relato bíblico da criação, as criaturas vão-se acrescentando, umas às outras, como etapas de um vasto programa, simbolicamente ordenado na duração de um ciclo lunar, partindo-se do mais simples, isto é, os seres inanimados, até se chegar ao mais complexo, na escala da vida. O primeiro casal humano só entra em cena na derradeira etapa do processo genesíaco, quando todos os demais seres terrestres já haviam sido engendrados, como para marcar a superioridade da espécie humana sobre todas as outras espécies de seres vivos. Essa supremacia humana, na ordem da criação, é ressaltada no poder que explicitamente *Iahweh* concedeu ao primeiro casal humano sobre "os peixes do mar, as aves do céu, os animais domésticos, todas as feras e todos os répteis que rastejam sobre a terra" (Gênesis 1, 26). A cada um deles, o homem foi convidado pelo Senhor a dar um nome (2, 19), o que implicava, segundo a mais antiga tradição, a submissão do nomeado ao poder do nomeante. Para os antigos, com efeito, o nome exprime a essência do ser. Um homem sem nome é insignificante, em todos os sentidos da palavra (Jó 30, 8); é como se não existisse (Eclesiastes 6, 10). O nome de *Iahweh*, pronunciado pelo sacerdote sobre o povo, protege-o (Números 6, 27). Daí a razão do segundo mandamento do decálogo mosaico: "Não pronunciarás em vão o nome de *Iahweh* teu Deus, pois *Iahweh* não deixará impune aquele que pronunciar em vão o seu nome" (Deuteronômio 5, 11).

Mas a excelência excepcional do ser humano é também ressaltada no livro do Gênesis, tanto na parte que provém da tradição eloísta, quanto nas passagens que derivam da tradição javista.[118] Na tradição eloísta, diz-se que o homem foi criado à imagem e semelhança de Deus (1, 26-27). Já na tradição javista, afirma-se que "Deus modelou o homem com a argila do solo" (*adamah*, em hebraico, nome coletivo que passa a designar o primeiro ser humano, Adão); o que demonstra a importância desse ato singular de criação: Deus não se limitou a falar, mas pôs pessoalmente mãos à obra.

118. Segundo a teoria mais geralmente aceita, os cinco primeiros livros da Bíblia (o Pentateuco) procedem de quatro fontes distintas, amalgamadas no texto atual. A fonte javista, assim denominada porque nela Deus toma o nome de *Iahweh*, seria originária do reino de Judá. A fonte eloísta, na qual Deus é comumente designado como *Elohim*, é originária de Israel.

A Bíblia apresenta, assim, o homem como situado entre o Céu e a Terra, um ser a um só tempo celeste e terreno.

É importante observar que essa elevada condição humana foi também afirmada em várias outras tradições religiosas. No mito grego de Prometeu, por exemplo, o homem é apresentado como possuidor de qualidades divinas, em parte subtraídas pelo titã a Hefaísto e Atena (a tecnologia), e em parte concedidas a ele pelo próprio Zeus (o espírito cívico). Por isso Platão, no *Protágoras* (322 *a*, 3 e ss.), põe na boca do sofista a seguinte observação:

> E agora que o homem participa da condição divina, ele, em primeiro lugar, pelo seu parentesco com a divindade (διά τήν τού θεου συγγένειαν), foi a única criatura que cultuou deuses e se dispôs a levantar altares e a venerar imagens santas.

Na perspectiva da antropologia filosófica, a dignidade humana está ligada, como foi visto, à sua condição de animal racional, nas diferentes manifestações da razão — especulativa, técnica, artística e ética —, e à consciência, individual e coletiva, dessa sua singularidade no mundo.

Por fim, na perspectiva científica, o que se pôs em realce é que a espécie humana representa, sem contestação, o ápice do processo evolutivo.[119] Como hoje se reconhece, unanimemente, o aparecimento dos hominídeos primitivos, na cadeia evolutiva dos primatas, e a sua posterior transformação na espécie *Homo sapiens*, é um processo único e insuscetível de reprodução. A partir do surgimento do homem, o sentido da evolução, como já foi lembrado nestas páginas, passa a sofrer a influência decisiva da espécie humana. A criatura transforma-se em criador.

Expostas as razões explicativas do fundamento da ética, trata-se agora de examinar os grandes princípios daí decorrentes.

---

119. Há mesmo quem considere perfeitamente possível, na perspectiva da evolução vital, que outra ou outras espécies vivas nos ultrapassem em complexidade, até a extinção do planeta. Cf. Christian de Duve, Prêmio Nobel de Medicina, *À l'écoute du vivant*, Paris, Odile Jacob, 2002, pp. 224, 297-8.

III. Dos Princípios Éticos em Geral

Se a dignidade da pessoa humana, como acabamos de ver, é o fundamento de toda vida ética, desse fundamento ou raiz mais profunda decorrem, logicamente, normas universais de comportamento, as quais representam a expressão dessa dignidade em todos os tempos e lugares, e têm por objetivo preservá-la. Elas atuam como o espírito que vivifica o corpo social e dá legitimidade a todas as estruturas de poder, conforme foi assinalado na Introdução desta obra.

Vejamos, assim, neste capítulo, em que consistem esses princípios éticos fundamentais e qual a sua importância na vida social, para, no capítulo seguinte, examiná-los especificamente.

I. A NOÇÃO FILOSÓFICA DE PRINCÍPIO

No livro Δ da *Metafísica* (1012 *b*, 34 e seguintes), Aristóteles desdobrou a noção de *arkhê* (ἀρχή) em nada menos do que sete acepções: ponto de partida do movimento de algo; ponto de partida de uma ciência; o primeiro elemento na construção de uma coisa (um navio, ou uma casa, por exemplo), ou no desenvolvimento de um organismo vivo; aquilo de que se origina algo, como os pais em relação ao filho, ou a contenda após o insulto; os chefes ou príncipes (ἀρχαι) nas cidades, assim como os diferentes regimes políticos; as artes ou técnicas (*technai*), sobretudo as que se superpõem às outras, recebendo, por isso, a qualificação de arquitetônicas; o ponto de partida do conhecimento de algo, como as premissas ou hipóteses, em relação à conclusão do raciocínio ou da pesquisa.

O elemento comum a todos esses significados, arremata Aristóteles, é o de princípio ou começo de onde algo provém ou é gerado, ou de onde emana o conhecimento; ou seja, como disseram os escolásticos, *principium essendi* e *principium cognoscendi*.

Nessa noção geral de princípio entram, um tanto forçadamente, dois exemplos apresentados pelo filósofo: o dos chefes ou regimes políticos, e o caso da disputa provocada pelo insulto sofrido por um dos contendores. Não se está, aí, no campo da geração dos seres, ou da razão do conhecer, mas diante de causas ou razões do comportamento humano (*principii agendi*, diriam os escolásticos). Ao que parece, pelo menos em relação aos chamados magistrados da *pólis* (os que detêm o poder de comandar) e dos regimes políticos, a análise aristotélica deixou-se influenciar pela equivocidade do substantivo *arkhê*, correlato ao verbo *arkhô* (ἄρχω), na língua grega; o primeiro significando começo e comando, e o segundo, marchar à frente, começar e comandar ou chefiar.

Na idade moderna, curiosamente, enquanto o sentido ontológico e lógico do vocábulo *princípio* foi aos poucos sendo abandonado, o seu uso como causa ou norma de ação tornou-se predominante.

Montesquieu funda todas as suas reflexões políticas na noção de princípio, como mola mestra do funcionamento dos diferentes sistemas de governo. "Há a seguinte diferença entre a natureza do governo e o seu princípio: sua natureza é o que o faz ser o que é, ao passo que o seu princípio, o que o faz agir. Uma é a sua estrutura particular e a outra, as paixões humanas que o fazem mover-se". E acrescenta em nota: "Esta distinção é muito importante, e eu deduzirei dela várias consequências; ela é a chave de uma infinidade de leis."[1] Anote-se, de passagem, que já aí se encontra em germe a distinção entre princípios e regras, estas como dedução daqueles, distinção que será exposta e desenvolvida mais adiante.

Já o emprego do termo *princípio* como norma superior de ação, da qual decorrem, também como deduções lógicas, leis particulares, iniciou-se com Leibniz e o seu discípulo Christian Wolff, e foi depois examinado em profundidade por Kant.

---

1. *De l'esprit des lois*, livro terceiro, capítulo primeiro, em *Oeuvres complètes*, tomo II, Gallimard, Paris, pp. 250-1.

O filósofo de Königsberg estabeleceu, com efeito, uma separação radical entre o mundo do ser e o do dever-ser. Assim, ao lado dos *princípios do entendimento puro* (*Grundsätze des reinen Verstandes*), examinados no segundo capítulo da *analítica dos princípios*, na *Crítica da Razão Pura*, ele reconheceu também a existência de *princípios fundamentais da razão prática* (*Grundsätzen der praktischen Vernunft*), além de princípios (*Prinzipien*) do direito e da virtude. Aqui, já não estamos diante de elementos necessários ou naturais da vida humana, independentes do nosso querer, mas, antes, de proposições gerais de dever-ser, que expressam uma determinação da vontade, e das quais derivam várias leis ou regras práticas.[2] Tais proposições gerais são ditas *máximas*, quando valem tão só para o sujeito que as adota, e *leis práticas*, quando sua validade é universal.[3]

Na verdade, a reflexão kantiana representou, de certo modo, uma reação ao geometrismo ético e ao relativismo jurídico e moral, que passaram a dominar o pensamento ocidental, a partir do século XVII. Para os pensadores antigos e medievais, a existência de princípios éticos universais nunca foi posta em dúvida.

2. A AFIRMAÇÃO DE PRINCÍPIOS UNIVERSAIS DA VIDA ÉTICA NA ANTIGUIDADE E NA IDADE MÉDIA

A partir do chamado período axial da História,[4] surgiu em várias culturas a concepção de que existem leis universais, ou um direito comum a todos os povos.

Entre os gregos, reconheceu-se que, a par das leis e costumes próprios de cada povo, havia também leis não escritas (*agraphoi nomói*), vigentes para todo o gênero humano, e cuja origem, por isso mesmo, era tida como divina.

Em *Memorabilia* de Xenofonte, por exemplo, encontramos o seguinte diálogo sugestivo (IV, iv, 19-22):[5]

---

2. "Todos os entes da natureza agem segundo leis. Somente o ser racional tem a faculdade de agir segundo a representação das leis, isto é, segundo princípios (*nach Prinzipien*), vale dizer, só ele tem vontade" (*Grundlegung zur Metaphysik der Sitten*, Felix Meiner Verlag, Hamburgo, 7ª ed., 1994, p. 32).

3. *Kritik der praktischen Vernunft*, livro primeiro, I, § 1.

4. Cf. a Introdução a esta obra.

5. IV, iv, 19-22.

— Você sabe o que significa lei não escrita, Hípias?

— Sim, aquelas leis que são uniformemente observadas em todos os países.

— Pode-se dizer que foram os homens que as fizeram?

— Não, pois como poderia ser assim, se a humanidade não pode reunir-se em assembleia e se todos os homens não falam a mesma língua?

— Então, quem as teria feito, a seu ver?

— Penso que os deuses fizeram tais leis para os homens, pois a primeira lei a ser observada pelos homens é a de adorar os deuses.

Aristóteles, como foi visto,[6] distinguiu no tratado da *Retorica*[7] as leis próprias ou particulares de cada povo (*ídioi nomoi*), das leis comuns a todo o gênero humano (*koinoi nomoi*). Estas, diz ele, são conformes à natureza (*kata physin*), "pois existe algo que todos de certo modo percebemos ser, pela sua natureza, justo ou injusto em comum, mesmo que não haja nenhuma comunhão de vida ou acordo mútuo sobre isso". Cita, a propósito, a afirmação de Antígona, diante de Creonte, de que tais leis "não são de hoje nem de ontem, senão que sempre existiram, e ninguém sabe quando foram promulgadas".

Essa mesma distinção é usada na *Ética a Nicômaco*,[8] na análise da justiça como virtude. Para Aristóteles, a justiça política (*polítikon dikáion*) subdivide-se em natural (*physikon*) e legal (*nómikon*). A primeira é a que vigora em todo lugar e não pode ser desobedecida, nem pelos governantes nem pelos governados; ao passo que a segunda só entra em vigor quando imposta pelo legislador.

A propósito das leis não escritas, comuns a todos os povos, Aristóteles[9] opera ainda uma outra subdivisão.[10] Há, diz ele, de um lado, leis que dizem respeito à suma virtude ou ao vício extremo, situações que provocam, universalmente, elogios ou invectivas, honra ou desonra; de outro, há também normas gerais, que regulam os casos não contemplados pelas leis escritas especiais.

Aí o filósofo introduz a ideia do equitativo ou razoável (*epieikes*), ou seja, de uma exigência de justiça que vai mais além da lei escrita (τὸ παρὰ τὸν γεγραμμένον νόμον δίκαιον). Esse juízo de equidade, acrescenta ele, produz-se

6. Cf. supra, Parte I, capítulo II.

7. 1373 *b*, 4 e ss.

8. 1134 *b*, 20 e ss.

9. *Retórica* I, 1374 *a*, 18-26.

10. Ibidem, 1374 *a*, 27 e ss.

em duas situações. Há hipóteses de fato não previstas pelo legislador, e também casos cuja especificação completa seria impossível, o que levou o legislador a lançar mão de fórmulas gerais, indefinidas.

A equidade, observa Aristóteles, diz respeito a valores mais elevados do que aqueles eventualmente expressos na lei escrita. É, assim, razoável ou equitativo ser indulgente com as fraquezas humanas; ater-se não à letra da lei, mas à intenção do legislador; não ao fato praticado pelo réu, mas à sua intenção ao praticá-lo; não à parte, mas ao todo; não ao homem atual, mas a toda a sua vida pregressa. É de equidade recordar-se, antes do bom do que do mau tratamento recebido, antes dos benefícios havidos do que daqueles conferidos a outrem. É equitativo suportar com paciência os agravos sofridos; procurar recorrer à razão, antes que à violência; à solução arbitral, antes que à decisão dos juízes, pois os árbitros julgam por equidade, enquanto os juízes atêm-se à lei escrita.

Tais ideias foram integralmente recebidas em Roma, por intermédio do pensamento estoico.[11]

Expressando-se com a habitual concisão latina, o jurisconsulto Celso definiu o direito como a arte do bom e do equitativo (*ars boni et aequi*). De sua parte, sintetizando uma opinião já largamente assentada entre os *iurisprudentes* no período imperial, Ulpiano[12] declara que os preceitos de direito (*iuris praecepta*), ou princípios jurídicos (*iuris principia*), como preferiu dizer Cícero,[13] são basicamente três: viver de modo honesto, não lesar ninguém e atribuir a cada um o que lhe pertence (*suum cuique tribuere*). Eles formam a base daquele direito comum a todos os povos (*ius gentium*), também considerado, sob outro aspecto, direito natural, e que se distingue do direito próprio de cada cidade em particular (*civitas*, tradução latina de *pólis*), por isso denominado direito civil.

Esses princípios superiores do direito, os quais, na verdade, regem toda a vida ética, assentam-se, como insistiu Cícero, na ideia da existência de um interesse comum a todos os homens. "Cada qual deve, em todas as matérias, ter um só propósito: conciliar o seu próprio interesse com o interesse universal; pois, se cada um chamar tudo a si, dissolve-se a comunidade humana (*quam si ad se quisque rapiet, dissolvetur omnis humana consortio*)".[14] Há, sublinhou ele, "um único direito, que

---

11. Cf. supra, Parte I, capítulo III.
12. Digesto I, 1, 10.
13. *De legibus* I, 18.
14. *De officiis*, III, 26.

mantém unida a sociedade humana; ele é formado por uma só lei, que é o critério justo que impera e proíbe".[15] Quando Cícero fala, nessa passagem, em sociedade dos homens (*hominum societas*), não está se referindo, tão só, à vida social numa *civitas* determinada, mas à convivência de todos os povos, que formam a comunidade humana universal. "Dizer que se deve respeitar os concidadãos, mas não os estrangeiros", conclui ele em fórmula admirável, "é destruir a sociedade comum do gênero humano".[16]

Na teologia medieval, porém, essa unidade ética universal é rompida, na medida em que se admite a supremacia absoluta da fé monoteísta na organização da vida em sociedade. As religiões antigas eram todas nacionais e, por isso, não missionárias. Diante da multiplicidade de crenças, era, portanto, natural que se buscasse fora (ou acima) da esfera religiosa um princípio universal de convivência entre os povos, como tentaram fazer os filósofos gregos e os juristas romanos. Em sentido contrário, as religiões monoteístas frustraram a sua vocação de vigência universal, ao topar, no seu percurso histórico, com a barreira intransponível do particularismo sacral, ligado a uma forma determinada de profissão de fé.

Com a fundação da Cristandade ocidental, a partir do século XI, a cidadania passou a ser um vínculo de natureza puramente religiosa. A Igreja tornava-se a nova sociedade política, em substituição às antigas cidades-Estados. Estrangeiros, doravante, eram todos os que não haviam abraçado, ou tinham renegado, a fé em Jesus Cristo.

Prenunciava-se a ruptura da antiga unidade ética, a ser consumada com o advento dos tempos modernos.

3. O CONFLITO ENTRE NACIONALISMO E UNIVERSALISMO NO MUNDO MODERNO

A Idade Moderna é propriamente a era das contradições. Nela inicia-se, como foi salientado no capítulo I desta Parte, a civilização do ecúmeno mundial, ao passar a Terra inteira a servir de território comum da humanidade. Mas é também nessa mesma época que se perde a noção, reiteradamente afirmada pelos pensadores antigos e medievais, de que existe uma legislação mundial, comum a todos os povos.

15. *De legibus* I, 42.
16. *De officiis* III, 28.

Esfacelada a Cristandade e constituídos os primeiros Estados nacionais, em contraposição à pretendida autoridade universal do papa e do imperador, já não se podia cogitar da vigência de princípios éticos universais, que dariam sentido e fundamento, conjuntamente, às normas de moral, direito e religião.

No quadro do absolutismo monárquico, passou-se a admitir como legítima a separação entre a moral dos súditos e a moral do príncipe. O direito imposto pelo soberano, e chamado por isso direito positivo (*ius positum*), suplantou desde logo o velho direito natural. E a Reforma Protestante,[17] suscitando em vários países europeus a guerra civil, tornou a religião uma questão política nacional, ou melhor, um assunto de puro interesse monárquico. Os tratados de Vestfália de 1648, que puseram fim à Guerra dos Trinta Anos, consumaram o esfacelamento do que ainda restava da Cristandade medieval. A religião do Estado é a professada pelo monarca — *cujus regio ejus religio*. Os súditos que se negam a abraçar a religião do soberano ficam proibidos de celebrar publicamente outros cultos, mas podem retirar-se do país com todos os seus haveres. No plano das relações internacionais, a paz e a guerra não são reguladas pelo direito natural, tal como havia sido preconizado por Hugo Grócio em sua obra basilar de 1625 (*De Jure Belli ac Pacis*), mas por um direito convencional: os tratados celebrados entre os monarcas.

À época da Ilustração francesa do século XVIII, a noção de um direito natural, superior ao direito positivo estatal ou às convenções internacionais, começou a sofrer os primeiros ataques. No famoso artigo que escreveu sobre o tema para a *Enciclopédia*,[18] e que tanto influenciou Rousseau na concepção de sua *volonté générale*, Diderot começa por observar que "o uso dessa expressão [direito natural] é tão familiar, que não há quase ninguém que não esteja convencido que sabe perfeitamente do que se trata". Acrescentou que "esse sentido interior é comum ao filósofo" — na acepção que o termo tinha entre os franceses do "século das luzes" — "e ao homem que nunca refletiu; com esta única diferença de que, à pergunta *o que é o direito?*, este último, à mingua de conceitos e de ideias, vos encaminha ao tribunal da consciência e queda-se mudo; e que o primeiro só se vê reduzido ao silêncio e às reflexões mais profundas, após girar num círculo vicioso, que o conduz

---

17. Cf. supra, Parte II, capítulo II.

18. *Encyclopédie ou Dictionnaire raisonné des sciences, des arts et des métiers (articles choisis)*, t. I, Flammarion, Paris, 1986, pp. 333 e ss.

ao ponto de partida, ou que o precipita numa outra questão não menos difícil de resolver, que aquela da qual ele se acreditava desembaraçado pela sua definição".

Justamente nessa época e a partir da Paris, então o centro intelectual do Ocidente, teve início o grande conflito entre nacionalismo e universalismo, entre o interesse próprio de alguns e o interesse comum da humanidade, conflito que dominaria a evolução histórica daí em diante.

Esse confronto é patente no pensamento de Rousseau e na efervescência intelectual que acompanhou a eclosão da Revolução Francesa, mas que esteve ausente da Revolução Americana. As colônias britânicas da América do Norte, com efeito, estavam mais interessadas em firmar a sua independência e em estabelecer o seu próprio regime político, do que em levar a ideia de liberdade a outros povos.

Na concepção política de Rousseau, como foi visto,[19] a *vontade geral* deita raízes no solo pátrio; ela nada tem a dizer aos cidadãos de outras nações. "Toda sociedade parcial", escreveu ele no *Emílio*, "quando é estreitamente unida, separa-se da grande. Todo patriota é duro com os estrangeiros: eles não passam de homens, eles nada são a seus olhos. Esse inconveniente é inevitável, mas fraco. O essencial é ser bom em relação àqueles com quem se vive."[20]

No entanto, esse nacionalista *enragé*, que acabou rejeitado pela sua pátria, não se cansou de ditar princípios uniformes de organização política para todos os povos, e as suas ideias foram, desde fins do século XVIII, invocadas em praticamente todos os movimentos de independência nacional na América Latina.

A mesma contradição entre o interesse particular e o interesse geral manifestou-se desde o início da Revolução Francesa. Os revolucionários tiveram a sabedoria de apresentar simbolicamente a nação como um substituto perfeito para o rei, como fundamento da organização estatal. O art. 6º da Declaração dos Direitos do Homem e do Cidadão, aprovada pela Assembleia Nacional — como propôs Sieyès, e não Assembleia dos representantes do povo francês, como queria Mirabeau —, determina:

O princípio de toda soberania reside essencialmente na Nação [com maiúscula].

19. Supra, Parte II, cap. V.
20. *Emile ou de l'éducation*, Garnier-Flammarion, 1966, pp. 38-9.

Nenhuma corporação, nenhum indivíduo pode exercer autoridade que dela não emane expressamente.

Mas, ao mesmo tempo, os grandes líderes revolucionários estavam convencidos de que sua missão consistia em levar os ideais de liberdade, igualdade e fraternidade a todos os povos. Pétion, que foi *Maire* de Paris, declarou em discurso na Assembleia Nacional, quando da discussão do projeto de declaração de direitos do homem e do cidadão: "Não se trata aqui de fazer uma declaração de direitos unicamente para a França, mas para o homem em geral". E Duquesnoy, um outro deputado do *Tiers État*, explicou com toda clareza a razão do caráter universal da declaração que se ia votar:

> Uma declaração deve ser de todos os tempos e de todos os povos; as circunstâncias mudam, mas ela deve ser invariável em meio às revoluções. É preciso distinguir as leis e os direitos: as leis são análogas aos costumes, sofrem o influxo do caráter nacional; os direitos são sempre os mesmos.

Os mentores da Revolução acreditavam, sinceramente, que libertar a França do "regime tirânico" constituía a primeira etapa para a instauração do reino universal da liberdade igualitária. Um decreto da Assembleia Legislativa, datado de 19 de novembro de 1792, declarou: "A França oferece fraternidade e auxílio a todos os povos que queiram reconquistar a liberdade". No discurso que pronunciou na Convenção em 24 de abril de 1793, Robespierre propôs que a nova declaração de direitos a ser votada contivesse as seguintes disposições grandiloquentes:

> Art. 1º. Os homens de todos os países são irmãos, e os diferentes povos devem se ajudar mutuamente de acordo com o seu poder, como cidadãos do mesmo Estado.
>
> Art. 2º. Aquele que oprime uma nação declara-se inimigo de todas as outras.
>
> Art. 3º. Os que guerreiam um povo para travar os progressos da liberdade e aniquilar os direitos humanos devem ser perseguidos por todos, não como inimigos ordinários, mas como assassinos e bandidos rebeldes.
>
> Art. 4º. Os reis, os aristocratas, os tiranos, quaisquer que sejam, são escravos revoltados contra o soberano da terra, que é o gênero humano, e contra o legislador do universo, que é a natureza.

Efetivamente, as ideias mestras da Revolução foram em pouco tempo difundidas, não só na Europa, mas também em regiões bem distantes do teatro político europeu, como a Índia, a Ásia Menor e a América Latina.[21]

O ideal de levar ao mundo inteiro os sagrados valores da liberdade, da igualdade e da fraternidade deu início, sem dúvida, à construção do sistema mundial dos direitos humanos. Esse movimento fundou-se na convicção de que todos os homens, ao participarem pela sua própria natureza da dignidade da pessoa humana, merecem rigorosamente igual respeito.

Mas paralelamente a esse movimento, avançou também, no mundo todo, a difusão das ideias e sentimentos ligados à satisfação do interesse próprio de cada indivíduo, classe ou povo, como princípio natural de vida em sociedade. A burguesia triunfante, em lugar de rejeitar claramente os ideais que animaram as grandes Revoluções do século XVIII, procurou com astúcia interpretar os valores de liberdade e igualdade em proveito próprio. O que conta, pregaram os intelectuais orgânicos do poder burguês, são as liberdades individuais de natureza econômica, sobretudo as de contratar e adquirir bens; não a liberdade coletiva do povo de exercer diretamente o poder político. No plano internacional, sustentaram eles, há povos atrasados, ainda incapazes de vida independente, e que devem, portanto, ser preparados pelo sistema colonial a ingressar futuramente no concerto das nações civilizadas. Quanto à igualdade, ela há de ser interpretada como a aplicação formal e abstrata das mesmas leis a todos os cidadãos, deixando-se de lado não apenas o seu estamento de origem (rejeição da aristocracia feudal) — o que era justo — mas também as condições concretas de vida de cada um, vale dizer, sua situação de fortuna, ou sua tradição cultural; o que pôs em marcha um mecanismo inflexível de exclusão social em todo o planeta. Finalmente, no tocante à fraternidade, os defensores da ordem burguesa argumentaram que ela não pode, em razão de sua índole sentimental, fazer parte da legislação dos povos, e muito menos da regulação das relações internacionais, mas deve ser confinada ao território restrito da moral privada e das obrigações religiosas.

Nos séculos que se seguiram à grande comoção revolucionária, esses movimentos antagônicos se fortaleceram, um diante do outro, levando ao extremo o confronto final para a definição do rumo da História.

---

21. No Bengala, Ram Mohan Roy inspirou-se nos ideais de 1789 para criar, logo no início do século XIX, o primeiro movimento reformista e nacionalista da Índia moderna. Em meados do mesmo século, a influência da Revolução Francesa fez-se sentir claramente na Turquia (cf. Eric Hobsbawm, *The Age of Revolution, 1789-1848*, Nova York, Vintage Books, 1996, pp. 54-5).

Resistindo à explosão dos totalitarismos e aos desafios levantados pelos diferentes movimentos socialistas e comunistas, alguns deles instalados em grandes Estados, o sistema capitalista logrou estender sua dominação direta, ou a sua influência determinante, a todos os quadrantes da Terra. Falta-lhe, porém, a toda evidência, como sempre lhe faltou, uma mínima justificativa ética para a sua pretensão de hegemonia universal, de modo a adquirir uma legitimação permanente.

De sua parte, o movimento de aproximação de todos os povos na construção comunitária de um mundo livre, justo e solidário, fundado no respeito integral dos direitos humanos, vem crescendo sem descontinuar, e já começa a tecer uma densa rede de organizações transnacionais de resistência à dominação capitalista. A sua capacidade de expansão, ao contrário do que sucede com o movimento antagonista, existe não em função do poder — tecnológico, econômico ou militar —, mas da vigência efetiva dos grandes princípios éticos no mundo todo. Em 1948, pela primeira vez na História, foi possível obter, da quase totalidade dos Estados soberanos então existentes, a aprovação de uma Declaração Universal dos Direitos Humanos. A ideia de se aprovar um mínimo ético irredutível para todos os povos e civilizações deixou de ser uma proposta utópica ou uma visão meramente teórica. Sob esse aspecto, a Declaração de 1948 foi um ponto de partida e não de chegada.

Para o êxito do movimento de mundialização humanista que está em marcha parece essencial aprofundar o exame da especificidade dos princípios éticos.

É o que se passa a fazer.

4. ESTRUTURA E FUNÇÃO DOS PRINCÍPIOS ÉTICOS

Advirta-se, desde logo, que tais princípios são normas de comportamento social, e não simples ideais de vida, ou premissas doutrinárias. Como normas de comportamento humano, os princípios éticos distinguem-se nitidamente não só das regras do raciocínio matemático, mas também das leis naturais ou biológicas. Ao contrário do que sustentaram grandes pensadores, como Hobbes,[22] Leibniz e Espinosa, a vida ética não pode ser interpretada segundo o método geométrico (*ordine geometrico demonstrata*). As normas éticas tampouco podem ser reduzidas a enuncia-

---

22. Cf. supra, parte II, cap. III.

dos científicos, fundados na observação e na experimentação, como se se tratasse de leis zoológicas. Durante boa parte do século XIX, alguns pensadores, impressionados pelo extraordinário progresso alcançado no campo das ciências exatas, com a produção de certeza e previsibilidade no conhecimento dos dados da natureza, sucumbiram à tentação de explicar a vida humana segundo parâmetros deterministas.

Ora, por mais que se queira eliminar a liberdade do mundo humano, ela teima em aparecer, desafiando constantemente as previsões "científicas". Somos o único ser que combina, em sua vida social, a necessidade física e biológica com os deveres éticos, a sujeição aos fatos naturais com a autonomia de ação. Como procuramos mostrar na Introdução desta obra, em toda sociedade o ideário e as estruturas de poder desenvolvem-se dentro dos limites postos por determinados fatores básicos, como o patrimônio genético, o meio geográfico ou o estado da técnica. Vencer tais limitações tem sido um desafio constante lançado à espécie humana. Mas nem por isso devemos tomar esses fatores condicionantes da vida social como seus princípios diretivos.

A liberdade é o pressuposto da ética e a explicação da radical imprevisibilidade do comportamento humano. A língua alemã, ao contrário dos idiomas neolatinos, diferencia com nitidez a situação de necessidade, daquela onde existe um dever moral ou jurídico, pelo emprego de verbos diferentes: *müssen*, no primeiro caso, e *sollen*, no segundo. As leis físicas, assim como os enunciados lógicos ou matemáticos, obedecem ao dualismo radical de verdade e erro. A mínima inexatidão verificada nos fatos, ou no raciocínio, invalida o princípio que se quer demonstrar. Em sentido oposto, são paradoxalmente os grandes crimes ou abusos que dão sentido e vigor aos mandamentos éticos. A cada grande surto de violência na História os homens recuam, horrorizados, à vista da ignomínia que se abre claramente diante de seus olhos. O impacto das torturas, das mutilações em massa, dos massacres coletivos e das explorações aviltantes faz nascer nas consciências, agora purificadas do mal, a exigência de uma vida mais conforme à dignidade da pessoa humana. Em *Agamenon* de Ésquilo,[23] o coro faz o elogio supremo de Zeus, que logrou superar o orgulho desmedido (*hybris*) de seus antecessores, Urano e Cronos: "Ele abriu aos homens os caminhos da prudência, ao dar-lhes por lei: *compreender pelo sofrimento* (τῷ πάθει μάθος)".

Compreender significa, aí, pôr-se no lugar dos outros, sofrer com os outros;

---

23. Versos 176 e 177.

o que corresponde à acepção etimológica de *simpatia* (συμπάθεια): *syn*, prefixo que significa *conjuntamente, ao mesmo tempo*, e *pathê*, sofrimento. As normas éticas — nunca é demais repetir — são essencialmente altruístas: elas dizem respeito ao interesse alheio, ou ao bem comum da coletividade, nunca ao interesse próprio do agente. Mesmo no pensamento do individualismo utilitário, a porfia na realização do interesse próprio do agente é considerada simples meio para a realização do interesse geral da coletividade.[24] A posição egocêntrica é um fermento de desunião e de desconcerto na vida social: é o caminho da morte. Por isso, um dos piores, senão o pior mal a assolar a humanidade, no início deste novo milênio, é o avanço brutal do sistema capitalista em todas as partes do mundo, difundindo inescapavelmente esse fermento dissociativo, que transforma cada qual no competidor implacável do seu semelhante, e submete necessariamente os não proprietários de capital em despossuídos de si próprios, reduzidos à condição de servos; pois, nesse sistema, capital é, antes de tudo, poder.

Vejamos, agora, as características estruturais e funcionais dos princípios éticos.

Aos princípios éticos correspondem qualidades subjetivas do ser humano

Como tivemos ocasião de assinalar,[25] a filosofia ética surgiu na Grécia como reflexão sobre o comportamento humano, considerado em seu duplo aspecto, subjetivo e objetivo. Ao elemento subjetivo corresponde a noção de *êthos* (ἦθος), ou seja, a maneira de ser ou os hábitos de uma pessoa; ao elemento objetivo, a noção de *ethos* (ἔθος), isto é, os usos e costumes de uma coletividade.

No tocante ao comportamento individual, o padrão ético era a *aretê*. A palavra tem sido em geral traduzida, nas línguas modernas, por *virtude*. Mas ἀρετή é um vocábulo aparentado, no grego clássico, a ἄριστος (o melhor) e a ἁρμονία (harmonia). Ele significa, propriamente, o desenvolvimento das possibilidades espirituais, mentais e físicas de uma pessoa.

Quanto ao modo coletivo de vida, o padrão da vida ética, para os gregos, era a lei (*nómos*), entendida não como qualquer regra imposta pelo poder político, mas

24. Cf. Parte II, cap. VI.
25. Cf. supra, Parte I, cap. II.

500

como o princípio regulador do comportamento humano, desde sempre vigente na coletividade. Em suma, a lei eterna invocada por Antígona perante Creonte.

Ora, a disposição pessoal a fazer o bem e a evitar o mal, segundo Aristóteles, não seria propriamente inata, não se encontraria, tal qual, na natureza humana. Ela seria, antes, o fruto dos usos e costumes (ἔθος), como expressão dos grandes princípios de vida em sociedade. O filósofo chega a fazer uma aproximação verbal entre *exis* (ἕξις) — disposição pessoal, que os romanos traduziram por *habitus* — e ἔθος.[26] Assim, diz ele, não nascemos propriamente virtuosos, mas aprendemos a nos comportar de modo correto e honesto na vida ativa. Em matéria de artes ou ofícios, a aprendizagem é sempre feita pela prática. Tornamo-nos construtores, construindo casas; citaristas, tocando o instrumento. Da mesma forma, pela prática das ações justas tornamo-nos homens justos; pela prática das ações moderadas (*sophrona*), senhores de nossas paixões; pela prática de ações corajosas adquirimos a virtude da coragem.

A grande função social do homem de Estado (*politikos*) consiste, segundo Aristóteles,[27] em fazer de seus concidadãos homens de bem (*agathoi*), cumpridores das leis (*nomôs upekooi*). A norma ética, por mais excelente que seja, não tem real vigor ou vigência (como veremos adiante), se não estiver viva na consciência dos homens, ou seja, se não corresponder a uma disposição individual e coletiva de viver eticamente. E, bem ao contrário do que vieram a sustentar os modernos, a começar por Maquiavel,[28] a ética da vida pública não difere da ética privada. Os talentos ou aptidões individuais são evidentemente diversos, como diversas são as qualidades técnicas requeridas para o exercício de uma profissão privada, ou de uma função de governo no Estado.[29] Mas em hipótese alguma os vícios privados podem atuar como virtudes públicas, como pretenderam os primeiros grandes ideólogos do capitalismo.[30] No campo ético, os valores e, por conseguinte, as

---

26. Idem, 1103 *a*, 14-19.

27. *Ética a Nicômaco*, 1102 *a*, 8-11. No mesmo sentido, *Política*, 1333 *a*, 11-16.

28. Cf. supra, Parte II, capítulo I. Da mesma forma, Espinosa, em seu *Tratado Político* (capítulo I, 6), sustentou que o principal dever dos homens de Estado é garantir a segurança coletiva. Para conseguir esse resultado, pouco importam os motivos que levam os governantes a agir. As suas virtudes privadas nada têm a ver com a "virtude" do Estado, que é a segurança coletiva.

29. É neste sentido que se deve entender a argumentação de Aristóteles a respeito da diferença entre a virtude (*aretê*) do homem de bem e do bom cidadão: *Política*, 1276 *b*, 16 e ss.

30. Cf. supra, Parte II, cap. VI.

normas e os deveres que delas decorrem, são os mesmos para os indivíduos e para as coletividades.[31] A violência não deixa de ser destruidora pelo fato de ser utilizada pelo Estado em vista de fins coletivos e não individuais.

Daí porque Aristóteles sempre insistiu em mostrar que o objetivo supremo da arte de governo consiste em formar os cidadãos na *aretê*, obrigando-os a adquirir hábitos virtuosos. Quando os governantes não se deixam orientar por esse objetivo, falham completamente no exercício de suas funções. E é exatamente por aí que se pode distinguir entre a boa e a má constituição ou organização política (*politeia*).[32]

Segue-se que a principal função dos governantes, segundo o pensamento concordante dos antigos, é a de estabelecer e dirigir a educação cívica, desde os primeiros anos de vida do cidadão, harmonizando, portanto, o caráter ou temperamento de todos (ἦθος) com os grandes princípios, objetivados nos usos e costumes (ἔθος). Platão desenvolve essa ideia logo nos dois primeiros livros de *A República*, e Aristóteles a enfatiza na conclusão de seu tratado sobre a política (Livro VIII).

Sucede que no mundo moderno as normas éticas, antes consubstanciadas em usos e costumes tradicionais, formando o que os gregos denominavam lei não escrita (*nómos ágraphos*), passaram, sempre mais, a ser expressas em declarações ou tratados internacionais, constituições e leis. A ideia de progresso, dominante no período da Ilustração europeia, atribuiu à lei estatuída pelos governantes a função de superar os antigos costumes, tidos como atrasados.

Montesquieu, no entanto, fiel ao seu espírito de harmonia nas relações políticas, sustentou que entre as leis, "instituições particulares e precisas do legislador", e os costumes, "instituições da nação em geral", havia uma diferença essencial de objeto. Se se quiser mudar os costumes e o comportamento social dos cidadãos, enfatizou ele, não se deve legislar. Os costumes só podem ser alterados pela introdução de outros costumes. Ora, isso é obra exclusiva da educação, não das leis.[33]

Com a Revolução Francesa, porém, a ideia de lei como expressão da vontade de cada nação, tal como interpretada pelos seus representantes eleitos, tornou-

---

31. *Política*, 1325 *b*, 30-32; 1333 *b*, 36-38.
32. Idem, 1103 *a*, 31 ss.
33. *Do Espírito das Leis*, livro XIX, cap. 14.

-se a regra suprema de vida pública e privada. No ambiente revolucionário francês, os costumes locais e as tradições familiares foram, desde logo, considerados os últimos redutos do *Ancien Régime* e, nessa condição, como sobrevivência da organização estamental da sociedade. O princípio maior do governo revolucionário, traduzindo o ideal político da burguesia, tornada classe dominante, foi a igualdade de todos os cidadãos perante a lei. A ideia de se construir uma nação una e soberana, em substituição à soberania monárquica do passado, foi o eixo condutor da vida política.

Seja como for, o choque revolucionário abriu os olhos de alguns espíritos argutos, não só para a condição essencialmente histórica do ser humano (Hegel), mas também para a realidade da constante dominação social de certos grupos sobre outros, no decorrer da História (Marx). Compreendeu-se que os grupos ou classes dominantes, em todos os tempos e lugares, procuram sempre apresentar aos dominados certos valores próprios, correspondentes aos seus interesses particulares, como sendo os valores gerais da coletividade. Com a progressiva expansão do capitalismo aos quatro cantos do planeta, o código ético da burguesia empresária — a satisfação prioritária do interesse individual, o espírito de competição, a defesa da liberdade de iniciativa econômica como algo mais importante que a liberdade política, o predomínio do valor da utilidade — passou a ser inculcado a todas as classes e a todos os povos, como o novo modelo de virtude.

É contra essa falsificação privatista do sistema ético que a humanidade é agora convocada a reagir. É preciso voltar a distinguir, como salientou a filosofia grega, o bem comum do interesse particular, e é indispensável mostrar a todos que um regime político de supremacia do interesse público sobre os interesses privados é não só possível, mas urgentemente necessário.

Cada sistema ético, na verdade, obedece a uma finalidade determinada, que lhe dá sentido e coerência. Convém, em tais condições, examinar os princípios éticos numa perspectiva finalista.

Os princípios éticos sob o aspecto teleológico:
ética e técnica, idealismo e realismo

Toda ação humana, advertiu Aristóteles logo no início da *Ética a Nicômaco* (1094 *a*, 1-3), visa a uma finalidade, considerada um bem ou algo de bom (*agathou tinos*); isto é, diríamos hoje, algo que apresenta um valor, para uns, alguns ou todos os membros de uma coletividade.

Ora, os bens ou valores específicos, visados em cada ação, subordinam-se, todos, à finalidade última de nossas vidas, finalidade que representa, como disse o filósofo, o bem humano por excelência (*to anthropinon agathon*), aquele que, em todos os tempos e lugares, tem sido expresso pela palavra *felicidade* (*eudaimonia*).[34] Ninguém jamais sustentou que o seu objetivo na vida é ser infeliz. A felicidade é o bem supremo, não só porque não é simples meio para se alcançarem outros bens, mas também porque ela se basta a si mesma, ou seja, é um bem autárquico. É óbvio, porém, que essa *autarqueia* de que fala o filósofo deve ser interpretada num sentido global: a vida de cada um de nós insere-se no conjunto da espécie humana. Nenhum grupo ou classe social pode ser feliz à custa da sociedade maior na qual se insere. Nenhum povo pode alcançar, sozinho, a felicidade completa.

Os princípios éticos são normas que nos obrigam a agir em função do valor do bem visado pela nossa ação, ou do objetivo final que dá sentido à vida humana; e não de um interesse puramente subjetivo, que não compartilhamos com a comunidade. Esse valor objetivo deve ser considerado conjuntamente: no indivíduo, no grupo ou classe social, no povo, ou na própria humanidade.

Aí está a diferença específica entre a norma ética e a regra técnica. Esta última diz respeito aos meios aptos a se conseguir determinado resultado. Mas esse resultado, obviamente desejado pelo agente, pode ser objetivamente bom ou mau, para outros indivíduos ou para a coletividade em geral. A regra técnica, considerada em si mesma, é eticamente neutra. Como bem salientou Kant,[35] "as prescrições que deve seguir o médico para curar totalmente o paciente, e as que deve seguir um assassino para envenenar letalmente sua vítima têm o mesmo valor, na medida em que umas e outras lhes são úteis para realizarem de maneira cabal os seus desígnios".

A técnica guia-se, pois, exclusivamente, pelo valor da utilidade ou eficiência dos meios na produção de um resultado, ao passo que a ética acentua o fim último visado pelo agente e o seu valor, relativamente a outras pessoas que com ele tratam, ou em relação à coletividade. Na perspectiva técnica, o agente deve atuar de certa maneira para poder obter o efeito por ele desejado, não necessaria-

---

34. *Ética a Nicômaco*, 1095 *a*, 15-20.
35. Cf. supra, Parte II, cap. VII.

mente valioso para a coletividade. No ambiente ético, o agente deve agir em vista de determinadas finalidades consideradas obrigatórias para todos, e o seu *modus agendi* há de adaptar-se ao valor ético dos fins visados. O agente não pode sacrificar bens mais valiosos para salvar outros de menor valor. A máxima "os fins justificam os meios" é eticamente insustentável, pois, como mostrou Gandhi com o exemplo de seu próprio combate pela Verdade, a maldade intrínseca dos meios de ação empregados contamina irremediavelmente o objetivo proposto, e acaba tornando impossível a sua realização prática.[36]

O ensinamento de Kant, nesse particular, há de ser sempre lembrado: a pessoa humana não pode ser reduzida à condição de simples coisa, utilizável como meio ou instrumento de ação de um outro ser humano. Nenhuma fé religiosa pode justificar a tortura ou o extermínio dos infiéis, sob o argumento da obediência à vontade de Deus. Não há ideal de vida em sociedade, por mais sublime que se apresente, capaz de santificar o horror do terrorismo.

Mas, redargúem alguns, se considerarmos esse princípio como absoluto, sem admitir a menor exceção, não estaríamos com isso resvalando na irresponsabilidade da utopia?

Em todos os tempos e civilizações têm surgido adeptos do "realismo ético". Platão encarnou-os nos personagens Cálicles[37] e Trasímaco[38]. No início da Idade Moderna, Maquiavel fundou a escola do realismo político,[39] que permanece florescente até hoje.

Max Weber voltou a esse assunto, delicado entre todos, em seu ensaio intitulado *A política como vocação*,[40] originalmente uma palestra por ele pronunciada para um grêmio estudantil na Universidade de Munique, em 1919. O grande pensador, que retornava da Conferência de Paz de Versalhes, onde fora membro da delegação alemã, havia sido interpelado pelos estudantes sobre as razões de sua concordância com as cláusulas vexatórias, impostas à Alemanha pelo tratado que regulou as consequências da Primeira Guerra Mundial, em especial a estipulação de indenizações de guerra.

---

36. Cf. supra, Parte II, cap. XII.

37. *Górgias*, 481 *c* e ss.

38. *A República*, 336 *b* e ss.

39. Cf. supra, Parte II, cap. I.

40. *Politik als Beruf, in Max Weber Gesamtausgabe*, vol. 17, J. C. B. Mohr (Paul Siebeck), Tübingen, pp. 113 e ss.

Vimos que, para Kant, uma ação praticada por dever tira seu valor moral, não da intenção do agente, mas da máxima ou regra subjetiva de comportamento por ele seguida.[41] Com efeito, aduz o filósofo, quem nos garante que, ao cumprir um dever, nossa intenção é realmente isenta de todo egoísmo, que não atuamos com o secreto desejo de exibir nossa virtude perante a coletividade e de fortalecer, por essa forma, nossa reputação de homens virtuosos? "De boas intenções", como reza o ditado popular, "o inferno está cheio". Mas, por outro lado, Kant recusou radicalmente o critério da utilidade como guia das ações humanas. Para ele, a virtude não consiste em boas obras, nem é sancionada pelo êxito das ações empreendidas, mas reduz-se inteiramente à cega submissão ao dever.

Foi contra a abstração e o absolutismo dessa ética do dever acima de tudo, sem a menor consideração concreta das consequências previsíveis dos atos praticados (*fiat iustitia, pereat mundus*), que Max Weber insurgiu-se.

Ele estabelece, a esse respeito, uma distinção bem marcada entre, de um lado, a *ética de convicção ou de sentimentos (Gesinnungsethik)* e, de outro, a *ética de responsabilidade (Verantwortungsethik)*.

Na primeira concepção, diz ele, o que conta como justificativa é exclusivamente a boa intenção do agente, ou, como salientou Kant, o fato de que ele, agente, foi guiado, ao agir, por uma vontade moralmente boa, a vontade movida pela virtude, a qual, deve ser tida como uma finalidade em si mesma das ações humanas. Nessa perspectiva, não se põe a menor preocupação com os efeitos dos atos praticados, ou das decisões tomadas em obediência ao dever ético. Parte-se do postulado de que o bem só pode advir do bem e o mal do mal. Nenhuma possibilidade de mistura entre o bem e o mal é moralmente aceitável.

Já na segunda concepção de ética, o agente não deve desinteressar-se pelos efeitos concretos das suas ações, ou de suas decisões, sob o pretexto de que só lhe cabe, moralmente falando, cumprir o seu dever, ou agir com uma reta intenção. Se ele pode razoavelmente prever, com base na razão e na experiência, que determinada política, ainda que ditada pelos preceitos morais, produzirá consequências nefastas, e não obstante ele a segue, manifesta com isso total irresponsabilidade.

A política, segundo Weber, é o terreno por excelência no qual deve imperar a "ética da responsabilidade", sem a menor concessão à "ética da convicção ou dos

---

41. Parte II, cap. VII.

sentimentos". No plano da política, os atos ou decisões produzem sempre efeitos extensos e variáveis, quanto à sua qualidade ou intensidade. O governante não pode nunca justificar-se dos maus resultados sociais provocados pelas medidas que tomou, alegando que seguiu, no caso, os mandamentos absolutos da razão ética.

Weber faz questão de sublinhar que toda política é intimamente ligada ao poder e à força, pois são os seus meios de ação. Ora, o exercício do poder e da força provoca, sempre, uma parte de coação e mesmo de destruição de pessoas e bens. "Os antigos cristãos", disse ele, "sabiam perfeitamente que o mundo é governado pelos demônios, e que quem se mete a fazer política, ou seja, usa a força e o poder como meios de ação, faz um pacto com as forças diabólicas; e que, portanto, no tocante à ação política, não é verdade que do bem só advenha o bem, e que do mal decorra sempre o mal, mas frequentemente o contrário. Quem não enxerga isso é, no terreno da prática política, uma criança."[42]

Tais argumentos são importantes, mas não podem ser aceitos em sua integralidade.

Em primeiro lugar, agir visando objetivamente ao bem comum, e não apenas ao bem próprio, é, sempre e em qualquer circunstância, eticamente indispensável. Quando uma ação política é dirigida objetivamente ao mal, como no caso de se desencadear uma ação bélica contra outro país, visando à obtenção de vantagens materiais — apoderar-se de riquezas naturais que se encontram no território estrangeiro, por exemplo —, em hipótese alguma é eticamente admissível cooperar com os governantes responsáveis por essa política, os quais, de resto, podem, hoje, ser denunciados como criminosos perante o Tribunal Penal Internacional.[43] O povo do país agressor deve, de todas as maneiras razoáveis, resistir ao desenvolvimento dessa política criminosa. Quando, porém, o povo manifesta-se livremente a favor dela por expressiva maioria, perde toda legitimidade para se opor à sanção internacional, consistente na reparação dos danos causados pela guerra.

Weber poderia ter feito esse raciocínio eticamente incontestável perante os estudantes alemães, a respeito das indenizações de guerra impostas à Alemanha

---

42. Op. cit., pp. 241-2.

43. O Estatuto do Tribunal Penal Internacional foi aprovado por uma conferência diplomática de plenipotenciários das Nações Unidas em 1998 e entrou em vigor em 11 de abril de 2002. O seu art. 8º define várias modalidades de crimes de guerra.

pelo Tratado de Versalhes, sustentando que o povo alemão não devia ser penalizado pelos crimes cometidos por seus dirigentes, a começar pelo Kaiser Guilherme II, dirigentes que ele não escolhera.

Em segundo lugar, os que sustentam a tese de que os fins justificam os meios confundem a regra técnica com a norma ética. A utilidade, como valor-meio, subordina-se logicamente ao valor do bem que constitui a finalidade da ação. É claro que se o agente utilizar meios materialmente inadequados, o resultado desejado não se produzirá. Mas a inadequação dos meios aos objetivos visados pode dar-se no terreno dos valores éticos. Se os meios empregados pelo agente são eticamente incompatíveis com esses valores finais, o resultado que se tem em vista fica necessariamente comprometido. É impossível aumentar o grau de honestidade na vida pública mediante a utilização de procedimentos desonestos. Não é pela guerra que se cria a paz no mundo.

Ainda aí, o exemplo de vida oferecido pelo Mahatma Gandhi foi luminoso. Respondendo aos ataques dos que condenavam a sua pregação de não violência contra o jugo colonial inglês, e propunham em lugar disso uma guerra de independência, ele explicou:

> Eu me preocupo muito mais em lutar contra o rebaixamento do homem à condição de besta feroz, do que de evitar os sofrimentos do meu povo. Os que voluntariamente se submetem a uma longa série de provações crescem em nobreza e elevam o nível moral de toda a humanidade. Os que, ao contrário, se rebaixam a ponto de empregar qualquer meio para conquistar uma vitória, ou que permitem explorar os outros povos ou as pessoas mais fracas, estes não somente se degradam a si mesmos, como também aviltam toda a humanidade.[44]

Sem dúvida, a ação política, mesmo quando objetivamente dirigida ao bem comum do povo, ou ao conjunto dos povos no plano internacional, é suscetível de produzir secundariamente efeitos negativos. Não se pode, porém, jamais deixar de considerar que os bens ou valores éticos submetem-se a uma ordem hierárquica, e que em hipótese alguma é legítimo sacrificar um bem de maior valor para se alcan-

---

44. *Selections from Gandhi*, por Nirmal Kumar Bose, Ahmedabad, Navajivan Publishing House, 1948, p. 162.

çar uma finalidade menos valiosa. Como observou Aristóteles,[45] muito embora possa acontecer que o bem visado pelo agente seja o mesmo, para ele e para a sua *pólis*, o bem desta é manifestamente maior e mais perfeito. É claro, prossegue ele, que assegurar o bem de um indivíduo é melhor do que nada. Mas assegurar o bem da coletividade é um empreendimento mais nobre e divino (*theióteron*).

Hoje, na fase adiantada do processo de unificação da humanidade em que nos encontramos, é preciso sustentar, de modo absoluto, que a constituição de uma comunidade solidária de todos os povos da Terra é um objetivo, não só mais nobre e digno, como também incontestavelmente mais realista, do que prosseguir no caminho da globalização capitalista, que só beneficia, e por pouco tempo, uma minoria forte e rica, e que tende fatalmente, em prazo não muito dilatado, a precipitar a humanidade no abismo da desordem econômica, da desigualdade social e do conflito generalizado.

A presente situação geral do mundo só faz aumentar a nossa responsabilidade ética.[46] A moderna acumulação do saber tecnológico em ritmo de progressão geométrica torna a espécie humana cada vez mais potente para alterar a marcha da evolução biológica, segundo seus desejos e ambições. O dom original de Prometeu, ao que parece, fez do homem um novo demiurgo, capaz de recriar o mundo à imagem e semelhança de Deus, ou então de destruí-lo por completo.

Tudo se decide, na verdade, em função de preferências valorativas, como passamos a ver.

Os princípios éticos são normas axiológicas

Enquanto as leis naturais representam a tradução simbólica de uma realidade, cuja existência independe da vontade humana, e os enunciados lógicos ou matemáticos dizem respeito a entes ideais ou abstratos, toda a vida ética é fundada em valores, que supõem a liberdade de escolha e criam deveres de conduta. Não existe ética neutra, cega aos valores. Daí por que, como já havia advertido Platão, o

45. *Ética a Nicômaco*, 1094 *b*, 4-12.
46. Cf. o ensaio de Hans Jonas, *Das Prinzip Verantwortung – Versuch einer Ethik für die technologische Zivilisation*, Insel Verlag, Frankfurt am Main, 1979.

juízo ético difere substancialmente da verificação de dados empíricos, ou do raciocínio matemático.[47]

Seguindo na mesma linha de seu mestre, Aristóteles observa que o estudo da ética, sobretudo da ética política, não pode ser feito com a mesma exatidão de raciocínio que vigora nos outros campos do conhecimento.[48] Um carpinteiro e um geômetra, exemplificou ele, podem ambos procurar um ângulo reto. Mas, enquanto o primeiro contenta-se com algo aproximado, que satisfaça aos objetivos práticos do seu trabalho, o segundo procura alcançar a essência ideal daquela figura geométrica.[49] Na ética, refletimos sobre o que é bom e justo (*ta kala kai dikaia*). Ora, há grande divergência de opinião e grande incerteza quanto a essas matérias. Devemos nos contentar, ao tratar desses assuntos, com uma visão aproximada da verdade. "Quando os assuntos de que tratamos e as premissas donde partimos são meras generalidades, basta que cheguemos a conclusões do mesmo tipo."

Pascal retomou o mesmo raciocínio ao estabelecer a diferença entre o *esprit de géometrie* e o *esprit de finesse*.[50]

Os princípios do saber geométrico, disse ele, são palpáveis, embora afastados do uso comum; de sorte que não temos o hábito de enxergá-los. Basta, no entanto, um pouco de esforço e atenção para entendê-los em sua plenitude.

Já os princípios do *esprit de finesse,* ao contrário, são de uso comum e estão diante dos olhos de todo mundo. Mas como eles são numerosos e se encontram, por assim dizer, diluídos na vida social, costumam subtrair-se aos olhares do vulgo. Para apreendê-los, é preciso antes sentir do que raciocinar.

Eis por que, conclui ele, é muito raro que os geômetras sejam espíritos finos e que estes sejam geômetras. Os espíritos geométricos querem tratar geometricamente as coisas finas, e tornam-se ridículos, ao pretenderem começar por definições e pelo enunciado de princípios. Os espíritos finos, por sua vez, não veem a necessidade de raciocinar a partir de definições e princípios abstratos, os quais lhes parecem estéreis.

Ao dualismo *esprit de géometrie* e *esprit de finesse*, corresponde, no pensamento de Pascal, o dualismo razão e coração. "O coração tem suas razões que a razão des-

47. Cf. *Eutyphron, 7 b, d; Alcibíades,* 111 e ss.
48. *Ética a Nicômaco,* 1094 *b,* 13 e ss.
49. Idem, 1098 *a,* 29-32.
50. *Pensées,* edição Brunschvicg, *article premier,* nº 1.

conhece." "Conhecemos a verdade não só pela razão mas também pelo coração. É por ele que conhecemos os primeiros princípios, e é inutilmente que o raciocínio, que com eles nada têm de comum, procura combatê-los." "Os princípios se sentem, as proposições se deduzem."[51]

Na verdade, o agir eticamente não implica, apenas, uma harmonia entre razão e sentimentos. Ele exige também, de parte do agente, aquilo que Kant chamou de virtude, ou seja, uma vontade moralmente boa.[52] Quem age de acordo com os princípios éticos não se satisfaz em apenas compreender o que é justo ou injusto, mas procura, em qualquer circunstância, por meio da sua ação ou decisão, realizar a justiça e evitar a injustiça. Exatamente por isso Ulpiano, o grande jurista romano, pôde definir a justiça tão só em termos de vontade: "A justiça é a vontade constante e perpétua de dar a cada um o que é seu (*iustitia est constans et perpetua voluntas suum cuique tribuere*)", como lembramos no capítulo III da primeira Parte.

Eis uma grande verdade, lamentavelmente ignorada em matéria de sentenças judiciais. Continua-se a fazer crer, como disse Cícero, que o juiz nada mais é do que a voz da lei, assim como esta se apresenta como um juiz mudo.[53] Como se o magistrado fosse destituído de vontade própria, e não tivesse que buscar, muitas vezes penosamente, a realização concreta da justiça no litígio submetido à sua decisão, a despeito das obscuridades ou mesmo da manifesta injustiça da regra legal.

Tudo isso demonstra que a ética é parte integrante do complexo mundo dos valores, bem distinto do mundo das realidades puramente biológicas, ou físico-químicas. Todos hoje concordam em que os valores não podem ser apreendidos unicamente pelo raciocínio; a sua compreensão exige, sempre, um mínimo de sensibilidade emocional, que por sua vez comanda a vontade do agente. O juízo ético não é feito somente de razão, mas também de indignação e vergonha, de ternura e compaixão.

Reconhecer, contudo, que em matéria ética estamos sempre envolvidos com valores, e que estes não se apreendem apenas pela razão, mas também pelos sentimentos, e se realizam por uma decisão de vontade, não significa dizer que nos encontramos, aí, no campo do puro subjetivismo. A concepção relativista de Pro-

---

51. Idem, nº 277 e 282.
52. Cf. Parte II, cap. VII.
53. *Vere dici potest, magistratum legem esse loquentem, legem autem mutum magistratum* (*De legibus.* livro III, 1, 2).

tágoras, segundo a qual o homem, isto é, cada indivíduo, é a "medida de todas as coisas",[54] implica logicamente a aniquilação do mundo dos valores e, em consequência, da ética. Se cada qual — indivíduo, grupo ou povo — decide soberanamente o que é justo e injusto, não há nenhum critério objetivo de decisão: tudo pode ser justo e injusto ao mesmo tempo, dependendo do juízo de cada um.

Os valores são, portanto, em sua essência, como bem acentuaram a filosofia grega e a teologia medieval, algo de objetivo e geral. Mas isso não quer dizer, como observaram também, com toda razão, os pensadores modernos, que essa realidade objetiva dos valores exista em si e por si, sem referência à pessoa humana. Os valores são qualidades do ser, mas que só existem para os homens; são, portanto, realidades intencionalmente humanas.

É o que explica certas características próprias da norma ou do juízo ético.

Características específicas do dever-ser ético

Comecemos por examinar o aspecto fundamental da polaridade. A todo valor corresponde, sempre, um contra-valor que o nega. Note-se: o contra-valor não é uma ausência de valor, uma espécie de vácuo valorativo. Ele existe realmente na vida social: um crime não é uma abstração da mente, mas um fato real, que provoca consequências danosas muito concretas.

Na concepção ética de Aristóteles, não há propriamente uma relação bipolar entre o bem e o mal, mas a contraposição entre o bem e dois extremos de mal: o extremo do excesso e o da escassez. A virtude, argumentou ele, é uma posição mediana ($\mu\epsilon\sigma\acute{o}\tau\eta\varsigma$) entre esses dois extremos.[55]

O dualismo bom *versus* mau, que é da própria essência da vida ética, inscreve-se na consciência de todo ser humano. É claro que a definição do que é bom e do que é mau varia no tempo e no espaço, no plano individual e no social. Mas a falta absoluta de consciência ética já é reconhecida pela ciência médica como um caso patológico.[56]

---

54. Cf. supra, Parte I, cap. II.

55. *Ética a Nicômaco*, 1106 b, 36 -1107 a, 9.

56. Cf. Antonio R. Damasio, *Descartes' Error – Emotion, Reason, and the Human Brain*, Nova York, A Grosset / Putnam Book.

Ora, mesmo quando as ações individuais ou as decisões coletivas correspondem aos ditames da consciência ética, nem sempre elas deixam de produzir maus efeitos. É o que sucede, sobretudo, no campo da ação política, em razão da extrema complexidade da vida social. Nesse ponto, é justa a advertência de Max Weber, acima lembrada. O fim visado pelo agente, como acentuamos, deve ser em si mesmo bom, de acordo com o critério supremo da dignidade humana; e em hipótese alguma o homem pode ser utilizado como simples meio para a consecução de uma finalidade, ainda que justa. Mas é inegável que os resultados práticos de uma decisão política não serão nunca uniformemente bons ou maus para todos. Para que a decisão seja eticamente justificável, é preciso proceder de forma prudente,[57] isto é, com a previsão, tão exata quanto possível, da extensão e da intensidade dos bons e maus efeitos a serem produzidos, os quais devem ser sopesados em função de uma determinada hierarquia de valores.

Dito isso, já entramos na análise da segunda característica fundamental das normas éticas, também ligada ao seu conteúdo axiológico, a saber, a sua classificação segundo uma ordem hierárquica.

Adiantando de modo esquemático o que será desenvolvido no próximo capítulo, afirmamos que a hierarquia normativa obedece à seguinte ordem de importância dos valores:

A dignidade da pessoa humana
A verdade, a justiça e o amor
A liberdade, a igualdade, a segurança e a solidariedade.

Nessa classificação, bem se vê, os valores superiores abrangem os inferiores, que existem como especificação daqueles.

5. A NECESSÁRIA DISTINÇÃO ENTRE PRINCÍPIOS E REGRAS

Foi com base nessa consideração hierárquica dos valores expressos normativamente, que uma parte da doutrina jurídica contemporânea passou a distinguir

---

57. *Ética a Nicômaco*, 1140 *a*, 25 e ss.

os princípios das regras de direito,[58] distinção essa que pode e deve ser estendida ao conjunto das normas éticas. Os princípios são normas de extrema generalidade e abstração, em contraste com as regras, cujo conteúdo normativo é sempre mais preciso e concreto.

Na verdade, a função social das regras consiste em interpretar e concretizar os princípios, à luz do ideário vigente, em cada época histórica, nas diferentes culturas ou civilizações.

Tomemos, por exemplo, o princípio da igualdade. Ele somente foi aceito, no Ocidente, com o declínio da civilização medieval, que se fundava na necessária divisão estrutural da sociedade em três ordens ou estamentos: o clero, a nobreza e o povo. Mas a aceitação oficial do princípio igualitário, com as Revoluções do final do século XVIII, desencadeou um largo processo de evolução interpretativa, feita com a progressiva edição de regras de aplicação sempre mais numerosas. De início, segundo os valores prevalecentes na civilização burguesa, a igualdade foi interpretada, pura e simplesmente, como a ausência de divisões estamentais: todos os indivíduos passaram a ser submetidos ao mesmo estatuto jurídico (a chamada isonomia ou igualdade perante a lei). No decorrer do século XIX, porém, uma outra concepção da igualdade começou a afirmar-se, no Ocidente: a que diz respeito à fruição das mesmas condições materiais básicas de vida, mediante regras asseguradoras de acesso à educação fundamental, ao tratamento médico e hospitalar, à previdência social, ao trabalho, à habitação, ao transporte etc. No curso do século XX, o princípio da igualdade foi estendido às mulheres, às diferentes etnias e aos povos no plano internacional.

Sucede, no entanto, que, embora aceitos em diversas culturas ou civilizações, os mesmos princípios são interpretados e aplicados, em cada uma delas, mediante regras bem diversas. A igualdade individual, por exemplo, não tem o mesmo sentido nas sociedades em que predominam os valores ligados ao islamismo ou ao cristianismo. Por isso a reunião, num mesmo sistema, do conjunto das normas de moral, direito e religião só pode ser feita no nível dos princípios mas não no das regras.

Aliás, a tendência incoercível de todas as religiões é sacralizar e, portanto,

---

58. Cf., sobretudo, Ronald Dworkin, *Taking Rights Seriously*, Harvard University Press, Cambridge, 1978, pp. 22 e ss. e 294 e ss.; e Robert Alexy, *Theorie der Grundrechte*, 3ª ed., Frankfurt am Main, Suhrkamp, 1996, cap. 3.

tornar imutáveis as regras, em prejuízo do necessário alargamento na interpretação e aplicação dos princípios. Tudo acaba sendo ritual e definitivo. Com isso, a mensagem religiosa tende a se estiolar completamente: os grandes princípios, que suscitaram a fé ardente das origens, já não falam mais à consciência das novas gerações, que só enxergam na instituição religiosa o enorme e vetusto edifício das regras fossilizadas. A reação a esse estado de morbidez costuma tomar dois sentidos extremos: ou a fundação de uma nova religião, ou a erupção de um arrebatado fundamentalismo, com a busca desesperada de uma volta à pureza original da fé e a condenação inapelável de todos os desvios modernos. Como demonstra a História, só os grandes profetas são capazes de romper esse dilema trágico.

O fundamental, portanto, é manter uma constante vigilância para que os princípios éticos não sejam sufocados por regras de aplicação mesquinhas ou anacrônicas.

Bem examinadas as coisas, aliás, há de se reconhecer que os princípios éticos nada mais são do que a tradução normativa dos grandes valores da convivência humana. Nessa condição, nunca se pode dizer que um princípio se acha completamente realizado na vida social. Uma característica essencial dos valores, como sabido, é a sua transcendência em relação à realidade. Cada valor representa um ideal jamais atingível em sua plenitude. É ridículo pretender que a justiça será, algum dia, plenamente realizada na face da Terra; ou que determinado país já atingiu um estado de perfeita liberdade, em todos os setores da vida social, de sorte que nada mais resta fazer para melhorar a condição dos seus cidadãos a esse respeito. Os princípios éticos, para usarmos da expressão cunhada por um jurista, constituem, na verdade, "mandamentos de otimização" (*Optimierungsgebote*),[59] e de otimização permanente, jamais acabada.

O próprio da regra, ao contrário, é poder ser sempre aplicada de modo completo, sem reservas ou exceções, as quais, para valerem, precisam ser expressamente declaradas.

Desse contraste entre a abertura indefinida dos princípios e a aplicabilidade delimitada das regras decorre a capacidade dos princípios de engendrar continuamente novas regras, que concretizam o seu núcleo normativo. O ensinamento de Jesus, consubstanciado no *sermão da montanha*,[60] é uma perfeita ilustração dessa

59. Robert Alexy, op. cit., pp. 75 e ss.
60. Evangelho segundo Mateus, 5, 17 e ss.

característica essencial dos princípios. As diversas normas proibitivas da lei mosaica aí citadas — não matarás, não cometerás adultério, não perjurarás, não te vingarás desproporcionalmente ao dano sofrido (pena de talião) — são interpretadas, por Jesus, como aplicações do princípio maior do amor ao próximo. Elas não esgotam, portanto, o conteúdo desse mandamento supremo. Os fiéis são convidados a estender a proibição do homicídio à vedação da injúria, a proibição do adultério à do desejo de cometê-lo, a proibição do perjúrio à do juramento puro e simples, a proibição de represálias mais extensas do que o mal sofrido à exclusão de qualquer represália. Por isso, Jesus pôde sublinhar que a sua pregação não significava, minimamente, revogar a Lei e o ensinamento dos Profetas de Israel, mas cumpri-los em sua plenitude.[61]

O caráter de extrema generalidade das normas de princípio torna impossível, em boa lógica, a delimitação do seu objeto e do seu campo de aplicação. O princípio da liberdade, por exemplo, diz respeito a todos os indivíduos, grupos sociais ou povos do mundo inteiro, independentemente das diferenças de sexo, etnia, idade, cultura, situação patrimonial ou nacionalidade. Ele rege toda a vida humana, na esfera íntima, na particular e na pública.

Ora, a função das regras consiste em precisar e concretizar o mandamento contido nos princípios. Por isso mesmo, o seu objeto ou conteúdo e o seu campo de aplicação são necessariamente delimitados.

Uma regra, ainda que de superior importância e, por isso, expressa em forma genérica, como não matar, tem o seu objeto ou conteúdo implicitamente delimitados: o sujeito passivo não é qualquer ser vivo, mas tão só o ser humano já nascido; quando a ação ocisiva tem por objeto o feto no período de gestação, já não se fala em homicídio, mas sim em aborto. Demais, o campo de aplicação daquela regra é também delimitado: em todos os Códigos Penais do mundo, não é punível o ato de matar alguém em legítima defesa, ou em razão do chamado estado de necessidade.

Como se percebe, nas regras, a proposição normativa estabelece um recorte mais ou menos preciso da realidade social. Essa precisão normativa é feita de modo direto ou indireto. O legislador, por exemplo, pode enumerar taxativamente as hipóteses em que caberá a garantia do *habeas corpus*; o que implica, *a contrario sensu*, que os casos não previstos explicitamente no enunciado normativo não gozam

---

61. "Não penseis que vim revogar a Lei e os Profetas. Não vim revogá-los, mas dar-lhes pleno cumprimento" (Mateus, 5, 17).

dessa proteção judicial. Mas a regra pode, também, ser vazada em termos de fórmula geral, com a expressa determinação de casos de exceção.

Aí vai uma diferença marcante das regras em relação aos princípios, pois estes, pela sua própria natureza, não comportam exceções. Do fato de que uma regra jurídica determina não caber *habeas corpus* nos casos de prisão disciplinar de militares, por exemplo, não se infere, como é óbvio, que o princípio geral da liberdade não lhes seja aplicável. A restrição ou exclusão de uma garantia judicial, estabelecida por regra jurídica, não significam, minimamente, restrição nem, menos ainda, exclusão de um princípio.

Outra consequência importante do caráter essencialmente genérico dos princípios é que eles jamais podem ser aplicados, de forma rígida e absoluta, a todos os casos particulares. A compreensão de um princípio, na extrema riqueza de seus significados, exige, sobretudo, aquela sabedoria particular (σωφροσύνη) de que falavam os gregos. Os romanos bem compreenderam que o princípio de justiça pode ser totalmente negado em sua aplicação, quando se procura levá-lo abstratamente às últimas consequências, sem se atentar para o conjunto de circunstâncias que envolvem o caso concreto (*summum ius, summa iniuria*). Da mesma forma, em se tratando do princípio da verdade, e ao contrário do que sustentou Kant em conhecido ensaio,[62] dizer a verdade, em certos casos extremos, pode levar à morte, ou à lesão grave e irreparável de seres humanos.

Assinale-se, por último, que das características de extrema generalidade e de supremacia hierárquica dos princípios, no sistema ético, decorre também a consequência de que não há colisão lógica de princípios em sua aplicação prática. No quadro de um ordenamento jurídico nacional, o legislador pode revogar uma regra determinada, substituindo-a por outra; mas não está, obviamente, dentro de sua competência revogar um princípio fundamental. A lei pode deixar de considerar o aborto um crime, mas seria ridículo que uma lei, uma Constituição, ou um tratado internacional declarassem revogados os princípios da liberdade, da igualdade, da segurança ou da solidariedade.

A razão encontra-se no fato de que a vigência dos princípios escapa, pela sua própria natureza, às determinações da vontade política, como passamos a ver.

62. *Über ein vermeintes Recht aus Menschenliebe zu lügen.*

6. A VIGÊNCIA DOS PRINCÍPIOS ÉTICOS

Na língua latina, o verbo *vigeo, -ere* tem dois sentidos principais: 1) estar em vigor, ter força; 2) estar em voga, florescer.

A etimologia nos revela as duas vertentes semânticas do vocábulo *vigência*, em matéria de princípios éticos: ou o sistema oficial de poder lhes dá força, para que se imponham às consciências de fora para dentro, ou então os princípios brotam, por assim dizer, nas consciências, revelando-se de dentro para fora, em contraposição ao sistema ético oficial, ou mantendo, em relação a este, uma existência paralela e tolerada.

É sempre a relação dialética entre ideário e poder, como assinalamos na Introdução desta obra.

Na civilização greco-romana, como vimos, havia o dualismo bem marcado da lei escrita e da lei não escrita; do direito civil e do direito das gentes ou direito natural. O *ágraphos nómos* e o *ius gentium* consubstanciavam-se em costumes, ou seja, em normas aceitas como obrigatórias e imemorialmente observadas na sociedade (aquilo que os jurisconsultos romanos denominavam *consuetudo*).[63] A fonte de vigência da lei não escrita (*mores*, para os romanos) era e sempre foi a consciência ética coletiva. A inveterada observância dos costumes herdados dos antepassados era interpretada, pelos antigos, como a prova de que essas normas consuetudinárias haviam sido ditadas pelos deuses.

No mundo moderno, as instituições de poder se agigantaram e passaram, em pouco tempo, a sobrepujar a força dos costumes tradicionais. O foco das atenções, aliás, tendeu aos poucos a deslocar-se do passado para o futuro: o padrão de comportamento social já não é o modo de vida dos antepassados (*mores maiorum*, sempre invocados pelos jurisconsultos romanos), mas as novas formas de vida, cujo surgimento é propiciado pelo progresso técnico.

Rompeu-se com isso a harmonia unitária do antigo sistema ético. A religião e a moral privada foram confinadas à condição exclusiva de costumes, e o direito tornou-se a manifestação da vontade própria do soberano político, imposta coercitivamente a todos dentro do território do Estado.

É interessante observar que em algumas culturas ou civilizações, nas quais

---

63. Na definição de Ulpiano (Digesto 1, 4), "*mores sunt consensus populi longa consuetudine inveratus*" (os costumes são o inveterado consenso do povo, manifestado em longa observância).

houve o predomínio da vida ética tradicional e costumeira sobre as normas oficiais emanadas do poder político, foram criados mecanismos de adaptação de um sistema a outro.

Em Roma, a partir do período republicano, atribuiu-se oficialmente a um magistrado encarregado de regular e dirigir os processos judiciais — o pretor — a função de suprir ou corrigir o direito oficial (*ius quiritium*), por razões de utilidade pública.[64] Por meio das chamadas ações judiciais de boa-fé (*bonae fidei actiones*), em que se procurava realçar a honestidade de conduta e de propósitos do autor em relação ao réu, fugia-se do rígido formalismo do direito oficial, cuja aplicação conduzia a injustiças manifestas. Por outro lado, ao sentir a inadaptação do direito tradicional, de base exclusivamente agrícola, às exigências do comércio em expansão com os povos da bacia do Mediterrâneo, o pretor serviu-se de seus poderes de direção processual para introduzir em Roma as normas contratuais do *ius gentium*, ou seja, o direito uniformemente observado pelos comerciantes, em seus negócios com estrangeiros, normas essas consideradas aplicação do direito natural.

Na evolução do direito inglês ocorreu um fenômeno análogo com a criação, por obra do chanceler da Coroa, do sistema de *equity*, destinado, tal como o *ius honorarium* do pretor romano, a contornar a rigidez tradicional das normas de *common law*, pronunciadas pelos tribunais do rei. Logrou-se, por essa forma, adaptar o sistema jurídico às novas exigências técnicas e aos valores sociais do mundo moderno.

Em Roma e na Inglaterra, a vida ética, marcada pelo respeito quase religioso à tradição, levava a considerar a modificação aberta das regras costumeiras tradicionais uma espécie de impiedade. Daí a criação de dois sistemas jurídicos distintos, mas complementares. A dicotomia oficial de normas jurídicas desapareceu em Roma com o advento do império, e na Inglaterra com a promulgação dos *Judicature Acts* de 1873.

Ora, os princípios éticos, em razão de suas características de extrema generalidade e de íntima ligação com os grandes valores sociais, sempre tiveram sua

---

64. É a definição de Papiniano, grande jurista do tempo do império: *Ius praetorium est quod praetores introduxerunt adjuvandi vel supplendi vel corrigendi iuris civilis gratia propter utilitatem publicam* (Digesto, 1, 1, 7, 1). Em vernáculo: "O direito pretoriano é aquele que os pretores introduziram, a fim de suplementar, suprir ou corrigir o direito civil, por razões de utilidade pública".

vigência assentada, antes na consciência ética coletiva, do que na imposição do poder político.

É no campo dos direitos humanos que essa verdade encontra a sua demonstração mais cabal. Ainda antes de serem admitidas e proclamadas pelos detentores do poder político, muitas regras de direitos humanos, decorrentes dos grandes princípios éticos, puderam viger como mandamentos obrigatórios na consciência coletiva dos povos.

Por isso a doutrina jurídica alemã estabeleceu a distinção entre direitos humanos (*Menschenrechte*) e direitos fundamentais (*Grundrechte*). Estes últimos são os direitos humanos reconhecidos como tais pelas autoridades, às quais se atribui o poder político de editar normas no interior dos Estados, ou no plano internacional: são os direitos humanos positivados nas Constituições, nas leis e nos tratados internacionais. Segundo essa concepção, os direitos humanos em sentido estrito vigoram como princípios jurídicos não declarados textualmente em diplomas normativos. A Constituição (ou "Lei Fundamental" — *Grundgesetz*) da República Federal Alemã, de 1949, assim dispõe, em seu art. 1º, alínea 2: "O povo alemão reconhece que os direitos humanos (*Menschenrechte*), invioláveis e inalienáveis, são o fundamento de toda a comunidade humana, assim como da paz e da justiça no mundo". E na alínea seguinte do mesmo artigo, prescreve a Constituição: "Os seguintes direitos fundamentais (*Grundrechte*) vinculam o Legislativo, o Executivo e o Judiciário, como direito diretamente aplicável (*als unmittelbar geltendes Recht*)". Segue-se a declaração específica dos direitos fundamentais.

A evolução histórica confirma o acerto dessa distinção doutrinária.

A proclamação dos princípios de liberdade, igualdade e segurança pessoal, com a consequente explicitação de direitos e liberdades individuais, nas grandes declarações revolucionárias do final do século XVIII, representou a conclusão de um longo processo de formação da consciência coletiva, o qual, iniciado com a Reforma Protestante no dealbar da Idade Moderna,[65] e desenvolvido em seguida nas lutas políticas inglesas do século XVII,[66] encontrou sua plena expansão com os pensadores da Ilustração na centúria seguinte.

Da mesma forma, a consciência de que os princípios de liberdade, igualdade e segurança somente podem desenvolver-se num ambiente de plena solidariedade

---

65. Cf. Parte II, cap. II.
66. Cf. Parte II, cap. IV.

— o que implica o reconhecimento, a par dos direitos e liberdades individuais, dos direitos humanos de caráter econômico, social e cultural — foi o resultado da ação de todos os movimentos socialistas, durante o século XIX e a primeira metade do século XX. Para se alcançar esse objetivo, foi preciso enfrentar a resistência das forças conservadoras e reacionárias, que detinham o poder estatal, e punham as regras fixadas pelo legislador de cada país acima dos princípios éticos de respeito à dignidade do trabalhador e dos demais grupos sociais fracos e pobres.

Igual processo, partindo-se dos princípios éticos vigentes na consciência coletiva, para se chegar à formulação convencional de normas escritas, foi seguido no direito internacional, a fim de se estender o sistema de direitos humanos a todos os povos da Terra.

A Declaração Universal dos Direitos Humanos de 1948, por exemplo, foi votada pela Assembleia Geral das Nações Unidas como uma *recomendação* do órgão aos seus membros,[67] vale dizer, como um documento sem força vinculante. Com o passar dos anos, porém, a Declaração veio a ser considerada a expressão máxima da consciência jurídica universal em matéria de direitos humanos, e como tal foi reconhecida pela Corte Internacional de Justiça.[68]

Mas aí se põe, mais uma vez, a distinção fundamental entre os grandes princípios éticos e as regras de aplicação. Como a vigência dos princípios assenta-se, primacialmente, sobre a consciência ética coletiva, há sempre uma diferença marcante de qualidade entre os princípios aceitos numa comunidade tradicional e numa sociedade modernizada, sobretudo em matéria de direitos humanos. Daí decorre que, muitas vezes, o avanço ético no respeito à dignidade humana só pode ser obtido, nas sociedades tradicionais, por meio da imposição, pelo poder do Estado, de regras precisas, de natureza proibitiva ou permissiva. É o caso, por exemplo, da prática da mutilação genital feminina em países africanos,[69] da discriminação contra a mulher e o homossexual, em

---

67. Carta das Nações Unidas, art. 10.

68. Ao julgar, em 24 de maio de 1980, o caso da retenção, como reféns, dos funcionários que trabalhavam na embaixada norte-americana em Teerã, a Corte declarou que "privar indevidamente seres humanos de sua liberdade, e sujeitá-los a sofrer constrangimentos físicos é, em si mesmo, incompatível com os princípios da Carta das Nações Unidas e com os princípios fundamentais enunciados na Declaração Universal dos Direitos Humanos" (*International Court of Justice Reports*, 1980, p. 42).

69. De acordo com um relatório divulgado pela Anistia Internacional em 2004, a ablação ritual do clitóris é comumente praticada em 28 países da África.

várias regiões do mundo, ou da exclusão social dos sem casta (os chamados "intocáveis"), na Índia.

Convém, no entanto, precisar a noção de consciência ética coletiva. Ela foi apresentada por Emile Durkheim como "o conjunto das crenças e dos sentimentos comuns à média dos membros de uma mesma sociedade".[70] Ou seja, aquilo que chamamos de ideário ou mentalidade social.[71] Para Durkheim, tratar-se-ia de um sistema determinado, com vida própria. A consciência coletiva seria independente das condições particulares do meio geográfico em que os indivíduos vivem: ela seria a mesma, no Norte e no Sul do país, nas grandes e nas pequenas aglomerações urbanas, e entre as diferentes profissões. Além disso, permaneceria imutável, apesar da sucessão das gerações.

Essa concepção do grande sociólogo francês, embora aceitável em suas grandes linhas, parece, no entanto, excessivamente rígida e generalizante.

Não é verdade que a visão de mundo de um camponês seja igual à de um citadino. As diferentes condições de vida, de um e de outro, não deixam de moldar, variadamente, as suas respectivas mentalidades.

Do mesmo modo, como foi muito discutido pelos autores marxistas, existe, sim, uma consciência particular de classe social. As classes dominantes procuram, sempre, impor os seus valores e a sua concepção de mundo às classes dominadas. Nestas, o fenômeno da "consciência alienada" é um obstáculo real à sua ascensão na sociedade e à reivindicação de seus direitos fundamentais de caráter econômico, social e cultural.

O mesmo ocorre nas relações entre países desenvolvidos e subdesenvolvidos. Cada vez mais intensamente, pela ação dos meios de comunicação de massa, não apenas as classes dirigentes dos países pobres aceitam os valores e modos de vida, próprios dos países ricos, mas as camadas mais pobres da população, nos países subdesenvolvidos, também sofrem os efeitos de uma propaganda massificante, para aceitar como uma espécie de lei da natureza ("assim foi desde sempre"; "não há alternativa") o modelo capitalista de organização social.

Seja como for, a raiz mais profunda ou a fonte matriz dos princípios éticos é, inegavelmente, a consciência social. As imposições estatais que nela não encontram eco, ou, o que é pior, com ela entram em choque, carecem de legitimidade. É a vigência meramente formal da lei, tão conhecida dos sociólogos.

---

70. *De la division du travail social*, Paris, Presses Universitaires de France, 10ª ed., 1978, p. 46.
71. Cf. a Introdução a esta obra.

Da mesma sorte, no campo das relações internacionais, à medida que se fortalece a consciência universal dos grandes princípios éticos — autodeterminação dos povos, solução pacífica dos conflitos, cooperação solidária para a redução ou eliminação das desigualdades socioeconômicas internacionais, respeito aos valores culturais de cada povo — torna-se cada vez mais difícil às grandes potências usar com sucesso os seus clássicos instrumentos de dominação: a força militar, o saber tecnológico, a riqueza econômica.

Vistos os elementos comuns aos grandes princípios éticos, é hora de examinar especificamente os principais dentre eles.

IV. Os Grandes Princípios Éticos em Especial

Como acabamos de ver no capítulo anterior, os princípios éticos são normas objetivas, sempre correlacionadas a virtudes subjetivas. São normas teleológicas, que apontam para um objetivo final do comportamento humano, ao qual devem se adequar os meios ou instrumentos utilizados. São normas de conteúdo axiológico, cujo sentido é sempre dado pelos grandes valores éticos.

Por tudo isso, compreende-se que o alcance dos princípios éticos é ilimitado: eles tendem a alcançar na História uma vigência universal.

As qualidades próprias dos princípios éticos nada mais são, na verdade, do que uma decorrência lógica do fato de se fundarem, em última análise, na dignidade da pessoa humana, reconhecida como paradigma supremo de toda a vida social. A classificação desses princípios obedece, como dissemos no capítulo anterior, à sua ordem de abrangência, a partir daquele modelo supremo.

O respeito à dignidade da pessoa humana deve abrangê-la em todas as suas dimensões: em cada indivíduo, com a sua característica irredutível de unicidade; em cada grupo social; no interior dos povos politicamente organizados; em cada povo ou nação independente, nas relações internacionais; na reunião de todos os povos do mundo numa unidade política suprema em construção. É igualmente em todas as dimensões da pessoa humana que atuam os princípios cardeais da verdade, da justiça e do amor. Estes, por sua vez, desdobram-

-se e especificam-se nos princípios de liberdade, igualdade, segurança e solidariedade.

Vejamos.

I. A VERDADE, A JUSTIÇA E O AMOR

Uma das características elementares dos valores é a sua comunhão de sentidos. Dizemos, costumeiramente, de uma ação justa, que ela é bela, e que a injustiça suscita um sentimento de repulsa, semelhante à provocada pela visão de um monstro. Na língua grega clássica, aliás, o adjetivo composto *kalos kágatos* — no sentido literal, belo e bom —, era usado para indicar o homem de excelsas qualidades, e a expressão *kaloi kagatoi* designava a elite de um povo.

Ora, se a verdade, sob o aspecto ético, como será dito mais adiante, é o único caminho capaz de conduzir à felicidade sem desvios ou enganos, ela se liga necessariamente à justiça e ao amor, pois sem estes é impossível construir uma vida plenamente feliz, no plano individual e social.

No tocante à relação específica entre justiça e amor, ela é propriamente indissolúvel. Entre esses valores e princípios éticos não há concorrência, mas complementaridade. A justiça tende a se estiolar e, portanto, a perder sua efetiva vigência, se não for incessantemente aprofundada pelo amor. Este, por sua vez, descamba para um egoísmo disfarçado, ou um tíbio sentimentalismo, se não se fundar nas exigências primárias de justiça, das quais representa um aperfeiçoamento e jamais um sucedâneo. Como salientou o Mahatma Gandhi, a *ahimsa* ou não violência nada mais é do que o amor, entendido como um estado positivo de fazer o bem aos que nos ofendem ou prejudicam. Nessa concepção, a *satyagraha*, como disposição interior de amor incondicional à verdade, exige de todos os que a ela aderem uma ação incessante contra a injustiça, em qualquer de suas modalidades.[1]

O perdão cristão, que é uma manifestação de amor, não dispensa a aplicação das exigências de justiça; antes, ele as completa, ao eliminar na raiz as reações de vingança da vítima ou seus parentes, criando, com isso, as condições necessárias ao restabelecimento da harmonia social. O fato de os grandes criminosos rogarem e obterem das suas vítimas o perdão dos crimes praticados não pode servir de

---

1. Cf. supra, Parte II, capítulo XII.

escusa à aplicação da lei penal. Em tais casos, a injustiça cometida afeta toda a coletividade e não apenas os indivíduos que sofreram diretamente os efeitos dos atos criminosos. Ora, a coletividade prejudicada pela injustiça é, em certos casos, o próprio gênero humano, como ocorre com a prática dos crimes definidos no Estatuto do Tribunal Penal Internacional de 1998 (genocídio, crimes contra a humanidade, crimes de guerra, crime de agressão). Dando aplicação ao princípio afirmado no preâmbulo, de que tais crimes, "que afetam a comunidade internacional no seu conjunto, não devem ficar impunes", o Estatuto os declara imprescritíveis (art. 29). Em estrita lógica, por conseguinte, deve-se entender que o tratado não admite leis nacionais que possam conceder anistia aos autores de tais crimes.

De qualquer modo, frise-se que nos encontramos, em matéria de justiça e de amor, diante de exigências de comportamento e não de meros ideais de vida, despidos de obrigatoriedade. A diferença entre esses princípios éticos consiste em que, enquanto a justiça é uma exigência que cada qual — indivíduo, grupo social ou povo — está legitimado a fazer aos outros, o amor, embora sendo um autêntico dever ético, como será explicado adiante, não atribui a ninguém o direito de exigir de outrem um comportamento recíproco.

A Verdade

Há duas concepções básicas da verdade: a grega e a semítica.

Para a filosofia grega, a verdade tem um sentido essencialmente intelectual: é a correspondência intrínseca do pensamento com a realidade pensada. Foi essa a concepção que se impôs no mundo ocidental, e que está na base do saber científico moderno.

Já na concepção semítica, a verdade não está ligada ao pensamento, mas à vida ética. Verdadeiro é o que inspira confiança e fidelidade; falso, em contraste, é sinônimo de infiel. Na língua hebraica, o vocábulo 'emet provém da raiz 'mn, que indica firmeza, constância, fidedignidade. Daí derivou a palavra Amém. Na Bíblia, fala-se de um caminho verdadeiro, no sentido de uma vida reta, sem desvios;[2] de homens verdadeiros, no sentido de homens capazes, seguros, tementes a Deus, incorruptíveis, nos quais se pode confiar.[3] Nesse mesmo sentido Iahweh é Verdadeiro, ou

2. Gênesis 24, 48.
3. Êxodo 18, 21.

seja, "o único Deus, o Deus fiel, que mantém a Aliança e o amor por mil gerações, em favor daqueles que o amam e observam os seus mandamentos".[4] Na sua revelação a Moisés, *Iahweh* declarou-se "cheio de amor e fidelidade", ou seja, cheio de verdade, do qual o amor é a sua expressão máxima.[5]

No Evangelho de João, o tema da verdade é central, juntamente com o de vida e de luz.

Logo no preâmbulo,[6] o relato evangélico declara que "o Verbo [isto é, Jesus Cristo] se fez carne e habitou entre nós; e nós vimos a sua glória, como a glória do Unigênito do Pai, cheio de graça e de verdade ($\pi\lambda\acute{\eta}\rho\varepsilon\varsigma\ \chi\acute{\alpha}\rho\iota\tau\alpha\varsigma\ \kappa\alpha\grave{\iota}\ \dot{\alpha}\lambda\eta\theta\varepsilon\acute{\iota}\alpha\varsigma$)", ou seja, os dois atributos máximos de *Iahweh*, por ele revelados a Moisés, como há pouco lembrado. Em contraste, o diabo "não permaneceu na verdade, porque nele não há verdade".[7]

Aos seus discípulos, Jesus adverte que, se eles seguirem o seu ensinamento ("se permanecerdes na minha palavra"), conhecerão (no sentido bíblico, de adesão total, de corpo e alma) a verdade, "e a verdade vos libertará".[8] O Espírito Divino é chamado "o Espírito da Verdade",[9] e ele próprio, Jesus, se declara "o Caminho, a Verdade e a Vida".[10]

Essa acepção eminentemente ética de verdade foi recuperada no mundo moderno pelos ensinamentos e a vida do Mahatma Gandhi. Em seu relato autobiográfico, justamente intitulado *A História de meus Experimentos com a Verdade,* ele reconheceu que, a partir de sua conversão toda a sua vida passou a ser uma busca incessante desse valor supremo, por ele identificado com o próprio Deus.

Para encontrar a Verdade, disse Gandhi, não é preciso ir muito longe, pois ela se acha em cada um de nós, como uma pedra preciosa encoberta pela ganga de nossas impurezas pessoais. Para fazê-la aparecer é preciso muita humildade[11] e um esforço contínuo e metódico para eliminar de si toda raiva, ódio ou egoísmo.[12]

---

4. Deuteronômio 7, 9.

5. Êxodo 34, 6.

6. 1, 14.

7. 8, 44.

8. 8, 31-32.

9. 16, 31.

10. 14, 6.

11. *The Mind of Mahatma Gandhi*, compilação de R. K. Prabu e U. R. Rao, Oxford University Press, Londres, 1945.

12. Gandhi, *An Autobriography – The story of my experiments with Truth*, traduzido do original em gujarati por Mahadev Desai, Boston, Beacon Press, 1957, p. 345.

Deus e Verdade são dois termos convertíveis um no outro. "Se alguém me trouxesse a prova de que Deus mente, ou de que ele se apraz em torturar os seres, eu me recusaria a adorá-Lo."[13] Ora, se Deus é verdadeiro, o mesmo se deve dizer dos grandes princípios éticos. A rigor, a fé em Deus, equivalente à fé na Verdade, implica a existência desses princípios. "Se os negligenciamos, acabaremos todos por sucumbir num estado de miséria sem fim."[14]

A Verdade e o Amor, asseverou Gandhi, são duas faces da mesma moeda.[15] Mas a Verdade deve ser procurada antes de tudo: a Beleza e a Bondade nos serão dadas em seguida, por acréscimo. "Este", escreveu ele, "é o verdadeiro ensinamento do Cristo no *Sermão da montanha*. Jesus foi um artista inigualável, porque ele viu a Verdade e soube exprimi-la. O mesmo sucedeu com Maomé, cujo Alcorão é a obra mais perfeita da literatura árabe, no dizer dos especialistas."[16]

Ora, a Verdade e o Amor são as faces visíveis de Deus. Ele não está no Céu nem na Terra, mas em cada um de nós. "É por isso", disse Gandhi, "que ao me consagrar ao serviço da humanidade, eu poderei um dia ver a Deus."[17] É este o objetivo último do homem, e todas as suas atividades, sejam elas políticas, sociais ou religiosas, devem concorrer para o alcance dessa finalidade suprema. "É preciso, sobretudo, consagrar-se diretamente a serviço dos outros, pois o único meio de encontrar a Deus é de redescobri-Lo na sua Criação e de unir-se a ela."[18]

Sem dúvida, o amor é o meio mais direto para se alcançar a verdade. Mas é preciso não esquecer que o termo *amor* tem múltiplos significados, podendo até mesmo designar uma paixão degradante. "Em compensação", observou Gandhi, "eu nunca soube que a palavra *verdade* tivesse um sentido equívoco. Até mesmo os ateus jamais puseram em dúvida a força inelutável da verdade." Eis por que, segundo o Mahatma, deve-se concluir que a Verdade é Deus. Acrescentou, a propósito, que a palavra que designa a verdade, em sânscrito, é *sat*, que significa literalmente *o que existe*. É a razão pela qual, disse ele, a definição da Verdade como

13. *The Mind of Mahatma Gandhi*, cit., p. 70.

14. Citado por D. G. Tendulkar, *Mahatma, Life of Mohandas Karamchand Gandhi*, Vithalbhai K. Jhaveri & D. G. Tendulkar, Bombaim, vol. III, pp. 359-60.

15. Idem, cit., p. 21.

16. Idem, p. 38.

17. Idem, p. 24.

18. Citado por D. G. Tendulkar, *Mahatma, Life of Mohandas Karamchand Gandhi*, cit., vol. IV, pp. 108-9.

Deus é preferível à definição inversa. "Para comprovarmos isso, a melhor maneira é o amor, isto é, a não violência; e dado que, definitivamente, o fim e os meios são, a meu juízo, realidades intercambiáveis, eu não hesitaria em dizer que Deus é Amor."[19]

A Justiça

Em *A República*, Platão principia o diálogo buscando encontrar a ideia (εἶδος) de justiça. Ele parte da definição clássica, atribuída a Simônides, e recolhida pelos juristas romanos, segundo a qual ela consiste em dar a cada um o que lhe é devido.[20]

Platão examina essa fórmula no sentido vulgar de fazer o bem aos amigos e maltratar os inimigos, e mostra as suas contradições. Assim como o músico, no exercício de sua arte, não torna os outros homens avessos à música, assim também o homem justo, pela prática da justiça, não pode prejudicar os outros homens, tornando-os injustos, sobretudo porque a justiça é a virtude específica do homem,[21] a virtude humana por excelência (ἡ δικαιοσύνη ἀνθροπεία ἀρετή). Portanto, em hipótese alguma o homem justo pode prejudicar os outros, sejam eles seus amigos ou inimigos.[22]

Por esse raciocínio, Platão chega a uma primeira definição da essência da justiça: não devemos fazer aos outros o que não queremos que eles nos façam.

A justiça, a exemplo de outras artes ou ofícios (Platão exemplifica com a medicina ou a técnica da pilotagem náutica), é uma virtude voltada inteiramente para os outros e não para o próprio sujeito. A procura da vantagem pessoal é mesmo o oposto de toda manifestação de justiça.[23] Aristóteles volta ao tema para afirmar que, de todas as virtudes, a justiça é a única que se ocupa do bem alheio (*allotrion agathon*).[24] Tal assertiva, exagerada, sublinha, no entanto, a essência altruística da justiça, que o liberal-individualismo moderno procurou negar.

---

19. Apud D. G. Tendulkar, op. cit., III, pp. 176-7.
20. 331 *e*: "Τὸ τὰ ὀφειλόμενα ἑκάστῳ ἀποδιδόναι δίκαιόν ἐστι". Ou, segundo a fórmula romana, *"iustitia est constans et perpetua voluntas suum cuique tribuens"* (Ulpiano, no Digesto 1, 1, 10).
21. 335 *c*, 3-4.
22. 335 *e*, 6 -7.
23. O mesmo argumento é apresentado em *Alcibíades*, 113 *c* e ss.
24. *Ética a Nicômaco*, 1130 *a*, 3-5.

Convém salientar que esse primeiro aspecto do princípio ético da justiça foi também sublinhado em outras civilizações do mundo antigo.

Já lembramos, no capítulo I da primeira Parte, o ensinamento contido no Talmud Babilônio,[25] concernente ao grande mestre Hillel, contemporâneo de Jesus na Palestina. A um pagão que o desafiou, pedindo-lhe que o convertesse sob a condição de receber toda a lição da Torá enquanto permanecesse com um só pé no chão, Hillel respondeu: "O que julgares odioso para ti, não o faças a outrem. Toda a Torá se resume a isto; o resto é comentário".

O mesmo ensinamento encontra-se no *Analecto* de Confúcio. A um discípulo que o interroga sobre a natureza da sabedoria (*ren* ou *djen*) e como alcançá-la, o mestre responde: "O que não quiseres que seja feito a ti, não o faças a outrem".[26] Quando Zigong afirma: "O que eu não gostaria que os outros fizessem a mim, por nada no mundo desejaria fazer aos outros", o mestre comenta: "Pois bem, meu caro, tu ainda não chegaste lá!".[27] O mesmo Zigong o interroga: "Existe uma palavra que possa guiar a ação durante toda a vida?". Essa palavra-chave, diz Confúcio, é *"mansuetude"* (*chu*); isto é, pôr-se alguém na pele dos outros para julgar suas ações. E acrescenta: "O que não queres que os outros te façam, não o inflijas a eles".[28]

Na Índia, o *Mahabharata*, o grande poema épico da dinastia Bharata, composto entre 200 a.C. e 100 A.D., enuncia no seu livro XII idêntico mandamento:

Tudo que uma pessoa não deseja que os outros lhe façam, ela deve abster-se de fazer aos outros, permanecendo sempre consciente daquilo que lhe é desagradável.[29]

Mas a justiça compreende ainda uma outra dimensão, como a análise platônica não deixa de acentuar. Na mesma *A República*, ela é também apresentada como a virtude que cada qual possui de cumprir na *pólis* a função (*érgon*) devida, ou seja, a atuação que dele se espera:[30] a sabedoria, que incumbe aos governantes;[31] a

---

25. Shabat, 31 a.

26. *Entretiens de Confucius*, tradução do chinês e notas de Anne Cheng, Paris, Seuil, 1981, XII, 2, p. 95.

27. Idem, V, 11, p. 50.

28. Idem, XV, 23.

29. Citado em *Le droit d'être un homme*, Unesco, Robert Laffont, Paris, 1968, nº 25, p. 26.

30. 433.

31. 428.

bravura, própria dos soldados;[32] e a virtude completa de sobriedade, moderação ou temperança (*sophrossyne*), que consiste na aceitação, por todos os cidadãos, dessa divisão de funções políticas.[33]

Com isso, Platão ressalta a existência de uma outra modalidade de justiça, a solidariedade: cada qual deve cumprir, na sociedade, a função que lhe incumbe. Os fortes devem proteger os fracos; os ricos, socorrer os pobres; os instruídos, educar os ignorantes; e assim por diante. A lei e os governantes devem zelar, na *pólis*, pela justa distribuição desses bens entre todos, de sorte que ninguém saia lesado. Aristóteles denominou-a justiça proporcional (*análogon dikaion*), distinguindo-a da justiça que deve existir nos contratos bilaterais de intercâmbio entre particulares (*synallagmata*), porque esta pressupõe a igualdade entre os contratantes — o que implica, portanto, a igualdade de valor das coisas ou serviços intercambiados —; ao passo que a justiça proporcional parte da desigualdade de fato entre os cidadãos, para estabelecer a igualdade de direito: os que possuem menos devem receber mais, quer dos outros, quer da coletividade.[34] Não é demais lembrar que a mentalidade privatista, própria da civilização burguesa, só enxerga a justiça no sentido contratual ou sinalagmático das relações de intercâmbio entre particulares, recusando estabelecer na sociedade o princípio da distribuição proporcional de bens, materiais ou imateriais.

Na mensagem evangélica, esse aspecto ativo ou solidário da justiça é apresentado como a suma de toda a ética judaica: "Tudo aquilo que quereis que os homens vos façam, fazei-o vós a eles, porque isto é a Lei e os Profetas".[35]

Essa disposição de fazer o bem a todos, segundo Confúcio, faz também parte da sabedoria suprema (*ren*), que todo homem deve esforçar-se por adquirir:

> *Zigong*: Mestre, aquele que prodigalizar boas ações em favor do povo e atender às suas necessidades não mereceria o nome de sábio (*ren*)?

---

32. 429.

33. 431 *e*.

34. Idem, 1129 *b*, 30 e ss.

35. Mateus 7, 12; Lucas 6, 31. Não é demais assinalar, a esse propósito, que Hobbes, verdadeiro prógono da civilização burguesa, invoca essa palavra evangélica para sustentar, em grosseiro sofisma, que cada qual tem o direito de defender a si próprio por todos os meios, inclusive pelas armas (*Leviatã*, Parte I, capítulo 14, ed. original, p. 64).

O Mestre: Já não se trataria de um sábio (*ren*), mas da sabedoria suprema! Mesmo Iao e Chun[36] teriam dificuldades em agir desse modo. Praticar o *ren* é começar por si próprio: querer ajudar os outros a assumir sua posição,[37] assim como cada qual quer assumir a sua. Procura em ti mesmo o que podes fazer pelos outros: eis o que te porá no caminho do *ren*.[38]

Em razão desse duplo aspecto complementar da justiça, Aristóteles pôde sustentar ser ela uma virtude perfeita. O homem justo é aquele que, além de não cometer injustiças, pratica ações justas.[39] A interface desse princípio ético explica a união indissolúvel das duas grandes categorias de direitos humanos: a dos direitos e liberdades individuais, e a dos direitos econômicos e sociais. Não é possível separá-las nem, menos ainda, recusar a aplicação de uma delas, sem negar a outra, destruindo com isso, completamente, o princípio de justiça.

Mas há ainda uma outra espécie de justiça, à qual já nos referimos no capítulo precedente, a saber, a equidade. Consiste na correção do que há de excessivamente genérico na norma legal. Por isso, a equidade tem sido qualificada como a justiça do caso concreto. Toda lei (*nómos*), frisou Aristóteles, tem um enunciado necessariamente geral, pois o legislador leva em consideração, tão só, os casos mais frequentes. Nesse sentido, a lei se distingue do decreto (*psephisma*), que atende a situações específicas e concretas. Ao surgir um caso não incluído de modo explícito no texto da lei, é de justiça interpretá-la num sentido mais preciso e concreto, a fim de estender a norma genérica à hipótese em questão, atendendo-se, assim, mais ao espírito do que à letra da lei.[40]

Aliás, o apego exclusivo às exterioridades, ou à mera expressão formal da norma ética, conduz, fatalmente, à própria negação da justiça. Da mesma forma, a sacralização das palavras nas quais é expresso um mandamento religioso pode torná-lo absurdo e odioso, produzindo resultados práticos totalmente opostos ao espírito de santidade que o anima.

Um dos maiores méritos da sabedoria grega consistiu, justamente, em apresentar a moderação ou bom senso (*sophrossyne*) como a virtude suprema. No fron-

---

36. Reis sábios da mitologia chinesa.

37. Trata-se da posição pessoal prescrita pelos ritos tradicionais.

38. *Entretiens de Confucius*, cit., VI, 28, p. 60.

39. *Ética a Nicômaco*, 1129 *b*, 30 e ss.

40. Idem, 1137 *a*, 32 e ss.

tispício do templo de Apolo, em Delfos, uma das inscrições célebres era: *nada em excesso* (μηδὲν ἄγαν). Aquele que exerce o seu direito sem moderação acaba por perdê-lo. Assim é que a exigência de uma reparação excessiva pelo mal sofrido transforma o exercício do direito numa manifestação de vingança pura e simples. Neste caso, como adverte o corifeu na peça *As Coéforas* de Ésquilo (verso 380), a justiça muda de lado (τὸ δίκαιον μεταβαίνει): ela se desloca para o lado do adversário. Vai nesse mesmo sentido a advertência de Cícero, de acordo com a melhor tradição da *iurisprudentia* romana.[41] Com frequência, disse ele, há ocasiões em que os atos que nos parecem os mais dignos de um homem justo transmudam-se no seu contrário. É o caso, por exemplo, do dever de respeitar a promessa feita, ou de cumprir o contratado. Se a prática do ato devido prejudica o devedor, sem nenhum proveito para o credor, o não cumprimento da palavra dada é plenamente justificado, pois a justiça nos obriga a dar sempre preferência ao bem sobre o mal.

Tudo isso, na verdade, decorre do fato de que a virtude da justiça tende sempre a alcançar um certo estado de equilíbrio, longe de todo excesso.[42] Não por outra razão a deusa Tétis foi representada, no imaginário grego, portando uma balança. A realização da justiça pressupõe, necessariamente, um constante sopesamento de valores.

Vai aí uma grande diferença em relação ao amor, como passamos a ver.

O Amor

O pensamento filosófico encontra, aqui, grandes dificuldades para elaborar conceitos claros e desenvolver raciocínios coerentes, tão variadas são as realidades que se procura expressar com o uso da mesma palavra. Por isso mesmo, não obstante exaltar incessantemente o método racional socrático, Platão não hesitou em recorrer, na análise do amor, à sabedoria mitológica tradicional. Dada a extrema complexidade das manifestações amorosas, pareceu-lhe mais adequado proceder

---

41. *De officiis*, I, x.

42. Lembre-se a sábia reflexão de Montaigne: *"Nous pouvons saisir la vertu de façon qu'elle en deviendra vicieuse, si nous l'embrassons d'un desir trop aspre et violant. Ceux qui disent qu'il n'y a jamais d'exces en la vertu, d'autant que ce n'est plus vertu si l'exces y est, se jouent des parolles [...]. On peut et trop aimer la vertu, et se porter excessivement en une action juste. A ce biaiz s'accomode la voix divine: Ne soyez pas plus sages qu'il ne faut, mais soyez sobrement sages"* (*Essais*, livro I, capítulo XXX).

de modo alegórico e não sob a forma de um raciocínio abstrato, baseado em conceitos, definições e induções generalizantes.

Em *O Banquete*, o diálogo é tecido em torno de duas características comuns a todas as formas de amor: a estreita união pessoal e o impulso irreprimível em direção ao absoluto.

Desde os pré-socráticos, o pensamento grego sempre interpretou o amor como uma força que une os seres, animados ou inanimados. Hesíodo e Parmênides, segundo informou Aristóteles,[43] foram os primeiros a sugerir que o amor é a força primária que move os seres e os mantém unidos.

A busca intensa de união pessoal é ilustrada, em *O Banquete*, com o mito contado por Aristófanes sobre a origem da humanidade atual.[44]

Nos tempos primitivos, contou ele, os seres humanos eram semideuses e, por conseguinte, imortais. Além disso, a humanidade não se dividia como agora em homens e mulheres, mas havia, além desses dois gêneros, um terceiro, que nada mais era do que a união de ambos num mesmo ser, por isso mesmo denominado andrógino (de *aner, andros*, macho e *gyne*, fêmea). Cada um dos três gêneros descendia de um astro e, em razão disso, apresentava um formato esférico: o homem, do Sol; a mulher, da Terra; o andrógino, da Lua, que, de certa maneira, participa da natureza de um e de outro.

Ora, inchados por um desmedido orgulho (*hybris*), eles decidiram atacar os deuses no Olimpo. Zeus tomou, então, a resolução não de aniquilar a espécie humana, mas de enfraquecê-la e, ao mesmo tempo, de multiplicar os seus componentes, de modo que os deuses recebessem mais oferendas e sacrifícios. O meio de enfraquecer a humanidade, imaginado por Zeus, consistiu em cortar os seres humanos ao meio, fazendo com que eles deixassem de possuir o formato esférico e passassem a caminhar de pé, tendo doravante duas pernas e dois braços, e não quatro membros superiores e quatro inferiores, como dantes. O andrógino, ao ser seccionado ao meio, deu origem, naturalmente, a indivíduos dos dois outros gêneros.

É esta a razão, conclui Aristófanes, pela qual os seres humanos procuram incessantemente voltar à sua unidade primitiva, os homens buscando viver com outros homens ou com as mulheres (quando provenientes do ser andrógino), e assim também as mulheres. Na busca perpétua de união entre si, os humanos

43. *Metafísica*, livro I, 984 *b*, 25 e ss.
44. 189 *a* e ss.

tendem a recuperar a imortalidade primitiva, o que os leva a copular, dando nascimento a uma prole numerosa, pois a geração de descendentes, de certo modo, imortaliza a espécie humana.

Na sequência do diálogo,[45] Platão faz intervir Sócrates, que conta outro mito, por ele ouvido de uma mulher de Mantineia, Diotima. O Amor, aqui, é caracterizado como um *dáimon*, isto é, um espírito intermediário entre os seres mortais e os imortais.

No dia do nascimento de Afrodite, os deuses reuniram-se numa grande festa, na qual o néctar foi servido copiosamente. *Póros*, o deus da abundância, filho de *Métidos*, deus da astúcia inventiva, lá se encontrava e, tendo-se embebedado, retirou-se para o jardim de Zeus, onde adormeceu. Terminado o banquete, surgiu à porta *Penia*, a deusa da pobreza e da escassez, a fim de recolher algumas esmolas. Ao perceber que *Póros* dormia no jardim, ela teve desde logo a ideia de se unir sexualmente a ele, a fim de conceber um filho.

Ora, esse descendente do deus da abundância e da deusa da escassez não é outro senão o Amor. Como tal, ele vive perpetuamente insatisfeito, pois descobre em si, em razão de sua ascendência materna, uma sensação permanente de carência, e graças à sua linhagem paterna sente um impulso insopitável e inexaurível para tudo alcançar e possuir em abundância. Em outras palavras, o Amor, intermediário entre a Terra e o Olimpo, busca incessantemente elevar-se, da sua condição humana e mortal, ao *status* da imortalidade divina. A única maneira de alcançá-lo é pela geração, corporal ou espiritual. Por isso esse *dáimon*, além de suscitar o instinto sexual, é também o grande inspirador dos poetas (ποιητής, isto é, dos criadores de obras literárias e mesmo de leis) e dos inventores. Mas, conclui significativamente Sócrates, a mais bela geração espiritual do Amor é a elaboração das leis que regem as cidades e os lares.[46]

Esse prelúdio mitológico, acenando simbolicamente para o que há de essencial no amor, habilita-nos a fazer a necessária análise crítica preliminar da matéria, pelo estabelecimento das distinções que se impõem.

Em primeiro lugar, não se há de confundir o amor com a amizade. No livro VIII da *Ética a Nicômaco*, Aristóteles reúne várias manifestações de um e de outra sob a denominação genérica de *filia* (φιλία), o que não contribui para bem esclarecer a matéria.

45. 202 *d* e ss.
46. 208 *e* -209 *b*.

O filósofo sustenta consistir a *filia* num bem-querer em relação a outrem.[47] Mas ninguém ignora que há relações de amizade que se reduzem, por completo, a simples afeições ou sentimentos, sem que os amigos estejam efetivamente dispostos a fazer o bem reciprocamente. Quando muito, eles se limitam a almejar o bem, um ao outro, sem nenhum empenho de passar aos atos. O verdadeiro amor, diversamente, procura sempre exteriorizar-se na ação; ele nunca se refugia num íntimo bem-querer.

Já quanto às afeições e aos sentimentos, eles constituem a própria essência da amizade. A relação sentimental é espontânea e jamais comandada. Ninguém tem o dever de ser amigo de outrem, pois a amizade não se confunde com o respeito e a observância dos deveres de justiça. Mas há certas formas de amor, nas quais a consciência do dever de agir para o bem de outrem não raro se manifesta, por exemplo, pela instituição de uma entidade beneficente, com todas as exigências burocráticas que ela necessariamente comporta; isto é, uma atividade praticamente despida de sentimentos. Isto, sem falar do mandamento bíblico de amar o próximo (Levítico 19, 18), ou do preceito evangélico de amar até o inimigo, o que dispensa, obviamente, qualquer afeição.

Assim, como afirmou com razão São Tomás de Aquino, os sentimentos podem engendrar a relação de amor, mas eles não são da sua essência: *amor dicitur esse timor, gaudium, cupiditas et tristitia, non quidem essentialiter, sed causaliter.*[48]

Por outro lado, é inegável que o sentimento de amizade é necessariamente recíproco. Não existe amizade unilateral. Ora, em algumas formas mais naturais de amor, como o materno, o paterno, ou o filial, por exemplo, a reciprocidade pode não existir.

Ainda quanto à relação sentimental, Aristóteles observou que não se pode ser amigo íntimo de várias pessoas, ou amar muitas pessoas ao mesmo tempo, pois o amor parece ser um estado de emoção excessiva (ἔοικε γὰρ ὑπερβολῇ).[49] Não se deve, porém, esquecer que o dever de amar, tal como o de ser justo, é geral e indiscriminado: ele diz respeito a todos os companheiros (os "próximos" do mandamento bíblico), ou todos os outros seres humanos sem exceção, mesmo os inimigos (no contexto evangélico). E assim é, exatamente porque se trata de um dever geral e não de um sentimento particular.

---

47. *Ética a Nicômaco*, 1155 *b*, 34 e 1156 *a*, 8-10.
48. *Summa Theologiae*, 1ª. 2ae., qu. 26, art. 1.
49. Idem, 1158 *a*, 12.

Daí a importância de se distinguir, como bem faz Aristóteles, entre a emoção, ou sentimento passageiro, ainda que intenso (*pathos*),[50] o qual apresenta um caráter de sujeição, e aquilo que o filósofo denominou *hexis* (ἕξις), ou seja, uma disposição permanente da personalidade, que conduz alguém a agir sempre de determinada maneira.[51] A virtude do amor, isto é, a qualidade subjetiva correspondente ao dever ético, constitui uma *hexis*, a qual, por isso mesmo, como acabamos de ver, pode existir no sujeito sem estar acompanhada de sentimentos ou paixões. Ele corresponde, antes, como bem assinalou Kant, à consciência do dever.[52] É o *amor benevolentiae* dos escolásticos, bem diferente do *amor concupiscentiae*.

Tudo isso sob o aspecto subjetivo. Mas o amor, como dissemos, é um princípio ético e, como tal, uma norma superior, que cria deveres objetivos e gerais de comportamento na vida social. Sob esse aspecto, a sua diferença em relação à justiça é dupla.

O amor é uma doação completa e sem reservas, não só das coisas que nos pertencem, mas da nossa própria pessoa. Aquele que ama torna-se despossuído de si mesmo: ele nada retém para si, mas tudo oferece ao outro. Nesse sentido se deve entender a palavra extremada do Evangelho: "Àquele que te fere na face direita, oferece-lhe a esquerda; e àquele que quer pleitear contigo para tomar-te a túnica, deixa-lhe também a veste; e se alguém te obriga a andar uma milha, caminha com ele duas".[53] Nessa perspectiva, o amor é o exato oposto da separação, própria da relação de justiça, entre o meu, o teu e o nosso. O *suum cuique tribuere* (dar a cada um o que é seu) da definição romana supõe, com efeito, o *meum retinere ac protegere*: guardar e defender o que é meu.

---

50. No vocabulário aristotélico, παθός tem diversos sentidos (Cf. *Metafísica*, livro Δ, 1022 *b*, 15- 22), nenhum deles correspondente, de modo exato, à acepção geral do vocábulo *paixão* nas línguas modernas. Trata-se antes de uma emoção, isto é, de um sentimento intenso, mas passageiro, do que de uma permanente sujeição sentimental de alguém a outrem, a qual costuma provocar aquele sofrimento amável de que fala o poeta:

Amor é fogo que arde sem se ver;
É ferida que dói e não se sente;
É um contentamento descontente;
É dor que desatina sem doer.

51. *Ética a Nicômaco*, 1105 *b*, 19 e ss.; 1157 *b*, 25 e ss.
52. Cf. Parte II, capítulo VII.
53. Mateus 5, 39-41.

Além disso, o dever de amar, ao contrário do de ser justo, não engendra direitos, isto é, exigências da parte de outrem. Na ética evangélica, temos todos o dever de amar os outros, quaisquer outros, mesmo os inimigos. Mas, obviamente, nenhum daqueles que devemos amar pode exigir de nós esse comportamento.

A grande função social do amor consiste, na verdade, em atuar como fator de permanente aperfeiçoamento da justiça. É o impulso constante no sentido de uma não acomodação com as formas de justiça já existentes; a procura de uma ampliação ilimitada do princípio de dar a todos e a cada um o que a consciência ética sente como devido. Disto, a História nos dá importantes testemunhos.

Tomemos, por exemplo, duas ilustrações do preceito evangélico do amor — *ágape* (ἀγάπη), na versão original grega, traduzido em latim por *caritas*.

Para ilustrar a sua interpretação radical do mandamento contido no Levítico, capítulo 19, versículo 18, Jesus conta a parábola do bom samaritano.[54] "Um homem descia de Jerusalém a Jericó, e caiu no meio de assaltantes que, após havê-lo despojado e espancado, foram-se, deixando-o semimorto." Duas autoridades religiosas, um sacerdote e um levita — ou seja, pessoas que não podiam ignorar o mandamento bíblico — passaram por ali logo após o assalto, viram a vítima prostrada à beira da estrada e prosseguiram no seu caminho sem acudi-la. Mas um terceiro personagem, um inimigo execrável do Povo de Deus, ao seguir também pela mesma estrada viu o homem ferido e moveu-se de compaixão (ἰδὼν ἐσκλαγχνίσθη). Desceu de sua montaria, aproximou-se dele, verificou que ainda estava com vida, e decidiu ajudá-lo. Atou as chagas do infeliz, depois de derramar nelas óleo e vinho. Em seguida, colocou-o em seu próprio animal (o que significa que foi obrigado a seguir seu caminho a pé), e conduziu-o até a hospedaria mais próxima. Não contente com isso, "no dia seguinte, tirou dois denários e deu-os ao hospedeiro, dizendo: *Cuida dele, e o que gastares a mais, em meu regresso te pagarei*".

Aqui, é absoluto o contraste entre a atitude indiferente e omissa do sacerdote e do levita — os quais poderiam, aliás, ter excelentes razões rituais para não socorrer a vítima dos assaltantes, a qual bem parecia já morta — e o comportamento diligente do samaritano. Ora, aqueles, pela sua posição oficial, tinham não só o dever de cumprir a Torá em sua inteireza, como também de instruir o povo em sua estrita observância. O samaritano, ao contrário, não apenas não se achava minimamente vinculado à lei mosaica, como pertencia a um povo de renegados e impuros, cujo

---

54. Lucas 10, 25-37.

contato devia, pois, ser cuidadosamente evitado por todo judeu piedoso. E, no entanto, foi esse inimigo do povo eleito — portanto, inimigo da vítima do assalto — o único que soube interpretar o preceito de amor ao próximo em seu pleno sentido, sem casuísmos, tradições cegas ou limitações legalistas. Para as duas autoridades religiosas, a justiça da Lei divina continha limites necessários: não podia ser alargada para além do que a boa tradição considerava justo e adequado. Para o samaritano, ao contrário, nenhuma prescrição dogmática ou cultual, nenhuma tradição, ainda que imemorialmente observada, constituía empecilho ao impulso espontâneo de ajuda ao próximo, isto é, o ser humano, qualquer que seja, que se nos depara nos imprevistos caminhos da vida.

Naquele tempo, não há como negar, o samaritano manifestou um comportamento heroico, digno, por conseguinte, da maior admiração. Hoje, porém, uma pessoa que procedesse da mesma forma nada mais teria feito do que cumprir o seu dever legal; e se tivesse se esquivado a socorrer a vítima dos assaltantes, ainda poderia ter que responder a um processo-crime. No quadro de bom número de sistemas jurídicos nacionais do presente, com efeito, o comportamento do sacerdote e do levita da parábola evangélica deveria ser julgado não apenas ilícito, mas penalmente sancionável. Em vários Códigos Penais do mundo, na atualidade, define-se como crime a omissão de socorro. O Código Penal brasileiro, de 1942, por exemplo, em seu art. 135, assim o tipifica: "Deixar de prestar assistência, quando possível fazê-lo sem risco pessoal, a criança abandonada ou extraviada, ou a pessoa inválida ou ferida, ao desamparo ou em grave e iminente perigo; ou não pedir, nesses casos, o socorro da autoridade pública". Disposições análogas encontram-se no Código Penal italiano, de 1930 (art. 593: *omissione di soccorso*), no Código Penal mexicano, de 1961 (art. 194: *omisión de auxilio*), no Código Penal português, de 1982 (art. 219º: omissão de auxílio),[55] no Código Penal argentino, de 1985 (art. 185: *abandono de pessoa*), no Código Penal alemão (§ 221: *Aussetzung*), no Código Penal francês (art. 223-6, segunda alínea: *ommission de porter secours*), no Código Penal espanhol, de 1995 (art. 195: *omisión del deber de socorro*).

O segundo exemplo de transformação, no curso histórico, do dever evangélico de amor ao próximo num conjunto de precisos deveres jurídicos nos é dado

---

55. Se bem que aqui o comportamento delituoso consista no abandono de outrem "em caso de grave necessidade, nomeadamente provocada por desastre, acidente, calamidade pública ou situação de perigo comum".

pela alegoria do julgamento final, constante do Evangelho de Mateus (25, 31-46). O Filho do Homem, ao voltar em sua glória para julgar todas as nações, "separará os homens uns dos outros, como o pastor separa as ovelhas dos cabritos, e porá as ovelhas à sua direita e os cabritos à sua esquerda. Então dirá o rei aos que estiverem à sua direita: *Vinde, benditos de meu Pai, recebei por herança o Reino preparado para vós desde a fundação do mundo. Pois tive fome e me destes de comer. Tive sede e me destes de beber. Era forasteiro e me recolhestes. Estive nu e me vestistes, doente e me visitastes, preso e viestes ver-me*". A seguir, dirigindo-se aos que estiverem à sua esquerda, o Juiz proferirá sobre eles uma sentença de condenação, porque tiveram um procedimento exatamente contrário ao dos primeiros.

Firme partidário da leitura do Evangelho *sine glosa*, ou seja, sem comentários, em sua contundente literalidade, São Francisco de Assis soube pôr-se, resolutamente e sem reservas, ao lado dos excluídos da sociedade medieval de seu tempo: os leprosos, os saltimbancos (ele próprio não se dizia "o saltimbanco de Deus"?), os andarilhos. Em sua opção radical pela pobreza, ela é valorizada não em si mesma, mas como símbolo dessa exclusão social, que o discípulo de Cristo deve recuperar para o Reino de Deus.

Ora, como não perceber que todos esses atos de amor, cuja prática valeu aos bons varões da parábola evangélica o ingresso no Reino dos Céus, estão hoje compreendidos como estritos deveres jurídicos no sistema de seguridade social (saúde, previdência e assistência social), previsto em tratados e convenções internacionais, como o Pacto Internacional de Direitos Econômicos, Sociais e Culturais, de 1966, aprovado no quadro das Nações Unidas, a Carta Social Europeia, de 1961, ou o Protocolo Adicional, de 1988, à Convenção Americana de Direitos Humanos?

2. OS PRINCÍPIOS COMPLEMENTARES: LIBERDADE, IGUALDADE, SEGURANÇA E SOLIDARIEDADE

Trata-se de especificações da verdade, da justiça e do amor. Por isso mesmo, tais mandamentos devem ser interpretados e aplicados à luz daqueles princípios cardeais, que os englobam. Assinale-se que, aqui também, os valores que os animam são propriamente inexauríveis em sua realização histórica.[56] Nunca se

---

56. Cf. capítulo anterior.

poderá dizer que a humanidade conseguirá um dia alcançar a perfeição em matéria de liberdade, igualdade, segurança e solidariedade.

Os quatro princípios mantêm entre si uma relação de recíproca complementaridade.

A verdadeira liberdade não é uma situação de isolamento, mas, bem ao contrário, o inter-relacionamento de pessoas ou povos, que se reconhecem reciprocamente dependentes, em situação de igualdade de direitos e deveres. Na Grécia e em Roma, o pressuposto da igualdade entre os cidadãos era a liberdade diante da tirania: as pessoas consideravam-se iguais porque eram livres. No mundo moderno, os termos dessa equação foram invertidos: as pessoas consideram-se livres quando gozam de um estatuto de igualdade. Mas em nenhuma dessas épocas históricas tais valores foram tidos como independentes um do outro.

O terrível sofisma da ideologia liberal-individualista, que se afirmou no curso do século XIX, consistiu em apresentar a liberdade como um valor independente da concreta situação socioeconômica em que se encontram os cidadãos de um Estado, ou o conjunto dos povos na cena internacional. A experiência constante e jamais desmentida aponta para o fato de que o estado de carência ou miserabilidade é um obstáculo insuperável à concreta fruição da liberdade. Reciprocamente, sem a garantia de liberdade em todas as dimensões da vida humana, é impossível construir uma autêntica igualdade entre os cidadãos do mesmo Estado ou entre os povos nas relações internacionais. Os que detêm o poder, de direito ou de fato, tendem sempre a garantir para si uma posição de privilégio em relação a todos os demais.

Por outro lado, é praticamente impossível separar a liberdade da segurança, entendida em seu sentido pleno, ou seja, não apenas a segurança física, mas também a econômica e a social. Montesquieu bem assinalou que "a liberdade política consiste na segurança, ou pelo menos na opinião que se tem da segurança".[57] Mas o mesmo se pode dizer de todas as outras espécies de liberdade.

Tudo isso demonstra que liberdade, igualdade e segurança encontram-se, pela sua própria essência, numa relação de implicação recíproca, e só podem existir e prosperar no quadro de um altruísmo solidário — e aí vai o quarto princípio —, por força do qual todos se respeitam e se ajudam, como partes integrantes de um mesmo organismo vivo, segundo os ditames da verdade, da justiça e do amor.

---

57. *Do Espírito das Leis*, livro XII, capítulo 2.

A liberdade

Historicamente, a concepção de que os seres humanos são livres e, por conseguinte, responsáveis pelos seus atos voluntários, surgiu durante o chamado período axial.[58] Antes dele, prevalecia a convicção de que as forças sobrenaturais decidiam, em última instância, o destino da vida humana. A divindade estaria na origem de nossas boas ou más ações.

A criação da filosofia ética na Grécia, como lembrado,[59] partiu do postulado fundamental da liberdade de cada indivíduo e, em consequência, da irrecusável responsabilidade de cada qual na condução de sua vida. No plano político, contudo, como também foi assinalado,[60] gregos e romanos consideravam que a liberdade dizia respeito, unicamente, à vida coletiva: ela existia para o povo em seu conjunto, diante de outros povos, não para os indivíduos em relação à *pólis*. Sob esse aspecto, portanto, ela se apresentava como o direito de participação ativa na vida política.

Para os modernos, ao contrário, a liberdade foi redescoberta e afirmada, no século XVIII, como um *status* de independência do indivíduo, de defesa da vida íntima ou particular contra a indevida interferência dos poderes constituídos, sejam eles políticos ou religiosos. Logo em seguida, porém, já na primeira metade do século XIX no Ocidente, a destruição, pelo capitalismo industrial, das antigas estruturas sociais, engendrando a nova servidão da classe operária, fez ver a importância de se defender a liberdade coletiva da classe trabalhadora, frente ao poder econômico irrefreado dos empresários.

a) Um conceito controverso no mundo moderno

Em contraste com a concepção relativamente unívoca que os antigos tinham da liberdade, na idade moderna tal conceito tornou-se objeto de inúmeras controvérsias. Montesquieu assinalou que "não há palavra que tenha recebido mais significações diferentes, e que tenha marcado os espíritos de tantas maneiras, quanto essa".[61] No mesmo sentido, Hegel afirmou que "não se sabe de nenhuma ideia que

58. Cf. Introdução.
59. Cf. Parte I, capítulo II.
60. Parte I, capítulo I.
61. *Do Espírito das Leis*, livro XI, capítulo II.

seja tão indeterminada, ambígua, suscetível de tão grandes equívocos e, por isso, efetivamente sujeita a eles, quanto a ideia de *liberdade*".[62] O que levou Jaspers a indagar se essa ampla diversidade de opiniões não seria um reflexo das antinomias fundamentais que povoam o coração humano.[63]

Para os autores da antiguidade clássica e medieval, com efeito, a ideia de que o homem é um ser livre e, como tal, fundamentalmente diverso dos animais irracionais sempre pareceu uma verdade de evidência. O que não significava, para eles, que a liberdade fosse, em cada um de nós, um dado da natureza, perfeito e acabado. Os estoicos, por exemplo, sempre advertiram para o perigo de uma escravização às paixões, como fator de dilaceração da alma humana. A liberdade integral seria o resultado de uma conquista, obtida ao cabo de um trabalho metódico de autoeducação.[64]

A idade moderna abre-se com a negação peremptória da liberdade humana, feita pelos grandes Reformadores.[65] Para Lutero, como vimos, ao contrário do livre-arbítrio de que falaram os escolásticos,[66] dever-se-ia antes falar de um *servo arbítrio*, pois a alma humana é sempre escrava: ou de Deus, pela graça, ou de Satã, pelo pecado. João Calvino aprofundou a tese, e sustentou que o pecado original tornou o homem um escravo voluntário, cuja salvação eterna não depende dele, mas inteiramente da graça divina, no mistério da predestinação. Hobbes, no século seguinte, aderiu totalmente a essa visão religiosa da inexistência do livre-arbítrio. "Embora os homens possam fazer muitas coisas, que Deus não ordena nem pode, por conseguinte, ser tido como seu Autor, não podem eles, porém, ter paixão nem desejo de coisa alguma, se de tal desejo Deus não for a causa (*yet they can have no passion, nor appetite to any thing, of which appetite Gods will is not the cause*). E se essa vontade (de Deus) não representasse uma *necessidade* para a vontade humana, da qual toda ela dependesse, a *liberdade* dos homens seria uma contradição e um obstáculo à onipotência e *liberdade* de Deus."[67]

No século XIX, e por razões diametralmente opostas, a escola do materialismo

---

62. *Enziklopädie der philosophischen Wissenschaften im Grundrisse* (1830), Akademie-Verlag, Berlim, 1966, pp. 387-8.

63. *Vom Ursprung und Ziel der Geschichte*, 8ª ed., Munique/Zurique, R. Piper & Co. Verlag, p. 194.

64. Cf. supra, Parte I, capítulo III.

65. Parte II, capítulo II.

66. Cf. São Tomás de Aquino, *Summa Theologiae, Prima Pars, quaestio LXXXIII, De libero arbitrio*.

67. *Leviatã*, Parte II, capítulo 21, edição original, p.108.

científico defendeu a mesma posição. "Somente a nova filosofia", afirmou Ludwig Feuerbach em 1842, "foi capaz de naturalizar a liberdade, a qual, até agora, era uma hipótese antinatural e sobrenatural."[68]

No final do século XVIII, Kant, sem dúvida influenciado por Jean-Jacques Rousseau, teve o grande mérito de defender a ideia de liberdade, contra os reducionismos religioso e utilitarista, os quais muito contribuíram, com os seus exageros, para alimentar as simplificações do materialismo dito científico. A característica essencial de uma vontade livre, frisou Kant, consiste em sua autonomia, isto é, na sua capacidade de obedecer às leis que ela própria edita. Os que, ao contrário, submetem-se à vontade alheia vivem em estado de permanente heteronomia.[69]

Essa lição do mestre de Königsberg revelou-se da maior importância no campo da teoria política.

b) As diferentes concepções de liberdade política entre os modernos

Se a existência ou não do livre-arbítrio é uma questão de antropologia metafísica, a discussão sobre o conceito e os limites da liberdade política é de natureza ética.

Nesse particular, a dissensão entre os autores modernos não foi menor. Com efeito, duas correntes extremas polemizaram sem cessar, desde o início do século XVI: a dos autoritários e a dos libertários.

A ética política autoritária foi magistralmente simbolizada por Dostoiévski, na parábola do Grande Inquisidor, contada em *Os Irmãos Karamazov*.

Ele imaginou o confronto entre o cardeal Grande Inquisidor da Espanha e Jesus Cristo, que apareceu subitamente em Sevilha, no século XVI, na manhã seguinte a um gigantesco auto de fé, em que foram queimados vivos cem hereges. O doce rabi da Galileia surgiu silenciosamente na grande praça, e o povo o reconheceu de imediato, sem que ele proferisse uma só palavra. Atendendo às súplicas da multidão, Jesus voltou a fazer os milagres que o celebrizaram na Palestina, dezesseis séculos antes: restituiu a visão a um cego e ressuscitou uma menina que era levada ao cemitério.

O Grande Inquisidor, que vira toda a cena de longe, ordenou a imediata prisão

---

68. Cf. Parte II, capítulo IX.

69. *Grundlegung zur Metaphysik der Sitten*, Felix Meiner Verlag, Hamburg, 1994, pp. 55 e ss.

do "desordeiro". À noite, no calabouço escuro onde fora jogado o Salvador do mundo, o cardeal nonagenário veio se explicar com o prisioneiro. Ele o censurou amargamente pelo fato de haver recusado, quando da tentação no deserto,[70] dar aos homens aquilo que eles sempre almejaram do fundo do coração: o pão que mata a fome, a segurança da riqueza que dispensa o trabalho cotidiano e o governo de um príncipe poderoso, que tudo decide pelos seus súditos, e em quem estes podem depositar, cegamente, as esperanças do futuro.

Reconheceu o Grande Inquisidor que Jesus tomara essa decisão superior, digna de um deus, porque queria preservar a sagrada liberdade de escolha do gênero humano entre o bem e o mal. Mas isto foi um erro funesto, disse o prelado. Os homens, que não são deuses, mas, ao contrário, seres viciosos pela sua própria natureza, sempre consideraram a liberdade, em todos os tempos e lugares, um fardo excessivamente pesado para as suas débeis forças. A sua mais lancinante preocupação é de saber como, quando e em mãos de quem eles poderão, enfim, alienar sua liberdade, em troca daqueles bens que Jesus recusou, quando na tentação no deserto.

Sem dúvida, acrescentou o cardeal, o grande mistério do ser humano não está contido no simples fato de viver, mas na indeclinável necessidade de encontrar uma razão de viver. E essa razão de vida, para todos nós, simples mortais, não deve situar-se numa esfera superior, heroica, mas ser adaptada à nossa natureza essencialmente frágil e terra a terra.

Ao rejeitar a oferta do diabo de assumir "os reinos do mundo com todo o seu esplendor", Jesus deixou de dar uma resposta definitiva às grandes questões que o homem sempre se pôs sobre a Terra: diante de quem se inclinar, em mãos de quem entregar toda a sua confiança e, sobretudo, de que modo reunir a humanidade "num formigueiro que seja unido e comum a todos os homens"; pois a necessidade da união universal é um dos grandes tormentos do ser humano. A humanidade, prosseguiu o cardeal, sempre sonhou em se organizar em bases universais. "Se tu tivesses aceito o manto e a púrpura de César, terias fundado o reino universal e trazido a paz ao universo."

No século XX, os regimes totalitários[71] procuraram seguir, ponto por ponto, o programa de felicidade geral defendido pelo Grande Inquisidor do romance de Dostoiévski. Eles ofereceram ao povo mil anos de segurança e prosperidade, con-

70. Mateus 4, 1-11; Lucas 4, 1-13.
71. Cf. supra, Parte II, cap. XI.

tanto que todos aceitassem passar da condição de cidadãos livres à de súditos passivos e obedientes, entregando aos governantes, ou, mais precisamente, ao super-homem que concentrava em sua pessoa a totalidade dos poderes, a liberdade de escolha em todas as matérias. A fórmula não deu certo. Os súditos não tiveram, nos diferentes comunismos e fascismos, a completa segurança de boa vida material que esperavam e, sobretudo, continuaram a sonhar, loucamente, com a recuperação da liberdade perdida.

Desse fracasso inescapável dos totalitarismos procuraram se aproveitar, oportunamente, os mentores mundiais do sistema capitalista. Não se limitaram a prometer aos povos, uma vez mais, a inesgotável prosperidade material. Ofereceram também a mais completa liberdade. Ao final do século xx, tais promessas já se haviam revelado tragicamente falsas e a insatisfação crescia no mundo todo.

A inauguração do pensamento político autoritário, no Ocidente, deu-se, obviamente, com Maquiavel, logo no início do século XVI.[72] Mas os seus fundamentos éticos só vieram a ser plenamente desenvolvidos com Hobbes, um século e meio depois.

Ele identifica a liberdade não com a possibilidade de querer, mas com o poder de agir.[73] Ela seria a ausência de impedimentos externos à ação humana, em todos os campos. Assim, na vida política, liberdade significa "ausência de oposição", e oposição é todo obstáculo exterior à ação. Como se vê, noção amplíssima, pois aplicável tanto a criaturas irracionais ou inanimadas, quanto ao ser racional.[74]

Em lógica consequência, para Hobbes, a liberdade humana, tomada no sentido de um agir sem impedimentos externos, é perfeitamente compatível com o *temor* e a *necessidade*. No primeiro caso, ele repete como ilustração o exemplo já dado por Aristóteles,[75] do piloto ou marujo que faz abandono da carga para aliviar o navio e evitar o naufrágio. No tocante à segunda hipótese, o argumento dado por Hobbes não passa de um sofisma. Diz ele que a liberdade humana coaduna-se, sem dificuldade, com a necessidade de se cumprirem os desígnios de Deus. Ora, se o homem é livre de obedecer ou não aos mandamentos divinos, não se vê bem onde

72. Parte II, capítulo I.
73. Cf. *Leviatã*, Parte I, capítulo 14 e Parte II, capítulo 21.
74. Idem, p. 107.
75. *Ética a Nicômaco*, livro III, 110 *a*, 1-4.

546

entra a *necessidade* (que supõe, justamente, ausência de livre escolha) do cumprimento da vontade de Deus.

As leis civis, na concepção de Hobbes, não passam de laços artificiais (*artificial bonds*), cujas pontas, diz ele metaforicamente, os homens prenderam, pela celebração de pactos, de um lado aos lábios do soberano (indivíduo ou assembleia) e de outro aos próprios ouvidos deles, pactuantes. Numa comunidade política (*commonwealth*), a liberdade humana é sempre definida em relação a esses vínculos artificiais, que são as leis civis. Sem eles, cada ser humano ficaria à mercê dos mais fortes.

Daí a absoluta necessidade de que haja um soberano, com poderes ilimitados de mandar e punir. "Sem a espada posta nas mãos de um homem, ou de certos homens, capazes de fazê-las executar", as leis são impotentes para proteger os súditos. A conclusão paradoxal de todo o raciocínio é de que a "liberdade do súdito consiste no poder ilimitado do soberano".

A concepção que Marx delineou da primeira fase do processo de levante final da classe operária contra a burguesia foi também autoritária. Nessa fase, dita de "conquista da democracia" (*die Erkämpfung der Demokratie*), o proletariado, transformado em classe dominante, exerceria uma "ditadura revolucionária", chamando a si todos os poderes e suprimindo, consequentemente, o conjunto das liberdades civis.[76] Como se viu nos Estados comunistas, esse momento histórico, tido como transitório, jamais chegou a abrir espaço à instituição da verdadeira sociedade comunista, na qual o Estado desapareceria com a supressão da divisão da sociedade em classes, inaugurando-se, assim, o estado definitivo da vida social livre.

Contra essa concepção autoritária da liberdade política, desde cedo, isto é, já desde a segunda metade do século XVI, levantou-se outra corrente de opinião, diametralmente oposta.

O patrono de todos os libertários modernos foi Étienne de la Boétie, o grande amigo de Montaigne. No *Discurso da Servidão Voluntária*,[77] publicado após a sua

---

76. Cf. Parte II, capítulo IX.

77. *Le discours de la servitude volontaire*, Payot, Paris, 1978. A expressão *servidão voluntária* já havia sido empregada por Sêneca, no *De brevitate vitae* (II, 1 e 2). Ele argumentou que vive em estado de servidão voluntária aquele que consome sua vida numa ingrata solicitude para com seus superiores (*sunt quos ingratus superiorum cultus voluntaria servitute consumat*).

morte, ocorrida em 1563, ele pronunciou um dos mais vigorosos requisitórios contra os regimes políticos e governos opressores da liberdade, de todos os tempos.

Seu raciocínio parte do sentimento de espanto e perplexidade diante de um fato que, embora difundido no mundo todo, nem por isso deixa de ofender a própria natureza e o bom senso mais elementar: um número infinito de homens, diante do soberano político, não apenas consintam em obedecer, mas se ponham a rastejar; não só sejam eles governados, mas tiranizados, não tendo para si nem bens, nem parentes, nem filhos, nem a própria vida.

Seria isso covardia? Impossível, pois a razão não pode admitir que milhões de pessoas e milhares de cidades, no mundo inteiro, se acovardem diante de um só homem, em geral medíocre e vicioso, que os trata como uma multidão de servos e escravos.

Então, "que monstruoso vício é esse, que a palavra covardia não exprime, para o qual falta a expressão adequada, que a natureza desmente e a língua se recusa a nomear?".

Esse vício nada mais é do que a falta de vontade. Os súditos não precisam combater os tiranos nem mesmo defender-se diante dele. Basta que se recusem a servi-lo, para que ele seja naturalmente vencido. Uma nação pode não fazer esforço algum para alcançar a felicidade. Para obtê-la, basta que ela própria não trabalhe contra si mesma. "São os povos que se deixam garrotear, ou melhor, que se garroteiam a si mesmos, pois bastaria apenas que eles se recusassem a servir, para que os seus grilhões fossem rompidos."[78]

No entanto — coisa pasmosa e inacreditável! —, o próprio povo , podendo escolher entre ser escravo ou ser livre, rejeita a liberdade e toma sobre si o jugo. "Se para possuir a liberdade basta desejá-la, se é suficiente para tanto unicamente o querer, encontrar-se-á uma nação no mundo que acredite pagar muito para adquirir a liberdade, pela simples manifestação de sua vontade?"

A aspiração a uma vida feliz, que existe em todo coração humano, faz com que os homens, em geral, desejem obter todos os bens capazes de lhes propiciar esse resultado. Há um só desses bens que os homens, não se sabe por quê, não

---

78. É o caso de lembrar aqui que, durante os primeiros séculos do Brasil colonial, foi muito difundida a prática da escravidão voluntária de indígenas maiores de 21 anos. Encontrando-se eles em situação de extrema necessidade, a legislação portuguesa permitia que eles se vendessem a si mesmos, celebrando um contrato de escravidão perante um notário público.

chegam nem mesmo a desejar: é a liberdade. Será ela, porventura, desdenhada tão só porque pode ser obtida com grande facilidade?

Afinal, de onde o governante, em todo lugar, tira a força necessária para manter os súditos em estado de permanente servidão? Deles próprios, responde La Boétie. "De onde provêm os incontáveis espiões que vos seguem, senão do vosso próprio meio? De que maneira dispõe ele [o tirano] de tantas mãos para vos espancar, se não as toma emprestadas a vós mesmos? E os pés que esmagam as vossas cidades, não são vossos? Tem ele, enfim, algum poder sobre vós, senão por vosso próprio intermédio?"

A conclusão é lógica: para derrubar os tiranos, os povos não precisam guerreá-los. "Tomai a decisão de não mais servir, e sereis livres." Aí está, *avant la lettre*, toda a teoria da desobediência civil, que veio a ser desenvolvida muito depois que aquelas linhas foram escritas.

É de toda evidência, prossegue o autor, que somos, todos, igualmente livres, pela nossa própria natureza; e que o liame que sujeita uns à dominação dos outros é algo artificial. Mas então, como explicar que esse artifício seja considerado normal e a igualdade entre os homens não exista praticamente em lugar nenhum?

Para explicar esse absurdo da servidão voluntária, La Boétie aponta algumas causas: o costume tradicional, a degradação programada da vida coletiva, a mistificação do poder, o interesse.

Por força do hábito, diz ele, desde tempos imemoriais os homens contraíram o vício de viver como servos dos governantes. E esse vício foi, ao depois, apresentado como lei divina.

É também verdade que alguns governantes decidiram tornar mais amena a condição de escravo, imposta aos súditos, criando um sistema oficial de prazeres públicos. Foi o *panem et circenses* dos imperadores romanos.

Outro fator que concorreu para o mesmo efeito foi o ritual mistificador que os poderosos sempre mantiveram em torno de suas pessoas, oferecidas à devoção popular. Os imperadores romanos, por exemplo, a começar por Augusto, além de se equipararem a deuses, não deixaram de tomar para si o *munus* de tribunos do povo, de modo a fazer crer que agiam sempre em vista do bem público. La Boétie acrescenta que os governantes de seu tempo souberam imitar, nesse particular, os tiranos do passado. "Antes de cometerem os seus crimes, mesmo os mais revoltantes, eles os fazem preceder de belos discursos sobre o bem geral, a ordem pública e o consolo a ser dado aos infelizes." Ora, pode-se hoje perguntar, há nisso alguma diferença em relação a certos tiranos contemporâneos?

Por fim, a última causa geradora do regime de servidão voluntária, aquela que La Boétie considera "o segredo e a mola mestra da dominação, o apoio e fundamento de toda tirania", é a rede de interesses pessoais, formada entre os serviçais do regime. Em degraus descendentes, a partir do tirano, eles corrompem camadas cada vez mais extensas de agentes da dominação, mediante o atrativo da riqueza e das vantagens materiais.

Uma argumentação tão cerrada em favor da liberdade, vazada num estilo igualmente pleno de indignação, só voltou a aparecer com Jean-Jacques Rousseau.[79] O genebrino, como vimos, ancorou firmemente a liberdade civil na igualdade de todos os cidadãos, pela comum obediência à "vontade geral". Mas, aqui, o libertarismo transformou-se em uma fórmula paradoxal. Todo aquele que se insurgir contra os mandamentos da "vontade geral" será coagido a cumpri-los por todo o corpo político; "o que não significa outra coisa, senão que ele será forçado a ser livre". Além disso, Rousseau insistiu em que a liberdade política do cidadão pressupõe uma estrita igualdade socioeconômica de vida. De qualquer forma, o acento tônico foi posto na situação de liberdade do povo, e não na proteção das liberdades individuais, como o fez John Locke.[80]

c) A liberdade como valor ético

A áspera controvérsia sobre a importância da liberdade política é bem capaz de ocultar o essencial nessa matéria, ou seja, a liberdade existe como um valor ético em si mesmo, independentemente dos benefícios concretos que a sua fruição pode trazer aos homens. Ela é um atributo essencial do ser humano, distinguindo-o, por isso, de todos os demais seres vivos.

Na concepção bíblica, o ser humano participa, em certa medida, da excelência divina, porque é dotado da capacidade de escolher entre o bem e o mal. Não foi ele capaz de provar o fruto proibido da árvore situada no centro do jardim do Éden, o que acabaria por tornar o primeiro casal humano um êmulo de Deus, como disse o tentador?[81]

79. Cf. Parte II, capítulo v.
80. Parte II, capítulo IV.
81. Gênesis 3, 5.

Por isso Dante pôs na boca de Beatriz, ao guiar o poeta no primeiro círculo do Paraíso (canto v, 19-24), estas palavras significativas:

Lo maggior don che Dio per sua larghezza
  fesse creando ed alla sua bontate
  più conformato e qual ch'e' più apprezza,
fu della volontà la libertate;
  di che le creature intelligenti,
  e tutte e sole, fuoro e son dotate.

A liberdade tem sido, em todos os tempos, a causa das maiores conquistas do ser humano. E, efetivamente, que valor teriam a descoberta da verdade, a criação da beleza, a invenção das utilidades ou a realização da justiça, se os homens não tivessem a possibilidade de escolher livremente o contrário de tudo isso?

Heródoto[82] foi um dos primeiros a sublinhar que o estado de liberdade torna os povos fortes, na guerra e na paz. Ao relatar a estupenda vitória que os atenienses, no início do regime democrático, conquistaram contra os calcídeos e os beócios, ele comenta: "Aliás, verifica-se, sempre e em todo lugar, que a igualdade entre os cidadãos é uma vantagem preciosa: submetidos aos tiranos, os atenienses não tinham mais valor na guerra que seus vizinhos; livres, porém, da tirania, sua superioridade foi manifesta. Por aí se vê que na servidão eles se recusavam a manifestar seu valor, pois labutavam para um senhor; ao passo que, uma vez livres, cada um no seu próprio interesse colaborava, por todas as maneiras, para o triunfo do empreendimento coletivo".

O mesmo fenômeno de súbita libertação de energias e de multiplicação surpreendente de forças humanas voltou a repetir-se vinte e quatro séculos depois, com a Revolução Francesa. Pela primeira vez na história moderna, as forças armadas de um país não eram compostas de mercenários, nem combatiam por um príncipe, sob o comando de nobres, mas eram formadas de homens livres e iguais, comandados por generais plebeus, sendo todos movidos tão só pelo amor à pátria. Logo no início da batalha de Valmy, em 20 setembro de 1792, ao dar a ordem de abrir fogo contra as tropas prussianas, o comandante das forças revolucionárias francesas lançou um novo grito de guerra, imediatamente repetido com entu-

82. Livro v, 78.

siasmo por todos os soldados: "Viva a Nação!". E o inimaginável sucedeu: o exército europeu mais respeitado e tido até então como invencível foi obrigado a bater em retirada. Goethe, presente no campo de batalha junto às tropas prussianas, percebeu desde logo a notável importância do evento: "Deste lugar e deste dia data uma nova época na história do mundo".

Os gregos cedo descobriram que a liberdade política significava, antes de tudo, obedecer às leis, isto é, às normas gerais e impessoais que existem desde tempos imemoriais, e não aos homens. Heródoto[83] ainda reporta o espantoso diálogo que um antigo rei de Esparta teria tido com Xerxes, rei dos persas. Este, prestes a invadir a Grécia, manifesta o profundo desprezo que lhe inspira aquele povo pouco numeroso, composto de pessoas "todas igualmente livres e que não obedecem a um chefe único". O espartano replica que a liberdade dos gregos deve ser entendida em termos: "Eles têm um senhor, a lei, que eles temem mais do que os teus súditos a ti".

A mesma ideia de que pela liberdade os homens se tornam fortes e destemidos é reafirmada séculos mais tarde por Montesquieu: "Os países não são cultivados em razão de sua fertilidade, mas em razão de sua liberdade; e se dividirmos a terra pelo pensamento, ficaremos surpresos de ver, na maior parte das vezes, desertos nas suas partes mais férteis, e grandes povos naquelas em que o território parece ser totalmente infecundo".[84]

d) Os avatares da liberdade no mundo moderno

Mas em que consiste, afinal, o livre viver em sociedade? Como todos os princípios éticos, a liberdade se apresenta sob um duplo aspecto: subjetivo e objetivo.

Do lado subjetivo, ela é, propriamente, um estado de alma, uma disposição de vida adquirida no correr do tempo, ou seja, aquilo que Aristóteles denominou *hexis* e os autores de língua latina, *habitus*.[85] Maquiavel, mui justamente, já havia chamado a atenção para o fato, importantíssimo, de que há uma disposição coletiva para viver em liberdade, a qual faz parte da mentalidade dos povos. "Um povo habituado a viver como súdito de um príncipe, se por algum acidente se torna livre,

---

83. VII, 103 e 104.
84. *Do Espírito das Leis*, livro XVIII, capítulo 3.
85. Cf. capítulo anterior.

dificilmente mantém-se em liberdade."[86] Montesquieu concorre no mesmo juízo: "Os costumes de um povo escravo fazem parte de sua servidão; os de um povo livre fazem parte de sua liberdade".[87]

Sob o aspecto objetivo, não se há de confundir, como faz Hobbes, a liberdade com a segurança. Esta última é, sem dúvida, condição daquela, mas não a dispensa em hipótese alguma. Os povos podem, em certos momentos de sua existência, preferir a segurança à liberdade; podem julgar mais aceitável, como na parábola do Grande Inquisidor, submeter-se a um tirano, ou a um regime autoritário, do que viver em estado de completa insegurança diante dos riscos, que lhes parecem insuperáveis, de penúria, banditismo generalizado, ou guerra civil.[88] Mas esse estado de espírito lamentável já é fruto de uma longa opressão: privados pelo capitalismo das condições de amparo que lhes ofereciam as comunidades tradicionais do meio rural, excluídos de todos os benefícios sociais pelo desemprego generalizado, ou reduzidos à condição de massa de manobra dos ricos e poderosos nas guerras civis, é compreensível que os povos optem, antes de tudo, por um mínimo de segurança. Essa triste realidade, no entanto, não representa de modo algum, como sustenta o pensamento político autoritário, uma prova da incapacidade constitutiva dos povos para se regerem a si mesmos.

A verdade é que Hobbes, como assinalado,[89] foi um dos prógonos da civilização burguesa, por entender que o feudalismo herdado da Idade Média reduziria a capacidade de defesa da sociedade contra os conflitos armados, suscitados por questões de honra ou de religião. Na sociedade feudal, os estamentos privilegiados dispunham, efetivamente, de apreciável autonomia. O seu estatuto jurídico não podia ser modificado sem o seu consentimento. A tentativa feita por João Sem-Terra nesse sentido, com apoio na autoridade moral do papa, provocou a revolta dos barões ingleses, que o obrigaram a subscrever a *Magna Carta*

---

86. *Discursos sobre a Primeira Década de Tito Lívio*, livro I, capítulo XVI, in *Opere di Niccolò Machiavelli*, Ugo Mursia editore, Milão, 7ª ed., p. 162.

87. Op. cit., livro XIX, cap. 17.

88. De acordo com o relatório de uma pesquisa de opinião pública, levada a efeito na América Latina, e divulgado pelo Programa de Desenvolvimento das Nações Unidas (PNUD) em 21 de abril de 2004 (*La Democracia en América Latina*), 56,3% dos entrevistados declararam ser o desenvolvimento econômico mais importante que a democracia; 54,7% apoiariam um governo autoritário que fosse capaz de resolver os problemas econômicos do país e 42,82% concordam que o presidente da República possa agir contra as leis.

89. Parte II, capítulo III.

em 1215.[90] De acordo com os costumes feudais, o rei era apenas *primus inter pares*: ele gozava de uma posição de maior prestígio entre os senhores feudais (*auctoritas*), mas não dispunha de poder de mando (*potestas* ou *imperium*) sobre eles.

A extinção da sociedade feudal, preconizada por Hobbes e levada a cabo pelas Revoluções Americana e Francesa do século XVIII, representou a supressão dessas ilhas de segurança coletiva, e produziu uma inevitável concentração de poder político na cúpula, doravante organizada de modo impessoal: o Estado. A sociedade pós-feudal, oficialmente unificada como povo ou nação, nasceu na verdade cindida, de alto a baixo, em estratos de mui desigual importância: os ricos potentados, os pequenos e médios proprietários, e a vasta multidão dos pobres e miseráveis.

Mesmo no campo político, a proclamação dos direitos e das liberdades individuais não resolveu o problema criado por aqueles movimentos revolucionários; a saber, a definição das relações entre o novo soberano — o povo (nas Declarações de Direitos norte-americanas) ou a nação (na Declaração dos Direitos do Homem e do Cidadão, de 1789) — e o Estado, como organização impessoal e permanente do poder de governo. Essa delimitação de funções e posições jurídicas fez-se, afinal, a partir de um princípio nunca teoricamente enunciado, mas sempre praticamente acatado: o povo ou a nação são portadores de uma soberania simbólica e não efetiva; o que significou, logicamente, que os indivíduos dispõem de uma cidadania meramente passiva.

A soberania popular reduziu-se, de fato, desde logo, ao poder de eleger representantes que governam o povo em seu nome e, presuntivamente, em seu benefício. Ou seja, a liberdade política passou a existir como simples figura de retórica. Já vimos que Rousseau denunciou em termos candentes esse embuste, pois a representação popular significaria para ele uma alienação da soberania, vale dizer, da liberdade política.[91] Marx, por sua vez, fez questão de assinalar que o mecanismo representativo assim instituído moldou o quadro político ideal para legitimar a posição da burguesia como classe dominante. Pela atuação combinada de um restrito direito de sufrágio (as mulheres e os analfabetos não tinham direito de voto) e do voto censitário (só podiam votar os homens que demonstrassem possuir um mínimo de rendimentos), as eleições podiam realizar-se periodicamente, sem o menor risco de transformar a oligarquia de fato em democracia efetiva.

90. Cf. o meu *A Afirmação Histórica dos Direitos Humanos*, 4ª ed., São Paulo, Saraiva, 2005, capítulo 1.
91. Parte II, capítulo V.

Se tal ocorria no campo político, no terreno socioeconômico a outra grande Revolução do século XVIII — a do capitalismo industrial — alterou rápida e profundamente a estrutura das sociedades: na Europa ocidental e na América anglo-saxônica em primeiro lugar, no mundo inteiro a seguir. O sistema de produção em série e de consequente padronização do consumo engendrou, em lugar do povo ou nação, idealizados nos textos constitucionais e nos discursos políticos, a sociedade de massas.

Foi um fato histórico sem precedentes. Ao contrário das sociedades antigas, cuja composição era sempre heterogênea, as massas modernas apresentam-se como um todo homogêneo e inorgânico. Daí não terem elas nenhuma consciência de sua identidade e manifestarem total incapacidade de vida autônoma. As grandes massas vivem em estado permanente de alienação, segundo o conceito social forjado por Ludwig Feuerbach e retomado por Marx.[92] O seu destino é serem perpetuamente dirigidas do exterior, como um objeto manipulável pelos detentores do poder político. Em suma, as massas carecem de personalidade.

A sociedade de massas veio reforçar o efeito prático de alienação da soberania popular. Benjamin Constant e Alexis de Tocqueville, na primeira metade do século XIX, renovaram as críticas de Rousseau ao sistema representativo, acentuando o efeito de concentração do poder político no plano da burocracia estatal.

Para Benjamin Constant, o perigo maior do sistema de liberdade política dos antigos estava no fato de que os cidadãos, interessados tão só em exercer uma parcela do poder coletivo, não se importavam minimamente em possuir direitos individuais e liberdades particulares. O grande perigo do sistema das liberdades modernas, advertiu ele, é exatamente o contrário: absorvidos no gozo de sua independência privada e na realização de seus interesses particulares, os cidadãos renunciam facilmente ao seu direito de participar do governo da sociedade, confiando essa atribuição inteiramente aos representantes políticos por eles eleitos.[93]

Tocqueville, por sua vez, sustentou que a abolição dos estamentos e dos privilégios corporativos do *Ancien Régime* havia engendrado não um povo livre, mas uma massa amorfa de cidadãos puramente passivos. Ele fez questão de lembrar a

---

92. Cf. Parte II, capítulo IX.

93. *De la liberté des anciens comparée à celle des modernes, in De la liberté chez les modernes*, Hachette, Paris, 1980, pp. 512-3.

declaração de Mirabeau, na correspondência secreta que mantivera com Luís XVI, logo no início da Revolução: "A ideia de só procurar formar uma única classe de cidadãos teria sido do agrado de Richelieu: essa superfície lisa facilita o exercício do poder. Muitos reinos de um governo absoluto não teriam feito tanto, quanto este único ano de revolução, para a autoridade do rei".[94]

Pouco antes, na conclusão do segundo volume de *Da Democracia na América*, Tocqueville havia procurado delinear os traços característicos do "novo despotismo", que o regime democrático fatalmente produziria. Como bom aristocrata, declarou-se horrorizado com a "multidão inumerável de homens semelhantes e iguais, que giram sem descanso em torno de si mesmos para obter pequenos e vulgares prazeres, com os quais enchem sua alma". Enxergou, acima deles, "um poder imenso e tutelar, que se encarrega sozinho de assegurar esses gozos e de zelar pelo seu destino". Tratar-se-ia, a seu ver, de um poder "absoluto, meticuloso, regular, previdente e brando", que poderia assemelhar-se ao pátrio poder se, como este, tivesse por objetivo preparar os homens para a idade viril; mas, bem ao contrário, ele procura fixá-los definitivamente na condição de impuberdade.[95]

A evolução histórica, no entanto, apresentou-se de forma bem diferente do quadro assim debuxado por Tocqueville. O capitalismo industrial criou uma imensa massa proletária, que nem mesmo pôde dispor da possibilidade de obter os "pequenos e vulgares prazeres" a que ele se referiu. Foram milhões de homens e mulheres condenados, nos quatro cantos do mundo onde se instalou o industrialismo, a lutar dia e noite pela sua sobrevivência animal.

Não há como negar, porém, que a nova sociedade engendrada pelo capitalismo industrial, contrariamente à tese central de Marx, não se apresentou simplesmente dividida em burgueses e proletários, mas comportou também um variado setor de classes médias, mais ou menos ampliado segundo o grau de desenvolvimento econômico-social alcançado pelos diferentes países. É verdade, também, que as formas clássicas da democracia representativa foram aplicadas de modo diferente, de um país para outro, conforme o peso da tradição política de cada um dos seus povos. Aqueles nos quais vigorou, desde muitos séculos, um estilo de vida local autônoma, em pequenas comunidades que timbraram em manter seus próprios costumes e sua personalidade coletiva, souberam criar antídotos ao

94. *L'Ancien Régime et la Révolution*, t. II, Paris, Gallimard, 1952, p. 85.
95. *De la démocratie en Amérique*, t. II, Librairie de Médicis, Paris, 1951, pp. 432-3.

esmagamento da soberania popular pela burocracia estatal centralizada e a difusão dos meios de comunicação de massa. Ao contrário, os povos acostumados a viver, desde longa data, sem tradições e liberdades locais, constituíram um terreno fértil à instalação de uma democracia puramente formal, incapaz de esconder a realidade do poder oligárquico privado e da centralização burocrática no nível estatal.

Mas não foi apenas este o único efeito político deletério, provocado pelo advento da sociedade de massas. Algo de muito mais perverso acabou sendo gerado nesse mesmo caldo de cultura: o Estado totalitário.[96] Aqui, a experiência da Revolução Francesa prefigurou de certo modo o cenário que iria abrir-se no século xx. Com a invasão da França revolucionária pelos exércitos das monarquias vizinhas, todos os poderes foram desde logo concentrados no famoso *Comité de Salut Public*, no qual pontificava a figura de Robespierre, "o incorruptível". O espírito do novo regime político foi bem definido por Marat: "É pela violência que deve ser estabelecida a liberdade; é chegado o momento de se organizar, momentaneamente, o despotismo da liberdade, para esmagar o despotismo dos reis".

Essa fórmula paradoxal, na verdade, confunde duas realidades bem distintas uma da outra: a libertação e a liberdade. A doutrina anglo-saxônica fala, tradicionalmente, em *freedom from* e *freedom to*. Na concepção de Hobbes, só existiria a primeira: submetidos a uma situação de violência permanente no estado da natureza, os homens teriam alcançado a liberdade com a submissão completa ao soberano na sociedade civil. Étienne de la Boétie sustentou o mesmo resultado, a ser alcançado pelo caminho inverso: bastaria a supressão do estado de "servidão voluntária" para que se instaurasse um regime de liberdade.

Mas uma coisa é libertar indivíduos ou povos da opressão. Outra coisa, bem diversa, é assegurar-lhes condições permanentes para que vivam doravante em liberdade. A libertação remove um obstáculo ao estado de liberdade, mas não garante que o libertado passará a fruir positivamente dele. A abolição da escravidão, ocorrida nos países latino-americanos durante o século xix, não acompanhada de medidas positivas para assegurar aos libertos uma inserção na vida social em condições de igualdade, representou a sua condenação a uma vida de miséria e exclusão social, que perdura até hoje. Do mesmo modo, os movimentos de libertação nacional dos povos colonizados, após a Segunda Guerra Mundial, ou o colapso

96. Cf. supra, Parte ii, capítulo xi.

dos regimes comunistas no Leste europeu, no final do século xx, não deram lugar, como se esperava, a sociedades livres e solidárias.

Quando, sobretudo, os regimes opressores são derrubados por movimentos revolucionários ou golpes de Estado, sucede, invariavelmente, uma extraordinária concentração de poderes nos órgãos estatais, com a supressão de todos os mecanismos jurídicos de controle do povo sobre a ação dos governantes. Karl Marx assinalou tal fato ao comentar o golpe de Estado de Luís Napoleão Bonaparte na França, em 2 de dezembro de 1851. O Poder Executivo na França, disse ele, com a sua imensa organização burocrática e militar, constituía uma espécie de parasita, a recobrir como uma membrana todo o corpo da sociedade francesa. É que ele representa sempre o fato de que a nação acha-se em estado de heteronomia. Sua tendência constante é de destacar os interesses comuns da sociedade e de lhes opor um interesse superior, geral, retirado da iniciativa dos cidadãos, a fim de transformá-lo em objeto exclusivo da atividade governamental. E conclui: "Todas as revoluções políticas não fizeram senão aperfeiçoar essa máquina, em lugar de destruí-la. Os partidos que lutaram pelo poder, cada qual a seu turno, consideraram a conquista desse imenso edifício do Estado como o principal butim do vencedor".[97]

Observação justa, mas inteiramente contraditória com a sua proposta de uma "ditadura do proletariado" para preparar a fundação da sociedade comunista, na qual o Estado desapareceria. Como a experiência histórica tem demonstrado cabalmente, uma vez instalados no governo, os líderes revolucionários só pensam em se manter no poder e em reforçá-lo.

e) Poder e liberdade

A questão decisiva nessa matéria parece ser bem esta: a liberdade é compatível com a existência de um poder político?

Os diferentes movimentos anarquistas, como sabido, desde a formulação original de sua doutrina por Gerrard Winstanley na Inglaterra, em seu panfleto *Truth Lifting Up Its Head Above Scandals,* publicado em 1649, sempre responderam pela negativa.[98] Os seus princípios básicos permaneceram os mesmos nos sécu-

---

97. *Die achtzehnte Brumaire des Louis Bonaparte, Karl Marx/Friedrich Engels Werke,* Institut für Marxismus-Leninismus beim ZK der SED, vol. 8, Berlin, Dietz Verlag, 1960, pp. 196-7.

98. Veja-se dele, também, *The Law of Freedom,* editado por Christopher Hill, Cambridge University Press.

los seguintes: o poder corrompe; a propriedade privada é a negação da liberdade; a instituição de governantes e da propriedade privada engendra o crime; somente uma sociedade sem governantes, na qual o trabalho e os seus frutos sejam partilhados entre todos, agindo cada qual segundo a sua consciência, é capaz de tornar os homens definitivamente livres e felizes.

A solução proposta por Rousseau ao magno problema político, por ele enunciado logo na abertura do *Contrato Social* — *l'homme est né libre, et partout il est dans les fers* —, não representa, como vimos,[99] a supressão do poder político, mas procura, simplesmente, torná-lo compatível com a liberdade, mediante a sua partilha em comum por todos os cidadãos. Cada qual, unindo-se a todos, só obedeceria a si mesmo, e continuaria tão livre quanto antes da transformação do "estado da natureza" no "estado civil".

Mas Rousseau reconhece que a liberdade completa supõe, necessariamente, a igualdade de condições de vida. O poder político só é compartilhado por todos quando ninguém se afirma como superior a outro, seja pela riqueza, o prestígio, a linhagem, ou qualquer outra causa.

Pela sua íntima ligação com a igualdade, percebe-se que a liberdade, tal como esta, nunca é um dado natural, mas algo de construído pelo homem. Nenhum povo alcança a liberdade completa de um só golpe, por meio de uma revolução ou guerra de libertação nacional; menos ainda, como supôs La Boétie, pelo simples ato de vontade de se recusar a obedecer ao tirano. Gandhi mostrou como o método de ação não violenta exige uma longa e paciente preparação do povo, e só se desenvolve lentamente. Pela mesma razão, a liberdade não surge, completa e acabada, com a decisão da metrópole de dar independência à sua colônia.

O mesmo ocorre com a igualdade, à qual ela está indissoluvelmente ligada. Um estado crônico de desigualdade social não é superado a não ser mediante um programa de políticas públicas de longo prazo, que obedeçam ao princípio da justiça geométrica ou proporcional, de que falaram Platão[100] e Aristóteles:[101] ou seja, tratar desigualmente os desiguais, na exata medida de sua desigualdade. E isso só pode ser feito pelos que detêm o poder político, e dispõem dos meios necessários para impor suas decisões aos ricos e poderosos.

99. Parte II, capítulo V.
100. *Górgias*, 508 *a*.
101. *Ética a Nicômaco*, 1131 *a*, 23-4.

Todo o problema reside, afinal, na fixação de limites ao exercício do poder, qualquer que seja o seu titular, e no estabelecimento de um sistema eficaz de controle para supervisionar o efetivo respeito a esses limites. Mesmo nos regimes políticos de soberania popular, tais limites devem ser claramente fixados e a sua observância supervisionada. Foi por isso que Montesquieu, seguindo o ensinamento de Aristóteles, não enxergava na democracia uma forma correta de constituição política, como lembraremos no próximo capítulo.

Uma das mais perversas formas de concentração abusiva do poder político é a que ocorre quando ele se reveste também das prerrogativas de autoridade religiosa. Aí já não há nenhum freio ou limite institucional: os governantes não somente monopolizam legalmente a força física, eles ainda dispõem da ameaça de sanções sobrenaturais contra todos os cidadãos. Não há apenas dominação dos corpos, mas também das almas.

A liberdade religiosa é fundamental e deve ser preservada em qualquer circunstância, mesmo contra os chefes religiosos que desejam impor os dogmas do seu credo aos não crentes. Foi esse, como vimos, o grande argumento de John Locke nessa matéria.[102] Ele foi correspondido pelo ensinamento de um dos maiores líderes políticos e religiosos que a humanidade conheceu no século xx: o Mahatma Gandhi. "Se eu fosse ditador", disse ele, "exigiria a separação entre a religião e o Estado. Minha razão de viver advém da religião. Por ela, estou disposto a morrer. Mas trata-se de uma questão puramente pessoal. O Estado não deve se intrometer nesse assunto. Seu campo de ação é o bem-estar, a saúde, as comunicações, as relações exteriores, as finanças e outros problemas temporais. Ele não deve se ocupar da vossa religião nem da minha. Tal assunto diz respeito a cada um de nós em particular."[103]

Isso nos leva a perguntar: em função do que devem ser fixados freios ou limites ao poder político? Qual é o critério supremo de delimitação da liberdade humana na vida social?

Todos estão de acordo em que os homens devem ser livres para fazer o bem e não para praticar o mal. Mas quem possui competência e legitimidade para definir esses parâmetros éticos?

Para Montesquieu, tal competência não seria de nenhum indivíduo, mas

---

102. Parte II, cap. IV.

103. *Mahatma, Life of Mohandas Karamchand Gandhi*, cit., vol. VII, p. 264.

somente da lei. Liberdade, frisou ele, não é sinônimo de independência. "A liberdade é o direito de fazer tudo o que as leis permitem; e se um cidadão pudesse fazer o que elas proíbem, ele já não teria liberdade, pois os outros teriam, da mesma forma, esse poder."[104] Kant, na *Doutrina do Direito*,[105] adota o mesmo critério, mas em termos mais abstratos. O "princípio geral do direito" (*allgemeines Prinzip des Rechts*), para ele, assim se enuncia: "É justa toda ação que, em si mesma, ou segundo a sua máxima, permite que a livre escolha de cada qual possa coexistir com a liberdade de outrem, segundo uma lei geral".[106] Assim, diz ele, "se a minha ação, ou em geral a minha posição (*mein Zustand*) pode coexistir com a liberdade dos demais, segundo uma lei geral, aquele que me impedir de agir comete uma injustiça contra mim, pois essa oposição (essa resistência) não pode coexistir com a liberdade, segundo as leis gerais".

Ambos os autores pecam pelo formalismo. Montesquieu fala em *lei*. Mas qual lei? Qualquer uma, mesmo a decretada por um ditador, ou aquela promulgada num Estado totalitário? Kant, por sua vez, seguindo a lógica de seu sistema ético,[107] tudo submete ao critério de uma "lei geral" (*allgemeines Gesetz*). Mas determinadas liberdades ou permissões, vigentes em determinados povos ou culturas, embora consideradas imorais ou mesmo chocantes por outros povos, ou segundo diferentes padrões de comportamento, podem perfeitamente coexistir com práticas opostas, desde que nenhuma delas seja imposta à outra. Tomemos, por exemplo, o costume da mutilação genital feminina, vigente em determinadas culturas da África subsaariana; ou então, a prática do infanticídio feminino, que existiu em pelo menos uma tribo indígena no Brasil. Essas formas de comportamento seriam admitidas como justas (*recht*), segundo o sistema kantiano, desde que confinadas ao seu próprio ambiente cultural: elas poderiam coexistir com outras práticas culturais que se regem por valores diametralmente opostos, respeitando-se, portanto, a liberdade de uns e de outros.

Ora, a liberdade, como princípio ético, não pode ser definida à luz de critérios puramente formais. Ela é, em si mesma, um valor ético, como frisamos há pouco.

---

104. Op. cit., livro XI, capítulo 3.
105. *Metaphysische Anfangsgründe der Rechtslehre*, primeira parte de *Die Metaphysik der Sitten*.
106. *"Eine jede Handlung ist recht, die oder nach deren Maxime die Freiheit der Willkür eines jeden mit jedermanns Freiheit nach einem allgemeinen Gesetz zusammen bestehen kann"* (Introdução à Doutrina do Direito, § C: ed. original, p. 33).
107. Cf. supra, Parte II, capítulo VII.

E esse valor ético só tem sentido quando ligado ao princípio supremo e universal do respeito à dignidade da pessoa humana. Se se entender que determinada lei ou prática de vida, ainda que corroborada por longa tradição, ofende a dignidade humana, não se pode sustentar que ela deve ser respeitada em nome da liberdade. Aliás, todo o sistema de proteção aos direitos humanos, tanto no plano nacional, quanto internacional, foi sendo historicamente instituído em constante oposição aos ditames de leis ou costumes locais, nacionais, regionais ou internacionais. Os grandes mártires dos direitos humanos, em toda a história moderna, não hesitaram em dar as suas vidas, nas campanhas de oposição a leis ou costumes que consideravam degradantes da pessoa humana. Eles nos legaram o precioso exemplo de pessoas eminentemente livres, que não se dobraram diante das coações contra eles despejadas pelo poder estabelecido.

A igualdade

É a própria essência da justiça, como assinalou Aristóteles.[108] O homem injusto é aquele que viola o princípio da igualdade, pois injusto diz-se, comumente, do que é desigual.

Na verdade, a proclamação feita solenemente na Declaração Universal dos Direitos Humanos, aprovada pela Assembleia Geral das Nações Unidas em 10 de dezembro 1948, de que "todos os seres humanos nascem livres e iguais em dignidade e direitos" (artigo i), representou a conclusão de um longo processo histórico, talvez o mais longo de todos, na evolução da espécie humana.

a) Desigualdade estamental e desigualdade de classes

A ideia de que os seres humanos são essencialmente iguais, não obstante as diferenças biológicas e culturais que os distinguem entre si, brotou pela primeira vez na História durante o chamado período axial.[109] Mas nem por isso as desigualdades começaram a desaparecer desde logo.

No mundo antigo e medieval, tirante alguns momentos fugazes em que

108. *Ética a Nicômaco* 1131 *a*, 10 e ss.
109. Cf. o capítulo ii desta parte.

existiu a prática de uma vida social igualitária, como na Atenas democrática, em certas fases da república romana e nas primeiras comunidades cristãs, a desigualdade sempre foi o princípio dominante e incontestado. Mesmo nesses momentos excepcionais, contudo, tratava-se de uma igualdade muito relativa. Em Atenas, no período de apogeu da democracia, entre 501 e 338 a. C., o número de cidadãos, isto é, de pessoas consideradas livres e iguais em direitos, não ultrapassava 15% da população total. Os restantes eram privados de alguns ou de todos os direitos, por serem considerados seres inferiores: eram as mulheres, os metecos (isto é, estrangeiros) e os escravos. O primitivo comunitarismo cristão, de que os Atos dos Apóstolos nos dão testemunho,[110] nada mais significava, na consciência dos fiéis, do que a prefiguração neste mundo do Reino Celeste, numa preparação necessária à volta iminente de Jesus Cristo à Terra para o juízo final. Os primeiros cristãos, por conseguinte, jamais cuidaram de instituir uma organização social permanente neste mundo. Quando o apóstolo Paulo proclamou que "não há judeu nem grego, não há escravo nem livre, não há homem nem mulher; pois todos vós sois um só em Cristo Jesus",[111] ele claramente não se opunha à persistência transitória dessas desigualdades sociais cá na Terra, pois elas não atentavam contra o princípio da igualdade absoluta de todas as almas perante Deus.

Até o advento do mundo moderno, as desigualdades de posição social sempre foram de duas ordens: elas se estabeleceram na base de um sistema de privilégios, ou com fundamento na riqueza patrimonial.

A sociedade dividida em estamentos, ordens ou castas foi a regra em todas as civilizações antigas. Sob esse aspecto, é incorreta a afirmação do *Manifesto Comunista*, de que "a história de todas as sociedades, até o presente, é a história da luta de classes". A ordem ou estamento difere da classe social, na medida em que cada estamento rege-se por um direito próprio, ao passo que na sociedade de classes há um só sistema jurídico, comum a todas elas. Assim, enquanto a ordem estamental é legalmente hierarquizada, com o reconhecimento de privilégios a determinados grupos, as classes sociais não se distinguem pelo seu estatuto jurídico, mas pela diferença de fortuna entre uma classe e outra; mais exatamente, pela separa-

---

110. "A multidão dos fiéis era um só coração e uma só alma. Ninguém considerava seu o que possuía, mas tudo era comum entre eles. [...] Não havia entre eles indigente algum, porquanto os que possuíam terras ou casas, vendiam-nas, traziam o dinheiro e o colocavam aos pés dos apóstolos; e distribuía-se a cada um segundo a sua necessidade" (4, 32, 34 e 35).
111. Epístola aos Gálatas 3, 28.

ção entre uma classe minoritária, que monopoliza os bens de produção, e outra, composta pela maioria da população, despida dessa propriedade dos bens de produção, e que deve submeter-se à classe empresarial.

Além disso, na antiga sociedade estamental a desigualdade jurídica não existia apenas entre os diferentes estamentos, mas vigorava também no interior de cada clã, tribo ou família alargada (*gens* romana ou γένος grego, por exemplo). Só o chefe ou *pater* — e a palavra significava, nas origens, antes *poder* do que geração ou paternidade —[112] tinha plena capacidade jurídica; ou seja, só ele podia exercer direitos e contrair obrigações. Abaixo do chefe, numa escala descendente de sujeição, situavam-se os familiares, os clientes e os escravos. Em correspondência a essa concentração absoluta de poder na cabeça ou chefia do grupo — de onde adveio o regime político monárquico — vigorava em todas as famílias o direito de primogenitura: o filho mais velho, e só ele, sucedia o *pater*, como titular de todo poder sobre as pessoas e os bens da família.

A desagregação desse sistema, na Grécia e em Roma, engendrou a sociedade de classes, na qual o sistema de privilégios cedeu lugar à desigualdade de fortunas, desigualdade que se alimenta de si própria. Com efeito, no interior da família alargada do mundo antigo, embora somente o chefe tivesse direitos, ninguém vivia na miséria. O chefe tinha o dever de sustentar todos os seus dependentes — familiares, clientes (no campo), agregados (na cidade) e servos —, em troca da obediência absoluta que deles exigia, na guerra e na paz. O chefe era bem um pai ou patrão (palavra derivada de *pater*). A partir do momento em que os laços de clientela foram rompidos, surgiu, para os que assim se viram libertos da sujeição familiar, a necessidade de proverem por si mesmos à própria subsistência, com o agravo adicional de não serem proprietários de terras de lavoura. O conflito social era inevitável.

As diferentes experiências de oligarquia e democracia, em substituição ao regime monárquico tradicional, sempre foram, por isso, na Grécia e em Roma — mais naquela do que nesta, é bem verdade —, momentos de grande agitação social, senão de aberta guerra civil.[113] Os pobres contavam com a força numérica,

---

112. Cf. A. Ernout e A. Meillet, *Dictionnaire etymologique de la langue latine*, 3ª ed., Paris, Librairie C. Klincksieck, 1951, verbete *pater, –tris*.

113. Vejam-se, a esse respeito, as justas observações de Fustel de Coulanges, no livro quarto de *A Cidade Antiga*.

pois os ricos formam naturalmente a minoria em todas as sociedades. Com base nisso, começaram por exigir a igualdade de voto nas decisões políticas. Ao chegarem ao poder, não hesitaram em espoliar os homens de posses e em condená-los ao exílio.[114]

Bastava, porém, que uma crise econômica se alastrasse, ou se levantasse uma ameaça de guerra, para que a classe pobre sucumbisse à tentação de voltar, de certa forma, ao *status* antigo, aceitando a instituição de uma tirania. A reação a esse extremo apresentava-se, sempre, sob a forma de uma restauração dos ricos no poder, reconstituindo o regime oligárquico. E o ciclo recomeçava.

Por isso Aristóteles fez questão de ressaltar que as revoltas e guerras civis originam-se em regra da desigualdade social.[115] Daí sua conclusão de que a oligarquia e a democracia, em seu entender as principais variedades de constituição política (o filósofo generaliza, aí, a experiência histórica própria do meio em que viveu), apresentam um grave risco de instabilidade, pois ambas se fundam numa clara dissociação entre ricos e pobres. Das duas, porém, acrescenta ele, a democracia é o regime menos instável, pois nas oligarquias costumam produzir-se duas espécies de dissensões: a rivalidade dos grupos oligárquicos entre si e a revolta dos pobres governados contra os ricos que os governam; ao passo que nas democracias não surgem, em geral, dissensões no seio do povo.

A melhor das constituições corretas (*orthai politeiai*), segundo Aristóteles, é aquela na qual o poder supremo pertence à classe média, que deve, por isso mesmo, ser mais numerosa em relação aos ricos e aos pobres, a fim de assegurar a estabilidade política. Com efeito, argumenta ele, os cidadãos ricos e poderosos não querem nem sabem obedecer aos governantes, enquanto os miseráveis vivem num estado de perpétua abjeção: não só ignoram a arte do governo, mas também se acostumam a obedecer como escravos e não como homens livres. Os ricos, de seu lado, não se dispõem a obedecer, e somente sabem comandar como déspotas.[116]

---

114. Platão chegou a tomar tais fatos como característica própria do regime democrático. "A democracia começa pois a existir", lê-se em *A República* (557 *a*), "quando os pobres, vitoriosos, condenam à morte alguns do partido adversário, decretam o banimento de outros e estabelecem entre os cidadãos restantes a igualdade, tanto no governo da cidade, quanto na distribuição de cargos públicos, a qual é determinada por sorteio."

115. *Política*, 1301 *b*, 26 e ss.

116. Idem, 1295 *b*, 5 e ss.

b) As desigualdades sociais no mundo moderno

Na civilização feudal, que precedeu imediatamente o surgimento do mundo moderno no Ocidente, voltou a instaurar-se o regime de desigualdade social em ordens ou estamentos. A igualdade de condição jurídica entre os homens foi até mesmo considerada, então, um desvalor, uma verdadeira desordem. No *Tratado das ordens e simples dignidades*, que fez publicar na França em 1610, Charles Loyseau justificou, com argumentos de diversa natureza, a justiça e excelência da divisão da sociedade em três ordens ou estamentos, a saber: "Uns dedicam-se particularmente ao serviço de Deus; outros, a conservar o Estado pelas armas; outros, a alimentá-lo e mantê-lo pelos exercícios da paz".[117]

Essa tripartição social obedeceria, segundo ele, em primeiro lugar a uma razão de disciplina:

> Não podemos viver juntos em igualdade de condições, mas é preciso, por necessidade, que uns comandem e que os outros obedeçam. Os que comandam têm várias ordens, posições sociais e graus. Os soberanos senhores comandam a todos os de seus Estados, dirigindo seus comandos aos grandes, os grandes aos medíocres, os medíocres aos pequenos e os pequenos ao povo.

Mas a necessária divisão da sociedade em ordens ou estamentos foi também justificada por razões teológicas:

> A Providência instituiu graus diversos e ordens distintas, a fim de que, se os inferiores (*minores*) dão testemunho da deferência (*reverentia*) aos superiores (*potiores*), e se os superiores retribuem os inferiores com o amor (*dilectio*), realiza-se a verdadeira concórdia e conjunção (*contextio*), a partir da diversidade. A comunidade não poderia, com efeito, subsistir de modo algum, se a ordem global (*magnus ordo*) da disparidade (*differentia*) não a preservasse. Que a criação não possa ser governada na igualdade é o de que nos instrui o exemplo das milícias celestes: há anjos e arcanjos, que manifestamente não são iguais, uns diferem dos outros em poder (*potestas*) e em ordem (*ordo*).

---

117. Apud Georges Duby, *Les trois ordres ou l'imaginaire du féodalisme*, Paris, Gallimard, 1978, pp. 11 e ss.

O que impressiona, nessa defesa política e teológica da desigualdade estamental, é que ela veio a lume quase um século depois que Lutero já havia lançado, publicamente, o seu desafio radical à estrutura hierárquica da Igreja Católica. Para o grande Reformador, todos os fiéis cristãos são rigorosamente iguais, em dignidade e direitos, como sacerdotes do Cristo Salvador, não mais se justificando, portanto, a separação tradicional entre o clero e o laicato. O movimento reformador foi o primeiro a assestar um golpe decisivo no princípio da desigualdade estrutural, que vigorou no feudalismo europeu durante vários séculos.

Mas isso não significou, bem entendido, que a Reforma Protestante tivesse vindo proclamar a igualdade de todos os homens em matéria religiosa; o que, aliás, sempre foi incompatível com o espírito do monoteísmo missionário. Se há um só Deus Verdadeiro e uma única Revelação autêntica, os que se recusam a receber a Palavra do Senhor, ou, o que é pior, agem contra o povo de Deus, não podem ter os mesmos direitos que os fiéis, na sociedade política. O próprio Lutero, como lembramos, num escrito dado a público em janeiro de 1543, intitulado *Sobre os judeus e suas mentiras* (*Von den Juden und ihren Lügen*), não hesitou em propor aos príncipes alemães a expulsão de todos os judeus que viviam em seus territórios, sem prejuízo da aplicação de medidas de cruel repressão contra eles.[118]

O ataque aos privilégios do outro estamento superior do feudalismo — a nobreza — somente teve início em meados do século XVII, com os movimentos dos *Diggers* e dos *Levellers*, no bojo da guerra civil inglesa.

Se tudo isso ocorria dentro do ecúmeno cristão-europeu, já desde o início do século XV, mais exatamente desde 1415, com a conquista pelos portugueses aos mouros da praça de Ceuta, no Norte da África, os povos da Europa começaram a avançar dominadoramente sobre outras terras, fora do velho continente. Sem dúvida, a escravidão dos povos vencidos — pelo menos dos guerreiros — representou, desde sempre, uma consequência normal de todas as guerras. Mas a questão ética que então se pôs era nova para a consciência cristã: — Podem os fiéis escravizar os infiéis em guerras justas nas novas terras conquistadas? Essas guerras de conquista são justas?

A Igreja Católica, pela voz do papa, não demorou em responder pela afirmativa. Na bula *Romanus Pontifex,* de 8 de janeiro de 1454, dirigida ao rei de Portugal, e a qual já tivemos ocasião de citar,[119] Nicolau V enviou suas bênçãos apostólicas ao

118. Veja-se o capítulo II da Parte II.
119. Cf. o capítulo I desta Parte.

monarca português sobre os empreendimentos de ocupação e pilhagem das terras africanas, com a escravização dos seus habitantes, louvando o sagrado intuito missionário que animava os europeus.

Na verdade, a invocada razão missionária era de mera aparência. O que estava em jogo, como desde logo se viu, era a necessidade de viabilizar a produção em larga escala do açúcar de cana, indústria que os portugueses haviam implantado, pioneiramente, em suas ilhas atlânticas (Açores e Madeira), já na primeira metade do século XV.

A escravidão das populações africanas, assim instaurada, distinguiu-se, porém, daquela anteriormente praticada pelos árabes na África, pois esta atingia sem discriminação brancos e negros, e tinha um caráter antes de tudo doméstico: os escravos serviam à família do senhor. Para os europeus, de modo diverso, o tráfico teve por objeto, desde o início, tão só a população negra, e inseriu-se, a partir do século XVI, no empreendimento das culturas agroexportadoras, organizadas em forma capitalista nos grandes domínios rurais do continente americano. As mesmas necessidades de exploração capitalista das ricas jazidas de minério e pedras preciosas, descobertas na América ibérica, explicam também a expansão do regime servil dos aborígenes a todo o continente.

A pseudojustificativa ética dessa prática nefanda foi a propalada inferioridade das populações escravizadas. Já nos referimos ao debate ocorrido no concílio de Valladolid, em 1550, entre Bartolomé de las Casas e Juan Ginés de Sepúlveda, sobre se os índios americanos faziam ou não parte do gênero humano.[120] Quanto aos africanos, a mesma questão continuou na prática em aberto até o século XIX. Somente em 1926 a Liga das Nações aprovou, em um tratado internacional de maior amplitude, a proibição do tráfico de escravos. Quanto à escravidão em si, porém, as altas partes contratantes declararam-se dispostas a promover a sua abolição completa apenas "progressivamente, e assim que possível".[121]

Montesquieu foi dos raros homens de pensamento, em sua época, que tiveram a dignidade de desmascarar, publicamente, a hipocrisia oficial a respeito da escravidão dos africanos. As suas palavras, repassadas de amarga ironia, merecem ser relembradas, porque elas iriam ajustar-se como uma luva à exploração da mão de obra fabril, a partir da Revolução Industrial:

120. Cf. Parte III, capítulo II.
121. Cf. o meu *A Afirmação Histórica dos Direitos Humanos*, cit., capítulo 10.

Se eu tivesse que sustentar o direito que tivemos de tornar os negros escravos, eis o que eu diria:

Os povos da Europa, tendo exterminado os da América, tiveram que escravizar os da África, a fim de deles se servirem para desbravar terras de tão grande extensão.

O açúcar seria caro demais, se não se fizesse trabalhar a planta que o produz pelos escravos.

Estes são negros dos pés à cabeça, e têm o nariz tão achatado que é quase impossível lastimá-los.

Não se pode conceber que Deus, que é um ser tão sábio, tenha posto uma alma, sobretudo uma alma boa, num corpo tão preto.

É natural pensar que é a cor que constitui a essência da humanidade; que os povos da Ásia, que fazem eunucos, privam sempre os negros da relação que eles têm conosco do modo mais marcante.

Pode-se julgar a cor da pele pela dos cabelos, a qual, entre os egípcios, os melhores filósofos do mundo, eram de tão grande importância, que eles matavam todos os homens ruivos que caíssem em suas mãos.

Uma prova de que os negros são carentes de bom senso é que eles dão mais valor a um colar de vidro que de ouro, o qual, para as nações civilizadas, é extremamente valioso.

É impossível supor que tais indivíduos sejam homens; pois, se nós os supusermos tais, começaríamos a acreditar que nós próprios não somos cristãos.

Certas mentes retardadas exageram em demasia a injustiça que se faz aos africanos. Se ela fosse tão grande como eles alegam, não teria por acaso ocorrido aos príncipes da Europa, que celebram entre si tantas convenções inúteis, fazer uma que favorecesse, em geral, a misericórdia e a piedade?[122]

Um dos méritos incontestáveis da Revolução Francesa foi o de haver proclamado pela primeira vez na Europa, em 1791, a emancipação dos judeus e a abolição de todos os privilégios religiosos. Por um decreto da Convenção, datado de 11 de agosto de 1792, proibiu-se também o tráfico de escravos para as colônias. Mas a pressão dos interesses ligados à exploração dos latifúndios coloniais tornou-se irresistível com a instauração do regime do Consulado: o decreto foi revogado em 1802.

122. Op. cit., livro xv, capítulo 5.

O movimento igualitário da Revolução Francesa só não conseguiu derrubar a barreira da desigualdade entre os sexos, a qual fora pioneiramente denunciada por Poulain de la Barre, num opúsculo publicado em 1673, denúncia reiterada em 1739 na Inglaterra, num panfleto sob o pseudônimo *Sophia, a Person of Quality*, com extenso título: *Woman not Inferior to Man: or A Short and modest Vindication of the natural Right of the Fair-Sex to a perfect Equality of Power, Dignity and Esteem, with the Men.* Em 1791, a escritora e artista dramática Olympe de Gouges fez publicar na França um panfleto de sua autoria, intitulado *Declaração dos Direitos da Mulher e da Cidadã*, calcado na Declaração de 1789. Nele inseriu, ousadamente, a declaração de que "a mulher tem o direito de subir ao cadafalso", tal como "o direito de subir à tribuna". Estava-se em pleno regime do terror. Havendo tomado publicamente a defesa de Luís XVI, após a sua detenção em Varennes quando tentava fugir da França, Olympe de Gouges teve oportunidade de exercer plenamente o seu trágico direito de subir ao cadafalso.

A igualdade de gênero, assim reivindicada, só começou a ser reconhecida em fins do século XIX, mas a humanidade deste início do segundo milênio da era cristã ainda está longe de a ter completado.

O advento da civilização burguesa, que aboliu os privilégios e a sociedade estamental mediante a instituição da chamada isonomia ou igualdade perante a lei, serviu na realidade de pano de fundo para que se desenvolvesse, de modo rápido e devastador, a mais profunda desigualdade de posses e bens que a humanidade jamais conheceu, como tivemos ocasião de ressaltar no capítulo I desta terceira Parte. Ao antigo açambarcamento de bens materiais veio acrescentar-se um outro fator, capaz de gerar muito maior desigualdade: o monopólio do saber tecnológico.

As empresas e os Estados capitalistas asseguraram a sua dominação universal numa guerra travada em duas frentes: no interior de cada nação, pelo aprofundamento da divisão entre classes proprietárias e classes trabalhadoras não proprietárias; no plano internacional, com a retomada em novas bases do antigo sistema colonial. Em ambas as frentes, a profunda desigualdade econômica gerou uma correspondente discriminação social: o trabalhador subordinado, ou o pobre em geral, de um lado, e os povos colonizados, ou acuados ao subdesenvolvimento, de outro lado, foram condenados a assumir, irremediavelmente, uma posição de inferioridade.

c) A igualdade como virtude e como norma de organização social

Para superar as desigualdades sociais é indispensável saber, antes de tudo, que tipo de igualdade se quer instituir, e como fazê-lo; ou seja, ter clareza quanto ao objetivo e precisão quanto ao método de ação política.

Ao criticar o comunismo de bens, preconizado por Platão em *A República*, Aristóteles observou que o postulado ou hipótese de base (ὑπόθεσις) da argumentação socrática, qual seja, a igualdade absoluta dos cidadãos na *pólis*, era evidentemente inaceitável.[123] "A cidade", disse ele, "constitui pela sua própria natureza uma pluralidade, de tal sorte que, se a sua unificação for levada ao extremo, de cidade ela se torna família, e a família indivíduo." Ainda que se pudesse levar a efeito essa unificação total, que para Platão é o bem supremo da sociedade política,[124] seria preciso evitá-la, pois ela conduziria fatalmente à sua ruína. Em qualquer cidade, há sempre diferenças específicas entre os cidadãos, as quais devem ser respeitadas.

A unidade política que implica uma igualdade absoluta entre os cidadãos, ressalta Aristóteles, só deve existir quanto àquilo que representa a essência de cada cidade, que é a sua constituição (*politeia*), vale dizer, o consenso comum quanto à justiça de suas instituições. A igualdade cívica é, antes de tudo, uma virtude que deve ser encorajada pela educação.[125] Daí enfatizar ele, no último capítulo da *Política*, que a educação dos cidadãos deve ser adaptada a cada forma particular de *politeia*, pois cada uma delas tem o seu *êthos* (ἦθος), vale dizer, os seus próprios costumes ou maneiras de ser, os quais a conservam, mantendo sua unidade. Disto se segue, como consequência lógica, que a educação na *pólis* deve ser uma só para todos, e que a tarefa educacional é da competência da comunidade e não pode ser deixada à iniciativa privada.

Montesquieu retomou e aprofundou essas ideias.

Havendo distinguido a "natureza de um governo", do seu "princípio",[126] indicou como princípio do regime popular a virtude; do aristocrático, a moderação; do monárquico, a honra; e do regime despótico, enfim, o temor.[127] Diante das crí-

123. *Política*, 1261 *a*, 18 e ss.
124. Cf. *A República*, livro v, 462 *a* e ss.
125. *Política*, 1263 *b*, 35 e ss.
126. *De l'Esprit des lois*, livro iii, capítulo 1.
127. Ibidem, capítulos 2 a 11.

ticas recebidas por ocasião das primeiras edições do seu livro, Montesquieu sentiu-se obrigado a acrescentar posteriormente uma advertência preliminar, a fim de explicar o que quis dizer, ao falar em *virtude* no regime popular ou republicano: "É o amor da pátria, isto é, o amor da igualdade". Não se trata, esclareceu ele, da virtude moral ou relativa à vida particular de cada um; mas da virtude política.

Mas — e aí intervém toda a experiência grega da democracia — há duas espécies fundamentais de igualdade a serem conjuntamente instituídas e preservadas, sob pena de se instaurar o desequilíbrio social e a desordem política: a igualdade aritmética e a geométrica.[128] Tal distinção, ao que parece de origem pitagórica, foi amplamente comentada por Platão[129] e Aristóteles.[130]

A instituição da democracia em Atenas por obra de Clístenes, em 508 a.C., fundou-se, efetivamente, no princípio de uma igualdade quase absoluta entre os cidadãos, tanto no que dizia respeito ao exercício do que chamamos hoje soberania — em especial o igual direito de voto e de palavra (*isegoria*) nas reuniões da *Ekklésia* ou assembleia do povo — quanto no tocante ao preenchimento dos principais cargos públicos, pela utilização do processo de sorteio.

Platão profligou, no *Protágoras*,[131] a absoluta igualdade de voto e de palavra que tinha todo cidadão ateniense. Na discussão com o sofista, Sócrates observa que, toda vez que se trata de decidir sobre um assunto de ordem técnica, como por exemplo a construção de navios, a assembleia só quer ouvir o parecer dos que são qualificados a se pronunciar sobre o assunto, em razão de sua competência profissional. Por isso, quando um leigo na matéria sobe à tribuna para dar a sua opinião a esse respeito, a assembleia manifesta imediata irritação e o força a se calar. Quando, porém, ao invés de um assunto técnico, o que se vai decidir é algo que diz respeito à administração da cidade (περὶ τῆς πόλεως διολικήσεως), qualquer cidadão — um ferreiro, um sapateiro, um carpinteiro, um negociante, um armador, um cidadão rico ou pobre, nobre ou plebeu — sente-se no direito de dar conselhos ao povo, sem que a assembleia esboce o mais leve protesto.[132] Num regime político dessa ordem, conclui

---

128. Esses qualificativos devem ser entendidos em relação às progressões matemáticas. Assim, na igualdade aritmética, a diferença entre cada número e o precedente é sempre a mesma. Na igualdade geométrica é a relação entre cada número e o precedente que permanece a mesma (2, 4, 8, 16, 32 etc.).

129. Cf. *Gorgias* 508; *Timeu* 31 c e ss.; *A República* 558 c; *As Leis* 757 b e ss.

130. Notadamente na *Ética a Nicômaco* 1132 b e na *Política* 1280 a, 7 e ss.; 1282 b, 18-30; 1301 a, 25 e ss.

131. 319 b e ss.

132. É este, aliás, o argumento central do diálogo *Alcibíades*.

Sócrates, os assuntos mais importantes da vida da cidade, que dizem respeito à justiça e não a questões puramente técnicas, não podem ser bem decididos.[133]

Quanto à designação dos cidadãos por sorteio, e não por eleição, para o exercício de cargos públicos — procedimento que nos causa hoje o maior espanto —, a razão política era, evidentemente, impedir a ascensão, acima do povo, de personalidades individuais muito marcadas.; procurava-se impedir no nascedouro o estabelecimento de tiranias. É verdade que o sorteio nunca foi utilizado em Atenas para o preenchimento de cargos públicos nos setores considerados os mais importantes para a *pólis*: as finanças e a guerra. Mas nem por isso ele deixou de ser acerbamente criticado, por alguns filósofos e oradores da época, como um procedimento que iguala cidadãos bons e maus, competentes e ineptos.[134]

O que estava então em debate — e ainda agora continua a ser disputado nas democracias modernas — era, em suma, saber se se deve aplicar na vida política um princípio de igualdade absoluta ou, ao contrário, de igualdade proporcional, que leva em conta diferenças de situação ou qualidade entre as pessoas.

A primeira espécie de igualdade foi assimilada por Aristóteles àquela justiça que ele classificou como contratual, aplicável às relações comerciais (*synallagma*).[135] Até hoje, na teoria do direito privado, designam-se como signalagmáticos os contratos bilaterais em que há, necessariamente, igualdade de valor material no intercâmbio de prestações entre as partes; contratos cujo paradigma é a compra e venda.

Já a segunda espécie de igualdade, Aristóteles assimilou-a à justiça por ele denominada proporcional ou distributiva (ἀνάλογον ἤ διανεμητικὸν δίκαιον),[136] que é aquela aplicável às relações de direito público. Assim, quando se trata de escolher os ocupantes de cargos públicos, a boa regra consiste em seguir o critério do mérito ou valor pessoal (κατ᾽ ἀξίαν), pois as pessoas nunca são absolutamente iguais sob esse aspecto.[137] De modo análogo, em se tratando da distribuição pública de bens materiais aos cidadãos, é de justiça que os pobres recebam sempre mais do que os ricos. Em sentido contrário, em matéria de impos-

---

133. Observe-se que, na sociedade política atual, deve-se inverter esse argumento socrático: se o povo não tem competência para decidir questões técnicas, ele é o único legitimado a tomar as grandes decisões que dizem respeito à organização geral da sociedade e ao futuro da nação.

134. Veja-se, por exemplo, Isócrates, na *Aeropagítica*, 20 e ss.

135. *Ética a Nicômaco* 1131 *a*, 1-5.

136. Idem, 1131 *b*, 28; *Ética a Nicômaco* 1130 *b*, 30 e ss.

137. *Política* 1301 *b*, 31; 1325 *b*, 10 e ss.

tos, os pobres devem ser isentos, ou sofrer uma tributação bem mais leve que os cidadãos abonados.

Na famosa oração fúnebre que Péricles pronunciou para homenagear os atenienses mortos no primeiro ano da Guerra do Peloponeso, a combinação harmônica dessas duas espécies de igualdade foi por ele ressaltada como prova da superioridade da constituição de Atenas sobre a de todas as outras cidades gregas:

> Pelo fato de que nosso regime serve aos interesses da massa dos cidadãos e não apenas de uma minoria, dá-se-lhe o nome de democracia. Mas, se no tocante à solução de litígios particulares somos todos iguais perante a lei, é em função do valor que a opinião pública atribui a cada um de nós que escolhemos os ocupantes de cargos públicos; em razão, portanto, do seu mérito e não por sorteio.[138]

É preciso, de fato, reconhecer que durante todo o período em que se aplicaram fielmente as instituições democráticas introduzidas por Clístenes, ou seja, durante todo o século v e boa parte do século iv, o progresso material e intelectual de Atenas, bem como a sua hegemonia sobre outras cidades gregas, atingiram o apogeu.

A distinção básica entre essas duas espécies de igualdade constitui um critério seguro para a solução dos problemas de organização social ou de justiça política, no mundo contemporâneo.

Deve-se, assim, assentar em definitivo, conforme a proclamação solene da Declaração Universal dos Direitos Humanos, que todos os homens são absolutamente iguais na partilha da comum dignidade de pessoas, merecendo, portanto, rigorosamente o mesmo respeito, não obstante as diferenças biológicas e culturais que os distinguem entre si, e apesar da enorme desproporção patrimonial que apresentam as famílias, classes sociais ou povos, quando comparados uns com os outros.

Em se cuidando, contudo, da justiça punitiva, do provimento de cargos públicos, ou do respeito aos direitos fundamentais de ordem econômica, social ou cultural, não se pode nunca deixar de aplicar o critério da igualdade proporcional; ou seja, há que se tratar desigualmente os desiguais, na exata proporção da desigualdade verificada.

Esse princípio ético fundamental foi, porém, contestado pela ideologia do liberal-individualismo, que serviu de apoio à expansão mundial do sistema capitalista. De acordo com essa concepção, a sociedade é um mercado, no qual todos

---

138. Tucídides, *A Guerra do Peloponeso*, ii, 37.

concorrem contra todos. Em nome da isonomia ou igualdade meramente formal dos concorrentes perante a lei, faz-se de conta que todos — ricos e pobres, fortes e fracos, sujeitos ou não ao preconceito de inferioridade — podem participar, numa postulada igualdade absoluta de condição social, da grande competição da vida, na qual deve ser premiado o concorrente mais capaz. Trata-se de uma realidade não prevista pelos pensadores antigos, e que contraria mesmo, frontalmente, a visão que Platão e Aristóteles tinham dos diferentes regimes políticos. Para eles, a oligarquia era, em sua essência, o regime da soberania dos ricos, os quais, verificando a existência de uma desigualdade constante de fortunas na sociedade, tiravam daí a conclusão de que os homens são naturalmente desiguais em tudo, e estabeleciam as leis de acordo com esse princípio.[139] Hoje, porém, a oligarquia disfarçada, mal encoberta pela democracia oficial, assenta-se não no princípio legal da desigualdade entre os homens, mas no seu exato oposto: a igualdade perante a lei.

Tais considerações já nos introduzem no último tópico desta matéria: a necessária distinção entre desigualdades e diferenças.

d) Diferenças humanas e desigualdades sociais

Os seres humanos são naturalmente diferentes quanto ao seu fenótipo étnico ou à sua conformação sexual. Nenhuma dessas diferenças deveria, em boa razão, implicar uma posição de desigualdade social. No entanto, é com base nelas que, desde sempre, uns se consideram superiores a outros.

No correr da História, diversas culturas e civilizações foram sendo constituídas, apresentando cada uma delas um conjunto diferenciado de instituições e valores, como manifestações naturais da enorme capacidade criadora do ser humano. A esse respeito, duas posições extremadas têm se manifestado. Para a generalidade dos antropólogos, os costumes de um povo não são suscetíveis de nenhum juízo ético. Não há costumes melhores ou piores. Num outro extremo, estima-se que o progresso ou atraso de um povo medem-se pelo grau de conhecimento técnico e de riqueza acumulada que ele ostenta: os povos miseráveis ou subdesenvolvidos são manifestamente, segundo essa concepção, povos inferiores.

Ambas as opiniões são inaceitáveis.

O juízo ético, como temos reafirmado sem cessar nestas páginas, é uma carac-

---

139. Platão, *A República*, livro VIII, 550 *c*; Aristóteles, *Política* 1301 *a*, 26 e ss.

terística essencial do ser humano, um traço distintivo de nossa condição existencial. Sem dúvida, ele é influenciado pelo meio cultural no qual se vive, e não deixa de evoluir historicamente. Jamais se ouviu falar, porém, de uma sociedade em que não existisse a distinção entre o bem e o mal. A questão toda a considerar é que o critério ou padrão supremo de moralidade varia, de uma civilização para outra, de uma época histórica para outra. Hoje, como sustentamos,[140] parece haver uma convergência histórica de todas as culturas em direção ao reconhecimento da dignidade da pessoa humana como fundamento de toda a vida ética.

Nessas condições, não é absurdo julgar que certas práticas costumeiras — como a mutilação genital feminina, que afeta anualmente mais de 2 milhões de meninas no continente africano, causando a morte em pelo menos 15% dos casos e provocando graves infecções em um número elevado de pacientes, além de traumas psicológicos permanentes — atentam claramente contra o princípio da dignidade humana. Da mesma forma, é razoável entender que as prescrições da *Xaria* muçulmana, de se punir o réu do crime de furto com o decepamento da mão,[141] ou de cominar a pena capital nos casos de adultério feminino, constituem outras tantas violações do mesmo princípio.

Nem por isso, no entanto, pode-se sustentar que os povos que aceitam tais práticas ou imposições legais sejam inferiores àqueles que as rejeitam. E, de qualquer modo, os povos ocidentais seriam os últimos com autoridade moral para fazer essa acusação. Será necessário lembrar a sucessão de crimes contra a humanidade, que os países da Europa ocidental e da América do Norte cometeram durante os muitos séculos de guerras coloniais e imperialistas que desencadearam, desde as primeiras ocupações do solo americano, até as recentes invasões do Afeganistão e do Iraque, passando pelas abjetas guerras do ópio na China (1839 a 1842 e 1856 a 1860)[142] e as práticas genocidas no Congo belga?[143] Ainda é possível

---

140. Cf. o capítulo II desta Parte.

141. Alcorão, 5ª Surata, 38.

142. A partir do início do século XIX, os comerciantes ingleses passaram a introduzir o ópio na China. Quando em 1839 o governo chinês proibiu esse comércio e confiscou o ópio acumulado nos armazéns britânicos em Cantão, teve início a primeira guerra, que terminou com o primeiro dos "tratados desiguais": a China aceitava pagar uma indenização ao Reino Unido e cedia cinco portos a esse país. Na segunda guerra, as forças armadas britânicas e francesas derrotaram novamente os chineses, e impuseram a estes a cessão de vários outros portos marítimos, a extensão do comércio ocidental ao interior do país, bem como a legalização definitiva da importação do ópio.

143. Veja-se o impressionante relato de Adam Hochschild, em *King Leopold's ghost: a story of greed,*

esconder o fato de que os Estados Unidos cometem, até hoje, como potência de ocupação em países estrangeiros, exatamente os mesmos crimes que o governo norte-americano denuncia cinicamente em outros povos, como a tortura sistemática dos prisioneiros, ou a denegação do direito de defesa perante o Judiciário, em descarada e assumida violação às Convenções de Genebra de 1949?

Mas, a rigor, não é mister recorrer ao cenário de guerras e conflitos armados. O sistema capitalista, lídima criação do Ocidente, tem propiciado outras muitas e variadas formas de violação da dignidade humana, com a ignóbil exploração dos trabalhadores, o desrespeito aos consumidores e a destruição do meio ambiente, nos mais diversos países.

Aliás, o juízo tão difundido hoje no mundo, de que os povos mais atrasados no domínio tecnológico são inferiores aos outros, é a manifestação de uma grosseira ignorância sobre o que é bom ou mau sob o aspecto ético. Contra isso, podemos legitimamente argumentar que uma pobre comunidade rural africana, cujas técnicas de cultura agrícola são semelhantes às praticadas na Europa ocidental durante a Alta Idade Média, pode revelar-se, pela prática da solidariedade integral entre todos os seus membros, muito superior, sob o aspecto ético, às sociedades individualistas e competitivas dos países mais ricos e poderosos do planeta.

Em qualquer hipótese, é preciso entender que as diferenças de gênero ou de etnia, ou as particularidades culturais dos diferentes povos,[144] são valores humanos da maior importância, e que devem, por conseguinte, ser universalmente respeitados e protegidos. Estima-se que vivem no presente mais de 5 mil grupos étnicos, nos quase duzentos países independentes. Em dois terços desses países, existe pelo menos um grupo étnico ou religioso minoritário. Ou seja, um sétimo da população mundial, cerca de 900 milhões de pessoas, vive na condição de minoria étnica ou cultural.

O vigente sistema internacional de direitos humanos reconhece a realidade e procura preservar essa riqueza humana. O Pacto Internacional de Direitos Civis e Políticos, aprovado em 1966 pela Assembleia Geral das Nações Unidas, prescreve em seu art. 27:

---

terror and heroism in colonial Africa, traduzido em português e publicado no Brasil pela Companhia das Letras em 1999, sob o título *O Fantasma do Rei Leopoldo*.

144. A Unesco aprovou em 2005 uma Convenção Universal sobre a Proteção e a Promoção da Diversidade Cultural e das Expressões Artísticas.

Nos Estados em que haja minorias étnicas, religiosas ou linguísticas, as pessoas pertencentes a essas minorias não poderão ser privadas do direito de ter, conjuntamente com outros membros do seu grupo, sua própria vida cultural, de professar e praticar sua própria religião e usar sua própria língua.

Na Declaração sobre Raça e Preconceito Racial, aprovada em 27 de novembro de 1978, a Unesco logrou resumir numa fórmula lapidar tudo o que se acaba de expor: "Todos os povos têm o direito de ser diferentes, de se considerarem diferentes e de serem vistos como tais".

Mas diferença não significa rivalidade ou desunião. Pelo contrário, como bem disse Teilhard de Chardin, "a humanidade se enriquece pela união de suas diferenças". Isso implica instituir, em cada sociedade política, bem como no inter-relacionamento dos povos na cena internacional, um ambiente de segurança, a fim de que todos possam fruir tranquilamente de seus direitos.

É o que se passa a ver.

A segurança

Os pensadores europeus que formularam a teoria do contrato social, durante os séculos XVII e XVIII, não erraram ao sustentar que a primeira e mais elementar razão da existência da sociedade política é a necessidade de garantir a todos um *habitat* coletivo, que lhes assegure uma proteção contra os riscos de fome, falta de abrigo contra as intempéries, ou assédio de outros grupos humanos. No fundo, nada de muito diferente dos riscos que sempre ameaçaram a sobrevivência dos animais gregários.

Para os humanos, no entanto, obter uma adequada satisfação dessa exigência primária de segurança meramente física nunca foi bastante. Os homens, em todos os tempos e lugares, jamais se contentaram em apenas sobreviver, mas sempre se esforçaram por alcançar algo mais: o estabelecimento das condições institucionais necessárias à realização dos grandes valores espirituais do belo, do justo, do amorável. A finalidade última da *pólis*, ressaltou Aristóteles, consiste não apenas em preservar a vida dos seus componentes, mas também em garantir-lhes uma vida sempre melhor,[145] sob todos os aspectos.

145. *Política*, 1352 *b*, 30-31.

As primeiras declarações de direitos humanos, na história moderna, surgiram justamente sob a égide da segurança individual. Tanto o *Habeas Corpus Act*, de 1679, quanto o *Bill of Rights*, de 1689, tiveram na Inglaterra o escopo de garantir a cada cidadão a preservação de sua pessoa e bens, contra os abusos de poder dos governantes.

A mesma preocupação voltou a aparecer à época das grandes revoluções do século XVIII.

Na Declaração de Direitos de Virgínia, de 12 de junho de 1776, logo no artigo primeiro proclamou-se que todos os seres humanos possuem certos direitos inatos, "nomeadamente a fruição da vida e da liberdade, com os meios de adquirir e possuir a propriedade de bens, bem como de procurar e obter a felicidade e a segurança". "O governo", declarou o artigo segundo, "é e deve ser instituído para comum benefício, proteção e segurança do povo, nação ou comunidade." Além de reafirmar as garantias de proteção individual expressas nas "leis fundamentais" inglesas acima citadas, a Declaração de Virgínia assentou, ainda, que "uma milícia bem organizada, composta de gente do povo, treinada no manejo das armas, constitui a defesa apropriada, natural e segura de um Estado livre" (artigo 13).

No *Bill of Rights* norte-americano (as dez primeiras emendas à Constituição de 1787), determinou-se que a existência de uma "milícia bem organizada para a segurança de um Estado livre" — repetição da fórmula da Declaração de Virgínia — não dispensaria "o direito do povo de manter e portar armas". Trata-se, na verdade, da consagração de um direito tradicional dos ingleses. William Blackstone (1723-1780), no seu clássico *Commentaries on the Laws of England*, afirmou que na Inglaterra sempre se reconheceram, a par de três *principal absolute rights* (o direito à segurança pessoal, o direito à liberdade pessoal e o direito de propriedade), também *auxiliary subordinate rights*, a saber, o direito de acesso às cortes de justiça, o direito de petição ao rei e ao Parlamento, e o direito de cada indivíduo portar armas na forma da lei.

Ora, na sociedade atual, essa garantia da segurança pessoal de todos é atribuição fundamental do Estado, e não pode ser confiada a empresas privadas nem a cada cidadão em particular.

Na França revolucionária, a Declaração dos Direitos do Homem e do Cidadão de 1789, reproduzindo as expressões da Declaração de Virgínia, proclamou em seu art. 2º que "a finalidade de toda associação política é a conservação dos direitos naturais e imprescritíveis do homem", mencionando a segurança como um desses direitos, juntamente com a liberdade, a propriedade e a "resistência à opressão". Na Declaração de Direitos do Homem e do Cidadão da Constituição Francesa de 1793, explicitou-se que "a segurança consiste na proteção, concedida pela sociedade a cada um de seus membros, para a conservação de sua pessoa, de seus direitos e de suas propriedades".

Em *A Questão Judaica*, Marx verberou o caráter "egoísta" dessas declarações de direitos. Aproveitando-se da ambiguidade da expressão *bürgerliche Gesellschaft*, da qual se serviu Hegel, e que tanto pode significar sociedade civil, quanto sociedade burguesa, ele frisou que "a *segurança* é o mais elevado conceito da sociedade civil [ou burguesa], o conceito de *polícia*, segundo o qual a sociedade civil como um todo só existe para garantir a cada um de seus membros a conservação de sua pessoa, vale dizer, de seus direitos e de sua propriedade".[146]

E, com efeito, no curso do século XIX, a expansão do capitalismo industrial, ao instaurar uma situação de grave insegurança coletiva para os trabalhadores assalariados, veio revelar que os direitos e liberdades individuais só existiam, na prática, para as classes proprietárias. É próprio do sistema capitalista, como Marx bem salientou, abalar continuamente todas as instituições tradicionais, expandindo e aprofundando, em consequência, o estado de insegurança, não só na vida econômica, mas também no tocante à preservação do meio ambiente e do equilíbrio biológico de modo geral. Sobre isso, já discorremos no capítulo I desta Parte.

Para enfrentar tais problemas, começaram a ser instituídos pouco a pouco em vários países, desde fins do século XIX, sistemas estatais de seguridade social, compreendendo uma proteção básica no campo da saúde, da previdência e da assistência social. O chamado Estado do Bem-Estar expandiu-se consideravelmente após a Segunda Guerra Mundial, mas veio a ser combatido, no final do século, sobretudo desde o colapso da União Soviética, no quadro das prescrições políticas do neoliberalismo montante. Pretender, contudo, fundar a segurança econômica privada na propriedade individual, em lugar de se instituir um sistema de garantia coletiva dos direitos econômicos, sociais e culturais, é abrir o caminho à disrupção social.

No campo das relações internacionais, por sua vez, ao fator permanente de insegurança, representado pela guerra clássica, vieram acrescer-se, na segunda metade do século XX, os novos riscos da guerra nuclear e do terrorismo organizado.

---

146. *Karl Marx, Friedrich Engels Studienausgabe, band I, Philosophie*, Fischer Verlag, 1990, p. 51.

Como agora se percebe com agudeza, nem mesmo as grandes potências saberão vencê-los, se persistirem em atuar isoladamente.

Em suma, em matéria de segurança pessoal e de segurança coletiva, no interior dos Estados ou no plano internacional, tudo converge para a instituição de mecanismos de atuação solidária.

A solidariedade

Ela é o fecho de abóbada do sistema de princípios éticos, pois complementa e aperfeiçoa a liberdade, a igualdade e a segurança. Enquanto a liberdade e a igualdade põem as pessoas umas diante das outras, a solidariedade as reúne, todas, no seio de uma mesma comunidade. Na perspectiva da igualdade e da liberdade, cada qual reivindica o que lhe é próprio. No plano da solidariedade, todos são convocados a defender o que lhes é comum. Quanto à segurança, ela só pode realizar-se em sua plenitude quando cada qual zela pelo bem de todos e a sociedade pelo bem de cada um dos seus membros.

a) O sentido do princípio

O substantivo *solidum*, em latim, significa a totalidade de uma soma; *solidus* tem o sentido de inteiro ou completo. A solidariedade não diz respeito, portanto, a uma unidade isolada, nem a uma proporção entre duas ou mais unidades, mas à relação de todas as partes de um todo, entre si e cada uma perante o conjunto de todas elas. São de cunho solidário não só o conjunto das relações interindividuais dos cidadãos na sociedade política, e dos povos na cena internacional, mas também a relação do Estado com qualquer cidadão ou grupo de cidadãos, ou da Organização das Nações Unidas com qualquer de seus membros.

É um erro considerar que no mundo da natureza, sobretudo no mundo animal, não exista solidariedade, e que ela seja uma criação política. Muito pelo contrário, pode-se dizer que a biosfera forma naturalmente um sistema solidário, e que o rompimento desse sistema é sempre obra do homem. O próprio Darwin bem advertiu que a expressão *struggle for Existence* fora por ele usada em "sentido amplo e metafórico, incluindo a dependência de um ser em relação a outro, bem como incluindo (o que é mais importante) não apenas a vida do indivíduo, mas o êxito em deixar descendentes".[147] Os zoólogos já observaram que o processo de seleção natural deu mais vantagens biológicas aos grupos que cuidavam de seus membros não reprodutivos, do que àqueles que abandonavam ou matavam os anciãos, pois a capacidade de reprodução global dos grupos altruístas é, assim, singularmente reforçada. Os velhos sempre constituíram um grande auxílio ao grupo, não só pelo fato de se ocuparem das crianças, liberando os demais adultos para a realização de outras tarefas, mas também pelo concurso de sua maior experiência para enfrentar as situações que põem em risco a sobrevivência do grupo.

Na visão política de Platão, o pior dos males é a desunião dos cidadãos e, correspondentemente, o maior dos bens é a constituição de uma *pólis* unida, na qual a grande maioria dos cidadãos "enuncia em uníssono sobre o mesmo assunto, sem discordância, as expressões *isto é meu* e *isto não é meu*".[148] A verdadeira comunidade política, conclui, é como um organismo vivo, cujos diferentes membros estão intimamente ligados uns aos outros, de tal forma que, quando um deles é afetado, todo o conjunto sofre com ele.

Essa concepção platônica da unidade do Estado, como vimos, a propósito do princípio da igualdade, foi criticada por Aristóteles, que ressaltou com razão que cada cidadão — e, dizemos nós, cada grupo social no interior do Estado, ou cada povo na cena internacional — forma uma unidade própria e inconfundível com as outras. O todo da sociedade política é constituído de partes que existem, cada uma, como uma unidade completa. Na *Metafísica* (1023 *b*, 26 e ss.), o filósofo distinguiu duas espécies de totalidade. Há, de um lado, aquela que abarca uma multiplicidade de entes, que formam, individualmente, uma unidade completa e distinta dos outros; tal como um rebanho ou um grupo humano. De outro lado, existem totalidades, cujas partes componentes não têm uma existência independente, como acontece com os objetos artificiais.

Na verdade, a unidade de um grupo de homens forma sempre a finalidade de seu agrupamento, como foi salientado na Introdução desta obra. Na sociedade política, a unidade maior a englobar todos os indivíduos e grupos sociais, essa finalidade última, eticamente falando, é propiciar o aperfeiçoamento constante de todos os seus componentes, segundo as qualidades próprias da pessoa humana. A

---

147. *The Origin of Species*, Nova York, The Modern Library, 1993, p. 90.
148. *A República*, 462.

solidariedade pressupõe e, ao mesmo tempo, completa os princípios da liberdade, da igualdade e da segurança.

b) As dimensões da solidariedade

A solidariedade atua em três dimensões complementares: nacional, internacional e intergeneracional. A cada uma delas corresponde um conjunto específico de direitos humanos, os quais são, hoje, objeto de normas específicas do direito internacional. A interdependência biológica ou a fraternidade religiosa de todos os seres humanos transmudam-se, assim, em autêntica solidariedade jurídica, que cria direitos e gera obrigações.

O vínculo de solidariedade entre todos os que compõem politicamente o mesmo povo de um Estado determinado está na origem do conjunto dos direitos fundamentais de natureza econômica, social e cultural. O titular desses direitos não é o ser humano abstrato, com o qual o capitalismo sempre conviveu à perfeição, e que preparou, de certo modo, o advento dos totalitarismos do século xx.[149] É o conjunto dos grupos sociais esmagados pela miséria, pela doença, pela fome e pela marginalização. Os diferentes movimentos socialistas do século xix perceberam, desde logo, que esses flagelos sociais não eram cataclismos da natureza nem efeitos necessários da organização racional das atividades econômicas, mas produtos necessários do sistema capitalista de produção, cuja lógica consiste em considerar os trabalhadores e consumidores como mercadorias, atribuindo-lhes um valor econômico muito inferior ao dos bens de capital.

Os primeiros sistemas constitucionais a consagrar tais direitos foram a Constituição mexicana, de 1917, e a Constituição alemã aprovada em Weimar, em 1919.[150] Nesse mesmo ano, foi criada, no seio da Liga das Nações, a Organização Internacional do Trabalho. Hoje, os direitos econômicos, sociais e culturais, proclamados nos artigos xxii a xxvi da Declaração Universal dos Direitos Humanos, são regulados na Carta Social Europeia, de 1961, no Pacto Internacional de Direitos Econômicos, Sociais e Culturais, aprovado pela Assembleia Geral das Nações

---

149. É o que sustentou, com bons argumentos, Hannah Arendt em *The Origins of Totalitarianism*, nova edição, Harcourt Brace & Company, pp. 298 e ss.

150. Sobre esses e todos os outros grandes documentos jurídicos adiante citados, cf. os comentários que tive ocasião de fazer no já citado livro *A Afirmação Histórica dos Direitos Humanos*.

Unidas em 1966, e no Protocolo Adicional, de 1988, à Convenção Americana de Direitos Humanos.

A solidariedade entre os diferentes povos e a defesa dos bens considerados "patrimônio da humanidade" começaram a ser assentadas, no plano internacional, a partir de 1945. No tocante às relações dos povos entre si, a solidariedade se consubstancia, de um lado, no reconhecimento do direito de cada povo ao desenvolvimento (art. 55 da Carta das Nações Unidas),[151] à livre disposição de sua riqueza e de seus recursos naturais, bem como no direito à paz e à segurança (Carta Africana dos Direitos Humanos e dos Direitos dos Povos, de 1981).

No que diz respeito à emergência da humanidade titular de direitos, a solidariedade mundial foi afirmada no campo penal com a Convenção para a Prevenção e a Repressão do Crime de Genocídio, de 1948, e o Estatuto do Tribunal Penal Internacional, de 1998, o qual definiu vários crimes contra a humanidade, além do genocídio, dos crimes de guerra e do crime de agressão. No campo da proteção aos bens culturais e naturais, deve-se assinalar a celebração da convenção patrocinada pela Unesco, em 1972, por força da qual tais bens constituem um patrimônio mundial. Da mesma forma, a Convenção do Direito do Mar, de 1982, considerou o leito do mar, os fundos marinhos e seu subsolo, quando localizados além dos limites da jurisdição nacional, como um patrimônio da humanidade.

Por fim, a solidariedade entre as sucessivas gerações se afirmou, no direito internacional, com a celebração e a entrada em vigor da Convenção sobre a Diversidade Biológica, de 1992.

Cumpre-se, por esse modo, o programa ético que Montesquieu enunciou luminosamente, já na primeira metade do século XVIII:

> Se eu soubesse de algo que fosse útil a mim, mas prejudicial à minha família, eu o

---

151. "Com o fim de criar condições de estabilidade e bem-estar, necessárias às relações pacíficas e amistosas entre as Nações, baseadas no respeito ao princípio da igualdade de direitos e de autodeterminação dos povos, as Nações Unidas favorecerão:
a) níveis mais altos de vida, trabalho efetivo e condições de progresso e desenvolvimento econômico e social;
b) a solução dos problemas internacionais econômicos, sociais, sanitários e conexos; a cooperação internacional, de caráter cultural e educacional; e
c) o respeito universal e efetivo dos direitos humanos e das liberdades fundamentais para todos, sem distinção de raça, sexo, língua ou religião."

rejeitaria de meu espírito. Se soubesse de algo útil à minha família, mas não à minha pátria, procuraria esquecê-lo. Se soubesse de algo útil à minha pátria, mas prejudicial à Europa, ou então útil à Europa, mas prejudicial ao Gênero humano, consideraria isto como um crime.[152]

Esse programa ético implica, em sua realização, o estabelecimento de uma verdadeira Constituição da emergente sociedade comum do gênero humano, da qual falou Cícero há mais de vinte séculos.

É o objeto do último capítulo desta obra.

---

152. *Mes pensées*, em *Oeuvres complètes*, Paris, Gallimard, vol. 1, p. 981.

v. A Política, Suprema Dimensão da Vida Ética

Um dos traços característicos do mundo moderno, como procuramos mostrar na Parte II desta obra, foi a progressiva desconexão do sistema normativo original — que compreendia moral, direito e religião —, em contraste com a sua substancial unidade nas civilizações antigas. Dessa contradição entre o mundo antigo e o moderno, a vida política constitui sem dúvida o melhor exemplo.

A partir do ocaso da Idade Média, no século XIV, o exercício do poder político foi aos poucos se desvinculando dos velhos costumes éticos, e tendendo a ser visto como uma atividade livre de toda injunção moral ou obediência religiosa. Paralelamente, com a definitiva submissão dos senhores feudais à soberania monárquica e a abolição dos laços de vassalagem do rei ao imperador e ao papa, admitiu-se a legitimidade de um ordenamento jurídico criado unicamente pela vontade do monarca, sem ligação alguma com a tradição. Sem dúvida, no direito imperial romano vigorava o princípio *quod placuit principi legis habet vigorem* (o que agrada ao príncipe tem força de lei).[1] Mas seria insuportável, naquela época, pretender que a vontade onipotente do monarca se considerasse desvinculada da religião e dos costumes ancestrais.

---

1. Foi o que afirmou Ulpiano, um jurista que serviu ao imperador romano Septímio Severo, no final do segundo e princípio do terceiro século da era cristã (Digesto I, 4, 1).

Nos tempos modernos, ao contrário, a visão tradicional de mundo sofreu uma variação de 180 graus. Os homens voltaram as costas ao passado, e passaram a perscrutar incessantemente o futuro. A grande vaga dos descobrimentos marítimos e, alguns séculos depois, a Revolução Industrial, convenceram os espíritos mais independentes de que nada, ou quase nada, da experiência e da sabedoria dos antigos tinha valor para o homem moderno. Era preciso, portanto, libertar a ação política das tradicionais limitações de ordem ética. Maquiavel e Hobbes, cada um a seu modo, sustentaram vigorosamente essa tese.

Os fundadores da ciência econômica, no final do século XVIII e início do século XIX, levaram a nova concepção da política ainda mais longe: ela nada teria a ver com a economia, pois esta seria regida por leis naturais, às quais os governantes devem inteira obediência.[2] Propugnando a separação radical entre a esfera do Estado e a da sociedade civil, a burguesia ascendente passou a sustentar, com redobrado vigor, que o exercício do governo existe unicamente para garantir a ordem pública, competindo à iniciativa privada o desempenho exclusivo das atividades econômicas. Qualquer tentativa de regulação global da economia pelo Estado representaria, além da violação de uma liberdade fundamental das pessoas, uma perturbação na ordem natural das coisas. Escusa lembrar que essa visão ideológica está na base do movimento contemporâneo de neoliberalismo ou globalização capitalista.

Concomitantemente, porém, a essas tendências de desvinculação da política em relação aos grandes princípios éticos, e de subordinação da ação estatal aos interesses econômicos das classes dominantes, teve início, a partir do final do século XVII, primeiro na Europa e depois em todo o mundo, um movimento de progressiva defesa dos direitos humanos, e de combate ao abuso de poder, não só político, mas também econômico e religioso.

É na linha desse movimento de respeito à dignidade humana e contra a concepção mutilante da política que precisamos atuar, mais do que nunca, daqui por diante, se quisermos conjurar os grandes riscos que ameaçam a humanidade no presente.

O objetivo deste capítulo é demonstrar que o ser humano só realiza integralmente as suas potencialidades, isto é, somente se aproxima do modelo superior de pessoa,[3] quando vive numa sociedade cuja organização política não se separa das exigências éticas e regula, de modo harmonioso, todas as dimensões da vida social.

2. Cf. Parte II, cap. VI.
3. Cf. o cap. II desta Parte.

I. A DIGNIDADE DA POLÍTICA E A REALIDADE DO PODER

Política: o contraste entre os antigos e os modernos

A célebre afirmação de Aristóteles, de que o homem é, pela sua própria natureza, um ser político (φύσει πολιτικὸν ὁ ἄνθρωπος)[4] significa, como tivemos ocasião de salientar, que o indivíduo somente encontra condições apropriadas para atingir um nível elevado de *aretê*, isto é, de desenvolvimento integral de sua personalidade, quando convive com os outros seres humanos numa comunidade organizada, regida por normas gerais de comportamento.

Efetivamente, como salientou o filósofo, a sociedade política (*pólis*) constitui uma espécie de comunidade (*koinonia*),[5] vale dizer, de agrupamento social, organizado em função de um objetivo comum a todos os seus membros, que se veem, assim, ligados entre si por vínculos jurídicos (*dikaion*) e relações de solidariedade. Na expressão "animal político" (πολιτικὸν ζῷον), o qualificativo indica a diferença específica entre a *pólis*, de um lado, e do outro não só os bandos de animais gregários, mas também a sociedade familiar do tempo antigo, em que apenas o chefe (*despotes*) tem poderes e direitos; ou então aquelas outras sociedades maiores, formadas por indivíduos que não são livres e iguais, mas vivem, todos, como escravos de um só senhor.[6] Em todos esses casos, deparamo-nos com grupos sociais não comunitários, nos quais, em lugar de leis gerais e impessoais, a que todos se submetem, prevalece a vontade de um só.[7]

Na concepção dos filósofos gregos, a sociedade política é o mais abrangente dos grupos sociais, porque ela organiza todos eles numa relação de estável convivência, garantindo-lhes as condições necessárias para que possam conservar-se e realizar cada qual o seu objetivo próprio. Quando isso não ocorre, o vínculo político se desfaz e as dissensões podem explodir em guerra civil.

---

4. *Ética a Nicômaco*, 1097 *b*, 12. Na *Política*, o filósofo prefere falar em "animal político" (1252 *a*, 3; 1278 *b*, 20).

5. *Política* 1252 *a*, 1.

6. Idem, 1255 *b*, 16 e ss.

7. É claro que o filósofo teve muita dificuldade em explicar, racionalmente, porque a *pólis* grega constituía de fato uma comunidade, quando apenas 10 ou 15% dos seus habitantes eram efetivamente livres e iguais. Sua explicação, como a de todos os pensadores antigos, fundou-se numa suposta desigualdade "natural" entre os seres humanos.

Entre os indivíduos, num extremo, e a *pólis*, no outro, passando pelas famílias e as aldeias, as quais são reuniões de famílias, Aristóteles via uma relação de perfeição gradativa, correspondente a uma exigência natural. Pois a natureza, como ele afirmou, representa a finalidade própria dos seres (ἡ φύσις τέλος ἐστίν), o termo de maturidade de um ser vivo.[8]

A concepção que os gregos tinham da sociedade política era, portanto, muito diferente da dos modernos. A *politeia* correspondia a uma organização holística da vida em sociedade, compreendendo, é claro, as funções e poderes de governo, mas muito mais do que isso, pois ela dizia respeito ao conjunto dos valores sociais, costumes e regras de vida, sem exceção alguma. O mundo antigo, como procuramos mostrar,[9] nunca conheceu uma divisão radical entre o público e o privado, nem traçou uma fronteira entre o Estado e a sociedade civil, tal como veio a ocorrer nos tempos modernos.

É por isso que, na concepção platônica, retomada e desenvolvida por Aristóteles, a arte ou ciência prática da política é a mais importante de todas. É sua função específica supervisionar e fazer atuar, segundo determinadas diretrizes, todas as demais artes práticas, consideradas auxiliares dela, como a arte bélica e a judicial.[10] Trata-se, disse Aristóteles, de uma ciência arquitetônica (*epistemê arquitektonikê*).[11] O sentido da expressão nos é dado pela palavra *arquitektôn* (ἀρχιτέκτων), composta de ἀρχός, guia ou chefe, e τέκτων, que designava o carpinteiro, marceneiro, ou, de modo geral, todo aquele que trabalhava na construção de edifícios.

A política é, assim, metaforicamente falando, o desempenho da arte ou ciência prática de construção e organização da *pólis*. Em outras palavras, é a arte de comandar ou dirigir toda a vida social, em função de uma finalidade comum a todos. Sendo a mais importante das artes, pois as abrange todas, o seu objetivo, considerado o bem supremo da vida social, outro não é, segundo a sabedoria grega, senão a justiça.[12]

---

8. *Política*, 1252 *b*, 28-34.

9. Cf. supra, Parte I, capítulo I.

10. *O Político*, 305 *d, e*.

11. *Ética a Nicômaco*, 1094 *a*, 28.

12. Sócrates em *O Banquete* de Platão (209 a), sustentou que "de longe, a mais bela manifestação de prudência (*phronessis*, φρόνεσις)", isto é, da faculdade de decidir questões concretas, "é a que concerne à organização das sociedades políticas, cujo nome, como sabido, é moderação (*sophrossyne*, σωφροσύνη) ou justiça". E Aristóteles, por sua vez, na *Política* (1282 *b*, 17-18), com concisão: "o bem objeto da política é a justiça" (τὸ πολιτικὸν ἀγαθὸν τὸ δίκαιον).

A mesma metáfora da ciência arquitetônica nos permite apreender o valor eminentemente ético da política, tal como a entendiam os filósofos gregos. Já lembramos que um dos sentidos de *êthos* (ἦθος) é morada, domicílio ou residência habitual.[13] Nessa acepção, a função própria da política consiste em construir e manter a nossa morada coletiva; fazer, em suma, do mundo todo a habitação do gênero humano.

Daí a excelência que o pensamento clássico sempre atribuiu à atividade política. Cícero, por exemplo, chega a sustentar que o homem que se dedica à política é mais importante para a vida social do que o filósofo. Para a sociedade, diz ele, o importante não é que os cidadãos possuam virtudes, mas que saibam praticá-las. Ora, a mais elevada prática da virtude é o governo da cidade (*usus autem eius est maximus civitatis gubernatio*), pois é por ele que se impõem na sociedade os grandes princípios éticos: a piedade, a justiça, a boa-fé, a equidade, a temperança, o horror à infâmia, o desejo de glória e de respeitabilidade, a coragem diante dos sofrimentos e infortúnios.[14] Assim, pois, conclui Cícero, os políticos são superiores aos filósofos, uma vez que, usando legitimamente do poder, podem obrigar todos os cidadãos a fazer o que os filósofos, pela palavra, mal conseguem persuadir alguns a praticar.

O objetivo final da atividade política, afirmaram Platão e Aristóteles, não é fazer obras públicas, mas desenvolver nos cidadãos a *aretê*, aquela excelência harmônica de todas as faculdades humanas.[15] A política não é uma arte de construção material, mas de formação de pessoas.

Dessa dignidade eminente da política, ressaltada pela sabedoria clássica, decorre o fato de que nela se realizam, de preferência, os grandes feitos da humanidade. A política constitui, na História, o *locus classicus* da tragédia e da epopeia, manifestações extremas do mal e do heroísmo, vividas em sua plenitude. O que destrói a vida política não é a injustiça ou o crime. É a mediocridade opaca e cinzenta dos acanhados desígnios e das decisões mesquinhas. A vida política degenera quando mergulha num ambiente de comédia e vulgaridade, abrindo espaço àquela banalidade do mal de que falou Hannah Arendt.

Aos olhos de um observador superficial, essa visão trágica e heroica da política parece coincidir com aquela apresentada por Maquiavel. Mas, na verdade, o

---

13. Parte I, capítulo II.

14. *De re publica*, livro I, II. 2.

15. Platão, *Górgias*, 515; *O Político*, 292. No mesmo sentido, Aristóteles, *Ética a Nicômaco*, 1199 *b*, 30-35.

contraste entre ambas é total. Para a sabedoria clássica, a *pólis* ou *urbs* formava uma comunidade (*koinonia*), na qual todos os cidadãos achavam-se ligados por laços de solidariedade. Maquiavel, ao contrário, sustentou que a esfera da política constituía um mundo à parte, eticamente separado da vida ordinária, e que o destino excepcional do príncipe nada tinha a ver com a triste condição do vulgo vil sem nome.[16]

Aliás, para duas das mais influentes ideologias do mundo contemporâneo, o liberal-individualismo e o marxismo, o espaço da atividade política na vida social deveria ser reduzido, senão radicalmente suprimido.

Os grandes pensadores econômicos da segunda metade do século XVIII e início do século XIX insistiram em restringir a importância social dos agentes políticos em qualquer sociedade. "O trabalho de algumas das mais respeitáveis ordens na sociedade", não hesitou em dizer Adam Smith,[17] "é, tal como o dos servidores domésticos, incapaz de produzir qualquer valor, e não se deixa fixar ou realizar em nada de permanente ou numa mercadoria suscetível de venda (*vendible commodity*), cujo valor perdura depois que cessa a atividade, e para a produção da qual uma mesma quantidade de trabalho pode depois ser demandada. O soberano, por exemplo, com todos os ministros que o servem, tanto na guerra quanto na paz; o conjunto dos militares, tanto do exército quanto da marinha de guerra, são trabalhadores improdutivos. São servos do povo, mantidos por uma parte do produto do trabalho das outras pessoas. Esse serviço, posto que honroso, útil ou mesmo necessário, nada produz para o qual uma idêntica quantidade de serviço possa ao depois ser obtida."[18] Os atuais líderes do liberal-capitalismo nada dizem de diferente.

Marx, por sua vez, pregou até o fim da sua vida a necessidade de supressão do Estado.[19] Para a tradição do pensamento marxista, todas as diferentes manifestações de poder, na vida social, reduzem-se a uma só, a dominação econômica; e esta, ou bem existe em sua plenitude, sem freios e contrapesos, ou sua existência não

16. Cf. supra, Parte II, capítulo I.

17. *Da Riqueza das Nações*, livro II, capítulo 3.

18. É verdade que Rousseau já havia sustentado exatamente a mesma ideia, embora num contexto muito diferente: "*Dans tous les Gouvernements du monde la personne publique consomme et ne produit rien. D'où lui vient donc la substance consommée? Du travail de ses membres. C'est le superflu des particulliers qui produit le nécessaire du public. D'où il suit que l'État civil ne peut subsister qu'autant que le travail des hommes rend au delà de leurs besoins*" (*Do Contrato Social*, livro III, capítulo 8).

19. Parte II, capítulo IX.

passa de mera ilusão de ótica. Por isso, a tarefa histórica da classe operária consiste em tomar o poder das mãos da burguesia, e exercê-lo por completo e sem entraves, a fim de abolir definitivamente a luta de classes. Aí, então, a totalidade das instituições de poder tornar-se-á perfeitamente dispensável, pois a humanidade já terá ingressado numa era pós-histórica, na qual, segundo a expressão célebre de Engels, o governo dos homens será substituído pela administração das coisas.[20]

É curioso verificar que ambas as ideologias produziram efeitos sociais bem diversos dos princípios por elas sustentados. A vigorosa expansão mundial do capitalismo, desde a primeira metade do século XIX, só foi possível graças à atuação decisiva do aparelho militar e administrativo do Estado, para a exploração colonial de vastas regiões na África, na Ásia e na América Latina. Quanto aos diferentes movimentos comunistas, uma vez chegados ao poder, eles só fizeram reforçar o Estado, ao invés de destruí-lo, como previa a doutrina marxista.

Na verdade, faltou, em ambos os casos, uma melhor compreensão da complexa realidade do poder, em suas diferentes dimensões.

Vejamos.

2. O PODER POLÍTICO

Se o poder, como afirmou Bertrand Russel, é o conceito fundamental das ciências sociais, da mesma forma que a energia é o conceito fundamental da física,[21] não se pode compreender o funcionamento do organismo político sem perceber em profundidade em que consiste essa energia social, cuja fonte primária se encontra, na verdade, no eu profundo de cada um de nós.

---

20. Essa ideia, na verdade, não é original de Engels. Bem antes dele, Claude-Henri de Saint-Simon já a havia afirmado e desenvolvido: *"Les gouvernements ne conduiront plus les hommes, leurs fonctions se borneront à empêcher que les travaux utiles ne soient troublés. Ils n'auront plus à leur disposition que peu de pouvoirs et peu d'argent, car peu de pouvoir et peu d'argent suffisent pour atteindre ce but. [...] L'espèce humaine a été destinée, par son organisation, à vivre en société; elle a été appelée d'abord à vivre sous le régime gouvernemental; elle a été destinée à passer du régime gouvernemental ou militaire, au régime administratif ou industriel, après avoir fait suffisamment de progrès dans les sciences positives et dans l'industrie. [...] pour établir en Europe un ordre de choses calme et stable, le meilleur moyen consiste à superposer le pouvoir administratif au pouvoir gouvernemental [...]."* (La pensée politique de Saint-Simon, Aubier / Montaigne, Paris, 1979, pp. 112, 209, 249).

21. *Power, A New Social Analysis*, George Allen & Unwin Ltd, Londres, 5ª reimpressão, 1948, p. 10.

A paixão pelo poder

O impulso pela conquista e manutenção do poder, em qualquer meio social — familiar, tribal, nacional ou internacional — e em suas diferentes modalidades — poder político, econômico, religioso, cultural —, tem-se mostrado uma das mais fortes paixões a agitar o coração humano. "A maior parte dos homens", observou Aristóteles, "deseja exercer um poder absoluto sobre muitos."[22] Thomas Hobbes compartilhou inteiramente essa opinião: "Antes de mais nada", disse ele, "reconheço como uma inclinação geral do gênero humano o desejo perpétuo e incansável de poder e mais poder, inclinação essa que só cessa com a morte."[23] E a razão disso, como anunciou o Duque a Sancho Pança, na véspera de sua posse como governador da fantástica ilha Barataria é *"ser dulcísima cosa el mandar y ser obedecido"*.[24]

Para a sabedoria grega, tal paixão nada mais seria do que o orgulho desmedido (*hybris*), considerado o mais devastador dos defeitos humanos, segundo adverte o coro no *Agamenon* de Ésquilo (375-379). "A *hybris*, quando amadurece", declama um personagem de outra de suas tragédias,[25] "produz a espiga do crime, e o produto de sua colheita é feito só de lágrimas." A paixão pelo poder chega mesmo, por vezes, a pôr na sombra o impulso natural do amor materno, como o gênio de Shakespeare bem intuiu. Advertida pelo marido da profecia lançada pelas três feiticeiras de que ele seria rei, e sentindo que o temperamento do consorte é todo feito de ternura (*"I fear thy nature; it is too full o' the milk of human kindness"*), Lady Macbeth invoca os espíritos infernais para que eles mudem o seu sexo frágil, enchendo-a, da cabeça aos pés, da mais terrível crueldade: *"unsex me here, and fill me, from the crown to the toe, top-full of direst cruelty"*.[26] E a fim de sacudir os últimos escrúpulos de consciência do marido, ela lhe lança em rosto uma estupenda bravata: seria capaz de esmigalhar a cabeça do filho que amamenta, se isto fosse indispensável para cumprir o seu desígnio de tornar-se rainha.

Aliás, de acordo com as observações de alguns antropólogos, a atração avassa-

---

22. Οἱ πλεῖστοι τῶν ἀνθρώπων ζητοῦσι τὸ πολλῶν δεσπόζειν (*Política* 1333 *b*, 16/17).

23. *"So that in the first place, I put for a generall inclination of all mankind, a perpetuall and restlesse desire or Power after power, that ceaseth onely in Death"* (*Leviatã*, parte I, cap. 11; ed. original, p. 47).

24. Miguel de Cervantes, *El Ingenioso Hidalgo Don Quijote de la Mancha*, Segunda Parte, capítulo XLII.

25. *Os Persas*, 820-1.

26. *Macbeth*, ato primeiro, cena 5.

ladora pelo poder é algo que partilhamos com os outros primatas superiores. E a razão disso é de ordem biológica. As relações de poder e submissão são comandadas pela parte mais primitiva do cérebro humano, a chamada zona límbica, que se encontra mesmo nos répteis. Daí por que as relações sociais que envolvem comando e obediência tendem, não raro, a escapar a todo controle racional, e investir mesmo contra todos os sentimentos naturais. Comentando o episódio brutal em que Augusto, cedendo às instâncias de seus parceiros do momento, Marco Antonio e Lépido, consentiu no assassínio de seu amigo Cícero, Plutarco observa que nenhum animal é mais selvagem que o homem, quando a sua paixão é fundada no poder.[27]

De qualquer modo, é preciso atentar para o fato de que o objeto da paixão é a posse, uso e gozo da posição de poder; não o "resultado do poder", isto é, as obras ou transformações suscetíveis de serem realizadas pelo seu exercício. A possibilidade de se dobrarem as vontades alheias, e de se suscitar o respeito, senão a veneração do povo, como se este se encontrasse diante de um ídolo religioso, provoca um gozo intenso e durável. Aliás, um dos mais importantes recursos de poder consiste em manter os governados em estado permanente de temor e adoração, dois sentimentos, como se sabe, característicos da submissão religiosa.

Importa também salientar que, ao contrário da energia física, sujeita à segunda lei da termodinâmica (entropia), ou seja, a sua constante degradação em calor, o poder político tende sempre, pela sua própria natureza, à concentração, tanto sob o aspecto subjetivo, quanto objetivo. "Quanto mais os homens se sentem fortes", observou Aristóteles,[28] "tanto maior é o seu apetite de dominação." "É uma experiência eterna", advertiu por sua vez Montesquieu em passagem famosa,[29] "que todo homem que detém o poder é levado a dele abusar; ele vai até onde encontra limites. Quem diria! Até a virtude carece de limites."[30] As diferentes experiências

27. *Vida de Cícero*, XLVI.
28. *Política*, 1293 a, 23.
29. *Do Espírito das Leis*, Livro XI , cap. 6.
30. Montesquieu segue neste passo uma longa tradição. Horácio (*Epístolas* I, VI, 25) já sustentava: "Que o sábio seja tido por louco, e o equânime por iníquo, se levar a virtude além do suficiente" (*Insani sapiens nomen ferat, aequus iniqui, ultra quam satis est virtutem si petat ipsam*). Montaigne comentou essa sentença do grande poeta latino no livro I, cap. XXX dos *Essais* (*Essais*, livro I, cap. XXX).

dos regimes políticos moralistas, puros e duros, têm confirmado a justeza dessa observação, em todos os tempos e todas as idades.

No limite — e aí está a verdadeira tragédia —, todo aquele que exerce um poder despido de freios ou mecanismos de controle corre o risco de ser dominado por ele, e de passar, assim, da condição de senhor à de escravo; ou seja, de alguém que já não se pertence, mas vive submetido, servilmente, como o Fausto de Goethe, aos caprichos do demônio que invocou. Efetivamente, raros são os homens de poder que não se deixam escravizar pela "glória de mandar e a vã cobiça desta vaidade, a quem chamamos fama"; raros os que não se deixam iludir pelo "fraudulento gosto que se atiça cuma aura popular que honra se chama", como denunciou o velho da praia do Restelo nos *Lusíadas*.[31]

Como já foi repetidas vezes observado, a paixão pelo poder é intrinsecamente corruptora. Há, sem dúvida, a corrupção mais vulgar, daquele que compra a consciência alheia, ou vende a sua. Mas há também uma forma muito mais complexa e sutil, que frisa à loucura moral. O indivíduo escravo dessa paixão tende a se servir, para alcançar seus fins, de todos os sentimentos altruístas que encontra disponíveis diante de si: o amor, a compaixão, a generosidade, a lealdade, o espírito de serviço, a solidariedade. Com desoladora frequência, velhos amigos e grandes admiradores do governante, ou então pessoas respeitáveis na sociedade pela sua correção e sabedoria, são usados em proveito próprio pelo titular do poder, sem nenhum escrúpulo. Aristóteles[32] assinalou que os homens no poder costumam ter apenas duas espécies de amigos: os úteis e os agradáveis. Eles querem os primeiros para executar suas ordens com habilidade, sem levantar objeções de ordem moral, e procuram os segundos como fonte de entretenimento e diversão.

Os poderosos têm imensa dificuldade em reconhecer que, quanto maior o seu poder, mais intensamente são eles cercados e pressionados por uma corte de áulicos, os quais, por puro interesse pessoal ou de grupo, só cuidam de os incensar e de louvar as suas decisões políticas, ocultando sistematicamente os aspectos negativos da pessoa do chefe, ou das decisões por eles tomadas. Como bem advertiu La Fontaine, ao concluir a fábula da raposa e o corvo, *"tout flatteur vit aux dépens de celui qui l'écoute"*.

Tudo isso explica por que é justamente no exercício do poder que costumam

31. Canto IV, estrofe XCIV.
32. *Ética a Nicômaco*, livro VIII, 1158 *a*, 29-34.

vir à tona os defeitos recônditos da alma humana. "O poder revela o homem", diz Aristóteles.[33] "Pode-se conhecer bem a alma, os sentimentos, os princípios morais de um homem", indaga o rei Creonte na tragédia *Antígona* de Sófocles,[34] "se ele não se mostrou ainda no exercício do poder, governando e ditando leis?"

Mas se esse é o seu aspecto subjetivo, em que consiste, afinal, a essência do poder político, como fato social?

Os elementos objetivos da relação de poder

Como vimos na Introdução, no seio da sociedade política as diferentes manifestações de poder formam um sistema, no sentido de que todas elas se influenciam e se reforçam reciprocamente. Conforme as épocas históricas e os diferentes meios culturais, uma espécie de poder exerce a função de aglutinar as demais, não se podendo dizer, como pretendeu Karl Marx, que esse poder aglutinador, do qual todos os demais dependem, tenha sido sempre o econômico, isto é, a propriedade dos meios de produção.

Max Weber procurou esclarecer essa matéria, vasta e complexa, começando por distinguir o poder ou força (*Macht*), da dominação ou senhorio (*Herrschaft*). Identificou na primeira hipótese "toda possibilidade (*Chance*) de impor a própria vontade numa relação social, mesmo contra resistências, seja qual for o fundamento dessa possibilidade"; e na segunda, "a possibilidade de obter obediência a uma ordem de determinado conteúdo, num dado círculo de pessoas".[35] Acrescentou, quanto à última, que "certo mínimo de *vontade* de obedecer, isto é, de *interesse* (externo ou interno) na obediência, faz parte de toda relação autêntica de dominação".

Aí estão os dois elementos objetivos da relação de poder. Detenhamo-nos um pouco em sua análise.

Dentre as diferentes formas de comandar e exigir obediência na vida social, ou seja, aquilo que Weber denominou *Herrschaft,* o poder político distingue-se pelo fato de exercer-se na esfera global da sociedade política, que é a mais abrangente de todas, não sendo subordinada juridicamente a nenhuma outra.

---

33. Ἀρχὴ ἄνδρα δείξει: *Ética a Nicômaco*, 1130 *a*, 2-3.

34. Versos 175 a 177.

35. *Wirtschaft und Gesellschaft – Grundriss der verstehenden Soziologie*, 5ª ed. revista, Tübingen (J. C. B. Mohr), 1985, pp. 28, 541 e ss.

Sob o aspecto estrutural, e diferentemente do que ocorre em grupos sociais primários, como a família, as relações de poder não seguem um modelo simples — quem manda não obedece a ninguém, e quem se submete não manda em ninguém —, mas ordenam-se segundo um encadeamento hierárquico. E é com base nesse escalonamento que se pode e deve distinguir aqueles que possuem um poder supremo (*kyrioi*, para os gregos)[36] dos que, embora subordinados àqueles, dispõem também de poder sobre outrem. É, em suma, a distinção entre soberania e governo, essencial para a compreensão do regime democrático, como veremos adiante.

Em qualquer hipótese, porém, importa distinguir cuidadosamente a relação de poder autêntico, sobretudo na esfera política, daquelas outras situações em que se prescinde da vontade livre dos que se submetem às ordens de outrem, como sucede entre adultos e crianças no seio do grupo familiar, ou na relação entre senhores e escravos. Foi por isso que os gregos atribuíram ao governante cujos súditos eram despojados de toda liberdade — o que para eles era uma característica comum dos países bárbaros (isto é, não helênicos) — a qualificação de déspota (δεσπότης), palavra que designava o chefe de família na condição de senhor de escravos.

A questão da legitimidade

Em sua essência, a noção de legitimidade corresponde à ideia de uma relação harmônica de uma instituição, uma pessoa, um ato determinado, com o seu fundamento ético, que pode ser um modelo pessoal, humano — herói, profeta ou super-homem — ou divino; ou então, da conformidade com um conjunto de princípios e regras de comportamento.[37]

Sob esse aspecto, portanto, a legitimidade nada mais é do que uma forma de justiça, e é precisamente nesse sentido que este último vocábulo é usado na Bíblia, com referência às relações entre *Iahweh* e o seu povo. Enquanto o povo é frequentemente injusto, pela sua infidelidade à Lei, que é a própria expressão do Todo Poderoso, este, bem ao contrário, é um Deus eminentemente justo e verdadeiro, porque sempre fiel às suas promessas.

36. Cf. Aristóteles, *Política*, 1285 *b*, 30 (πάντων κύριος: senhor em tudo).
37. Sobre a noção de fundamento ético, veja-se o que ficou dito no início do capítulo II desta Parte.

Mas ao lado desse aspecto objetivo da legitimidade fundada no respeito à Lei, transparece também, desde a mais remota antiguidade e mesmo nas sociedades primitivas, um outro sentido da relação de legitimidade, o qual se manifesta, sobretudo, no campo político: é a aprovação, pelos governados, daqueles que detêm o poder.

Confúcio, por exemplo, não deixou de ressaltar esse lado subjetivo da legitimidade política:

Zigong: Em que consiste governar?
O Mestre: Em cuidar para que o povo tenha víveres suficientes, armas bastantes e para que ele confie nos governantes.
Zigong: E se fosse necessário dispensar uma dessas três coisas, qual seria ela?
O Mestre: As armas.
Zigong: E das duas outras, qual seria dispensável?
O Mestre: Os víveres. Desde sempre, os homens são sujeitos à morte. Mas sem a confiança do povo, não há ordem política que subsista.[38]

Em suas pesquisas antropológicas realizadas junto às tribos indígenas do Brasil, notadamente os nhambiquaras, Claude Lévi-Strauss chegou exatamente à mesma conclusão.[39] O consentimento dos governados, observou ele, é ao mesmo tempo a origem e o limite do poder. As relações entre governantes e governados reduzem-se, no fundo, a uma espécie de arbitragem entre, de um lado, os talentos e a autoridade do chefe e, de outro lado, o tamanho, a coerência e a boa vontade do grupo social. Tais fatores existem em situação de influência recíproca.

E justamente, prossegue Lévi-Strauss, se o consentimento é uma espécie de fundamento psicológico do poder, na vida cotidiana ele se exprime objetivamente por um complexo de prestações e contraprestações, entre o chefe e seus comandados, numa trama de reciprocidade. "O chefe detém o poder, mas deve ser generoso. Ele tem deveres, mas pode obter várias mulheres. Entre ele e o grupo estabelece-se um equilíbrio perpetuamente renovado de prestações e privilégios, de serviços e obrigações."

De sua parte, Weber, em várias passagens de sua obra, salientou que nenhum

---

38. *Entretiens de Confucius*, livro XII, 7, tradução do chinês, introdução e notas de Anne Cheng, Paris, Éditions du Seuil, 1981, p. 97.

39. *Tristes tropiques*, Paris, Librairie Plon, 1955, pp. 373 e ss.

titular do que ele chama *dominação (Herrschaft)* pode satisfazer-se com o fato puro e simples da obediência de seus subordinados. Ele procura sempre, de uma forma ou de outra, obter a confiança deles, ou seja, alcançar a legitimidade do poder.[40]

O conceito de legitimidade adquiriu, porém, no pensamento moderno, uma apreciável polissemia. Convém, assim, fazer as necessárias distinções entre, de um lado, as diferentes razões da confiança do povo, e, de outro, o diverso objeto dessa confiança.

Em primeiro lugar, a duradoura vigência no tempo de uma organização de poder, com a permanente efetividade da obediência do povo às leis ou ordens emanadas dos governantes, é, em si mesma, um puro fato sociológico, que nada diz quanto ao seu valor ético. Weber, em suas reflexões e classificações, situa-se exclusivamente nesse terreno fáctico, e, nesse sentido confunde, tal como os positivistas do direito, a legitimidade política com a pura legalidade formal.[41] Assim é que o seu tipo ideal de "dominação legal com aparato administrativo burocrático" (*legale Herrschaft mit bureaukratischem Verwaltungsstab*) fundar-se-ia no fato de que determinada ordem jurídica foi pactuada, ou então outorgada pelo soberano, de forma racional, em função de certos fins ou valores.[42] Ora, o regime hitlerista e o stalinista foram, ambos, impostos sob uma forma incontestavelmente racional, em função dos objetivos desde o início fixados. Mas estes, como vimos com horror, nada tinham a ver com o respeito mais elementar à dignidade humana.

Rousseau também aponta a ordenação jurídica do poder como elemento diferenciador da força pura e simples: "O mais forte não é nunca bastante forte para continuar sempre no comando (*pour être toujours le maître*), se não transforma sua força em direito e a obediência em dever".[43] Mas o grande genebrino sabia, perfeitamente, que nem toda ordem jurídica é legítima, pois nem sempre ela se conforma com os princípios superiores, ditados pela *volonté générale*.

O poder despido de legitimidade, por isso mesmo chamado de "poder nu" (*naked power*) por Bertrand Russel,[44] é a força bruta. No plano das relações inter-

---

40. "*Keine Herrsachaft begnügt sich, nach aller Erfahrung, freiwillig mit den nur materiellen oder nur affektuellen oder nur wertrationalen Motiven als Chance ihres Fortbestandes. Jede sucht der Art der beanspruchten Legitimität zu erwecken und zu pflegen*" (op. cit., p. 122).

41. Cf. supra, Parte II, capítulo x.

42. Op. cit., p. 125.

43. *Do Contrato Social*, livro primeiro, capítulo terceiro, *in initio*.

44. Op. cit., capítulo VI.

nacionais, muito mais do que no interior dos Estados, ela permanece em vigor até hoje, inteiramente à margem do direito, como *ultima ratio* na solução de conflitos. A rigor, ainda não fizemos muitos progressos éticos nesse campo, desde quando, há 25 séculos, em plena Guerra do Peloponeso, como relata Tucídides,[45] os chefes militares atenienses apresentaram um ultimato aos habitantes da ilha de Melos, intimando-os a aderir a Atenas sob pena de imediata invasão: "Vocês sabem, tanto quanto nós, que no mundo dos homens os argumentos jurídicos são respeitados tão só quando os adversários em presença dispõem de meios de coação equivalentes; quando isso não acontece, os mais fortes sempre se aproveitam ao máximo de sua potência, enquanto os mais fracos são coagidos a se inclinar".

Mas, em regra, toda posição de força, seja ela militar ou econômica, precisa sempre, para subsistir, como acentuou Rousseau, transformar a necessidade física de submissão do mais fraco em um dever de obediência voluntária a determinado governante, ou a um certo regime político. No limite, o simples estabelecimento de uma ordem social estável, fundada em normas jurídicas conhecidas e uniformemente aplicadas, já contém em si um princípio de legitimação, pois os homens sempre preferem um mínimo de ordem, mesmo injusta, a uma situação de completa anomia. A História contemporânea apresenta não poucos casos em que um povo, ao sair de um regime político ditatorial ou mesmo totalitário, e vendo suceder a este um estado de latente anarquia, ou de aberta guerra civil, julga preferível voltar ao passado.

O grande desafio de toda organização política consiste, exatamente, na difícil e sempre precária harmonização da força com a justiça. "A justiça sem a força", lembrou Pascal, "é impotente; a força sem a justiça, tirânica. A justiça sem a força é contradita, porque há sempre pessoas más; a força sem a justiça é acusada. É mister, portanto, juntar a justiça à força e, para tanto, fazer com que o justo seja forte, ou o forte seja justo."[46]

É o que assinala Camões:

Quem faz injúria vil e sem razão,
Com forças e poder em que está posto,

45. Livro v, 89.
46. *Pensées*, ed. Brunschvicg, nº 298.

Não vence, que a vitória verdadeira
É saber ter justiça nua e inteira.[47]

Os gregos sempre foram bem conscientes da necessidade de não separar a justiça da força. A mitologia personificou essas duas ideias em deuses irmãos: *Kratos* e *Bia*. Foi a eles que Zeus confiou a missão de punir Prometeu de sua rebeldia culpável.[48] Themis, a deusa da justiça, tem sido, desde a antiguidade, representada sob a figura de uma mulher que porta numa mão a balança e noutra a espada.

A legitimidade do poder político no mundo antigo e medieval

Na antiguidade, a confiança e o respeito que os governados mantinham em relação aos governantes fundavam-se na conformidade da conduta destes a princípios éticos superiores, postos acima de suas vontades, e não meramente nas qualidades pessoais dos que detinham o poder.

Até a Idade Moderna, em todas as civilizações, esses princípios éticos superiores foram essencialmente religiosos.[49]

No mundo greco-romano, assim como o chefe da família era o sacerdote, único intermediário entre os deuses e os homens, também o Lar da cúria tinha o seu curião ou fratiarca, a tribo o seu chefe religioso e a cidade o seu pontífice. A união entre o sacerdócio e o poder político era íntima e indissolúvel. E da mesma forma que a hereditariedade masculina era de regra na transmissão do culto doméstico, assim foi também, nos primeiros tempos, para a sucessão sacerdotal e de chefia política na cidade. No mundo antigo, não foi a força, mas a religião que fez os reis. A ideia de que as monarquias da antiguidade tiveram na origem um rei soldado representa a transposição anacrônica de uma realidade moderna. Os primeiros reis não careciam da força material para se impor aos súditos. Eles não possuíam exército nem amealhavam recursos financeiros. Para reinar, bastava-lhes a autoridade santa e inviolável, que lhes advinha da sua função sacerdotal.

---

47. *Os Lusíadas*, canto X, estrofe LVIII.
48. Veja-se a tragédia *Prometeu Acorrentado*, de Ésquilo, versículo 13.
49. A interpretação que Fustel de Coulanges fez das instituições políticas greco-romanas em sua obra famosa (*La Cité antique*, capítulo IX), cuja primeira edição é de 1864, continua até hoje substancialmente válida.

A instauração do regime republicano em Roma provocou, por respeito à tradição, a instituição de um *rex sacrorum*, titular sobrevivente das antigas funções sacerdotais. Mas já o colégio de pontífices e, em especial, o seu chefe assumiram o principal papel nesse campo. Ao *pontifex maximus* foram reconhecidos os dois atributos do poder supremo: o *imperium* e o poder de invocar os deuses por meio dos auspícios (*ius auspiciorum*). Ao fundar o regime imperial, Augusto chamou a si, naturalmente, as funções de pontífice supremo, voltando, portanto, a concentrar em suas mãos todos os poderes: militar, civil e religioso.

É exatamente em função da legitimidade religiosa do poder político, que se pode compreender o fenômeno das tiranias nas antigas sociedades políticas. Os pensadores da antiguidade clássica, na Grécia e em Roma, vivendo numa época em que a vigência das velhas crenças religiosas já começava a declinar, tiveram dificuldade em compreender o fato surpreendente de que, mesmo abolido o regime monárquico, os antigos reis e seus descendentes legítimos ainda gozavam de grande prestígio no seio do povo, sobretudo entre as famílias aristocráticas, sempre mais apegadas à tradição.[50] Faltava ao tirano toda legitimidade para exercer as funções sacerdotais em nome do povo. Não possuindo, portanto, essa autoridade religiosa, só podia impor-se como chefe pelo uso contínuo da força física.

Em Roma, apesar da separação formal, a partir de meados do século v a.C., entre o direito humano (*ius*) e a ordem natural do Universo estabelecida pela divindade (*fas*), entre os poderes de mando e as funções cultuais, a legitimidade política de fundo religioso permaneceu em vigor até mesmo durante o império, como lembramos. Ela se exprimia pela noção de *auctoritas*, ligada ao exercício das mais importantes funções políticas.

Algumas referências etimológicas nos ajudam a compreender o sentido do vocábulo.

Tal como *augur* (sacerdote), a palavra *auctoritas* deriva do verbo *augeo, -ere*, que significa aumentar ou fazer crescer. Da mesma raiz verbal deriva também

---

50. O mesmo ocorre, ainda hoje, em várias sociedades africanas. Os descendentes das antigas famílias de régulos continuam a ser respeitados por todos, inclusive pelo chefe de Estado, como investidos daquela qualidade eminente que os romanos denominavam *auctoritas*, da qual nos ocuparemos em seguida.

augustus, que como substantivo indica o acréscimo dado pelos deuses a uma obra ou empreendimento favorável, e por extensão, como adjetivo, o homem que dá presságios favoráveis, ou tudo que é santo ou consagrado, majestoso e venerável.[51] Daí haverem os imperadores romanos adotado esse qualificativo como seu título oficial.

Do verbo *augeo* deriva também *auctor*, cujo sentido primário é o que faz crescer ou brotar, o que aumenta a confiança; e numa acepção derivada, o fundador. Na linguagem jurídica, *auctor* designa aquele que garante e confirma a promessa de outrem, ou responde em lugar deste; por exemplo, o fiador.[52] *Auctoritas* é, por conseguinte, no sentido primigênio, a qualidade própria do *auctor*, a suscitar a confiança dos que com ele tratam; é a garantia de legitimidade, regularidade ou autenticidade de um ato jurídico. Neste sentido, denominava-se *actio auctoritatis* a ação civil do comprador contra o vendedor, em caso de evicção, isto é, quando um terceiro alega ser proprietário da coisa vendida. Ainda no campo do direito, a palavra foi também usada com o sentido de poder sobre coisas,[53] ou sobre pessoas,[54] presumivelmente de origem religiosa.

Não há dúvida que a palavra tinha nos primórdios, em se tratando de um chefe (*paterfamilias* ou *rex*), uma conotação religiosa.

No direito público romano, a *auctoritas* distinguia-se da *potestas*, mas não se lhe opunha.

A *potestas* designava o poder jurídico sobre a pessoa de outrem, ou sobre bens, próprios ou alheios. No plano da organização política, correspondia à *coercitio* atribuída aos *magistrati* superiores,[55] vale dizer, o poder dos cônsules e pretores de impor penas, reter e penhorar bens, prender as pessoas e aplicar penas disciplinares. O grau máximo de *potestas* era o *imperium*, correspondente ao poder de comando militar.

---

51. *Augustissimum templum*, diz Cícero no *In Verrem actio* (5, 186).

52. Neste sentido, disse Cícero: *majores nostri nullam, ne privata quidem rem, agere feminas sine tutore auctores voluerunt* (nossos antepassados quiseram que a mulher não pudesse praticar ato algum sem um tutor responsável).

53. Cícero, ainda, emprega a expressão *usus auctoritas* para designar o usucapião: cf. *Tópica*, 23.

54. A Lei das Doze Tábuas falava num poder permanente sobre o indivíduo estrangeiro: *adversus hostem aeterna auctoritas*.

55. *Magistratus* designa a função pública e o seu titular. A palavra veio de *magister*, que indicava aquele que comanda, dirige ou conduz; por exemplo, *magister populi*.

Ainda aí, o vínculo com a religião é evidente, pois o *imperium* fundava-se, originalmente, no poder de consultar os deuses, pelos chamados auspícios.

A *auctoritas* era o prestígio moral, que dignificava certas pessoas ou instituições, suscitando respeito e até mesmo veneração. No meio social romano, ela sempre esteve ligada à preservação das tradições ancestrais, dos costumes dos antepassados (*mores maiorum*), e podia existir ligada ou não à *potestas*. Os tribunos da plebe, por exemplo, eram despidos de *potestas*, isto é, não tinham o direito de dar ordens. Só lhes competia o poder de vetar as ordens dadas pelos outros magistrados ou agentes públicos superiores (*prohibitio, intercessio*).[56] Em compensação, gozavam da máxima *auctoritas*. A pessoa de um tribuno da plebe era considerada sacrossanta,[57] qualificativo que se aplicava, na linguagem religiosa dos antigos, a todos os objetos consagrados aos deuses, e que por essa razão não podiam ser tocados pelos humanos. Desrespeitar um tribuno da plebe constituía, portanto, um sacrilégio: o réu era desde logo declarado apartado do povo (*sacer esto*, como determinava a Lei das Doze Tábuas) e abandonado às potências infernais.

Na ordem política republicana, como reconheceu Cícero,[58] o povo (*populus*, que compreendia o patriciado e a plebe) somente possuía a *potestas*, não a *auctoritas*. E a razão era óbvia, embora não expressa pelo grande orador: a função sacerdotal nunca fora atribuída ao povo, mas sempre e necessariamente a indivíduos que serviam de intermediários entre ele e os deuses. Em compensação, o Senado, cujos membros supunham-se descendentes dos fundadores da *Urbs*, embora despido da *coercitio*, que pertencia só aos magistrados revestidos de *imperium*, possuía a suma *auctoritas*.

Era essa, aliás, uma das chaves da constituição mista da república romana, que Políbio tanto elogiou.[59] O processo legislativo comportava a manifestação de três órgãos políticos: os cônsules, que propunham novas leis; o Senado, que confirmava perante o povo o projeto de lei apresentado por um magistrado; e o povo, que a votava nos comícios. O texto definitivo era, afinal, submetido à ratificação do

---

56. Montesquieu inspirou-se, sem dúvida, na figura do *tribunus populi* para estabelecer a sua distinção entre o *pouvoir de statuer* e o *pouvoir d'empêcher* (*Do Espírito das Leis*, Livro XI, capítulo 6).

57. Tito Lívio (III, LV) refere que em 448 a.C., após os choques consideráveis havidos entre o patriciado e a plebe, restabeleceu-se a inviolabilidade pessoal dos tribunos, inviolabilidade essa, diz ele, "cuja memória havia quase desaparecido, e foram restabelecidas, em favor deles, certas cerimônias rituais interrompidas há muito tempo, de modo a tornar essa inviolabilidade não apenas religiosa, mas também legal".

58. "*Cum potestas in populo, auctoritas in Senatu sit*" (Cícero, *De legibus*, 3. 12. 28).

59. Livro VI, V, 11 e ss.

Senado. "Se não houver na cidade", disse Cícero em *De re publica*,[60] "um justo equilíbrio de direitos, deveres e funções, de sorte que os magistrados tenham suficiente poder (*ut et potestatis satis in magistratibus*), o conselho dos primeiros cidadãos [isto é, o Senado] disponha de autoridade (*et auctoritatis in principum consilio*), e o povo de liberdade, é impossível que essa república subsista sem distúrbios."

E efetivamente, na autêntica tradição monárquica, o soberano só exerce o poder impositivo porque encarna em sua pessoa a *auctoritas* política, ou seja, a legitimidade central do regime, de origem religiosa, como vimos. Exatamente por isso, a liturgia do coroamento dos reis e imperadores, no mundo cristão, comportou, tradicionalmente, a sagração do monarca entronizado, por meio da bênção episcopal.

Shakespeare, como sempre, soube captar fielmente o fenômeno:

Kent: *You have that in your countenance which I would fain call master.*
Lear: *What's that?*
Kent: *Authority.*[61]

Com o progressivo desaparecimento das velhas crenças religiosas, surgiram, a partir do século VI a.C., os primeiros grandes distúrbios políticos nas cidades helênicas e em Roma. O poder, em Roma, acabou por concentrar-se todo na cúpula, sob a forma de *imperium*, com o consequente enfraquecimento da *auctoritas*, não obstante o esforço dos imperadores para a divinização de si próprios. A seguir, em nova decaída, o império transformou-se em *dominatus*, ou seja, o regime político cujo chefe exerce sobre as pessoas um poder semelhante ao do proprietário (*dominus*) sobre as coisas do seu patrimônio: o Estado romano passou a ser um bem patrimonial do seu chefe.

O antigo prestígio religioso do *imperator* foi momentaneamente recobrado com a conversão do imperador Constantino à religião cristã, em 313. O imperador passou a ser considerado como investido de uma *maiestas secunda*, logo abaixo de Cristo, para atuar como seu único mandatário político na face da Terra. Após sua morte, Constantino foi literalmente canonizado no império romano do Oriente: na basílica de Constantinopla, ele passou a figurar como o décimo terceiro apóstolo.

60. Livro II, XXXIII, 57.
61. *King Lear*, ato I, cena 4.

Abriu-se com isto o inevitável conflito, que durou séculos no Ocidente, entre o chefe máximo da sociedade política e a cabeça da sociedade eclesiástica. É que na Igreja, à autoridade religiosa do papa veio somar-se, rapidamente, o poder temporal, quando o bispo de Roma assumiu a posição de senhor dos domínios territoriais que lhe teriam sido concedidos por Constantino.[62] São Gelásio, que exerceu o supremo pontificado entre 492 a 496, ainda tentou separar uma coisa da outra, de modo a delimitar as competências respectivas do imperador e do papa. Em carta dirigida ao imperador bizantino Anastácio, lembrou que a autoridade sagrada dos pontífices (*sacra auctoritas pontificum*) não se submetia ao poder real (*regalis potestas*), pois os bispos deviam prestar contas, perante a justiça divina, dos atos de todos os fiéis, inclusive dos monarcas.

O que se viu, até o século XIII, foi o crescimento do poder político do papa, em aberto desafio ao do imperador. Inocêncio III, que no exercício do supremo pontificado, de 1198 a 1216, elevou o papado ao ápice do poder e do prestígio na Idade Média, não hesitou em proclamar que o bispo de Roma e chefe da Igreja Católica reunia em sua pessoa o sumo poder temporal (*imperium*) e a santa *auctoritas* derivada de sua posição de vigário de Jesus Cristo na Terra.

A partir de então, acendeu-se uma formidável polêmica doutrinária entre os juristas do imperador e, ao depois, dos reis, por isso chamados de regalistas, e os juristas da Igreja, os canonistas, a respeito da tese famosa dos "dois corpos do rei", sobre a qual já nos referimos no capítulo 2º desta Parte. [63]

A situação começa a mudar no chamado outono da Idade Média, mais preci-

---

62. A *donatio Constantini* foi um documento apócrifo, segundo o qual o imperador Constantino teria conferido ao papa Silvestre I, que exerceu o sumo pontificado de 314 a 335, não somente a primazia sobre Antioquia, Constantinopla, Alexandria e Jerusalém, mas também a soberania sobre toda a península itálica. No *Inferno* (canto XIX, versos 115 a 117), Dante apontou essa fraude como causadora da degenerescência do supremo pontificado na Idade Média:

> Ahi, Costantin, di quanto mal fu matre,
> non la tua conversion, ma quella dote
> che da te prese il primo patre!

63. A titularidade em pessoas distintas da autoridade moral e do poder coercitivo ainda subsiste na vida política moderna. Foi o que sucedeu, por exemplo, com o Mahatma Gandhi logo após a independência da Índia. Entre agosto de 1947, quando se criou o novo Estado, e janeiro de 1948, quando o grande líder foi assassinado, embora não ocupasse cargo algum, ele exerceu, graças à sua inexcedível autoridade moral, uma influência decisiva na vida política indiana. Nenhuma decisão oficial de importância podia ser tomada sem o seu assentimento.

samente no "calamitoso" século XIV,[64] o século da peste negra e do cisma do Ocidente. Segundo estimativa dos historiadores, entre 1347 e 1351, cerca de um terço da população europeia pereceu pelo contágio da peste, que teve recorrências em 1361-63, 1369-71, 1374-75, 1390 e 1400. Além disso, a áspera querela sobre a reinstalação do papado em Roma, deixando a cidade francesa de Avignon, para onde havia sido transferido, desencadeou em 1378, pela primeira vez, uma cisão na Igreja ocidental, com a eleição de papas rivais, situação que perdurou até 1417.

É nesse contexto de radical insegurança, tanto na vida temporal quanto espiritual, que se situa a primeira reflexão séria sobre os fundamentos não religiosos de legitimidade do poder político. Ela foi feita pelo mais eminente dos pós-glosadores,[65] Bártolo de Saxoferrato, lente de direito em Perúgia, de 1343 até a sua morte, em 1357.

No opúsculo *De Tyrannia*,[66] ele descarta todos os argumentos de ordem religiosa para caracterizar essa realidade política. Para ele, tirano propriamente dito é aquele que não governa a comunidade política segundo o direito (*proprie tyrannus est qui communi reipublicae non iure principatur*).

O bem comum do povo, e não mais a lei divina ou o chamado direito natural, volta a ser o critério de julgamento dos bons ou maus governos. "Manter a sociedade em discórdia, depauperar os súditos e causar-lhes danos, tanto em suas pessoas quanto em seus bens, representam sinais evidentes de tirania."

Bártolo estabelece a distinção, que se tornaria clássica, entre a ilegitimidade política por carência de título e a ilegitimidade em razão do exercício do poder, ao falar em tirania *ex defectu tituli* e tirania *ex parte exercitii*.

O tirano é manifesto, quando lhe falta totalmente um título, ou seja, uma

---

64. É o qualificativo usado por Barbara Tuchman, como subtítulo de seu estudo magnífico, *A Distant Mirror – The calamitous 14th. century*, Nova York, Ballantine Books.

65. Foram denominados glosadores os eruditos medievais que, com o renascimento dos estudos jurídicos na Universidade de Bolonha ao final do século XI, aplicaram na interpretação dos textos do direito romano, sobretudo do Código de Justiniano, os métodos de comparação dos manuscritos existentes, da análise interlinear e da explicação das palavras. Esse esforço hermenêutico culminou, em meados do século XIII, com a publicação por Acúrcio da *Glossa ordinaria*, onde foram compiladas em forma sistemática todas as interpretações feitas pelos seus predecessores e por ele mesmo. A partir do século XIV, inicia-se o período dos pós-glosadores, onde o direito romano passa a ser interpretado em conjunto com os diferentes sistemas jurídicos das cidades italianas.

66. Consultei o precioso *in folio Consilia, Quaestiones, et Tractatis*, impresso em Veneza em 1570, existente na biblioteca da Faculdade de Direito da Universidade de São Paulo, em virtude de doação feita pela família do eminente professor italiano Tullio Ascarelli, que lá lecionou a partir do início da Segunda Guerra Mundial e até os anos 1950 do século XX.

causa jurídica (*causa iuris*) para governar. Em tais casos, afirma Bártolo, os atos por ele praticados enquanto titular do poder de julgar (*per modum iurisdictionis*) não têm validade. Mas pode também haver situações, aduz com grande acuidade, em que a ausência de título legítimo de poder não aparece abertamente. Em tais hipóteses, estaremos diante de um tirano oculto ou não declarado (*tyrannus velatus vel tacitus*), nem sempre fácil de desmascarar.

Já aquele que, embora tendo um título legítimo para governar, abusa do poder no qual está investido, deve ser considerado tirano em menor grau (*minus dicitur tyrannus*). O exemplo dado por Bártolo é esclarecedor e de ocorrência frequente, ainda nos tempos modernos. Trata-se de alguém que, tendo sido regularmente escolhido para exercer o governo — possuindo, portanto, um título legítimo de poder —, torna-se tirano pelo fato de governar pelo terror, pois este nada mais é do que uma forma de violência exercida contra o povo.

A teoria moderna da legitimidade política

O primeiro uso moderno do termo *legitimidade* para qualificar os governos e os regimes políticos foi feito por Talleyrand, logo após a restauração monárquica na França pós-bonapartista. O terremoto de 1789, pelo menos na França, havia deitado por terra a velha justificação religiosa da ordem política. Cumpria encontrar um outro fundamento para a reinstalação no país, com armas e bagagens, do *Ancien Régime*. O astuto homem público, que ainda conservava o título — puramente honorífico no seu caso — de bispo de Autun, construiu esse novo fundamento na antiga ideia de tradição, envolta juridicamente no manto protetor do usufruto ou prescrição aquisitiva. Eis as suas palavras:

> Um governo legítimo, seja ele monárquico ou republicano, hereditário ou eletivo, aristocrático ou democrático, é sempre aquele cuja existência, forma e modo de ação são consolidados e consagrados por uma longa sucessão de anos, eu diria mesmo por uma prescrição secular. A legitimidade da potência soberana resulta do antigo estado de posse, assim como ocorre, para os particulares, com a legitimidade do direito de propriedade.[67]

67. *Mémoires 1754-1815*, Paris, Plaon, 1982, p. 632. As ideias de Talleyrand sobre a legitimidade inspiraram, como sabido, o ensaio de Guglielmo Ferrero, *Pouvoir – Les génies invisibles de la cité*, publicado em 1942 em Nova York pela livraria Brentano's.

Era óbvio, porém, que, sob a aparência de uma teoria geral, essa defesa da tradição não se aplicava a todos os regimes políticos, mas exclusivamente àquele que predominava — com a única exceção da Confederação Helvética — em todo o continente europeu: o regime de monarquia absoluta. Talleyrand — e antes dele Joseph de Maistre, como lembraremos adiante — contendia com duas doutrinas políticas, cuja influência havia sido decisiva nas Revoluções Americana e Francesa, do final do século XVIII: a de John Locke e a de Jean-Jacques Rousseau.[68]

Há duas ideias centrais no pensamento político desses autores. A primeira delas é que os cidadãos, em qualquer sociedade politicamente organizada, já nascem com direitos inerentes à sua condição humana, direitos, por isso mesmo, inalienáveis e imprescritíveis, cuja proteção deve constituir a finalidade última dos governos. A segunda ideia central no pensamento político de Locke e de Rousseau é que a soberania não pertence aos governantes, quaisquer que eles sejam, mas ao povo (Locke) ou à *volonté générale* (Rousseau).

Foi com base nesses princípios que os revolucionários norte-americanos e franceses conceberam o novo instituto da Constituição. O termo escolhido foi o mesmo empregado por Montesquieu no capítulo VI do Livro XI de sua obra famosa, para designar o conjunto das instituições políticas tradicionais da Inglaterra, constantes de leis ou costumes. Mas os próceres da independência das colônias britânicas na América atribuíram-lhe o sentido de uma Lei Fundamental, votada pelos representantes do povo, no momento em que eles constituem um novo Estado.

Na tradição política inglesa, Lei Fundamental e Constituição sempre foram institutos correlatos. Importa lembrar que o libelo acusatório contra o rei Jaime II, apresentado na Câmara dos Comuns em 28 de janeiro de 1689, compreendia dois crimes. O primeiro era o de "haver tentado abolir a Constituição do reino, ao romper o contrato original entre o rei e o povo". O segundo crime era de "ter, ao seguir os conselhos dos Jesuítas e de outras pessoas pérfidas, violado as leis fundamentais". Na definição clássica de Bolingbroke, a Constituição inglesa é "o conglomerado de leis, instituições e costumes, que decorrem de certos princípios imutáveis da razão e tendem a certos elementos imutáveis do bem público, compondo o essencial de um sistema, segundo o qual se convencionou que a comunidade deve ser governada".[69] Daí o fato de o qualificativo *illegal* ter, no direito inglês, o mesmo sentido que o adjetivo *unconstitutional* para os norte-americanos.

---

68. Cf. supra, Parte II, caps. IV e V.

69. *Dissertation on Parties*, em *Works*, ed. 1809, p. 157.

Já na França do *Ancien Régime*, como salientamos,[70] as *Lois Fondamentales du Royaume* tinham um significado um tanto diverso, mais aproximado do conceito de *politeia* na filosofia política grega;[71] ou seja, elas abrangiam não somente as instituições políticas, como também as de direito privado (família e sucessões por causa de morte).[72]

As duas ideias fundamentais de Locke e Rousseau — a existência de direitos inatos do ser humano e a soberania popular — vêm expressas logo nos primeiros parágrafos da Declaração dos Representantes dos Estados Unidos da América, reunidos em Congresso Geral, datada de 4 de julho de 1776:

> Consideramos as seguintes verdades como autoevidentes, a saber, que todos os homens são criaturas iguais, dotadas pelo seu Criador de certos direitos inalienáveis, entre os quais a vida, a liberdade e a busca da felicidade.
>
> É para assegurar esses direitos que os governos são instituídos entre os homens, sendo seus justos poderes derivados do consentimento dos governados.

Os mesmos princípios, aliás, já haviam sido afirmados na Declaração de Direitos (*Bill of Rights*) de Virgínia, votada em 12 de junho de 1776, portanto antes mesmo da Declaração de Independência:

> Art. 1º. Todos os seres humanos são, pela sua natureza, igualmente livres e independentes, e possuem certos direitos inatos, dos quais, ao entrarem no estado de sociedade, não podem, por nenhum tipo de pacto, privar ou despojar sua posteridade; nomeadamente, a fruição da vida e da liberdade, com os meios de adquirir e possuir a propriedade de bens, bem como de procurar e obter a felicidade e a segurança.
>
> Art. 2º. Todo poder pertence ao povo e, por conseguinte, dele deriva. Os magistrados[73] são seus fiduciários e servidores, responsáveis a todo tempo perante ele.

---

70. Parte II, cap. III.

71. Veja-se, a esse respeito, o estudo de Jacqueline Bordes, *Politeia dans la pensée grecque jusqu'à Aristote*, Paris, Société d'Edition "Les Belles Lettres", 1982.

72. Já na Alemanha Ocidental em 1949, a expressão *Grundgesetz* foi adotada, como se vê do preâmbulo e do último artigo desse documento, para bem marcar o fato de que se tratava de Constituição provisória, que deveria viger até a definitiva reunificação da nação alemã. Mas esta acabou se dando, sem que se decidisse trocar o termo escolhido por *Verfassung.*

73. A palavra é aqui empregada em seu sentido romano, de ocupante de uma função pública com poder coativo (*potestas, imperium*), e não no sentido moderno de juiz.

Art. 3º. O governo é e deve ser instituído para comum benefício, proteção e segurança do povo, nação ou comunidade. De todas as formas de governo, a melhor é aquela capaz de produzir o maior grau de felicidade e segurança, e a que mais efetivamente ofereça garantia contra o perigo da má administração. Toda vez que algum governo for considerado inepto ou contrário a esses fins, a maioria da comunidade tem o direito indubitável, inalienável e irrevogável de reformá-lo, modificá-lo ou aboli-lo, da maneira que julgar mais proveitosa ao bem-estar geral.

A Declaração dos Direitos do Homem e do Cidadão, votada pela Assembleia Nacional Francesa em 4 de agosto de 1789, reitera, com uma só alteração, mais aparente do que real, os mesmos princípios sobre os quais se constituíram os Estados Unidos da América:

Art. 1º. Os homens nascem e permanecem livres e iguais em direitos. As distinções sociais só podem fundar-se na utilidade comum.

Art. 2º. A finalidade de toda associação política é a conservação dos direitos naturais e imprescritíveis do homem. Tais direitos são a liberdade, a propriedade, a segurança e a resistência à opressão.

Art. 3º. O princípio de toda soberania reside essencialmente na Nação. Nenhuma corporação, nenhum indivíduo pode exercer autoridade que dela não emane expressamente.

[...]

Art. 6º. A lei é a expressão da vontade geral. Todos os cidadãos têm o direito de concorrer pessoalmente, ou por meio de representantes, à sua formação.[74] Ela deve ser a mesma para todos, quer proteja, quer puna. Todos os cidadãos, sendo iguais aos seus olhos, são igualmente admissíveis a todas as dignidades, cargos e empregos públicos, segundo sua capacidade e sem outra distinção a não ser a de suas virtudes e seus talentos.

[...]

Art. 14. Todos os cidadãos têm o direito de verificar, pessoalmente ou por meio de representantes, a necessidade da contribuição pública, bem como de consenti-la livremente, de fiscalizar o seu emprego e de determinar-lhe a alíquota, a base de cálculo, a cobrança e a duração.

---

74. Aqui está a falsa adoção do pensamento de Rousseau, a que nos referimos mais acima.

Art. 15. A sociedade tem o direito de pedir, a todo agente público, que preste contas de sua administração.

Art. 16. Toda sociedade, na qual a garantia dos direitos não é assegurada nem a separação dos poderes determinada, não tem constituição.

Este último artigo condensa, de modo lapidar, o sentido de legitimidade ética de uma Constituição, para os novos tempos. No entender dos revolucionários do final do século XVIII, uma Constituição existia tão só para a proteção dos direitos inatos do ser humano, não para organizar o Estado com vistas à "governabilidade", como passaram a sustentar recentemente os propagandistas do neoliberalismo capitalista.

A diferença em relação às declarações de direitos norte-americanas e à Constituição de 1787 está no art. 3º. Nos documentos americanos, reconhece-se, pelo menos retoricamente, que o protagonista político é o povo.[75] *We the People of the United States* [...] *do ordain and establish this Constitution for the United States of America*, declara o preâmbulo daquela Constituição.

A verdade é que nos Estados Unidos nunca vicejou a organização estamental da sociedade, própria da Idade Média Europeia. Na América do Norte, a burguesia não tinha por que se insurgir contra a dominação do clero, ou da aristocracia nobiliárquica. Na França revolucionária, porém, o conceito de *peuple* prestava-se a mais de uma interpretação. Ele podia referir-se, tanto ao conjunto dos não privilegiados (equivalente à *plebs* romana), quanto ao conjunto dos cidadãos (o *populus*).

Seja como for, o duplo fundamento de legitimidade das Constituições — a proteção dos direitos humanos e o reconhecimento da soberania popular — veio a ser gravemente abalado pelos diferentes positivismos e decisionismos jurídicos dos séculos XIX e XX, e sofreu, em seguida, um novo e contundente ataque do movimento ideológico em defesa da globalização capitalista.

Num livro quase panfletário, publicado em 1942, *The Road to Serfdom*, Friedrich Hayek deu o primeiro grito de guerra contra a democracia e o *Welfare State*. Duas teses foram desde então marteladas: 1. a democracia ameaça a liberdade; 2. o Estado Social ameaça a liberdade e a democracia. O ataque redobrou de intensidade em novo livro, publicado em 1960, *The Constitution of Liberty*.

Tratava-se, na verdade, do manifesto inaugural do que se veio depois denomi-

---

75. Já veremos, porém, mais abaixo, que os autores da Constituição de 1787 não julgavam o povo politicamente apto a exercer a soberania.

nar neoliberalismo. O que se sustentou e propagou a partir dos anos 1970 do século passado, com o êxito que todos sabem, foi que os gastos públicos com saúde, educação, previdência e assistência social são um processo altamente irracional, sob o aspecto da coerência administrativa e da estabilidade fiscal. O argumento foi astucioso: em lugar de se dizer que o aumento dos gastos públicos com políticas sociais solapa o capitalismo, alardeou-se que tais despesas, pelos seus efeitos inflacionários, constituíam uma séria ameaça ao regime democrático. Essa ameaça consistiria em que o Estado Social carece intrinsecamente de "governabilidade": os governos já não contariam com os recursos financeiros indispensáveis para fazer atuar os serviços públicos básicos. Em suma, o atendimento dos direitos econômicos e sociais dos cidadãos conduziria o Estado à falência.

Como bem demonstrou no Brasil um dos grandes teóricos do desenvolvimento nacional,[76] essa acusação dos ideólogos neoliberais representou, na verdade, o estratagema típico do caluniador: o adversário é acusado de cometer exatamente o mesmo delito que o acusador se prepara para praticar, ou já pratica. Os países da periferia do mundo capitalista — e até mesmo algumas grandes potências — foram constrangidos, para manter acesso ao mercado global, a deixar praticamente de operar políticas monetárias ou fiscais, além de se desfazerem do controle de empresas estatais estratégicas (a chamada política de privatização). Ou seja, os países mais pobres e débeis viram-se condenados a não mais realizar políticas macroeconômicas, pelo abandono dos instrumentos indispensáveis para tanto. Doravante, o mercado incumbir-se-ia de tudo.

A dialética da legitimidade política no direito interno

No campo do direito constitucional, os autores discorrem tradicionalmente sobre a distinção entre Constituições escritas e não escritas, apresentando essas espécies como reciprocamente excludentes. Paradigma de Constituição escrita é, sem dúvida, a norte-americana, a primeira delas e a mais prestigiosa. Exemplo maior de Constituição não escrita é a do Reino Unido. Na verdade, a qualificação de não escrita, neste caso, é bem imprópria, pois segundo todos reconhecem a parte mais copiosa da Constituição britânica é composta de fontes escritas: precedentes

---

76. Celso Furtado, *Brasil – A construção interrompida*, Paz e Terra, 1992, pp. 24 e ss.

judiciais, pactos ou convenções, leis fundamentais votadas pelo Parlamento (*statutes*) e opiniões doutrinárias consagradas.

De qualquer maneira, essas espécies constitucionais formariam como que duas linhas paralelas na História, que jamais chegariam a encontrar-se. Tratar-se--ia de epifenômenos de culturas radicalmente distintas.

Já é tempo de retomarmos o exame do assunto em outras bases. A visão sistêmica da vida social, que professamos desde a Introdução desta obra, nos conduz a enxergar a existência, em todas as sociedades politicamente organizadas, de uma Constituição formal ao lado de uma Constituição real, unidas numa relação dialética permanente. Em geral, os juristas só enxergam a Constituição formal, ao passo que os cientistas políticos só têm olhos para a Constituição real.

A Constituição formal é um corpo unitário de normas, ou uma consolidação de leis fundamentais, as quais conformam todo o ordenamento jurídico estatal. Ela é o produto de uma vontade política do próprio povo, ou, mais frequentemente, de alguém — pessoa individual ou assembleia política — que age em nome próprio, ou em nome do povo. A Constituição formal volta-se para o futuro e pretende sempre inaugurar uma nova ordem política.

A Constituição real é a organização normativa de poderes, públicos ou privados, efetivamente em vigor em determinada sociedade; organização composta de costumes, convenções e leis escritas, fundada na tradição e correspondente à mentalidade social predominante, isto é, aos valores, às opiniões e à visão de mundo que prevalecem no meio social.

Ao contrário da Constituição formal, a Constituição real funda-se no passado e opõe resistência a toda mudança. Ela corresponde, em tudo e por tudo, à noção de *politeia* da Grécia antiga, a qual Isócrates definia como a alma da *pólis*, isto é, a sua personalidade própria.[77]

A convivência dessas duas organizações constitucionais numa mesma sociedade obedece a um inter-relacionamento dialético. Elas jamais coincidem inteiramente, nenhuma consegue anular a outra; mas há sempre uma delas que predomina.

---

77. Ἔστι γὰρ ψυξὴ πόλεως οὐδὲν ἕτερον ἡ πολιτεία (*Aeropagítica*, 14). Numa crônica de 1878, aliás, o nosso Machado de Assis emprega a mesma metáfora. "Os bons desejos de alguns ou de muitos", escreveu ele a propósito da ideia municipalista no Brasil, "não chegarão jamais a criar ou aviventar uma instituição, se esta não corresponder exatamente às condições morais e mentais da sociedade. Pode a instituição subsistir com as suas formas externas, mas a alma, essa não há criador que lha infunda" (*Obra Completa*, Rio de Janeiro, Editora Nova Aguilar, vol. III, p. 404).

A Constituição real representa um freio à aplicação completa e efetiva da Constituição formal. Mas a real tende a ser modificada pela formal, se houver estabilidade política durante um tempo razoavelmente longo.

Na verdade, as chances de longeva vigência de uma nova Constituição formal dependem de sua correspondência, em substância, à organização real da sociedade, aos valores e visões do mundo que nela estão em vigor. A Constituição norte-americana pôde vigorar durante mais de dois séculos porque ela correspondeu perfeitamente, quando de sua promulgação, ao caráter fundamentalmente burguês da sociedade formada nas treze colônias britânicas no final do século XVIII. Mas o seu ponto principal de conflito com a organização real de poderes na sociedade — a afirmação das liberdades individuais contra a manutenção do instituto da escravidão — acabou por provocar a mais sangrenta guerra civil do século XIX, e ameaçou seriamente cindir o país em dois. Em sentido contrário, a Revolução Francesa não logrou transformar desde logo o caráter estamental da sociedade e o seu apego atávico aos costumes feudais. Em pouco mais de meio século, de 1791 a 1848, o país teve nove Constituições, e oscilou várias vezes entre a monarquia e a república.

Bem vistas as coisas, a Constituição norte-americana, ao contrário do que se imagina, nunca abafou por completo certos elementos profundos da mentalidade ianque, e que formam parte integrante de sua Constituição real. A opinião, longamente repetida, de que os Estados Unidos põem a proteção das liberdades individuais acima de tudo, é sistematicamente contestada pela sucessão de intervenções militares, conquistas e guerras imperialistas, bem como pelo não reconhecimento ou a suspensão dos direitos individuais dos opositores políticos radicais, em nome da segurança nacional. Foi o que se viu durante todo o período da chamada "guerra fria" e o que se continuou a ver depois disso, sobretudo após os atentados de 11 de setembro de 2001 e as invasões do Afeganistão e do Iraque. O *Patriot Act*, que reduziu de modo drástico as liberdades civis tradicionais, foi votado unanimemente pelo Congresso norte-americano em 26 de outubro de 2001, ou seja, apenas um mês e meio após os atentados de Nova York e Washington. Nas diferentes prisões políticas mantidas pelo governo americano em território estrangeiro, os prisioneiros são sistematicamente torturados, com a clara conivência das autoridades. Os norte-americanos desenvolveram um espírito nacionalista, arrogante e agressivo, que não conhece limites.

Por outro lado, na Rússia e em todas as demais nações que compuseram a extinta União das Repúblicas Socialistas Soviéticas, o regime comunista, malgrado o emprego de todas as coerções totalitárias, foi incapaz de alterar fundamentalmente, ao cabo de 72 anos de vigência, a mentalidade tradicional dos povos, a qual voltou a se manifestar de modo aberto, logo que consumada a extinção do regime.

As Constituições latino-americanas, por sua vez, segundo reconhecimento geral, muito embora correspondentes na forma ao modelo democrático em vigor na Europa ocidental e nos Estados Unidos, sempre se apresentaram como um roto véu, incapaz de encobrir a dura realidade da oligarquia e do caudilhismo, tradicionalmente em vigor no meio social.

A cada uma dessas ordens constitucionais, a formal e a real, corresponde uma legitimidade que lhe é própria.

A justificativa ética da Constituição real, quando expressa, funda-se inteiramente, como assinalado, na tradição e na celebrada sabedoria dos antepassados. Foi o que declarou enfaticamente Antígona em sua invectiva às ordens de Creonte, na peça de Sófocles (versos 450 a 460): "Eu não imaginava que as tuas proibições pessoais fossem assaz poderosas para permitir a um mortal descumprir aquelas outras leis, não escritas, inabaláveis, as leis divinas! Estas não datam nem de hoje nem de ontem, e ninguém sabe o dia em que foram promulgadas".

Logo após a Revolução Francesa, Joseph de Maistre procurou ressuscitar essa justificativa ética tradicional, opondo-a às novas ideias de progresso e de Estado laico. "Nenhuma Constituição", disse ele num panfleto publicado em 1797 em Moscou, onde se exilara, "resulta de uma deliberação; os direitos dos povos não são jamais escritos, ou pelo menos os atos constitutivos ou as leis fundamentais escritas não passam de títulos declaratórios de direitos anteriores, dos quais só se pode dizer que existem porque existem."[78] Em outro opúsculo, datado de maio de 1809,[79] acrescentou: "A essência de uma lei fundamental é que ninguém tem o direito de aboli-la; pois como estaria ela acima de *todos*, se *alguém* a tivesse feito? O acordo do povo é impossível; e ainda que ele ocorresse, um acordo não é lei e não obriga ninguém, a menos que haja uma autoridade superior para garanti-lo".[80]

Já em matéria de Constituição formal, a legitimidade é fundada na ideia de correção das injustiças passadas e no programa de construção de uma nova sociedade. Foi também o que entreviu a sabedoria grega, quando opôs as novas leis escritas ao direito antigo, de base costumeira. "Uma vez escritas as leis", diz um personagem na tragédia *As Suplicantes,* de Eurípides (versos 434 a 437), "o fraco e

---

78. *Considérations sur la France*, cap. VI.

79. *Essai sur le principe générateur des constitutions politiques*.

80. Os ideólogos da ordem burguesa não tardaram em responder que todo contrato faz lei entre as partes.

o rico gozam de um direito igual; o fraco pode responder ao insulto do forte, e o pequeno, caso tenha direito (δίκαι ' ἔχων), vencer o grande."

Os primeiros defensores do sistema capitalista, como não podia deixar de ser, opuseram-se vivamente aos valores e costumes tradicionais na organização política das sociedades, não só porque eles representavam um entrave ao progresso técnico — condição básica de desenvolvimento do capitalismo —, mas também porque a ética burguesa, de base individualista, chocava-se frontalmente com o modo de viver dos antigos. O espírito burguês foi, de início, um decidido promotor das Constituições formais, fundadas no princípio de um direito igual para todos, em radical oposição à sociedade dividida em estamentos. Mas o capitalismo não tardou a se chocar também com os novos valores sociais, que tornaram progressivamente ilegítimas as primeiras Constituições formais.

A dialética da legitimidade política no direito internacional

No campo das relações internacionais, uma análoga oposição dialética existe entre os costumes tradicionais e os novos valores éticos. O direito internacional clássico funda-se em convenções entre os Estados soberanos. O novo direito internacional a ser instaurado, ao contrário, deve ter como supedâneo o *nomos* ou a *lex*, isto é, as normas fundamentais, acima da vontade e dos interesses próprios dos Estados.

O direito internacional clássico apoia-se nos costumes sedimentados e na mentalidade tradicional. Cada povo considera, atavicamente, o povo vizinho como inferior, porque obedece a costumes muito diferentes dos seus; no limite, ele o tem como um aglomerado de bárbaros ou selvagens, que não merecem a qualificação de seres humanos.

Pascal ilustrou essa inveterada tradição em conhecidos aforismos:

Por que você me mata? — Ora, você não mora do outro lado do curso d'água? Meu caro, se você morasse deste lado, eu seria um assassino e não teria direito de matá-lo; mas como você mora do outro lado, sou um bravo e isto é justo.[81]

Três graus de distanciamento do polo derrubam toda a jurisprudência; um meri-

---

81. *Pensées*, ed. Brunschvicg, nº 293.

diano decide da verdade. [...] Ridícula justiça, que um simples rio delimita! Verdade aquém dos Pirineus, erro além deles.[82]

A força armada tem sido, desde a mais remota antiguidade, o fator decisivo das disputas entre os povos. Foi justamente para tentar uma solução normativa permanente para o problema da guerra, que se criou o direito internacional. A sua primeira sistematização deveu-se a Hugo Grócio, em sua obra *De iure belli ac pacis*, publicada em 1625.

A preocupação de Grócio consistiu em pôr um mínimo de ordem no desenvolvimento dos conflitos bélicos, que acabavam de adquirir uma dimensão mundial a partir dos progressos que experimentara a arte da navegação, em fins do século xv. Por isso, a sua sistematização fundou-se, toda ela, no fato bélico, e comportou duas partes: o direito preventivo da guerra (*ius ad bellum*) e a regulação jurídica da situação ou estado de guerra (*ius in bello*).

Esse estado de coisas permaneceu substancialmente imutável até o término da Segunda Guerra Mundial. A advertência do Ulisses de Dante custou a ser levada a sério pela humanidade:

Considerate la vostra semenza:
Fatti non foste a viver come bruti,
Ma per seguir virtute e conoscenza. [83]

A comparação dos efeitos da Segunda Guerra Mundial com os produzidos pela Guerra de 1914 a 1918, tida como a primeira de âmbito planetário, não deixou de chocar os observadores. Sessenta milhões de pessoas, a maior parte delas civis, foram mortas, direta ou indiretamente, por fatos de guerra entre 1939 e 1945; ou seja, seis vezes mais do que no conflito do começo do século, em que as vítimas, em sua quase totalidade, eram militares. Além disso, enquanto a Primeira Guerra Mundial provocou o surgimento de cerca de 4 milhões de refugiados, em maio de 1945 contavam-se, só na Europa, mais de 40 milhões de pessoas deslocadas, de modo forçado ou voluntário, dos países onde viviam em meados de 1939. Mas, sobretudo, a característica própria desses dois conflitos bélicos foi bem distinta.

82. Idem, nº 294.
83. *A Divina Comédia, Inferno* xxvi, 118.

A Primeira Guerra Mundial desenrolou-se na linha clássica das conflagrações imediatamente anteriores, pelas quais os Estados procuravam alcançar conquistas territoriais, sem escravizar ou aniquilar os povos inimigos. A Segunda Guerra Mundial, diferentemente, foi deflagrada com base em proclamados projetos de subjugação de povos considerados inferiores, lembrando os episódios de conquista das Américas a partir dos descobrimentos. Demais, o ato final da tragédia — o lançamento de bombas atômicas em Hiroshima e Nagasaki, em 6 e 9 de agosto de 1945 — soou como um prenúncio de apocalipse: o homem acabara de adquirir o poder de destruir toda a vida na face da Terra.

Tornou-se então patente para todos que era preciso superar, em definitivo, a velha sistematização de Hugo Grócio. De um lado, impunha-se colocar a guerra, para sempre, fora da lei. De outro, o horror engendrado pelo surgimento dos Estados totalitários, verdadeiras máquinas de destruição de povos inteiros, exigia o estabelecimento de um sistema mundial de respeito aos direitos humanos, não só os de natureza civil e política, mas também os de índole econômica, social e cultural.

Foi com essa finalidade que se criou a Organização das Nações Unidas. Ao contrário da Sociedade das Nações, fundada em 1919 como uma espécie de clube de Estados, com liberdade de ingresso e retirada conforme suas conveniências próprias, a ONU nasceu com a firme vocação de se tornar a organização política da sociedade mundial, à qual deveriam, portanto, pertencer, necessariamente, todas as nações do globo.

Antes de encerrado o século XX, porém, a correlação de forças no plano internacional já havia mudado sensivelmente. Os Estados Unidos, que foram os grandes promotores das Nações Unidas, desde o famoso discurso do presidente Roosevelt sobre o estado da União, de 6 de janeiro de 1941, envolveram-se na "guerra fria" com a União Soviética, logo após a cessação do conflito mundial em 1945. Em 1989, com o esfacelamento da União Soviética, os Estados Unidos foram projetados à condição de potência hegemônica mundial, e passaram a atuar em todo o globo terrestre, com apoio em abundantes recursos militares, econômicos e tecnológicos, num sentido marcadamente imperialista.

A organização comunitária dos povos, objetivada pelas Nações Unidas, experimentou desde então um acentuado recuo. Um sintoma grave dessa moléstia foi dado pela recusa dos sucessivos governos norte-americanos, a partir de 1966, de celebrar ou ratificar tratados de direitos humanos. Assim foi com o Pacto Internacional sobre direitos econômicos, sociais e culturais, de 1966; com os Protocolos, de 1977, às Convenções de Genebra, de 1949; com a Convenção sobre a eliminação de todas as formas de discriminação contra as mulheres, de 1979; com a Convenção sobre o Direito do Mar, de 1982; com o Protocolo Adicional, de 1988, à Convenção Americana sobre direitos humanos em matéria de direitos econômicos, sociais e culturais; com o Segundo Protocolo, de 1989, ao Pacto Internacional sobre direitos civis e políticos, de 1966; com a Convenção sobre os direitos da criança, de 1989; com a Convenção sobre a Diversidade Biológica, de 1992, e o Protocolo de Kyoto, de 1998; com a Convenção de Ottawa, de 1997, sobre a proibição de uso, armazenagem, produção e transferência de minas antipessoais; com a Convenção de Roma, que instituiu o Tribunal Penal Internacional em 1998.

Ao procederem dessa forma, os Estados Unidos tornaram-se, claramente, um Estado fora da lei no plano internacional.

Os fundamentos da legitimidade política no século XXI

Hoje, no mundo todo, fortalece-se a consciência ética de que os regimes políticos, tanto no plano da organização estatal, quanto na esfera internacional, só têm legitimidade quando adotam, integralmente, o princípio republicano e o princípio democrático. São, assim, retomadas e aprofundadas as ideias políticas transformadoras que, originadas na Grécia e em Roma na idade clássica, reapareceram ao final do século XVIII nas Revoluções americana e francesa, como vimos há pouco .

Trata-se, na verdade, de princípios essencialmente complementares, e que respondem às duas questões fundamentais de toda organização política: Qual a sua finalidade última? Quem deve exercer a soberania, isto é, o poder político supremo?

A democracia representa a melhor garantia do bom funcionamento do regime republicano. Com efeito, se a finalidade última da organização política é a realização do bem comum de todos, é natural que o conjunto dos cidadãos, e não apenas uma parte deles, ou, o que é pior, um só indivíduo, exerça o poder político supremo.

Reflitamos, pois, com mais vagar sobre a república e a democracia, distinguindo, em cada uma dessas formas de organização política, o princípio e as instituições. O primeiro representa como que o espírito do regime, segundo a visão clássica de Montesquieu. As instituições encarnam esse espírito num corpo coerente de normas, ou seja, num sistema de direitos e deveres.

3. A REPÚBLICA

O princípio

O conceito de república esvaziou-se de todo sentido prático, no mundo contemporâneo. Para retomá-lo em seu vigor original, precisamos remontar ao pensamento clássico, onde ele se forjou.

Com a habitual concisão latina, Cícero põe na boca de Cipião, o Africano, a definição precisa: "Bem público é o bem do povo" (*res publica, res populi*).[84] O adjetivo *publicus*, com efeito, designava na linguagem dos jurisconsultos o que pertencia em comum a todo o povo romano, em oposição aos bens de propriedade particular de indivíduos, ou de corporações, mesmo aquelas que hoje consideramos situadas na esfera estatal.[85] Por sua vez, o verbo *publico, -are* tinha o sentido de adjudicar ao povo um bem próprio de outrem. Na *pólis* grega fazia-se, da mesma sorte, a distinção entre o que era comum a todo o povo (*demóssios*) e o que pertencia a alguém em particular (*ídios*).

Na república romana, o serviço do povo passava sempre à frente de todos os deveres ou interesses privados, ainda que ligados à piedade filial, a qual, como já foi assinalado, constituía, por razões religiosas, um dos valores fundamentais das civilizações antigas. Em Roma, a função pública denominava-se *honor*, e era de fato considerada como o honroso encargo de servir ao povo; jamais como objeto de dominação individual ou familiar. "Quando fui nomeado questor", disse Cícero, "estimei que esse encargo me havia sido, não dado, mas confiado."[86] O *magistratus*, ou agente público dotado de *potestas*, não era dono, mas mero portador temporário do poder: um *Machtträger*, como dizem os alemães.

Dois episódios na história da *gens* Fabia ilustram significativamente esse princípio político.

O povo romano votava uma admiração sem limites pela figura ilustre de

---

84. *De re publica*, livro primeiro, xxv–39.

85. Ulpiano, por exemplo, afirmou que os bens municipais são abusivamente denominados bens públicos; pois essa qualificação só deve ser atribuída àquilo que pertence ao povo romano: *Bona civitatis abusive "publica" dicta sunt; sola enim ea publica sunt, quae populi Romani sunt* (Digesto 50, 16, 15).

86. *Ita questor sum factus, ut mihi honorem illum non solum datum, sed etiam creditum putarem* (*In Verro actio* 5, 35). O questor era o magistrado encarregado das finanças.

Fabius Maximus, o general que salvara Roma diante da invasão das forças armadas de Aníbal. Quando o filho desse herói da pátria assumiu o cargo de cônsul, o pai foi ter com ele no fórum, não a pé, como exigia o protocolo no encontro de um cidadão com um magistrado, mas montado num cavalo, para admiração de todos os circunstantes. O jovem cônsul, vendo seu pai aproximar-se desse modo, deu ordens a um lictor para que o advertisse de que deveria desmontar e dirigir-se a ele, cônsul, a pé, como um cidadão comum. Fabius Maximus mais do que depressa obedeceu, e aproximando-se do filho abraçou-o com afeto, dizendo: "Meu filho, você está certo em palavras e em atos. Você entendeu perfeitamente o que significa o povo tê-lo feito um de seus dirigentes de nível tão elevado. Foi assim que nossos pais e nós mesmos exaltamos Roma, considerando pais e filhos como secundários, diante do bem da pátria".[87]

Bem antes disso, em 292 a. C., o bisavô de Fabius Maximus, muito embora tivesse sido cônsul cinco vezes e houvesse celebrado vários triunfos pelas suas vitórias militares, não hesitou em alistar-se como lugar-tenente de seu filho, que acabava de ser eleito cônsul e partia em guerra contra os inimigos de Roma. Alcançada a vitória, quando o filho entrou triunfalmente na cidade, o pai fez questão de seguir no cortejo, atrás do triunfador. Segundo relata Plutarco, ele estava exultante pelo fato de que o filho, embora lhe devesse obediência como chefe de família, pusera-o, nesse episódio, abaixo da lei e dele próprio, filho, em sua qualidade de dirigente do povo.[88]

Encontramos, aliás, nos relatos evangélicos, uma definição do papel dos governantes diante do povo, a qual até hoje nos choca pela sua dureza. "Sabeis", disse Jesus a seus discípulos, "que os governadores das nações as dominam e os grandes as tiranizam. Entre vós não deverá ser assim. Ao contrário, aquele que quiser tornar-se grande entre vós seja aquele que serve, e o que quiser ser o primeiro dentre vós, seja o vosso escravo."[89] O original grego emprega exatamente esta palavra: escravo (*doulos*).

A essência do regime político republicano encontra-se na distinção entre o interesse próprio de cada um em particular e o bem comum de todos, com a exigência de que este se sobreponha sempre àquele. Os indivíduos podem viver isola-

87. Plutarco, *Vida de Fabius Maximus*, xxiv.
88. Idem, ibidem.
89. Mateus 20, 25-28. No mesmo sentido, Marcos 10, 41-45, e Lucas 22, 24-27.

damente em função do seu interesse particular. É a ideia expressa pelos pensadores políticos dos séculos XVII e XVIII, com a fórmula do "estado da natureza". Mas a convivência política exige o respeito superior ao interesse comum de todos os membros do grupo social ("o estado civil").

Esse sentido original do vocábulo *república*, empregado como substantivo e adjetivo, foi conservado pelos escritores portugueses seiscentistas. Na sua *História do Brasil*, publicada em 1627, frei Vicente do Salvador verbera o egoísmo dos colonizadores e demais habitantes do país, os quais "usam da terra, não como senhores, mas como usufrutuários, só para a desfrutarem e a deixarem destruída". E conclui: "Donde nasce também que nem um homem nesta terra é repúblico, nem zela ou trata do bem comum, senão cada um do bem particular".[90] Igualmente o padre Antonio Vieira, no famoso sermão de Santo Antonio pregando aos peixes, adverte os moradores do Maranhão, sob a alegoria de uma prédica aos animais aquáticos: "Importa que daqui por diante sejais mais repúblicos e zelosos do bem comum, e que este prevaleça contra o apetite particular de cada um".[91]

Ao iniciar o seu tratado sobre a política,[92] Aristóteles observa que a *pólis* é aquela espécie de comunidade (*koinonia tina*) que existe para alcançar o mais importante de todos os bens, ou seja, a felicidade geral. No livro terceiro da mesma obra,[93] ele precisa que as únicas Constituições bem estruturadas (*orthai politeiai*), de acordo com o princípio da justiça pura e simples ($\kappa\alpha\tau\grave{\alpha}$ $\tau\grave{o}$ $\dot{\alpha}\pi\lambda\tilde{\omega}\varsigma$ $\delta\acute{\iota}\kappa\alpha\iota\sigma\nu$), são as que visam ao bem comum de todos os cidadãos, e não ao benefício exclusivo ou principal dos governantes. Nesse sentido, quando a massa do povo (*plêthos*) governa em vista do bem comum dos cidadãos, essa Constituição é designada pelo nome comum a todas elas, isto é, *politeia*, vocábulo que nas línguas modernas traduz-se geralmente por *república*.[94] E a razão é simples: se toda *pólis* é, por essência, uma comunidade, a constituição política que melhor respeita essa natureza comunitária recebe o nome de *politeia*.

O exato contrário da comunidade republicana é o regime tirânico, em que tudo e todos dependem da vontade arbitrária daquele que monopoliza o poder.

---

90. *História do Brasil, 1500-1627*, 5ª ed., São Paulo, Melhoramentos, 1965, p. 59.

91. *Obras Completas do Padre Antonio Vieira — Sermões*, vol. VII, Porto, Lello & Irmão Editores, 1951, pp. 268-9.

92. 1252 *a*, 1 e ss.

93. 1279 *a*, 18-22.

94. É pertinente lembrar, a esse respeito, que o diálogo *A República* de Platão denomina-se em grego ΠΟΛΙΤΕΙΑ.

Na sua peça *Antígona* (731 a 733), Sófocles ilustra essa verdade política elementar, no seguinte diálogo entre Hemon e seu pai, Creonte, rei de Tebas:

Hemon: Nenhuma cidade pertence a um só indivíduo.
Creonte: Uma cidade não pertence, então, a seu chefe?
Hemon: Ah! Você parece ter sido feito para comandar sozinho uma cidade deserta!

Temos, assim, que à oposição público-privado corresponde, logicamente, o contraste entre o que é comum e o que é próprio. O nominativo *proprium*, em latim, foi reconstruído a partir da locução *pro privo*, que significava "a título particular".[95]

Próprio diz-se do que pertence, com exclusividade, a alguém, indivíduo ou grupo social determinado. A essência da propriedade privada, como vem expresso na legislação dos mais diversos países, é o direito do proprietário de excluir todos os outros sujeitos do uso, fruição ou disposição de uma coisa determinada.

Em contraste, dizem-se *comuns* os bens compartilhados por mais de um sujeito, em igualdade de condições. A comunidade supõe, com efeito, que os seus integrantes sejam essencialmente iguais, ou seja, que não haja indivíduos privilegiados, superiores aos outros. Montesquieu ressaltou esse pressuposto como característica específica do regime republicano. O espírito de uma república, disse ele, é viverem os cidadãos segundo a virtude, e não em função da honra, como nas aristocracias, ou do temor, como nos regimes despóticos. E a virtude republicana consiste em que todos os cidadãos se consideram iguais.[96] Daí decorre que é nas repúblicas que se manifesta a grande importância da educação. "O temor dos governos despóticos nasce de si mesmo entre ameaças e castigos; a honra das monarquias é favorecida pelas paixões e as favorece a seu turno: mas a virtude política é uma renúncia a si mesmo, o que é sempre muito penoso. Pode-se definir essa virtude como o amor das leis e da pátria. Esse amor, exigindo uma preferência contínua do interesse público sobre o interesse próprio, suscita todas as virtudes particulares; elas nada mais são do que essa preferência."[97]

A lição do grande pensador francês é atualíssima, nesta fase histórica de confronto decisivo entre o predomínio dos interesses particulares e a defesa do bem

---

95. Cf. A. Ernout e A. Meillet, *Dictionnaire étymologique de la langue latine*, 3ª ed., Paris, Librairie C Klincksieck, 1951, p. 955.

96. *Do Espírito da Leis*, livro I, cap. 3.

97. Idem, livro IV, cap. 5.

comum da humanidade. É por aí que se pode compreender a natureza intrinsecamente republicana da noção de povo como comunidade. O povo, com efeito, não é um dado social preexistente a toda ação política. Qualquer grupo social de largas dimensões, que vive de modo estável em determinado território, se for deixado a si mesmo, tende a se dividir fatalmente em ricos e pobres, fortes e fracos, elite respeitável e massa desprezível. O povo, como comunidade, é o resultado nunca acabado de uma política republicana de combate às desigualdades e preservação das legítimas diferenças biológicas e culturais.

Da igualdade cidadã, simples reflexo da igualdade essencial de todos os seres humanos, decorre o princípio republicano da supremacia do interesse comum de todos os membros da coletividade — o povo ou a nação em cada país, o conjunto dos povos que formam uma federação de países, ou a própria humanidade no plano mundial — sobre os interesses particulares, que podem ser próprios, não só de indivíduos, famílias, corporações, classes sociais, como ainda do próprio Estado — enquanto representante de classes ou grupos privados, em oposição ao povo —, ou então de povos ou países determinados, em oposição ao bem comum de toda a humanidade.

Compreendido dessa forma o princípio republicano, não se pode deixar de reconhecer que entre república e capitalismo há uma incompatibilidade manifesta. O sistema capitalista funda-se na propriedade privada como instituição-matriz da organização social; busca prioritariamente realizar o interesse próprio de cada agente econômico, sem se importar com o bem comum da coletividade; e privilegia o regime de competição em todos os setores da vida social, o que implica não só aprofundar as desigualdades já existentes, como criar continuamente outras novas.

A comunidade republicana é incompatível com as separações criadas pelo capitalismo na sociedade moderna: a separação entre o Estado e a sociedade civil, ou entre a esfera econômica e a social.

Para a separação entre Estado e sociedade civil em duas esferas sociais autônomas muito contribuiu a ideologia liberalista da burguesia, o primeiro grupo social hegemônico da História que não pôde conciliar o exercício da sua atividade própria com as tarefas de governo. Criou-se, com isso, um estamento burocrático estatal que, embora organizado oficialmente para agir em favor do bem comum, na prática passou a servir, em parte os interesses da classe dominante, e de outra parte os seus próprios interesses estamentais.

Mais recentemente, sobretudo após o colapso do império soviético e o abandono, em todos os meios acadêmicos, das teses do socialismo real, o pensamento capitalista evoluiu no sentido de sustentar que a vida econômica é, pela própria natureza das coisas, independente da esfera dita do social. Em outras palavras, passou-se a ensinar nas universidades e a difundir pelos meios de comunicação de massa a ideia de que só existe uma economia científica, obviamente a afinada com as teses capitalistas, e que todos os demais ensaios de explicação da vida econômica não passariam de ideologias disfarçadas. A nova esfera do social seria uma espécie de posto de saúde, no qual teria lugar o tratamento das doenças causadas pelo funcionamento, livre de preconceitos ideológicos e artificialismos intervencionistas, do sistema natural da economia. Fez-se questão de frisar que as novas "políticas sociais" não seriam um arremedo do *Welfare State*, pois este teria sido definitivamente tragado, segundo essa visão econômica "científica", pelo fenômeno da estagflação, isto é, a combinação perversa de inflação monetária com a estagnação do sistema produtivo.

De acordo com esse pensamento, que se considera isento de toda ideologia, a produção em série de uma ingente população de miseráveis, no mundo todo, seria um simples efeito paralelo da livre economia; doloroso, sem dúvida, mas inevitável. Contra ele, os médicos do sistema foram convocados a inventar uma terapêutica adequada, à base de analgésicos sociais.

Observe-se, por último, que o bem comum republicano, no quadro da legitimidade política moderna, aponta sempre para o futuro. A república preserva os bons valores e as boas instituições já existentes na sociedade, mas procura sempre transformá-la em função de certos objetivos considerados fundamentais. O espírito republicano é uma exigência permanente de aperfeiçoamento ético da comunidade.

É no sentido desse processo de permanente otimização da vida em sociedade, que deve ser entendida a noção de desenvolvimento nacional ou mundial. Ele se orienta, sempre, em função de três objetivos fundamentais: o crescimento econômico sustentável, a equalização das condições básicas de vida para todos e a participação efetiva do povo nas grandes decisões políticas. As Constituições mais recentes, aliás, enunciam, a par dos fundamentos axiológicos do regime político adotado, também os seus objetivos fundamentais, sob a forma de normas de princípio, que orientam o funcionamento de todo o organismo social.[98]

---

98. A Constituição portuguesa dispõe, logo no art. 1º, que "Portugal é uma República soberana, baseada na dignidade da pessoa humana e empenhada na construção de uma sociedade livre, justa e solidária". A Constituição Federal brasileira, por sua vez, declara em seu art. 3º: "Constituem objetivos fundamentais da República Federativa do Brasil: I – construir uma sociedade livre, justa e solidária; II – garantir o desenvolvimento nacional; III – erradicar a pobreza e a marginalização e reduzir as desigualdades sociais e regionais; IV – promover o bem de todos, sem preconceitos de origem, raça, sexo, cor, idade e quaisquer outras formas de discriminação".

As instituições

É com base no princípio republicano, assim esclarecido, que devem ser moldadas as instituições sociais, no interior de cada Estado e no plano internacional. Elas são basicamente quatro, a saber, o respeito integral aos direitos humanos; a abolição de todo e qualquer privilégio, pessoal ou corporativo; o impedimento à apropriação ou ao controle particular de bens ou serviços que, pela sua natureza, são comuns a todos os integrantes do corpo social, e a publicidade integral dos atos oficiais.

a) A supremacia dos direitos humanos

Se a justiça consiste em sua essência, como ressaltaram os antigos, em reconhecer a todos e a cada um dos homens o que lhes é devido, esse princípio traduz-se, logicamente, no dever de integral e escrupuloso respeito àquilo que, sendo comum a todos os humanos, distingue-os radicalmente das demais espécies de seres vivos: a sua transcendente dignidade.

Os direitos humanos em sua totalidade — não só os direitos civis e políticos, mas também os econômicos, sociais e culturais; não apenas os direitos dos povos, mas ainda os de toda a humanidade, compreendida hoje como novo sujeito de direitos no plano mundial — representam a cristalização do supremo princípio da dignidade humana.

Neste sentido, é claramente antirrepublicano o procedimento de submissão dos tratados e convenções internacionais de direitos humanos à exigência tradicional de, uma vez assinados pelos representantes diplomáticos dos Estados pactuantes, serem submetidos à ratificação parlamentar. A incongruência desse procedimento é ainda mais manifesta quando os tratados de direitos humanos são votados no seio de uma organização internacional, como a ONU, na qual prevalece o princípio do quorum deliberativo majoritário.

Na verdade, a aplicação às convenções de direitos humanos do sistema comum de ratificação individual pelos Estados-membros representa um anacronismo. Em sua obra fundadora do direito internacional,[99] Grócio salientou que as convenções entre Estados, analogamente aos contratos do direito privado, podem

---

99. *De iure belli ac pacis*, Livro II, cap. XII.

classificar-se em duas grandes espécies: as bilaterais e as multilaterais. As primeiras, disse ele, *dirimunt partes*, isto é, contrapõem os interesses próprios das partes contratantes, ao passo que as multilaterais *communionem adferunt*, vale dizer, criam relações de comunhão. Esse objetivo comunitário é mais acentuado no caso de convenções multilaterais votadas no seio de uma organização internacional, cujas decisões, tal como no âmbito das sociedades ou associações do direito privado, são normalmente tomadas por votação majoritária e não por unanimidade. O argumento de que a assinatura de um tratado internacional, ou a adesão a ele, é ato do Estado e não do governo, não colhe no caso, pois o ingresso do Estado na organização internacional já foi objeto de ratificação pelo seu parlamento ou órgão equivalente, e ela implicou, obviamente, a aceitação das regras constitutivas da organização internacional.

É de inteira justiça, portanto, que a aprovação de convenções sobre direitos humanos no seio da ONU, ou de conferência diplomática por ela patrocinada, seja incluída na categoria de assuntos a serem decididos por uma maioria de dois terços, referidos no artigo 18, terceira alínea, da Carta das Nações Unidas, dispensando-se no caso a ratificação individual dos Estados-membros para a sua entrada em vigor. Igual procedimento deveria ser aplicado no âmbito de organizações regionais.

Da mesma forma, é hoje inconciliável com o princípio republicano deixar de atribuir eficácia imediata às normas constitucionais sobre direitos e garantias fundamentais, ou recusar a atribuição de nível constitucional às normas de tratados internacionais de direitos humanos.

b) A abolição dos privilégios

A segunda instituição fundamental do regime republicano é a abolição de todo e qualquer privilégio.

A Declaração dos Direitos do Homem e do Cidadão, votada pela Assembleia Nacional francesa em 1789, determinou, logo no primeiro de seus artigos, que "as distinções sociais só podem fundar-se na utilidade comum". E, no entanto, o que se vê hoje, na generalidade dos Estados que se declaram republicanos, é a indiscriminada concessão de privilégios a certos agentes públicos, chegando-se até à instituição de isenção penal a chefes de Estado ou de governo; sem contar a multiplicação de privilégios judiciais de foro, mesmo em benefício de ex-agentes públicos. Tudo se passa, para lembrarmos a *boutade* famosa de George Orwell, como se houvesse sempre, em toda sociedade política, alguns cidadãos mais iguais do que os outros.

Pode-se dizer que todo o vigor da república romana, que tanto impressionou os antigos, repousava no generalizado e constante respeito ao princípio da igualdade cívica.

Alguns exemplos desse espírito igualitário ficaram famosos na história de Roma.

Em 460 a.C., Lucius Quinctius Cincinnatus, um patrício pobre, que vivia modestamente como lavrador às margens do Tibre, aceitou o consulado que lhe fora atribuído por uma delegação de patrícios, a fim de salvar a república, dilacerada por uma guerra civil. Cumprida a missão de obter a paz entre os beligerantes, ele resignou prontamente à função consular e voltou à sua pequena propriedade agrícola. Dois anos depois, foi de novo procurado para assumir as funções de ditador, isto é, de magistrado com a plenitude dos poderes (*imperium*), a fim de socorrer o exército romano, cercado pelos équos no Monte Álgido. Derrotado o inimigo em um só dia de batalha, Cincinato despiu-se dos poderes ditatoriais e voltou a lavrar o seu pequeno lote de terra.

Após a terrível derrota do exército romano em Cannes perante as forças de Aníbal, durante a segunda guerra púnica, Fábio Bueto foi nomeado ditador para providenciar a substituição de vários senadores, mortos em combate. Completada a tarefa que lhe fora confiada, dispensou desde logo os lictores e a escolta oficial, e voltou com toda naturalidade à condição de simples cidadão.[100]

A etimologia de *privilegium*, em latim, é bastante esclarecedora. Trata-se de uma *lex privata*, ou seja, editada não no interesse público, mas em proveito particular de um indivíduo ou grupo de indivíduos.[101]

Ora, se a aceitação da igualdade republicana já é difícil no seio de um Estado, a sua dificuldade redobra no campo das relações internacionais. Os povos antigos consideravam normalmente os estrangeiros como inferiores. Na língua helênica, chamavam-se *bárbaros* todos os que não eram gregos. Na era contemporânea, o distanciamento crescente entre países desenvolvidos e subdesenvolvidos, do qual já nos ocupamos no capítulo I desta Parte, adquire sempre mais a conotação de uma

---

100. Plutarco, *Vida de Fábio Máximo*, IX.

101. Aulo Gélio (*Noites Áticas*, X, XX) esclarece que "os antigos denominaram *res priva* o que nós chamamos coisas individuais".

desigualdade de *status*: os povos pobres e fracos são naturalmente tidos como súditos dos povos ricos, bem armados e detentores exclusivos do saber tecnológico.

Um dos objetivos das Nações Unidas, quando de sua criação em 1945, consistiu justamente em estabelecer um sistema de cooperação internacional no campo econômico e social, como estabelecido no art. 55 da Carta de São Francisco.[102] Mas esse propósito institucional foi desde logo afastado com a superveniência da "guerra fria". Entre os Estados Unidos, de um lado, como líder das potências ocidentais e do Japão, e a União Soviética, do outro, desenvolveu-se uma áspera concorrência para pôr os povos pobres e fracos sob tutela, abandonando-se a ação multilateral de promoção econômico-social por meio da ONU. As agências das Nações Unidas, precipuamente incumbidas de dar cumprimento ao disposto no art. 55 da Carta — tais como a Organização Internacional do Trabalho (OIT), a Organização Mundial da Saúde (OMS) e a Organização para a Agricultura e a Alimentação (FAO) —, viram-se, desde o início, desprovidas de poderes e recursos para atuar com eficiência no campo respectivo de suas atribuições. Acima delas, o Conselho Econômico e Social foi relegado a um plano secundário ou marginal, relativamente ao Conselho de Segurança.

Para culminar essa tendência desastrosa, o processo atual de globalização capitalista, como também já foi assinalado no capítulo I desta parte, sobretudo após o desaparecimento da União Soviética, só fez aumentar a dependência do vasto mundo subdesenvolvido à ação predatória das potências hegemônicas, a começar pelos Estados Unidos.

Para pôr cobro a essa situação, é urgente e indispensável começar, no seio das Nações Unidas, a estabelecer mecanismos internacionais compulsórios de igualdade proporcional entre os povos.

Mas isso supõe a reforma em profundidade da ONU, como tentaremos demonstrar adiante.

---

102. "Com o fim de criar condições de estabilidade e bem-estar, necessárias às relações pacíficas e amistosas entre as Nações, baseadas no respeito ao princípio da igualdade de direitos e da autodeterminação dos povos, as Nações Unidas favorecerão:
a) níveis mais altos de vida, trabalho efetivo e condições de progresso e desenvolvimento econômico e social;
b) a solução dos problemas internacionais econômicos, sociais, sanitários e conexos; a cooperação internacional, de caráter cultural e educacional; e
c) o respeito universal e efetivo dos direitos humanos e das liberdades fundamentais para todos, sem distinção de raça, sexo, língua ou religião."

c) A preservação do caráter comunitário dos bens e dos serviços públicos, e a promoção da igualdade social

Rousseau, como tivemos oportunidade de lembrar,[103] percebeu que a confusão entre os bens comuns de todos e as coisas que podem ser apropriadas por indivíduos ou famílias esteve na origem do malogro da pressuposta substituição do "estado da natureza" pela "sociedade civil":

> O primeiro que, havendo cercado um terreno, teve a ideia de dizer *isto me pertence*, e encontrou gente bastante simples para acreditar nele, foi o verdadeiro fundador da sociedade civil. Quantos crimes, guerras e homicídios; quantas misérias e quantos horrores não teria poupado ao Gênero humano aquele que, arrancando as estacas ou aterrando os valados, tivesse gritado aos seus semelhantes: "Não ouçam esse impostor; vocês estarão perdidos, se se esquecerem de que os frutos pertencem a todos e de que a Terra não pertence a ninguém".[104]

Dentre os bens comuns a todo o gênero humano e que devem, por conseguinte, ser preservados de toda apropriação particular, aparece, em primeiro lugar, como é óbvio, o genoma humano.

Na Declaração Universal sobre o Genoma Humano e os Direitos Humanos, aprovada na 29ª sessão de sua conferência geral, em 1999, a Unesco afirmou que "o genoma humano está na base da unidade fundamental de todos os membros da família humana, assim como do reconhecimento de sua dignidade intrínseca e de sua diversidade". "Num sentido simbólico", acrescenta, "ele é patrimônio da humanidade" (art. 1º). "Cada indivíduo tem direito ao respeito de sua dignidade e de seus direitos, sejam quais forem suas características genéticas", sendo que "essa dignidade impõe a não redução dos indivíduos às suas características genéticas e o respeito do caráter único de cada um, bem como de sua diversidade" (art. 2º).

A partir dessas premissas fundamentais, a Declaração da Unesco conclui que "o genoma humano, em seu estado natural, não pode servir à obtenção de ganhos pecuniários" (art. 4º); vale dizer, ele não pode ser objeto de apropriação para fins de exploração empresarial.

---

103. Parte II, cap. V.
104. Parte II, cap. V.

Lamentavelmente, a locução adjetiva "em seu estado natural", constante desse artigo, enfraquece sobremaneira o alcance do princípio aí afirmado. Se a revelação das sequências do genoma humano não pode tecnicamente ser objeto de patente industrial, pois ela representa uma simples descoberta e não uma invenção do engenho humano, poderíamos, por acaso, admitir *a contrario sensu* que o produto de uma manipulação genética é suscetível de proteção pelo sistema de propriedade intelectual? Parece óbvio que, se a pessoa humana há de ser claramente distinguida das coisas, incluindo-se na categoria de coisas todos os animais; se, nessas condições, o homem não pode, sob pretexto algum, ser objeto de apropriação, não há razão alguma de natureza ética capaz de justificar a utilização do genoma humano modificado como fonte de ganhos pecuniários no sistema da propriedade industrial.

A segunda categoria de bens que, pela sua natureza, devem ser tidos como comuns a todo o gênero humano diz respeito aos recursos naturais não renováveis do planeta, e indispensáveis à sobrevivência da humanidade. Sobre isso, assinalamos, no capítulo I desta Parte, as alarmantes conclusões a que chegou um grupo de 1350 cientistas de 95 países, ao fazerem a Avaliação Ecossistêmica do Milênio em 2005, sob o patrocínio da ONU.

Dentre os recursos naturais não renováveis do planeta, há alguns que, apesar de não serem indispensáveis à sobrevivência pura e simples da humanidade, constituem bens cuja falta é suscetível de ocasionar um verdadeiro colapso na vida social. É o caso paradigmático das fontes não renováveis de energia. Ainda aí, o consumo irrefreado dos países ricos põe em sério risco o equilíbrio ecológico do planeta. Os Estados Unidos, por exemplo, com apenas 5% da população mundial, consomem cerca de um terço dos recursos naturais disponíveis no mundo.

Ora, essa ação predatória e anticomunitária suscita o risco de uma conflagração generalizada. Ninguém ignora, assim, que a previsão de escassez mundial de petróleo, que deve começar a fazer-se sentir dentro de poucos anos, já provoca conflitos bélicos, como a guerra desencadeada pelos Estados Unidos contra o Iraque em 2003, e cria um ambiente de pré-conflagração generalizada no planeta.

Na Carta Africana dos Direitos Humanos e dos Direitos dos Povos, de 1981, os Estados partes assentaram a norma de que "todos os povos disporão livremente de sua riqueza e de seus recursos naturais", e que "este direito será exercido no interesse exclusivo do povo", o qual, "em caso algum será dele privado" (art. 21).

Sem dúvida, essa posição de princípio representou uma saudável reação contra as permanentes ambições imperialistas das grandes potências. Mas levada ao extremo, ela pode significar em certos casos — reitere-se, por exemplo, a questão do petróleo — que se deveria privilegiar o interesse particular de um povo sobre o de toda a humanidade; com a agravante de que esses recursos naturais não representam bens adquiridos pelo esforço humano, mas ocorrências simplesmente aleatórias. Em tais condições, seria mais conforme ao princípio republicano que, reconhecido o direito primário de cada povo sobre os recursos naturais que se encontram em seu território, a sua utilização não ficasse submetida aos interesses privatistas do mercado, mas fosse feita em benefício comum da coletividade. Em se tratando de bens de interesse comum da humanidade, o seu uso deveria ser submetido à supervisão de um organismo internacional que, não controlado pelas grandes potências, levasse em conta, antes de tudo, o respeito ao princípio da solidariedade mundial do gênero humano, de modo a aplicar concretamente, em cada caso, o critério da igualdade proporcional entre os povos: os mais ricos pagarão sempre mais pela aquisição do produto. Discutiremos adiante a forma de organização desse poder de governo mundial.

Aliás, em matéria de exploração de recursos naturais, a Convenção sobre o Direito do Mar, assinada em 10 de dezembro de 1982 em Montego Bay, na Jamaica, aplicou integralmente o princípio republicano de supremacia do bem comum da humanidade sobre os interesses particulares dos povos, no tocante às riquezas minerais localizadas nos fundos marinhos e seu subsolo, além dos limites da jurisdição nacional. Ela declarou que tais bens constituem patrimônio da humanidade (art. 136), e criou, pela primeira vez na História, uma organização mundial de exploração econômica de recursos naturais em proveito de todos os povos. Por essa razão, aliás, alguns países, a começar pelos Estados Unidos, recusaram-se a assinar a Convenção, e ela só entrou em vigor no final de 1994, quando o bloco comunista já havia desaparecido. Ao mesmo tempo, logrou-se aprovar um Acordo que esvaziou de todo sentido comunitário a Parte XI da Convenção, relativa justamente ao leito do mar, aos fundos marinhos e ao seu subsolo, além dos limites da jurisdição nacional.

Na mesma linha de considerações, em aplicação do princípio republicano de supremacia do bem comum da humanidade sobre o interesse particular de quem quer que seja, dever-se-ia limitar drasticamente a apropriação, para fins de exploração comercial, do conhecimento científico e tecnológico, ligado à preservação da vida ou da saúde humana.

O litígio referente à exploração das patentes de medicamentos retrovirais, no combate à síndrome de imunodeficiência adquirida, é uma boa ilustração dos notáveis malefícios que pode causar ao gênero humano o reconhecimento do caráter absoluto da propriedade privada. Ficou nítida, no episódio, a necessidade de se optar entre, de um lado, a proteção do interesse empresarial e, de outro, o dever ético de preservação da vida humana em qualquer circunstância. Em tais casos, constitui, sem exagero, um atentado contra a humanidade impedir, como fez a Organização Mundial do Comércio, em 1994, pelo Acordo sobre Aspectos dos Direitos de Propriedade Intelectual (TRIPS), que as autoridades públicas dos diferentes países decidam não respeitar as patentes detidas por grandes empresas multinacionais, a fim de proteger um bem de valor incomparavelmente mais elevado: o direito à preservação da saúde e da vida de suas populações.

É da maior importância e urgência rever-se a legitimidade do tradicional sistema de propriedade intelectual sobre invenções técnicas, pois ele constitui um sério obstáculo à justa difusão das novas tecnologias a todos os povos e a todas as camadas sociais. Quando criado pelo *Monopolies Act* de 1624, na Inglaterra, esse sistema visava a combinar o estímulo à invenção privada (pelo direito do inventor ao recebimento de *royalties* na utilização industrial do invento), com a divulgação dos novos conhecimentos técnicos a toda a coletividade, por meio da obrigatória publicação da fórmula ou receita do produto ou processo de produção. Essa a razão pela qual o prazo de duração das patentes foi fixado pela lei inglesa num múltiplo do tempo de formação dos aprendizes numa corporação de ofícios: sete anos. O inventor era considerado o mestre de ofícios da comunidade nacional.

Hoje, em lugar desses bons resultados, o sistema de propriedade industrial tende a engendrar a concentração de poder econômico, com nula ou quase nula difusão de tecnologia. De um lado, grande parte dos avanços tecnológicos é mantida em segredo, sob regime de *know-how*. De outro lado, a pesquisa tecnológica demanda investimentos cada vez mais elevados, os quais somente os poderes públicos e os grandes grupos empresariais podem realizar. Mas como os investimentos privados obedecem à lógica da lucratividade e não do serviço público, eles se fazem, cada vez mais, por iniciativa e no interesse exclusivo das empresas, com vistas à concorrência. Mesmo quando efetuados pelo Estado, tais investimentos beneficiam, quase exclusivamente, as grandes empresas.

Outro setor no qual se deve aplicar o princípio republicano de preeminência do bem comum da coletividade é o da propriedade de reservas florestais, ou de terras agrícolas. Desde que os homens iniciaram a atividade de cultivo regular da terra, há cerca de nove milênios, essa questão vem sendo posta, intermitentemente, em todos os continentes. Constitui um escárnio o fato de que, até hoje, o direito ao trabalho agrícola continue a ser subordinado ao direito de propriedade fundiária, e que, havendo neste início de século condições técnicas para se alimentar mais de duas vezes a população mundial, a humanidade conte com quase 900 milhões de pessoas subnutridas.[105]

As áreas florestais são um bem de interesse comum do povo ou dos povos. No passado, várias regiões de grande fertilidade, como a Mesopotâmia (o chamado Crescente Fértil), transformaram-se em zonas áridas, pelo sistemático abate das florestas. No território brasileiro encontra-se hoje a maior área de florestas tropicais do mundo, certificada pelo FSC (Conselho Mundial de Manejo Florestal): mais de 1 milhão de hectares. Essa imensa reserva florestal vem sendo destruída não só pelo abate sistemático organizado por empresas madeireiras, mas também por queimadas para a formação de pastagens. A prosseguir o desmatamento no ritmo atual, a maior parte dessa área florestal será transformada em savanas, com o aumento considerável da concentração de dióxido de carbono e de aerossóis na atmosfera, fatores que estão, como sabido, na origem do gradual aquecimento do globo terrestre em razão do chamado "efeito estufa".

A preservação das grandes áreas florestais do planeta deve, pois, ser reconhecida como um direito da humanidade. Se a gestão dessa inestimável riqueza vegetal incumbe aos Estados em cujo território ela se encontra, não resta dúvida de que, em se tratando de um direito humano, deveria ser instituído nessa matéria um órgão supra estatal de vigilância e punição, para evitar e coibir os abusos, nos moldes das comissões e tribunais internacionais de direitos humanos atualmente existentes.

Quanto ao regime jurídico das terras agrícolas em geral, não se pode deixar de propugnar, hoje, a substituição da propriedade privada por um direito inalienável de uso, condicionado à efetiva exploração do solo. Deverá ser esta a grande reforma agrária do nosso século.

No tocante à política mundial de alimentação, cuja falta tem sido cruelmente sentida, as suas diretrizes deveriam ser fixadas pelo Conselho Econômico e Social das Nações Unidas, e sua aplicação confiada à Organização das Nações Unidas para a Agricultura e a Alimentação — FAO, a ser dotada de poderes acrescidos para intervir no mercado mundial de produtos alimentares.

Outro setor em que a apropriação de bens públicos resultou numa abolição

---

105. Veja-se o Relatório sobre o Desenvolvimento Humano de 2004, elaborado pelo Programa de Desenvolvimento das Nações Unidas.

prática de um direito fundamental do homem é o dos meios de comunicação de massa por via radiofônica ou televisiva.

Até a organização dos atuais meios de comunicação de massa, a liberdade de expressão limitava-se à parcela culta da população, que sabia ler e escrever. Entre eles se divulgavam os livros e as publicações periódicas (jornais e revistas). Não havia grandes empresas de edição. Nessas condições, a liberdade de expressão era efetivamente um direito individual.

O advento dos meios de comunicação de massa — primeiramente os veículos impressos, em seguida o rádio, o cinema e a televisão —, agora interligados numa rede telemática mundial com base em transmissões por via de satélites, tornou obsoleta a antiga liberdade individual de expressão. Salvo o caso excepcional da rede *internet*, a comunicação de massa é explorada e dominada pelo Estado ou por organizações empresariais, que moldam em grande parte a opinião pública no mundo todo.

Criou-se, com isso, uma lamentável confusão entre a liberdade de expressão e a liberdade de empresa. A lógica da atividade empresarial, no sistema capitalista de produção, funda-se na lucratividade, não na defesa da pessoa humana. Uma organização econômica voltada à produção do lucro e sua ulterior partilha entre capitalistas e empresários não pode apresentar-se como titular de direitos inerentes à dignidade da pessoa humana.

Ora, as transmissões radiofônicas e televisivas fazem-se, necessariamente, pela utilização de um bem público, o espaço aéreo; tanto que o funcionamento das empresas privadas que exploram esse setor exige uma concessão administrativa. E, no entanto, tais empresas apropriam-se praticamente do bem público, excluindo o povo da utilização desse meio de comunicação.

O mesmo se diga da exploração desses meios de comunicação social pelo poder público, sem participação popular.

Felizmente, alguns institutos jurídicos novos surgiram para garantia da liberdade de expressão. É o caso, por exemplo, do chamado "direito de antena", no rádio e na televisão, já reconhecido na Constituição portuguesa de 1976 (art. 40º, alínea 1)[106] e na

---

106. "Os partidos políticos e as organizações sindicais, profissionais e representativas das actividades económicas, bem como outras organizações sociais de âmbito nacional, têm direito, de acordo com a sua relevância e representatividade e segundo critérios objectivos a definir por lei, a tempos de antena no serviço público de rádio e de televisão."

Constituição espanhola de 1978 (art. 20, alínea 3).[107] Em qualquer hipótese, porém, a liberdade de expressão tende a tornar-se mais coletiva do que individual. Nos países que já reconhecem o "direito de antena", a sua titularidade pertence não a indivíduos, mas a pessoas jurídicas, como as organizações não governamentais.

Na verdade, o caráter anticomunitário do regime de apropriação privada de bens, no sistema capitalista, funda-se naquele processo trágico, fortemente denunciado por Marx, de reificação das pessoas (*Verdinglichung*), ou seja, de inversão completa da relação pessoa-coisa. Enquanto o capital é, por assim dizer, personificado e elevado à dignidade de sujeito de direito, o trabalhador é aviltado à condição de mercadoria, de mero insumo no processo de produção, para ser afinal, na fase de fastígio do capitalismo financeiro que hoje vivemos, dispensado da função de fator produtivo e relegado ao lixo social como objeto puramente descartável.

É, portanto, radicalmente incompatível com o regime republicano que haja pessoas que vivam exclusivamente de renda, ou seja, aproveitando-se, sem trabalhar, do fruto do trabalho alheio; como é, da mesma forma antirrepublicano manter-se um sistema tributário que privilegie a distribuição do lucro, ou a acumulação de bens sem valor produtivo.

Vale a pena recordar, nessa matéria, a observação lúcida de Tocqueville, sobre a influência decisiva do sistema jurídico das heranças no estabelecimento da igualdade social.[108] Se as leis sobre a sucessão de bens na família representavam, outrora,

---

107. *"La ley regulará la organización y el control parlamentario de los medios de comunicación social dependientes del Estado o de cualquier ente público y garantizará el acceso a dichos medios de los grupos sociales y políticos significativos, respetando el pluralismo de la sociedad y de las diversas lenguas de España."*

108. *"Je m'étonne que les publicistes anciens et modernes n'aient pas attribué aux lois sur les successions une plus grande influence dans la marche des affaires humaines. Ces lois appartiennent, il est vrai, à l'ordre civil; mais elles devraient être placées en tête de toutes les institutions politiques, car elles influent incroyablement sur l'état social des peuples, dont les lois politiques ne sont que l'expression. Elles ont de plus une manière sûre et uniforme d'opérer sur la société: elles saisissent en quelque sorte les générations avant leur naissance. Par elles, l'homme est armé d'un pouvoir presque divin sur l'avenir de ses semblables. Le législateur règle une fois la succession des citoyens, et il se repose pendant des siècles: le mouvement donné à son oeuvre, il peut en retirer la main: la machine agit par ses propres forces, et se dirige comme d'elle-même vers un but indiqué d'avance. Constituée d'une certaine manière, elle réunit, elle concentre, elle groupe autour de quelque tête la propriété, et bientôt après le pouvoir; elle fait jaillir en quelque sorte l'aristocratie du sol. Conduite par d'autres principes et lancée dans une autre voie, son action est plus rapide encore; elle divise, elle partage, elle dissémine les biens et la puissance"* (*De la Démocratie en Amérique*, Primeira Parte, cap. III).

uma garantia de manutenção do culto religioso doméstico, elas se tornaram, no sistema capitalista moderno, um fator de considerável concentração de bens e de poder na sociedade.

É indispensável, portanto, se se quiser pôr um freio ao mecanismo de produção generalizada da desigualdade social pela concentração da propriedade de bens, estabelecer severas normas tributárias sobre a sucessão de bens por causa de morte.

Mas o mecanismo de produção da igualdade ou da desigualdade social não se limita, obviamente, às leis sobre a sucessão de bens por causa de morte, nem mesmo unicamente ao regime tributário. As empresas ou entidades produtivas, conforme a sua estrutura interna, são fatores poderosos de criação da desigualdade social. Num regime republicano, é inaceitável mantê-las subordinadas aos donos do capital, sejam eles pessoas privadas ou públicas. A república exige que a comunhão de vida se estenda também e principalmente às unidades produtivas, dando-se aos trabalhadores uma posição jurídica pelo menos igual à dos capitalistas, no tocante ao exercício do poder decisório.

O princípio republicano exige, porém, que se vá mais além da fixação do regime jurídico de propriedade, posse, uso e fruição dos bens, materiais ou imateriais. Ele impõe, também, seja regulada, sempre em função do proveito coletivo, a prestação daqueles serviços destinados a satisfazer as necessidades fundamentais de todos, tais como a manutenção da ordem e a proteção da segurança pessoal, a educação e a saúde, a moradia e a urbanização, o abastecimento de água e o equipamento sanitário, o fornecimento de eletricidade, o transporte coletivo, a previdência social contra os riscos mais graves e comuns que afetam a vida coletiva. Em suma, o conjunto dos serviços públicos que correspondem, basicamente, aos direitos humanos de caráter econômico e social.

Segundo a tradição liberal-individualista, o Estado tem por função, unicamente, garantir a ordem pública e a segurança pessoal dos cidadãos; ou seja, o tradicional refrão de *law and order* dos anglo-saxônicos. Mas mesmo nesse campo, onde se estaria, segundo o modelo clássico, diante de funções do Estado consideradas indelegáveis, tem-se visto em alguns países a substituição do poder público por empresas particulares, como, por exemplo, em matéria de administração de estabelecimentos penais.

Essa mesma doutrina ou ideologia sustenta que os serviços públicos de caráter econômico-social deveriam, como medida de saneamento financeiro do

Estado e eficiência administrativa, ser entregues à livre iniciativa empresarial. A partir das últimas décadas do século xx, por força do movimento de globalização, o que se viu no mundo todo foi a tentativa de desmantelamento do modelo de Estado Social, sobretudo no campo da seguridade social (saúde, previdência e assistência social). No fornecimento de energia elétrica e em matéria de telecomunicações, as empresas estatais foram privatizadas, e todo o setor aberto à concorrência estrangeira. No seio da Organização Mundial do Comércio, abriu-se mesmo a negociação de um amplo acordo de livre concorrência internacional em todos os ramos de serviços, em especial aqueles em que a presença predominante do Estado tem sido, há muito tempo, considerada indispensável, como educação e saúde.

É outra das manifestações mais claramente antirrepublicanas do sistema capitalista.

A essência comunitária da verdadeira república exige que ninguém seja excluído do acesso aos serviços que a consciência ética coletiva, em dado momento histórico, considera indispensáveis a uma vida digna. Condicionar a prestação desses serviços ao pagamento de uma contrapartida pecuniária, como se se tratasse de um contrato bilateral de direito privado, significa, na prática, denegar a uma parcela substancial da população, sobretudo em países subdesenvolvidos, a dignidade de pessoa humana.

Por isso mesmo, em cada país é ao Estado, em obediência aos princípios da igualdade proporcional e da solidariedade,[109] que incumbe exercer os serviços públicos. Ele deve fazê-lo diretamente e não mediante concessão, autorização ou permissão do exercício dessa atividade a particulares. A lógica da lucratividade, própria do sistema capitalista, é incompatível com a organização de um autêntico serviço público, isto é, voltado ao atendimento igualitário das necessidades fundamentais de todos. Em razão disso, o financiamento dos serviços públicos deveria ser feito em prioridade por meio de impostos, lançados segundo a capacidade contributiva de cada pessoa.

Para concluir as considerações sobre este tópico, é indispensável reafirmar que nenhuma atividade econômica, num regime autenticamente republicano, deve servir os interesses dos poderosos, mas voltar-se, sempre, à satisfação das justas necessidades e utilidades de todos. Ainda sob esse aspecto, o regime capita-

---

109. Veja-se o capítulo anterior.

lista, que subordina a vida econômica ao interesse maior de produção de lucros e de concentração do capital, com desrespeito aos direitos fundamentais dos trabalhadores e consumidores, revela-se frontalmente antirrepublicano.

d) A publicidade integral dos atos oficiais

Numa república, ninguém pode exercer o poder em benefício próprio ou de grupos ou corporações às quais pertença, mas deve fazê-lo para a realização do bem público, que é o bem do povo (*res publica, res populi*).

Todos os atos oficiais dos agentes públicos devem ser submetidos ao regime de integral publicidade. Todo cidadão tem o direito fundamental de saber a verdade e tomar conhecimento daquilo que foi feito em nome do povo, do qual ele, cidadão, é um dos componentes.

As únicas exceções a esse princípio concernem aos atos e fatos que dizem respeito à intimidade das pessoas — não sendo, portanto, de interesse público — e aos assuntos que entram no âmbito das relações internacionais. Aqui, a razão da ausência de publicidade prende-se ao fato óbvio de que o estrangeiro não faz parte da comunidade nacional. Mas isso não significa que os agentes públicos que atuam em nome desta nas relações com potências estrangeiras estejam dispensados de prestar contas de seus atos perante os órgãos estatais competentes, notadamente o Judiciário, em processos revestidos de sigilo. Já quando o país integra uma organização comunitária de nações, ou quando, *a fortiori*, existe uma confederação, como é o caso da União Europeia, a exceção do sigilo não mais se justifica dentro dessa comunidade, mas somente em relação aos Estados estrangeiros.

Não é preciso lembrar aqui, porém, que a velhíssima tradição do segredo ainda permanece atuante em todos os Estados do mundo. Assim como, no passado, as questões de poder eram assuntos de interesse pessoal do monarca, que as decidia segundo o seu livre-arbítrio, no mundo moderno, mais exatamente com a Revolução Francesa, procurou-se afastar o povo da cena política mediante a substituição do antigo monarca pela nação, considerada não em sua realidade efetiva, mas como uma hipóstase ou entidade fantástica, cuja invocação só pode ser feita por alguns iniciados. Os assuntos de interesse da nação, segundo essa ideologia, não podem ser comunicados ao povo.

4. A DEMOCRACIA

O princípio

Como acaba de ser visto, a sociedade política é a mais abrangente de todas, e deve ser organizada em função do bem comum do conjunto dos seus integrantes e não dos interesses próprios de alguns deles apenas. A consequência lógica desse princípio republicano é que nenhum dos comunheiros pode ser excluído do exercício do poder político, pois todos têm o direito e o dever de participar das decisões que dizem respeito ao bem comum. A democracia constitui, pois, o complemento necessário da república.

Afirmar isso é reconhecer, uma vez mais, que a natureza não pode ser tomada como critério supremo da vida ética.[110] A característica distintiva do homem no mundo é que, pela sua essência (a *quidditas* dos escolásticos), ele não é um ser natural, mas cultural. A essência própria do ser humano não corresponde a um dado da natureza, perfeito e acabado. Na perspectiva histórica (que é a sua via evolutiva própria), o homem se apresenta, ao contrário, como um ser *in fieri,* que se perfaz indefinidamente a si mesmo, inclusive quanto ao seu patrimônio genético.

É nessa perspectiva histórica que deve ser apreciada a democracia. Ela aparece, nitidamente, como uma singularidade absoluta dos seres humanos em relação a todos os animais que vivem em bandos, nos quais o poder de direção e comando do grupo, quando existente, é em regra individual, e só raramente atribuído a mais de um indivíduo. A hipótese sustentada por Etienne de la Boétie, do governo da maioria como regra, não encontra o menor fundamento na natureza.[111]

Na verdade, as investigações antropológicas modernas demonstraram a justeza da suposição de Aristóteles,[112] segundo a qual a família alargada constituiu, durante a mais remota antiguidade, o único grupo social organizado. Entre os povos primitivos da bacia do Mediterrâneo, como mostrou Fustel de Coulanges, cada família alargada (*gens* romana ou *genos* grego) constituía uma comunidade autárquica, que não podia misturar-se com outras, pois, ao venerar os seus deuses, ela devia necessariamente ocupar com exclusividade um território próprio, o lugar

110. Cf. o cap. ii desta Parte.
111. Cf. o cap. anterior, pp. 543 e ss.
112. *Política* 1252 *a*, 24 e ss.

sagrado do culto divino. Somente em uma etapa posterior diversas famílias, sem dúvida para se protegerem de invasores estrangeiros, reuniram-se para formar uma fratria ou cúria, e que, mais adiante, da reunião de fratrias e cúrias entre si originou-se a tribo, de onde vêm, aliás, os vocábulos latinos *tribunal* e *tribunus*.[113] Mas, tal como na família primitiva, cada fratria, cúria ou tribo tinha o seu deus próprio e um chefe único — curião, fratriarca, tribuno —, que exercia ao mesmo tempo o privilégio do sacerdócio.

A monarquia foi, sem a menor dúvida, o primeiro e o mais duradouro de todos os regimes políticos. O início das grandes revoluções políticas, em todas as cidades da região mediterrânea, consistiu no levante dos chefes das principais famílias contra o monarca. Mas tratou-se de uma revolução parcial: o rei foi destituído, tão só, dos seus poderes próprios de chefe militar e juiz supremo; restou-lhe, intocada, a prerrogativa exclusiva do sacerdócio.[114]

A corrupção natural da aristocracia fez com que acedessem ao poder político supremo os cidadãos mais ricos. Despidos de toda *auctoritas*, foram eles naturalmente obrigados a recorrer à força bruta para conservar sua posição de mando. É aí que entram em cena os diversos tiranos, aos quais já nos referimos mais acima.[115] Aristóteles observa que eles têm sempre um comportamento demagógico: apoiam-se no povo contra os aristocratas ou os oligarcas, mas raramente buscam realizar o bem comum de todos.[116] Por vezes, o próprio monarca, já destituído ou ainda em funções, passa a cortejar o povo para assumir ou reassumir poderes absolutos, como sucedeu não poucas vezes na idade moderna. Maquiavel aludiu a essa prática nos capítulos IX e XIX do *Príncipe*.

Temos, assim, que a instituição da democracia, cujas primeiras manifestações ocorreram na Grécia entre os séculos VI e IV a.C., mas que, esmagada logo em seguida, só começou a reaparecer muitos séculos depois, representou a difícil culminância de um longo processo histórico.

O seu princípio pode ser resumido numa curta fórmula: a soberania do povo. Cada um desses substantivos, porém, há de ser corretamente compreendido.

---

113. *La Cité Antique*, livro segundo, cap. VI e livro terceiro, cap. I.
114. Cf. Aristóteles, *Política* 1285 *b*, 13-19.
115. Cf. pp. 598 e ss.
116. Mesma obra, 1310 *b*, 10 e ss.

a) Soberano, governante e administrador: a difícil partilha de competências

A elaboração original do conceito de soberania, como vimos no capítulo III da Parte II, remonta a Jean Bodin, e foi depois retomada por Hobbes e Rousseau.[117] Esses autores afirmaram que ela constitui um poder supremo na sociedade, não subordinado a nenhum outro e ilimitado em sua competência. O soberano tudo pode fazer por si próprio, ou então, se lhe aprouver, pode delegar poderes aos seus ministros (no sentido original da palavra, isto é, serviçais, pois *minister* em latim é derivado de *minus*), para agir em seu nome. Ou seja, a soberania absorveria completamente as tarefas de governo.

No pensamento político grego, contudo, certamente como reação aos desvios da democracia ateniense, fez-se a necessária distinção entre *kyria* e *arkhê* (ἀρχή). Aristóteles, por exemplo, salienta que os diferentes regimes políticos distinguem-se entre si pela identidade daquele ou daqueles que são *kyrioi* na *pólis*; isto é, detêm o poder supremo.[118] Há logicamente, diz ele, três regimes políticos ou *politeiai*, conforme o poder supremo pertença a um só, a alguns poucos cidadãos, ou ao conjunto deles. Toda *politeia* bem organizada, salienta o filósofo, deve saber regular harmonicamente três questões fundamentais: 1) a quem incumbe deliberar sobre o bem comum (περὶ τῶν κοινῶν); 2) a questão dos governantes ou magistrados (περὶ τας ἀρχάς), ou seja, "quem pode exercer esse ofício e qual a sua competência"; 3) finalmente, a questão do poder judiciário. Há aí, como se vê, uma nítida distinção entre a esfera da soberania ou poder supremo e a do poder propriamente governamental.

Sem essa distinção básica, é praticamente impossível compreender o princípio de funcionamento do regime democrático. A conhecida fórmula de Lincoln, de que a democracia é o governo do povo pelo povo e em prol do povo, é falsa:[119] soberania não se confunde com governo. O grande defeito da democracia antiga foi justamente o estabelecimento dessa confusão na prática; ao passo que a grande falsidade da democracia moderna é a atribuição ao povo de uma soberania puramente retórica ou ornamental.

---

117. Parte II, caps. III e V.

118. *Política* 1283 *b*, 5-10.

119. *"Government of the people, by the people, and for the people"*. É a conclusão do *Gettysburg Address*, discurso pronunciado por Lincoln em 19 de novembro de 1863, na inauguração do cemitério nacional, onde foram enterrados os mortos da mais sangrenta batalha da guerra civil norte-americana.

Max Weber acrescentou um terceiro grau nessa partilha de poderes — o escalão administrativo — e apresentou sobre ele a sua conhecida teoria da "dominação burocrática".

Ele começa por sublinhar que a instância administrativa, no Estado e nas grandes corporações e sociedades privadas, assume sempre a forma do que ele denominou *organização*, isto é, um sistema de competências (funções e poderes) fixas, distribuídas hierarquicamente entre diversas pessoas.[120] Pense-se hoje, por exemplo, nas organizações internacionais, como a ONU, ou nas grandes empresas capitalistas, multinacionais ou transnacionais.

Trata-se de um sistema de exercício de poder que se revelou, desde logo, muito mais eficiente do que todos os demais. A razão decisiva do avanço desse tipo de dominação (*Herrschaft*, no sentido retromencionado) sobre as outras reside no fato de sua incontestável superioridade técnica. A organização burocrática está para as demais formas de administração, disse Weber, como a máquina para os meios não mecânicos de produção de bens. "Precisão, rapidez, univocidade, conhecimento da documentação, continuidade, discrição, uniformidade, subordinação rigorosa, diminuição de atritos e custos materiais e pessoais alcançam um ponto ótimo numa administração rigorosamente burocrática (em especial monocrática), exercida por funcionários treinados, em comparação com todas as formas colegiais, ou exercidas como atividade honorária [isto é, benévola, pela honra do cargo] ou acessória."[121]

Uma vez plenamente desenvolvida, salientou Weber, a organização burocrática aparece como uma das estruturas sociais mais dificilmente desmontáveis. Todos os administrados e, o que é mais significativo, o próprio titular do poder político soberano, encontram-se, diante da burocracia, na condição de meros diletantes perante agentes profissionais, ou de leigos em face de especialistas. Tanto mais que o instinto infalível do burocrata para a conservação do seu poder leva-o sempre a procurar mais e mais atribuições, como condição de eficiência administrativa, e a tudo recobrir com o manto do segredo, por razões de alegado "interesse público."[122]

Essa análise é perfeita, nada havendo a acrescentar ainda hoje. Mas ela não infirma a necessidade de se fazer a necessária distinção entre as diferentes esferas de poder. Nas sociedades antigas, menos complexas que as atuais, o soberano podia

120. *Wirtschaft und Gesellschaft*, cit., p. 549.
121. Ibidem, pp. 561 e 572.
122. Ibidem, pp. 565, 569 e ss.

concentrar em suas mãos a maior parte das tarefas de governo. Nas sociedades modernas, uma estrutura governamental fraca, sempre sujeita a mudanças imprevisíveis, como em alguns sistemas parlamentares, submete o conselho de ministros ao poder decisório do corpo burocrático, composto por funcionários inamovíveis e altamente especializados. O que esses fatos incontestáveis ilustram, na verdade, é uma invasão patológica de áreas de competência, sem suprimir a necessidade lógica e prática de se separarem as três esferas de poder na sociedade política: a soberania, o governo e a administração. Nos regimes ditos democráticos, o mundo moderno criou um arranjo heterodoxo: o povo, embora proclamado soberano oficial, é na prática despido de todos os poderes ativos.

b) Da democracia antiga à democracia moderna: uma mudança radical no *status* político do povo

A soberania democrática ateniense não dizia respeito a toda a população, mas unicamente à minoria dos cidadãos ativos, que podiam votar e exercer cargos públicos; o que, segundo estimativas concordantes, representava entre 10% e 15% dos adultos. Do total dos habitantes de Atenas, os escravos formavam cerca de um terço. As mulheres e os estrangeiros (metecos) não tinham direitos políticos.

Em relação à minoria que compunha o *demos,* porém, a soma de poderes decisórios não se limitava aos assuntos pertinentes ao bem comum da *pólis*, mas estendia-se a matérias outras, que normalmente deveriam ser da competência exclusiva dos agentes governamentais (*arkhai, arkhontes*). O *demos* ateniense, no dizer de Aristóteles, "tudo administra e decide por meio de decretos e júris populares".[123]

A assembleia do povo soberano (*Ekklesia*) não somente votava as leis novas, mas decidia sobre a guerra e a paz, exercia o poder judiciário supremo (quando assumia a designação de *Heliaia*), elegia os mais importantes agentes públicos, como também se ocupava de questões puramente administrativas, e tomava resoluções de alcance individual ou particular, como a decretação do ostracismo de um cidadão.

Como membro nato da assembleia, cada cidadão ateniense gozava de uma liberdade individual inigualável no mundo do seu tempo, e até hoje inigualada nas democracias modernas. Ele tinha ampla liberdade de palavra (*parresia*), em absoluta igualdade de condições com qualquer outro cidadão, ilustre ou desconhecido,

123. *A Constituição de Atenas*, XLI, 2.

rico ou pobre (*isegoria*); o que sempre suscitou a repulsa dos aristocratas e dos pensadores políticos contrários à soberania popular, como Platão.

Em contraste com essa onipotência do *demos*, os órgãos do que hoje denominamos Poder Executivo eram singularmente fracos.

Sua designação fazia-se, em princípio, por sorteio. Tratava-se, na verdade, do resquício de uma velha tradição religiosa. Para os antigos, ao contrário dos modernos, o sorteio na escolha dos chefes políticos nada tinha que ver com o acaso; era, pura e simplesmente, a revelação da vontade divina. No apogeu do período democrático ateniense, apenas os chefes militares, em especial os generalíssimos (*strategoi*), eram eleitos pelo povo, em geral por um ano. Eles deviam dobrar-se inteiramente às instruções dadas pela *Ekklesia* na conduta das ações militares, sob pena de incorrerem em graves sanções (a pena capital ou o confisco de todos os seus bens).

Antes de entrar em função, todos os agentes públicos, escolhidos por sorteio ou eleitos pelo povo, eram submetidos a um exame prévio (*dokimasia*) perante um júri popular. Ao término de sua gestão, realizava-se indefectivelmente a prestação de contas (*euthynai*) perante um grupo de dez auditores e dez advogados, escolhidos por sorteio do conjunto dos cidadãos. Se esse exame final levasse a resultados insatisfatórios, o examinado era denunciado como réu num processo penal perante um dicastério ou júri popular. Além disso, diferentemente do que sucedia em Roma, os agentes públicos podiam ser destituídos pelo povo no curso do seu mandato.[124]

Por fim, quanto à terceira questão fundamental na organização da sociedade política, segundo Aristóteles, a saber, o Poder Judiciário, a *politeia* ateniense dava também ao *demos* uma posição de protagonista. Sólon atribuíra a todo cidadão condenado em processo penal o direito de recorrer ao *demos*.[125] Mas a partir de meados do século v a.C., a *heliaia*, ou assembleia do povo que atuava na qualidade de órgão judiciário, tornou-se um tribunal de primeira instância. Cada ano, eram escolhidos 6 mil cidadãos por sorteio, para compor essa corte de justiça. Sócrates, como sabido, foi julgado e condenado à morte pela assembleia do povo ateniense.

---

124. O assassínio de Tibério Gracco, que deu início à decadência da república romana, foi provocado pela sua decisão de pedir ao povo a destituição do seu colega de tribunato, Marcus Octavius. O próprio povo, segundo relata Plutarco, teria então percebido que o ato praticado – a destituição de um tribuno do povo – representava um autêntico sacrilégio (*Vida de Tibério Gracco*, xv).
125. O direito penal romano da época republicana também conhecia esse recurso, denominado *provocatio ad populum*.

Como observaram com razão os contemporâneos, as atribuições soberanas dos cidadãos atenienses, sobretudo o poder de tomar decisões puramente administrativas ou de alcance individual, acabaram por eliminar toda distinção entre leis e decretos. Com isso, contrariava-se diretamente uma lei atribuída a Sólon, segundo a qual "nenhum decreto (*psefisma*), nem do Conselho (*Boulê*) nem do povo, prevalecerá contra uma lei".[126]

Na oração *Contra Timócrato*, Demóstenes atacou duramente esse desvio institucional. "Nossa cidade, ó juízes, é governada por leis e por decretos. Se, pois, alguém vem destruir por uma nova lei a sentença de um tribunal, onde iremos parar? É justo chamar isto de lei? Não se trata, antes, de criar uma situação de anomia", ou seja, de ausência de leis?

Nesse tipo de democracia, observou por sua vez Aristóteles, "a soberania pertence às massas e não à lei; e isto acontece porque os decretos (*psefismata*) prevalecem sobre as leis".[127] Esse deplorável estado de coisas, prossegue o filósofo, é o produto da ação dos demagogos, que bajulam a multidão — ele emprega aí não a palavra *povo* (*demos*), mas o termo *plêthos* (πλῆθος), que no contexto tem sentido pejorativo —, a fim de transformá-la num monarca irresponsável, que não respeita lei alguma.

Tais críticas, porém, não nos devem fazer esquecer que a *politeia* ateniense foi, aos poucos, incorporando várias instituições destinadas a evitar o abuso do poder popular.

Assim foi, por exemplo, em matéria legislativa. No final do quinto século a.C., criou-se o processo dito de *nomothesia*, pelo qual todo projeto de lei nova, ou de alteração de lei já existente, devia ser previamente submetido ao exame de peritos legislativos (*nomothetas*), antes de ser levado à votação na *Ekklesia*. Além disso, toda lei votada pela assembleia do povo, e que fosse julgada por qualquer cidadão como contrária à *politeia*, ou cujo processo de votação fosse considerado irregular, podia ser atacada perante um tribunal popular, com a condenação do autor do projeto à pena de perda dos seus direitos cívicos (*atimia*). Era a instituição do *graphê paranomon*, que representava um verdadeiro juízo de constitucionalidade *ante litteram*.

Em matéria de decretos administrativos ou de decisões de alcance puramente individual da *Ekklesia*, é preciso lembrar que todas essas deliberações deviam ser previamente submetidas ao exame do Conselho dos 500 (*Boulê*), que

---

126. Citada por Andócido em *Sobre os Mistérios*, 87. No mesmo sentido, Hipéride, *Contra Atenógeno*, 22.
127. *Política* 1292 *a*, 5 e s.

instruía a assembleia quanto à conveniência ou oportunidade da votação num ou noutro sentido. É claro que a assembleia não estava vinculada ao parecer dado pelo Conselho, e que, por várias vezes, sobretudo a partir do quarto século, foram tomadas precipitadamente pelos cidadãos decisões sobre assuntos não examinados antes no seio do *Boulê*. Mas, de qualquer maneira, esse procedimento indica claramente que os construtores da *politeia* ateniense estavam bem conscientes dos limites institucionais a serem postos à soberania popular.

Convém, finalmente, salientar que, se o cidadão ateniense gozava da mais ampla liberdade política, como salientamos há pouco, o *status* dessa cidadania também comportava sérios deveres. De modo geral, sempre foram vistos com maus olhos os que se abstinham sistematicamente de comparecer e votar nas reuniões da *Ekklesia*, sendo por isso qualificados como *idiotai*, ou seja, indivíduos unicamente preocupados com os assuntos do seu interesse particular. A neutralidade política era considerada em Atenas atitude contrária ao bem comum. Segundo reporta a tradição, Sólon teria editado uma lei, chocante para a mentalidade moderna, pela qual deviam ser punidos com a *atimia* todos aqueles que se recusassem a tomar partido numa situação de guerra civil.[128]

A democracia moderna foi uma invenção dos norte-americanos, desde logo adotada pelos franceses. Comparada com a matriz grega, ela representou, pelo menos de início, uma completa inversão funcional. O mecanismo da representação popular, que deu origem à democracia formal, constituiu, na realidade, um claro impedimento à soberania do povo. Ele serviu para encobrir, sob uma aparência democrática, a consolidação do sistema oligárquico, ou seja, o regime da soberania dos ricos.

A visão política comum aos Pais Fundadores dos Estados Unidos, com a única e notável exceção de Thomas Jefferson, era de desconfiança ou desprezo pelo povo. O *We, the people*, que abre o texto constitucional de 1787, representou, na verdade, uma mera expressão retórica.

Durante a Convenção de Filadélfia, a atribuição da soberania política ao povo das 13 colônias, em substituição ao monarca inglês, foi uma questão debatida unicamente de forma indireta, por ocasião das discussões a respeito do poder legislativo no novo Estado.

Na sessão de 12 de junho de 1787, ao se deliberar sobre a legislatura na Câmara dos Representantes, Elbridge Gerry, representante do Massachusetts, declarou que "o povo da Nova Inglaterra jamais abrirá mão das eleições anuais. Ele está a par

---

128. Cf. Aristóteles, *A Constituição de Atenas* VIII, 5.

da mudança, feita na Inglaterra, das eleições trienais para setenais, mas consideraria uma inovação dessas uma usurpação".[129] Em réplica, Madison observou que se as opiniões do povo devessem servir como guia para os convencionais haveria dificuldade em saber qual o caminho a tomar. "Nenhum membro da Convenção poderia dizer quais seriam as opiniões dos seus constituintes naquele momento; muito menos poderia ele dizer o que pensariam seus eleitores, se tivessem as informações e as luzes que nós, convencionais, possuímos; e ainda menos qual seria a maneira de pensar de seus constituintes daqui a seis ou doze meses."

Em 25 de junho, quando entrou em discussão a criação do Senado, Charles Pinckney, representante da Carolina do Sul, em longo discurso, insistiu sobre o fato de que "o povo dos Estados Unidos é, talvez, o mais singular de quantos conhecemos. No seio do povo há poucas diferenças de fortuna e, menos ainda, de posição social (*rank*)". Observou que havia poucos homens ricos entre os americanos do Norte, esclarecendo: "Por homens ricos eu entendo aqueles cujas riquezas podem exercer uma perigosa influência, como acontece com os que são considerados ricos na Europa — talvez não haja nem uma centena deles neste Continente; e é improvável que esse número aumente muito no futuro". Segundo ele, o povo norte-americano dividir-se-ia em três classes: os profissionais liberais, "que, devido às suas atividades, devem sempre ter um grande peso no Governo, enquanto este permanecer popular", os comerciantes (*merchants*) e os proprietários rurais. "Estas três classes", concluiu, "embora distintas quanto às suas atividades, são individualmente iguais na escala política, podendo ser facilmente provado que elas têm um só interesse."

Sintomaticamente, nenhuma referência foi feita, nessa ocasião, à numerosa escravaria que povoava os Estados do Sul. O assunto só veio à baila em 11 de julho, quando se cuidou de fixar o número de representantes de cada Estado na Câmara dos Representantes. Como o critério adotado foi o da população de cada Estado, os sulistas, bem entendido, quiseram que os escravos fossem contados como membros do "povo" representado. Ou seja, que eles servissem como massa de manobra política, além de servirem como instrumentos materiais de produção.

Votado o texto final da Constituição em Filadélfia, passou-se à delicada etapa de sua ratificação por todos os Estados, que de confederados formariam doravante

---

129. Esta e as demais citações que se seguem são extraídas das anotações de James Madison sobre os debates na Convenção de Filadélfia, apud Page Smith, *The Constitution – A documentary and narrative history*, Nova York, Morrow Quill Paperbacks, 1980.

uma federação. Era preciso defender com vigor a ideia federalista. Foi o que fizeram James Madison, Alexander Hamilton e John Jay, numa série de ensaios publicados periodicamente na imprensa, depois reunidos num volume intitulado *The Federalist*. Aí, a ideia de soberania popular ativa foi claramente rejeitada.

No ensaio de nº 10, por exemplo, James Madison afirmou que "a pura democracia", que ele entendia ser "a sociedade consistente num pequeno número de cidadãos que se reúnem e administram o governo diretamente", incentivaria inelutavelmente o espírito de facção, pondo em constante risco a ordem social. "Tais democracias", disse ele, "têm dado sempre o espetáculo de turbulência e conflito; têm-se revelado sempre incompatíveis com a segurança pessoal ou os direitos de propriedade." Daí concluir ele que somente uma república, entendida como "um regime no qual se aplica o esquema da representação", constitui o remédio adequado para os males do facciosismo.

De sua parte, Alexander Hamilton, no ensaio nº 35, fez questão de ressaltar que "a ideia de efetiva representação de todas as classes do povo por pessoas tiradas de todas elas é totalmente visionária". "Os artesãos e os fabricantes (*mechanics and manufacturers*)", garantiu ele, "darão, via de regra, o seu voto preferencialmente aos comerciantes, e não aos indivíduos de sua própria profissão"; pois "eles sabem que o comerciante é o seu aliado natural; não obstante a confiança que tenham nas suas próprias luzes, sabem que os seus interesses serão mais bem defendidos pelos comerciantes, do que por eles mesmos".

A única voz discordante entre os *Founding Fathers* a respeito da efetiva soberania popular foi a de Thomas Jefferson. Ao redigir um projeto de Lei Fundamental para a Virgínia,[130] no primeiro semestre de 1775, portanto um ano antes da independência, ele propôs que ela fosse promulgada "pela autoridade do povo" (*Be it therefore enacted by the authority of the people that...*). Jefferson acrescentou, em nota ao projeto, a seguinte observação: "Propõe-se que esta lei, uma vez corrigida pela Convenção, seja por ela submetida ao povo, a ser reunido em seus respectivos condados, e que os sufrágios de dois terços dos condados sejam exigidos para a sua aprovação". Em carta dirigida a Edmund Pendleton, em 26 de agosto de 1776, ou seja, menos de dois meses após a declaração de independência, reconhecia que "uma escolha feita pelo próprio povo não se distingue em geral pela sua sabedoria", mas também acreditava, de modo geral, que "as decisões do povo em conjunto serão sempre mais honestas e

---

130. *A Bill for new-modelling the form of Government and for establishing the Fundamental principles thereof in future.*

desinteressadas que aquelas tomadas pelos homens de fortuna".[131] E seis meses mais tarde, quando já era embaixador em Paris, ao escrever a Edward Carrington a propósito da repercussão na opinião pública europeia das primeiras rebeliões enfrentadas pela nova república norte-americana, dizia-se persuadido de que "o bom senso do povo será sempre reconhecido como o melhor exército [contra as rebeliões]. O povo pode laborar em erro num certo momento, mas saberá logo corrigir-se. O povo é o único censor dos seus governantes: e até mesmo os seus erros tenderão a mantê-lo apegado aos verdadeiros princípios de suas instituições. Punir tais erros muito severamente redundaria em suprimir a única salvaguarda da liberdade pública".[132]

Na França revolucionária, a mesma delicada questão política foi levantada, poucos anos depois.

Nas sessões introdutórias dos *États Généraux du Royaume*, em 1789, a ambiguidade essencial da noção de povo veio à tona, quando os dois primeiros estamentos do reino — os clérigos e os nobres — recusaram-se a comparecer, em protesto contra a decisão de se adotar o voto individual dos representantes, e não o voto coletivo por estamento. Na sessão de 15 de junho, Sieyès, fiel às ideias que havia exposto pouco antes em sua obra famosa,[133] propôs que o *Tiers État*, diante da defecção das duas outras ordens, se intitulasse *"Assemblée des représentants connus et vérifiés de la nation française"*.

Mirabeau contrapropôs uma fórmula mais sintética: "Representantes do povo francês", observando que essa palavra era elástica e podia, conforme as circunstâncias, significar muito ou pouco. Foi esta, justamente, a crítica que os "legistas" Target e Thouret dirigiram de imediato ao grande tribuno. Indagaram eles se o termo povo, naquela proposta, deveria ser tomado no sentido de *plebs* ou de *populus*. Todos afinal se convenceram do perigo de o termo ser considerado no pri-

---

131. *The Portable Thomas Jefferson, edited by Merrill D. Peterson*, Penguin Books, 1975, pp. 355-6.

132. *"I am persuaded myself that the good sense of the people will always be found to be the best army. They may be led astray for a moment, but will soon correct themselves. The people are the only censors of their governors: and even their errors will tend to keep these to the true principles of their institutions"* (ibidem, p. 414).

133. *"Dans toute nation libre, et toute nation doit être libre, il n'y a qu'une manière de terminer les différends qui s'élèvent touchant la constitution. Ce n'est pas à des notables qu'il faut avoir recours, c'est à la nation elle-même. Si nous manquons de constitution, il faut en faire une; la nation seule en a le droit."* E pouco mais adiante: *"La nation existe avant tout, elle est l'origine de tout. Sa volonté est toujours légale, elle est la loi elle-même"* (Qu'est-ce que le Tiers état ?, cap. v, Genebra, Librairie Droz, 1970, pp. 177 e 180).

meiro sentido, de modo a anular o caráter representativo da assembleia, quando Malouet, amigo de Necker, aceitou a proposta de Mirabeau.[134]

A Declaração dos Direitos do Homem e do Cidadão, votada em 26 de agosto, embora assinada "pelos representantes do povo francês", contém, no entanto, como se transcreveu mais acima, uma disposição inequívoca: "O princípio de toda soberania reside essencialmente na Nação [com maiúscula]. Nenhum corpo, nenhum indivíduo pode exercer autoridade que dela não emane de modo expresso".

A ironia da história é patente. Para afastar a ambiguidade do termo povo, os revolucionários franceses entronizaram, em lugar do rei, um dos mais notáveis ícones políticos dos tempos modernos: a nação, à cuja sombra têm-se abrigado comodamente, desde então, os mais variados regimes antidemocráticos.

De qualquer modo, a grande vantagem prática da fórmula assim encontrada pelos deputados do *Tiers État* foi que o novo soberano, pela sua própria natureza, é incapaz de exercer pessoalmente o poder político. A nação pode existir politicamente como referência simbólica, mas só atua por meio de representantes. Foi a razão do art. 3º da Declaração de 1789.

Os jacobinos, é bem verdade, não se conformaram com essa orientação idealizante, e reagiram, após a queda da monarquia, com a Constituição do Ano I. A nova Declaração dos Direitos do Homem e do Cidadão foi então feita diretamente em nome do "povo francês", e não de seus representantes. O seu art. 25 proclamava, incisivamente: "A soberania reside no povo; ela é una e indivisível, imprescritível e inalienável". E o art. 7º do "Ato Constitucional" esclarecia: "O povo soberano é a universalidade dos cidadãos franceses". Ele "nomeia imediatamente seus deputados" (art. 8º); "delega a eleitores a escolha dos administradores, árbitros públicos, juízes criminais e de cassação" (art. 9º); e, sobretudo, "delibera sobre as leis" (art. 10).

A influência de Robespierre transparecia aí claramente. Em seu projeto de declaração de direitos, apresentado à Convenção em 23 de abril de 1793, propôs ele, sem rebuços: "O povo é soberano: o governo é sua obra e sua propriedade, os funcionários públicos são seus empregados. O povo pode, a seu talante, mudar o governo e destituir seus mandatários" (*"Le peuple est souverain: le gouvernement*

---

134. Sobre esse episódio, cf.Michelet, *Histoire de la Révolution Française*, ed. Galllimard (Bibliothèque de la Pléiade), vol. I, pp. 101 e ss.

est son ouvrage et sa propriété, les fonctionnaires publics sont ses commis. Le peuple peut, quand il lui plaît, changer son gouvernement, et révoquer ses mandataires").[135]

A transposição semântica da *plebs* em *populus* correspondia a uma revolução política por exclusão: os nobres, clérigos e burgueses não fariam parte do povo.[136] O marxismo voltou a trilhar o mesmo caminho no século seguinte, ao atribuir a qualidade política de povo unicamente à classe operária.

Mas, a rigor, a utilização do sistema representativo com o intuito de conter o povo dentro de estritos limites políticos não foi uma invenção norte-americana, muito menos francesa, mas inglesa. Quando Rousseau lançou sua famosa objurgatória — "o povo inglês pensa ser livre, mas se engana redondamente; ele só é livre durante a eleição dos membros do Parlamento [...]; nos breves momentos de sua liberdade, o uso que dela faz bem merece que a perca" — causou o maior escândalo no meio intelectual europeu. Meio século depois, porém, Benjamin Constant, com o aplauso da elite burguesa, repetiu quase com as mesmas palavras o juízo condenatório de Rousseau:

> Entre os modernos, o indivíduo, independente em sua vida privada, só é, mesmo nos Estados mais livres, soberano na aparência. Sua soberania é restrita, quase sempre suspensa; e se em períodos fixos, mas raros, durante os quais, ainda cercado de precauções e de obstáculos, ele vem a exercer essa soberania, é tão somente para abdicá-la.[137]

A concepção moderna de liberdade, longe de ser a participação ativa na vida pública, como sucedia entre os povos antigos, é pura e simplesmente a fruição de franquias privadas. O ideal cívico da modernidade, aliás, é bem essa idiotia, como diriam os gregos: a completa absorção de cada cidadão nos assuntos de seu interesse particular. "Eu não faço política", diz o burguês com ar sério, como para indicar que não perde tempo com frivolidades. A seus olhos, os políticos são uma espécie de mal necessário: enquanto não se descobrir um meio de dispensá-los, temos que tolerar o absurdo dispêndio eleitoral, e pagar impostos para sustentar os eleitos.

---

135. *Discours et rapports à la Convention*, Paris, Union Générale d'Éditeurs, 1965, pp. 124-5.

136. *"Le despotisme a produit la corruption des moeurs, et la corruption des moeurs a soutenu le despotisme. [...] Alors on a des rois, des prêtres, des nobles, des bourgeois, de la canaille: mais, point de peuple et point d'hommes"* (op. cit., p. 135).

137. *Da la liberté des anciens comparée à celle des modernes*, in *De la liberté chez les modernes*, Paris, Hachette, 1980, p. 512.

O ideal, mal e mal encoberto pelos líderes capitalistas, é substituir os políticos por um corpo de gerentes especializados, tal como se faz nas grandes empresas. Aliás, o sufrágio eleitoral é hoje facultativo, na grande maioria dos países.

Na verdade, essa proclamada virtude de uma vida inteiramente dedicada a assuntos privados é a pior forma de se fazer política. É a divisão do que deveria ser uma comunidade em duas esferas separadas — a sociedade civil e o aparelho estatal —, com a aceitação incontestada da soberania oligárquica e da irresponsabilidade dos governantes. O povo ateniense foi frequentemente censurado pela sua leviandade em se deixar iludir pelos demagogos. Mas as massas modernas nem se dão conta de como se deixam facilmente enganar pela propaganda ideológica e a publicidade comercial, maciçamente instrumentadas pelos meios de comunicação coletiva, a serviço dos interesses oligárquicos. O que em Atenas era tido como reles demagogia passou a ser apresentado como a garantia integral das liberdades democráticas.

A evolução posterior foi lenta, mas seguiu firmemente por dois caminhos.

De um lado, a constante ampliação numérica do povo segundo o princípio do sufrágio universal. O voto censitário, isto é, o reconhecimento da condição de eleitor primário apenas às pessoas que provassem uma renda anual mínima, foi eliminado já no século XIX. O sistema das eleições indiretas, que consagrava duas espécies de cidadãos, os ativos e os inativos, desapareceu também na mesma época. A seguir, passou-se a reconhecer direitos políticos às mulheres[138] e, finalmente, aos analfabetos.

De outro lado, a democracia moderna experimentou, sobretudo após a Segunda Guerra Mundial, a progressiva concessão ao povo, assim ampliado, do direito de tomar diretamente decisões políticas, por meio de referendos e plebiscitos. Em alguns países, o povo adquiriu também o direito de propor projetos de lei ao órgão parlamentar e, até mesmo, de propor emendas à Constituição.

Tudo isso nos convida a reapreciar a questão da soberania.

---

138. O primeiro país a reconhecer às mulheres o direito de voto foi a Nova Zelândia, 1893. Seguiram--se-lhe a Austrália (1902), a Finlândia (1906) e a Noruega (1913). Entre 1914 e 1939, as mulheres adquiriram o direito de voto em mais 28 países. Foi somente após a Segunda Guerra Mundial que alguns países ocidentais, como a Itália e a França, admitiram as mulheres no corpo eleitoral. É dessa época, também, o reconhecimento do direito de voto feminino por alguns países que adotaram, após a guerra, o regime comunista, como a China, a Iugoslávia e a Romênia. O último país ocidental a reconhecer às mulheres o direito de votar foi a Suíça, em 1971, mas não em todos os seus cantões.

c) Soberania é o supremo poder de controle político

A moderna noção de poder de controle foi elaborada, originalmente, no campo do direito empresarial, mais precisamente em matéria de sociedade anônima.[139]

Os juristas observaram que na macroempresa contemporânea o poder tende a escapar completamente das mãos dos acionistas, transformados em meros investidores, ou simples especuladores em valores mobiliários. No esquema jurídico oficial, acionistas, considerados "donos do negócio", são os que mandam. Na realidade, quem assume efetivamente a soberania empresarial, isto é, o poder de decisão em última instância, nem sempre é acionista e pode até mesmo atuar de fora da empresa.

Esta a razão pela qual foi preciso criar um conceito novo de poder. O termo escolhido *controle* (ou *controlo*, como de uso em Portugal) é de origem francesa, derivado de *contrerole*, que era um rol ou registro duplo, onde se lançavam decisões, atos, títulos, normas. No francês moderno, *contrôle* tem o sentido mais usual de verificação, exame ou censura.

No idioma inglês, de forma diversa, o núcleo central das diferentes acepções do vocábulo *control* é a noção de poder de mando ou dominação; o verbo *to control* pode também significar *to conduct*.

Pois bem, no mundo empresarial contemporâneo, os termos *controle* e *controlar* passaram a ser usados não no sentido fraco de fiscalizar, de origem francesa, mas na acepção inglesa mais forte, de supervisionar e impor diretrizes.

Importa, porém, distinguir, no universo das empresas, o controle interno do externo.

O controle empresarial interno existe, tanto na empresa isolada, quanto no grupo de empresas.

Na empresa isolada, é considerado controlador o acionista ou grupo de acionistas que dispõem do número de votos necessários para fazer prevalecer a sua vontade nas reuniões da assembleia geral. Eles podem ser majoritários ou minoritários em relação à totalidade das ações emitidas e em circulação O controle pela

---

139. Foi decisivo, nesse particular, o estudo de A. A Berle Jr. e G. Means, *The Modern Corporation and Private Property*, editado em 1932. Sobre o assunto, elaborei uma tese de concurso acadêmico, *O Poder de Controle na Sociedade Anônima*, editada pela primeira vez em 1975, e agora refundida com importantes acréscimos, correções e observações críticas do professor Calixto Salomão Filho (Rio de Janeiro, Companhia Editora Forense , 5ª ed., 2008).

minoria acionária surgiu, nas macroempresas modernas, como a natural consequência da grande dispersão de ações no mercado e da construção de técnicas jurídicas sofisticadas, como a captação de procurações em larga escala para votar nas reuniões da assembleia geral (a chamada *proxy machinery*).

Mas o controle empresarial interno pode também pertencer, não de direito, mas de fato, a não acionistas, que se perpetuam em cargos administrativos, e que se tornam indispensáveis ao normal funcionamento da empresa, porque detêm o monopólio da informação técnica, tal como os burocratas em relação aos governantes, na sociedade política, de acordo com a teoria acima lembrada de Max Weber. Foi a respeito dessa última situação, denominada *management control*, que Berle e Means desenvolveram a sua análise jurídica pioneira.

Quanto aos grupos de empresas, que se expandiram extraordinariamente no mundo todo a partir da segunda metade do século xx, eles podem se organizar de forma hierárquica — os chamados grupos de subordinação, nos quais uma empresa matriz controla várias filiais, num só país ou em vários (o fenômeno da multinacionalidade ou transnacionalidade empresarial) — ou então de forma horizontal, mediante contratos ditos de consórcio, sem que nenhuma das empresas agrupadas domine a outra ou as outras. Nos grupos de subordinação, as técnicas jurídicas de controle podem comportar ou não a separação entre a propriedade acionária e o direito de voto nas assembleias gerais de acionistas das empresas controladas. No final do século xix, John D. Rockefeller constituiu nos Estados Unidos o primeiro grande monopólio petrolífero do mundo, com base na técnica do *voting trust*, pela qual os acionistas de várias empresas concorrentes da Standard Oil Company entregavam-lhe suas ações em *trust*, ficando o *trustee* com o direito exclusivo de voto, mas devendo exercê-lo em benefício dos acionistas que lhe confiaram suas ações (*cestui qui trust*). Essa experiência, como sabido, deu origem ao uso do termo *trust* para designar uma situação de monopólio empresarial no mercado. Nos direitos da família jurídica romano-germânica, também é possível usar do usufruto acionário com esse mesmo objetivo.

Importa salientar que a prática da separação entre propriedade acionária e poder empresarial já havia sido detectada e, de certa maneira, justificada, por Karl Marx, no livro iii de *O Capital*. "A produção capitalista chegou a tal ponto", observou ele, "que o trabalho de direção geral (*Oberleitung*), completamente separado da propriedade do capital, anda à solta. Daí já não ser necessário que esse trabalho de direção geral seja desempenhado pelo capitalista. Um chefe de orquestra não precisa, minimamente, ser proprietário dos instrumentos da orquestra, e tampouco é da sua função de dirigente ter algo que ver com os salários dos demais músicos." E, mais adiante, tratando do papel do crédito na produção capitalista, salientou Marx, como uma das consequências do desenvolvimento das sociedades por ações, a "transformação do capitalista realmente atuante em um puro dirigente, administrador do capital alheio; e do proprietário do capital em puro proprietário, um simples capitalista pecuniário (*Geldkapitalist*)". E conclui, de modo significativo: "É a produção privada fora do controle da propriedade privada" (*Es ist Privatproduktion ohne die Kontrolle des Privateigentums*).[140]

Ao lado dessas situações de controle empresarial interno, pode também suceder que uma empresa seja momentaneamente submetida ao poder decisório final de alguma outra organização, pública ou privada. São situações que o direito empresarial alemão denominou *influência dominante* (*beherrschender Einfluss*),[141] e que ocorrem nas mais variadas hipóteses: endividamento excessivo perante uma instituição financeira, licença de uso de uma patente de invenção vital para a empresa, contrato de franquia (*franchising*) para ingresso em rede de empresas de renome mundial, filiação a uma rede de empresas de rádio ou de televisão, entre outros. Foi com base nessas técnicas de controle empresarial externo, como já tivemos ocasião de assinalar no capítulo I desta Parte, que as grandes potências mundiais passaram a substituir o antigo, ineficiente e custoso sistema de dominação territorial militar de um país sobre outro pelo mecanismo mais ágil, barato e isento de responsabilidades, que representa a dominação financeira, comercial ou tecnológica.[142]

Se nos demoramos assim em expor as diferentes técnicas de poder de controle nas empresas, é porque a civilização capitalista da modernidade procurou naturalmente transpô-las, do mundo empresarial para o político. A empresa capitalista é sempre monárquica ou oligárquica, pois ela se constitui, como Marx não cansou de repetir, com o objetivo de propiciar a mais eficiente acumulação de capital. Ora, capital, nesse sistema, é antes de tudo poder: poder sobre os subordinados dentro da empresa

---

140. *Das Kapital, Kritik des politischen Ökonomie*, Institut für Marxismus-Leninismus beim ZK der SED, vol. 25, livro 3º, Dietz Verlag, Berlin, 1965, pp. 400 e ss.

141. Ao que parece, o legislador alemão colheu essa expressão em Max Weber. No capítulo IX, primeira seção, da segunda parte de *Wirtschaft und Gesellschaft*, lê-se: "Z. B. übt jede grosse Zentralbank und üben grosse Kreditbanken kraft monopolistischer Stellung auf dem Kapitalmarkt oft einen 'beherrschenden' Einfluss aus" (op. cit., p. 542).

142. Os últimos governos dos Estados Unidos, porém, voltaram a aplicar o tradicional método da força bruta e da "guerra preventiva", para se apossarem das riquezas naturais de outros países.

ou grupo de empresas; poder sobre concorrentes, fornecedores e consumidores no mercado; poder, por fim, sobre os órgãos de governo na sociedade política.

É por isso que o capitalismo é radicalmente contrário a toda e qualquer experiência de democracia autêntica, dentro ou fora da empresa, uma vez que ela implica atribuição do poder de controle, por igual, ao conjunto dos integrantes da empresa — capitalistas e trabalhadores —, ao conjunto dos consumidores no mercado, ou ao corpo de cidadãos que formam o povo soberano.

Seja como for, a ideia de controle é própria de sociedades complexas, nas quais a relação de poder de comando não se estabelece simplesmente entre os que mandam e os que obedecem sem mandar, mas comporta vários níveis de poder superpostos. O controlador decide em última instância, estabelecendo as grandes diretrizes da ação administrativa e supervisionando a atuação dos administradores ou agentes executivos.

Exatamente nesse sentido deve-se conceber e organizar a soberania política, em particular no regime democrático.

O povo soberano não pode e não deve governar. O governo, sobretudo nas sociedades altamente complexas do mundo moderno, é uma tarefa especializada, que deve ser deixada a cargo de agentes executivos. Mas compete, antes de tudo, ao povo, o poder-dever de controlar a ação dos governantes, e esse controle soberano compõe-se de vários elementos.

Em primeiro lugar, a aprovação da Constituição e de suas alterações, pois é a Constituição que fixa todas as modalidades e níveis de poder na sociedade política. Por isso mesmo, os representantes do povo, que formam o mal denominado poder constituinte derivado, não têm a menor legitimidade política para tomar uma decisão fundamental desse tipo.

Em segundo lugar, compete unicamente ao povo soberano fixar as diretrizes gerais de governo, ou seja, as metas políticas a médio e longo prazo, as quais devem ser observadas pelos sucessivos governos. Quando se permite que esses objetivos operacionais sejam decididos pelos próprios governantes, das duas uma: ou essas decisões jamais são tomadas, pois os membros do governo costumam ser absorvidos pelas exigências imediatas ou de curto prazo, e vivem sempre pressionados pelo calendário eleitoral; ou então, quando tais decisões são tomadas, elas obedecem invariavelmente ao interesse particular dos grupos hegemônicos no interior do país, ou das potências dominantes, econômicas ou políticas, no plano internacional. É preciso afirmar, com toda ênfase, que o povo é o principal responsável pela preservação da independência nacional, pelo desenvolvimento do país e o bem-estar das futuras gerações; e que essa responsabilidade não pode ser transferida a outrem.

Em terceiro lugar, incumbe ao povo soberano eleger por períodos bem delimitados os titulares das funções governamentais: os membros do órgão legislativo, o chefe de Estado e o chefe do chamado Poder Executivo. Ora, quem pode escolher mandatários, deve também poder destituí-los. Uma das grandes fraquezas do sistema democrático moderno reside na impossibilidade, em que se encontra o povo soberano, de encerrar a relação de mandato político antes do seu termo final. Esse poder é atribuído tão só ao chefe de Estado, no sistema parlamentar de governo, em relação aos membros do Parlamento. Não se vê bem por que o próprio povo é menos qualificado que o chefe de Estado para dissolver o Parlamento, quando, cada vez mais, mesmo em sistemas parlamentares de governo, o chefe de Estado é também eleito pelo povo. Pela própria lógica do sistema de soberania democrática, os chefes de Estado ou de governo e os parlamentares, sendo eleitos pelo povo soberano, devem igualmente poder ser destituídos por ele, a todo tempo.

A prerrogativa popular de livre destituição dos governantes eleitos não há de ser, porém, confundida com a sanção pelo cometimento de delitos por parte dos agentes públicos. Já aqui adentramos no quarto e último elemento componente da soberania do povo; a saber, o poder de fiscalização e responsabilização direta de todos os titulares de cargos públicos, eleitos ou não pelo povo.

No dealbar da democracia grega, relata Aristóteles, Sólon entendeu que, se os cidadãos pobres e plebeus não tinham capacidade para exercer individualmente cargos públicos, era, no entanto, indispensável que, reunidos com os demais cidadãos, ou seja, formando oficialmente o *demos*, eles tivessem o poder de exigir que todos os agentes públicos explicassem e justificassem os atos de sua gestão.[143] Obviamente, quem detém o poder de pedir contas a um mandatário possui, também, o poder de responsabilizá-lo pela prática de atos criminosos ou prejudiciais ao bem público, no exercício do mandato.

Importa ressaltar o princípio republicano da igualdade proporcional no exercício de cargos públicos; ou seja, quanto maior o poder, maior deve ser a responsabilidade do seu titular. Escusa lembrar que nas falsas democracias modernas é exatamente o contrário que sucede, chegando-se, até mesmo, a criar isenções penais de tipo monárquico para chefes de Estado durante o exercício de suas funções, como mencionamos há pouco.

---

143. *Política*, 1281 *b*, 30-35.

Ressalte-se, por último, mais uma vez, que tais elementos componentes da soberania popular constituem poderes-deveres, dos quais o povo não pode jamais abrir mão. O grande problema, como discutiremos adiante, está em se construí-rem instituições jurídicas aptas a fazer valer essa situação de exercício compulsó-rio e inalienável da soberania.

Tudo isso, porém, não deixa de suscitar a questão espinhosa que, desde o nas-cimento do regime democrático em Atenas e até hoje, vem sendo insistentemente posta: teria o povo capacidade para ser soberano?

d) A aptidão do povo a exercer a soberania política

A crítica desde sempre feita à atribuição de poder político ao povo funda-se na sua alegada ignorância e incompetência.

Na verdade, a democracia ateniense sempre suscitou entre os seus contempo-râneos um misto de escândalo e desprezo. Plutarco[144] relata que Anakharsis dizia--se surpreso "de ver que, entre os gregos, embora os oradores sejam exímios na palavra, são os ignorantes que tudo decidem".

Efetivamente, muito se falou naquela época da *amathia* popular, substantivo que na língua grega continha a dupla significação de ignorância e tolice. Essa é a cen-sura desde sempre dirigida pela autodenominada elite àqueles que, desprovidos de toda instrução, veem-se obrigados a exercer os ofícios mais humildes e desprezados, sem poder aspirar a nenhum cargo ou profissão que exija algum preparo intelectual. Mas, embora sofrendo com essa situação de injusta desigualdade social, é inegável que os cidadãos pobres de Atenas sentiam-se realmente despreparados para assu-mir as enormes responsabilidades que a *politeia* democrática punha em seus ombros.

Da filosofia à comédia, o desprezo pela soberania popular era bem difundido na Grécia. Platão, como sabido, construiu toda a sua teoria da *pólis* justa sobre a necessi-dade de se confiar o poder supremo, com exclusividade, àqueles que, pela sua própria formação, contrapõem-se radicalmente ao povo *amathês*: os filósofos. No registro corrosivo da zombaria, Aristófanes, na peça *Os Cavaleiros*, imagina que após Cleonte, o curtidor que sucedeu a Péricles como estratego, o povo ateniense tenha escolhido um salsicheiro para exercer esse elevado cargo público. Entre o eleito e aquele que lhe vem anunciar a eleição, estabelece-se então o seguinte diálogo (versos 178-193):

---

144. *Vida de Sólon*, v, 6.

Diga-me, afinal, como é que eu, um comerciante de chouriços, posso me tornar *uma personalidade!* — Ora, é justamente por isso que você se torna um grande homem: pelo fato de você ser um pobretão (*poneros*), um vadio, um audacioso. — Mas eu não sou digno de tão grande poder. — Que é que faz você dizer que não é digno? Suspeito que você tenha na consciência algo de honesto... Seria você, por acaso, filho de pessoas dignas e ilustres? — Não, por Zeus, meus pais eram também pobretões! — Felizardo! Que chance a sua! Com isto, você é realmente talhado para os negócios públicos! — Mas, meu caro, eu não tenho instrução alguma! Tudo que eu sei é ler, e assim mesmo não muito bem. — Pois o seu único mal consiste justamente em saber ler, "mesmo não muito bem". Governar o povo não é tarefa de um homem instruído e de bons costumes, mas sim de um ignorante e tolo (*amathês*), um malandro em suma.

Na verdade, à ausência de instrução dos pobres acrescia-se ainda o obstáculo de terem eles que trabalhar para sobreviver, sem contar com nenhum tempo disponível para o exercício de seus direitos políticos. É o que lembra o arauto do rei de Tebas, na tragédia *As Suplicantes* de Eurípides (417-422):

Aliás, como pode a massa, ela própria incapaz de um raciocínio justo, conduzir a cidade no caminho certo? O tempo vale mais do que a pressa para nos instruir. E um pobre lavrador, ainda que não lhe falte instrução, não terá nunca tempo suficiente para se consagrar aos negócios públicos.

Não é demais observar que a essas razões negativas, que os antigos opunham ao exercício pelo povo de poderes políticos, o mundo moderno acrescentou outra, terrível: a miséria embrutecedora a que são condenadas populações inteiras dos países subdesenvolvidos, por força da expansão capitalista.

Mas a crítica negativa que os antigos dirigiam à democracia grega avançou mais um argumento. Os pobres, ignorantes e parvos, revelavam-se ainda de uma violência incontida e imprevisível, quando empoleirados em posições de mando. No diálogo famoso, reportado por Heródoto,[145] que Dario teve com outros dois líderes persas sobre as vantagens e desvantagens dos diversos regimes políticos, Megabizo diz que a violência do populacho é pior que a de um tirano, pois "se este age conscientemente, aquele é incapaz de compreender as razões de seu compor-

---

145. III, 80 e ss.

tamento", e toma sempre decisões precipitadas e impulsivas, à semelhança da "torrente de um rio impetuoso". Numa outra metáfora, Menelau, na tragédia *Orestes* de Eurípides (696-703), assegura que o povo, "no maior ardor de sua cólera, é semelhante a um fogo forte demais para ser extinto". E Platão, por sua vez, compara-o a um animal grande e robusto, "cujos impulsos coléricos (*orgai*) e apetites devem ser minuciosamente observados, a fim de se saber como dele se aproximar e onde tocá-lo, quando e por que ele se comporta de maneira raivosa ou pacata".[146]

A habilidade especial para domesticar e explorar a alimária popular sempre foi a característica marcante dos demagogos, insistentemente denunciados por todos, defensores ou adversários da democracia grega, como os grandes agentes de perversão do povo.

Como esperado, a aristocracia vencida na Revolução Francesa repetiu rigorosamente o mesmo juízo condenatório do povo soberano, que os antigos dirigiram contra a democracia grega. Num panfleto já citado, *Essai sur le principe générateur des constitutions politiques*, Joseph de Maistre combateu até mesmo a ideia, defendida por Montesquieu, de que o povo seria perfeitamente capaz de eleger representantes nos órgãos do Estado. Todos os dias nos tribunais, lembrou De Maistre, o menor impúbere, o louco e o ausente são representados por pessoas que exercem seus poderes em virtude da lei. Ora, arrematou, "o povo reúne eminentemente essas três qualidades: pois ele é sempre uma criança, sempre louco e sempre ausente. Por que, então, seus tutores não poderiam dispensar o mandato do povo?".[147]

Até aí, o lado negativo da soberania popular, pintado com cores berrantes pelos seus inimigos. Vejamos, agora, o outro lado da questão.

Decorrido o primeiro ano da Guerra do Peloponeso, Péricles, em sua qualidade de principal estratego e seguindo a tradição, discursou durante a cerimônia cívico-religiosa em homenagem aos atenienses mortos em combate. Nessa oração, reconstituída por Tucídides no livro II, seções xxxv e seguintes, de sua obra, o grande estadista fez o elogio do povo ateniense, em especial de sua extraordinária capacidade política.

---

146. *A República*, livro VI, 493, a -b.

147. É curioso observar que esse mesmo argumento, mas com sentido trocado, foi usado por Thomas Jefferson para defender sua ideia de democracia, em carta dirigida a Du Pont de Nemours, datada de 24 de abril de 1816. *"We both consider the people as our children, and love them with parental affection. But you love them as infants whom you are afraid to trust without nurses; and I as adults whom I freely leave to self-government."* (*Jefferson Political Writings*, Cambridge University Press, 1999, p. 292).

"Vivemos sob uma *politeia*", disse ele, "que não imita nenhuma outra dos nossos vizinhos. Ao contrário, longe de sermos imitadores, servimos de modelo para outros povos.[148] A nossa *politeia* é denominada democracia, porque não é a minoria e sim a maioria que governa. Ainda que todos sejam iguais perante a lei para a solução de seus litígios particulares, no tocante ao preenchimento dos cargos públicos a escolha é feita não pelo fato de o escolhido pertencer a determinado grupo social, mas em razão do seu próprio mérito. Da mesma forma, ninguém é excluído da carreira pública por ser pobre ou ter origem modesta, se pode prestar serviço à cidade."[149]

Mais adiante,[150] Péricles volta a discutir a debatida questão da incapacidade dos pobres para o exercício dos direitos políticos. "Servimo-nos da riqueza", diz ele, "como um instrumento de ação, e não como motivo de bazófia. Entre nós, vergonhoso não é ser pobre, mas nada fazer para sair desse estado. Cada um de nós cuida, ao mesmo tempo, dos seus negócios privados e dos negócios públicos (οἰκείων ἅμα καὶ πολιτικῶν ἐπιμέλεια); e aqueles dentre nós que se dedicam com empenho aos seus negócios particulares nunca deixam de se interessar pelos assuntos políticos. Nós somos, com efeito, os únicos a julgar que um homem que se recusa a participar da vida política não é um indivíduo pacato, mas um cidadão inútil."

Toda a vida democrática ateniense, sublinha Péricles em outra passagem de sua oração, desenrola-se num clima de respeitosa obediência às leis, "em especial àquelas editadas para socorrer as vítimas da injustiça".[151]

Como se vê, as acusações habituais contra a soberania popular são contestadas pelo grande estadista com fortes argumentos, fundados na sua própria experiência de governo.

A essa argumentação prática em favor da soberania popular, convém agora acrescentar as reflexões teóricas desenvolvidas por Aristóteles, em seu tratado político.[152]

Ele começa por afirmar que a opinião, segundo a qual a multidão é mais apta a exercer a soberania (*kyrion einai*) do que o grupo minoritário dos mais competentes, embora suscite algumas dificuldades, parece razoável. É possível, com efeito, que os homens, quando reunidos, revelem-se superiores a cada indivíduo, consi-

---

148. Trata-se, possivelmente, de uma alusão ao fato de que, em 454 a.C., os romanos enviaram embaixadores a Atenas, para se informarem sobre as leis de Sólon, segundo informa Tito Lívio, III, 31.

149. Tucídides, II, XXXVII.

150. Idem, II, XL.

151. Idem, II, XXXVII.

152. Livro III, 1281 *b* e ss.

derado isoladamente. Essa a razão, aduz ele, pela qual o público é melhor juiz das obras musicais e poéticas, pois diferentes homens podem julgar, cada qual, uma parte diferente da obra artística, mas todos eles julgam o conjunto. É, sem dúvida, duvidoso, prossegue Aristóteles, que essa superioridade da maioria sobre a minoria dos cidadãos possa existir em todos os regimes democráticos, levando-se em conta o estado atrasado de alguns povos (ele os compara, neste caso, a animais). Mas seria errôneo sustentar que a soberania popular nunca deve ser admitida.

É justamente nessa passagem da *Política* que o filósofo lembra a lei de Sólon, atribuindo com exclusividade ao *demos* o poder de eleger os governantes e de exigir-lhes a prestação de contas ao término de sua gestão. O argumento de que a política é uma arte ou ciência prática, e que só os peritos ou as pessoas instruídas num determinado ofício são competentes para julgar os que o praticam, deveria ser também em boa lógica aplicado, diz ele, para a eleição dos agentes públicos e o julgamento dos atos de sua gestão. Ou seja, a seguir-se o rigor desse raciocínio, o povo não deveria ter nenhum direito ou poder político. Se ele não é capaz de julgar devidamente a atuação política daqueles que elegeu, por que seria competente para elegê-los?

Ora, observa Aristóteles, no campo das artes ou ciências práticas o melhor juiz das ações ou obras realizadas não é o artífice ou o realizador, e sim o cliente ou o público em geral. Quem melhor aprecia uma casa, por exemplo, não é o seu construtor, mas o que nela habita. O melhor apreciador de um banquete não é o cozinheiro, são os comensais.

Em suma — e aí está o cerne da questão —, se toda a ação política, como vimos, deve ter por finalidade o bem comum do povo, seria um grosseiro absurdo que o próprio povo fosse em permanência excluído da função de julgar a justiça ou injustiça das políticas postas em prática, bem como de fazer atuar a responsabilidade dos governantes que as realizaram, sobretudo quando estes devem a sua posição de mando à eleição popular.

Acresce notar que os adversários da soberania do povo são, sempre e em qualquer circunstância, os membros das chamadas elites ou classes dominantes, justamente os grandes responsáveis pelo estado de penúria, ausência de instrução, ou mesmo aberrante miserabilidade, em que se encontra uma grande parcela, senão a maioria do povo. Cervantes ilustrou à perfeição essa atitude de soberano desprezo que as elites de todos os tempos votam pelo povo, no episódio burlesco da falsa nomeação de Sancho Pança como governador da imaginária ilha Barataria. O duque e seus acólitos anteviram uma preciosa ocasião para se divertirem à custa do pobre camponês analfabeto. Mas acabaram surpresos diante do seu bom senso, e bem incomodados com as sábias decisões de Sancho, que punham à mostra as inveteradas injustiças praticadas pelos ricos e poderosos, em detrimento dos pobres.

e) Quem deve ser soberano na esfera internacional?

O princípio de que todo Estado é soberano no campo das relações internacionais foi assentado na Europa no início dos tempos modernos, quando os monarcas lograram desvencilhar-se, paulatinamente, da dupla vassalagem às pessoas do papa e do imperador. Ele permaneceu em vigor até hoje. A Carta das Nações Unidas, em seu art. 2º, alínea 1, declara que "a Organização é baseada no princípio da igualdade soberana de todos os seus membros".

Mas a noção de soberania no plano internacional não coincide com a de soberania interna. Esta última, como vimos, é o poder de controlar a ação de todos os órgãos de governo. Quanto à soberania internacional de um Estado, ela significa, simplesmente, a sua independência em relação a todos os demais Estados. O soberano interno, exatamente pelo fato de deter o poder supremo na sociedade política, mantém a ele subordinados os detentores de todos os demais poderes oficiais (mas não necessariamente os detentores dos poderes de fato). Semelhante situação não se encontra nas relações internacionais, e a norma citada da Carta das Nações Unidas é bastante clara a respeito: todos os Estados são igualmente soberanos, vale dizer, independentes entre si, ainda que essa disposição normativa esteja longe de corresponder à realidade factual, como ninguém ignora.

Importa notar aqui, porém, que, à luz do princípio democrático, um Estado somente deveria ser reconhecido como titular de direitos e deveres, na esfera internacional, na exata medida em que os seus órgãos governantes representam legitimamente o povo que vive em seu território. No quadro democrático, portanto, os verdadeiros titulares da soberania internacional são os povos que compõem as sociedades políticas independentes, e não os órgãos estatais que os representam. Se se quiser, por conseguinte, constituir a sociedade política mundial em obediência ao princípio da democracia, será necessário rejeitar por completo a orientação já consolidada, na jurisprudência internacional, da indiferença em relação às formas constitucionais de cada Estado.[153]

O que acaba de ser dito, aliás, é corroborado pela afirmação, constante de vários documentos normativos internacionais — como a Carta das Nações Unidas (art. 1º, alínea 2) e os dois Pactos Internacionais de 1966, sobre direitos civis e políticos, e sobre direitos econômicos, sociais e culturais (art. 1º) — do princípio da autodeterminação dos povos), princípio que, em última análise, nada mais é do que uma outra forma verbal de se expressar a noção de soberania internacional. Com efeito, se se reconhece que todo povo tem o direito de se autodeterminar, vale dizer, de decidir livremente a forma de sua constituição política, é porque ele existe, ou pelo menos deve existir, como soberano, isto é, não subordinado a nenhum outro povo ou Estado.

Seja como for, é preciso reconhecer que a soberania internacional dos povos representa apenas uma etapa no processo de constituição de uma sociedade política mundial; e que esse processo obedecerá necessariamente ao esquema federativo. Ora, assim como nos Estados federais a soberania pertence ao povo, considerado como um todo, assim também, no plano mundial, a união de todos os Estados independentes num Estado único, supranacional, implica o reconhecimento de que a soberania deve pertencer à humanidade, considerada em sua unidade intrínseca, como a união de todos os povos do mundo.

Sublinhe-se, demais disso, que o princípio da igualdade dos povos, já afirmado em termos gerais no capítulo anterior, não significa a rejeição do direito fundamental de cada povo à preservação de sua diferença cultural, pois é ela que forma a sua personalidade coletiva. A Declaração sobre Raça e Preconceito Racial, aprovada pela Unesco em 27 de novembro de 1978, como já foi aqui lembrado, enfatiza que "todos os povos têm o direito de ser diferentes, de se considerarem diferentes e de serem vistos como tais". A desigualdade pressupõe uma relação de superior a

---

153. Essa posição vem sendo reiterada sem contradições, pela jurisprudência internacional. No caso do *Saara Ocidental*, por exemplo, a Corte Internacional de Justiça afirmou que "nenhuma regra de direito internacional exige que o Estado tenha uma estrutura determinada, como prova a diversidade das estruturas estatais que existem atualmente no mundo" (parecer publicado no *Recueil des Arrêts de la Cour Internacionale de Justice*, 1975, p. 43). Da mesma forma, no caso *Atividades militares e paramilitares na Nicarágua*, a mesma Corte decidiu que "a adesão de um Estado a uma doutrina particular não constitui uma violação do direito internacional costumeiro; concluir diversamente seria privar de sentido o princípio fundamental da soberania dos Estados, sobre o qual repousa todo o direito internacional, bem como a liberdade que um Estado tem de escolher seu sistema político, social, econômico e cultural" (*Recueil*, 1986, p. 133).

inferior, o que contraria frontalmente o princípio supremo da igual dignidade de todos os seres humanos. Mas o respeito às diferenças biológicas e culturais de cada povo decorre também do mesmo princípio, pois são elas que distinguem o povo da massa inorgânica de indivíduos.

Em qualquer circunstância, porém, a soberania democrática, tanto no plano interno, quanto na esfera internacional, não é nunca absoluta, mas sempre sujeita a claros limites éticos, como passamos a ver.

f) Os limites éticos da soberania democrática

Uma questão política clássica, já discutida pelos filósofos gregos, tem sido a oposição entre o governo das leis e o governo dos homens.

Aristóteles,[154] contrariamente a alguns escritos do seu mestre Platão,[155] sustentou que o governo das leis é preferível ao governo dos homens, porque estes são sujeitos a paixões, ao passo que a lei é a sabedoria isenta de desejos (ἄνευ ὀρέξεως νοῦς ὁ νόμος ἐστίν). Rousseau, no mesmo diapasão,[156] rejeitou a democracia como modelo político, exatamente porque supôs ser ela um regime no qual a soberania pertenceria ao povo e não à vontade geral. Ora, esta, suprema consciência ética de um povo, só pode exprimir-se por meio da lei.

Convém, no entanto, advertir que o conceito de lei (*nómos, lex*), entre os escritores clássicos da civilização greco-romana, nunca foi rigorosamente unívoco.

Havia a lei ancestral, em geral não escrita, de natureza religiosa, cujas origens nunca podiam ser precisadas no tempo.[157] Era uma norma sagrada, proveniente dos deuses e, portanto, irrevogável. Mas, dado o caráter estritamente doméstico ou tribal da religião antiga, essa lei primitiva só vigia ou tinha força vinculante para a sociedade política na qual havia sido gestada. Daí as expressões tradicionais, cuja compreensão escapou aos modernos, *de ius civile* ou *nomoi politikoi*. Cada *civitas* ou *pólis* nascera sob a proteção de leis próprias, consanguíneas, por assim dizer, com o seu povo.

Mas a essa lei sagrada das origens foram-se também acrescendo no correr dos tempos, como é óbvio, novas leis, em geral escritas, editadas em precisos momen-

---

154. *Política*, livro III, XI, 3 e ss. (1287 *a*, 19 ss).
155. Notadamente o diálogo *O Político*, que tem como subtítulo *Da realeza* (Περι βασιλειας).
156. Parte II, cap. V.
157. Cf., sobre todo este assunto, a exposição clara e profunda de Fustel de Coulanges, *La Cité Antique*, livro III, cap. XI.

tos históricos, por governantes cujos nomes a História conservou. Tais leis, como Aristóteles reconheceu, tomam sempre as características próprias do regime político em que foram editadas, pois elas correspondem, necessariamente, à vontade do *kyrios* ou titular da soberania.[158] Assim, diz ele, uma aristocracia só produz leis aristocráticas, o mesmo ocorrendo com as oligarquias e as democracias.

Temos aí, portanto, embora Aristóteles não o reconheça, uma restrição de monta à alternativa governo das leis ou governo dos homens, pois as leis da segunda categoria não podem ser reconhecidas como superpostas à vontade dos homens.

Exatamente por isso Hobbes, e depois dele Locke, Montesquieu e Rousseau, procuraram explicar a criação do "estado civil", em substituição ao "estado da natureza", como fruto de um pacto de todos com todos, com base no qual cria-se o poder político e regula-se a relação entre governantes e governados. Aquilo que, na origem, fora determinado pela vontade de todos, passou a ser, em seguida, definitivamente superposto à vontade de todos.

Importa, porém, acusar desde logo o desvio semântico. O exercício do poder, sob qualquer de suas formas, como aplicação concreta de uma vontade decisória, é atributo dos homens e não das normas. Quando os antigos falavam em governo das leis, queriam dizer que a vontade dos governantes nunca era livre de desobedecer ao comando legal. Hoje, já não se fala em governo das leis, mas em Estado de Direito (*Rechtsstaat*), expressão cunhada pela doutrina germânica do direito público de fins do século XIX, para designar a organização política em que a vontade dos titulares do poder, tanto do soberano, quanto dos governantes, não pode nunca sobrepor-se às normas fundamentais do Estado.

Eis por que faz todo sentido retomar a clássica distinção entre o direito natural ou comum a todo o gênero humano e o direito particular ou próprio a determinado povo.[159] Como direito particular, devemos hoje incluir, também, o conjunto das convenções especiais entre Estados, as quais formam o que se poderia denominar direito internacional particular. Hoje, no mundo progressivamente unificado em que vivemos, é preciso assentar o princípio de que os direitos próprios de determinado Estado, ou o direito internacional particular, não podem nunca sobrepor-se ao direito comum da humanidade.

O vigente direito comum a todos os homens é o sistema geral dos direitos huma-

---

158. *Política* 1281 *a*, 35-39.

159. Em seu tratado sobre a retórica, como assinalamos no capítulo II da parte I, Aristóteles distingue a lei particular (*nómos ídios*) da lei comum a todos os povos (*nómos koinos*).

nos, consubstanciado em vários documentos e pactos internacionais, e reproduzido e ampliado nas Constituições e leis fundamentais de múltiplos Estados. É esse direito universal da pessoa humana, cujo respeito representa a aplicação do princípio republicano, como salientamos há pouco, que constitui o primeiro e mais fundamental limite à soberania política, interna e internacional. É ele que formará o alicerce da sociedade política mundial, que esperamos alcançar num futuro não muito remoto.

Mas o limite ético à soberania política não é só esse. Além dele, é preciso reconhecer que o direito positivo dos Estados que conhecem uma autêntica separação de poderes, ou o direito das organizações internacionais não submetidas à hegemonia de determinadas potências, representam, em si mesmos, um limite ao exercício arbitrário do poder soberano. É que, aí, a revogação ou alteração das leis, ou a denúncia ou alteração dos tratados fundadores, obedece a um procedimento regular, ao qual todos, inclusive o próprio titular da soberania política, devem curvar-se.

Podemos, em conclusão, definir o regime democrático como aquele em que a soberania pertence ao povo, no interior de um Estado, ou ao conjunto dos povos, no plano mundial, para a realização do bem comum de todos (princípio republicano), submetendo-se sempre o exercício desse poder soberano às normas jurídicas que consubstanciam os grandes princípios éticos expostos no capítulo anterior.

As instituições

As instituições jurídicas que formam o arcabouço de uma democracia representam aplicações concretas do princípio democrático, cujos delineamentos acabam de ser expostos. Vejamo-las no interior de cada Estado e também no plano internacional.

a) As instituições jurídicas de um Estado democrático

Aceita a distinção, acima proposta, entre o titular da soberania e os agentes investidos em cargos públicos no Estado (formando o que, genericamente, denominamos governo), temos que o princípio democrático exige a ordenação de instituições reguladoras, tanto da atuação política do povo, quanto do funcionamento dos órgãos estatais.

Os instrumentos de exercício da soberania popular

Comecemos pela atuação política do povo soberano.

O primeiro instrumento de exercício da soberania popular é o sufrágio eleitoral.

Na vida política contemporânea, num número crescente de países, foram progressivamente eliminados vários obstáculos à eleição de agentes públicos, no Parlamento e no assim chamado Poder Executivo, tais como o voto censitário, a incapacidade eleitoral das mulheres e dos analfabetos, o sistema de partido único, ou o sufrágio indireto. Subsistem, no entanto, algumas deficiências. O sistema eleitoral majoritário, por exemplo, quando aplicado sem nenhum temperamento, tende em geral a reduzir a duas, apenas, as opções políticas do eleitorado, com o predomínio absoluto dos dois partidos que acabam por comungar no mesmo espírito conservador. Quanto ao sistema proporcional, da mesma forma, se aplicado sem o temperamento da exigência de uma votação partidária mínima (a cláusula de barreira), provoca a pulverização partidária, que dificulta sobremaneira a formação de uma maioria parlamentar estável.

Mas o grande aperfeiçoamento a ser introduzido no sistema eleitoral é, sem dúvida, como apontado, o poder de destituição, pelo voto popular, dos candidatos eleitos, quer nas casas parlamentares, quer na chefia do Estado ou do governo (*recall*). É claro que, se adotado o sistema de eleição proporcional nos órgãos parlamentares, essa destituição por manifestação direta do povo deve ser coletiva e não individual.

É preciso salientar, ainda, que o sistema representativo contemporâneo não se reduz à constituição de um só órgão parlamentar, em cada unidade política: a nação, a região, o Estado federado, o município. Cada vez mais, o povo é chamado a eleger representantes para a decisão de questões de interesse coletivo, seja em unidades políticas menores — distritos ou subprefeituras municipais de grandes cidades —, seja em setores específicos onde devem ser desenvolvidas determinadas políticas públicas, como a educação, a saúde, a adolescência ou a infância, a previdência social etc. No caminho dessa indispensável extensão da prática democrática, o grande obstáculo a ser vencido é sempre a tendência natural dos chefes de governo e dos agentes administrativos de concentrar sempre mais poderes e de se recusarem à prestação de contas aos representantes do povo, sob a justificativa de eficiência governamental.

O segundo instrumento de poder soberano do povo é o referendo. A sua origem remonta ao século XIII, nos cantões campestres que formaram a primeira aliança confederal suíça. A sua organização política reproduziu, de certa maneira, o esquema democrático da pólis ateniense. O principal órgão de governo cantonal era a *Landsgemeinde*, assembleia de todos os homens livres, que deliberava soberanamente sobre as questões de maior importância na comunidade e votava as normas gerais do cantão. No século xv, igual organização política passou a vigorar no Valais e nos Grisões. Em todos esses cantões, a dieta, ou assembleia dos representantes populares, tomava certas medidas provisórias *ad referendum* da *Landsgemeinde*, isto é, sob a reserva de aprovação posterior pela comunidade.

No mundo de hoje, não apenas as leis devem ser objeto do referendo popular. Pode-se dizer que nenhuma Constituição, ou emenda constitucional, entra democraticamente em vigor quando não é referendada pelo povo. Além disso, na fase atual de acelerada unificação do mundo, tornou-se indispensável submeter à aprovação popular certos acordos ou tratados internacionais, cujos efeitos podem ser decisivos para o futuro do país. É o caso das convenções que criam zonas aduaneiras, mercados comuns ou uma nova entidade política confederal, como a União Europeia. É também o caso, nos países subdesenvolvidos, de certos acordos celebrados com credores do Estado, ou com o Fundo Monetário Internacional.

Temos, assim, referendos obrigatórios e facultativos. A iniciativa destes últimos deve pertencer primariamente ao próprio povo, não podendo ser bloqueada pelos órgãos estatais que exercem poderes delegados do soberano.

Terceiro instrumento de soberania popular, frente aos órgãos estatais, é o poder de iniciativa, reconhecido ao povo, de apresentar projetos de lei ou propostas de emenda constitucional. Trata-se, a rigor, de mero complemento ao poder soberano de referendar esses atos normativos.

Um quarto instrumento de manifestação soberana do povo é o plebiscito. Originalmente, eram assim denominadas as decisões (*scita*) votadas pelo concílio da plebe e autorizadas pelo Senado, em Roma. Seus efeitos obrigatórios, por isso mesmo, só valiam, de início, para a própria plebe e não para o patriciado. Em 287-286 a.C., no apogeu da república, a *lex Hortensia* suprimiu a autorização do Senado e tornou tais decisões da plebe obrigatórias para todo o *populus Romanus*. A iniciativa da votação de plebiscitos pertencia ao tribuno da plebe, magistrado que à época dos Gracos, no segundo século antes de Cristo, representava o verdadeiro centro do poder republicano. Com a instauração do império, Augusto assumiu, desde logo, a titularidade da função tribunícia. A partir de então, os plebiscitos, em vez de serem manifestações da vontade do povo, tornaram-se mero instrumento de imposição das decisões imperiais.

A ressurreição do instituto, na idade moderna, foi feita exatamente no quadro imperial e não no contexto republicano, por Napoleão Bonaparte, coroado imperador da França. Seu sobrinho, dito Napoleão III, ao liquidar a segunda república francesa da qual tinha sido eleito presidente, não hesitou em lançar mão de plebiscitos para se impor como o poder único de um novo regime imperial. No século XX, o instituto foi adotado pela Constituição alemã de Weimar, de 1919, e utilizado sem freios por Hitler. É preciso não esquecer que a junção dos cargos de presidente do Reich e chanceler em 1934, que instituiu a ditadura, bem como as nefandas leis antissemitas de 1935, foram aprovadas em plebiscitos por 90% do povo alemão. A Espanha franquista também se utilizou desse instrumento de manifestação popular, como forma de apoio pessoal ao caudilho.

Esse precedente altamente negativo não deve, porém, afastar a utilização do instituto daqui por diante, como um meio de aperfeiçoamento do regime democrático, desde que tomadas certas precauções que a experiência histórica impõe. Assim, antes de mais nada, a iniciativa da convocação de plebiscitos não deve nunca pertencer ao chefe de Estado ou ao chefe de governo, a fim de evitar o desvio imperial acima lembrado. Em princípio, os plebiscitos só deveriam ser convocados por iniciativa do próprio povo, ou de uma minoria parlamentar qualificada. Nesta última hipótese, trata-se de criar, no seio do Parlamento, uma espécie de recurso extremo ao povo soberano, para a decisão de questões importantes, sobre as quais não se logrou alcançar um razoável consenso parlamentar.

E aqui vai a segunda e indispensável precaução. Essas questões importantes, a que acabamos de nos referir, devem ser bem definidas na Constituição ou na lei. Poderiam ser, por exemplo, as políticas públicas indispensáveis à realização dos direitos humanos de caráter econômico, social ou cultural, que o Estado capitalista se recusa a reconhecer, bem como a alienação, pelos órgãos estatais, ainda que autorizados por lei, de bens pertencentes ao patrimônio nacional, alienação que só o povo soberano tem legitimidade para fazer.

Como complemento ao poder de decisão plebiscitária, deve-se também reconhecer ao povo o poder de aprovar previamente os planos de desenvolvimento nacional, bem como as diretrizes gerais, a serem observadas pelos órgãos competentes, na elaboração de orçamentos anuais e de orçamentos-programas plurianuais. A experiência recente dos chamados orçamentos participativos provou plenamente suas qualidades, em todos os países que os adotaram. Observou-se, assim, que essa prática tem contribuído grandemente para a educação cívica do povo, habilitando-o a tomar conhecimento das questões de interesse público, e de decidi-las segundo os critérios democráticos de respeito aos princípios da liberdade, da igualdade, da segurança e da solidariedade.

Em todos esses instrumentos de manifestação da soberania popular — sufrágio eleitoral, referendo, plebiscito, orçamentos participativos —, como o fim visado é o bem comum do povo e não o interesse particular de grupos, classes ou partidos, cada cidadão é investido de um autêntico poder-dever de voto. Lembramos que, na tradição democrática ateniense, o cidadão que se recusava a cumprir os seus deveres cívicos era punido com a atimia ou perda dos direitos políticos. Sem chegar a tal extremo, é preciso convir que não se coaduna com o princípio democrático a facultatividade do voto. Devem ser estabelecidas sanções adequadas, não somente contra os que vendem seu voto ou fraudam o sufrágio popular, mas também contra todo aquele que, injustificadamente, deixa de comparecer às urnas.

Quanto ao poder de fiscalizar a atuação dos governantes e de responsabilizá-los pelo cometimento de infrações à ordem constitucional, a democracia moderna o atribui, em regra, ao próprio Parlamento, aos tribunais de contas e ao ministério público. É indispensável, se se quiser fortalecer a soberania popular, restabelecer e reforçar os antigos mecanismos judiciais de ação direta dos cidadãos em defesa do bem comum. Em Roma, por exemplo, havia a *actio popularis*, por meio da qual qualquer cidadão tinha o direito de denunciar em juízo certas violações à ordem e aos bens públicos, e pedir a punição dos responsáveis. Sem dúvida, a sua necessidade e importância decorriam da ausência, nas instituições romanas, de um órgão semelhante ao atual ministério público. Mas nos Estados contemporâneos, esse órgão ainda mantém vinculações indevidas com o Poder Executivo e, não raras vezes, deixa de defender adequadamente o interesse coletivo.

O fato é que as *actiones populares* romanas vão ressurgindo na atualidade. Em alguns países elas já existem há muito tempo, e são mesmo inscritas no texto constitucional como garantia fundamental dos cidadãos.[160] Em 4 de novembro de 1998, o Conselho da Europa aprovou uma Convenção para a proteção do meio ambiente

---

160. Vejam-se, por exemplo, o art. 52º da Constituição portuguesa e o art. 5º – LXXIII da Constituição brasileira.

por via do direito penal, em que foi prevista a possibilidade de ajuizamento de ações populares contra agentes públicos.

Para o aperfeiçoamento da vida democrática é hoje indispensável reconhecer a cada cidadão e, também, a certas associações ou fundações privadas, criadas para defender o bem público (ditas, usualmente, organizações não governamentais), o poder de agir em juízo na defesa do bem comum do povo, em pelo menos duas circunstâncias. Em primeiro lugar, pela proposição supletiva de ações penais ou de responsabilidade pessoal contra agentes públicos, em qualquer órgão estatal, até contra os próprios membros do Ministério Público. Em segundo lugar, por meio de ações civis públicas, pelas quais qualquer cidadão, e não apenas as organizações não governamentais, pode demandar medidas específicas em defesa dos chamados direitos difusos, nas relações de consumo de bens e serviços, ou em matéria de meio ambiente, por exemplo.

Especialização e controle recíproco dos órgãos do Estado

Organizar adequadamente as funções do Estado, a fim de evitar os riscos de ineficiência e abuso de poder, é uma questão comum a todos os regimes políticos. Ela adquire, porém, na democracia, uma importância especial, dadas as dificuldades maiores que sofre o povo para exercer a contento os seus soberanos poderes de controle sobre os agentes públicos.

Aristóteles, como lembramos, já havia percebido que em toda sociedade política bem organizada há poderes distintos, que devem ser atribuídos a pessoas diferentes. Ele indicou o poder de deliberar sobre o bem comum, inclusive por meio da votação de leis, o poder próprio dos agentes executivos e o Poder Judiciário.[161] O filósofo ainda enfatizou, em outra passagem do seu tratado sobre política,[162] que o poder corrompe os que o possuem, e que, portanto, tudo deve ser disposto, na *pólis*, de modo a evitar a concentração de poderes nas mesmas pessoas, ou a atribuição de um grande poder a alguém por tempo demasiado longo. De qualquer modo, conclui ele, o ideal será sempre atribuir iguais cargos e funções, conjuntamente, a classes antagônicas na sociedade — notáveis e plebeus, ricos e pobres —,

161. *Política* 1297 *b*, 40 e ss.
162. 1308 *b*, 11 e ss.

e porfiar pelo incremento da classe média, como meio de se dissolver o espírito de facção, alimentado pela desigualdade social.

No mundo moderno, Locke e Montesquieu retomaram o argumento, em oposição ao modelo de absoluta concentração de poderes na pessoa do monarca, proposto por Bodin e Hobbes. Montesquieu, em particular, não cessou de enfatizar o velho princípio grego da moderação (μηδέν ἄγαν, nada em demasia).

De modo geral, a distribuição de competências, para reduzir os riscos de ineficiência e abuso de poder, deve estabelecer-se em dois planos complementares: horizontal e vertical.

Na repartição horizontal de atribuições, o esquema clássico de tripartição dos órgãos políticos, proposto por Aristóteles e reafirmado por Locke e Montesquieu, já não se coaduna com a complexidade do Estado contemporâneo. Montesquieu, em particular, partiu da ideia de que Legislativo, Executivo e Judiciário, uma vez reconhecidos como órgãos autônomos, tenderiam a se equilibrar mutuamente, sem que nenhum deles preponderasse sobre os outros. *"Ces trois puissances devraient former un repos ou une inaction. Mais comme, par le mouvement nécessaire des choses, elles sont contraintes d'aller, elles seront forcées d'aller de concert."*[163]

Os homens que criaram a federação, nos Estados Unidos, entendiam que esse necessário equilíbrio de poderes seria mais facilmente abalado pelo Legislativo do que pelos demais órgãos do Estado. "O corpo legislativo", assegurou Madison num estilo hiperbólico, "estende por toda parte a esfera de sua atividade, e engole todos os poderes no seu turbilhão impetuoso."[164] Os seus poderes constitucionais sendo mais extensos e menos suscetíveis de limitações, "não lhe é difícil dar às suas usurpações a cor que melhor lhe parecer, por meio de medidas complexas e indiretas". Além disso, "como o Poder Legislativo é o único que pode chegar aos bolsos do povo", podendo ainda determinar o montante dos vencimentos dos agentes dos demais poderes, daí derivaria, segundo ele, "a dependência em que, forçosamente, há de conservar os ditos poderes, e, por consequência, a facilidade de levar por diante as suas usurpações". Quanto ao Executivo, ao contrário, Madison professava que a sua energia "é o principal elemento (*the leading character*) na definição de um bom governo". O Executivo, a seu ver, é essencial à proteção da comunidade

---

163. *De l'Esprit des lois*, livro XI, cap. 6.

164. *"The legislative department is everywhere extending the sphere of its activity, and drawing all power into its impetuous vortex"* (*The federalist*, ensaio nº 48).

contra os ataques estrangeiros; é não menos essencial para a firme administração das leis, a proteção da propriedade contra "os conluios irregulares e autoritários (*those irregular and high-handed combinations*), que por vezes interrompem o curso ordinário da justiça"; bem como para a garantia da liberdade "contra os empreendimentos ou ataques da ambição, da facção e da anarquia".[165]

A experiência histórica desmentiu cabalmente tais suposições. O Executivo, em todos os países e sob as mais diversas formas de governo, assumiu uma posição dominante, pelo seu poder de iniciativa. É sempre ele que lança as políticas públicas ou programas de ação governamental, notadamente a política de moeda e de crédito. Daí haver o Executivo passado a concorrer com o Legislativo na própria função de legislar: em número crescente de países, o uso de decretos-leis ou medidas equivalentes tem se tornado um expediente político normal. É sempre o Executivo que impulsiona a máquina do Estado e monopoliza os dados e informações relevantes, indispensáveis à elaboração dos diferentes orçamentos e ao seu cumprimento. E isso implica dirigir discricionariamente a arrecadação de fundos, quer pela via tributária, quer pelo lançamento de empréstimos públicos, assim como aplicar esses recursos, frequentemente de modo também discricionário. É ao Executivo que incumbem, primariamente, senão com exclusividade, as relações diplomáticas com outros Estados e a direção do comércio exterior do país. Tudo isso, sem falar na chefia das forças policiais e militares.

Era, pois, natural que os outros dois poderes clássicos, contrariamente às previsões de James Madison, tivessem que se curvar diante desse poder maior, o qual, por força da tradição, continuamos ainda a denominar Executivo, como se se tratasse de um órgão simplesmente encarregado do cumprimento das leis, e que deve submeter-se, em caso de litígio no exercício dessa função, ao veredicto definitivo do Judiciário.

O essencial, no princípio da separação de poderes políticos, contém-se em duas regras complementares. De um lado, a não cumulatividade do poder de propor com o poder de decidir: quem tem a competência de propor, não pode decidir sobre as propostas apresentadas, o que é de elementar bom senso. De outro lado, a regra básica de que se deve atribuir a órgãos distintos o poder de estatuir e o poder de impedir ou vetar. Este último, como lembrou Montesquieu, era o poder eminente que pertencia aos tribunos na Roma republicana; e foi contra ele que se voltaram os senadores, precipitando com isso a república no regime autocrático.

165. Idem, ensaio nº 70.

Os autores clássicos bem salientaram essa essência do princípio de separação de poderes, e a sua lição permanece intocável até hoje.

Mas, em compensação, a conformação dos órgãos que devem compor o Estado é matéria sujeita a mudanças, pois ela se adapta, necessariamente, à evolução das sociedades.

No Estado idealizado por Locke e Montesquieu, a função primeira era a legislação; por isso, o principal órgão deveria ser o Parlamento. Acontece que a lei não é uma força propulsora da ação estatal, mas um balizamento desta. A ideia de uma "Constituição dirigente", segundo a expressão cunhada por alguns juristas, é meramente retórica. A norma pode incitar à ação, pode ter um efeito promocional, mas não substitui, obviamente, as ações humanas. De qualquer modo, como bem advertiu o próprio Montesquieu, o Parlamento, incumbido de votar as leis, não é feito para tomar "resoluções ativas".[166]

A realidade política atual, em todos os quadrantes da Terra, é bem diferente do esquema clássico, que suscitou as primeiras teorias constitucionais. A sociedade moderna é substancialmente diversa da antiga e está a exigir, em consequência, uma nova arquitetura institucional.

Em primeiro lugar, há uma função política indispensável para os dias de hoje, e totalmente ausente do esquema clássico. É a função de previsão e planejamento. Não é preciso invocar o lugar-comum da "aceleração da História" para perceber que um Estado que não sabe aonde vai, porque seus dirigentes são incapazes de enxergar o futuro, navega ao léu, e fica sujeito ao risco de naufrágio. A metáfora não é gratuita, pois os filósofos gregos sempre compararam o governo da pólis à pilotagem de uma nau, e os vocábulos *kubernetes* (κυβερνῆτες), em grego, e *gubernator*, em latim, designavam em sentido próprio o piloto e em sentido figurado o governante.

É indispensável, pois, criar um órgão de planejamento independente dos demais, encarregado com exclusividade de direcionar a ação dos poderes públicos e de toda a sociedade, no rumo do pleno desenvolvimento. A ele, e só a ele, incumbirá a elaboração dos planos e orçamentos-programas de políticas públicas, os quais serão aprovados pelo Legislativo e aplicados pelo Executivo.

Na composição do órgão planejador, é essencial impedir o desvio burocrá-

---

166. *"Le corps représentant ne doit pas être choisi non plus pour prendre quelque résolution active, chose qu'il ne ferait pas bien ; mais pour faire des lois, ou pour voir si l'on a bien exécuté celles qu'il a faites, chose qu'il peut très bien faire, et qu'il n'y a même que lui qui puisse bien faire"* (op. cit., ibidem).

tico. Nele devem estar presentes, portanto, representantes qualificados dos diferentes grupos — étnicos, econômicos e culturais — que compõem a sociedade.

As funções do Parlamento e as suas relações com o órgão executivo devem também ser revistas. O Parlamento, como bem caracterizou Karl Marx em *O 18 Brumário de Luís Napoleão*, representa a autonomia da nação (melhor diríamos, do povo), em contraste com a heteronomia do órgão executivo. É um erro comum falar no chefe de Estado ou chefe de governo como um representante do povo. Um mandatário age em nome e por conta do mandante perante terceiros; ele é um *alter ego* do mandante. Não assim, o chefe do Poder Executivo. Embora eleito pelo povo, ele exerce poderes sobre este, o que é contraditório com a representação voluntária, mas perfeitamente compatível com a representação necessária de incapazes. Para a maior parte dos governantes, aliás, o povo é exatamente isso: uma espécie de menor impúbere, absolutamente incapaz. É a concepção invariável dos políticos conservadores ou reacionários, como vimos acima.

Acontece que, atualmente, as funções não legislativas do Parlamento, nomeadamente a fiscalização dos atos do Executivo e o controle das políticas públicas, adquiriram notável importância. É de se indagar, em consequência, se um mesmo órgão tem condições práticas de exercer satisfatoriamente todas essas atribuições. Parece mais aconselhável que o parlamento clássico, como representante do povo por excelência, seja dividido em dois órgãos distintos, um encarregado exclusivamente da legislação, e outro unicamente das funções de fiscalização dos atos do Executivo e responsabilização de seus agentes, em nome e por conta do povo.

As relações do Parlamento com o Poder Executivo deveriam fazer-se por intermédio desse segundo órgão parlamentar, de natureza censória. A ele incumbiria, nos diversos parlamentarismos, o voto de confiança ou desconfiança no Ministério. No sistema presidencial, seria altamente recomendável que o chefe do Poder Executivo pudesse ser interpelado e convocado a comparecer para prestar informações, e que os ministros pudessem ser individualmente destituídos, por uma decisão da maioria absoluta dos componentes do órgão fiscal do Parlamento.

Vejamos agora o Judiciário.

Tradicionalmente, os juízes formam uma corporação de espírito conservador. Desde os tempos mais remotos, eles foram educados e treinados para julgar os litígios entre os cidadãos, ou entre eles e os governantes, valendo-se, como critério absoluto e constante, das normas e costumes dos antepassados. Em todo o Ocidente, a autoridade do direito romano, inteiramente voltada para a preservação dos costumes ancestrais (os *mores maiorum*) e inimiga daquela avidez pelas novidades (a *rerum novarum cupiditas*), considerada grave defeito de caráter, sempre privilegiou essa visão de mundo passadista.

A mentalidade retrospectiva dos julgadores não foi alterada com a criação do Estado moderno. Nos dois principais sistemas jurídicos da modernidade — a *Common Law* anglo-saxônica e o sistema romano-germânico — não compete absolutamente ao Judiciário criar um direito novo, mas sim interpretar o direito vigente, quando muito adaptando-o, dentro de estreitos limites, às circunstâncias novas, inexistentes ou imprevistas quando o direito em vigor passou a existir. No espírito da *Common Law*, aliás, o princípio do respeito à autoridade do caso precedentemente julgado (*stare decisis*) tem um valor dogmático.

A era revolucionária, iniciada em fins do século XVIII nos Estados Unidos e na França, não obstante uma rotação de 180 graus na perspectiva histórica, ao substituir como padrão ético a veneração dos costumes tradicionais pela fé no progresso, não alterou substancialmente o modo de atuação do Judiciário. As exigências de precisão e certeza na aplicação das normas jurídicas aos casos controversos, exigências sem as quais é impossível fazer uma razoável estimativa de lucros e perdas no funcionamento da empresa capitalista, levaram a nova classe dominante a impor aos juízes, como critério absoluto de julgamento, o respeito quase sagrado à letra da lei, ou à fórmula verbal do precedente, utilizado como *leading case*.

É claro que a proibição aos juízes de criar o direito que lhes incumbe aplicar vincula-se à preocupação ética fundamental de se impedir o abuso de poder, preocupação que nada tem a ver com a preservação do sistema capitalista. Se os tribunais tivessem, em cada caso, o poder arbitrário de definir o seu próprio critério de julgamento, haveria a institucionalização do abuso, com o desrespeito ao princípio cardeal da justiça. Mas isso não significa que o critério de julgamento deva ser sempre referido à organização pretérita da sociedade, como modelo imutável.

Como vimos no capítulo III desta Parte, a grande mudança de concepção, na ética contemporânea, ocorreu com o reconhecimento de que os seus princípios fundamentais têm um sentido marcadamente teleológico. Eles já não são tidos como leis fixas da natureza, arquétipos eternos ou mandamentos sagrados, por isso mesmo inalteráveis em sua expressão definitiva, mas como normas que apontam sempre para uma perfeição a ser buscada sem cessar no evolver nos tempos.

Daí haver a técnica jurídica, como também lembramos no referido capítulo, estabelecido a distinção entre os princípios, entendidos como "mandamentos de otimização", e as regras, cuja estrutura normativa contém uma precisa limitação do seu objeto e do seu campo de incidência.

Ora, a organização do Estado contemporâneo, tal como expressa em alguns documentos constitucionais mais recentes, é claramente teleológica.[167] Aos poderes públicos são, cada vez mais, assinados objetivos fundamentais, que devem nortear a sua ação. As novas Constituições já não se limitam a definir a competência estrita dos órgãos do Estado, sem fixar nenhum rumo à sua ação em conjunto, como faziam as Constituições do modelo liberal, as quais partiam do pressuposto de que o Estado deve assegurar a cada indivíduo a livre definição das suas metas de vida, não se podendo fixar nenhum objetivo geral para a sociedade civil.

Em decorrência dessa orientação marcadamente teleológica do direito público contemporâneo, a função primordial do Estado já não é apenas a edição de leis, ou seja, a fixação de balizas de conduta, como pensaram os autores clássicos, mas também, e sobretudo, a realização de políticas públicas ou programas de ação governamental, em todos os níveis e setores. E no desempenho dessa função, como sublinhamos, o povo deve assumir um papel relevante.

A atuação do Judiciário há de ser substancialmente transformada para acompanhar essa evolução. Hoje, as grandes violações à ordem jurídica já não são apenas de natureza comissiva — a edição de leis inconstitucionais, ou a prática de atos administrativos contrários à Constituição ou às leis. O Estado contemporâneo entra em conflito com a ordem jurídica também por omissão, ao deixar de fazer votar as leis regulamentadoras dos princípios constitucionais, ou ao se abster de realizar as políticas públicas necessárias à satisfação dos direitos econômicos, sociais ou culturais.

Em consequência, o juízo de constitucionalidade, que foi uma das grandes invenções jurídicas dos norte-americanos,[168] deve ser estendido, das leis e atos

---

167. O art. 9º da Constituição portuguesa de 1975, com a alteração determinada pela Lei Constitucional nº 1, de 1989, declara que entre as tarefas fundamentais do Estado estão a de "garantir a independência nacional e criar as condições políticas, económicas e culturais que a promovam"; bem como a de "promover o bem-estar e a qualidade de vida do povo e a igualdade real entre os portugueses, bem como a efectivação dos direitos económicos, sociais e culturais, mediante a transformação e modernização das estruturas económicas e sociais". A Constituição brasileira de 1988, por sua vez, declara em seu art. 3º que constituem "objetivos fundamentais" da república: I – construir uma sociedade livre, justa e solidária; II – garantir o desenvolvimento nacional; III – erradicar a pobreza e a marginalização e reduzir as desigualdades sociais e regionais; IV – promover o bem de todos, sem preconceitos de origem, raça, sexo, cor, idade e quaisquer outras formas de discriminação".

168. Desmentindo o espírito conservador e passadista dos juízes, o *judicial control* foi criado pela Suprema Corte dos Estados Unidos, ao julgar o caso *Marbury v. Madison*, em 1803.

680

administrativos, às políticas públicas, as quais não são ações isoladas, mas aquilo que a nova técnica jurídica caracteriza como uma atividade, ou seja, no caso, um conjunto de atos do mais diverso tipo (leis, decretos, contratos, nomeações etc.), organizados sob a forma de um programa de ação para o alcance de determinada finalidade pública.

Ora, para bem exercer essa sua nova e eminente função, nunca é demais ressaltar, o Judiciário há de ser independente do Poder Executivo, que tende hoje, como observamos, a avassalar todos os demais órgãos do Estado. Uma exigência elementar, nesse sentido, é retirar do chefe de Estado ou do chefe do governo a competência para nomear ou propor a nomeação de juízes, em todas as instâncias.

Mas, pergunta-se, quem pode servir como juiz, num Estado organizado segundo os princípios éticos fundamentais? Em particular, poderia o povo, a quem incumbe, como vimos, o exercício do controle soberano das ações de todos os agentes públicos, dispensar o órgão judiciário e julgar diretamente os governantes acusados da prática de crimes, por exemplo?

Era o que ocorria no regime da democracia ateniense e também na república romana. Nesta, por meio da chamada *provocatio ad populum*, qualquer cidadão, quando condenado à pena de morte ou a outras penas graves, tinha o direito de recorrer da sentença para o *populus Romanus*, reunido em comícios.

Nas sociedades modernas, essa atribuição de poderes judiciários ao povo tornou-se impossível. O povo pode, como vimos, em decisão soberana, cassar o mandato de agentes públicos por ele eleitos. Mas é inconcebível que ele assuma funções judicantes num processo complexo e demorado, que exige a observância do direito do acusado à ampla defesa.

De qualquer modo, não se deve esquecer que a soberania popular, longe de ser poder absoluto, submete-se obrigatoriamente aos mandamentos expressos na Constituição e nas leis. Demais, o povo é um agente político superior aos outros, sem dúvida, mas membro, como os demais, de uma comunidade política em que a todos é rigorosamente proibido superpor o interesse próprio ao bem comum. O povo não pode atuar, ao mesmo tempo, como acusador e julgador; ele não pode decidir, por exemplo, se a manifestação da sua vontade numa eleição, num referendo ou num plebiscito é conforme ou não à ordem jurídica, pois numa república a ninguém é lícito atuar como juiz em causa própria.

É por aí que se deve entender a posição do Judiciário, na organização democrática de poderes. Ele não é nem pode ser representante do povo, mas atua sempre como árbitro de todos os conflitos de interesse, inclusive quando o povo é uma das partes em causa, como demandante ou como demandado. A qualidade essencial do árbitro, escusa lembrá-lo, é a sua imparcialidade.

Mas se o povo não pode exercer a função de juiz, por que não poderiam exercê-la alguns cidadãos, não profissionalmente, mas de modo ocasional? É o que acontece, como ninguém ignora, com o tribunal do júri.

Na tradição anglo-saxônica, o júri é uma instituição sagrada. A expressão foi utilizada na Declaração de Direitos de Virgínia (§ 11), datada de 12 de junho de 1776, portanto, antes mesmo da Declaração de Independência: "Em litígios concernentes à propriedade, bem como em processos judiciais entre particulares, o júri tradicional é preferível a qualquer outro e deve ser tido como sagrado". Tratava-se de uma reminiscência da fase de conflito entre os barões da Idade Média e o rei da Inglaterra, a respeito do poder do monarca de fazer justiça, pois a fórmula executória dos julgados era, então, literalmente vendida pelos oficiais régios aos demandantes. Essa a razão pela qual o rei João Sem-Terra se comprometeu, na Magna Carta de 1215, a garantir que "o direito de qualquer pessoa a obter justiça não será por nós vendido, recusado ou postergado". A instituição do tribunal popular, ou tribunal do júri, representou uma garantia contra essa patrimonialização da justiça.

Nos dias atuais, em que a prestação de justiça transformou-se, na maior parte dos países, num serviço público e, portanto, impessoal, a importância do tribunal do júri declinou sensivelmente. Ele representa ainda, porém, no quadro daquela dialética entre o direito oficial e o direito real, a que nos referimos há pouco, um veículo para a manifestação do código popular de valores éticos, em matéria de crimes ou delitos civis.

Resta dizer algumas palavras sobre o Ministério Público.

Já foi lembrada, aqui, a observação de Montesquieu sobre o aperfeiçoamento político que representou a criação, no regime monárquico, do cargo de oficial do rei, encarregado de exercer em cada tribunal o ofício de acusação nos processos-crimes.

Sucedeu, porém, que a superação das monarquias absolutas não conseguiu apagar os traços genéticos dessa primitiva vinculação do Ministério Público ao chefe de Estado, ou ao chefe do governo. A situação é tão absurda, nos sistemas presidenciais de governo, que o chefe do órgão, nomeado pelo presidente, e portanto a ele pessoalmente grato, aparece, em geral, como o único agente público competente para denunciá-lo em processos criminais.

Hoje, quando o Ministério Público dispõe de poderes ampliados, notadamente para a defesa dos chamados direitos difusos ou transindividuais, e para a responsabilização pessoal de todos os agentes públicos por condutas imorais ou lesivas ao bem comum, esse resquício de ligação do órgão com o Poder Executivo é preocupante. O Ministério Público serve, não raras vezes, os interesses político-partidários do governo, propondo, a pedido deste, ações de inconstitucionalidade de leis, julgadas inconvenientes ao Executivo ou à maioria parlamentar. Outras vezes, as instâncias superiores do órgão deixam de agir com o necessário zelo contra membros do governo, sob o curioso pretexto de que o assunto é de natureza político-partidária.

Ora, a denominação do órgão indica, já por si, a natureza das suas atribuições. Trata-se de um servidor do povo, não de um dependente ou agregado governamental. Para que o Ministério Público possa, portanto, defender com absoluta autonomia o bem comum do povo, é indispensável desvincular totalmente o órgão do Poder Executivo, retirando-se deste a atribuição de nomear qualquer dos seus integrantes.

Tudo isso quanto à repartição horizontal de poderes. Vejamos agora sumariamente, para concluir este tópico, a partilha vertical de competências.

A sua razão de ser, tal como no plano da distribuição horizontal de poderes, é também a de prevenir o abuso ou a ineficiência governamentais. O critério a ser sempre levado em consideração é, aqui, a necessária distinção entre os assuntos globais, os regionais e os locais.

O federalismo original, inventado pelos norte-americanos, representou a união (*foederatio*; de *foedus*, tratado de aliança, pacto, convenção) entre unidades políticas já independentes. Daí o seu caráter um tanto rígido ou formalista, que não leva em conta, sobretudo, a necessidade de regulação própria dos assuntos que dizem respeito, conjuntamente, a múltiplos Estados federados, ou a áreas de grande concentração urbana (áreas metropolitanas). Durante a grande crise dos anos 1930, o governo federal norte-americano teve que superar esse esquema político irreal, a fim de atender, prioritariamente, a necessidade de desenvolvimento da região geoeconômica do vale do rio Tennessee. Criou, então, a *Tennessee Valley Authority*, órgão cujas atividades abrangiam o território de vários estados federados, com a finalidade de controlar o fluxo das enchentes do rio, facilitar a navegação e produzir energia elétrica para toda a região.

Nasceu, com isso, como fruto da necessidade, o chamado federalismo cooperativo, que, em lugar de determinar uma divisão rígida e intransponível de competências, procura estabelecer laços de colaboração entre as diferentes unidades federadas, na realização de serviços de interesse comum.

Hoje, essa partilha vertical de poderes tende a ser ampliada, num espírito cooperativo, de forma a abranger não só as diversas regiões geoeconômicas de um país, mas também as crescentes áreas de conurbação, em torno de grandes metrópoles.

b) A fundação de uma sociedade democrática do gênero humano

No plano internacional, como vimos, o princípio democrático postula a reunião dos povos (e não formalmente dos Estados, como representantes destes), numa organização federativa mundial. O processo biológico-cultural de unificação da humanidade, o qual representa, segundo tudo indica, a derradeira etapa da evolução vital no planeta, faz com que o conjunto dos homens desponte, desde já, como o futuro e necessário soberano no mundo unificado. Caminhamos, indubitavelmente, para a construção daquela sociedade universal do gênero humano, de que falou Cícero há 22 séculos.

Para isso, no entanto, é indispensável criar instituições jurídicas adequadas. Trata-se, bem entendido, de uma tarefa que suscita a descrença, senão a aberta zombaria, dos grandes e poderosos. Os próprios reformadores que seguem estritamente os cânones do realismo não deixam de invocar, a todo instante, o fato de que a correlação de forças, como sempre, é nitidamente desfavorável aos fracos e pobres. Que dizer, então? Haveremos de abandonar todos os esforços de mudança e aguardar que, por força de um cego determinismo histórico, a humanidade encontre, afinal, a paz e a prosperidade para todos os povos que a compõem?

Certamente não. Neste campo, como em todos os outros domínios da vida humana em sociedade, é preciso ressaltar que a simples proposta de um novo esquema institucional, mais justo e razoável, tem em si a virtude de pôr a nu a ilegitimidade do sistema de relações internacionais em vigor. A estabilidade da ordem social vigente, em qualquer nível, funda-se sempre no reconhecimento geral de que se trata de uma ordem justa e necessária. Quando a consciência da ilegitimidade de um sistema de poder político ou econômico torna-se majoritária no plano nacional ou no internacional, esse sistema já está com os seus dias contados.

Hoje, não obstante a propaganda avassaladora orquestrada pelos grandes agentes do capitalismo internacional em prol de uma política de globalização a serviço de seus interesses nacionais e empresariais, cresce em todos os povos o sentimento ético da ilegitimidade das normas e instituições que regem as relações internacionais. Torna-se, portanto, urgente e necessário construir um novo quadro institucional, fundado no princípio de que "a dignidade inerente a todos os membros da família humana, e de seus direitos iguais e inalienáveis é o fundamento da liberdade, da justiça e da paz no mundo", como proclamou a Declaração Universal dos Direitos Humanos em 1948.

A futura organização federal do mundo deve comportar, basicamente, três esferas políticas integradas: a local (correspondente aos Estados atuais), a regional e a mundial. A organização política regional pode adotar um modelo mais ou menos integrado, competindo aos seus membros decidir se continuarão a agir de modo autônomo no plano internacional, ou se a sua união cria, em seu relacionamento externo, uma única unidade política, de estrutura confederal.

Na organização da esfera política mundial, deve-se partir dos elementos institucionais já existentes, reunidos na Organização das Nações Unidas. Ela engloba, no presente, o conjunto mundial dos Estados independentes. Mas a sua sobrevivência vê-se crescentemente ameaçada pela concentração do poder oligárquico das grandes potências internacionais.

A reforma democrática das Nações Unidas, tal como no plano já discutido da organização estatal, deve fazer-se no nível da soberania e dos órgãos de governo.

Quanto à soberania, o pressuposto fundamental para que um Estado (ou uma federação de Estados) seja membro da ONU é que ele tenha, efetivamente, uma estrutura democrática, ou seja, que os seus órgãos de poder sejam representativos do povo, livre e soberano.

Uma das carências mais visíveis na Organização das Nações Unidas é a completa impunidade que vigora para os membros que descumprem as decisões dos seus órgãos, em especial o Conselho de Segurança. A primeira medida a tomar, quanto a esse ponto, deveria ser a instituição da pena de suspensão automática do direito de voto, em todos os órgãos da ONU, do membro inadimplente, suspensão que perduraria até que ele viesse a cumprir o seu dever associativo.

No plano dos poderes de governo, deve-se dar à Assembleia Geral o principal papel, o que implica uma reforma em profundidade das regras relativas à sua composição, competência e funcionamento.

Admitido o princípio da efetiva representatividade dos povos, e não apenas formalmente dos Estados, no seio da ONU, não se pode deixar de reconhecer que a representação de cada país, na Assembleia Geral, deve competir a pessoas eleitas diretamente pelo povo e não simplesmente indicadas pelo governo. Importa lembrar que essa regra já vigora no seio da União Europeia, para a composição do Parlamento de Estrasburgo.

De acordo com o mesmo princípio de representatividade democrática, é insustentável manter em vigor a regra da igualdade de votos de todos os Estados nas reuniões da Assembleia Geral, como determinado pelo art. 18, alínea 1, da Carta. O peso demográfico não pode deixar de ser levado em consideração na regulação do sufrágio.

Mas, sobretudo, a Assembleia Geral deve assumir, no quadro de uma organização democrática das Nações Unidas, uma função preponderante, deixando de ser mero fórum de debates, cujas resoluções têm apenas o valor de recomendações, aos seus membros e ao Conselho de Segurança (Carta, art. 10). Bem mais do que isso, ela deve ser o verdadeiro Poder Legislativo do Estado mundial, votando as grandes normas que hão de constituir o futuro direito da humanidade, acima das legislações nacionais ou regionais.

Nesse sentido, as resoluções legislativas das Nações Unidas, votadas pela Assembleia Geral, devem entrar em vigor desde logo no mundo todo, e não apenas servir de matéria à adoção de tratados internacionais entre os seus membros.

Uma grave carência de capacidade governativa é observada quanto ao exercício do que se poderia caracterizar como o Poder Executivo nas Nações Unidas.

As duas principais funções da ONU, por determinação da Carta de 1945, são, de um lado, a manutenção da paz e da segurança internacionais, e, de outro, a cooperação de todos os povos em matéria econômica e social. Para o exercício da primeira função, criou-se o Conselho de Segurança; para o desempenho da segunda, o Conselho Econômico e Social. Entre esses dois órgãos, porém, o desequilíbrio de poderes é gritante. Enquanto o Conselho de Segurança foi dotado de competência decisória para exercer uma "ação pronta e eficaz", como se diz no artigo 24 da Carta, ao Conselho Econômico e Social somente incumbe a atribuição de "fazer recomendações à Assembleia Geral, aos membros das Nações Unidas e às entidades especializadas interessadas" (art. 62).

Mesmo essa "ação pronta e eficaz" do Conselho de Segurança tem sido, como se sabe, frequentemente paralisada pelo poder de veto, atribuído aos seus membros permanentes (art. 27, 3). Ademais, uma de suas principais atribuições, qual seja, a de formular "os planos a serem submetidos aos membros das Nações Unidas, para o estabelecimento de um sistema de regulamentação dos armamentos" (art. 26), jamais foi cumprida, pois ela se choca com os interesses nacionais das grandes potências que são membros permanentes do órgão.

O caminho para a instituição de um governo mundial democrático, no seio das Nações Unidas, desenha-se com nitidez a partir desse diagnóstico. É mister abolir o caráter oligárquico do Conselho de Segurança, suprimindo-se os cargos permanentes, bem como o poder de veto. É indispensável dotar o Conselho Econômico e Social de competência decisória, atribuindo-se-lhe, também, um poder de supervisão e direcionamento não só das atividades das agências especializadas das Nações Unidas em matéria econômica e social, mas também do Fundo Monetário Internacional, do Banco Mundial e da Organização Mundial do Comércio. As duas primeiras entidades, embora dotadas de um estatuto de autonomia, são filiadas às Nações Unidas, ao passo que a OMC é totalmente independente dela.

É insustentável continuar a manter o FMI como uma espécie de sociedade por ações, controlada pelas grandes potências. É sabido que as decisões mais importantes do órgão são tomadas por maioria qualificada de 85% dos votos, calculados, como nas sociedades mercantis do direito privado, pela participação dos votantes no capital social. Ora, só os Estados Unidos, com 17,6% de participação no capital do Fundo, detêm individualmente um poder de veto. Se considerarmos que os países da União Europeia, em seu conjunto, detêm 30% dos votos, e acrescentarmos a todos eles o Japão, não podemos deixar de reconhecer que o Fundo existe e atua não para favorecer a liquidez internacional e evitar as desvalorizações cambiais selvagens, como era seu objetivo original em Bretton Woods, mas simplesmente para servir de instrumento de pressão financeira dos países ricos sobre todos os outros.

Quanto ao Banco Mundial, organizado, tal como o FMI, como uma sociedade mercantil, está submetido, de fato, ao poder de controle dos Estados Unidos, e atua rigorosamente de acordo com as diretrizes emanadas do governo norte--americano.

Impõe-se, portanto, transferir o patrimônio do FMI e do Banco Mundial para as Nações Unidas, submetendo essas entidades, diretamente, à supervisão do Conselho Econômico e Social.

No tocante à Organização Mundial do Comércio, é necessário restringir o seu objeto unicamente ao estabelecimento de regras gerais do comércio internacional relativas à importação e exportação de mercadorias, e à prestação de serviços empresariais, excluindo-se do âmbito de sua competência a regulação da forma de prestação de serviços públicos ou das chamadas compras governamentais. Do seu estatuto deveria constar a cláusula segundo a qual, no exercício de suas atividades, a OMC respeitaria integralmente os tratados, convenções e pactos internacionais sobre direitos humanos, aprovados pela Assembleia Geral das Nações Unidas, notadamente aqueles que têm por objeto a declaração e garantia dos direitos econômicos, sociais e culturais, ou a proteção do meio ambiente.

Nas reuniões gerais dos membros da OMC, seria prudente que se estabelecesse a regra de que o quorum deliberativo seria calculado com base no voto ponderado, levando-se em conta a população de cada país-membro, a sua participação percentual no comércio mundial de bens e serviços, bem como a sua classificação na lista mundial segundo o Índice de Desenvolvimento Humano (IDH), calculado pelo Programa de Desenvolvimento das Nações Unidas. Teríamos, dessa forma, que o peso dos votos seria inversamente proporcional ao tamanho do índice assim apurado. No início de cada ano, a secretaria da Organização divulgaria a cifra correspondente ao voto ponderado de cada Estado-membro.

A tarefa de construção de uma democracia mundial completa-se, necessariamente, com a organização de um Poder Judiciário forte e autônomo. Nesse sentido, é indispensável abolir a cláusula de reconhecimento facultativo da jurisdição da Corte Internacional de Justiça, tal como fez o Protocolo nº 11 à Convenção Europeia de Direitos Humanos, no tocante ao Tribunal de Estrasburgo. A nenhum membro das Nações Unidas seria, então, lícito subtrair-se à jurisdição da Corte, de modo a sobrepor o seu interesse próprio à realização da justiça no plano internacional.

Ainda quanto às funções judiciárias no seio das Nações Unidas, seria preciso completar a obra iniciada com a Declaração Universal dos Direitos Humanos, em 1948, e com os dois Pactos Internacionais, de 1966. Na sessão de 16 de fevereiro de 1946 do Conselho Econômico e Social ficou assentado que esses documentos normativos constituiriam etapas preparatórias à montagem de um aparelhamento institucional adequado, para assegurar o respeito universal aos direitos humanos e tratar os casos de sua violação. A implementação dessa terceira etapa tem sido postergada, primeiramente em razão da "guerra fria" e, em seguida, pela oposição decisiva dos Estados Unidos. É indispensável reforçar os poderes investigatórios do Conselho de Direitos Humanos das Nações Unidas, fazendo com que os seus membros sejam altos funcionários das Nações Unidas e não representantes de

Estados-membros. Importa também criar, ao mesmo tempo, um tribunal internacional com ampla competência para conhecer e julgar os casos de violação de direitos humanos pelos Estados-membros, nos moldes do Estatuto de Roma, de 1998, que instituiu o Tribunal Penal Internacional.

Conclusão

O Sentido Ético da Vida Humana

I. VIDA E MORTE DO SER HUMANO NA VISÃO MITOLÓGICA

Na biblioteca de Assurbanípal (669-627 a.C.), último grande rei da Assíria, foram descobertas doze tabuletas, contendo a narração em língua acadiana da Epopeia de Gilgamesh, rei semilendário de Uruk (Erech), na Mesopotâmia da primeira metade do terceiro milênio a.C.[1] Trata-se da maior obra-prima literária anterior à Bíblia e às obras de Homero. Ela exerceu inegável influência na composição do primeiro livro bíblico, o Gênesis.

Gilgamesh era um soberano absoluto, que se utilizava de todos os homens jovens como mão de obra em grandes construções e como soldados em batalhas sem fim, e de todas as mulheres jovens para a satisfação de seus prazeres pessoais.

Acolhendo as queixas dos habitantes de Uruk, a deusa Aruru, a Grande, resolveu criar a partir da argila[2] um antagonista de Gilgamesh, na pessoa de Enkidu, que vivia em estado selvagem, entre animais.

---

1. Cf. *L'Épopée de Gilgameš — Le grand homme qui ne voulait pas mourir*, tradução de Jean Bottéro, Paris, Gallimard, 1992.

2. Essa ideia de que os animais, inclusive o homem, foram criados a partir da terra (argila ou lodo) aparece na Bíblia (Gênesis 2, 19). Aliás, Adão vem de *adamah*, que em hebraico significa terra.

Um caçador, havendo encontrado casualmente Enkidu na floresta, conta a Gilgamesh seu achado. Este decide atrair o selvagem para a cidade e ordena ao caçador que leve consigo uma famosa cortesã, a fim de seduzir Enkidu. Ao cabo de sete noites e seis dias em que mantiveram relações amorosas, o selvagem foi domesticado. Os animais com os quais até então convivera afastaram-se dele. Enkidu já não conseguia alcançá-los, pois suas pernas haviam perdido o vigor original. A cortesã convenceu, então, Enkidu a deixar definitivamente a vida selvagem e a vir se estabelecer em meio urbano.

Nesse meio tempo, Gilgamesh foi advertido em sonhos de que iria encontrar um companheiro inseparável, um ser igual a ele sob todos os aspectos.

Ao chegar a Uruk e ser apresentado a Gilgamesh, Enkidu indignou-se ao ver o rei procurar manter relações carnais com uma noiva logo após a cerimônia do casamento. Os dois lançaram-se um contra o outro em violento combate, que chegou a abalar as casas da vizinhança.

Após essa luta furiosa, porém, os combatentes se reconciliaram e tornaram-se amigos inseparáveis. Decidiram, então, empreender uma expedição até a floresta dos cedros (o Líbano atual), para matar o seu guardião, o monstro Humbaba. Além dessa façanha, ainda conseguiram, na passagem de uma montanha, aniquilar alguns leões e, de volta a Uruk, matar o touro celeste.

Havendo, porém, ofendido a deusa Ishtar, Enkidu morre, o que lembra a Gilgamesh a sua pungente condição de ser mortal. Amedrontado pela perspectiva da morte, Gilgamesh empreende uma longa viagem a fim de encontrar Utanapishti que, havendo sobrevivido ao Dilúvio, fora o único dentre os humanos a receber o privilégio da imortalidade.

Em meio à viagem, ao chegar às margens das Águas Mortais, ele se detém numa taberna dirigida pela deusa Siduri, que o adverte de que não obterá jamais a condição de ser imortal, reservada pelos deuses exclusivamente a si próprios. Em lugar de procurar esse objetivo impossível, diz a deusa, Gilgamesh faria melhor em voltar para a sua cidade, desfrutar os prazeres simples da vida, cuidar ternamente da sua progenitura e buscar realizar a felicidade de sua esposa. Tal é a única perspectiva aberta ao gênero humano na face da Terra.

Apesar dessa solene advertência, Gilgamesh decide prosseguir na viagem e consegue a proeza, até então jamais realizada, de atravessar as Águas Mortais e desembarcar na outra margem, onde afinal encontra Utanapishti. Este lhe diz, desde logo, que o seu intento de se tornar imortal é insensato. Gilgamesh indaga porque só ele, Utanapishti, dentre os humanos, tornou-se imortal. Utanapishti faz, então, o relato do Dilúvio.[3] Conta que o deus Enlil decidiu, em acesso de tresloucada fúria, aniquilar o gênero humano. Mas Utanapishti, avisado em sonhos pela deusa Ea da catástrofe iminente, foi instruído a construir para si e toda a família um barco bastante espaçoso, capaz de abrigar também artesãos e técnicos de toda sorte,[4] bem como um exemplar de cada uma das espécies de animais. Cessado o cataclismo, Enlil, arrependido, tomou Utanapishti e sua mulher pela mão, benzeu-os e transformou-os em seres imortais.

Ouvindo isto, Gilgamesh decidiu retornar à sua cidade natal, convencido, finalmente, de que, se os homens não podem aspirar à condição de seres imortais, a sabedoria consiste em procurar o que sempre está ao seu alcance: uma vida pacífica entre os seus.

A grande lição dessa velha lenda é que a convivência harmoniosa de indivíduos e povos, embora destinados todos um dia a desaparecer, é sempre preferível à busca insensata da imortalidade.

Na mitologia de todos os povos antigos, o ser humano não estava originalmente sujeito à fatalidade da morte, pois ele fora criado como pessoa semelhante aos deuses. A mortalidade sobreveio em consequência de um desarranjo malévolo da ordem primitiva.

É este, entre muitos outros mitos da antiguidade, o sentido da alegoria bíblica do pecado original.

A árvore do conhecimento do bem e do mal, cujo fruto não devia ser comido pelo primeiro casal humano, situava-se no centro do jardim do Éden (Gênesis 3,2). O simbolismo é evidente: toda a organização da vida humana deve ser feita em torno dos preceitos éticos. Ora, para a sabedoria bíblica, conhecer o bem e o mal é próprio da condição divina. A serpente tentadora, pelo menos aí, não mentiu: no dia em que Adão e Eva decidirem comer do fruto proibido, advertiu ela, os seus olhos se abririam, e eles passariam a ser "como deuses" (3, 4). *Iahweh* o confirmou, logo após cometida a infração à sua ordem: "Eis que o homem tornou-se como um

---

3. Esse trecho da Epopeia de Gilgamesh influenciou claramente a redação do Gênesis, no capítulo 6, versículos 5 e ss.

4. É importante notar que na lenda mesopotâmica manifesta-se a preocupação com a preservação do saber tecnológico da humanidade, o que não aparece no relato bíblico do Dilúvio.

de nós, versado no bem e no mal" (3, 22).[5] Era indispensável, portanto, estabelecer uma última barreira, definitiva e instransponível, entre a condição divina e a humana: "Que ele (homem) não estenda agora a mão e colha também da árvore da vida, e coma e viva para sempre!". *Iahweh* então "baniu o homem e colocou, diante do jardim do Éden, os querubins e a chama da espada fulgurante para guardar o caminho da árvore da vida" (3, 24).

As precauções severas tomadas por *Iahweh*, segundo o relato bíblico, eram plenamente justificadas: jamais nos conformamos com a nossa condição de seres mortais. Somos a única espécie biológica que tem consciência da própria morte e dela faz um elemento de sua condição existencial. Nesse sentido, Heidegger definiu o homem, paradoxalmente, como um "ser-para-a-morte" (*Sein zum Tode*).[6] Pode-se, porém, inverter os termos da questão, e considerar o ímpeto de superação da morte, ou mesmo a revolta contra ela,[7] um elemento igualmente indissociável de nossas vidas.

A sabedoria mitológica compreendeu essa angústia existencial e soube dar-lhe um consolo eficaz. No *Prometeu Acorrentado* de Ésquilo (247-50), o corifeu revela ao titã ter percebido que sua compaixão para com os seres humanos o levara a lhes conferir algo mais do que o dom divino da capacidade técnica, simbolizada pelo uso do fogo:

O Corifeu — Foste mais além, sem dúvida?
Prometeu — Sim, libertei os homens da obsessão da morte.
O Corifeu — Que remédio descobriste para esse mal?
Prometeu — Instalei neles cegas esperanças.

Em outras palavras, o homem sabe que, desde o nascimento, caminha para a morte. Mas foi persuadido de que esta não é senão a passagem necessária para outra vida. Entre os povos indo-europeus, aliás, sempre se admitiu que, assim como o grão só frutifica quando enterrado, da mesma forma o homem morre

---

5. Vê-se, pela expressão "como um de nós", que na tradição javista, com base na qual foram redigidos por volta de 950 a.C. os primeiros 11 capítulos do Gênesis, o monoteísmo ainda não se firmara entre os judeus. Os deuses dos demais povos não eram menos reais que *Iahweh*.

6. *Sein und Zeit*, 17ª ed., Tübingen, Max Niemeyer Verlag, 1993,§ 51.

7. "*L'homme est périssable. Il se peut ; mais périssons en résistant, et, si le néant nous est réservé, ne faisons pas que ce soit une justice.*" *Obermann*, Éttiene Sénancour, carta XC.

nesta terra (e é efetivamente enterrado, como quase todos os antigos cultos religiosos o exigiam), para renascer em outro mundo.[8]

Nas religiões monoteístas, desde Zaratustra, a vida depois da morte não é uma cega esperança. É uma certeza diretamente relacionada com a escolha ética que cada um toma, livremente, entre o bem e o mal. Igualmente, na tradição hindu, o ciclo de reencarnações é vinculado ao carma positivo ou negativo, ou seja, ao efeito produzido pelas nossas boas ou más ações. No *Bhagavad-Gita*, Krishna[9] adverte Arjuna de que é somente pela ação totalmente altruísta que ele conseguirá se livrar da sequência incessante de renascimentos e mortes.

Na linguagem bíblica, a palavra *vida*, aplicada aos seres humanos, significa um grau de perfeição no ser; *morte*, ao contrário, é um processo de degradação, tendente ao aniquilamento. Há, portanto, nessa concepção, vários graus de morte: uma pessoa doente, prisioneira ou explorada por outrem acha-se em estado moribundo.

Às vésperas da entrada na Terra Prometida, Moisés advertiu solenemente o povo eleito sobre os dois únicos caminhos que se abriam diante dele:

> Eis que hoje coloco diante de ti a vida e a felicidade, a morte e a infelicidade.
> Se ouves os mandamentos de *Iahweh* teu Deus que hoje te ordeno — amando a *Iahweh* teu Deus, andando em seus caminhos e observando seus mandamentos, seus estatutos e suas normas —, viverás e te multiplicarás. *Iahweh* teu Deus te abençoará na terra em que vais entrar, a fim de tomares posse dela. Contudo, se o teu coração se desviar e não ouvires, e te deixares seduzir e te prostrares diante de outros deuses, e os servires, eu hoje declaro: é certo que perecerás! [...] Hoje tomo o céu e a terra como testemunhas contra ti: eu te propus a vida ou a morte, a bênção ou a maldição.[10]

Eis porque a plenitude de vida é sempre apresentada, nas páginas da Bíblia, como o atributo eminente da perfeição de *Iahweh*. Ele é constantemente invocado como "o Deus Vivo".[11] Em consequência, a lei mosaica impõe ritos de purificação a todo aquele que tocar ou estiver em contato com um cadáver.[12]

---

8. Cf. Jacques Lacarrière, *Au Coeur des Mythologies — En suivant les Dieux*, Philippe Lebaud, Éditions du Félin, 1994, p. 20.

9. 2, 39 e 2, 40.

10. Deuteronômio 30, 15-19.

11. Cf. Deuteronômio 5, 26; Números 14, 21; Jeremias 22, 24; Ezequiel 5, 11.

12. Números 19, 11 e ss.

De seu lado, o ensinamento evangélico a esse respeito é todo condensado numa fórmula paradoxal, típica do pensamento semítico, repetida nos quatro relatos de Mateus, Marcos, Lucas e João: "Quem ama sua vida a perde, e quem odeia sua vida neste mundo guardá-la-á para a vida eterna".[13] Ou seja, quem se apega a seus interesses egoístas, fazendo girar toda a vida sobre si próprio, não impedirá obviamente a morte física; mas quem despreza essa visão mesquinha, e procura elevar sua vida no amor a Deus e ao próximo não conhecerá a degradação espiritual.

No Alcorão, o Profeta adverte os fiéis constantemente sobre o dever, ou melhor, a necessidade vital de escolha de um dos dois caminhos: o da obediência às ordens de Deus, que conduz aos "jardins, abaixo dos quais correm rios", e onde os fiéis "morarão eternamente"; ou o da rejeição de Deus, que leva direto ao inferno.[14]

Da mesma forma no budismo, de acordo com a tradição hindu de *ahimsa*, os homens são instruídos a respeitar todos os seres vivos na face da Terra, pois eles representam a centelha de uma mesma energia espiritual (*Braman*), que engloba o universo inteiro.

Como se percebe, nas grandes religiões surgidas na História a vida humana está longe de ser um simples fenômeno orgânico; ela é um valor em si mesma e apresenta, antes de tudo, um sentido marcadamente ético.

Assim também pensaram os principais filósofos gregos, a partir de Sócrates. Na língua grega, aliás, o dualismo de significados da palavra *vida* é expresso por dois vocábulos de diversa etimologia: *zoê* (ζωή) e *bios* (βίος). A primeira palavra designa a vida orgânica, comum a todos os entes vivos; a segunda, a vida propriamente humana, a qual compreende o agir voluntariamente (*prattô*, πράττω) e o pensar ou contemplar (*theoreô*, θεωρέω). O conjunto dos entes vivos forma um sistema solidário, no qual se estabelece total interdependência, sem a menor distinção entre seres humanos e não humanos. Esse conjunto tende à perenidade pelo impulso natural de reprodução, e se assemelha, com isso, à condição divina, como assinalou Platão.[15]

---

13. Mateus 16, 25; Marcos 8, 35; Lucas 9, 24; João 12, 25. É sabido que as línguas semíticas comportam poucas nuanças semânticas; daí porque são comumente empregados verbos de significação extrema, como amar e odiar.

14. Cf., por exemplo, 4ª Surata, 121 ss.; 7ª Surata, 38 ss.; 11ª Surata, 15/16; 16ª Surata, 107/108; 17ª Surata, 7/8.

15. *O Banquete*, 208 *e - 209 b.*

O grande filósofo tinha total razão de afirmar que o conjunto dos entes vivos forma um todo solidário na face da Terra. Não se pode, contudo, esquecer uma nítida característica diferencial da espécie humana no conjunto da biosfera: só o homem é dotado de liberdade de escolha, sem ser conduzido pela inelutabilidade do instinto.

Conheço bem o homem, diz Deus,
Fui eu que o fiz. É um ser curioso,
Porque nele atua a liberdade, que é o mistério dos mistérios.[16]

2. A REINTERPRETAÇÃO DO HOMEM E DO MUNDO NA ERA MODERNA

Sucedeu, no entanto, que o extraordinário progresso científico, desenvolvido aceleradamente a partir de fins da Idade Média europeia, levou aos poucos ao abandono, sobretudo no Ocidente, do milenar acervo da sabedoria mitológica tradicional. O pensamento moderno estabeleceu um contraste absoluto entre a ciência e o mito. Este deixou de ser a narrativa alegórica de verdades insuscetíveis de definição precisa ou explicação racional, e passou a ser entendido como um relato fabuloso ou conto fantástico. No Ocidente em primeiro lugar, e nas demais partes do mundo em seguida, estabeleceu-se a convicção de que a verdade, mesmo no domínio ético, não é fixada pela tradição, ou a revelação divina, mas apresenta--se exclusivamente como o fruto do esforço racional do ser humano.

No *Discurso sobre o Método* (sexta parte), que inaugurou a filosofia moderna com sua publicação em 1637, René Descartes fixou como critério da verdade o reconhecimento de algo como evidente por si mesmo, ou seja, como aceitável unicamente pela razão, sem nenhum recurso à autoridade alheia ou à tradição. E para se chegar a esse resultado, prescreveu ele, é preciso seguir o método de, preli-minarmente, pôr em dúvida tudo o que se apresenta à nossa análise racional. Na verdade, prosseguiu ele, os homens, ao adquirirem o conhecimento (ou seja, a ciência) "da força e das ações do fogo, da água, do ar, dos astros, dos céus e de todos os outros corpos ao nosso redor", e ao utilizarem esse conhecimento a todos os fins

16. *Le Mystère des Saints Innocents*, Charles Péguy.

adequados, tornam-se "senhores e possuidores da natureza".[17] Faltou acrescentar: senhores e possuidores no sentido jurídico romano do *dominium*, que compreendia o *usus, fructus* e *abusus*; vale dizer, o direito de usar, usufruir e consumir ou destruir o objeto de sua propriedade.

Na verdade, as reflexões, não só de Descartes, mas também de Leibniz e Espinosa, no século XVII, foram todas de um pensamento autocentrado e puramente formalista. Por exemplo, a obra magna de Espinosa, *Ética*, com o subtítulo sugestivo *Ordine Geometrico demonstrata*, nada mais é do que uma coleção de silogismos. O ser humano nela aparece totalmente despido de sentimentos e paixões.

Mas seria a pura razão raciocinante capaz de tudo compreender e explicar?

Não foi o que pensou, naquele mesmo século, Blaise Pascal, que se notabilizou no campo da física ao aperfeiçoar o barômetro de Torricelli, e no campo das matemáticas ao estabelecer, com Pierre de Fermat, as bases da teoria das probabilidades e da análise combinatória. Esse inegável gênio científico soube perceber que a análise da realidade natural, ou o desenvolvimento de raciocínios matemáticos, de nada servem para a compreensão da complexidade infinita do ser humano. Como já assinalado neste livro,[18] Pascal acentuou que se no primeiro caso aplica-se plenamente o *esprit de géometrie*, com todos os rigores da lógica formal, no segundo caso, ou seja, no terreno da realidade propriamente humana, é indispensável fazer uso do *esprit de finesse*, feito de intuições diretas e não apenas de raciocínios, e tendo por objeto valores éticos e estéticos, que a rombuda análise científica é incapaz de captar.[19]

Um século antes de Pascal, aliás, Montaigne já reconhecia, logo na abertura de seus *Ensaios*, ser o homem *"un sujet merveilleusement vain, divers et ondoyant"*.

A interpretação puramente racional do homem e do mundo ganhou, no entanto, foros de cidadania no século XVIII — o Século das Luzes, como o denominaram orgulhosamente os *philosophes*. Sem coragem para repudiar abertamente a tradição religiosa, a intelectualidade europeia procurou (muito embora de modo superficial) ressuscitar a ideia aristotélica de Deus como o Arquiteto Supremo do Universo, o qual, depois de tudo criar, decidira não mais interferir no mundo e em especial na vida humana.

Sobrevindo o século XIX, a tendência a tudo explicar pela análise científica,

17. René Descartes, op.cit., pp. 61 e 62.

18. Parte III, cap. III.

19. Aliás, em *A República* (458 *d*) de Platão, Sócrates sublinha que na comunidade humana modelar por ele projetada as "necessidades do amor" são mais intensas que as "exigências da geometria".

inclusive o ser humano, atingiu seu ponto culminante com a Escola Positivista de Augusto Comte e a explicação determinista da História, abraçada pelo conjunto dos pensadores da chamada esquerda hegeliana, notadamente Karl Marx.[20] As repercussões políticas dessa interpretação do homem e do mundo foram, como se sabe, da maior importância.

Mas naquele mesmo século, essa concepção reducionista da complexidade do ser humano não deixou de suscitar fundas objeções no meio filosófico.

Insurgindo-se contra a controvertida fórmula hegeliana — "o que é racional é real; e o que é real, racional" (*was vernünftigste ist, das ist wirklich; und was wirklich ist, das ist vernünftig*) —,[21] Kierkegaard (1813-55) negou a equivalência entre ser e razão, entre realidade e pensamento. A verdade humana, sustentou ele, não é "puro pensamento"; ela é subjetividade, e se manifesta como desespero, angústia, temor, consciência da própria niilidade; ou seja, situações irredutíveis a uma análise científica abstrata. A existência do ser humano não é ideal, é real; por isso mesmo, indefinível e, em certa medida, impensável.

Por sua vez, Schopenhauer (1788-1860), apoiando-se inclusive na especulação metafísico-religiosa do budismo, afirmou que os objetos de conhecimento não têm uma realidade subsistente por si mesma. O mundo, tal como aparece diante de nós, é simples representação da realidade.

Nessa linha de pensamento, aliás, não se pode negar que a própria vida humana é sempre uma duplicação. De onde a íntima ligação entre ela e a representação teatral.

Foi exatamente o que sentiu a intuição de Fernando Pessoa:

> *Temos, todos que vivemos*
> *Uma vida que é vivida*
> *E outra vida que é pensada,*
> *E a única vida que temos*
> *É essa que é dividida*
> *Entre a verdadeira e a errada.*[22]

20. Vejam-se, neste livro, os capítulos IX e X da Parte II.

21. Como foi, porém, assinalado no capítulo VIII da Parte II, Hegel não enxergava na razão uma pura subjetividade, uma simples faculdade intelectual. Para o grande filósofo alemão, ela tem também um aspecto objetivo, que é o princípio da evolução histórica.

22. Poema "Tenho tanto sentimento", de Fernando Pessoa, *Obra poética*, Rio de Janeiro: Nova Aguilar, 1976, pp. 172-3.

Para culminar o repúdio ao racionalismo abstrato, Nietzsche (1844-1900) assinalou a existência, no ser humano, da presença antinômica do espírito apolíneo de harmonia e do espírito dionisíaco de imoderação e sensualismo. O homem, sustentou ele, é um ser dissonante, caótico e contraditório; que reproduz em sua vida a oposição mitológica entre Eros e Thanatos, o amor e a morte.

Seguindo a mesma inspiração, Sigmund Freud (1856-1939) procurou explicar a incoerência natural do nosso *Eu* profundo, ressuscitando mitos gregos, ou criando novos; ou seja, recuperando a importância epistemológica do mito, como verdade simbólica ou alegórica.

Estavam assim postas as bases da nova filosofia existencialista, cujas reflexões concentraram-se sobre a especificidade única do ser humano. Tal como os estoicos,[23] os existencialistas assinalaram que a essência da personalidade humana não se confunde com a função ou papel que cada qual exerce na vida. A pessoa do ator não se identifica nunca com o personagem por ele representado. Cada qual possui uma identidade singular, inconfundível com a de outro qualquer. Por isso mesmo, ninguém pode experimentar, existencialmente, a vida ou a morte de outrem: são realidades únicas e irreprodutíveis. Como salientou Heidegger, é sempre possível morrer em lugar de outro; mas é radicalmente impossível assumir a experiência existencial da morte alheia.[24]

Por outro lado, e em aparente contraste com essa afirmação da unicidade da pessoa humana, o pensamento filosófico ocidental do século xx pôs em foco a realidade essencialmente relacional da vida. A definição abstrata do homem, desligado do mundo, é mero *flatus vocis*. O que existe como realidade segura, salientou Ortega y Gasset em ensaio germinal publicado em 1914, não são as coisas exteriores, tal como o *Eu* as vê e pensa; nem tampouco o *Eu* cartesiano e idealista, que enxerga e interpreta o mundo exterior em função de si próprio. A realidade radical é a pessoa imersa no mundo: *"yo soy yo y mi circunstancia"*; entendendo-se como circunstância, no sentido do étimo latino, aquilo que envolve e impregna minha vida, e sem o que ela seria propriamente inconcebível. Heidegger, na mesma linha de pensamento, dá como característica essencial da pessoa o "estar-no-mundo" (*in-der-Welt-sein*).[25]

---

23. Cf. supra, Parte I, cap. III.
24. Heidegger, op. cit., p. 240.
25. Heidegger, op. cit., §§ 12 e 13, pp. 52 e ss.

Tais ideias, porém, circunscreveram-se unicamente ao campo ontológico, deixando de ser desenvolvidas no terreno ético. Se o próprio do ser humano é o estado de convivência global, como não perceber que cada um de nós deve pautar sua vida pelo princípio fundamental da solidariedade? Como não atinar com o potencial destruidor da utilização política de velhos mitos religiosos, a exemplo da escolha por Deus de um único povo, com direito perpétuo de habitar determinado território? Ou com a recriação de novos mitos sob a forma de ideologias, tais como o nacionalismo conquistador, a superioridade racial,[26] ou a ditadura do proletariado para eliminar a luta de classes?

Na verdade, ao cabo dessa reinterpretação geral do homem e do mundo, feita pelo pensamento moderno, não podemos deixar de sentir um terrível vácuo, no concernente à vida e à morte do ser humano. Se o homem moderno, ao repudiar a tradição religiosa e o pensamento mitológico, viu-se absolutamente desamparado diante da morte individual, que assumiu para si a característica de autêntica tragédia, está a humanidade atual ciente de que a totalidade da biosfera, na qual todos nos integramos, encontra-se também sujeita à trágica possibilidade de desaparecer definitivamente?

Eis porque devemos hoje, mais do que nunca, nos concentrar sobre o sentido ético da vida humana.

3. A BUSCA DA FELICIDADE

Logo no início deste livro, foi lembrado que todos os humanos, em qualquer tempo, empenham-se em alcançar a felicidade. Jamais se ouviu falar de alguém que tivesse a infelicidade por propósito ou programa de vida.

No capítulo concernente ao nascimento da filosofia ética na Grécia,[27] foi salientado que Platão e Aristóteles conceberam a felicidade como o bem supremo, isto é, a finalidade última de vida para todos os seres humanos. Sustentaram que a verdadeira felicidade (*eudainomia*) não se confunde com o simples êxito (*eutuxia*), que pode ser fruto do mero acaso. Bem ao contrário, ela é o resultado de uma ação

26. É preciso não esquecer que Heidegger foi filiado ao partido nazista, no regime hitlerista.
27. Parte I, cap. II.

combinada de todas as faculdades propriamente humanas,[28] com a utilização dos recursos, pessoais ou materiais, disponíveis em uma sociedade. Ação combinada essa, visando a um objetivo, que não é exclusivamente o benefício ou vantagem daquele que atua, ou do grupo social onde tal atividade se realiza, mas sim o bem comum de todos, sem exceções. Por isso mesmo, Aristóteles afirmou que a realização da felicidade é o escopo supremo da organização política.[29]

Bem se vê, portanto, que nessa linha de pensamento a felicidade, individual ou social, só se alcança fazendo o bem. Por isso mesmo, Platão afirmou que ela é fruto da justiça[30] e se vincula ao amor autêntico; pois o próprio deste é procurar alcançar as coisas belas e boas.[31] O amor, como visto no capítulo IV da Parte III deste livro, longe de ser mero sentimento ou simplesmente uma paixão, é um princípio ético fundamental de ação.

Nesse sentido, impressiona reconhecer como o pensamento dos grandes filósofos gregos é substancialmente o mesmo da tradicional sabedoria hindu, expressa no texto sagrado do *Bhagavad-Gita*, cap. 18.

Segundo esse ensinamento, que foi o grande inspirador das ações do Mahatma Gandhi,[32] atuam em cada um de nós três *gunas*, ou tendências de vida: a tendência *rajas*, que suscita paixão, fúria e energia; a tendência *tamas*, que envolve passividade, indolência e ignorância; e a tendência *sattva*, que congrega a luz, a harmonia, a pureza e a bondade.

Cada uma dessas tendências essenciais dos seres humanos, quando a elas nos submetemos, conduz nossa vida a um resultado determinado. A tendência *rajas*, consistente no contato sensorial com os objetos, é no começo semelhante a um néctar, mas acaba se tornando um veneno. A tendência *tamas*, que nasce do sono, da indolência e da obtusidade, é autoilusória do começo ao fim. Mas a tendência *sattva*, que resulta de longa prática, objetivando pôr fim ao sofrimento, aparece de início como um veneno, mas ao final, provindo da serenidade da própria mente, transforma-se em felicidade semelhante a um néctar.

A felicidade, portanto, jamais nos será dada. Ela somente poderá ser alcança-

---

28. Aquilo que na *Ética a Nicômaco* (1098 *a*, 13) Aristóteles denomina *energeia*.

29. *Política* 1278 *b*, 20.

30. Lembremos que todo o diálogo *A República* tem como objeto da indagação sobre se a vida justa é uma fonte maior de felicidade do que a vida injusta.

31. *O Banquete* 204 *d*, 205.

32. Cf. o capítulo XII da Parte II.

da por meio de uma ação persistente, visando ao bem comum de todos e não à mera satisfação individual.

Mas — não se pode aqui deixar de perguntar —, dada a ambiguidade ética essencial do ser humano, teria havido no decorrer dos últimos séculos uma intensificação de vida com a conquista progressiva da felicidade, ou, em sentido radicalmente oposto, uma decadência ética em direção à morte?

4. O SURGIMENTO DE UMA CIVILIZAÇÃO HUMANISTA

Devemos partir do dado fundamental de que o curso de toda a evolução histórica apresenta-se dividido em duas grandes fases, que podemos sinteticamente denominar o mundo antigo e o mundo moderno. A cesura entre elas, como foi assinalado na Introdução, localiza-se basicamente no curto período de pouco mais de seiscentos anos, que se estendeu do século VIII ao século II a.C. (o chamado período axial, em que foram definidos os grandes eixos da evolução posterior).

A Parte I deste livro procurou ressaltar os dois principais fatores, ideológicos e institucionais, cuja ação combinada desfez o mundo antigo e engendrou o moderno: as grandes religiões e a filosofia grega.

Na antiguidade, as diferentes culturas e civilizações viviam espalhadas pelo orbe terrestre, sem contato umas com as outras, e até mesmo, na maioria das vezes, sem se conhecerem.

O estado de dispersão do gênero humano foi sendo aos poucos vencido pelo progressivo domínio das técnicas de deslocamento espacial de pessoas e coisas. Graças à exploração sistemática das grandes vias de comunicação — terrestres, fluviais e marítimas —, novas concepções de vida, geradas no período axial, liquidaram em poucos séculos os costumes e as tradições herdadas de um passado imemorial, e passaram a expandir-se em círculos concêntricos a todos os continentes, criando-se aquilo que Toynbee denominou o ecúmeno mundial: o gênero humano tomou consciência de que a Terra inteira passara a lhe pertencer como se fora a sua própria casa.[33] A partir da Baixa Idade Média começou a se desenvolver aquela que viria a ser a primeira civilização mundial da História: a capitalista.

Sucedeu, porém, que essa nova civilização, apesar de haver estimulado um

33. Cf. o capítulo I da Parte III.

grande progresso técnico, em razão de seu espírito de exacerbado individualismo e da porfia sistemática do interesse material como finalidade última da vida humana, acabou por aprofundar, no mundo inteiro, uma trágica desigualdade social.

As grandes religiões monoteístas, por sua vez, embora fundadas no princípio da paternidade divina, comum a todos os humanos, pouco contribuíram para evitar essa disrupção da comunidade humana. O monoteísmo bíblico, que durante séculos foi o único ponto de apoio dos judeus contra as perseguições e genocídios por eles sofridos, tendeu a fechar-se sobre si mesmo. Na época contemporânea, com o lançamento do movimento sionista e a fundação do Estado de Israel, o mito da Palestina como Terra de *Iahweh* foi aceito como ideologia justificativa do aniquilamento das populações não judaicas naquele território.

Quanto ao monoteísmo missionário de cristãos e muçulmanos, é incontestável que atuou, em grande parte, como agente gerador de conflitos e não de conciliação entre os povos, na medida em que a mensagem sublime de fraternidade universal foi sufocada pelas sucessivas lutas fratricidas e o repúdio violento aos infiéis. Isto sem falar na aceitação, por essas duas religiões, da tortura como forma de prova judiciária, da escravidão amplamente desenvolvida pelo sistema capitalista, do *status* inferior da mulher em relação ao homem, bem como do repúdio aos homossexuais em qualquer circunstância.

Quanto ao budismo, foi somente na época contemporânea que ele se organizou socialmente para acrescentar às cinco grandes proibições (violência, mentira, furto, intoxicação voluntária e abuso sexual) os deveres positivos de altruísmo, conforme o ensinamento de Sidarta Gautama, após a sua "Iluminação".

De sua parte, o saber racional inaugurado pela filosofia grega encaminhou-se, na idade moderna, quase que exclusivamente para o terreno científico e tecnológico, desdenhando o exame das questões éticas pela sua aparente ausência de racionalidade.

Como demonstrado na Parte II deste livro, abriu-se com isso no Ocidente, no momento em que ele assumia a vanguarda do processo histórico, uma era de persistentes contradições, ideológicas e institucionais, rompendo-se desse modo a harmonia unitária do sistema ético. A religião e a moral foram confinadas à condição de meros costumes privados, e submetidas ao direito, reconhecido doravante como a manifestação de vontade própria do soberano político, imposta coercitivamente aos povos.

No entanto, por trás das divergências ideológicas, da intensificação dos choques culturais e da mundialização dos conflitos armados, os quais atingiram um ápice no século xx, é possível enxergar, atuando em profundidade desde o início do mundo moderno, dois movimentos antagônicos, de cujo embate depende hoje o futuro da humanidade: o capitalismo e a construção do sistema mundial dos direitos humanos.

No capitalismo vigora, sem exceções, o princípio da realização do interesse próprio e imediato de cada indivíduo, grupo social ou povo, sem a menor consideração pelo bem comum da coletividade e das futuras gerações. Desde o final da primeira década deste novo milênio, o movimento capitalista apresenta, no mundo inteiro, claros sintomas de esgotamento por falta de um projeto global. A parte correspondente aos rendimentos de capital na formação do produto mundial não cessa de aumentar, enquanto a dos rendimentos do trabalho, assalariado ou autônomo, continua a decrescer.[34] O novo sistema de transnacionalidade empresarial, aliás, faz com que uma empresa dominante, com sede em determinado país, estabeleça relações de senhorio e servidão com outras em várias partes do mundo, obrigando as empresas servas a operar em sistema de dumping social e negação dos mais elementares direitos trabalhistas. Ao mesmo tempo, na fase contemporânea de fortalecimento do capitalismo financeiro, verifica-se, no mundo todo, uma inquietante redução dos investimentos produtivos, em relação ao total das riquezas produzidas.

Felizmente, em contraste com o desnorteamento e o caráter mundialmente predatório do capitalismo, assistimos à progressiva formação do conjunto dos direitos humanos como um sistema, no sentido que este conceito assume hoje na biologia e nas ciências humanas. Nos mais diversos países, assim como no plano das relações internacionais, reforça-se continuamente a conexão entre direitos individuais e direitos sociais, entre direitos dos povos e direitos da humanidade. Nesse ambiente comunitário em progressiva expansão, tudo se submete ao princípio da igualdade fundamental dos seres humanos, com a preservação de suas legítimas diferenças biológicas e culturais.

Na Parte iii deste livro, foram assentados os princípios e as instituições que deverão servir de base à fundação da "sociedade mundial do gênero humano", já anunciada por Cícero há mais de vinte séculos.

---

34. Veja-se sobre isto o estudo muito comentado de Thomas Piketty, *Le capital au XXIème. siècle*, Paris, Editions du Seuil, 2013.

O processo evolutivo, como salientou Teilhard de Chardin, apresenta um sentido convergente, em razão do fenômeno de "elevação de consciência".[35] Ele nos permite reconhecer que a evolução vital é autocentrada na espécie humana e manifesta um caráter personalizante. O "estar-no-mundo" é a condição ontológica própria da pessoa; o que implica a sua permanente abertura a tudo e a todos. Cada indivíduo ou grupo social se valoriza, pelo desenvolvimento contínuo de suas potencialidades, na medida em que se abre a todos os outros, neles reconhecendo o complemento necessário de si próprio.

O longo caminho da evolução histórica tende a nos conduzir, nessa perspectiva, à geração da humanidade-pessoa: a nossa espécie torna-se mais consciente de sua posição no mundo, e procura elevar-se indefinidamente rumo ao absoluto, em busca daquele ponto focal onde a mística religiosa sempre situou a divindade.

Esta é a verdadeira imortalidade do homem. *Dignitas non moritur*, segundo a expressão clássica: a dignidade da pessoa humana é imperecível.

É ela que nos indica o caminho da plenitude de Vida, na Verdade, na Justiça e no Amor.

---

35. Cf. *Le phénomène humain*, Paris, Editions du Seuil, 1955, *passim* e, em especial, pp. 70 ss.

Índice Temático

ABORTO: Parte III, capítulo II (Questões éticas ligadas ao início e ao fim da personalidade individual)

AÇÃO POPULAR: (*actio popularis*): Parte III, capítulo V (4. A Democracia — As instituições — 1. As instituições jurídicas de um Estado democrático, a) Os instrumentos de exercício da soberania popular)

ACORDOS, CONVENÇÕES E TRATADOS INTERNACIONAIS: Parte III, capítulo V (3. A República — As Instituições — 1. A supremacia dos direitos humanos)

AGRICULTURA: Parte II, capítulos IV, V

ALIENAÇÃO:

- No pensamento de Hegel: Parte II, capítulo VIII (A dialética de oposição e superação dos contrários)
- No pensamento de Marx: Parte II, capítulo IX

AMIZADE: Parte III, capítulo IV (O Amor)

AMOR: Parte I, capítulos I (Os Fatores de Mudança: O impacto da fé monoteísta) e IV (São Francisco de Assis); Parte II, capítulo XII; Parte III, capítulo IV

ANARQUISMO: Parte III, capítulo IV (Os Princípios Complementares: a Liberdade, a Igualdade, a Segurança e a Solidariedade — 1. A Liberdade — e) Poder e liberdade)

ANTISSEMITISMO: Parte II, capítulo XI (A irrupção do totalitarismo: os fatores predisponentes)

ARTESÃOS: Parte I, capítulo I (O desprezo pelos ofícios mecânicos e pela profissão mercantil)

AUCTORITAS: Parte III, capítulo V (1. A Dignidade da Política e a Realidade do Poder — O Poder Político — 4. A legitimidade do poder político no mundo antigo e medieval)

AUFHEBUNG: Parte II, capítulos VIII (1. A dialética de oposição e supressão dos contrários) e IX (4. O anúncio da libertação definitiva do homem).

AUTONOMIA: Parte II, capítulo VII (1. Fundamentos da ética).

BANCO MUNDIAL: Parte III, capítulo 5 (4. A Democracia — As instituições — 2. A fundação de uma sociedade democrática do gênero humano)

BEM COMUM V. BEM PRÓPRIO: Parte II, capítulo V (3. Linhas mestras de um pensamento revolucionário — c) a refundação da sociedade política); Parte III, capítulo 5 (3. A República — O princípio; As instituições — 3. A preservação da dignidade humana, do caráter comunitário dos bens e dos serviços públicos, e a promoção da igualdade social)

BENEVOLÊNCIA: Parte II, capítulo VI

BONDADE OU MALDADE NATURAL DO SER HUMANO: Parte II, capítulos I, II e III; Parte III, capítulos II (7. O homem, ser racional)

BOULÊ: (Conselho dos 500 em Atenas): Parte I, capítulo I (A absorção do indivíduo no grupo social); Parte III, capítulo V (4. A Democracia — O princípio — 2. Da democracia antiga à democracia moderna: uma mudança radical no *status* político do povo)

BURGUESIA: Parte II, capítulos I, II, III, IV, V, VIII, IX, XI (A irrupção do totalitarismo: os fatores predisponentes — O imperialismo capitalista); Parte III, capítulo I; Parte III, capítulos III (O conflito entre nacionalismo e universalismo no mundo moderno) e V (1. A Dignidade da Política e a Realidade do Poder — O Poder Político — 6. A dialética da legitimidade política no direito interno; 3. A República — O princípio)

BUROCRACIA: (no pensamento de Max Weber): Parte III, capítulo V (4. A Democracia — O princípio — 1. Soberano, governante e administrador: a difícil partilha de competências)

CAPITALISMO: Parte II, capítulo IX, XI (A irrupção do totalitarismo: os fatores predisponentes — O imperialismo capitalista); Parte III, capítulos I, III (O conflito entre nacionalismo e universalismo no mundo moderno), IV (Os Princípios Complementares: a Liberdade, a Igualdade, a Segurança e a Solidariedade — 1. A Liberdade — d) Os avatares da liberdade no mundo moderno) e V (1. A Dignidade da Política e a Realidade do Poder — O Poder Político — 6. A dialética da legitimidade política no direito interno; 3. A República — O princípio; 3. A República — As Instituições — 3. A preservação da dignidade humana, do caráter comunitário dos bens e dos serviços públicos, e a promoção da igualdade social; 4. A Democracia — 3. Soberania é o supremo poder de controle político)

CLASSES SOCIAIS: Introdução (A perspectiva histórica); Parte II, capítulo IX; Parte III, capítulo IV (Os Princípios Complementares: a Liberdade, a Igualdade, a Segurança e a Solidariedade — 2. A Igualdade — a) Desigualdade estamental e desigualdade de classes)

CLONAGEM HUMANA: Parte III, capítulo II (Questões éticas ligadas ao início e ao fim da personalidade individual)

COLONIALISMO: Parte III, capítulo I (A burguesia ocidental afeiçoou o mundo moderno à sua imagem e semelhança)

COMANDO: (no pensamento de John Austin): Parte II, Capítulo X

COMÉRCIO: Parte I, capítulo I (O desprezo pelos ofícios mecânicos e pela profissão mercantil); Parte I, capítulo IV; Parte II, capítulos III, V; Parte III, capítulo I (A burguesia ocidental afeiçoou o mundo moderno à sua imagem e semelhança)

COMMON LAW: Parte I, capítulo III (4. A criação da ciência do direito); Parte III, capítulo III (6. A vigência dos princípios éticos).

COMUNICAÇÃO: Parte III, capítulo I (3. A burguesia ocidental afeiçoou o mundo moderno à sua imagem e semelhança).

COMUNISMO: Parte II, capítulo IX

710

CONCEITO: no pensamento de Hegel: Parte II, capítulo VIII (1. A dialética de oposição e supressão dos contrários).

CONCORRÊNCIA: Parte II, capítulo VI.

CONHECIMENTO CIENTÍFICO E TECNOLÓGICO: Parte III, capítulo V (O princípio).

CONSCIÊNCIA COLETIVA OU SOCIAL: Introdução (O sistema social e a vida ética); Parte III, capítulo III (A vigência dos princípios éticos)

CONSCIÊNCIA HUMANA: Parte III, capítulo II (A consciência humana)

CONSTITUIÇÃO:

- Conceito moderno: Parte III, capítulo V (1. A Dignidade da Política e a Realidade do Poder — O Poder Político — 5. A teoria moderna da legitimidade política)
- Correta (ὀρθή πολιτεία, no pensamento de Aristóteles): Parte III, capítulo V (3. A República — O princípio)
- Escrita e não escrita: Parte III, capítulo V (1. A Dignidade da Política e a Realidade do Poder — O Poder Político — 6. A dialética da legitimidade política no direito interno)
- Formal e real: Parte II, capítulo X (4. A Importância Histórica do Positivismo Jurídico); Parte III, capítulo V (1. A Dignidade da Política e a Realidade do Poder — O Poder Político — 6. A dialética da legitimidade política no direito interno)
- Ideias precursoras: Parte II, capítulo II (1. Martinho Lutero); Parte II, capítulo III (4. Thomas Hobbes: A proposta de uma nova organização política)
- Iniciativa popular de emendas: Parte III, capítulo V (4. A Democracia — As instituições — 1. As instituições jurídicas de um Estado democrático, a) Os instrumentos de exercício da soberania popular)
- Juízo de constitucionalidade: Parte III, capítulo V (4. A Democracia — As instituições — 1. As instituições jurídicas de um Estado democrático, b) Especialização e controle recíproco dos órgãos do Estado)
- Legitimidade: Parte III, capítulo V (1. A Dignidade da Política e a Realidade do Poder — O Poder Político — 5. A teoria moderna da legitimidade política)
- Mista: Parte III, capítulo V (1. A Dignidade da Política e a Realidade do Poder — O Poder Político — 4. A legitimidade do poder político no mundo antigo e medieval)

CONTRATO SOCIAL: Parte II, capítulos III, e V

COSTUMES: Introdução (O sistema social e a vida ética); Parte I, capítulo 1 (Os traços marcantes da vida ética na Antiguidade); Parte II, capítulos V, VII (1. Fundamento da ética) e VIII (3. A História como essência da vida humana); Parte III, capítulos I (2. Dos primeiros arquipélagos humanos regionais à formação do ecúmeno mundial) e III (Especificidade dos princípios éticos – 1. Aos princípios éticos correspondem qualidades subjetivas do ser humano. A vigência dos princípios éticos)

CRISTANDADE: Parte I, capítulo IV

CRISTIANISMO: Parte I, capítulo 1 (Os fatores de mudança na mentalidade do mundo antigo); Parte III, Capítulo 1; v. também MONOTEÍSMO

CRÍTICA:

- Como método de conhecimento em Kant: Parte II, capítulo VII
- No pensamento de Hegel: Parte II, capítulo VIII (2. A filosofia do espírito, ou a reflexão sobre a vida ética)

DECRETOS: (distintos das leis): Parte I, capítulo 1 (Os traços marcantes da vida ética na Antiguidade);

Parte III, capítulo V (4. A Democracia — O princípio — 2. Da democracia antiga à democracia moderna: uma mudança radical no *status* político do povo)

DEMOCRACIA:

- Grega: Parte I, capítulo I (A absorção do indivíduo no grupo social); Parte III, capítulo V (4. A Democracia — O princípio — 2. Da democracia antiga à democracia moderna: uma mudança radical no *status* político do povo; 4. A aptidão do povo a exercer a soberania política)
- Moderna: Parte III, capítulo V (4. A Democracia — O princípio — 2. Da democracia antiga à democracia moderna: uma mudança radical no *status* político do povo)
- No pensamento de Rousseau: Parte II, capítulo V

DEMOGRAFIA: Parte III, capítulo I (A burguesia ocidental afeiçoou o mundo moderno à sua imagem e semelhança — Os efeitos disruptivos da globalização capitalista)

DEVER: Parte II, capítulo VII (1. Fundamentos da ética)

DIALÉTICA:

- Na *iurisprudentia* romana: Parte I, capítulo III
- No pensamento de Hegel: Parte II, capítulo VIII
- No pensamento de Marx: Parte II, capítulo IX
- No pensamento escolástico: Parte I, capítulo IV (São Tomás de Aquino)

DIFERENÇAS HUMANAS: Parte III, capítulos IV (Os Princípios Complementares: a Liberdade, a Igualdade, a Segurança e a Solidariedade — 2. A Igualdade — d) Diferenças humanas e desigualdades sociais) e V (4. A Democracia — O princípio — 5. Quem deve ser soberano na esfera internacional?)

DIGNIDADE: na filosofia de Kant: Parte II, capítulo VII (1. Fundamentos da ética)

DIREITO:

- À diferença: Introdução — o sistema social e a vida ética; Parte III, capítulos IV (Os Princípios Complementares: a Liberdade, a Igualdade, a Segurança e a Solidariedade — 2. A Igualdade — d) Diferenças humanas e desigualdades sociais) e V (4. A Democracia — O princípio — 5. Quem deve ser soberano na esfera internacional?)
- Comum ao gênero humano: Parte II, capítulo III; Parte III, capítulo V (4. A Democracia — O princípio — 6. Os limites éticos à soberania democrática)
- Ligação íntima com a moral e a religião: Parte II, capítulo XII
- Natural: Parte I, Capítulo III; Parte II, capítulos IV e V (3. Linhas mestras de um pensamento revolucionário — O conflito incessante entre vontade geral e vontade particular); Parte III, capítulo III (2. A afirmação de princípios universais da vida ética na Antiguidade e na Idade Média)
- No Estado totalitário: Parte II, capítulo XI
- No pensamento de Kant: Parte II, capítulos VII e VIII (O Estado)
- No pensamento de Hegel: Parte II, capítulo VIII
- No pensamento de Marx: Parte II, capítulo IX
- Possibilidade de coação como característica de suas normas: Parte II, capítulos III, VII e X
- Positivismo jurídico: Parte II, capítulos III e X
- "Teoria pura": Parte II, capítulo X (Hans Kelsen)

DIREITO INTERNACIONAL:

- Em Kant: Parte II, capítulo VII (2. Em que consiste o direito)
- Legitimidade: Parte III, capítulo V (1. A Dignidade da Política e a Realidade do Poder — O Poder Político — 7. A dialética da legitimidade política no direito internacional)

DIREITOS HUMANOS: Parte II, capítulo IV; Parte III, capítulo I (Um outro mundo é possível); Parte III, capítulos II (A consciência humana — 3. A consciência ética), III (O conflito entre nacionalismo e universalismo no mundo moderno. A vigência dos princípios éticos) e V (1. A Dignidade da Política e a Realidade do Poder — O Poder Político — 5. A teoria moderna da legitimidade política; 3. A República — As instituições — 1. A supremacia dos direitos humanos. 4. A Democracia — As instituições — 2. A fundação de uma sociedade democrática do gênero humano)

DITADURA: Parte II, capítulos V, IX (O anúncio da libertação definitiva do homem) e XI (A irrupção do totalitarismo: os fatores predisponentes — Os ideologismos, racial e revolucionário)

DOR: Parte II, capítulo VI (David Hume)

ECOLOGIA: V. MEIO AMBIENTE

ECONOMIA:
- Como ciência natural: Parte II, capítulo VI
- E política: Parte I, capítulo II; Parte II, capítulo VI

ECÚMENO MUNDIAL: Parte III, capítulo I

EDUCAÇÃO: Parte I, capítulo II; Parte II, capítulo V; Parte III, capítulos III (4. Estrutura e função dos princípios éticos — Aos princípios éticos correspondem qualidades subjetivas do ser humano) e IV (2. Os Princípios Complementares: a Liberdade, a Igualdade, a Segurança e a Solidariedade — A Igualdade)

EGOÍSMO: Parte II, capítulo VI; Parte III, capítulo I (A burguesia ocidental afeiçoou o mundo moderno à sua imagem e semelhança — Os efeitos disruptivos da globalização capitalista)

EKKLESIA: (Assembleia do povo ateniense): Parte I, capítulo I (A absorção do indivíduo no grupo social); Parte III, capítulo V (4. A Democracia — O princípio — 2. Da democracia antiga à democracia moderna: uma mudança radical no *status* político do povo)

ELEIÇÕES: V. SUFRÁGIO ELEITORAL

EMOÇÕES: Parte III, capítulo II (O homem, ser racional)

EMPIRISMO: Parte II, capítulos VI e VII

EMPRESAS MULTINACIONAIS E TRANSNACIONAIS: Parte III, capítulo I (A burguesia ocidental afeiçoou o mundo moderno à sua imagem e semelhança — A segunda globalização capitalista)

EQUIDADE: Parte III, capítulo III (A afirmação de princípios universais da vida ética na Antiguidade e na Idade Média); Parte III, capítulo IV (A Justiça)

EQUITY: Parte III, capítulo III (6. A vigência dos princípios éticos)

ESCRAVIDÃO: Parte II, capítulo VI; Parte III, capítulo I; Parte III, capítulo IV (Os Princípios Complementares: a Liberdade, a Igualdade, a Segurança e a Solidariedade — 2. A Igualdade — b) As desigualdades sociais no mundo moderno)

ESPÍRITO:
- No pensamento de Montesquieu: Introdução (O sistema social e a vida ética)
- No pensamento de Hegel: Parte II, capítulo VIII

ESPRIT DE GÉOMETRIE, ESPRIT DE FINESSE: (no pensamento de Pascal): Parte III, capítulo III (Especificidade dos princípios éticos — 3. Os princípios éticos são normas axiológicas)

ESTADO:
- Autoritário: Parte II, capítulo XI (Características essenciais do totalitarismo — A tentativa de completa reconstrução da estrutura social)
- Contemporâneo: Parte III, capítulo V (4. A Democracia — As instituições — 1. As instituições jurídicas de um Estado democrático, b) Especialização e controle recíproco dos órgãos do Estado)
- e religião: Parte II, capítulos I, II, III, IV, V

- e sociedade civil: Parte II, capítulos VIII, IX, e XI.
- No pensamento de Hegel: Parte II, capítulo VIII (2. A filosofia do espírito, ou a reflexão sobre a vida ética — A vida ética)
- No pensamento de Marx: Parte II, capítulo IX
- Totalitário: Parte II, capítulo XI

ESTAMENTOS: Introdução (A perspectiva histórica); Parte III, capítulo IV (Os Princípios Complementares: a Liberdade, a Igualdade, a Segurança e a Solidariedade — 1. A Liberdade — d) Os avatares da liberdade no mundo moderno. 2. A Igualdade — a) Desigualdade estamental e desigualdade de classes, b) As desigualdades sociais no mundo moderno)

ÉTICA:

- De convicção ou sentimentos (*Gesinnungsethik*) e de responsabilidade (*Verantwortungsethik*): Parte II, capítulo VII; Parte III, capítulo III (Especificidade dos princípios éticos — 2. Os princípios éticos sob o aspecto teleológico: ética e técnica, idealismo e realismo)
- Dever: Parte II, capítulo VII (como princípio da ética no pensamento de Kant); Parte III, capítulo III (Especificidade dos princípios éticos — 4. Características específicas do dever-ser ético)
- e ciências exatas: Parte I, capítulo II; Parte II, capítulo X
- e técnica: Parte I, capítulo II
- Filosofia grega: Parte I, capítulo II
- Fundamento: Parte II, capítulos III, IV, V e VII
- Idealista: Parte III, capítulo III (Especificidade dos princípios éticos — 2. Os princípios éticos sob o aspecto teleológico: ética e técnica, idealismo e realismo)
- Ligada aos sentimentos e não à razão: Parte II, capítulos V e VI
- Naturalista: Parte II, capítulo VI
- Niilismo: Parte II, capítulo XI
- Normas éticas: V. NORMA ÉTICA E NORMA TÉCNICA
- Objetiva e subjetiva: Parte I, capítulo II
- Os fins justificam os meios: Parte III, capítulo III (Especificidade dos princípios éticos — 2. Os princípios éticos sob o aspecto teleológico: ética e técnica, idealismo e realismo)
- Pública e privada: Parte II, capítulo I; Parte III, capítulo III (Especificidade dos princípios éticos — 1. Aos princípios éticos correspondem qualidades subjetivas do ser humano)
- Realista: Parte III, capítulo III (Especificidade dos princípios éticos — 2. Os princípios éticos sob o aspecto teleológico: ética e técnica, idealismo e realismo)
- Valores éticos: Parte I, capítulo II (A especificidade da ética no conjunto da reflexão filosófica); Parte III, capítulo III (Especificidade dos princípios éticos — 3. Os princípios éticos são normas axiológicas; 4. Características específicas do dever-ser ético. A necessária distinção entre princípios e regras)
- Vida ética (*Sittlichkeit*) no pensamento de Hegel: Parte II, capítulo VIII

ESTOICISMO: Parte I, capítulo III.

EUTANÁSIA: Parte III, capítulo II (Questões éticas ligadas ao início e ao fim da personalidade individual)

EXIS (ἕξις: no pensamento de Aristóteles): Parte III, capítulos III (Especificidade dos princípios éticos — 1. Aos princípios éticos correspondem qualidades subjetivas do ser humano) e IV (O Amor)

EXPERIÊNCIA: Parte II, capítulos VI e VII

FAMÍLIA:

- No mundo antigo: Parte I, capítulo I; Parte III, capítulo V (4. A Democracia — O princípio)

- No pensamento de Hegel: Parte II, capítulo VIII

FEDERAÇÃO: Parte II, capítulos VII (2. Em que consiste o direito) e VIII (2. A filosofia do espírito, ou a reflexão sobre a vida ética — O Estado); Parte III, capítulo V (4. A Democracia — O princípio — 5. Quem deve ser soberano na esfera internacional? As instituições — 1. As instituições jurídicas de um Estado democrático, b) Especialização e controle recíproco dos órgãos do Estado — A fundação de uma sociedade democrático do gênero humano)

FÉ E RAZÃO: Parte I, capítulo IV (São Tomás de Aquino); Parte II, capítulo II

FELICIDADE: Introdução; Parte I, capítulo II; Parte II, capítulo VII; Conclusão

FEUDALISMO: Parte II, capítulos I e IX

FILOSOFIA: Introdução (A perspectiva histórica); Parte I, capítulo I (Os fatores de mudança na mentalidade do mundo antigo)

FINALIDADE: Introdução (O sistema social e a vida ética), Conclusão

FINS E MEIOS: Parte II, capítulo XII; Parte III, capítulo III (4. Os princípios éticos sob o aspecto teleológico: ética e técnica, idealismo e realismo)

FLORESTAS: Parte III, capítulo V (3. A República — As Instituições — 3. A preservação da dignidade humana, do caráter comunitário dos bens e dos serviços públicos, e a promoção da igualdade social)

FRATERNIDADE: Parte I, capítulo IV (São Francisco de Assis); Parte III, capítulo III (3. O conflito entre nacionalismo e universalismo no mundo moderno)

FUNDAMENTO ÉTICO:

- Absoluto ou relativo: Parte III, capítulo II (Fundamento absoluto ou relativo da vida ética na era moderna
- Conceito: Parte III, capítulo II
- Nas doutrinas orientais: Parte III, capítulo II (Pessoalidade e impessoalidade na fundamentação da vida ética entre os antigos)
- Nas religiões monoteístas: Parte III, capítulo II (O Deus pessoal como supremo modelo ético no monoteísmo)

FUNDO MONETÁRIO INTERNACIONAL: Parte III, capítulo V (4. A Democracia — As instituições — 2. A fundação de uma sociedade democrática do gênero humano)

GENEROSIDADE: Parte II, capítulo VI

GENOMA HUMANO: Parte III, capítulo V (3. A república — As instituições — c) A preservação do caráter comunitário dos bens e dos serviços públicos, e a promoção da igualdade social)

GLOBALIZAÇÃO: Parte III, capítulo I (3. A burguesia ocidental afeiçoou o mundo moderno à sua imagem e semelhança)

GOVERNO: Parte III, capítulo V (4. A Democracia — O princípio — 1. Soberano, governante e administrador: a difícil partilha de competências)

GUERRA: Parte III, capítulo I (3. A burguesia ocidental afeiçoou o mundo moderno à sua imagem a semelhança)

HABITUS: Parte III, capítulo III (Especificidade dos princípios éticos — 1. Aos princípios éticos correspondem qualidades subjetivas do ser humano)

HERANÇAS: Parte III, capítulo V (3. A República — As instituições — 3. A preservação da dignidade humana, do caráter comunitário dos bens e dos serviços públicos, e a promoção da igualdade social)

HISTÓRIA: Introdução (A perspectiva histórica); Parte II, capítulos VIII (3. A História como essência da vida humana) e IX; Parte III, capítulo II (O homem, um ser histórico); Conclusão

HOMEM: V. PESSOA

HUMANIDADE:

- a concepção unitária dos estoicos: Parte I, capítulo III
- as etapas de unificação histórica: Parte III, capítulo I
- a organização política mundial: Parte III, capítulo V (3. A República — As instituições — 3. A preservação da dignidade humana, do caráter comunitário dos bens e dos serviços públicos, e a promoção da igualdade social; 4. A Democracia — As instituições — 2. A fundação de uma sociedade democrática do gênero humano)

HYPÓSTASIS: Parte III, capítulo II (A elaboração histórica do conceito de pessoa humana)

IDADE MÉDIA: Parte I, capítulo IV

IDEÁRIO: Introdução (O sistema social e a vida ética)

IDEOLOGIA: Parte II, capítulo XI (A irrupção do totalitarismo: os fatores predisponentes — Os ideologismos, racial e revolucionário)

IGUALDADE:

- Aritmética e geométrica, absoluta e proporcional: Parte III, capítulo IV (Os Princípios Complementares: a Liberdade, a Igualdade, a Segurança e a Solidariedade — c) A igualdade como virtude e como norma de organização social)
- Burguesa: Parte III, capítulo III (3. O conflito entre nacionalismo e universalismo no mundo moderno)
- Cívica: Parte III, capítulo IV (Os Princípios Complementares: a Liberdade, a Igualdade, a Segurança e a Solidariedade — 2. A Igualdade — c) A igualdade como virtude e como norma de organização social)
- Como objetivo da não violência gandhiana: Parte II, capítulo XII
- De gênero ou sexo: Parte III, capítulo IV (Os Princípios Complementares: a Liberdade, a Igualdade, a Segurança e a Solidariedade — 2. A Igualdade — b) As desigualdades sociais no mundo moderno)
- Desconhecida entre os antigos: Parte III, capítulo IV (Os Princípios Complementares: a Liberdade, a Igualdade, a Segurança e a Solidariedade — 2. A Igualdade — a) Desigualdade estamental e desigualdade de classes)
- Desigualdade conatural à sociedade humana: Parte II, capítulo VI
- Desigualdade de classes: Parte III, capítulo IV (Os Princípios Complementares: a Liberdade, a Igualdade, a Segurança e a Solidariedade — 2. A Igualdade — a) Desigualdade estamental e desigualdade de classes, b) As desigualdades sociais no mundo moderno)
- Desigualdade racial: Parte II, capítulo XI (A irrupção do totalitarismo: os fatores predisponentes — Os ideologismos, racial e revolucionário)
- Desigualdades no mundo medieval: Parte III, capítulo IV (Os Princípios Complementares: a Liberdade, a Igualdade, a Segurança e a Solidariedade — 2. A Igualdade — b) As desigualdades sociais no mundo moderno)
- Diferenças humanas e desigualdades sociais: Parte III, capítulo IV (Os Princípios Complementares: a Liberdade, a Igualdade, a Segurança e a Solidariedade — 2. A Igualdade — d) Diferenças humanas e desigualdades sociais)
- Econômica: Parte II, capítulos V, VI e VIII; Parte III, capítulo IV (Os Princípios Complementares:

a Liberdade, a Igualdade, a Segurança e a Solidariedade — 2. A Igualdade — a) Desigualdade estamental e desigualdade de classes)

- Origem da desigualdade social: Parte II, capítulo V
- Política: Parte II, capítulos IV, V
- Republicana: Parte III, capítulo V (3. A República — O princípio; As Instituições — 2. A abolição dos privilégios)

IMPERATIVOS: (na ética de Kant): Parte II, capítulos VII e VIII (A filosofia do espírito ou a reflexão sobre a vida ética)

IMPERIALISMO: Parte II, capítulo XI (A irrupção do totalitarismo: os fatores predisponentes); Parte III, capítulo I (3. A burguesia ocidental afeiçoou o mundo moderno à sua imagem e semelhança)

INDIVIDUALISMO: Parte II, capítulo II (João Calvino); Parte II, capítulo VI

INDUSTRIALISMO: Parte III, capítulo I (A burguesia ocidental afeiçoou o mundo moderno à sua imagem e semelhança)

INFIÉIS: Parte I, capítulo IV (São Tomás de Aquino)

INFORMÁTICA: Parte III, capítulo I (3. A burguesia afeiçoou o mundo moderno à sua imagem e semelhança)

INQUISIÇÃO NA IGREJA CATÓLICA: Parte II, capítulo XI (A irrupção do totalitarismo: os fatores predisponentes — O antissemitismo)

INTENÇÃO: Parte II, capítulo VII (1. Fundamentos da ética)

INTERESSE PRIVADO E INTERESSE PÚBLICO: Parte II, capítulos V, VI, VIII

INVENÇÕES TÉCNICAS: Introdução (A perspectiva histórica); v. também PROPRIEDADE INTELECTUAL

ISLAMISMO: Parte I, capítulo I (Os fatores de mudança na mentalidade do mundo antigo); v. também MONOTEÍSMO

IURISPRUDENTIA: (ciência do direito em Roma): Parte I, capítulo III

IUS GENTIUM: Parte I, capítulo III

JUDAÍSMO: Parte I, capítulo I (Os fatores de mudança na mentalidade do mundo antigo); v. também MONOTEÍSMO

JÚRI: V. TRIBUNAL DO JÚRI

JUSTIÇA: Parte I, capítulos II e III; Parte II, capítulos III, IV (David Hume), X e XII; Parte III, capítulo IV

LEGALIDADE: (na filosofia de Kant): Parte II, capítulo VII

LEGITIMIDADE:

- Carismática: Introdução (O sistema social e a vida ética)
- Do direito internacional: Parte III, capítulo V (1. A Dignidade da Política e a Realidade do Poder — O Poder Político — 7. A dialética da legitimidade política no direito internacional)
- Dos valores sociais: Introdução (O sistema social e a vida ética)
- Do poder político: Parte III, capítulo V (1. A Dignidade da Política e a Realidade do Poder — O poder político — 3. A questão da legitimidade, 4. A legitimidade do poder político no mundo antigo e medieval, 8. Os fundamentos da legitimidade política no século XXI)
- Teoria moderna: Parte III, capítulo V (1. A Dignidade da Política e a Realidade do Poder — O Poder Político — 5. A teoria moderna da legitimidade política)

LEI:

- Antiga: Parte I, capítulo I (1. Traços Marcantes da Vida Ética na Antiguidade — A autoridade máxima da tradição); Parte III, capítulo V (4. A Democracia — O princípio — 6. Os limites éticos da soberania democrática)

- e costumes: Introdução (O sistema social e a vida ética); Parte I, capítulo I (Os traços marcantes da vida ética na Antiguidade); Parte III, capítulo III (4. Estrutura e função dos princípios éticos — Aos princípios éticos correspondem qualidades subjetivas do ser humano)
- e decretos: Parte I, capítulo I (Os traços marcantes da vida ética na Antiguidade); Parte III, capítulo V (4. A Democracia — O princípio — 2. Da democracia antiga à democracia moderna: uma mudança radical no *status* político do povo)
- Espécies de leis: Parte I, capítulo II; Parte I, capítulo IV (São Tomás de Aquino); Parte II, capítulo IV; Parte III, capítulo III (A afirmação de princípios universais da vida ética na Antiguidade e na Idade Média)
- Fundamental: Parte II, capítulo III; Parte III, capítulo V (1. A Dignidade da Política e a Realidade do Poder — O Poder Político — 5. A teoria moderna da legitimidade política)
- Fundamento da liberdade: Parte III, capítulo IV (Os Princípios Complementares: a Liberdade, a Igualdade, a Segurança e a Solidariedade — 1. A Liberdade — e) Poder e liberdade)
- Governo das leis v. governo dos homens: Parte III, capítulo V (4. A Democracia — O princípio — 6. Os limites éticos da soberania democrática)
- No pensamento de Rousseau: Parte II, capítulo V
- No pensamento de Kant: Parte II, capítulo VII
- Poder popular de iniciativa: Parte III, capítulo V (4. A Democracia — As instituições — 1. As instituições jurídicas de um Estado democrático, a) Os instrumentos de exercício da soberania popular)
- Princípio republicano e democrático: Parte III, capítulo V (1. A Dignidade da Política e a Realidade do Poder — 8. Os fundamentos da legitimidade política no século XXI)
- Proliferação legislativa: Parte I, capítulo I (Os traços marcantes da vida ética na Antiguidade)

LEX: Parte I, capítulo III

LIBERDADE:
- Burguesa: Parte III, capítulo III (3. O conflito entre nacionalismo e universalismo no mundo moderno
- Dos antigos e dos modernos: Parte I, capítulo I (A absorção do indivíduo no grupo social); Parte II, capítulos II, VIII (2. A filosofia do espírito, ou a reflexão sobre a vida ética — A moral) e XI; Parte III, capítulos IV (Os Princípios Complementares: a Liberdade, a Igualdade, a Segurança e a Solidariedade — d) Os avatares da liberdade no mundo moderno) e V (4. A Democracia — O princípio — 2. Da democracia antiga à democracia moderna: uma mudança radical no *status* político do povo)
- e libertação: Parte III, capítulo IV (Os Princípios Complementares: a Liberdade, a Igualdade, a Segurança e a Solidariedade — 1. A Liberdade — d) Os avatares da liberdade no mundo moderno)
- Em geral: Parte III, capítulo IV (Os Princípios Complementares: a Liberdade, a Igualdade, a Segurança e a Solidariedade)
- Em Marx: Parte II, capítulo IX
- Fundada na lei: Parte III, capítulo IV (Os Princípios Complementares: a Liberdade, a Igualdade, a Segurança e a Solidariedade — 1. A Liberdade — e) Poder e liberdade)
- Livre-arbítrio e graça divina: Parte II, capítulo II
- Política: Parte II, capítulos I, III, IV, V e X; Parte III, capítulo IV (Os Princípios Complementares: a Liberdade, a Igualdade, a Segurança e a Solidariedade – 1. A Liberdade)

- Pressuposto da vida ética: Parte III, capítulo III (Especificidade dos princípios éticos)
- Religiosa: Parte II, capítulos II, III, IV; Parte III, capítulo IV (Os Princípios Complementares: a Liberdade, a Igualdade, a Segurança e a Solidariedade — 1. A Liberdade — e) Poder e liberdade)
- Supressão no Estado totalitário: Parte II, capítulo XI
- Valor ético: Parte III, capítulo IV (Os Princípios Complementares: a Liberdade, a Igualdade, a Segurança e a Solidariedade — 1. A liberdade — c) A liberdade como valor ético)

MANDAMENTO: (na filosofia de Kant): Parte II, capítulo VII (1. Fundamentos da ética)

MASSIFICAÇÃO SOCIAL: Parte II, capítulo XI (Características essenciais do totalitarismo — Uma política de massificação compulsória); Parte III, capítulo IV (Os Princípios Complementares: a Liberdade, a Igualdade, a Segurança e a Solidariedade — 1. A Liberdade — d) Os avatares da liberdade no mundo moderno)

MÁXIMAS: (no pensamento de Kant): Parte II, capítulo VII

MEIO AMBIENTE: Introdução (O sistema social e a vida ética); Parte III, capítulo I (A burguesia afeiçoou o mundo moderno à sua imagem e semelhança — Os efeitos disruptivos da globalização capitalista)

MEIO GEOGRÁFICO: Introdução (O sistema social e a vida ética)

MEIOS DE COMUNICAÇÃO DE MASSA: Parte III, capítulo V (3. A República — As Instituições — 3. A preservação da dignidade humana, do caráter comunitário dos bens e dos serviços públicos, e a promoção da igualdade social)

MENTALIDADE SOCIAL: Introdução (O sistema social e a vida ética)

MÉTODO: Introdução (O sistema social e a vida ética); Parte II, capítulos III (Thomas Hobbes), IV, VII, VIII, IX

MINISTÉRIO PÚBLICO: Parte III, capítulo V (4. A Democracia — As instituições — 1. As instituições jurídicas de um Estado democrático, b) Especialização e controle recíproco dos órgãos do Estado)

MITOLOGIA: Parte I, capítulo I (Os fatores de mudança na mentalidade do mundo antigo; A invenção da filosofia como sistema de saber racional); Parte I, capítulo II

MODERAÇÃO: Parte III, capítulo IV (A Justiça)

MONARQUIA
- Absoluta: Parte II, capítulo III
- O mais antigo dos regimes políticos: Parte III, capítulo V (4. A Democracia — O princípio)

MONOTEÍSMO: Parte I, capítulo I (Os fatores de mudança na mentalidade do mundo antigo); Parte III, capítulo II (O Deus pessoal como supremo modelo ético no monoteísmo); Parte III, capítulo III (A afirmação de princípios universais da vida ética na Antiguidade e na Idade Média)

MORAL:
- Ligação íntima com o direito e a religião: Parte II, capítulo XII
- No pensamento de Kant: Parte II, capítulo VII
- No pensamento de Hegel: Parte II, capítulo VIII
- No pensamento de Marx: Parte II, capítulo IX
- Separada do direito: Parte II, capítulo X

MORALIDADE: (na filosofia de Kant): Parte II, capítulo VII (1. Fundamentos da ética)

NAÇÃO: Parte II, capítulos II e V; Parte III, capítulos III (O conflito entre nacionalismo e universalismo no mundo moderno) e V (1. A Dignidade da Política e a Realidade do Poder — O Poder Político — 5. A teoria moderna da legitimidade política); Parte III, capítulo V (4. A Democracia — O princípio — 2. Da democracia antiga à democracia moderna: uma mudança radical no *status* político do povo)

NÃO VIOLÊNCIA: (*ahimsa*, na doutrina de Gandhi): Parte II, capítulo XII

NATUREZA: Parte I, capítulo III; Parte II, capítulos VIII, IX; Parte III, capítulo II (5. A elaboração histórica do conceito de pessoa humana — Na filosofia grega)

NEOLIBERALISMO: Parte III, capítulos I (A burguesia afeiçoou o mundo moderno à sua imagem e semelhança) e V (1. A Dignidade da Política e a Realidade do Poder — O Poder Político — 5. A teoria moderna da legitimidade política)

NORMA ÉTICA E NORMA TÉCNICA: Parte III, capítulo III (Especificidade dos princípios éticos — 2. Os princípios éticos sob o aspecto teleológico: ética e técnica, idealismo e realismo)

OLIGARQUIA: Parte III, capítulo V (4. A Democracia — O princípio — 2. Da democracia antiga à democracia moderna: uma mudança radical no *status* político do povo)

OMISSÃO DE SOCORRO: Parte III, capítulo IV (O Amor)

ORÇAMENTOS PARTICIPATIVOS: Parte III, capítulo V (4. A Democracia — As instituições — 1. As instituições jurídicas de um Estado democrático)

ORDEM SOCIAL: Introdução (O sistema social e a vida ética)

ORGANIZAÇÃO DAS NAÇÕES UNIDAS: Parte III, capítulo V (1. A Dignidade da Política e a Realidade do Poder — O Poder Político — 7. A dialética da legitimidade política no direito internacional; 3. A República — As instituições — 2. A abolição dos privilégios; 4. A Democracia — As instituições — 2. A fundação de uma sociedade democrática do gênero humano)

ORGANIZAÇÃO MUNDIAL DO COMÉRCIO: Parte III, capítulo V (4. A Democracia — As instituições — 2. A fundação de uma sociedade democrática do gênero humano)

OTIMISMO E PESSIMISMO SOCIAL: Parte II, capítulos V e VI. V. também BONDADE OU MALDADE NATURAL DO SER HUMANO

PACTO FUNDAMENTAL: Parte II, capítulos III (4. Thomas Hobbes: A proposta de uma nova organização política), IV (1. De Hobbes a Locke: a mudança de perspectiva) e V (3. Linhas mestras de um pensamento revolucionário, c) A refundação da sociedade política — A reinterpretação do postulado do contrato social)

PAÍSES DESENVOLVIDOS E SUBDESENVOLVIDOS: Parte III, capítulo I (A burguesia ocidental afeiçoou o mundo moderno à sua imagem e semelhança — Os efeitos disruptivos da globalização capitalista)

PAIXÃO: Introdução (Os fatores determinantes — O sistema social e a vida ética); Parte I, capítulo III; Parte II, capítulos V, VI, VIII (A História como essência da vida humana); Parte III, capítulo II (O homem, ser racional); Parte III, capítulo V (1. A Dignidade da Política e a Realidade do Poder — O poder político — 1. A paixão pelo poder)

PAPADO: Parte III, capítulo V (1. A Dignidade da Política e a Realidade do Poder — O Poder Político — 4. A legitimidade do poder político no mundo antigo e medieval)

PATENTES DE INVENÇÃO: V. PROPRIEDADE INTELECTUAL

PATRIMÔNIO GENÉTICO: Introdução (O sistema social e a vida ética)

PAZ: Parte II, capítulos III, VII e VIII (2. A filosofia do espírito, ou a reflexão sobre a vida ética — O Estado); Parte III, capítulo V (4. A Democracia — As instituições — 2. A fundação de uma sociedade democrática do gênero humano)

PERÍODO AXIAL: Introdução (A perspectiva histórica)

PESSOA:

• Ambiguidade ética: Parte III, capítulo II (7. O Homem, Ser Racional)

- Bondade ou maldade natural: V. BONDADE OU MALDADE NATURAL DO SER HUMANO
- Conceito, elaboração histórica: Parte III, capítulo II (A elaboração histórica do conceito de pessoa humana)
- Concepção de Hegel: Parte II, capítulo VIII (3. A História como essência da vida humana)
- Concepção de Kant: Parte II, capítulo VII; Parte III, capítulo II (A elaboração histórica do conceito de pessoa humana — A contribuição de Kant)
- Concepção de Marx: Parte II, capítulo IX
- Dignidade: Parte II, capítulo VII; Parte III, capítulo II
- Embrião humano: Parte III, capítulo II (Questões éticas ligadas ao início e ao fim da personalidade individual)
- Finalidade da vida humana: Conclusão
- Genoma humano: Parte III, capítulo V (3. A República — As instituições — A preservação da dignidade humana, do caráter comunitário dos bens e dos serviços públicos, e a promoção da igualdade social)
- Homem, animal político: Parte III, capítulo V (1. A Dignidade da Política e a Realidade do Poder — Política: o contraste entre os antigos e os modernos)
- Identidade pessoal: Parte III, capítulo II (A questão da identidade pessoal)
- Morte (sentido bíblico): Conclusão
- Natureza e cultura no ser humano: Parte III, capítulos II (A consciência humana — A consciência ética) e V (4. A Democracia — O princípio)
- Personagem: Parte III, capítulo II (5. A elaboração histórica do conceito de pessoa humana — Na filosofia grega)
- Predestinação divina: Parte II, capítulo II (João Calvino)
- Racionalidade: Parte III, capítulo II (O homem, ser racional)
- Ser histórico: Parte II, capítulo VIII
- Supremo modelo ético: Parte III, capítulo II
- Uso simbólico do termo *prósopon* ou *persona* (máscara teatral): Parte I, capítulo III; Parte III, capítulo II (A elaboração histórica do conceito de pessoa humana)

PHRÔNESIS: (*prudentia*): Parte I, capítulo II

PLANEJAMENTO: Parte III, capítulo V (4. A Democracia — As instituições — 1. As instituições jurídicas de um Estado democrático, b) Especialização e controle recíproco dos órgãos do Estado)

PLEBISCITO: Parte III, capítulo V (4. A Democracia — As instituições — 1. As instituições jurídicas de um Estado democrático; a) Os instrumentos de exercício da soberania popular)

POBRES: Parte I, Capítulo IV (São Francisco de Assis); Parte II, capítulo II (João Calvino)

PODER:
- Controle do poder: Parte II, capítulo IV; Parte III, capítulo V (4. A Democracia — O princípio — 2. Da democracia antiga à democracia moderna: uma mudança radical no *status* político do povo; 6. Os limites éticos da soberania democrática. As instituições — 1. As instituições jurídicas de um Estado democrático; b) Especialização e controle recíproco dos órgãos do Estado)
- de controle: Parte III, capítulos I (A burguesia ocidental afeiçoou o mundo moderno à sua imagem e semelhança — 2. A dominação política capitalista) e V (4. A Democracia — O princípio — 3. Soberania é o supremo poder de controle político)
- Divisão de Poderes: Parte III, capítulo V (4. A Democracia — As instituições — 1. As institui-

ções jurídicas de um Estado democrático, b) Especialização e controle recíproco dos órgãos do Estado)
- Em geral: Introdução (O sistema social e a vida ética)
- Político — limitação: Parte II, capítulos I, II, III, IV; Parte III, capítulo IV (Os Princípios Complementares: a Liberdade, a Igualdade, a Segurança e a Solidariedade — 1. A Liberdade — e) Poder e liberdade); Parte III, capítulo V (1. A Dignidade da Política e a Realidade do Poder — O poder político)
- Religioso: Parte III, capítulo V (1. A Dignidade da Política e a Realidade do Poder — O Poder Político — 4. A legitimidade do poder político no mundo antigo e medieval)

PODER EXECUTIVO:
- Na democracia ateniense: Parte III, capítulo V (4. A Democracia — O Princípio — 2. Da democracia antiga à democracia moderna: uma mudança radical no *status* político do povo)
- No regime democrático: Parte III, capítulo V (4. A Democracia — As instituições — 1. As instituições jurídicas de um Estado democrático, b) Especialização e controle recíproco dos órgãos do Estado)

PODER JUDICIÁRIO:
- Na democracia ateniense: Parte III, capítulo V (4. A Democracia — O princípio — 2. Da democracia antiga à democracia moderna: uma mudança radical no *status* político do povo)
- No regime democrático: Parte III, capítulo V (4. A Democracia — As instituições — 1. As instituições jurídicas de um Estado democrático; b) Especialização e controle recíproco dos órgãos do Estado)

PODER LEGISLATIVO: Parte II, capítulo IV (A proposta de reorganização dos poderes públicos); Parte III, capítulo V (4. A Democracia — As instituições — 1. As instituições jurídicas de um Estado democrático, b) Especialização e controle recíproco dos órgãos do Estado)

POLÍTICA: Parte I, capítulo II (A preeminência da política); Parte II, capítulo II; Parte II, capítulos V, IX; Parte III, capítulo V

POSITIVISMO JURÍDICO: Parte II, capítulos III (4. Thomas Hobbes — A proposta de uma nova organização política) e X

POVO: Parte II, capítulo VIII (A História como essência da vida humana); Parte III, capítulo V (1. A Dignidade da Política e a Realidade do Poder — O Poder Político — 5. A teoria moderna da legitimidade política; 3. A República — O princípio; 4. A Democracia — O princípio — 2. Da democracia antiga à democracia moderna: uma mudança radical no *status* político do povo; 3. Soberania é o supremo poder de controle político; 4. A aptidão do povo a exercer a soberania política. As instituições — 1. As instituições jurídicas de um Estado democrático, b) Especialização e controle recíproco dos órgãos do Estado)

PRAZER: Parte II, capítulo VI

PREDESTINAÇÃO DIVINA DO SER HUMANO: Parte II, capítulo II (João Calvino)

PRIMEIRA GUERRA MUNDIAL: Parte II, capítulo XI (A irrupção do totalitarismo: o fator desencadeante)

PRINCÍPIOS ÉTICOS:
- Na filosofia de Kant: Parte II, capítulo VII (1. Os fundamentos da ética)
- Noção filosófica de princípio: Parte III, capítulo III
- Especificidade: Parte III, capítulo III
- Os grandes princípios éticos: Parte III, capítulo IV
- Princípios e regras: Parte III, capítulo III (A necessária distinção entre princípios e regras)

- Vigência: Parte III, capítulo III (A vigência dos princípios éticos)

PRIVILÉGIOS: Parte I, capítulo I (Os traços marcantes da vida ética na Antiguidade); Parte III, capítulos IV (Os Princípios Complementares: a Liberdade, a Igualdade, a Segurança e a Solidariedade — 2. A Igualdade — b) As desigualdades sociais no mundo moderno) e V (3. A República — O Princípio — 2. A abolição dos privilégios)

PROGRESSO: Parte II, capítulos V, VI

PROLETARIADO: Parte II, capítulo IX

PROPRIEDADE INTELECTUAL: Parte III, capítulos I (A burguesia ocidental afeiçoou o mundo moderno à sua imagem e semelhança — A segunda globalização capitalista) e V (3. A República — As instituições — 3. A preservação da dignidade humana, do caráter comunitário dos bens e dos serviços públicos, e a promoção da igualdade social)

PROPRIEDADE PRIVADA: Parte II, capítulos IV, V, VI, VIII (2. A filosofia do espírito, ou a reflexão sobre a vida ética), IX e XII; Parte III, capítulos IV (5. A defesa da propriedade individual exclusiva, base do sistema capitalista) e V (3. A República — As instituições — 3. A preservação dignidade humana, do caráter comunitário dos bens e dos serviços públicos, e a promoção da igualdade social)

PROTEÇÃO DOS NECESSITADOS: Parte I, capítulo I (Os fatores de mudança na mentalidade do mundo antigo)

PROTESTANTISMO: Parte II, capítulos II e III

PRUDENTIA: Parte I, capítulo II

PUBLICIDADE DOS ATOS OFICIAIS: Parte III, capítulo V (3. A República — As instituições — 3. A preservação da dignidade humana, do caráter comunitário dos bens e dos serviços públicos, e a promoção da igualdade social)

PÚBLICO E PRIVADO: Parte I, capítulo I (A absorção do indivíduo no grupo social); Parte II, capítulos VIII (2. A filosofia do espírito, ou a reflexão sobre a vida ética — O direito) e XI (1. Características essenciais do totalitarismo — A tentativa de completa reconstrução da estrutura social); Parte III, capítulo V (3. A República)

RAZÃO:
- e fé: Parte I, capítulo IV; Parte II, capítulo II
- em Kant: Parte II, capítulo VII
- Espécies: Parte III, capítulo II (O homem, ser racional)

RAZÃO DE ESTADO: Parte II, capítulo I

RECALL: Parte III, capítulo V (4. A Democracia — As instituições — As instituições jurídicas de um Estado democrático; Os instrumentos de exercício da soberania popular

REFORMA AGRÁRIA: Parte II, capítulo IV (5. A defesa da propriedade individual exclusiva, base do sistema capitalista)

REFERENDO POPULAR: Parte III, capítulo V (4. A Democracia — As instituições — 1. As instituições jurídicas de um Estado democrático, a) Os instrumentos de exercício da soberania popular)

RELIGIÃO: Introdução (A perspectiva histórica); Parte I, capítulo I (Os traços marcantes da vida ética na Antiguidade); Parte II, capítulos I, II, III, IV, VII, VIII, IX e XII; Parte III, capítulos III (A necessária distinção entre princípios e regras) e V (1. A Dignidade da Política e a Realidade do Poder — O Poder Político — 4. A legitimidade do poder político no mundo antigo e medieval)

RENTISTAS: Parte III, capítulo V (3. A República — As instituições — 3. A preservação do caráter comunitário dos bens e dos serviços públicos, e a promoção da igualdade social)

REPRESENTAÇÃO POPULAR: Parte II, capítulo V (A refundação da sociedade política — 4. O retorno à concepção clássica da lei); Parte III, capítulo V (4. A Democracia — O princípio — 2. Da democracia antiga à democracia moderna: uma mudança radical no *status* político do povo; 3. Soberania é o supremo poder de controle político)

REPÚBLICA:

- Fundamento da legitimidade política: Parte III, capítulo V (1. A Dignidade da Política e a Realidade do Poder — O Poder Político — 8. Os fundamentos da legitimidade política no século XXI)
- O princípio republicano: Parte III, capítulo V (3. A República — O princípio)
- Romana: Parte I, capítulo I (A absorção do indivíduo no grupo social)

REVOLUÇÃO: Parte II, capítulos II, IV, e IX

SABER CIENTÍFICO: Introdução (O sistema social e a vida ética); Parte II, capítulo IX; Parte III, capítulo V (3. A República — As instituições — 3. A preservação da dignidade humana, do caráter comunitário dos bens e dos serviços públicos, e a promoção da igualdade social)

SANTIDADE: Parte III, capítulo II (4. O Deus pessoal como supremo modelo ético no monoteísmo)

SEGURANÇA: Parte II, capítulo III; Parte III, capítulo IV (Os Princípios Complementares: a Liberdade, a Igualdade, a Segurança e a Solidariedade — 1. A Liberdade — d) Os avatares da liberdade no mundo moderno — 3. A Segurança)

SENTIMENTOS: Parte I, capítulo IV (3. A unidade ética na teologia de São Tomás de Aquino); Parte II, capítulos V e VI; Parte III, capítulos II (O homem, ser racional) e IV (O Amor)

SER: (na filosofia de Hegel): Parte II, capítulo VIII (1. A dialética de oposição e superação de contrários)

SER HUMANO: V. PESSOA, BONDADE OU MALDADE NATURAL DO SER HUMANO

SERVIÇOS PÚBLICOS: Parte III, capítulo V (3. A República — As instituições — 3. A preservação da dignidade humana, do caráter comunitário dos bens e dos serviços públicos, e a promoção da igualdade social)

SIMPATIA: Parte II, capítulo VI; Parte III, capítulo III (4. Estrutura e função dos princípios éticos)

SISTEMA: Introdução (O sistema social e a vida ética)

SOBERANIA

- Conceito: Parte II, capítulo III (Jean Bodin); Parte III, capítulo V (4. A Democracia — O princípio — 3. Soberania é o supremo poder de controle político)
- Limites: Parte III, capítulo V (4. A Democracia — O princípio — 6. Os limites éticos da soberania democrática)
- Nacional: Parte II, capítulo III; Parte II, capítulo V; Parte III, capítulo V (4. A Democracia — O princípio — 1. Soberano, governante e administrador: a difícil partilha de competências; 2. Da democracia antiga à democracia moderna: uma mudança radical no *status* político do povo; 4. A aptidão do povo a exercer a soberania política)
- Nas relações internacionais: Parte III, capítulo V (4. A Democracia — O princípio — Quem deve ser soberano na esfera internacional?)
- Popular: Parte II, capítulo IV (A proposta de reorganização dos Poderes Públicos)

SOCIALISMO: Parte II, capítulo IX

SOCIEDADE CIVIL: Parte II, capítulos VIII (2. A filosofia do espírito, ou a reflexão sobre a vida ética — A vida ética), IX e XI

SOCIEDADE POLÍTICA: Parte III, capítulo V (1. A Dignidade da Política e a Realidade do Poder — Política: o contraste entre os antigos e os modernos)

SOFISTAS: Parte I, capítulo II

SOLIDARIEDADE: Parte III, capítulo IV (Os Princípios Complementares: a Liberdade, a Igualdade, a Segurança e a Solidariedade — 4. A Solidariedade)

SUBSTANTIA: Parte III, capítulo II (A elaboração histórica do conceito de pessoa humana)

SUFRÁGIO ELEITORAL: Parte III, capítulo V (4. A Democracia — As instituições — 1. As instituições jurídicas de um Estado democrático, a) Os instrumentos de exercício da soberania popular)

TÉCNICA E TECNOLOGIA: Introdução (O sistema social e a vida ética; A perspectiva histórica); Parte I, capítulo II (3. Ética e técnica); Parte II, capítulos III (4. Thomas Hobbes — A concepção geral do homem e da sociedade), VII e IX (3. A importância do saber tecnológico); Parte III, capítulos I, III (Especificidade dos princípios éticos — 2. Os princípios éticos sob o aspecto teleológico: ética e técnica, idealismo e realismo) e V (3. A República — As instituições — 3. A preservação da dignidade humana, do caráter comunitário dos bens e dos serviços públicos, e a promoção da igualdade social). V. também NORMA ÉTICA E NORMA TÉCNICA

TERRAS AGRÍCOLAS: Parte III, capítulo V (3. A República — As instituições — 3. A preservação da dignidade humana, do caráter comunitário dos bens e dos serviços públicos, e a promoção da igualdade social

TERROR: (como fundamento do Estado totalitário): Parte II, capítulo XI

TIRANIA: Parte II, capítulo XI (Características essenciais do totalitarismo: O fundamento da dominação totalitária, Uma política de massificação compulsória); Parte III, capítulo V (1. A Dignidade da Política e a Realidade do Poder — O Poder Político — 4. A legitimidade do poder político no mundo antigo e medieval; 3. A República — O Princípio. 4. A Democracia — O princípio)

TOTALITARISMO: Parte II, capítulo XI

TRABALHO:

- Como ascese santificadora: Parte II, capítulo II (João Calvino)
- Como dever social: Parte II, capítulo V
- Como justificativa da propriedade privada: Parte II, capítulo IV
- Deslocamento intercontinental de trabalhadores: Parte I, capítulo I (A burguesia ocidental afeiçoou o mundo moderno à sua imagem e semelhança)
- Divisão do trabalho, princípio: Parte II, capítulo VI
- No pensamento de Marx: Parte II, capítulo IX

TRADIÇÃO: Introdução — a perspectiva histórica; Parte I, capítulo I (Os traços marcantes da vida ética na Antiguidade); Parte I, capítulo IV (São Tomás de Aquino); Parte II, capítulo II

TRIBUNAL DO JÚRI: Parte III, capítulo V (4. A Democracia — As instituições — 1. As instituições jurídicas de um Estado democrático, b) Especialização e controle recíproco dos órgãos do Estado)

UNIVERSALISMO: Parte III, capítulo III (O conflito entre nacionalismo e universalismo no mundo moderno)

UTILITARISMO: Parte II, capítulos VI, VII e X (John Austin)

VALORES ÉTICOS: V. ÉTICA, Valores éticos

VALORES SOCIAIS:

- Vigência: Introdução (O sistema social e a vida ética)

VERDADE: Parte II, capítulos VII e XII; Parte III, capítulo IV

VIDA: Parte II, capítulo XII; Conclusão

VIDA HUMANA:

- Busca da imortalidade: Conclusão
- Finalidade: Conclusão

- Sentido nas religiões monoteístas: Conclusão

VIRTÙ: (no pensamento de Maquiavel): Parte II, capítulo I

VIRTUDE:

- Aretê (ἀρετή) no pensamento grego: Parte III, capítulos II (O homem, ser racional) e III (Especificidade dos princípios éticos — 1. Aos princípios éticos correspondem qualidades subjetivas do ser humano; 4. Características específicas do dever-ser ético)
- No pensamento kantiano: Parte II, capítulo VII
- Vícios privados, virtudes públicas: Parte II, capítulo VI

VONTADE GERAL (no pensamento de Rousseau): Parte II, capítulos V e VIII (2. A filosofia do espírito, ou a reflexão sobre a vida ética — A vida ética)

1ª EDIÇÃO [2006] 3 reimpressões
2ª EDIÇÃO [2008] 3 reimpressões
3ª EDIÇÃO [2016] 2 reimpressões

ESTA OBRA FOI COMPOSTA PELA SPRESS EM DANTE E IMPRESSA PELA
GRÁFICA SANTA MARTA EM OFSETE SOBRE PAPEL PÓLEN SOFT DA SUZANO S.A.
PARA A EDITORA SCHWARCZ EM AGOSTO DE 2021

A marca FSC® é a garantia de que a madeira utilizada na fabricação do papel deste livro provém de florestas que foram gerenciadas de maneira ambientalmente correta, socialmente justa e economicamente viável, além de outras fontes de origem controlada.